U0605665

金程教育®
GOLDEN FUTURE

通关宝®系列

Financial Risk Manager

FRM一级中文精读

金程金融研究院 编著

下

团结出版社

FRM 一级中文精读　下册

编　　著：金程金融研究院

主　　编：杨玲琪　高云

责任主编：《金融市场与产品》责任主编：杨玲琪

《估值与风险模型》责任主编：高云

About the Author

作者简介

杨玲琪

金程教育资深培训师，FRM 持证人，并获得香港金融工程师专业认证。曾就职于国有银行对公业务部，负责国有企业、五百强企业对公业务工作。主导并参与多个银行业金融机构内部培训项目，并参与编译《固定收益证券分析》（原书第二版）。累计多年专业与实务经验，结合金融风险管理体系教学教研经验，在金融风险管理学术研究领域具有独到的见解。连续九年 FRM 一线讲授经验，课程讲授行云流水、意境深远，深受学员的喜爱。

高　云

金程教育资深培训师，FRM 持证人，参与编写《FRM 一级中文精读》《FRM 二级中文精读》《FRM 一级核心考点精要》等书籍。曾服务于中国银行、平安银行等国内外知名银行。累计授课时长 2000+ 小时，通过不懈的努力和不俗的天赋成为金融研究院最年轻的团队负责人，主要负责 FRM 团队一级和二级的学术内容。在 FRM 教学教研工作中，逻辑清晰，深入浅出，既有宏观视野，又有细节展示，获得学员的一致好评。

目录

CONTENTS

第三部分　金融市场与产品

第四部分 估值与风险模型

Part 03

第三部分　金融市场与产品

模块导论

金融市场与产品这门课共有 9 章，分为两大部分，一部分是金融产品，另一部分是金融机构。其中，金融产品这部分一直是 FRM 考试历年来的考试重点，考试权重大概是 27% 左右，而金融机构部分是近几年才加进来的，它的考试占比不是特别的高，约占 3% 左右。

首先是金融机构部分。首先是银行（Banks），银行是读者比较熟悉的内容，但 FRM 里面所讲的银行，与大家日常生活中接触的银行，存在着一定的差异，FRM 里讲的是综合性的银行业务，基本上不讲商业银行业务，主要讲的是投资银行的一些业务特征，以及代理交易的特征，以及在不同业务模块中管理的差异。银行这部分通常是定性考核，读者了解即可。接下来是保险公司和养老金计划（Insurance Companies and Pension Plans），FRM 讲述的是保险公司里常见的一些业务，比如，寿险业务、保险业务还有养老保险业务，主要讲述的是保险业务的特征。最后共同基金和对冲基金（Mutual Fund and Hedge Fund）。本部分会重点给读者介绍共同基金的基本特点，对冲基金的基本特点。随后，本部分会对对冲基金作进一步展开，简单介绍一下对冲基金的类型以及它的一些交易模式。所以，读者对对冲基金的关注度可稍微高一些，但这部分整体而言，考的并不多，而且考的都是定性的内容。

接下来是金融产品这部分，本部分主要讲两大类产品。一个是基础类产品。基础类产品中，包括股票、债券、黄金、外汇等，根据 FRM 的考试要求，本书重点介绍债券，债券在考试当中占比非常高，本部分会介绍债券基础、债券的基本情况和基本特征。在后面估值与风险模型这门课里面，会给读者详细介绍债券的估值方法。另一大类金融产品是衍生产品，衍生产品是读者在 FRM 一级考试当中，值得关注的内容。首先，第一类衍生产品，远期（Forward）和期货（Futures），本部分将这两大类衍生品放在一起讲，是因为它们存在很多类似之处。远期是客户定制化产品，所以本部分描述的篇幅不是特别多，描述的比较多的是期货。接下来第二类衍生产品，互换（Swap），互换在第三门课里占比不大，FRM 只讲两类互换，一个是利率互换（Interest Swap），另一个是货币互换（Currency Swap）。接下来，期权（Option）也是 FRM 考试中考得比较多的内容，本部分会在不同的章节中给读者介绍期权的特点，期权交易策略，奇异期权，等等。最后，抵押支持证券（Mortgage Backed Securties，MBS）。抵押支持证券之前是二级的内容，是近几年才移到一级的，相对来说，它的考试难度比较大，它兼有债券和期权的特征。所以，本部分会在讲完基础类产品和衍生产品之后给读者描述抵押支持证券。届时，建议读者主要关注其产品特征以及产品的风险特点即可。以上就是金融市场与产品这一门课整体的框架总结和考试介绍。总的来说，FRM 考试重要的考点大多数出现在金融产品这一部分，考生应予以重视。

第二十六章 银行
Banks

一、银行监管	银行监管	★★
二、存款保险制度	存款保险制度	★★
三、投资银行业务	投资银行业务	★★
四、利益冲突	利益冲突	★★
五、发起并配售模式	发起并配售模式	★

学习目的

银行是金融市场中最常见的金融机构之一，其运营过程中会面临许多的问题与挑战。本章节的内容有助于读者对银行运营的基本业务模式加深了解，同时对银行运营过程中所面临的内部问题与外部监管要求有充分的认识，这些储备知识对于金融风险管理的学习有非常重要的意义。

考点分析

通过本章学习，读者需要了解银行监管过程中的经济资本和监管资本；了解巴塞尔委员会对监管资本的规定及其动机；解释存款保险如何引发道德风险问题；描述投资银行融资安排；通过文中介绍描述一家银行的商业银行部门、证券交易业务部门和投资银行部门之间潜在的利益冲突，并提出解决利益冲突问题的建议；最后，各位读者还需描述银行的“银行账簿”和“交易账簿”之间的区别并解释银行的发起并配售模式。

本章入门

银行这个章节的内容是比较零散的，连贯性并不是很好，这也是在复习的过程中，可能会感觉到有一点难度的地方。学习时可以按照知识点拆分学习。本章节主要讲的是综合性银行，所涉及的交易一般来说会分为三种：商业银行业务，投资银行业务和证券交易业务。关于商业银行的业务，比较容易掌握，故没有做过多展开。这里介绍的比较多的是投资银行业务。

第一节，主要介绍银行的资本管理是什么样子的，金融机构要进行风险管理的话，其中一个重要的内容就是资本管理。

第二节，主要介绍存款保险制度，银行业在进行经营的过程中，万一出现倒闭的情况，可能会对中小存款人造成非常大的影响，因而在金融市场上存在一个特殊的制度来保护中小存款人的利益，这个叫做存款保险制度。考生要对存款保险的基本特点有所了解。

第三节，讲解的是银行的业务之一，主要讲解银行代理客户去发行股票的过程。

第四节，讲的是银行管理上的特点，如果一个银行同时涉及多项业务，比如说商业银行、投资银行业务、证券交易业务，这三个部门之间如何维持着客户信息的传递。如果没有实现信息的充分隔离的话，又会出现什么样的问题，应该怎么管理。

第五节，讲解的内容也是银行的主要业务之一，是在现代的银行业务当中，比较常见的一种业务操作——发起并配售模式（主要指资产证券化过程）。在目前的发展阶段中，银行业经常会参与证券化过程，我们需要了解它的基本特点是什么样子的。

第一节 银行监管

银行监管

银行在进行风险管理时通常是分账簿管理的，通常会把银行的账簿分成：**银行账簿**和**交易账簿**。银行需要保持足够的资本来面对风险的变化。而最重要的资本是**权益资本（持续经营资本**（Going Concern Capital））。另一个主要的资本是**债务资本（已逝资本**（Gone Concern Capital））。其中，持续经营资本意味着它是在银行持续经营的情况下吸收损失的。而已逝资本意味着它只在银行破产后才会受到影响。

在进行资本管理时，我们需要区分**监管资本**（Regulatory Capital）和**经济资本**（Economic Capital）。监管资本是监管机构认定银行应该保留的最低资本要求。经济资本是银行自己估计它需要多少资本。在这两种情况下，资本均用于吸收非预期损失。通常，计算经济资本的目的是保持一个较高水平的信用评级。在业务运营过程中，经济资本将被分配到银行的各个业务部门，这样他们就可以使用经济资本收益率此类相关指标进行比较。

— 考纲要求 —
区分经济资本和监管资本。

1988 年，巴塞尔委员会出台了一项国际协定（巴塞尔协议 I），其中要求所有签署国的监管机构以同样的方式来计算资本要求。最初，这些基本要求主要用于覆盖因贷款和衍生品违约而造成的损失。然而，到上世纪 90 年代，银行的交易活动大幅增加了。对应的，巴塞尔委员会提出银行既要防范市场风险，又要防范信用风险。随后对巴塞尔协议 I 进行了修改，修改文件市场风险修正案（*Market Risk Amendment*）在 1998 年实施。在 1999 年，巴塞尔委员会提议制定巴塞尔协议 II。该协议修订了信用风险资本的计算方式，并引入了操作风险的资本要求。巴塞尔协议 II 的最终规则花了大约 8 年的时间来制定并实施。在此协议中，总资本要求覆盖信用风险、市场风险和操作风险。然而，2007~2008 年的金融危机仍然导致了多家银行的倒闭。全球银行监管机构开始认识到计算市场风险资本的规则不够完善。因此，在随后的巴塞尔 II.5 中对规则进行了修订。此外，巴塞尔委员会还认识到需要提高股权资本要求。这些危机后的最新规定被称为巴塞尔协议 III，其中包括大幅增加银行必须持有的股权资本。

在进行资本要求计算的时候，银行可以采用标准模型或内部模型来进行计算。Basel I 中针对信用风险资本要求计算的模型是标准模型。这意味着两家银行在面对相同的投资组合时，应该计算得出相同的资本要求。市场风险修正案中对市场风险资本要求计算的模型包括标准模型和内部模型两种。银行可以使用内部模型确定市场风险资本，前提是该模型满足巴塞尔委员会规定的要求，并得到各国监管机构的批准。同时，巴塞尔协议 II 允许使用内部模型来确定信用风险资本和操作风险资本。自危机爆发以来，巴塞尔委员会已决定减少对内部模式的依赖。委员会认为，它给了银行太多的自由来选择能够产生较低资本要求的内部模型。它现在要求银行使用标准模型来确定操作风险资本要求。对于信用风险和市场风险，银行可以使用标准模型来计算资本，或在得到国家监管机构的批准后使用内部模型来计算资本。然而，这些内部模型不能将总资本要求降低到规定的临界水平以下，这个最低水平是按标准模型计算出的资本的一定百分比来进行计算的，到 2027 年，这一比例被设定为 72.5%。

$$要求的资本 = \max(IMC, 0.725 \times SMC)$$

其中，IMC 是内部模型计算出的资本要求，SMC 是标准模型计算出的资本要求。

— 考纲要求 —
描述银行的“银行账簿”和“交易账簿”之间的区别。

在计算监管资本时，需要区分交易账簿（Trading Book）和银行账簿（Banking Book）。交易账簿由为交易而持有的资产和负债组成。银行账簿则由计划持有至到期的资产和负债组成。按规定，交易账簿上的项目按市场风险资本要求来计量，而银行账簿上的项目按信用风险资本要求来进行计量。然而，银行倾向于利用这种区分的模糊性特征，将每一笔交易都记录在要求资本较低的账簿中（通常是交易账簿）。交易账簿基本审查（*Fundamental Review of the Trading Book*）试图澄清巴塞尔委员会关于不同项目应该归入银行账簿还是交易账簿上的规则。

由于危机期间遭遇的流动性问题，巴塞尔委员会在巴塞尔协议 III 中制定了银行必须遵守的两项流动性比率指标。**流动性覆盖率**（Liquidity Coverage Ratio）的要求是为了确保银行有足够的资金来源来度过 30 天的严重压力期。**净稳定融资比率**（Net Stable Funding Ratio）则主要用于控制资产期限与负债期限不匹配的问题。

第二节 存款保险制度

存款保险制度

在 1930 年的时候，美国出现了大萧条，有很多的银行破产。银行破产最主要的影响是很多存款人的钱拿不回来了。所以，在 1933 年，美国成立了一个特殊的机构叫做**联邦存款保险公司**（FDIC）。这是第一个出现的存款保险机构。成立这个机构的目的，是给中小存款人提供一定的保障，万一银行出现破产，可以通过联邦存款保险公司提供保障。它是政府支持的担保项目，担保的程度是有上限的。

这个保险的保费是由银行业金融机构支付的。如果储户把存款存到银行，对应的银行就会拿出其中一定的百分比支付保费给到存款保险公司。这个存款保险公司，会专门建立一个资金池，专项用于由于某个银行倒闭而支付给中小存款人的赔偿。

— 考纲要求 —
解释存款保险如何引发道德风险问题。

存款保险制度的引入，有一定的好处，但是也会有一些问题，银行可能会出现**道德风险**。

道德风险，指的是存款保险的存在改变了被保险人的行为。没有这个存款保险的话，银行就可能不会冒太多的风险，因为银行的存款人会监督他们在做什么，如果银行面临的风险太大，就有可能撤回他们的资金。有了存款保险制度，银行可以选择更大的风险策略，因为存款人认为即使最坏的情况发生，他们也会受到存款保险的保护。

第三节 投资银行业务

投资银行业务

投资银行最主要的业务是代理客户进行投融资决策。包括代理客户发行债券，代理客户发行股票来进行融资，提供一些兼并收购策略的建议等。这里主要介绍的是通过代理客户进行股票发行而获得融资的方案。

— 考纲要求 —
描述投资银行融资安排，主要包括私募、公开发行、代销、包销、荷兰式拍卖。

投资银行代理客户进行股票的发行一般来说有两种操作方式：一种是私募，特点就是仅针对大型的机构投资者或者特定的客户来发行的。一种是公开发行，是一种所有市场上的投资者都可以参与投资的方式。

在公开发行的方式中，根据投资银行的参与程度分为两种方式：一种是代销，另一种叫做包销。代销，指的是代理公司对外进行股票的销售，投资银行根据业绩收取一定的费用。费用的确定，是根据代理销售的股票成果来进行确定的。包销，指的是投资银行确认发行公司的市值及发行股份数之后，以某个价格一次性把这些股份全部买回来，再试图以一个更高的价格对外卖出。从承担风险的角度来看，包销面临的风险是比较大的，因为有可能这些股票卖不出去，会留在投资银行的账面上。

— 重点单词 —
IPO (Initial Public Offering)
首次公开发行

一家公司第一次公开发行股票叫做**首次公开发行（IPO）**。IPO 的操作流程和一般发行股票是类似的，先制定一个招股说明书，在这个招股说明书里，会列明发行主体、发行规模、发行的价格及价格确认方式，哪些人可以购买，去哪里购买等内容。然后会针对大型的机构投资者去做路演，相当于是一个推介会。接着会有不同的人或者公司来进行报价，根据报价来确认最后的交易。最后的价格确认，通常采用的是荷兰式拍卖方式。

荷兰式拍卖，会根据报价做一个排序，股票份额先满足最高的报价，以此类推，到所有的份额全部都配完。交易价格是按照最后一个最低价格来进行确认的。比如，一个公司要发行 1000 份股票，A 公司的报价是 95 美元每股，需要 100 份股票。B 公司报价是 92 美元每股，它需要 500 份。C 公司的报价是 90 美元每股，它需要 600 份。此时需要按照报价重新做一个排序，按价格由高到低来进行配售，也就是说配 A 公司 100 份股票，B 公司 500 份股票，C 公司只能是 400 份股票。那么最终的交易价是 90 美元。这个就叫做荷兰式拍卖。

名师解惑

在这一部分考生主要了解一下投资银行代理客户发行股票的基本运作模式即可。

第四节　利益冲突

利益冲突

综合性银行有不同的交易模式，如果这些交易模式之间，没有实现信息的完全隔离的话，就可能使得银行与投资者之间，出现一定的利益冲突。这个风险是银行在管理的时候要非常重视的。

综合性银行会代理客户进行交易，把各个客户的资金，全部都收集到银行，然后去做一些无风险投资，或者做一些风险比较小的投资。在这个过程中，如果信息没有充分隔离的话，就会存在一些问题。比如银行建议客户去购买某种资产时，就有可能建议客户去购买投资银行本身要去发行的产品。这就有可能侵害客户的利益，存在利益冲突。当银行有受托账簿（即银行可以为客户选择交易的客户账簿）时，银行可能将难以出售的证券塞入到账簿中。

— 考纲要求 —
描述一家银行的商业银行业务、证券服务和投资银行部门之间可能存在的利益冲突，并就利益冲突问题提出解决方案。

银行的商业银行部门，在进行贷款业务时，能够得到一些保密的信息。它可能会将这一信息传递给投资银行部门。投资银行部门，有可能就利用这些信息给它的客户去提供一些收购和兼并的建议，会损害借款人利益，所以这个时候也会有一定的利益冲突。再比如，为了取悦公司的管理层和获得投资银行业务，代理投资部门可能会倾向于将一个公司的股票推荐为“买入”。

除此之外，商业银行在发行贷款之后可能会发现这个客户是非常容易违约的，银行的贷款风险比较大，如果部门和部门之间的信息没有完全隔离的话，商业银行可能会和投资银行部门串通，帮助这个公司发行股票或者发行债券，用融来的资金来偿还银行的贷款。这个时候风险就变成了原来应该由银行承担的风险变成了由投资者承担的风险。

从管理的角度来说，应该尽量的避免出现这些利益冲突问题。因此不管从监管机构角度，还是从银行本身风险管理的角度，都需要建立一个非常好的内部隔离机制。这个内部隔离机制指的是在不同模块之间，关于客户的保密信息是不能够互相传递的，保证不同模块之间的信息是完全隔离的。如果违反的话，惩罚机制也是比较严格的，可能会引来罚款，或者是一些法律诉讼。所以在银行风险管理的时候要注意这些问题，要保证内部隔离机制是有效的。

— 重点单词 —
SPV (Special Purpose Vehicle)
特殊目的机构
常见于证券化过程中，其主要目的是：破产隔离

第五节　发起并配售模式

发起并配售模式

目前的综合性银行做的另外一种交易模式叫做**发起并配售的模式**。发起，指的是发起贷款。配售，指的是将它打包成资产池之后对外发行。所以发起并配售的模式，本质上指的是证券化，是银行把一些资产卖给特殊目的机构（SPV），特殊目的机构以此发行证券化产品的一种模式，如图 26-1 所示。

— 考纲要求 —
解释银行的“发起并配售”模式，并讨论其优缺点。

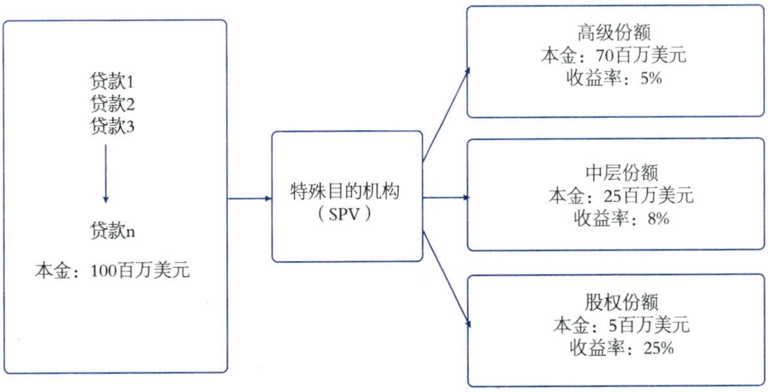

图 26-1　贷款证券化

发起并配售模式的好处：

通过这种方式，首先，银行的风险资产可以剥离出资产负债表，优化资产负债表结构，因为把有风险的资产给剥离出去了，银行的资产负债表也会更好看。

其次，释放资金。因为银行不能把所有的贷款都放在账上，这会占用银行的资金，所以银行可以通过打包贷款卖出去，释放银行账簿上的资金。

最后，释放资本。资本指的是什么呢？在风险管理中，经常会讲到资本管理。对一个银行来说，资产负债表左边是资产，右边是负债和所有者权益。负债主要指的是存款。当银行的风险投资出现问题时，需要考虑对风险进行覆盖，存款人的钱是不可以动用的，只能用所有者权益这一部分的资本去覆盖风险。所以资本，指的银行自有的这部分资金。为什么可以通过证券化来释放资本呢？因为不管是从监管的角度，还是银行自身风险管理的角度，都要求在持有一定风险资产的情况下要匹配一定的资本来保证能够覆盖损失。所以只要有一定的贷款组合，就要留够一定的资本来覆盖风险。但是如果银行把这部分风险资产给剥离出来，就能够释放一部分资本，所以这种模式能够起到释放资本的作用。除此之外，在证券化的过程中，银行还可以作为证券化产品的服务方，收取一定的服务费，创造额外的收益。

银行在证券化的过程中，会有以上一系列的好处，当然也会有一些缺陷。

当银行确认采用发起并配售模式时，标的资产风险的大小就变的不那么重要了，因为对银行而言，这些风险资产是可以剥离出去的。这样，可能会导致银行弱化借款审核标准，可能会引入更多风险更高的资产。这会带来两方面的影响：一个是如果银行没有真正实现资产剥离的话，这个风险是需要银行自己承担的。一个是如果银行真的实现资产剥离的话，对整个金融市场造成一定影响。因为根据风险比较大的风险资产建立的资产池，本身就隐含很大的风险在里面，对市场的投资人来说，会造成很大的影响。

以上是发起并配售模式对金融机构和金融市场所带来的好处以及缺陷。

名师解惑

发起并配售模式的一个典型就是 MBS 操作，以及在二级还会讲的 CDO 的操作。

本章小结

本章主要介绍了银行相关的内容。

♣ 银行监管

- 银行账簿和交易账簿。
  - 银行账簿，指的是银行最传统的交易，一般来说这些交易都是持有至到期的。
  - 交易账簿，纯粹的以交易为目的而持有的，或者说以对冲交易账簿中其他交易的风险而持有的，在短期内会灵活的买入或者是卖出。
- 银行资本管理。
  - 监管资本：指的是外部监管层要求银行为其所承担的风险而持有的资本。
  - 经济资本：反映的是银行可以通过自己的模型来确认的，保证银行能够正常运行所需要的最低资本。

♣ 发起并配售模式

- 本质上指的是证券化。银行把一些资产卖给特殊目的机构，特殊目的机构以此发行证券化产品的一种模式。

章节练习

◇ An investment bank is most likely to earn a trading profit from buying and selling securities if it arranges:

A. A Dutch Auction.

B. A Private Placement.

C. A Best Efforts Offering.

D. A Firm Commitment Offering.

答案解析：D

通过包销发行，投资银行从发行方购买全部证券，并试图以更高的价格向公众出售。在私募或代销的发行中，投资银行赚取的是手续费收入，而不是交易收入。荷兰式拍卖是一种不涉及证券买卖的首次公开发行（IPO）的价格发现方法。

扫码获取更多题目

第二十七章 保险公司和养老金计划

Insurance Companies and Pension Plans

一、保险类型	保险类型	★
二、寿险	1. 寿险合约的分类	★★
	2. 寿险合约的保费	★★
	3. 寿险合约的风险	★
三、财产险	财产险	★★
四、养老金计划	养老金计划	★★★
五、保险公司面临的风险	保险公司面临的风险	★★
六、保险公司的监管	保险公司的监管	★

学习目的

保险公司是金融市场另一类常见的金融机构，给投保人提供各种类型的保险产品，包括与日常生活息息相关的寿险、财产险以及养老金计划。作为金融从业人员，应对此类常见的金融机构以及提供的产品有基本的认识。

考点分析

通过本章学习，各位读者需学会描述死亡率表的使用，并计算保单持有人的保费；区分死亡风险和长寿风险，并描述如何对冲此类风险；描述养老基金的固定收益计划和固定供款计划，并解释它们之间的区别；对财产险公司的损失率、费用率、合并率和运营率进行计算和解释；描述保险公司面临的道德风险和逆向选择风险，并举例说明如何克服这些问题；比较保险公司和银行的担保制度和监管要求。

本章入门

这个章节主要讲的是保险公司中几种比较重要的业务类型，并就其中的三大类产品——寿险、财产险和养老金计划做简单展开。随后会介绍所有的保险公司中共有的一些风险及应对措施。最后，会介绍美国和欧洲的保险公司的监管特点。

第一节 保险类型

保险类型

— 考纲要求 —
描述各类保险公司的主要特征，并确定保险公司所面临的风险。

保险通常分为**人寿保险**（Life Insurance）和**非人寿保险**（Non-life Insurance），**健康保险**（Health Insurance）通常被认为是一个单独的类别。

人寿保险指的是跟寿命相关的保险，期限比较长，与保单持有人的寿命挂钩，并且在投保人死亡时向受益人提供赔付。

非寿险也被称为财产险，比如车险或火灾险等。财产险，通常持续一年，是可以续签的，主要是针对事故、火灾、盗窃等造成的损失提供保险。

除了这两个保险以外，养老金计划也是和我们息息相关的。养老金计划，是公司为员工安排的一种保险形式。在雇佣关系存续的期间内，一般会由雇员和雇主同时进行供款，把资金存到一个养老金计划的账簿中，然后保障雇员在退休的时候能够定期从养老金计划中拿到一部分资金，来保证雇员正常的退休后的生活。

第二节 寿险

关于寿险，考生首先要掌握的是寿险合约的分类。其次，是寿险保费的确认。最后，是掌握寿险合约中特定的风险。

一、寿险合约的分类

在市场上存在不同种类的人寿保险合同。以下介绍几种常见的类型：

（一）终身人寿保险（Whole Life Insurance）

顾名思义，终身人寿保险为投保人的整个一生提供保险。投保人按月或按年支付一定数额的保费，直至死亡为止。同时，保险单的票面价值将支付给保单指定受益人。这意味着保险公司肯定会付款，而对保险公司来说，唯一的不确定性是付款何时发生。通常情况下，保单的支付金额和票面价值在一段时间内保持不变。

考虑一份价值 100 万美元的终身寿险，投保人是一名 30 岁的男性。保险公司可以计算出每年的预期赔付额。根据美国社会保障局发布的死亡率表中公布的数据可知 30 岁男性在一年内死亡的概率为 0.001794。因此，保险公司第一年的预期赔付额（以美元计算）为：

$$1,000,000\times 0.001794=1,794$$

保单持有人在第二年死亡的概率指的是第一年没有发生死亡而第二年死亡同时发生的概率，可由第一年没有死亡的概率乘以第二年死亡的概率计算得出。同样，根据美国社会保障局发布的数据可以计算得出第二年死亡的概率：

$$(1-0.001794)\times 0.001835=0.001832$$

因此，第二年的预期赔付额为 1，832 美元。同样，投保人在第三年死亡的概率为：

$$(1-0.001794)\times(1-0.001835)\times 0.001880=0.001873$$

所以第三年的预期赔付额为 1，873 美元。在保单的有效期内，预期赔付额逐年增加。给定一名男性存活到 70 岁的概率是 0.72843，那么根据计算我们可以得出一个 30 岁的男性存活到 70 岁的概率是 0.74912。给定一名 70 岁的男性在未来一年内死亡的概率是 0.023122，则一名 30 岁的男性在 70 岁到 71 岁这一年内死亡的概率是：

$$0.74912\times 0.023122=0.017321$$

因此，该保单在其第 41 年时的预期赔付额为 17，321 美元。

假定保险费为每年 15，000 美元。从上述这些计算中可以清楚地看出，保险公司在初几年预计会有盈余，而在以后几年预计会有亏损。

对于任何一笔保单最终的实施结果都是不确定的。然而，如果保险公司向 30 岁的男性销售许多类似的保单，那么早期保费的投资将成为保险公司为以后赔付提供资金的重要组成部分。在第一年收到的每 100 万美元面值的 1.5 万美元中，预计可投资的美元金额为：

$$15,000-1,794=13,206$$

同样，第二年可用于投资的预期美元保费金额为：

$$15,000-1,832=13,168$$

相比之下，在第 41 个年头，保险公司的预期现金流为负：

$$17,321-15,000=2,321$$

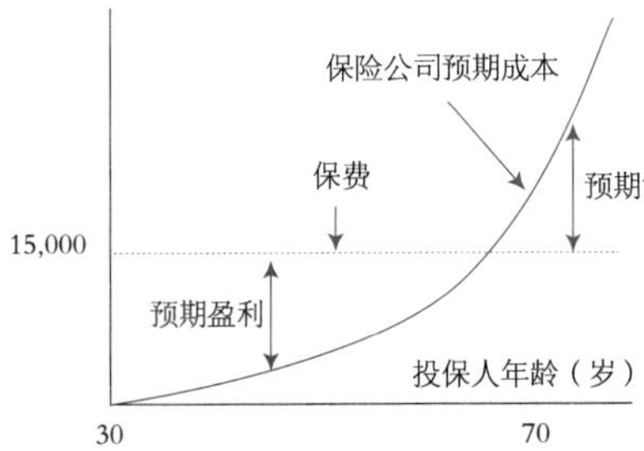

图 27-1 100 万美元终身寿险保单的预期盈余和预期赤字模式

图 27-1 显示了一个典型的终身寿险保单如何在其存续期内产生预期盈余和预期亏损。从保险公司的角度来看，预期盈余的投资收益必须足够为预期亏损提供资金。

在许多司法管辖区，终身人寿保险都有税收优惠。当资金由投保人投资时，每年要对投资收入缴税；但当资金由保险公司投资时，在保单有赔付之前是不需要缴税的。在某些司法管辖区，对赔付额也是不征税的。

如果终身寿险合同包含了代理保单持有人进行投资的资金，并允许保单持有人指定资金应该如何投资，那么此类保单属于可变寿险合同（Variable Life Insurance）。此类保单在投保人死亡时会有一个最低的保证的赔付。但是，如果投资情况良好，也可能会有更高的赔付。

通常情况下，如果投保人停止支付保费，保单将不再承保，该保单即失效（Lapsing）。标准终身寿险保单的另一个变形是投保人可以将保费降低到指定的最低水平。这就是所谓的万能人寿保险（Universal Life Insurance）。虽然降低保费会减少保险金，但并不会导致保单失效。可变万能人寿保险（Variable-Universal Life Insurance）结合了可变和万能人寿保险的特点。

（二）定期人寿保险（Term Life Insurance）

定期人寿保险具有一定年限。如果投保人在保单有效期内死亡，会得到与保单面值相等的赔付；否则就没有赔付。抵押贷款借款人可以通过购买定期人寿保险进行保障。例如，一个 30 岁的人如果有一笔 15 年期的抵押贷款，他可能会选择购买一份面值与抵押贷款余额相等且期限为 15 年期的人寿保险。如果投保人去世，保险公司将为其家属提供偿还抵押贷款所需的资金。死亡率表（Mortality Tables）可以用于计算定期人寿保险的盈亏平衡保费（Breakeven Premium）。

（三）储蓄人寿保险（Endowment Life Insurance）

储蓄人寿保险是定期人寿保险的一种，在事先约定的合同到期时总是会有所给付。如果投保人在保单有效期间死亡，赔付发生在投保人死亡时。否则，它发生在保单的生命周期结束时。有时投保人患重病时也要支付赔偿金。在分红型保单（With Profits Endowment Life Insurance Policy）中，保险公司根据其投资的业绩支付分红。这些分红增加了最终的支付（假设保单持有人的寿命持续到保单终止时）。在投资型保单（Unit-Linked Endowment Policy）中，将由投保人选择一只基金，而最终支付的金额则取决于该基金的表现。

（四）团体人寿保险（Group Life Insurance）

团体人寿保险通常由公司为其员工购买。保险费可能全部由公司支付或由公司与其雇员共同承担。需要注意的是虽然个人在申请人寿保险时通常需要进行医疗检查，但团体人寿保险通常豁免这些检查。这是因为保险公司知道自己会同时承担一些高于平均水平和低于平均水平的风险。

（五）年金合同（Annuity Contracts）

大多数人寿保险公司除了提供人寿保险合同外，还提供年金合同。人寿保险可以将定期支付的款项转化为一次性支付，而年金合同则正好相反（他们将一次性支付转化为定期支付）。一般来说，年金合同中的支付将持续至投保人终身。在某些情况下，一旦保险公司收到一次性付清的款项，年金就开始发放。而在递延年金（Deferred Annuities）中，它要在数年后才开始发放。

与人寿保险一样，在办理年金合同后需要考虑税收的因素。因为保险公司代表投保人投资资金，所以通常只有在收到年金时才需要缴税。然而，如果投保人自己投资资金，缴税将会在收到投资收益时进行。因此，年金安排有两个好处：缴税可以延后，这样投资就可以免税，而且许多投保人收到年金时的边际税率相对较低。

在年金合同中，投保人资金增长的金额被称为累积价值（Accumulation Value）。资金通常可以提前提取，但可能会有罚金。一些年金合约有嵌入期权以确保累积价值永远不会下降。

在英国，递延年金合同有时会约定未来年金支付的最低水平。例如，一家保险公司可能会提供一种10年后开始的年金，并承诺至少支付累积价值的8%。然而，如果利率下降，预期寿命增加，这项承诺可能是非常昂贵的。英国大型人寿保险公司 Equitable Life 成立于1762年，在鼎盛时期拥有150万名保险客户。该公司就是一个因提供慷慨承诺而倒闭的经典案例。

二、寿险合约的保费

保费确认：寿险的保费确认是与保险公司或外部政府机构根据历史数据得出来的死亡率表相关的。一般来说这些公司都会有一些历史数据来构造这些死亡率的表格，表27-1就是典型的死亡率的表格。

表27-1 死亡率表格摘录（部分）

	男性			女性		
年龄（岁）	在一年内死亡的概率	生存概率	剩余期望寿命（岁）	在一年内死亡的概率	生存概率	剩余期望寿命（岁）
30	0.001498	0.97520	47.86	0.000673	0.98641	52.06
31	0.001536	0.97373	46.93	0.000710	0.98575	51.10
32	0.001576	0.97224	46.00	0.000753	0.98505	50.13

（续表）

	男性			女性		
年龄（岁）	在一年内死亡的概率	生存概率	剩余期望寿命（岁）	在一年内死亡的概率	生存概率	剩余期望寿命（岁）
33	0.001616	0.97071	45.07	0.000805	0.98431	49.17
…	…	…	…	…	…	…
50	0.004987	0.92913	29.64	0.003189	0.95794	33.24
51	0.005473	0.92449	28.79	0.003488	0.95488	32.34
52	0.005997	0.91943	27.94	0.003795	0.95155	31.45
53	0.006560	0.91392	27.11	0.004105	0.94794	30.57
…	…	…	…	…	…	…
70	0.023380	0.73427	14.32	0.015612	0.82818	16.53
71	0.025549	0.71710	13.66	0.017275	0.81525	15.78
72	0.027885	0.69878	13.00	0.019047	0.80117	15.05
73	0.030374	0.67930	12.36	0.020909	0.78591	14.34
…	…	…	…	…	…	…
90	0.164525	0.18107	4.08	0.129475	0.29650	4.85
91	0.181600	0.15128	3.79	0.144443	0.25811	4.50
92	0.199884	0.12381	3.52	0.160590	0.22083	4.18
93	0.219331	0.09906	3.27	0.177853	0.18536	3.88

— 考纲要求 —
描述死亡率表的使用，并计算保单持有人的保费。

左边四列是男性的数据，右边三列是女性的数据。第一列是年龄，第二列是在未来一年内的死亡率。第三列是存活到现在的存活率。第四列，是未来可以活多少年的预期。

在确认保费的时候，只需要用到一列数据，就是未来这一年可能会死亡的概率。那么保费具体是怎么来进行确认的？确认的原理，就是未来所有的现金流的支出的现值之和等于未来所有现金流收入的现值之和。

举个例子

假设所有到期日的利率为每年5%（一般复利）。保险费每年年初支付一次。根据上面的死亡率表，对于一个50岁的女性来说，100万美元保额的三年期寿险合约，计算保险公司的盈亏平衡保险费是多少？

【解析】分别计算未来所有现金流的支出现值与收入现值：

未来所有现金流的支出现值：

保费确认的基本原则是未来所有的现金支出的现值之和于未来所有现金收入的现值之和。在这里，所有的现金支出指的是什么？支出，对于保险公司来说，就是被保人死亡之后要进行的赔付。并且，这里假设每一次支出都是在每年年中的时候进行的，考试当中一般也只考察这种简化的形式，否则计算起来会有一定的难度。因此支出是发生在0.5、1.5、2.5年的时候。赔付的金额，是保险合约的金额就是100万美元。根据上表：

— 考试小技巧 —
保费的确认遵循的规则是收入现值与支出现值相等。

第一年死亡的概率为0.003189；

第二年死亡的概率为(1-0.003189)×0.003488=0.003477；

第三年死亡的概率为(1-0.003189)×(1-0.003488)×0.003795=0.003770。

因此每一美元面值的预期支出的现值计算如表27-2所示：

表27-2　三年期寿险现金流支出现值

时间（年）	预期支出	折现因子	预期支出现值
0.5	0.003189	0.9759	0.003112
1.5	0.003477	0.9294	0.003232
2.5	0.003770	0.8852	0.003337
总计			0.009681

未来所有现金流的收入现值：

现金流的收入，对保险公司来说就是每一期期初收到的保费，设为X。与大多数保险合同的情况一样，它是预先支付的。

保险公司一定会在0时刻收到第一期保费。

如果投保人还活着，保险公司将在一年后获得第二笔保费。收到保费的概率为1-0.003189=0.996811；

如果投保人当时还活着，两年后它将收到第三笔保费。收到保费的概率为(1-0.003189)×(1-0.003488)=0.993334。

因此，保险公司收到每一美元面值的预期保费的现值如表27-3所示。

表27-3　三年期寿险现金流支出现值

时间（年）	收到保费的概率	折现因子	预期保费现值
1	1.000000	1.000000	X
2	0.996811	0.952381	0.949344X
3	0.993334	0.907029	0.900983X
总计			2.850327X

总支出——预期赔付的现值之和是：0.009681；

总收入——预期保费的现值之和是：2.850327X；

得出盈亏平衡保险费 X：2.850327X=0.009681；

X=0.003396。

所以对于一位 50 岁女性来说，一份三年期的保险合约的保费是 1,000,000×0.003396=3396 美元。

名师解惑

关于寿险中盈亏平衡的保费的确认，在考试当中考一年可能性不是很高，考两年或三年的可能性是比较高的，考生要重点掌握。

— 考纲要求 —
解区分死亡风险和长寿风险。

在寿险中，可能会面临的一些特殊的风险，第一种叫做**死亡风险**（Mortality Risk），第二种叫做**长寿风险**（Longevity Risk）。

死亡风险指的是由于战争、艾滋病等流行病等因素，导致人们寿命不及预期的长的风险。这会对大多数类型的寿险的支付产生不利影响，因为保险公司要提前赔付。

需要注意的是，在寿险合约当中也有年金，年金指的是投保人一次性支付一笔钱给保险公司，保险公司承诺在投保人存活的时间内，每年支付一笔固定的现金，这就是年金。对于这种合约来说，投保人没有按预期而是提前死亡的话，对保险公司来说是正向影响。因为如果投保人提前死亡的话，保险公司支出的就少了，对于它来说就是正向的影响。

长寿风险，医学的进步和生活方式的改变将导致人们的寿命比预期的长。长寿风险对于正常的寿险合同是正向的影响，因为它会使得保险公司的最终支付要么被推迟，要么不太可能发生。比如，一份寿险合约是十年期的，如果被保人活的年数超过十年的话，保险公司就不需要赔付。但是长寿风险与年金类的保险之间是一个反向的影响，因为这种情况下说明保险公司支出的会越来越多，因为被保人活得更长了。每年要支付出去的部分就更多了，它受到的就是反向的影响。

不管是死亡风险还是长寿风险，如果这个风险是保险公司不愿意承担的，那么保险公司可能就会做一些对冲的操作。首先，保险公司可以通过再保险来转嫁风险。再保险就是把不愿意承担风险的一些保险合约转移给第三家保险公司，由这家保险公司去进行保险。

保险公司还可以通过衍生品来实现风险管理。比如持有跟长寿相关的一些衍生产品，金融市场上有一类和长寿挂钩的债券，它承诺支付的利息是根据确定的总体人数当中的实际存活数决定的，也就是说存活数目越多，支付的就越多。所以如果长寿风险是保险公司面临的风险的话，保险公司就可以通过持有这个产品来进行风险的缓释。

这是寿险中特有的两种风险，以及通常的管理方式。

第三节　财产险

财产险

财产险中重点要讲的是它的盈利分析，这和寿险不一样，我们可以通过一些核心的指标来分析财产险的收入情况。主要有以下指标：

一、损失率（Loss Ratio）

一年内支付给投保人的赔付与保费的比率。一般来说，都是年化的数据。分子是保险公司的支出，分母是保费收入。

二、费用比率（Expense Ratio）

一年内的费用与保险费的比率。一般也是年化的。费用主要有两个来源，一个是理赔费用（Loss Adjustment Expenses），一个是营销费用（Selling Expenses）。理赔费用，是在确认理赔的金额时发生的一些费用。营销费用，是在营销过程中产生的费用，比如说支付给保险经纪人的一些费用就属于营销费用。

三、合并比率（Combined Ratio）

合并比率是损失率和费用比率的总和，是总的支出比上总的保费收入。

有些财产险合约，有时会向投保人支付少量红利，这相当于是给保险投保人的一个好处，所以也相当于是保险公司的支出。在损失率和费用比率之上，再考虑分红的影响称为股息后的合并比率。

> **考纲要求**
> 对财产险公司的损失率、费用率、合并率和运营率进行计算和解释。

四、营运比率（Operating Ratio）

考虑投资收益。当保险公司拿到保费时，可以去市场上进行投资，也会给保险公司带来一定的收入。所以，在股息后的合并比率基础上，再考虑投资收益，才是净支出比上所有的保费收入，这个叫做营运比率。保险公司的盈亏情况可以通过营运比率反映。假设营运比率算出来是 97%，说明净支出跟保费收入比较起来是保费收入比较高。这个时候保险公司是赚的。如果营运比率是 101%，代表净支出超过了保费收入，说明保险公司是亏的。所以，我们可以根据营运比率，判断财产保险的盈亏情况，如表 27-4。

举个例子

财产险公司的营运比率：

表 27-4 财产险公司盈利分析指标

损失率	70%
费用比率	26%
合并比率	96%
分红率	1%
股息后的合并比率	97%
投资收益	（2%）
营运比率	95%

表 27-4 是一个财产险公司的实际数据，根据表格信息，损失率是 70%，费用比率是 26%，那么总的加起来是 96%。分红是 1%，所有的加起来，总支出是 97%。投资收益是 2%，这一项是收入，扣除掉这一部分以后，剩下的营运比率是 95%。那就说明现在的所有的净支出跟保费比起来，净支出要小于保费收入。所以该财产公司是赚的。

这里要注意一点，虽然损失率和费用比率都反映的是支出跟保费的比值，但支出的对象是不一样的，损失率是支付给投保人的，费用比率支付的是与业务相关的一些群体。综合来说，财产险可以通过营运比率来反映它实际的盈亏情况。

第四节　养老金计划

养老金计划

养老金计划中，考生主要了解养老金计划的两种不同类型即可。要了解它们的基本情况以及它们的异同点。养老金计划，主要分为两种不同的模式。

— 考纲要求 —
描述养老基金的固定收益计划和固定供款计划。

第一种叫做**固定收益计划（Defined Benefit Plan，简称 DB Plan）**

使用这个计划，雇员退休时领取的养老金是事先确定的。它的特点是在养老金计划中，对于雇员最终能够收到的数目计算方法是事先确认好的，因此到期雇员拿到的养老金是在期初就能够确定的，所以叫做固定收益计划。

第二种叫做**固定供款计划（Defined Contribution Plan，简称 DC Plan）**

这种模式的特点是每一期雇员和雇主都会注入一定的供款，但是最终的收益是没有事先确认好的。一般来说，它会给每一个雇员单独开一个账簿，每个供款都是注入到雇员单独的账簿中的，然后由雇员自己选择投资模式，那么最终雇员到底能够拿到多少收益，是跟据他选择的投资模式来的，这个叫做固定供款的计划。

这两种计划之间的差异在哪里呢？首先，从它的运作模式上来看，固定收益计划中，不同的人的所有的供款都是放在一个资产池当中进行管理投资的，因此最终的收益是根据整个资产池的收益进行分配的。而固定供款计划，是针对每个雇员单独设立一个账簿，他所有的供款都是单独放在自己账簿当中去进行管理的，而且交易模式是由雇员自己选择的，所以最终它的收益来源于账簿中留存的资金。其次，从承担风险的主体来看，固定收益计划，是事先确认好到期必须给付的金额，所以在这种情况下，如果整个资产交易发生损失的话，就是雇主承担，因为它是承诺最终按照既定的计划来进行支付的主体；对于固定供款计划，如果投资出现风险的话，这个风险是由雇员承担的，风险是比较高的，因为是雇员自己选择的投资决策，选择不同的投资决策，最终的投资收益也是不一样的，这个风险是完全由雇员来承担的。

第五节　保险公司面临的风险

— 考纲要求 —
描述保险公司面临的道德风险和逆向选择问题。

保险公司面临的风险

各类保险公司所面临的共同风险主要有两个。一个是道德风险，另外一个是逆向选择。

一、道德风险

道德风险指的是由于保险的存在，使得投保人的行为出现重大的偏差。体现的是一个人投保和不投保两种不同的情况，它的行为模式可能出现不一样的情况。比如说，A同学投了一个火灾险，可能他就不会在家里放一些基本的消防设施，这就是一个典型道德风险。

要控制道德风险，就要把损失跟投保人联系在一起，不要完全跟投保人隔离开，这样能够使得投保人的行为不会有重大的偏差。一般控制道德风险的操作方式，就是在保险合约中设定一些特殊的条款，使得保险人本身也要承担一定的风险。比如：

免赔额（Deductible），保单持有人首先承担损失的第一部分。比如，保险合约约定，一开始出现了多少金额的损失，是由投保人自己承担的。这样的话，投保人就会比较保守一些，减少出现行为失当的可能。

共保条款（Co-insurance Provision）：指的是在超过了免赔额之后的损失是双方共同承担的，投保人承担一部分，保险公司承担一部分。

保额的上限（Policy Limit）：指的是最多能够达到一个什么样的赔付，超过的还是要由投保人自己来承担的。

生活当中经常会用到医疗保险。医疗保险在用的时候，我们不难发现有部分金额支出是要自费的，这一部分就相当于是免赔额部分。超出一定额度剩下的部分，是投保人跟保险公司双方各承担一定的比例，这个就属于共保条款，双方各承担一部分。医疗保险这样的设计，主要的作用就是为了控制道德风险。

二、逆向选择

保险公司在不能区分好的风险和坏的风险时所遇到的问题就是逆向选择问题。当它无法区分风险时，它为每个人提供相同的价格，无意中就会吸引更多的坏的风险。比如说，两个投保人，保险公司如果不能够区分它们之间的风险差异的话，给到他们同样的报价，也就是说保费都是一样的话，这个时候就更容易吸引风险比较大的人来进行投保。比如两个人同时投的都是健康险，但是其中一个人可能会有一些隐性的一些遗传疾病保险公司是不知道的。从而保险公司对他们两个人的保费要求可能是完全一样的，这样的话可能会使得更多的这一类的高风险人群来投保，就会吸引更多的风险在保险公司身上。所以，为了减少逆向选择的影响，保险公司在建立保险合同之前会尽可能多地了解投保人。这就是为什么有很多健康险，投保人在进行投保的时候，保险公司都会要求他们先到一个指定的机构去做体检。这样做主要是为了控制逆向选择的风险。

第六节 保险公司的监管

保险公司的监管

这里主要介绍美国和欧洲的保险公司监管。

> 考纲要求
> 比较保险公司和银行的担保制度和监管要求。

在美国市场上，保险公司受到的监管是以州为单位的，也就是说不同的州的保险监管政策是不一样的。这与银行的监管不一样，银行是由联邦整体来进行监管的。所以如果是一个综合性的保险公司，它在每个州都有分支机构的话，受到的监管是不太一样的。

在美国市场上，保险公司如果出现破产，监管层要保证中小投保人的利益，一般会有一个保险公司的行业协会。而这个行业协会在期初不会专门设立一个基金来保证未来如果出现保险公司破产所需保障的中小投保人利益，这和存款保险制度不太一样。但是会在某一个公司出现无力偿付以后，会把整个保险行业中所有的保险公司结合在一起，让每一个保险公司都提供一定的资金，建立一个资金池，然后来满足中小投保人的利益。它的操作方式与存款保险有一些差异，属于事后处理，当然也是通过所有人进行风险共担的方式来进行的。

除此之外，在美国市场上，保险公司也可以做一些衍生产品交易，但是它的监管相对来说要比银行的监管弱一些。所以相对来说保险公司在做衍生产品交易时，可能会引入一些额外的极端风险。这是美国市场对保险公司监管的基本情况。

在欧洲市场上，对保险公司的监管，相对来说更系统一些。因为欧洲市场上是欧盟统一监管，整个欧盟采用的是一套体系。欧洲市场上，保险行业有一个专门的监管文件叫做偿付能力法案Ⅱ（Solvency II）。偿付能力法案Ⅱ，在保险公司领域中的地位，就跟《巴塞尔协议》在银行业中的地位类似，它是专门用来监管保险公司的正常运作的。偿付能力Ⅱ的一些内容跟《巴塞尔协议》非常的类似，在保险公司监管中，也会有资本金的最低要求，如果跌破最低标准会有什么样的惩罚机制，等等。总体来说，在欧洲市场上，是采用一整套体系来进行监管的，对保险公司的监管相对来说更具有综合性的特征。

本章小结

本章节主要介绍的是保险公司的相关知识点：

♣ 寿险

◢ 寿险指的是跟寿命相关的保险，期限比较长，并且根据投保人死亡的时间向受益人提供赔付。

♣ 财产险

◢ 财产险主要是针对事故、火灾、盗窃等造成的损失提供保险。

♣ 养老保险

◢ 养老保险是公司为员工安排的一种保险形式。是在雇佣关系存续的期间内，由雇员和雇主同时进行供款，把资金给到一个养老保险的账簿中，保障雇员在退休的时候能够定期从养老保险中拿到一部分资金，来保证雇员正常的退休后的生活。

◢ 固定收益计划：雇员退休时领取的养老金是事先确定的。

◢ 固定供款计划：雇员到底能够拿到多少收益，是根据他选择的投资模式来的。

♣ 保险公司面临的风险

◢ 道德风险：由于保险的存在，使得投保人的行为出现重大的偏差。

◢ 逆向选择：保险公司在不能区分好的风险和坏的风险时所遇到的问题，就是逆向选择问题。

章节练习

◇ Which of the following problems would most likely be a concern for lite insurance companies that are worried about differentiating between good risks and bad risks ?

A. Adverse selection.

B. Catastrophic risk.

C. Longevity risk.

D. Moral hazard.

答案解析：A

逆向选择描述了保险公司无法区分好的风险和坏的风险的情况，进行寿险业务的保险公司向所有投保人（健康的个人和不健康的个人）收取相同的保费，这样可能最终会承保更多的不良风险（如，吸引不健康的个人投保）。为了减少这种逆向选择，保险公司可能需要在提供保险前对投保人进行体检。

◇ A new hire is researching the differences between a defined benefit plan and a defined contribution plan. Which of the following statement within the company's policies would indicate that the pension plan is a defined benefit plan ? A defined benefit plan:

A. Involves one individual account associated with one employee.

B. Risks underperformance of the plan s investments and this risk is borne solely by the employee.

C. Does not explicitly state the amount of the pension that the employee will receive upon retirement.

D. Involves one pooled account for all employees as all contributions go into and all payments come out of the one account.

答案解析：D

固定供款计划涉及与单个雇员有关的个人帐户，个人养老金金的计算只以该帐户的资金为基础。相比之下，固定收益计划涉及与所有员工相关的合用账户；所有的供款都进入一个账户，所有的支付都从一个账户中支出。固定收益计划明确规定了雇员退休后领取的养老金数额。

扫码获取更多题目

第二十八章　基金管理
Fund Management

一、共同基金	1. 开放式基金	★★
	2. 封闭式基金	★★
	3. 交易所交易基金	★★
	4. 不受欢迎的交易行为	★★
二、对冲基金	对冲基金	★★★
三、对冲基金的交易策略	1. 基于股票市场的交易策略	★★
	2. 基于债券市场的交易策略	★★
	3. 事件驱动的交易策略	★★
	4. 其他的交易策略	★★

◢ 学习目的

基金是投资者进行市场投资经常会采用的一类产品，根据服务的客户群体不同可以分为共同基金和对冲基金，基金的管理涉及到组合管理的诸多理论，其中投资风险管理是风险管理领域一个比较关注的话题。在了解投资风险管理的方式方法之前，我们需要先对基金市场有个充分的认识。

◢ 考点分析

通过本段学习，各位读者需要学会区分开放式基金、封闭式基金和交易所交易基金；识别和描述共同基金潜在的不良交易行为；了解开放式共同基金的资产净值；解释对冲基金和共同基金的主要区别；了解对冲基金的费用结构；描述各种对冲基金策略，并识别对冲基金所面临的风险。

◢ 本章入门

这个章节主要介绍两种基金，一个是共同基金，还有一个是对冲基金。不管是哪一种基金，它最大的好处都是可以把多个投资人的资金集合在一起去市场上进行投资，但是它们针对的对象是不一样的。一般来说共同基金面向中小投资者。对冲基金面向高净值客户或者是机构投资者，因此对冲基金的交易策略更复杂更多样化一些。在这一部分首先简单介绍一下共同基金市场的基本类型，一些核心的度量维度；其次，介绍对冲基金市场的特点，以及它与共同基金之间的差异在哪里；最后，介绍对冲基金常见的交易策略。

第一节　共同基金

— 考纲要求 —
区分开放式共同基金、封闭式共同基金及交易所交易基金的异同点。

共同基金市场（Mutual Funds Market）上，最常见的基金类型是**开放式基金**（Open-End Funds）和**封闭式基金**（Closed-End Funds）。

一、开放式基金

开放式基金，是随时可以进行申购和赎回的基金。当投资者去购买基金份额时，开放式基金的份额会上升。当份额被赎回的时候，开放式基金市场上的份额就会下降，它是随时都可以申购赎回的，所以开放式基金的市场是一级的市场，即发行的市场。

为了方便投资者了解基金的价值，基金经理会计算投资组合中每种资产的市场价值，以便确定基金的总价值。随后将这个总价值除以发行基金份额数，以获得每份基金的价值，这被称为**基金的净值**（Net Asset Value，**简写** NAV）。

二、封闭式基金

封闭式基金，它的申购和赎回只是在很短的一段时间内，过了这段时间之后，市场上的基金份额是既定的，不会再发生变化。不可以在一级市场或者说发行市场上再去申购和赎回，它已经关闭了申购赎回的通道。

如果说这时基金投资者不需要份额的话，可以怎么做？可以在二级市场进行买卖，所以封闭式基金有两个市场，一级市场和二级市场。一级市场是发行市场，二级市场是流通市场。二级市场上流通的是现有的份额，是已经申购的份额。

— 考纲要求 —
了解开放式共同基金的资产净值。

在分析封闭式基金的价值的时候，也可以用 NAV 来进行分析。但是 NAV 有两个不同的取值。一个取值，是在二级市场上直接进行交易时的交易价格，可以用份额的交易价格来反映基金净值。另外一个取值，与开放式基金的计算方式一样，就是用组合的实际价值比上份额数来计算的 NAV。从本质上来说，第二个取值才是真实反映一份基金份额的实际价值的，所以也把它叫做公允的市场价值（Fair Market Value）。第一个在二级市场上的交易价格，反映的 NAV 并不一定和实际的价值是完全对等的。所以这两个 NAV 在封闭式基金当中可能是不完全一样的，这是封闭式基金的一个缺陷。

三、交易所交易基金

除了这两种基金以外，市场上还有一种活跃的共同基金叫做**交易所交易基金（Exchange-Traded Funds，简写 ETFs）**。交易所交易基金，这个产品是可以随时在市场上申购和赎回的，从这一点来说，它的特点跟开放式基金很像。而且 ETF 基金可以直接在股票交易所即二级市场上进行买卖，这一点又跟封闭式基金很像。所以它的整个市场包含两个部分，第一个部分是一级市场，也就是发行市场。另一部分是二级市场，也就是流通市场。那么在发行市场上它的申购和赎回是怎么来进行的?

比如，投资者要去市场上找基金公司去买或者是卖这个基金的话，它不是以现金来换份额的，而是以一篮子资产来换份额的。一般来说，ETF 通常跟踪的都是指数，所以这一篮子资产拟合的是指数中的资产成分，投资者可以通过注入一篮子资产来换取基金份额。如果哪一天不需要这个基金份额，投资者就可以把份额卖回给基金公司，然后换回一篮子资产。这是 ETF 在一级市场的操作，同样的二级市场上它也可以同时去进行操作，基金的份额可以直接在股票交易所进行交易，不需要换成资产去进行交易。

ETF 的基金净值也有两种，一个是组合的价值比上份额数计算出来的基金净值；另外一个是在股票交易所实际的交易价格，也可以根据这个价格来反映它的基金净值。但是 ETF 中的 NAV 在这两个市场中是完全一样的，因为它随时都可以在一级市场上申购赎回。假如说现在投资者手上有份额的话，如果要在股票交易所交易资产，那么有两种方式来进行交易。一种方式就是拿份额换回资产，去股票市场上进行交易。还有一种，直接把基金份额放到股票交易所进行交易。由此可见基金的价值跟一篮子资产价值应该是完全一样的，否则就会有套利机会。所以，在 ETF 中，用组合价值比上份额数计算出来的净值，和直接在股票交易所上进行交易的价格，这两个价值基本上是趋同的，没有什么太大差异。这是 ETF 的一个好处，也是与封闭式基金的之间最大的差异。

ETF 是共同基金市场上的另外一种产品类型。

四、不受欢迎的交易行为

> — 考纲要求 —
> 识别和描述共同基金潜在的不良交易行为。

在美国，共同基金和交易所交易基金受到美国证券交易委员会（SEC）的严格监管。必须向潜在投资者提供完整和准确的财务信息。还有防止利益冲突和欺诈的规定。尽管有这些保护措施，还是有如下一些不受欢迎的交易行为。

（一）延迟交易（Late Trading)

在美国，买卖开放式共同基金份额的所有交易都在下午 4 点进行。因此，交易指令应在下午 4 点前送达经纪商。不过，由于管理方面的原因，这些交易可能要到下午 4 点以后才能送达共同基金。美国存在部分经纪人下午 4 点后接受此类订单。这种行为被称为“延迟交易”（Late Trading），是美国证券交易委员会（SEC）不允许的。事实上，已经有几起诉讼导致了巨额罚款和相关员工失业。延迟交易的做法对按照投资法行事的共同基金投资者是双重伤害。由于基金价格会受到后期交易者行为的影响，合法经营的投资者实质上是在为他人非法获取的利润买单。

（二）择时交易（Market Timing)

并非所有开放式共同基金的资产都在积极交易。这可能会导致用于计算资产净值的价格变得陈旧（即，不反映最新信息）。由于时区的不同，在海外市场交易的证券的价格也可能比较陈旧，不反映最新信息。举个例子，假设现在是下午 3 点 45 分，市场价格在过去几个小时一直在上涨。陈旧价格的存在意味着共同基金的价值可能略高于资产净值，因此在下午 4 点买入是有吸引力的。同样，如果市场价格一直在下跌，那么在下午 4 点卖出是有吸引力的。这类择时交易并不违法，但规模必须相当大才有价值。如果共同基金允许此类交易，基金的规模将上下波动。这可能会给所有投资者带来成本，因为该基金可能不得不保留更多现金以应对赎回。如果向择时交易者提供交易特权，监管机构可能会对此感到担忧。

（三）抢先交易（Front Running)

如果在一家共同基金工作的交易员知道该基金将执行一个大的可能会影响市场的交易，交易员可能会在进行基金交易之前在他自己的交易账户中抢先交易。例如，如果一只基金要购买 100 万股某股票，交易员可能会先为自己的账户购买 1 万股。交易员还可能将即将发生的事情告知其青睐的客户或其他基金员工，使他们可以在预期的价格上涨或下跌之前进行交易。在基金管理中，此类交易是非法的。

（四）内定经纪（Directed Brokerage)

这涉及到共同基金和经纪公司之间的一种非正式协议。这种不成文的协议规定如果经纪公司向客户推荐共同基金，共同基金将使用经纪公司代理交易。这种做法监管机构是不赞成的。

第二节 对冲基金

对冲基金

共同基金与对冲基金的最大的区别是什么？共同基金，一般仅针对的是中小投资者，对冲基金针对的主要是高净值客户或者是机构投资者，这是它们之间最大的区别。

> 考纲要求
> 解释对冲基金和共同基金的主要区别。

从监管层面来看，一般监管层主要关心的是中小投资者的利益，所以对于共同基金的监管要求是很高的，而对冲基金受到的监管会弱一些。因为监管机构认为对冲基金的投资者是具有一定投资经验的，不是监管关注的主体。正因为这样的特点，造成了共同基金和对冲基金非常大的不同。

共同基金因为受到的监管很高，所以它的交易模式是具有局限性的，需要公布交易策略，并且在交易当中不可以举杠杆，不可以做卖空交易，它的交易模式相对来说是比较保守的。对冲基金，因为不会受到太多的监管，所以可以选择不公开它的交易策略。同时，对冲基金在交易策略设计中，可以有很多不同的设计，可以举杠杆，也可以卖空，还可以做各种各样共同基金不能做的交易。

从这两点来看的话，不难发现共同基金和对冲基金的收益差异是非常大的，所以在实际代理客户进行投资的时候，它们收取的费用也是不太一样的。

一般来说，共同基金的基金经理的收益，是根据基金的规模确认的，规模越大收入越多。基金经理的收入跟这个组合的收益实现是不直接挂钩的，也就说共同基金赚得好还是赚的不好，跟基金经理的收益是没有直接联系的，基金经理收的是管理费用。但是对冲基金不一样。对冲基金的收益实现，跟基金经理的收益是互相挂钩的。也就是说如果对冲基金的交易策略赚的越多，那么基金经理拿到的钱是越多的。这是共同基金跟对冲基金的另外一个区别。

在对冲基金中，基金经理的费用结构一般来说包含了两个成分：

一个叫做管理费（Management Fee），只要投资者把资金交给基金经理打理，就需要支付一笔管理费。这个费用是确定的，一般来说管理费用都是管理金额的一定的百分比。

> 考纲要求
> 了解对冲基金的费用结构。

另外一个是绩效费用（Incentive Fee），是根据对冲基金的盈利情况来确认的，它是以实际实现的净利润来确定的。如果有管理费的话，在收入的基础上要先扣除掉管理费，才是计算绩效费用的基础。

一般来说，对冲基金的费用会有专门的描述方式。比如，2 plus 20%，这个 2

代表的是 2% 的管理费用，20% 代表的是业绩费用，也就是在净利润上基础上，还要再收取 20% 的业绩费用。这是对冲基金的费用结构的一个特点。

在对冲基金的整个运作过程中，为了更好地满足投资者的需求，费用结构也一直在演化，所以在费用结构的设计过程中，会有一些额外条款的设定，也就是投资者在给予基金经理业绩费用的时候，还会有一些额外的约定。以下三个条款就是为了使得对冲基金能够更好的满足投资者需求而额外设定出来的：

第一个，**最低资本回报率**（Hurdle Rate）。

指的是投资者会有一个最低回报率的要求。并不是说基金经理盈利了投资者就给予回报，这当中可能是有一定的要求的，基金经理必须要达到一定的业绩指标投资者才会给予业绩费用。比如说，投资者设定的最低回报率是 5%，那么对冲基金的盈利至少要达到 5% 以上，才会给这个对冲基金经理业绩费用。

第二个，**高水位线制度**（High-Water Mark Clause）。

指的是在对冲基金收益确认的时候，并不是一盈利就会给基金经理业绩费用，还要看前期有没有损失，前期的损失是不是已经完全被覆盖了。

假如说现在某投资组合的资产价值有如图 28-1 所示的变化。在这条水平线以上代表基金投资的业绩是赚的，这条线以下代表基金投资的业绩是亏的。当资产价值从 A 点开始回升的时候，这一部分就说明这个基金开始盈利。但是这个盈利，是不应该直接就给基金经理发一定的业绩费用的。因为前期还有一大笔亏损，必须要保证前期基金经理投资的损失先要弥补回来。所以，在开始有上升趋势的情况下，必须先补回前期的损失部分，之后超出了这条高水位线之后，才是开始净盈利的部分，这时候才是可以给基金经理一定业绩费用的时候。

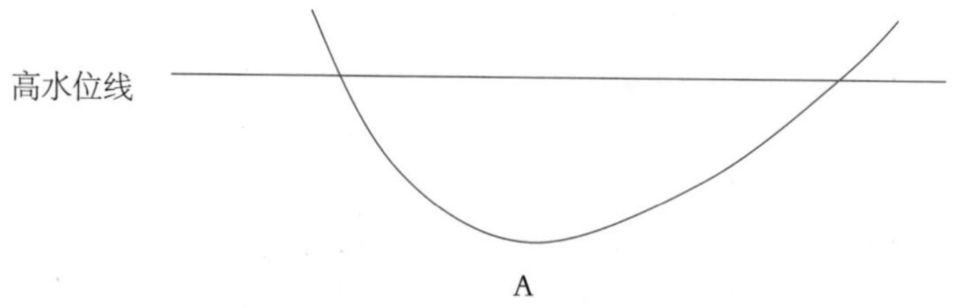

图 28-1　高水位线制度

高水位线制度，通常会根据基金份额的申购和赎回做一定比例的调整。假如一开始时，一笔交易市值 1000 美元，现在损失了 400 美元，剩下的就是 600 美元。有了高水位线制度的话，就是说后期的收益必须要先补回 400 美元以后才会给基金经理业绩费。在这个时候，如果客户赎回 300 美元价值对等的份额的话，相当于赎回了剩下 600 美元的一半。赎回了一半的情况下，这个时候要求弥补回的损失就不是按照 400 美元来算的，按照比例调整的话，就是变成原来的一半，也就说现在重新确认业绩费的话，只需要补回 200 美元就可以开始计算业绩费了。这是高水位线制度中。如果出现数申购赎回的话，按比例调整的操作模式。

第三个，**弥补性条款**（Clawback Clause）。

指的是前期支付的业绩费用，投资者留了一部分在账上，以便未来如果出现损失，也可以把这一部分拿回来。它的特点就是在对冲基金运行过程中，它会单独设立一个回收账户（Recovery Account），前期投资者支付的业绩费有一部分留存在这个回收账簿中。如果对冲基金出现亏损的话，那么放在回收账簿中的业绩费，投资者是可以拿回来的，这个就叫做弥补性条款。

- 考试小技巧 -
这里的弥补性条款有的参考书也会翻译成追回条款，不必深究，以理解为主即可。

举个例子

计算对冲基金投资回报率

假设一笔投资在两只基金 A 和 B 之间进行平均分配。两只基金均收取 2 加 20% 的费用。第一年，基金 A 盈利 20%，而 B 基金盈利 -10%。

【解析】如果只考虑收入的话，我们可以计算加权平均的收入。

投资前平均回报率：$0.5\times20\% + 0.5\times(-10\%) = 5\%$

支付给 A 基金的费用（A 基金是赚钱的，需要在计算管理费用的同时还要计算它的业绩费用）：$2\% + (20\% - 2\%)\times20\% = 5.6\%$

支付给 B 基金的费用（B 基金是亏钱的，只需要计算管理费用）：2%

对冲基金投资支付的平均费用：$0.5\times5.6\% + 0.5\times2\% = 3.8\%$

所以，投资者的回报率为 $5\% - 3.8\% = 1.2\%$。

在判断对冲基金的业绩的好坏时，投资者一般会根据市场上的一些专门收集对冲基金数据的数据平台给到的数据来进行判断。那么历史上根据这些数据判断出来的整个对冲基金的发展情况是什么样子的？在 2008 年以前对冲基金的业绩是非常好的，普遍高于大盘指数。2008 年金融危机，对冲基金开始出现亏损，但是业绩仍然高于大盘指数。但是从 2009 年开始到现在，大盘的收入要高于对冲基金的收入。这是根据现有的市场上的对冲基金的数据库得出来的结论。当然这个结论在分析的时候也要注意，并不一定是准确的，因为会存在一定的偏差（Bias）。

一般来说，从这些数据库看到的对冲基金数据是有偏的，因为对冲基金在基金存续期间内，并没有被要求必须要对外公布它的收益，因此，我们比较容易拿到的数据通常就是对冲基金赚的非常好的数据。如果是亏的话，它可能就会选择不对外公布。所以，对冲基金的数据库，很容易出现数据偏差，也就是说在现有的数据库中，包含的数据都是在盈利的时候一些基金的数据。有一些现在亏损的基金的数据是隐含在市场中，是我们不知道的。当某一年开始，这个对冲基金盈利了，就可能会开始对外公布它的数据了。这个时候，这些数据库才会把这个基金的整体数据纳入到它的系统里。除了纳入当年的这个对冲基金数据以外，还会把它之前所有的数据全部都纳入进去。纳入了一个新数据，就会对整个数据库的数据，造成很大的偏差。

所以，在分析对冲基金业绩的时候，投资者可以借助于数据库，同时也要认识到数据库可能是不准确的。

第三节 对冲基金的交易策略

对冲基金在市场上的常见**交易策略**（Hedge Funds Strategies），有以下几种类型：

一、基于股票市场的交易策略

（一）股票多空策略（Long/Short Equity）

— 考纲要求 —
描述各种对冲基金策略，并识别对冲基金所面临的风险。

股票多空策略，指的是同时做股票的买入方和卖出方。一般来说选的是同类型的股票，比如说同行业的一些股票，同时做多和做空对应的两种同类型的股票。其实是买入低估的股票，卖出高估的股票。这种交易策略，因为是一买一卖的，只要选择的股票是按照预期来走的话，始终都会有一定的收入的。

在股票多空策略中还有进一步的划分，可以是偏多头的，多头头寸会多一些；或者是偏空头的，空头头寸会多一些；还可以是中性的策略。所谓的中性策略是怎么设计的？有以下几种情况比较常见。

美元中性策略，指的是交易规模是互相匹配的。比如，A 股票现在值 50 美元，买了 10 份，总共是 500 美元的价值。B 股票现值是 10 美元，要达到美元中性策略的话，只需要卖出 50 份，总之要保证它总体规模是完全一样的即可。

贝塔中性策略，指的是整个组合中多头头寸的加权平均贝塔，与空头头寸的加权平均贝塔是相等的，那么整个组合的贝塔就是等于 0。贝塔等于 0，说明组合与市场之间的敏感程度是没有的，所以组合不会受到市场变动的影响。贝塔中性策略赚的是某个公司股票的非系统性风险，比如因为这个公司特殊的运营而带来的好处。

（二）专事卖空策略（Dedicated Short）

专事卖空策略，指的是专门做卖空的交易，不是同时进入多头和空头的交易。这种交易策略，是专门去挖掘市场上一些被高估的公司股票，然后进行卖空的交易来赚取收益。比如某家公司可能现在的财务状况不好，那么它未来股价可能会有大幅的下跌，专事卖空策略就是专门去挖掘这一类的股票，然后进行卖空的交易。专事卖空策略为什么会成立？一般来说，市场上投资经理在提供交易建议的时候，大多数情况下建议的都是买入，通常不会建议卖空，所以卖空市场上是存在着一定的投资机会的，对冲基金就可以利用这样的投资机会来建立交易策略。这也是股票市场的一种对冲基金的交易策略的另一种形式。

二、基于债券市场的交易策略

对冲基金策略中存在一类基于债券市场的交易策略，主要有两种：

（一）可转债套利（Convertible Arbitrage）

可转债，指的在一定情况下，可以由债券转为股票的债券，发行人是同一人。可转债，对于发行公司来说，是一个非常好的产品。因为债券是必须要还本付息的，但是股票是不需要还本的。所以，如果投资者真从债权人转换成股东的话，对发行公司来说，相当于发行债券的这笔本金不用还了。这个是可转债的一个特点。

可转债相当于一个普通债券再加上一个股票的看涨期权。因为这个产品，相当于是持有了一个在某一天可以以债券的价格转换成股票的一个权利，所以它相当于是一个股票的看涨期权和一个普通债券的叠加，这是一种复制方法。

可转债，在一定的情况下是可以转换成股票的。但是，有些时候持有可转债的人，不太愿意立即转股，原因在于持有人想赚取更多的收益。所以，在可转债发行的时候，它还会有一个赎回条款。有了赎回条款，会促进持有可转债的人比较积极的去转股，如果一直等着不转，可能债券就被发行人赎回去了。所以，可转债是一个既可以转换成股票，又可能被赎回的产品。

可转债在金融市场上的流动性，相对来说是比较差的，因为愿意进行可转债交易的人不是特别多，所以可转债的价格经常会有一些偏差，通常都是偏低的。所以，可转债套利的交易模式一般是买入价格偏低的可转债，同时卖出这个公司的普通债券和股票。卖出这个公司的普通债券，可以对冲可转债的利率风险和信用风险。卖出这个公司的股票，可以对冲股票上的看涨期权的风险。

当然可转债套利，并不是说只有上述这一种交易方式。可能在某些交易中，只是卖出一个普通债券，也有可能在某些交易中只是卖出一个股票。在这里，只是介绍了一个常见的方式。总的来说，对冲最完整的方式是通过卖出债券来对冲债券中的风险，然后卖出股票来对冲股票期权中的风险。这里因为只是通过卖出股票来对冲期权的风险，属于线性对冲，所以也叫做 delta 对冲。但是需要注意的是股票期权本身的收益情况其实是非线性的，其与标的资产股票之间的变动的关系并不是完全的 1：1 关系。在后续《估值与风险模型》中会有详细的解释，其实期权的对冲，除了考虑线性的因素以外，还要考虑一些非线性的因素。

（二）固定收益套利（Fixed Income Arbitrage)

另外一个利用债券市场进行交易的对冲基金策略叫做**固定收益套利（Fixed Income Arbitrage)**。固定收益套利，是一个统称，这个策略的类型是多种多样的。

比如说相对价值策略。相对价值策略，指的是同时买入和卖出两个债券。买入低估的债券，卖出高估的债券。那么低估高估根据什么来进行判断？根据市场上的实际的零息债券的利率来确认它的价值是偏高了还是偏低了，然后买入低估的卖出高估的债券。

市场中性策略。市场中性策略，指的是买入卖出固定收益类产品，但是在构造的时候会使得它跟利率之间没有任何的敏感度。相当于在交易策略中达到久期中性（Duration Neutral），也就是说最终构造出来的交易策略的久期是等于 0 的，即利率的小幅变化不会对组合造成任何的影响。

还有一类对未来有一定预期的交易策略（Directional Strategies）。比如，预期信用利差会上升，或者预期信用利差会下降，或者预期利率会上升，或者预期利率会下降等，这是一类基于预期来建立的固定收益交易策略。

三、事件驱动的交易策略

接下来看一下由于一些特殊的事件驱动的交易策略，主要有两个：一个叫做**困境证券（Distressed Securities)**，另外一个叫做**兼并套利（Merger Arbitrage)**。

（一）困境证券

困境证券，专指评级在 CCC 级的债券，它的风险是非常大的。什么样的公司发行的债券会变成困境证券呢？通常是因为这家公司现在正在经历财务困境，所以叫做困境证券。当现在处于财务困境时，债券估值也会非常低。有时候债券价值可能是低估了，可能在最后的重组清算过程中，回收的部分要超出预计，所以困境证券的交易是有利可图的。所以有一些对冲基金在判断出困境证券价格被低估的情况下，就可以通过买入这个产品来获利。

困境证券有两种不同的交易模式：

一种是被动的交易模式。被动的交易模式，指的是投资者认为它的价格被低估了，就买入持有它，等到期困境证券清算偿付了现金流之后，再赚取收益。

还有一种是主动的投资方式。主动的投资方式，指的是在买入的过程中，购买尽量多的头寸。因为在美国市场上，破产法中有规定，重组计划必须要达到债权人中一定比例的认可才能够进行。所以，如果投资者买了很多，就会成为一个非常主要的债权人，就可以去影响重组计划，带来更多的收益。

所以，困境证券策略，本质就是挖掘到一些在经历财务困境，但是价值被低估的一些产品，通过买入来获利。可以直接持有，等待困境证券最终恢复过来，也可以通过影响它的重组计划带来更多的收益。

（二）兼并套利

兼并套利，是另外一种事件驱动的对冲基金交易策略。兼并套利是基于兼并的信息来进行套利的。一般来说，如果A公司要去收购B公司，它会先对外公布，在未来哪一天按照什么样的价格去进行收购。一旦公布之后，市场价格就会马上进行调整，但是可能不一定是立马调整到位的，这个时候价格的变动，就可能会给投资者带来一定的投资机会。对冲基金就可以利用这个投资机会来构建交易策略。

兼并或者收购，可以有两种不同的模式：第一种叫做现金收购（Cash Deals）的方式，另外一种叫做份额换份额的方式（Share-for-Share Exchanges）。

1. 现金收购方式

假设，现在A公司要去收购B公司的股票，采用现金收购的方式。A公司现在发出一个公告，在一个月之后，要按照30美元去收购B公司股票，如果交易真的达成的话，在交易当天B公司股票至少应该是30美元。如果B公司的股价在公告前是20美元，消息公布后，B公司的股票价格就可能会有一个上升的趋势，但是不会一次性上升到30美元，可能就是上升到28美元左右。股价不会一次性上升的原因有两个，第一个原因是因为市场有一个消化的过程。第二个原因，是因为这个交易并不一定最终会达成。所以说市场上的价格变动可能不是完全的，它可能是上升到28美元。但是预计交易如果达成的话，它应该是能够达到30美元的。

此时，兼并套利策略的对冲基金会怎么做？在28美元的时候，买入B公司的股票。如果交易真的按照30美元实现的话，对冲基金净赚2美元。如果说交易达到的价格更高的话，对冲基金会赚得更多。但是也要注意，这个策略并不是完全没有风险的。当交易没有达成的时候，对冲基金会有比较大的风险。因为如果到期没有达成交易，B公司股价现在已经涨到28美元，还会跌回到原来的20美元。在这种情况下，对冲基金买入是按照28美元买入的，跌回20美元，相对可能带来的收益而言损失更大。

所以，兼并套利也并不是完全没有风险的，它的风险叫做**与交易相关的风险**（Deal Risk），如果交易没有达成就会有非常大的损失。

2. 份额换份额的方式：

份额换份额的方式，指的是以股换股的兼并方式。

假设 A 公司宣布愿意将一股股票换成 B 公司的四股。假设在公告发布之前，B 公司的股票是 A 公司股票价格的 15%。公告发布后，B 公司的股价可能涨到 A 公司股价的 22%，逐渐往 1：4 方向走。这时，兼并套利的对冲基金可以通过购买一定数量的 B 公司股票，同时做空 A 公司四分之一的股票来获利。如果交易以宣布的换股比例进行，这种策略就会产生利润。

假设在公告后 A 公司股价是 100 美元，B 公司股价是 22 元。对冲基金可以买入 4 份 B 公司股票，卖出 1 份 A 公司股票。考虑下面几种可能性：

> - 考试小技巧 -
> 这里只要知道交易策略，知道价格的变动，就能够判断它的收益是什么样子的。

第一种可能性，到期时 A 公司、B 公司股票都上升了，是 1：4 的关系。比如 A 公司股票价格上升到 104 美元，B 公司股票价格上升到 26 美元（104/4=26 美元）。买入 B 公司股票，是赚钱的。一份赚了 4 美元，四份赚了 16 美元。卖出 A 公司股票，是亏的，因为它的股价是上涨的，亏了 4 美元。所以，通过兼并套利对冲基金一共赚了 12 美元。

第二种可能性，到期时两个公司股价，一升一降，只要保证 1：4 的比例还是可以获利的。假如说 A 公司股票变成 98 美元，B 公司股价变成 24.5 美元。最后的收益仍然等于 12 美元。

第三种可能性，到期时双方股价都下降了，只要达到 1：4 的关系，依然是可以获利的。假如说 A 公司股价是 80 美元，B 公司股价是 20 美元，算出来的收益仍然是 12 美元。

这就说明交易最终只要是 1：4 的关系达成，对冲基金的收益是确定的。在上面这个例子中，收益一定是 12 美元。

当然，这种策略仍然是有风险的，当交易最后没有达成的话会有非常大的风险。因为现在 A 公司股价是 100 美元，B 公司股价是 22 美元。如果交易没有达成的话，假设 A 公司股价是不变的，B 公司股票至少应该是跌回到 15 美元。因为它们之间没有直接的联系了。在这种情况下，买入 4 份 B 公司股票，是亏的。所以，如果最终交易没有达成的话，风险是非常大的。

兼并套利策略，一般来说会有一个确定的收益的，这个收益通常不会非常大。然而交易一旦没有达成，损失却是非常大的。

以上是两个事件驱动型的对冲基金交易策略，一个是困境证券，另一个是兼并套利。

名师解惑

兼并套利策略，是对冲基金策略中的一种比较特殊的形式，考试中可能会考到兼并套利策略交易收益的计算也就是上面这个例子中的12美元是怎么确定出来的。

四、其他的交易策略

（一）新兴市场（Emerging Markets）

新兴市场交易策略，主要投资新兴市场中的产品，一般来说这类基金主要投的标的资产是股票和债券。

在投资股票时，有两种方式来进行，一种是直接参与，直接到当地的股票交易所进行交易，另外一种是间接参与。比如有很多的机构，是不能够到本国以外的交易所去进行交易的，它就可以投资一种特殊的产品，叫做美国存托凭证（American Depository Receipts，简写ADRs）。

美国存托凭证是在美国注册并在美国股票市场上发行的，以其他国家公司股票作为标的的一个产品。比如，美国市场上的一些养老金，是不能够到其他国家股票交易所去进行交易的，那么它如果想要投资新兴市场，就可以投资在美国市场上的美国存托凭证。给它带来的收益仍然是基于其他国家公司股票的。美国存托凭证，是在美国市场上的交易所就可以交易到的。

投资新兴市场的债券的话，也有两种情况，一种是欧洲债券（Eurobonds）。欧洲债券并不是欧元的债券，只是这个产品一开始是在欧洲出现的，所以它的名字叫做欧洲债券。欧洲债券指的是一些新兴国家发行的以市场上强势货币作为标价货币的债券，比如说一些新兴国家发行的以美元标价的债券，或者以欧元标价的债券。还有一种是本币债券。本币债券是以本国货币计价的债券，比如说新兴国家自己发行的，以自己国家货币作为标价货币的债券。对冲基金在投资新市场债券时，也可以采用不同的方式来进行投资。

（二）全球宏观（Global Macro）

全球宏观交易策略，主要通过对全球市场偏离均衡的情况进行挖掘分析来构建的交易策略。它的交易策略是形形色色的，最主要的特点是这类策略会在全球体系中去挖掘经济上的一些不均衡的情况。这种交易策略的设计，赌的是最终所有市场都会回归到均衡的情况。

- 考试小技巧 -

这个章节，一级学完之后，到二级讲到投资组合风险管理的时候，还会讲到这一部分内容，当然有一些地方也是重叠的。

（三）管理期货（Managed Futures）

管理期货交易策略，主要是专门代理客户去做一些期货，尤其是商品期货的交易。一般来说，个人投资者，哪怕是高净值客户，都不会轻易去做商品期货交易。一方面是因为商品期货的交易，对于现金流的要求是比较高的，还要有保证金的要求。另外一方面是因为大宗商品的价格是比较难以进行分析的。投资者想要参与期货交易，但是又不敢轻易参与的情况下，就可以找这样对冲基金进行投资。它就可以代理投资者去做一些期货或者是商品期货的交易。相当于投资者请了个专家来帮忙进行期货的交易。

管理期货策略，可以采用两种方式来进行分析：一种是技术分析，是根据过去的发展的情况来预测未来的走势。还有一种是基本面分析，分析现在市场上的经济金融状况，来判断未来的价格走势。

总的来说，管理期货策略，就是找了一个专门的具有期货投资经验的基金，来代理投资者参与期货市场上的交易。

名师解惑

关于对冲基金的交易策略，一般来说除了兼并套利交易策略，可能会考一些计算以外，大多数的交易策略主要了解交易策略的特性是什么样子就可以了。比如，给到一种场景，考生应该能够判断，是属于哪一个策略。

本章小结

♣ 共同基金市场

◢ 开放式基金：随时可以进行申购和赎回，对应一级的市场，即发行的市场。

◢ 封闭式基金：封闭式基金有两个市场，一级市场和二级市场。一级市场是发行市场，二级市场是流通市场。

◢ 交易所交易基金：可以随时在市场上申购和赎回，同时也可以直接在二级市场上进行买卖。

♣ 对冲基金市场

◢ 基金经理费用结构：

- 管理费：费用是确定的，一般来说管理费用都是管理金额一定的百分比。
- 绩效费用：是以实际实现的净利润来确定的。在收入的基础上要先扣除掉管理费，才是计算绩效费用的基础。

◢ 额外条款：

- 最低资本回报率：指的是基金经理必须要达到多少的业绩指标投资者才会给予业绩费用。
- 高水位线制度：指的是在对冲基金的收益确认的时候，并不是一盈利就会给基金经理业绩费用，还要看前期的损失是不是已经完全被覆盖了。
- 弥补性条款：如果对冲基金出现亏损的话，那么放在回收账簿中的业绩费，投资者是可以拿回来的，这个就叫做弥补性条款。

♣ 对冲基金的交易策略

◢ 基于股票市场的交易策略：

- 股票多空策略：指的是同时做股票的买入方和卖出方。一般来说选的是同类型的股票。

- 专事卖空策略：指的是专门做卖空的交易，不是同时进入多头和空头的交易。

- 基于债券市场的交易策略：
  - 可转债套利：买入价格偏低的可转债，同时卖出这个公司的普通债券和股票。
  - 固定收益套利：
    - 相对价值策略，指的是同时买入和卖出两个债券。买入低估的债券，卖出高估的债券。
    - 市场中性策略，指的是买入卖出固定收益类产品，但是在构造的时候会使得它跟利率之间没有任何的敏感度。
- 事件驱动的交易策略：
  - 困境证券：本质就是挖掘到一些在经历财务困境，但是价值被低估的一些产品，通过买入来获利。
  - 兼并套利：是基于兼并的信息来进行套利的，交易一旦没有达成，损失却是非常大的。
- 特殊的交易策略：
  - 新兴市场：主要投资新兴市场中的产品。
  - 全球宏观：主要用的是全球宏观的金融交易策略。
  - 管理期货：专门代理客户去做一些期货，尤其是商品期货的交易。

章节练习

◇ Which of the following characteristics is a key differentiator between mutual funds and hedge funds？

A. Professional asset management.

B. Immediate access to withdrawals from the fund.

C. Charging a fee for providing investment services.

D. Easy diversification for an investor.

答案解析：B

共同基金必须保证投资者能够立即从基金中提取资金，这是 SEC 的要求。

对冲基金有提前通知和锁定期，这就阻止了基金的立即赎回。

◇ What is the expected return to a hedge fund if the fund uses a standard 2 and 20 incentive fee structure with an investment that has a 35% probability of making 55% and a 65% probability of losing 45%？

A. 5.71%

B. 6.12%

C. 3.78%

D. 5.28%

答案解析：A

对冲基金的潜在收益为 $12.6\%=2\%+0.20\times53\%$。费用的预期收益计算如下：$(0.35\times12.6\%)\times(0.65\times2\%)=5.71\%$。

扫码获取更多题目

第二十九章 债券市场
Bond Market

一、利率	1. 利率类型	★★
	2. 单利与复利	★★★
	3. 即期利率与远期利率	★★★
	4. 利率期限结构假说	★
二、债券估值	1. 债券主要特征	★★
	2. 债券估值	★
三、风险度量维度	1. 利率风险	★★★
	2. 再投资风险	★★★
四、国债市场	1. 国债分类	★★
	2. 净价与全价	★★★
	3. 本息剥离债券	★★
五、公司债	公司债	★

◢ 学习目的

金融市场中的产品包含基础类产品与衍生类产品，其中基础类产品主要包含债券和股票。债券是金融市场非常常见的一类产品，而衍生品中有许多产品是以债券作为标的物进行设计的。所以要了解金融市场的产品就必须具有基本的债券知识。

◢ 考点分析

通过本章学习。各位读者需要了解无风险利率的概念；了解不同的复利方式；掌握即期利率与远期利率的互相转换；使用即期利率计算债券的理论价格；了解债券市场风险中的利率风险与再投资风险；掌握久期与凸性的实际运用；了解利率期限结构的主要理论；了解公司债契约及公司受托人在债券契约中的角色；了解高收益公司债的基本特征；了解公司债中的信用风险。

◢ 本章入门

本章节主要从几个不同的方面带着读者认识债券。

第一节，本节帮助读者了解一个金融市场基本维度利率，包括无风险利率和利率的计付方式。

第二节，本章会给读者简单地介绍一下债券定价的基本原则。

第三节，在所有的债券当中，投资者要考虑一个共同的风险，就是市场风险，本章会给读者引入一些市场风险度量的常用指标。

第四节，国债市场这一部分主要给读者介绍美国国债市场，这一节本书会介绍一下美国的中长期国债、短期国债的基本特点，而且会与后面的国债期货结合起来。

第五节，本节将为读者介绍公司债市场的基本特征，需要与国债市场区分学习。

第一节 利率

一、利率类型

— 考纲要求 —
了解无风险利率的概念。

在讲述利率这一节的时候，读者首先要了解一个概念，就是无风险利率。其实在风险管理基础部分，我们已经接触过无风险利率，无风险利率对于金融产品来讲是非常重要的，因为有很多金融产品，在估值的时候，就是基于风险中性条件下的估值，对应的折现率就是无风险利率。

名师解惑

风险中性假设：无论市场上的投资者风险态度如何，产品估值都是一样的，所用的折现率都是无风险利率，即资产价格以无风险利率增长。

- 考试小技巧 -
风险中性假设在第四门课估值与风险模型中应用地较多，第三门稍微了解即可，不必深究。

在风险中性条件下，产品估值用的折现率就是无风险利率。市场上常见的可用作无风险利率的利率主要有3种。这里简单和读者说明，因为FRM关注应用较多的是国际市场，所以读者会发现这里不讲存款的利率。因为国际市场上存贷款业务占比相对较小，做同业拆借或者资金融通业务相对较多一些，所以FRM体系里无风险利率通常不使用存贷款利率。

在金融市场上，第一个使用的比较多的无风险利率就是国债利率（Treasury Rate）。美国国债根据期限的不同可以分为以下三类，见表29-1：

表29-1 美国国债的种类及期限

国债种类	期限
美国短期国债（Treasury Bill）	≤1年
美国中期国债（Treasury Notes）	2-10年
美国长期国债（Treasury Bonds）	>10年

根据美国国债推算的零息利率即为国债利率。为什么可以使用国债利率作为无风险利率？因为大多数情况下，绝大多数国家是不容易违约的，所以国债利率近似地被看成是一种无风险利率。当然国债利率在使用的时候也存在一定的缺陷，这个读者稍微了解一下。

首先，如果出现大规模的金融危机，市场上经常会出现一种现象，叫做**"飞向安全资产"（Flight to Quality）**，它指的是，当出现大规模金融危机的时候，投资者普遍放弃高风险的风险投资资产，而去投资一些低风险的风险投资资产，这个时候很多人会去投资国债。国债的价格不仅仅和它本身的价值有关，还和它的供需有关，因为供需的影响，此时它的价格会有偏于它的价值，当价格发生较大变化的时候，它内含的利率就不能作为无风险利率替代。

名师解惑

如何通过国债价格求出内含的国债利率（无风险利率）？

例：假设目前一年期的美国国债价格是95，一年期美国国债面值是100，设一年期国债利率（无风险利率）是 r_1。

$$95\times(1+r_1)=100$$

$$r_1=5.26\%$$

在FRM考试当中，应用国债利率作为无风险利率比较多的市场是债券市场，在债券市场中，投资者研究债券的价值，研究债券的风险，正常情况下可以使用国债利率。

接下来介绍另一种常见利率，**LIBOR（London Interbank Offered Rate）伦敦银行间同业拆借利率**，LIBOR是由英国银行家协会，通过一些大银行之间拆借报出的利率的平均水平，作为LIBOR。Off rate指的是拆出利率，Bid Rate指的是拆入利率。LIBOR是同业拆借利率，也就是同业市场上进行资金融通的利率，它有不同币种的报价，有美元、欧元、英镑等，在其他市场上，还有新加坡同业拆放利率（SIBOR）、纽约同业拆放利率（NIBOR）、香港同业拆放利率（HIBOR）等等。中国用的主要是上海银行间同业拆借利率（SHIBOR）。一般来说，LIBOR在衍生品市场上会用的比较多。

> 重点单词
> Overnight Interbank Rate：隔夜银行同业拆借利率

在2007~2008年金融危机发生前，在衍生品价值估计中普遍采用LIBOR作为无风险利率参照。然而，在金融危机时期，LIBOR出现大幅增长，因而市场参与者开始对采用LIBOR作为无风险利率参照出现质疑。更多的市场参与者逐步认识到隔夜银行同业拆借利率是一个更好的参照，因此目前市场上主要采用由隔夜指数掉期交易（OIS）确认的隔夜银行同业拆借利率而不是国债利率作为衍生品价值估计的参照利率。

> 重点单词
> Overnight Indexed Swap(OIS)：隔夜指数掉期交易

LIBOR将在未来被逐步淘汰，将由基于实际交易而不是估算的费率取而代之。两个可供选择的主要利率是：回购隔夜利率和隔夜银行间拆借利率。基于这一原因，美国已经提议使用基于回购的担保隔夜融资利率（SOFR）作为替代。

> 重点单词
> Secured Overnight Financing Rate(SOFR)：担保隔夜融资利率，FRM 考试近年来也聚焦 SOFR 这个新兴的市场利率上，详细的解读。

还有一个在金融市场上经常会看到的利率就是**回购利率（Repo Rate）**，Repo 指的是**回购**（Repurchase），在二级操作风险中，本书会为读者详细介绍有关回购的内容。在这里本书简单举例介绍下回购的特点。

假设现在有一个金融机构 A 缺少资金，但 A 机构有资产，A 想去市场上进行融资的话，就可以采取回购的方法。具体方法如下：

在期初的时候，机构 A 把资产卖给 B，然后 B 给 A 资金，这个操作就相当于卖出资产，而回购交易中，A 在期初除了有这么一个卖出的操作以外，它还会承诺，在未来约定的时刻以一个约定的价格再把资产买回来。比如第二天，A 就会把借的钱加上利息还给 B，然后再把资产买回来，这就是典型的回购的过程。在这个过程中，A 就是做回购交易的人，B 就是做逆回购（Reverse Repo）交易的人，这个交易很像有抵押的贷款，所以它也是融资的一种方式，它的利率确定原则，是根据期初卖出资产和期末买入资产，两个现金流的差额、回购期间长短、借款本金大小决定的，如图 29-1。

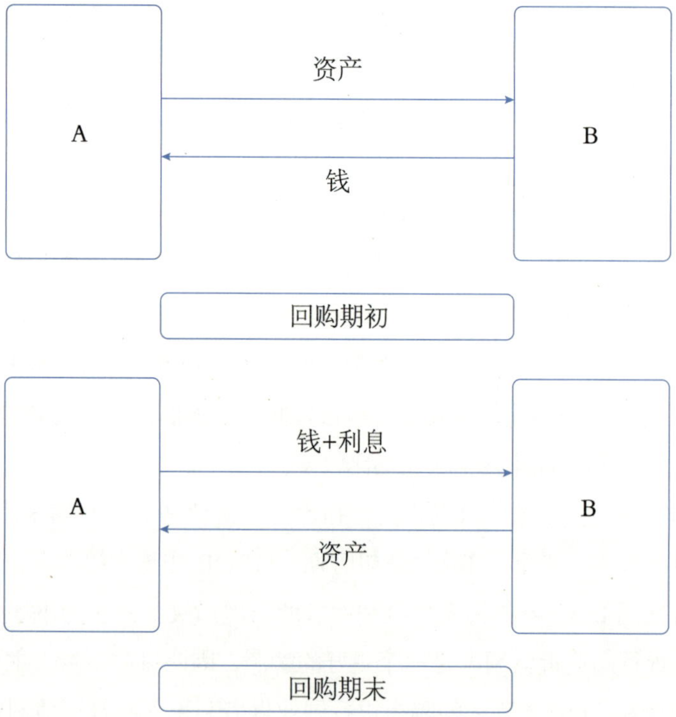

图 29-1　回购的交易机制

二、单利与复利

在金融市场中，计付利息的方式有两种，一种叫做**单利**（Simple Interest），另一种叫做**复利**（Compounding Interest），单利的计付特点：投资者每一期计付利息的基准，是投资者期初投入的现金，也就是说，投资者每一期收到的利息不再放入原来的资金池。

举个例子

假设期初投资者持有 100 元的本金，当前市场利率是 10%，假设现在是按单利来计付的，投资期两年，那么第一年的利息是按照市场上的 10% 和 100 元来决定的，第二年的利息也就是按照 100 元来决定的，跟第一年收到的 10% 的利息没有任何的关系，所以第二年的利息仍然是 10 元。所以，如果要研究两年末 100 元的时间价值的话，那就应该包含以下部分：

第一年利息 $=100\times10\%=10$（元）

第二年利息 $=100\times10\%=10$（元）

到期价值 $=100+10+10=120$（元）

$FV=PV\times(1+r\times t)$

即到期价值 = 期初价值 ×（1+ 利率 × 时间）。

名师解惑

本节是计算的基础，需要反复练习。因为很多产品，投资者需要对其进行估值，估值就不可避免地需要了解货币的时间价值，这个时候投资者就需要了解利息的计付方式。

FRM 中比较重要的计付利息方式是**复利**（Compounding Interest），整个 FRM 考试中，基本上大多数产品计算用的都是复利的方式，所以复利这一部分考生是需要重点掌握的。尤其在后面的计算当中，会反复地应用。

复利其实就是利滚利，投资者每一期拿到的利息，会再放到资金池当中，加上本金一起来计算下一期的利息。

举个例子

投资者期初本金投入100元,10%的利息,投资期两年,假设是按年付息,复利计付方式如下:

第一年利息 =100×10%=10 元

第二年利息 =100×(1+10%)×10%=11 元

到期价值 =(100+100×10%)×(1+10%)=121 元

$$FV=PV\times(1+r)^n$$

按年计算的一般复利方式叫做年复利（Annually Compounding），这是一般复利中的一种情况，在考试中，投资者常见的另外一种情况是半年度复利（Semi-annually Compounding），即每半年支付一次利息，因为在FRM考试中，考生常常会接触到一种产品类型，就是美国国债，美国中长期国债全部是半年付息的，所以Semi-annually Compounding在考试中出现的次数非常多。

举个例子

延用上例，投资者投资两年，半年付息一次，即在0.5年的时候要计付一次利息，在1.5年的时候也要计付一次利息，这个时候我们要对上式做一些调整，主要调整2个部分（如图29-2）。

第一个调整，因为10%是年化表示的利率（注意：FRM考试以及日常生活中常见的利率都是年化利率），也就是说，投资者每一期收到利息的标准是10%/2。

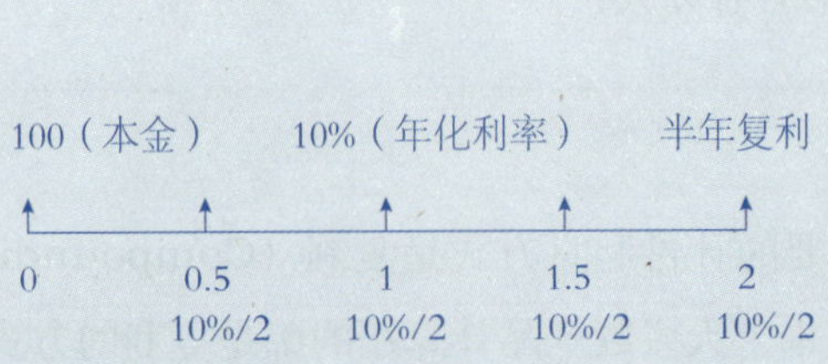

图 29-2　付息周期的调整

第二个调整，按年计息的话，两年计息的次数是两期，投资者现在按半年来计算复利的话，计息期数就是4期。

调整前与调整后的公式对比如下：

$$PV \times (1+r)^{n}=FV$$

$$PV \times (1+\frac{r}{2})^{2 \times n}=FV$$

n 仍然代表年数，2×n 表示每年计息的期数，而 r/2 表示要调整到每一期的利率，如果说投资者按照季度来付息的话，公式就变成：

$$PV \times (1+\frac{r}{4})^{4 \times n}=FV$$

以此类推，读者最后可以得到一个通式，这个通式就是：

$$PV \times (1+\frac{r}{m})^{m \times n}=FV$$

m 代表一年内计息的次数，对于所有类型的一般复利，读者都可以用这个公式计算。

以上为读者讲述的是一般复利，还有一种特殊的计付利息的方式：连续复利。连续复利，读者可以看成每分每秒都在计付利息，即计付利息的资金池每分每秒都在增加，这种复利方式叫做连续复利（Continuously Compounding）。

连续复利，就相当于如果分不同期的话，这个期数是趋向于无穷大的，相当于在计算如下的式子：

$$\lim_{m \to \infty} (1+\frac{r}{m})^{m \times n} \times PV=FV$$

这里会用到数学里的一个结论，如下：

$$\lim_{m \to \infty} (1+\frac{1}{m})^{m}=e$$

这里的 e 和 π 类似，它有具体取值，e=2.71828……。这里用 e 来表示这个数据，结合这个结论，我们可以把式子改写成：

$$PV \times e^{r \times n}=FV$$

当然，考试往往要求的是根据终值求现值，则在第一种情况即一般复利的情况下，现值计算公式如下：

$$PV=\frac{FV}{(1+\frac{r}{m})^{m \times n}}$$

第二种情况，连续复利，现值计算公式如下：

$$PV=FV \times e^{-r \times n}$$

考试当中，考生用到 PV 公式可能会比较多一些。

接下来，本书给读者介绍不同状态下利率之间的转换。

举个例子

假设当前市场利率，连续复利状态下，是10%，但是投资者投资的金融产品是按季度复利的，这个时候投资者就不能直接将当前连续复利状态下的市场利率10%用于金融产品的现值计算，必须将该市场利率转换成季度复利率，才能够应用到这个产品现值计算中去。

转换思路如下：假设投资者投资收益率是10%，连续复利来计算的话，期初假设是1元钱，期末的话就是$e^{10\%}$。但现在是季度复利，假设利率为r，我们可以得到如下公式：

$$e^{10\%\times 1}=(1+\frac{r}{4})^4$$

利用上述公式，读者就可以将10%的连续复利率转化成按季度复利的利率，当然，这里的r也是年化利率。转化好之后，读者就可以将计算出的利率应用到产品的现值计算当中，所以这里考生要注意，这个考点很有可能出现在很多题目的题干当中，作为基础的运算，是需要考生掌握的，可能最终考的不是这个，但是它可能会在题干当中出现，作为一个陷阱，需要考生注意细节。

本节在最后做了一个公式小结，分别是一般复利的形式，连续复利的形式，以及不同状态下利率之间进行转换的公式，在本书中，最后总结的公式都属于必记的项，是比较容易考的内容，希望引起读者注意。

名师解惑

本节重点掌握以下公式：

$$FV=PV\times(1+\frac{R_m}{m})^{mn}$$

$$FV=PV\times e^{R_c\times n}$$

$$PV\times e^{R_c\times n}=PV\times(1+R_m/m)^{m\times n}$$

三、即期利率与远期利率

利率当中，读者还要了解一个内容，就是**即期利率**（Spot Rate）和**远期利率**（Forward Rate），这两个利率之所以要掌握，是因为本书后面会讲到很多衍生产品，而衍生产品是关于未来的一个约定，这个时候就涉及投资者对未来的一个预期，比如说未来的价格、未来的利率等，这些在金融市场中是很重要的。投资者通常知道即期利率，那是否可以根据即期利率去预测远期利率呢？这里本书就来介绍一下即期利率和远期利率之间的关系。

即期利率的定义：一个 t 年到期的零息债券的**到期收益率**（Yield to Maturity，YTM）。这个定义在没有给读者作展开之前读者可能不是很容易理解，在此本书举个例子帮助读者理解一下，首先，债券是一种债权债务关系的凭证，比如国债，就是国家到市场上进行融资，所以债券跟人们平时生活中的借条非常的像，但债券跟借条最大的区别，就是债券是有价债券，它是可以在市场上进行流通转让的，债券当中又分为付息债券和零息债券，付息债券是指投资者在债券的持有期当中，会定期地收到一笔利息，就相当于融资方借这笔资金的成本，还有一种债券是零息债券，零息债券的特点就是投资者在整个持有期当中是不付息的，它通过折价发行达到“付息”的效果。举个简单的例子，比如投资者现在持有一个债券，面值是 100 元，也就是到期要还的本金是 100 元，但是这个债券是一个零息债券，持续期内（0~T 时刻）都是不支付利息的，那么这个债券它在期初发行时，就是折价发行的，它可能期初只要 95 元，投资者就可以买到了，那么这其中，95 元和 100 元这之间的差额就是它潜在的利息，这就是一个零息债券。即期利率的定义，对应的就是这一种情况，即期利率等于零息债券所对应的到期收益率。根据上述例子，1 年期零息债券，期初投资 95 元，期末收到 100 元，这其中所对应的收益率 r，根据上文总结的结论，假设用一般年复利进行计算，可以计算出等式中的 r，也就是 1 年期即期利率。

$$95\times(1+r)=100\text{ 元}$$

在国内，投资者经常会看到这些利率往往是以存款利率来反映的，在国际市场上，因为存款比较少，债券比较多，所以大多数情况下，即期利率是以零息债券的到期收益率来反映的。

一般来说，投资者在市场上观察到的即期利率通常这样表示（如图 29-3）：1 年的即期利率是 Z_1，2 年的即期利率是 Z_2。

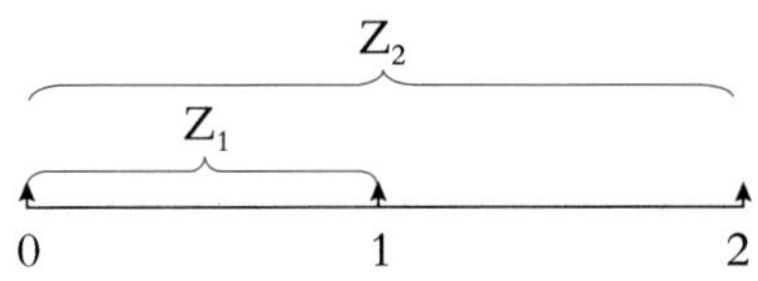

图 29-3　即期利率

接下来介绍远期利率。远期利率比较特殊，远期利率指的是在未来某一个时点开始的一段期间的利率，在上文的图中，其中一个远期利率，比如 $F_{1,2}$（1 年末到 2 年末的远期利率），可以用图 29-4 表示。

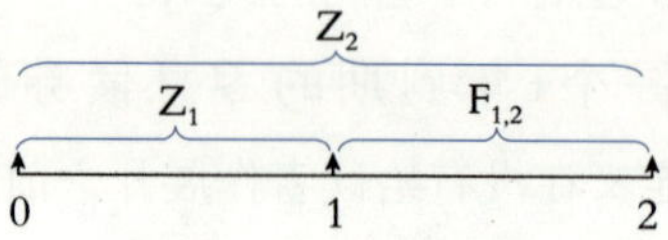

图 29-4　远期利率

如图 29-4 所示，该远期利率在现在，也就是 0 时刻，是看不到的，在 1 时刻才能看到，它指的是未来的一个预期。学术上可以通过即期利率去预测远期利率的值，接下来会介绍一下这样预测的原理。

假设投资者在 0 时刻知道 T_1 时刻和 T_2 时刻对应的即期利率是 Z_1 和 Z_2。问题：求 T_1 到 T_2 时刻的远期利率（如图 29-5）。

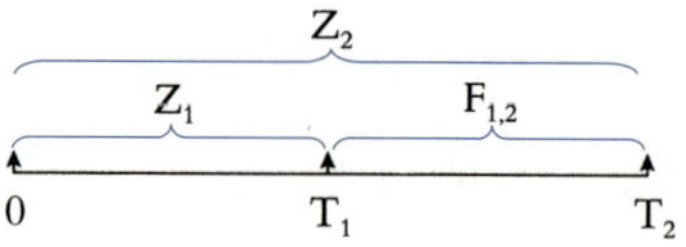

图 29-5　即期利率与远期利率关系图

思路：投资者已知 Z_1 和 Z_2，要求 $F_{1,2}$。读者可以将这个问题换个角度思考，假设投资者采取两种不同的投资方式，第一种，直接从 0 时刻投资到 T_2 这一段时间，第二种，投资者先投资到 T_1，然后把投资收回的钱，再从 T_1 投资到 T_2，如果说市场上不存在套利机会的话，这两种投资方式最终给投资者带来的收益应该是完全一样的，否则，投资同样的钱，最后的收获不一样，就一定会存在套利机会。考虑一般复利与连续复利的两种形式，两者投资方式到期价值相等，计算远期利率公式如下：

> — 考纲要求 —
> 掌握即期利率与远期利率的互相转换。

一般复利：$(1+z_2)^{T_2}=(1+z_1)^{T_1}(1+F_{1,2})^{T_2-T_1}$

连续复利：$e^{z_2T_2}=e^{z_1T_1}e^{F_{1,2}(T_2-T_1)}$

读者可以根据这两个式子计算出远期利率。远期利率在衍生品市场中具有重要作用，在后面利率期货、远期利率协议中，它们的标的资产本身就是未来某段期间的利率，那么这种情况下投资者就需要对未来的利率去做预期，进而判断这份合约对投资者的价值。

名师解惑

根据即期利率计算远期利率：

一般复利：$(1+z_2)^{T_2}=(1+z_1)^{T_1}(1+F_{1,2})^{T_2-T_1}$

连续复利：$e^{z_2T_2}=e^{z_1T_1}e^{F_{1,2}(T_2-T_1)}$

四、利率期限结构假说

> 考纲要求
> 了解利率期限结构的主要理论。

本书做一个特别的展开，这个展开的知识点官方教材没有讲，但是在考试或者习题中经常会用到。这个知识点就是利率期限结构（Interest Term Structure），利率期限结构指的是即期利率和期限之间的关系。

市场中常见的利率期限结构是向上的（Upward Sloping），如图 29-6：

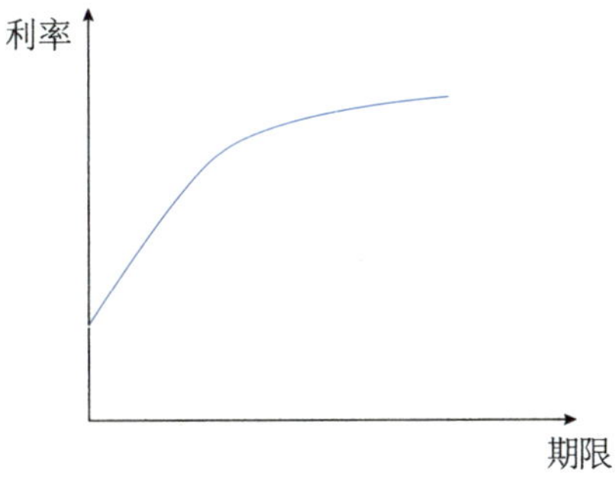

图 29-6 向上倾斜的利率期限结构

然而在有些题目中，利率期限结构也有可能是平坦（Flat）的，如图 29-7，不过更多情况下它只是一种假设。

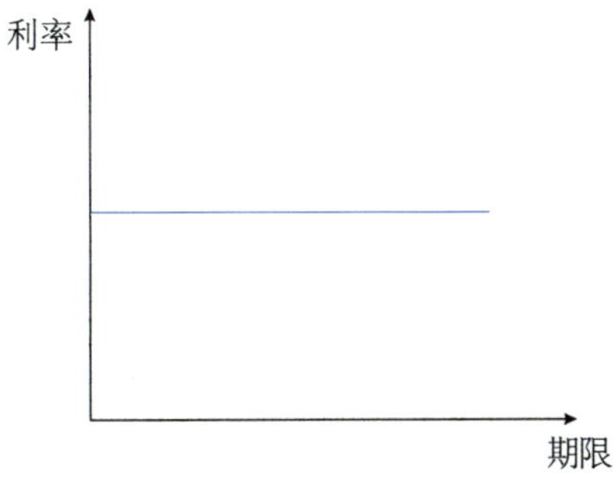

图 29-7 平坦的利率期限结构

基于利率期限结构的**向上（Upward Sloping）**这一情况，市场上有一些基本的理论来解释它的形状，这些理论在 FRM 的考纲要求内，但是目前考试没有考到过，所以读者可以稍微了解一下三种解释利率期限结构的理论。第一种理论叫做纯预期理论，纯预期理论认为：利率期限结构完全取决于市场对未来利率的预期，即长期债券即期利率是短期债券即期利率的函数。也就是说长期即期利率是短期预期利率的无偏估计。

长期即期利率 = 未来短期即期利率的几何平均值。

【理解】不同期限的债券是完全替代品，见图 29-8。

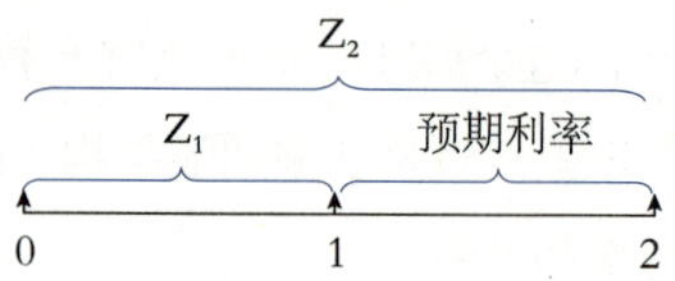

图 29-8 即期利率与预期利率的关系

$$(1+z_2)^2=(1+z_1)(1+\text{预期利率})$$

（1）预期利率 $>z_1 \Longrightarrow z_2>z_1 \Longrightarrow$ 利率期限结构向上；

（2）预期利率 $=z_1 \Longrightarrow z_2=z_1 \Longrightarrow$ 利率期限结构平坦；

（3）预期利率 $<z_1 \Longrightarrow z_2<z_1 \Longrightarrow$ 利率期限结构向下。

纯预期理论现在用的不多，它并不能很好地解释通常情况下长期利率比短期利率更大，即利率期限结构**向上**（Upward Sloping）这种情况，因为它把不同期限的债券看作是完全替代品。这是最早提出的一种理论。

> 考试小技巧
> 1. 无风险利率如何确定，本章主要关注的是国债利率和 LIBOR；
> 2. 利率的计付方式，掌握连续复利的计算和一般复利的计算；
> 3. 即期利率和远期利率的关系，掌握它们之间的转化计算公式。

第二个理论叫做**市场分割理论**（Market Segmentation Theory）。市场分割理论认为，短期利率市场和长期利率市场之间是相互分割的，短期利率由短期市场决定，长期利率由长期市场决定，跟它们的供需关系有关，这个理论也没有办法解释为什么大多数情况下利率期限结构是向上的。

所以，现在对于利率期限结构向上，解释效果最好的是第三种理论——**流动性偏好理论**。该理论认为：短期债券的流动性比长期债券高，因为债券到期期限越长，利率变动的可能性越大，利率风险就越高。投资者为了减少风险，偏好于流动性好的短期债券，因此，长期债券要给予投资者一定的流动性溢价，投资者才会购买。

第二节 债券估值

一、债券主要特征

在本书简单地介绍债券定价的原则之前，读者不妨先思考一下债券的本质。债券，是一个具有有价债券特征的借条，所以，它反映的是债权债务关系，有时投资者也称一份债券合约为 Indenture，即债券的契约，这个契约约束了债权债务人之间的关系，通常债券发行人就是借款人，是需要融资的这一方，而投资者是借出资金的一方；而另一方面，债券是具有有价特征的，是可交易的，自然涉及到估值，估值的原则本书在下一节介绍，本书在这一节重点为读者介绍债券合约的主要特征。债券的主要特征分为四个维度反映：

第一个维度，**息票率**（Coupon Rate），即借款的时候，借款人承诺在每一期支付的利息率；

第二个维度，**面值**（Face Value），面值指的是债券最后实际归还的本金金额，也就是 FV；

第三个维度，**期限**（Maturity），这三个元素在债券的契约上都是有明确的规定的；

第四个维度是没有明确规定的，但在债券分析中是非常关键的，即到期收益率（Yield to Maturity），根据这个利率投资者可以确定债券的价值。

接下来对这些维度进一步展开。

息票率，根据支付利息方式的不同，债券可以分为三种，**固息债**（Fixed Coupon Bond）；**浮息债**（Floating Coupon Bond），浮息债的利率是根据市场决定的，比如说第一期支付的利息是根据 0-1 时刻的市场利率决定的，第二期支付的利息由接下来一段期间的市场利率所决定的；**零息债**（Zero Coupon Bond），零息债期中是不支付利息的，期末偿付的是本金，期初折价发行，它的利率就隐含在 PV 和 FV 这两个价格的差额里面。

面值，面值和债券的价值是不等价的。价格表示这个债务契约在市场中值多少钱，而面值表示借款人在这笔契约中借了多少钱，最后要还多少钱，这是两个不同的概念，但是通过这两个值的比较，投资者可以判断这个债券是溢价发行，还是折价发行的。

第一种情况：当债券的价格大于面值，此时债券是**溢价发行的**（Price at Premium），通常出现在债券承诺的利息要高于市场利率的时候，代表债券上获得的利息要比市场上获得的利息要多，所以就偏贵一些；第二种情况：当债券价格等于面值，此时债券是**平价发行的**（Price at Par），对应的息票率等于市场利率；第三种情况：当债券价格小于面值，此时债券是**折价发行的**（Price at Discount），一般出现在发行人承诺的利息小于市场利率时。

名师解惑

一般来说，平价发行（Price at Par）这个知识点不会单独考，但是如果出现在题干中，考生要能够判断出息票率（Coupon Rate）和到期收益率（Yield）之间的关系。具体总结如表 29-2：

表 29-2　不同债券息票率与到期收益率之间的关系

息票率＜市场利率	折价发行	债券价格＜面值
息票率＝市场利率	平价发行	债券价格＝面值
息票率＞市场利率	溢价发行	债券价格＞面值

二、债券估值

接下来，本节简单地介绍一下债券的定价原则，以两年期的付息债券为例。

举个例子

投资者投资两年期债券，一年付息一次，息票率 10%，面值 100 元，市场利率 8%，求债券价值。

投资者投资该债券，应该获得两笔现金流。第一笔现金流，是第一年末，投资者收到的债券利息；第二笔现金流，是第二年末，投资者收到的债券本金加利息。具体时间轴如图 29-9 所示：

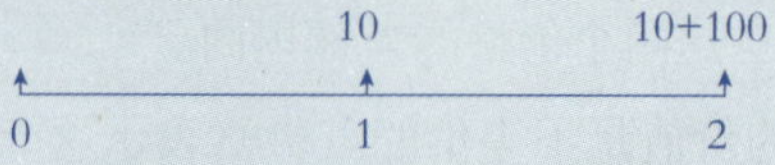

图 29-9　2 年期债券现金流

接下来，将这两笔现金流分别折现：

第一笔现金流折现：$PV_1=\frac{10}{(1+8\%)}=9.26$ 元

第二笔现金流折现：$PV_2=\frac{10+100}{(1+8\%)^2}=94.31$ 元

因为投资者投资债券收到这两笔现金流，所以现金流折现求和就是债券的价值，即债券价值 =9.26+94.31=103.57 元。

根据这个方法，可以得到债券价值等于未来现金流贴现求和。通式如下：

$$P=\frac{C_1}{1+y}+\frac{C_2}{(1+y)^2}+\ldots+\frac{C_T}{(1+y)^T}=\sum_{t=1}^{T}\frac{C_t}{(1+y)^t}$$

这个计算公式有两点需要读者注意，首先 y 表示每一期的市场利率，其次 t 表示实际的期数。

之所以这里要强调每一期的利率，是因为债券可能不是按年付息的，可能是半年付息的。

比如：投资者投资两年期债券，半年付息一次，息票率 10%，面值 100 元，市场利率 8%，求债券价值。

投资者收到 4 笔现金流，每笔现金流折现分别是：

第一笔现金流折现：$PV_{0.5}=\frac{5}{(1+\frac{8\%}{2})}=4.81$ 元

第二笔现金流折现：$PV_1=\frac{5}{(1+\frac{8\%}{2})^2}=4.62$ 元

第三笔现金流折现：$PV_{1.5}=\frac{5}{(1+\frac{8\%}{2})^3}=4.44$ 元

第四笔现金流折现：$PV_2=\frac{100+5}{(1+\frac{8\%}{2})^4}=89.75$ 元

债券价值 =89.75+4.44+4.62+4.81=103.62 元

也可用计算器 I/Y=8/2=4，N=2×2=4，FV=100，PMT=100×10%/2=5 计算得出。

以上就是债券估值的原则：核心思想是未来现金流贴现求和。

然而实际操作中并没有这么简单，因为这里本书所使用的折现率是到期收益率（Yield to Maturity），它是一个“平均的利率水平”，而每个时刻的现金流，实际上是用每个时刻对应的即期利率进行折现再求和，因此债券定价公式如下：

$$P=\frac{C_1}{1+z_1}+\frac{C_2}{(1+z_2)^2}+\ldots+\frac{C_T}{(1+z_T)^T}=\sum_{t=1}^{T}\frac{C_t}{(1+z_t)^t}$$

相比较前面一种方法，这种方法所使用的折现率是每个时刻对应的即期利率，即期利率可以通过零息债券倒算求出，所以这里用 z_t 表示。

— 考纲要求 —

使用即期利率计算债券的理论价格。

举个例子

假设有一个2年期的美国国债，本金是100美元，息票率是6%，半年复利，即期利率如表29-3，计算债券价格。

表 29-3 不同到期时间零息债券对应的即期利率

零息债券到期时间（年）	即期利率（%，连续复利）
0.5	5.0
1	5.8
1.5	6.4
2	6.8

债券价格 $=3\times e^{-0.05\times0.5}+3\times e^{-0.058\times1}+3\times e^{-0.064\times1.5}+103\times e^{-0.068\times2}=98.39$（美元）

还有一种特殊的债券是永续债券，永续债券是类似于年金（Annuity）的一个金融产品，它的特点就是每一期支付一笔固定的现金流，但是没有到期日，那么它的价值就相当于一个等比数列求和，如下所示：

$$P=\lim_{t\to\infty}\frac{CF_1}{(1+y)}+\frac{CF_2}{(1+y)^2}+\ldots+\frac{CF_t}{(1+y)^t}=\lim_{t\to\infty}\left(\frac{CF}{1+y}\times\frac{1-(\frac{1}{1+y})^t}{1-\frac{1}{1+y}}\right)=\frac{CF}{y}$$

名师解惑

债券价格等于未来现金流贴现求和，有两个公式。

第一个公式，根据到期收益率计算：【注：这种方法可直接用计算器计算】

$$P=\frac{C_1}{1+y}+\frac{C_2}{(1+y)^2}+\ldots+\frac{C_T}{(1+y)^T}=\sum_{t=1}^{T}\frac{C_t}{(1+y)^t}$$

第二个公式，根据即期利率计算：

$$P=\frac{C_1}{1+z_1}+\frac{C_2}{(1+z_2)^2}+\ldots+\frac{C_T}{(1+z_T)^T}=\sum_{t=1}^{T}\frac{C_t}{(1+z_t)^t}$$

永续年金价值公式：$P=\frac{CF}{y}$

第三节　风险度量维度

一、利率风险

> — 考纲要求 —
> 了解债券市场风险中的利率风险与再投资风险；掌握久期与凸性的实际运用。

研究债券利率风险，即研究利率变动对债券价格带来的影响。

根据债券价格的定价公式：

$$P=\sum_{t=1}^{T}\frac{CF_t}{(1+y)^t}$$

分子包括利息和本金，而这两项通常是确定的，那么在这个公式里面唯一变化的因素就是利率，所以研究债券价格的变动，研究的就是利率变动对债券价格的影响，而这种利率的不确定性，导致债券价格的不确定性，也是债券市场风险的主要来源。

接下来，本书根据这个函数关系，以 10 年期，6% 的息票率，按年付息的债券为例，如图 29–10：

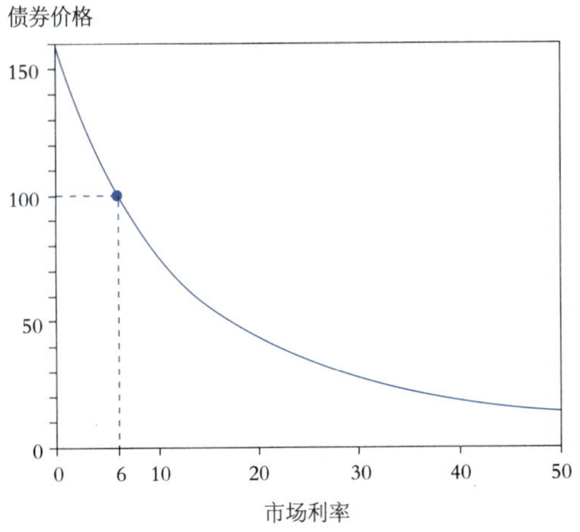

图 29-10　利率与债券价格关系图

根据这个图形，可以观察得出两个重要的结论：

结论一：债券价格与利率之间存在一个反向变动的关系。

结论二：债券的价格变动和利率变动之间是一个非线性关系。而这个非线性关系对于投资者来说是好的。因为它会使债券价格在利率上升的时候，价格下降得更慢，在利率下降的时候，价格上涨得更快。

这对于投资者是有好处的，其实是因为曲线**凸度**（Convexity）的存在。这个曲线可以把它看做是一个凸的曲线，表示整个曲线从左到右，斜率是从高到低变化的。

FRM 里面关于凸度的正负的定义如图 29-11：

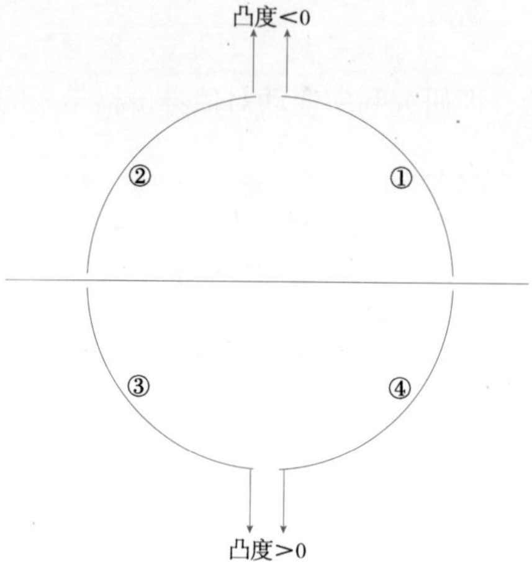

图 29-11　凸度的定义

曲线①和②，凸度< 0，曲线③和④，凸度> 0。

一般来说，债券价格与利率之间的关系，如曲线③。

债券的市场风险，分为两种情况。

第一种市场风险，利率变化导致债券价格变化的风险。即 Δy 导致 ΔP，这种市场风险通常称之为**利率风险（Interest Rate Risk）**；第二种市场风险，是利率发生变化，对于再投资带来的影响，这种风险主要出现在付息债券当中，付息债券在期初投资，也就是付钱购买的时候，投资者其实是有一个隐含预期的，即预期未来每期收到的利息都是以期初到期收益率进行再投资，而后期由于利率发生变动，收到的利息不能按照到期收益率投资的风险，通常称之为**再投资风险（Reinvestment Risk）**，再投资风险在后文会有介绍。

而 FRM 考试考得比较多的是第一种，第二种考生了解其特征即可。

在传统金融中，当人们还没有意识到利率和债券价格存在关系的时候，人们如何简单判断一份债务契约的风险？比如甲向乙借 200 元，现在乙提供两种还钱方案，一种是一年以后还，一种是两年以后还。具体的现金流如图 29-12 所示：

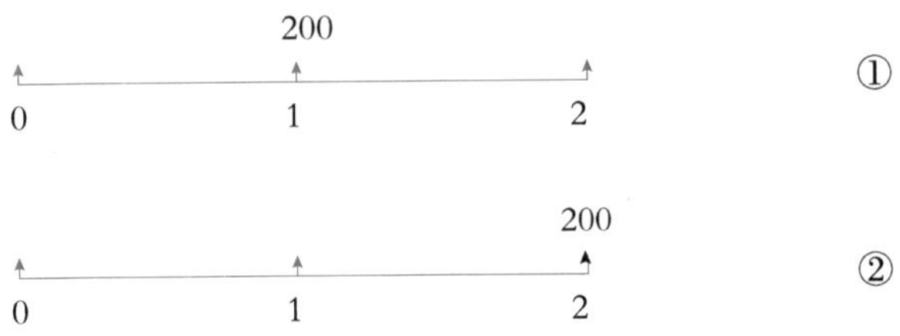

图 29-12　两种还款方式

对于控制风险而言，乙更偏爱第一种，因为时间越短，越安心。

但金融市场可能比读者想象地要复杂得多。可能会存在以下还款方式，100 元是甲第一年还的，另外 100 元是第二年还的，现金流如图 29-13：

图 29-13　金融市场上其他的还款方式

上述还款方式的平均还款时间是 1.5 年，如果考虑时间价值的话，这两个 100 元是不一样的，应该放在同一个时刻点上进行比较。如果市场利率是 10%，都折现到期初进行比较的话，折现到 0 时刻分别是 91 元和 83 元，如图 29-14：

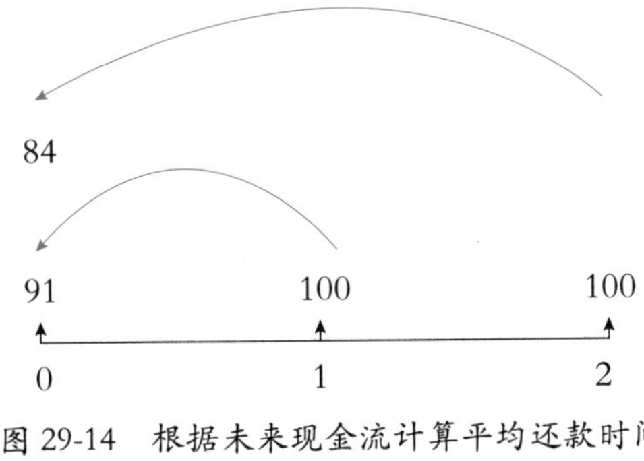

图 29-14　根据未来现金流计算平均还款时间

根据价值权重，计算平均还款时间：

$$\frac{91}{83+91}\times 1+\frac{83}{83+91}\times 2=1.47\text{（年）}$$

这种方法相对于 1.5 年计算更合理一些。传统的借贷方式可以借助这种方法去判断风险，还款时间越短，风险越小。根据以上分析，即传统金融关系对于借贷风险的判断，一开始就是用平均还款时间这样一个维度，而这个维度，有一个专有名词，叫做**麦考林久期（Macaulay Duration）**，麦考林久期衡量的是以折现现金流为权重的现金流回流的平均时间，所以它衡量的是平均还款期的概念。

具体数学推导如下：

$$Mac.D=\frac{\sum_{t=1}^{T}\left[\frac{C_t}{(1+y)^t}\times t\right]}{\sum_{t=1}^{T}\frac{C_t}{(1+y)^t}}=\frac{\sum_{t=1}^{T}\left[PV(C_t)\times t\right]}{P}=\sum_{t=1}^{T}\left[\frac{PV(C_t)}{P}\times t\right]=\sum_{t=1}^{T}\left[\omega_t\times t\right]$$

它衡量的是平均还款时间，以每笔现金流现值在总现值中的占比为权重，再乘以对应时间，加总求和。

从上面的例子当中，还能得出一个结论，观察第二个时间轴，其实只有单笔现金流，单笔现金流类似于零息债券，那么它的麦考林久期就等于到期日，而付息债券，因为前期有现金流流入，所以它的麦考林久期就比到期日要短一些。

由于债券价格的变动主要是由于收益率的变动导致的，因此在分析债券市场风险时通常主要分析的是债券价格变动与收益率变动之间的关系。目前，在对这种变动关系进行量化分析时最常用的指标就是久期。久期反映的是价格变动与收益率变动之间的敏感程度。有了这一维度，我们可以近似估计债券价格的变动：

$$\Delta P=-DP\Delta y$$

其中，P 代表债券价格，D 代表久期，Δy 代表收益率变化，ΔP 代表价格变动。

在久期的估计中，收益率不同的复利方式会影响到实际的久期估计模型。

当收益率采用连续复利计算时，合理的久期估计采用的是麦考林久期的估算方法。而麦考林久期实际衡量的是以折现现金流为权重现金流回流的平均时间，举例来说，如果有一个两年期的债券，现值为 93.06 美元，第一年现金流现值为 5.45 美元，第二年现金流现值为 87.60，因此麦考林久期为：

$$\frac{5.45}{93.06}\times 1+\frac{87.60}{93.06}\times 2=1.9414$$

因此，如果收益率发生 1 个基点（0.0001）的上升，债券价格的变动可以通过以下方法进行估计：

$$-1.9414\times 93.06\times 0.0001=-0.01807$$

也就是说，债券价格预计将从 93.06 美元跌到 93.04 美元。

当收益率采用其他复利计算时，合理的久期估计采用的是**修正久期（Modified Duration）**的估算方法。而修正久期实际衡量的是利率变动一单位对应的债券价格变动的百分比。修正久期的计算可以通过对麦考林久期进行修正来获得：

$$修正久期=\frac{麦考林久期}{1+年化收益率/期数}$$

根据复利方式不同，我们可以分别使用麦考林久期及修正久期来估计债券价格随利率变化而变化的情况。除此之外，我们也可以采用美元久期来进行估算，美元久期实际上是修正久期与债券价格的乘积。

当利率曲线出现小幅平行移动时，采用久期来估算价格变动是一个良好的近似估计，但当利率曲线发生非平行移动或者变动幅度较大时，这个估计则存在一定的偏差。

为了债券之间绝对量的比较，需要研究利率变动对应的债券价格变动。所使用的指标是美元久期（Dollar Duration）。

$$DD=\left|\frac{dP}{dy}\right|$$

美元久期衡量的就是价格变动与利率变动直接的关系，所以它衡量的就是曲线斜率的绝对值。

修正久期非常重要，考试当中给到的**久期（Duration）**，未直接说明的话，通常都是修正久期，修正久期表示利率变动 1 个单位，对应的价格变化百分比。考试经常会考这些维度之间的转化。

特别注意，这里的 y 是每期利率，所以一旦题目中出现半年付息的话，而利率又是年化表示的话，那么分母应该是 y/2。

通式如下：

$$MD=\frac{1}{1+y/m}Mac.D$$

m：表示一年之内的付息次数；

y：年化利率。

修正久期在 FRM 考试中通常会用在两个地方，一个是对冲，一个是风险估计。

接下来，再介绍一个风险维度，这个风险维度非常重要，即 DV01。

DV01，表示市场利率变动是 1bps，价格变动多少，也就相当于 $\Delta y=0.0001$ 时，Δp 等于多少。具体公式：

$$DV01=D\times P\times 0.0001$$

注意：这里的 D 是修正久期

DV01 也可写成：

$$DV01=DD\times 0.0001$$

之所以要研究 DV01，其实与对冲有关，某些资产的 DV01 提前就可以估算，所以研究 DV01 一方面也是因为实务的需要。

但是这些风险度量指标在使用的时候，会出现一个问题，就是这些指标在 Δy 比较小的时候，Δp 计算是相对准确的，但是当 Δy 比较大的时候，由于利率和债券价格是非线性的关系，误差就比较大。

此时需要将另一个风险度量指标考虑在内，就是**凸度**（Convexity）。

凸度的推导公式如下：

$$\frac{d^2f}{dy^2}=\sum_{t=1}^{T}\left[t\times(t+1)\times\frac{\frac{CF_t}{(1+y)^{t+2}}}{P}\right]\times P$$

$$=\frac{1}{(1+y)^2}\left[\sum_{t=1}^{T}(t^2+t)\times\omega_t\right]\times P$$

$$=\frac{1}{(1+y)^2}\left[\sum_{t=1}^{T}(t^2\times\omega_t)+\sum_{t=1}^{T}(t\times\omega_t)\right]\times P$$

$$=\frac{1}{(1+y)^2}\left[E(t^2)+D_{Macaulay}\right]\times P$$

$$=\frac{1}{(1+y)^2}\left[\sigma^2+D^2{}_{Macaulay}+D_{Macaulay}\right]\times P$$

有时研究资产组合的时候，就需要计算组合的久期和凸度，计算的时候要利用加权平均的方法去计算组合的久期和凸度。以组合当中每个资产的价值占比作为权重，然后乘以各自的久期和凸度，得到组合的久期和凸度，算出来之后，投资者就可以根据组合的久期和凸度算出整个组合的价值变动，举例如下：

如表29-4，债券以百元面值报价。

表29-4 债券组合内不同债券的权重、久期和凸度

息票率	到期时间	到期收益率	价格	面值（百万）	权重	久期	凸度
5.00%	5	4.00%	104.4912925	3	22.97%	4.41	22.92
6.00%	15	5.00%	110.4651463	4	32.37%	10.11	132.54
7.00%	30	5.50%	121.9169965	5	44.66%	14.00	299.36

久期 =（0.2297 × 4.41）+（0.3237 × 10.11）+（0.4466 × 14）=10.54

凸度 =（0.2297 × 22.92）+（0.3237 × 132.54）+（0.4466 × 299.36）=181.86

名师解惑

久期相关公式如下：

$$Mac.D=\frac{\sum_{t=1}^{T}[PV(C_t)\times t]}{P}$$

$$MD=\left|\frac{\frac{dP}{P}}{dy}\right|=\frac{1}{1+y/m}Mac.D$$

$$DD=\left|\frac{dP}{dy}\right|=MD\times P$$

$$DV01=D\times P\times 0.0001$$

计算组合久期或组合凸度的时候，应以价值的占比为权重。

考试小技巧

在学习本节时，不要求掌握各个久期的推导过程，但要知道它们各自的含义，并且记住它们的计算公式，以及熟练运用它们之间的转化。

二、再投资风险

再投资风险指的是投资者期中拿到的利息不能以期初估算的到期收益率进行再投资的风险，尤其当市场利率下降的时候，会给投资者带来损失。在债券投资当中，付息债券都是有再投资风险的，付息债券每期都会有利息，而对于零息债券而言，因为零息债券在期中没有利息，所以没有再投资风险。而对于付息债券来说，它的利率风险和再投资风险从产品付息特征来看是此消彼长的，息票率高的债券再投资风险比较高，而利率风险相对较低。零息债券没有再投资风险，它的利率风险是比较高的。

将再投资风险与到期收益率结合来看，到期收益率表示债券定价时的“平均收益率”，而到期收益率如果用来反映真实投资收益的话，需要两个条件：一个是投资者持有至到期，一个是收到的现金流可以平均收益率进行再投资。

名师解惑

本节了解再投资风险的定性特点即可。再投资风险是由于收到的利息不能以期初定价时估算的平均收益率进行再投资而带来的风险。

第四节　国债市场

一、国债分类

国债市场部分读者需要了解一些常见的国债产品，以下为读者一一介绍：

（一）短期国债

短期国债（Treasury Bill），它属于一种货币市场工具，通常在一年以内，短期国债一般来说都是零息债，通常都是折价发行的。在美国市场，短期国债的报价比较特殊，通常报的是折扣率（Discount Rate），这个折扣率是面值的折扣率。价格与折扣率之间的公式：

$$价格=100\times（1-折扣率\times\frac{到期天数}{360}）$$

举个例子

设 180 天到期的美国短期国债，面值是 100 元，折扣率是 5%。则它的价值是多少？

$$100\times（1-5\%\times\frac{180}{360}）=97.5（元）$$

（二）中期国债

中期国债（Treasury Notes）是 2~10 年到期的国债，是付息债（Fixed Coupon Bond），并且是半年付息。

（三）长期国债

长期国债 (Treasury Bonds) 是到期期限大于 10 年的国债，是付息债（Fixed Coupon Bond）并且是半年付息。

中长期国债报价注意事项：

（1）报价按照 100 元的面值为基础；

（2）32 位报价法（例：90−05 表示该债券报价 =90+5/32）；

（3）报价都是净价报价（不包括应计利息）。

【注】净价不是实际交易价，交易支付的钱 = 净价 + 应计利息

二、净价与全价

一般来说，报价是**净价 (Clean Price 或者 Flat Price)**，**交易价是全价 (Dirty Price 或者 Full Price)** 。之所以会出现这两个概念，主要是因为报价的时候，如果按照全价进行报价，会出现价格跳空的现象（因为付息日，支付利息，类似于股票分红，债券的全价瞬间下降），而这样的话，债券价格就显得不连续。所以报价报的是净价，交易付的是全价。

以下给出全价的定义：全价是未来所有现金流的贴现求和。

$$全价=\sum_{t=1}^{T}PVCF_t$$

如果报价的话就需要做转化，将全价转化成一个连续的价格，如何转化，就

要先寻找问题源头。如图 29−15 所示。

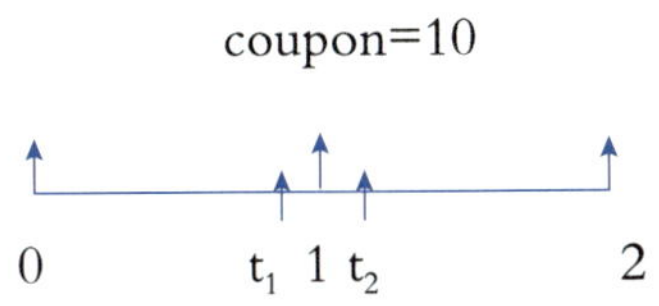

图 29-15 利息的支付

条件：在 1 时刻，支付 10 元的利息。

比较：在 t_1 时刻和 t_2 时刻，债券价格主要差异。

解答：t_1 时刻买卖债券，支付的价格包含 10 元的利息，而 t_2 时刻，因为已经支付过利息，所以买卖债券支付的价格不包含 10 元的利息，那么 1 时刻附近，价格不连续主要是由于累计应付利息导致的，只需要将全价剔除即将支付的累计利息部分，就可以转换为连续的价格。

问题：如何剔除应计利息？

例：t_1 时刻，t_1 全价减去 0~t_1 时刻的应计利息；

t_2 时刻，t_2 全价减去 1~t_2 时刻的应计利息。

总结：①净价 = 全价 − 应计利息（Clean price=Dirty Price−Accrued Interest（AI））；

②AI 表示本期应计利息。

参照上述做法，在交易日剔除应计利息，读者可以得到一条连续的价格曲线。

应计利息天数计算惯例

应计利息天数根据金融产品的不同，应计利息计算的天数也不同。这当中，根据计算惯例，分为三种情况。

第一种，美国国债（Treasury Bond），这种长期产品，计算惯例是：实际天数（每月）/ 实际天数（每年）；

第二种，公司债、市政债、以及本书后面所介绍的抵押贷款，计算惯例是：30（每月）/360（每年）；

第三种，货币市场工具（通常是短期，小于 1 年的产品，包括存款），计算惯例是：实际天数（每月）/360（每年）。

总结如表 29−5：

表 29-5 美国市场金融产品与天数计算惯例

金融产品	天数计量惯例
美国国债（中长期国债）	真实天数 / 真实天数
公司债或市政债	30/360
货币市场工具（短期国库券）	真实天数 /360

名师解惑

计算器 2nd+“1”上的”Date”键可以帮助读者计算日期之间的实际天数。

DT1，DT2 为日期输入项，DBD 表示期间相差的天数。

输入方式：月 . 日年格式，其中日这一项，不满 2 位补个 0。

比如 2018.6.24 按键为 6.2418

2018.7.5 按键为 7.0518

举个例子

假设 1000 美元的美国公司债券在 1 月 1 日和 7 月 1 日，每半年支付一次利息，10% 的息票。假设现在是 2005 年 4 月 1 日，债券将于 2015 年 7 月 1 日到期。如果年化收益率为 8%，计算此债券的全价与净价。

首先，2005 年 4 月 1 日到 2015 年 7 月 1 日，用计算器很难直接算出来现值，因为年数不是整数倍，为了计算的简便，读者可以先插入一个日期，计算 2005 年 7 月 1 日的现值，这样再计算 2005 年 4 月 1 日的现值比较简单。如下:

PMT=100010%/2=50

I/Y=8/2=4

FV=1000

N=102=20

$PV_{2005.7.1}$=-1135.9033

然后再将计算出来的值折现到 4 月 1 日，但这里有个点需要读者注意，如图 29-16 所示:

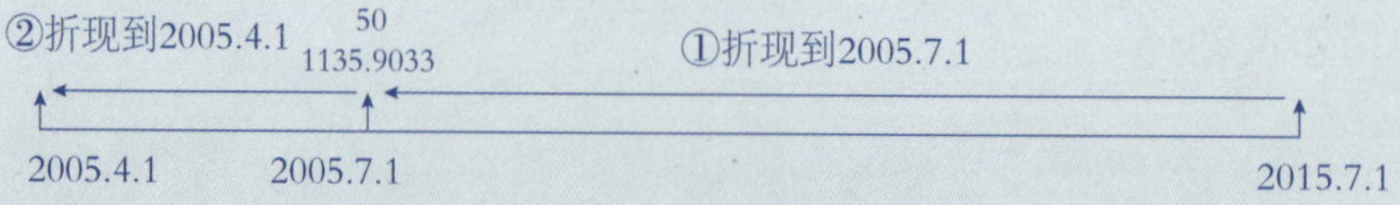

图 29-16 将未来现金流折现到 2005.4.1

投资者2005.7.1~2015.7.1的现金流折现到2005.7.1的时候，1135.9033是不包含利息的，考虑2005.7.1支付的利息，将1135.9033+50折现到2005.4.1才是债券的价值。

即：$PV_{2005.4.1}=\dfrac{1135.9033+50}{(1+\frac{8\%}{2})^{0.25\times 2}}=1162.87$

以上现金流折现计算出来的结果就是债券的全价价格。

接下来计算净价价格，应计利息计算如图29-17所示。因为是半年付息的，每期利息为50元，应计利息期间为2005.1.1~2005.4.1，占了计息期间的一半，所以应计利息=500.5=25（元）。

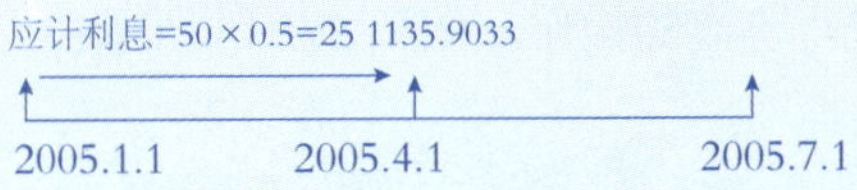

图29-17　债券的净价计算

净价=1162.87-25=1137.87（元）

其他月份的计算结果如表29-6。

表29-6　该公司债其他月份的净价和全价

时间（年）	2.1	3.1	4.1	5.1	6.1	7.1
全价（元）	1147.77	1155.30	1162.87	1170.50	1178.18	1185.90
净价（元）	1139.44	1138.63	1137.87	1137.17	1136.51	1135.90

名师解惑

净价全价计算过程回顾：

（1）现金流折现计算的是全价还是净价？

（2）使用计算器计算出来的折现值不是所要求的日期的价值怎么办？

（3）应计利息的计息期间是怎么判断的？

答案：

（1）现金流折现计算的是全价。

（2）将计算出来的值，贴现到目标时刻，使用对应的即期利率折现。

（3）上一付息日到0时刻。

三、本息剥离债券

\- 考试小技巧 -
在 FRM 考试中，考生如果碰到 C-STRIPS 或者 P-STRIPS，不用紧张，如果题干给出 STRIPS 的价格，只需把它看成普通的零息债券价格，去解题就可以了。

结合考试要求，再给读者介绍一个国债市场上的产品，STRIPS（**本息分离债券** Separate Trading Registered Interest and Principal Securities）。这个债券的历史背景如下：

因为美国国债的零息债券只有一年以内的零息债券，两年以上的债券都是付息债券，而在金融市场上，大多数投资者偏好零息债，因为它在风险管理中运用较多，不需要考虑再投资风险，可以根据投资者所需要的现金流，用零息债券组合定制出相应的金融工具。既然金融市场上有这个需求，慢慢就有人想办法满足这种需求。投行发现了这个商机，构造出长期限的零息债券供应。具体做法是：购买付息债券，然后进行剥离的操作。如图 29-18 所示：

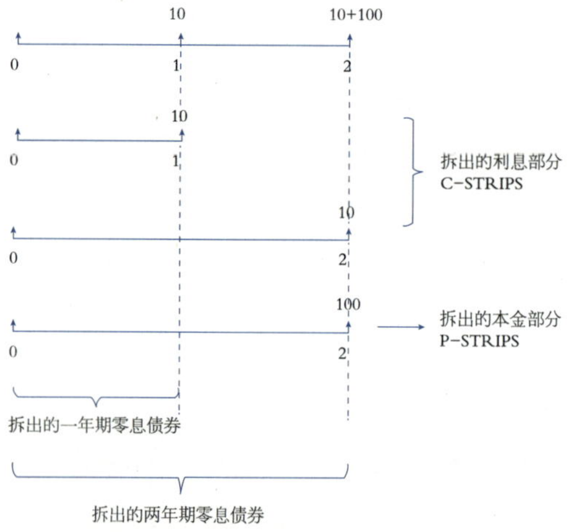

图 29-18　零息债券的剥离

拆成两份零息债券，满足不同的投资者需求。

STRIPS，结合英文全称，不难发现，它是将本金和利息剥离开来的债券，由利息部分剥离出来的零息债券，称之为 C-STRIPS，由本金部分剥离出来的零息债券，称之为 P-STRIPS。

第五节　公司债

公司债

就考试而言，公司债与国债是有很大不同的，公司债考的通常都是定性题。就债券性质而言，公司债与国债最大的不同在于公司债有较大的信用风险，更有可能发生违约。

— 考纲要求 —
了解公司债契约及公司受托人在债券契约中的角色。

首先，债券要有债券契约，公司债的契约上写明了公司债的发行人与债券持有人之间的权利义务关系。不过，公司债发行往往涉及到一个关键的角色，就是**受托人**（Trustee），这个角色在国债市场上是没有的。之所以要有这个角色，因为同等情况下，投资者可能更偏好投资国债，不是因为公司债不好，只是投资者可能对公司不是很了解，难以控制风险，而公司债发行人希望能发行债券进行融资，因此通常公司债在发行时，公司会雇佣一个第三方机构，虽然这个受托人是发行人雇佣的，不过他代表的是投资者的利益，帮助投资者管理该项债券投资，受托人具体职责包括：监督发行人按照债券合约履行义务，定期支付偿还利息本金；当公司出现违约时，受托人代表投资者宣布公司违约，并代表投资者进行清偿等一系列操作。以上是受托人的主要职能，受托人能够帮助公司债更顺利地发行。

公司债根据公司利息的支付方式可以分为**付息债**（Straight-coupon Bond）、**零息债**（Zero-coupon Bond）和**浮息债**（Floating Rate Bond）。这里重点讲解下公司债中零息债的一些特点。

第一个特点，零息债没有再投资风险。

第二个特点，公司零息债存在违约的可能。万一公司零息债在期中违约，投资者可以求偿的部分包括期初的价值和累计利息。具体含义如图 29-19 所示。

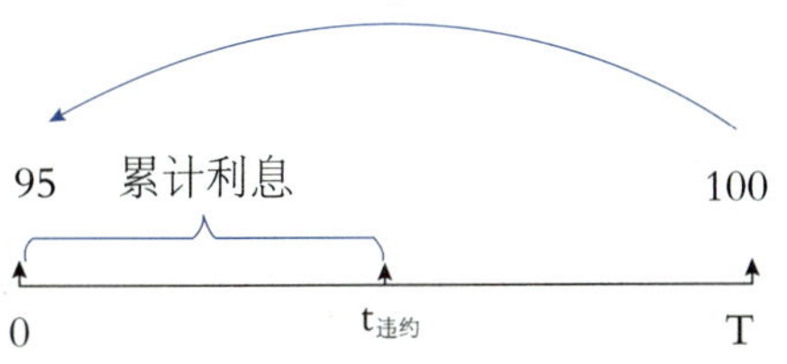

图 29-19　零息债券的违约

投资者可要求清偿部分包括期初支付的 95 元，和 0 ~ $t_{违约}$时刻的累积利息。

其中利息是由面值 100 元与初始投资 95 元的差额 5 元决定的，这里有个专门的维度进行计量，这个维度叫做**发行证券原始折价**（Original Issue Discount, OID）。发行证券原始折价指的是面值与期初价值之间的差额，这个差额反映的是投资者整个投资期期间的利息。

举个例子

现有一个零息公司债券，条款如表 29-7 所示，计算 OID。

表 29-7 零息公司债券条款

面值	1,000 美元
期限	20 年
到期收益率	5%
计息方式	按年复利

【解析】N=20；I/Y=5；PMT=0；FV=1000

CPT PV=-377 → OID=1000-377=623（美元）

如果在第 15 年末违约，那么投资者可要求清偿的累计利息部分 =623×15/20=467.25（美元）。

公司债根据信用风险管理的不同，也有不同的发行方式。一般来说，常见的有五种情况，其中四种比较类似，一种比较特殊。

第一种，**抵押支持债券**（Mortgage Bonds），通常以房产等不动产为抵押发行的债券；

第二种，**质押债券**（Collateral Trust Bonds），与第一种比较类似，但是不同的是，它的抵押品通常是金融资产；

第三种，**信用债**（Debenture Bonds），即没有任何抵押，没有任何担保的债券，包括市场上常见的**次级债**（Subordinated Debentures）和**可转债**（Convertible Debentures）；

第四种，**有担保的债券**（Guaranteed Bonds），就是由第三方替发行方作担保的债券；

第五种，**设备信托证券**（Equipment Trust Certificates，ETC），和前面四种不大一样，一般来说，ETC 在大型运输公司出现的比较多。

假设运输公司想使用火车，那它可以发行债券，然后购买，也可以租赁，如图 29-20：

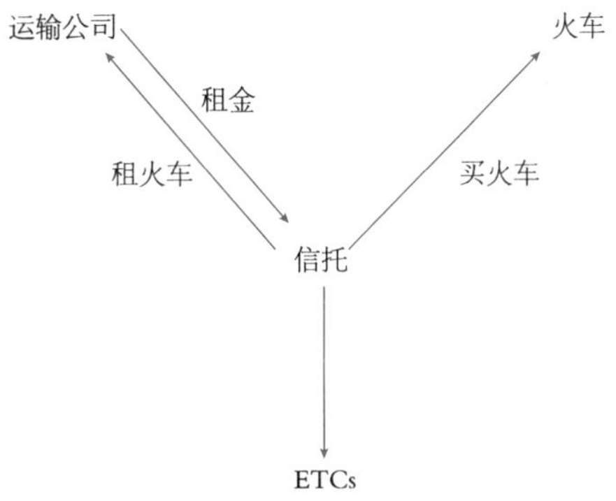

图 29-20 ETC 发行及运作模式案例

该运输公司可以找一个信托，信托是专业化机构，它可以发行 ETCs，然后去市场上买火车，然后租给运输公司，那么投资者投资 ETCs 的收益就是由运输公司支付给信托的租金决定。因为信托的信用风险相对较小，那么 ETCs 的收益率就相对较低。

接下来，介绍下公司债的**提前终止条款**（Retirement）。

提前终止可能有很多原因，比如说公司现在不缺资金、市场利率下降（因为现在市场利率低，之前借款利率高的可以先还掉，再重新借利率低的资金，这样可以节约融资成本）。

对于提前终止条款，如果双方在公司债条款里有事先约定，则可提前终止。

第一种，是在合约内，就约定好**赎回条款**（Call Provision），这种条款会在条约里明确写清楚在哪些情况下是允许赎回的。

第二种是**偿债基金**（Sinking-fund Provision），在中国国内的一些私募基金里也有偿债基金，偿债基金指的是发行方在公司债发行过程当中单独设立一个基金，即发行方在未来公司运营好的情况下，注入一笔笔资金，这些资金是专项用于偿还债券的，如果出现特殊的情况，发行方可以动用这笔偿债基金提前进行偿还，双方可以提前终止债券合约。

第三种，**维修更换基金**（Maintenance and Replacement Funds），它也是一种基金，不过这个基金现在用的比较少，它主要存在于有抵押的债券中，它是用来维护抵押品价值的，是发行方专门设立的一个基金，这个基金主要是维护抵押品价值变动的，因为抵押品可能随着时间变化，价值也发生变化。这部分基金如果没有动用的话，发行方也可以用来偿付债券，达到提前终止的目的。

如果说在合约里没有任何约定，是不是就不可以提前终止呢？答案是不一定。

还有一种方式，叫做要约收购（Tender Offers），如果合约内没有任何关于提前赎回或者提前终止条款，发行方可以采取要约的方式，告诉投资者，说明发行方现在愿意以一个什么样的价格赎回去，如果投资者认为价格是合理的，可以达成提前终止，如果投资者不愿意，就没办法实现。

最后，我们来了解一下公司债的信用风险。信用风险包括两部分。

一部分是**违约风险**（Default Risk），一部分是**信用风险溢价风险**（Credit Spread Risk）。信用风险溢价，指的是一个公司债的收益率和一个对应期限的国债产品的收益率之间的差额，信用风险溢价风险可能会发生变化，比如说，债券发行方没有违约，但可能降级了，降级使得信用风险溢价肯定会上升，这个时候，信用风险溢价就会发生变化，信用溢价上升，价格下降，虽然不一定最后结果是违约的，但债券价格也会产生波动。所以，信用风险溢价风险也是信用风险的一种，它指的是信用质量恶化导致的风险，不一定直接发生违约。

在公司债里有两个指标衡量违约风险，一个是**发行人违约率**（Issuer Default Rate），一个是**美元违约率**（Dollar Default Rate）。

发行人违约率是通过发行主体确认违约情况，比如有 100 个发行主体，5 个主体发生违约，那么发行人违约率 =5/100=5%。这个指标的缺点：如虽然只有 5 个违约，但可能违约金额占比占到整个发行规模的 90% 以上，这样用发行人违约率并不能衡量出违约的实际情况。针对这个缺点，可以采用另一个指标来度量，就是美元违约率，美元违约率是按照违约的面值占比来确认的，即实际违约的债券面值之和 / 总的发行债券的面值之和，这样的话，能够更合理地反映公司债的违约情况。

此外，投资者不光要关注违约率这个维度，还要关注**回收率**（Recovery Rate）这个维度。

回收率指的是，当发行方违约时，投资者还可以回收的比例。例如：抵押债券，违约的时候，投资者可以变卖抵押品，变卖得到的价值占期初投资价值的占比，就是回收率。

另外公司债中特殊的子类，叫**高收益债券**（High-Yield Bond）。有时也叫作**垃圾债**（Junk Bonds）。高收益债券通常指的是在投资级以下，也就是投机级的公司债。

名师解惑

市场上有三大评级机构，分别为标普、穆迪和惠誉，它们对债券的评级分为两大类，一类是投资级（Investment Grade），一类是投机级（Speculative Grade）。通常来讲，在 BBB 和 Baa 级以上的，为投资级，在其以下的，为投机级。投机级的风险比较高。具体如表 29-8。

表 29-8　不同评级机构的评级说明

投资级			
说明	标普	穆迪	说明
最佳：偿债能力极强，基本不受不利经济环境的影响，违约风险极低。	AAA	Aaa	最佳：最高质量，信用风险极低。
优秀：偿债能力很强，受不利经济环境的影响较小，违约风险很低。	AA+	Aa1	优秀：高质量，信用风险很低。
	AA	Aa2	
	AA−	Aa3	
良好：偿债能力较强，较易受不利经济环境的影响，违约风险较低。	A+	A1	良好：中高评级，信用风险较低。
	A	A2	
	A−	A3	
较好：偿债能力一般，受不利经济环境的影响较大，违约风险极一般。	BBB+	Baa1	信用风险一般。
	BBB	Baa2	
	BBB−	Baa3	
投机级			
说明	标普	穆迪	说明
一般：比其他投机级主体偿付能力强一些，但面临主要的不确定性。	BB+	Ba1	一般：含有投机成分并且面临持续的信用风险。
	BB	Ba2	
	BB−	Ba3	
尚可接受：比 BB 级别的偿债能力弱，但是当前的经营情况尚可满足债务偿付。	B+	B1	尚可接受：投机并且有较高的信用风险。
	B	B2	
	B−	B3	
关注：偿债能力较大的依赖于环境，偿债能力较弱。	CCC+	Caa1	关注：偿债能力较弱。
	CCC	Caa2	
	CCC−	Caa3	
预警：偿债能力极度的依赖于环境，偿债能力极弱。	CC/C	Ca	预警：强投机性，容易违约。
违约：偿付违约。	D	C	违约：最低等级债券——特指无法回收的违约债券。

发行投机级债券的主体通常包括：

（1）刚成立的公司／业绩一般的公司／次级债；

（2）“堕落天使”（Fallen Angels）一开始是投资级，但后来因为财务困境，降级至投机级；

（3）重组和杠杆收购时发行的债券。

支付的特征：（特殊的设计，尽量避免发生违约的情况）

（1）延迟支付利息债券（Deferred-interest Bonds）；

（2）逐步调升的债券（Step-up Bonds）息票率不断调升的债券；

（3）实物支付的债券（Payment-in-kind（PIK）Bonds）可以以实物抵付现金支付利息的债券。

本章小结

♣ 利率

- 利率类型。
- 单利与复利。
  - 单利：投资者每一期计付利息的基准，是投资者期初投入的现金。
  - 复利：投资者每一期拿到的利息，会再放到资金池当中，加上本金一起来计算下一期的利息。
- 即期利率与远期利率。
  - 即期利率：一个 t 年到期的零息债券的到期收益率。
  - 远期利率：在未来某一个时点开始的一段期间的利率。

♣ 债券估值

- $P=\frac{C_1}{1+z_1}+\frac{C_2}{(1+z_2)^2}+\ldots+\frac{C_T}{(1+z_T)^T}=\sum_{t=1}^{T}\frac{C_t}{(1+z_t)^t}$
- $P=\frac{C_1}{1+y}+\frac{C_2}{(1+y)^2}+\ldots+\frac{C_T}{(1+y)^T}=\sum_{t=1}^{T}\frac{C_t}{(1+y)^t}$

♣ 风险度量维度

- 利率风险：利率变化导致债券价格变化的风险。
- 再投资风险：投资者期中拿到的利息不能以期初估算的到期收益率进行再投资的风险。

♣ 国债市场

- 常见的国债产品。
  - 短期国债：≤ 1 年。
  - 中期国债：2 ~ 10 年。
  - 长期国债：> 10 年。
- 净价 + 累计利息 = 全价。
- STRIPS：将本金和利息剥离开来的债券。
  - 由利息部分剥离出来的零息债券，称之为 C-STRIPS。
  - 由本金部分剥离出来的零息债券，称之为 P-STRIPS。

章节练习

◇ A bank uses a continuously-compounded annual interest rate of 5% in one of its risk models. What is the equivalent interest rate the bank should use if it converts to semi-annual compounding in the model ?

A. 4.94%

B. 5%

C. 5.06%

D. 5.12%

答案解析：C

$$e^{5\%\times1}=\left(1+\frac{r}{2}\right)^2\Rightarrow r=5.06\%$$

◇ An annuity pays $10 every year for 100 years and currently costs $100. The YTM is closest to：

A. 5%

B. 7%

C. 9%

D. 10%

答案解析：D

一百年的期限太长，可看做是永续年金，$YTM=\frac{C}{PV}=\frac{10}{100}=10\%$，当然如果按照普通债券计算债券价格的方法也是可以的。

◇ A $1,000 par bond carries a coupon rate of 10%, pays coupons semiannually, and has 13 years remaining to maturity. Market rates are currently 9.25%. The price of the bond is closest to：

A. $586.60

B. $1,036.03

C. \$1,055.41

D. \$1,056.05

答案解析：D

PMT=50； I/Y=9.25/2=4.625； FV=1000； N=13×2=26

CPT PV=−1,056.05

◇ Assume a corporate bond with a face value of \$1,000 that pays a semi-annual coupon（coupons pay January and July 1st）with a 12.0% coupon rate. The bond settles on June 13th， 2014 and matures， more than six years later， on July 1st, 2020. At the current traded price, the bond's yield（YTM）is 10.0%. Which is nearest to the bond's quoted（aka, clean）price？

A. \$975

B. \$1,089

C. \$1,107

D. \$1,143

答案解析：B

PMT=1000×12%÷2=60； I/Y=10/2=5； FV=1000； N=6×2=12

$PV_{2014.7.1}=-1,088.6325$

$$PV_{2014.6.13}=\frac{1088.6325+60}{\left(1+\frac{10\%}{2}\right)^{\frac{17}{360}\times 2}}=1143.3518$$

$$净价=1143.3518-60\times\frac{180-17}{180}=1089.0185$$

◇ A portfolio manager has recently purchased a 10-year investment-grade corporate bond. Which of the following tasks must typically be performed by the corporate trustee listed in the bond's indenture？

A. Act in a fiduciary capacity for the bond issuer.

B. Ensure that the bond issuer's reported financial ratios meet the requirements in the indenture.

C. Change the terms of the indenture to provide protection for the bond purchaser.

D. Monitor the bond issuer's balance sheet to ensure covenant compliance.

答案解析：B

受托人监督的是合约履行情况：即财务信息所体现出的合约履行情况是否真实准确地被执行；受托人是发行人雇佣的，不过他代表的是投资者的利益，帮助投资者监督该项债券投资。简单来说就是，虽然受托人代表投资者利益，但不受投资者影响。

扫码获取更多题目

第三十章 衍生品市场介绍

Derivatives Market

一、金融衍生品	金融衍生品	★
二、交易所与场外市场	交易所与场外市场	★★★
三、市场参与者	市场参与者	★
四、中央清算	中央清算	★★★

学习目的

衍生品是风险管理的重要工具，许多风险管理策略都是借助于衍生品实现的，故而，了解衍生品市场是每一个风险管理师必须具备的能力。衍生品市场非常巨大，囊括了多样化的产品，了解产品之前应先对所处市场的基本背景有所了解。

考点分析

通过本章学习，各位读者需要学会区分期权、远期和期货合约；区分不同类别的交易者：套期保值者、投机者和套利者；描述场外交易市场，将其与交易所交易区分开来，并评估其优缺点；描述如何利用交易所来减轻交易对手的风险；描述净额结算过程；描述保证金的实施过程，并解释初始保证金要求和变动保证金要求；识别和解释 CCPs 面临的风险类别；解释场外生品市场的监管措施及其对中央清算的影响。

本章入门

本章为引入章节，会简单介绍衍生品的基本概念，衍生品市场的基本特征以及中央清算的特点。本节考试以定性考查为主，重点考查场内市场与场外市场的比较，中央清算机构的基本功能以及在场外衍生品市场中的重要作用。需要注意的是，中央清算模块是最近几年考试比较关注的内容。中央清算机构是在市场上场外衍生产品交易缺乏监管的情况下提出来的。因为在次贷危机之后，人们发现场外衍生品交易是严重缺乏监管的。所以在政府部门多次讨论后，确认了要采用中央清算机构来作为场外衍生产品监管的重要模式。

第一节 金融衍生品

金融衍生品

定义：金融衍生品合约是基于一些基础类产品未来的收益或者价值的预期建立出来的一份合约，简单来说，衍生产品就是对于未来的一个约定。

投资者常见的金融衍生品包括：

一、远期和期货

— 考纲要求 —
区分期权、远期和期货合约。

远期和期货约定的是某个产品的买卖价格，通过多头和空头头寸来达成。未来想买某个资产，可以多头远期或期货；未来想卖某个资产，可以空头远期或期货。

远期和期货的区别：

远期合约是场外市场（Over-the-Counter Market， OTC）交易，双方私底下的交易，不牵涉到交易所。这种交易一般来说较难进行监控，所以风险相对来说会比较大一些，其中远期合约中最大的风险叫作**交易对手风险**（Counterparty Risk），它指的是交易双方一方违约带来的风险，期货合约和远期合约的区别在于，期货合约是交易所市场（Exchange），一般来说，投资者间的交易都是通过**清算所**（Clearing House）清算的，因为期货市场上投资者的对手方是清算所，所以期货的交易对手风险非常小。

二、互换（掉期）

它的特点是对于未来一段时间的现金流作交换。

在互换里面，结合 FRM 考试，本书介绍两种互换，**利率互换**（Interest Swap），和**货币互换**（Currency Swap），利率互换针对的是同一币种的不同利息计付方式之间的互换，比如固定利息和浮动利息互换，货币互换针对的是不同币种的同一利息计付方式之间的互换，比如美元的固定利息和英镑的固定利息互换，它是在未来一段时间内每一期都要支付的，所以也可以看成一系列的远期合约，即互换对于未来每一个时间都有一个约定。

远期、期货和互换有个特点，即不管未来对于投资者有利还是不利，到期必须履行合约。

这种情况下，可能市场到期与投资者预期相反，给投资者造成损失，投资者想获取到期选择性行使权利并且没有义务的金融产品。那么，**期权**（Option）应运而生。

三、期权

期权对于期权持有方来讲是一项权利，如果到期市场对其不利的话，他可以放弃履行。对于期权出售方来讲，是一项义务。期权和远期、期货一样，约定了到期的**执行价格**（Strike Price），只不过到期对期权持有方有利，持有方可以选择执行，到期对期权持有方不利，持有方可以选择不执行。这是它跟远期或期货合约之间的差异。

第二节 交易所与场外市场

交易所与场外市场

一般来说，衍生品交易市场，要么是场内，要么是场外，场外交易如图 30-1 左图所示，属于私底下的交易，场内如图 30-1 右图示，所有投资者都跟中央的**清算所**（Clearing House）进行交易，它们之间的差异如表 30-1。

— 考纲要求 —
描述场外交易市场，将其与交易所交易区分开来，并评估其优缺点。

表 30-1 场外市场与场内市场的异同

场外市场	场内市场
定制化	标准化
和对手方交易（违约风险）	由一个清算所作保证
不在一个中心地点交易	在一个统一地点交易
不受监管的	受监管的
交易规模：大	交易规模：小

因为**清算所**（Clearing House）的存在，B 违约不会对 A 产生影响，A 的对手方是清算所，清算所可能发生违约，不过这种可能性很小。清算所违约的话，通常不说是违约风险，而指的是系统性风险。

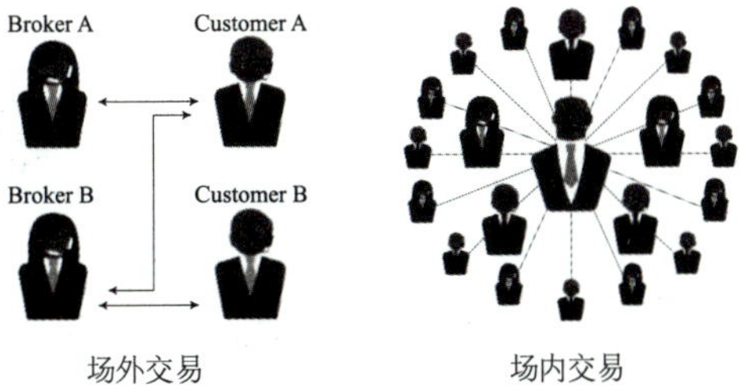

图 30-1 场外与场内交易机制

目前国际市场上，大规模的交易

都是场外交易，所以催生了对场外衍生品交易进行监管的要求，才会引入本书后面讲到的**中央清算所**（Central Counterparty，CCP），是因为场外衍生品体量非常大，风险又非常大，政府当局才提出要通过中央清算机构，进行风险管理，如图 30-1。

接下来我们来看一下交易所市场和场外衍生品交易市场的特点。交易所市场，比如期货合约，很多都是通过交易所来进行交易的，最常见的就是芝加哥商品交易所。通过交易所来进行交易的话，会有一个专门的地点来帮助我们进行交易。一般来说，实际的交易对手是**清算所**（Clearing House）。清算所并不直接参与交易过程，只是做交易的匹配。通常交易所提供的合约都是标准化的合约。短期的合约相对来说会比较多一些，所以流动性比较好。通过交易所能够使得我们整个交易更有效。这是交易所市场的基本特点。

最初，交易所的主要作用仅仅是提供一个让会员们可以在里面会面并达成交易协议的场所。然而，他们几乎没有提供其他服务。随着市场发展，交易所开始要求会员递交保证金来保护会员自己。而另一项保护会员免受损失的措施则是净额结算。净额结算是指同一类合约中的空头头寸和多头头寸相互抵消的过程。假设交易商 A 和 B 之间建立了一笔交易，在这笔交易中交易商 A 承诺在九月按照 400 美分 / 蒲式耳的价格向交易商 B 购买 10，000 蒲式耳的玉米。如果交易商 A 随后同意以每蒲式耳 380 美分的价格向交易商 B 出售 10，000 蒲式耳 9 月份交割的玉米，如果双方约定了按净额结算，那么交易商 A 在 9 月份只需向交易商 B 支付 2，000 美元。或者，可以在第二份合约开始时直接支付 2，000 美元的现值。需要注意的是，一旦这两家交易商按净额结算，就没有必要在 9 月份进行玉米的实际交割，如图 30-2。

— 考纲要求 —
描述净额结算过程。

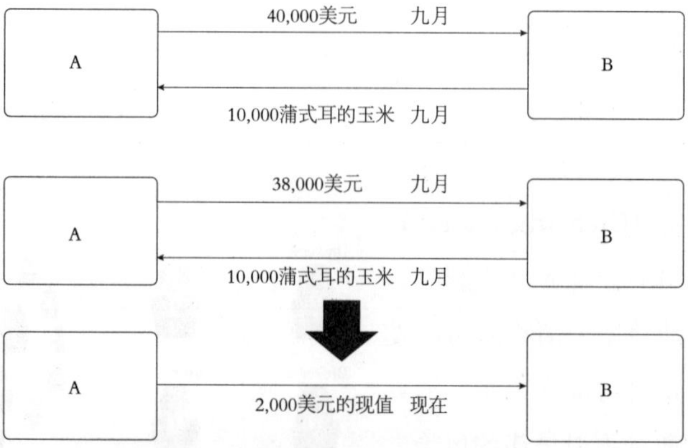

图 30-2 交易商 A 和交易商 B 的结算

市场上还存在一些更复杂的净额结算方式。

例如，假设：

◆ 交易商 A 同意以每蒲式耳 400 美分的价格从交易商 B 处购买 10，000 蒲式耳玉米；

◆ 交易商 B 同意以每蒲式耳 400 美分的价格从交易商 C 处购买 10，000 蒲式耳玉米。

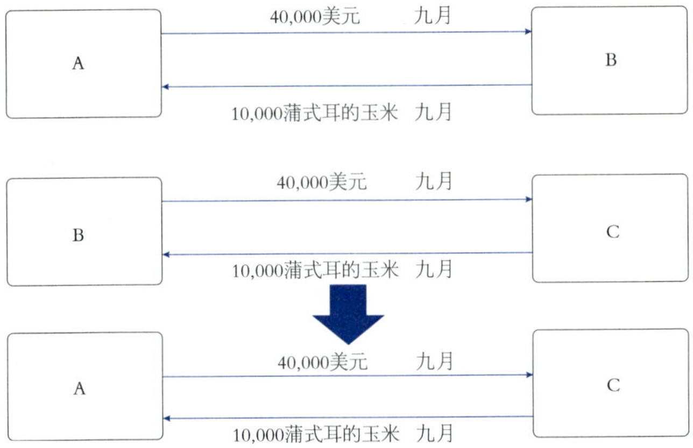

图 30-3 交易商 A 和交易商 C 的结算

同时，假设两个合约具有相同的交割日期。按照净额结算的约定，这些合约可以抵消为一个单一的合约，其中交易商 A 同意以每蒲式耳 400 美分的价格从交易商 C 手中购买 10，000 蒲式耳玉米，如图 30-3。如果交易商 B 和交易商 C 之间的合约约定的是 380 美分 / 蒲式耳，而不是 400 美分 / 蒲式耳，我们可以通过以下两种方式之一将两个合约合并为一个合约。

◆ 交易商 A 同意以每蒲式耳 380 美分的价格向交易商 C 购买 10，000 蒲式耳玉米，并同意向交易商 B 支付相当于 USD 2，000 现值的款项。

◆ 交易商 A 同意以每蒲式耳 400 美分的价格向交易商 C 购买 10，000 蒲式耳的玉米，而交易商 C 同意向交易商 B 支付 2000 美元的现值。

涉及两个以上市场参与者的净额结算协议可能存在一个问题，那就是有关各方可能具有不同的信用质量。例如，如果交易商 A 更有可能违约，那么交易商 C 可能会对将与交易商 B 的合同变更为与交易商 A 的合同持谨慎态度。这种情况下保证金的约定就很重要。如果交易商 A 同意在玉米价格下跌的情况下提供保证金，交易商 C 对交易商 A 的信用风险敞口就会减少。需要注意的是，交易商 A 与交易商 B 之间的保证金必须在净额结算时转交给交易商 C。这可能会变得相当复杂，因而目前交易所市场中是由交易所处理保证金的安排，这样交易商就不必担心其他交易商的信用质量。

— 考纲要求 —

描述如何利用交易所来减轻交易对手的风险。

从清算的角度来说，金融市场在交易运作过程当中。**清算（Clearing）**分三个不同的程度。清算，本身的特点是撮合双方的交易，协调双方的交易。它能够在一定程度上帮助缓释交易对手方风险。因为它能够使得交易双方按照一个比较小的净额来进行交易。

第一种是**直接清算（Direct Clearing）**，指的是双方之间进行清算的操作，没有第三方参与。如果双方之间有多笔交易的话，可以按照净额结算来进行操作。净额结算指的是投资者之间可能有很多笔交易，相互之间按照净额来进行确认，这样风险敞口就会比较小，如图 30-4。

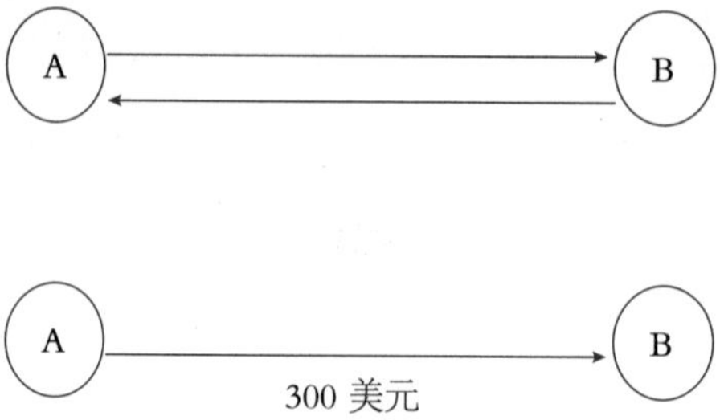

图 30-4　净额结算机制

如果 A 和 B 在进行交易的话，有两笔合约。第一笔交易，是一百份的合约，每份合约价格是 102 美元，现金流是从 B 给到 A。第二笔交易也是一百份合约，每份合约的价格是 105 美元，现金流是从 A 给到 B 的。如果我们单独来看的话，对于 A 来说，他最担心的就是，10200 美元这么多的钱他拿不到。对于 B 来说，最担心的就是 10500 美元，这么多的钱他也拿不到。所以他们的风险敞口都是比较大的。如果我们要使它的风险进一步的减小的话，可以采用净额的方式来解决，他们两个净的现金流应该是 A 给到 B 300 美元。在这种情况下，如果我们按照净额交割。到期的时候，A 只要给 B 300 美元就可以了。对 A 而言没有风险了，因为他未来没有现金流的流入。对 B 而言，它的风险比原来要小了。原来他的风险敞口要达到 1 万以上，现在他的风险敞口就只有 300 美元。所以，这种交易方式可以在一定程度上控制交易对手风险。但并不是说，交易对手风险完全没有了，仍然是双方的交易，风险也会有，只是说风险没有原来这么大了。

第二种层次是多方的**清算环（Clearing Rings）**。清算环是一个非正式的，在多个参与主体之间构造的一个清算系统。一般这个是参与方都认可的，双方之间的一个交易，并且认可所有的交易对手是可以进行互相调整的。在这种情况下，有一些交易就可以采用净额的结算方式来进行结算，来减少双方之间的互联性，如图 30-5。

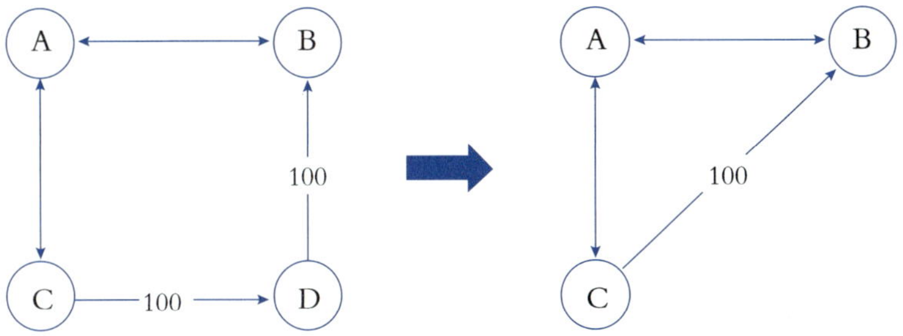

图 30-5 清算环结算机制

假设现在有 A、B、C、D 四个参与主体。他们都是同在一个**环**（Rings）中的，他们都认可其他人与他做交易，并且都允许交易对手发生变化。在这里有两笔交易，C 要在未来给到 D 一百美元。第二笔交易，D 未来要将一百美元给到 B。B 承担的风险就是 D 不给他钱的风险，D 承担的是 C 不给他钱的风险。B 有风险，D 也有风险。但是整个现金流，是从 C 流到 D 然后再流到 B 的。对于 D 来说，他的现金流是一百美元流入，一百美元流出，对于他来说，如果按照净额来算，他是没有现金流的，所以根据清算环的特点，我们就可以把 D 的这笔交易给取消掉，我们直接可以把现金流变成，由 C 给到 B 100 美元，可以把它变成是 C 和 B 之间的一个交易，对于 C 来说，他未来会支出一百美元，对于 B 来说，他未来会收到一百美元。这样的话就可以把 D 这位交易者的参与给取消掉，这个时候对于整个市场来说，风险也是减少的。原本 D 本身也会承担一定的风险，现在 D 不需要承担风险了。所以我们可以通过清算环的方式来减少风险敞口。但是这种方法还仍然存在一定缺陷，其中一个缺陷是，并不是说交易对手风险完全缓释了。B 还会承担一百美元的风险的，只不过是他现在的交易对手变成了 C；另外还会有一个缺陷，它可能会使得原来不相关的交易主体，现在变成是相关的。可能会有一些额外风险的因素，比如原来如果 C 违约的话，并不一定会直接导致对 B 的影响。但是如果采用清算环的话，C 如果违约，就有可能会对 B 造成影响。这可能是会额外引入的问题。虽然它能够帮助我们缓释风险，但是也有一定的局限性。

第三个层次是**完全清算**（Complete Clearing），是清算最高层次。这里就涉及一个专门的参与主体叫做清算所（Clearing House）。这个中央的参与主体就会把所有人的交易，变成和这个中央参与主体之间的交易，如图 30-6。

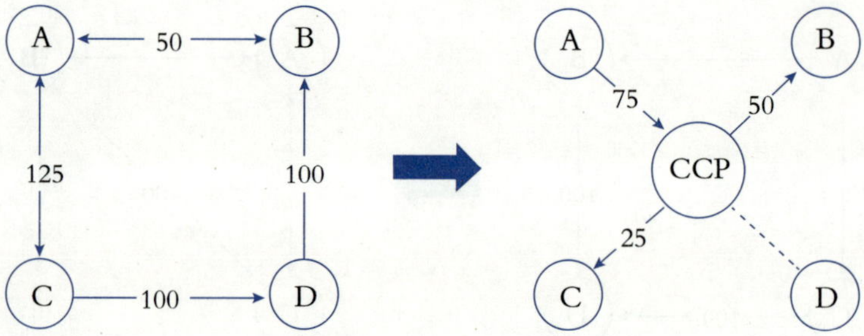

图 30-6 完全清算机制

比如，A和B的交易，B和D的交易，A和C的交易。全部都变成了和中央的参与主体的交易。而且和中央的参与主体之间的交易，都是按照净额来进行结算的。比如对A来说，他的现金流应该是收50美元支125美元。那么它和CCP之间的交易就变成了，支出75美元，这是一个净的支出。风险会进一步的减小。这和之前的Clearing层次相比，有一个非常好的特点就是它能够完全地隔离交易双方，因为交易者现在的交易对手，都是CCP，不再是其他交易对手了。在之前的清算中投资者始终都是要承担交易对手的风险的。但是在这种清算中，我们参与的对手方都是CCP，变成了中央清算机构，哪怕其中的某一方发生违约了，比如B发生违约了，或者C或者D违约了，都不会对A造成直接的影响。因为CCP有专门的风险管理机制，通常的情况下都是要保证，在其他交易对手违约的情况下，A的交易都是能够正常进行的。对A来说，他的交易对手风险能够进一步的减少。对于私底下的交易，我们要去控制它的风险，最好的一种方式，就是加入一个中央的参与主体。能够达到风险控制的最高的阶段，在交易所市场上采用的就是这种方式。所以交易所当中的交易对手风险是基本上没有的。因为交易者主要的交易对手是清算所。

以上是清算中三个不同的层次。交易所市场中的就是完全清算，对于场外衍生品管理有着很好的借鉴作用，场外衍生品市场如果也能够采用这样的方式的话，也可以进一步缓释它的交易对手风险。这是交易所交易给我们带来的启示。

现在我们来看一下**OTC市场**即场外衍生品交易市场。它有一些基本的特点，如合约都是定制化的合约，可以在条款上、结算上、文件上按照投资者自己想要的方式去进行设计。所以一般来说，我们在进行风险管理的时候，如果用的是定制化的场外衍生品合约，是最能够满足风险管理要求的。但是如果去交易所市场上进行选择的话，交易所市场上的产品并不一定能够完全满足风险管理的需求。所以场外衍生品市场的这种定制化，能够在风险管理当中提供非常大的好处，而这一部分在交易所交易的衍生产品是达不到的，所以如果用交易所交易的衍生产品来控制我们的风险的话，很容易出现基差风险。这是场外衍生品市场带来的好处。

场外衍生品市场的缺陷：场外衍生品市场，会有一个非常大的交易对手风险，因为双方是私底下的交易，很容易会受到对手方违约带来的风险。这也是我们在场外衍生品市场，在进行监管也好，进行风险控制也好，最关注的一个问题。除此之外，还有一些其他的风险，比如合约的取消、合约的转移、合约的重新签订，都会有一定的难度，因为需要去和交易对手进行博弈。并且很多场外衍生品，都是一些期限比较长的合约。在进行清算设计的时候，相对来说会比较难一些。这是场外衍生品市场的一些缺陷。

目前场外衍生品市场在整个金融市场的交易规模是比较大的，远远超过交易所交易的产品。主要的产品，包括利率类的产品，外汇类的产品，股票类的产品，商品类的产品和信用衍生产品。

重点单词
CDS：Credit Default Swap
信用违约互换是一二级常出现的词汇。

其中有一个比较常见的信用衍生产品，叫做信用违约互换（CDS）。它是信用风险管理的时候经常会用到的。这个产品和保险很像，只是说它针对的是信用风险的保险。一般来说是买方定期的支付一定的保费，卖出方承担万一标的资产违约给予投资者一定的赔付的风险。这五个类型的场外衍生产品，交易规模最大的是利率类的产品。最常见的就是利率互换，并且它的相对标准化程度是比较高的。在匹兹堡峰会之后，监管层开始认识到中央清算所的重要性，不同的国家都提出了一些关于中央清算所的场外衍生品交易的一些条款和法律规定。在这些规定当中，要求中央清算机构首先约束的就是利率互换。

场外衍生产品的风险特征和一般的简单产品又不太一样。一般的衍生产品的风险和贷款与债券比较，相对来说有比较大的差异。比如，利率互换最大的风险是什么？如果交易双方有一方违约的话，另一方承担的风险就是未来可能没有现金流的流入。这个现金流的流入，在利率互换当中最主要指的是利息之间的一个差额。所以利率互换的风险一般来说要比一般的贷款和债券来说要小一些。但是如果是货币互换的话，就不一样了。因为货币互换，最终会有本金的交换，所以它的交易对手风险相对来说要比一般的利率衍生产品更高一些。所以对于货币互换来说，较长的期限以及本金的交换，都会使得它的交易对手风险是比较大的。

除此之外，信用违约互换（CDS）的风险特征是比较特殊的。除了会有一些常见的波动风险之外，还有一个特殊的风险，叫做错向风险（Wrong-Way Risk）。假如现在有一家养老保险，手上有10亿的资金，要考虑去市场上进行投资。

假设ABC公司去市场上进行融资，正好融资10亿，支付10%的利息。那么这个养老保险就可以去投资，拿到10%的利息收入。这个时候有可能会遇到一个问题，比如ABC公司的评级很低，如BB级。BB级的信用评级是属于投机级的评级。对于这样的评级养老保险通常是不可以去做投资的。这个时候这笔交易就有可能没有办法达成。它就可以通过CDS来达成。比如现在有一个金融公司，养老保险和这个金融公司之间可以签一个CDS合约。在这个CDS合约当中养老保险定期给这个金融公司一定的保费，比如说1%的保费。并且A金融公司承诺，一旦ABC这家公司违约，偿还不了10亿，那么A就会进行偿付。如果说金融机构的评级是BBB的话。那么它这笔交易就相当于进行了一个BBB级的投资。保险公司和这个金融公司A做的这笔交易就是CDS的交易。CDS当中会有一个保护的买方和一个保护的卖方。保护的买方定期支付的是保费，保护的卖方支付的是或有赔付。这个或有赔付是根据锁定的标的资产确定的。在CDS当中，错向风险主要指的是信用风险和市场风险的叠加。

场外衍生品市场面临的最主要的风险有两个，一个是交易对手风险。比如A和B在进行交易的时候。B如果违约，A就会承担非常大的交易对手风险。另外一个风险是系统性风险。系统性风险指的是场外衍生品在交易的时候，一些机构投资者在进行交易的时候通常都会找一些专门做这些衍生品交易的金融机构来进行交易。可能会有一些专门的公司对市场专门提供衍生品合约，大家都和它进行交易的话，如果这家公司倒闭了，就会出现一个非常大的系统性风险。比如在次贷危机的时候，贝尔斯登、雷曼兄弟它们都有在市场上进行大规模的场外衍生品的交易。如果它们发生违约的话，就会对市场造成一定的系统性影响。

场外衍生品市场风险管理方式。

一种是通过条款进行约束，比如使用主协议（Master Agreement）来进行交易。主协议是国际互换与衍生品协会（ISDA）提出来的，一般来说是比较标准化的，场外市场的交易，可以参照这个协议来签订。这样使得交易相对来说风险比较小一些，合约会比较标准化。这个协议里有一些具体的约定，来控制交易对手风险。

比如，可以采用净额（ Netting ）来进行结算。之前，我们讨论了在交易所交易合同中使用净额结算的特征。在双边场外衍生品市场，很早就有了净额结算的运用。两个市场参与者可以采用主协议来进行约定，而主协议可以包含他们交易的所有衍生品。在一方违约的情况下，双方之间所有未完成的衍生品交易将被视为一笔交易来进行处理。举例来说，假设A和B是两家在场外交易市场进行衍生品交易的公司，在某一时刻，它们之间存在如下表30-2所示的四笔未完成交易。

表 30-2 A 公司和 B 公司未完成的交易

交易	对 A 公司的价值（百万美元）	对 B 公司的价值（百万美元）
1	+40	−40
2	−30	+30
3	+20	−20
4	−10	+10

假设公司 B 陷入财务困境并宣布破产。如果没有净额结算，B 公司将在交易 1 和 3 上违约，但交易 2 和 4 将正常进行。B 公司的清算人可保留交易 2 及 4，或将其出售给第三者。A 公司的潜在损失是 6，000 万美元。如果有净额结算的约定，所有交易将被视为一笔价值负 2，000 万美元的单一交易。B 公司的违约将导致 A 公司损失 2，000 万美元（而不是 6，000 万美元）。如果 A 公司陷入财务困境并宣布破产，如果有净额结算约定对 B 公司是有利的。如果没有净额结算，B 公司的潜在损失为 4，000 万美元（来自交易 2 和 4）。如果有净额结算约定，则没有潜在损失（事实上，B 公司将不得不支付给 A 公司清算人 2，000 万美元）。

也可以设定一些保证金或者抵押品要求。这个保证金可以是现金，也可以是高质量的资产。比如双方在进行交易的时候，一方开始赚钱的时候，那么他承担的对方违约风险也就会越来越多。此时，另一方可能就会被要求递交一定的保证金或者抵押品。或者可以对一些长期合约，进行定期的现金流重置。比如利率互换，它的期限很长。事先约定的利率和市场上的实际利率，随着时间的推移可能会越来越有偏差，对一方而言可能极度赚钱，另一方可能会极度亏钱，这个时候亏钱一方违约的风险就会很大。为了降低风险，就可以对利率定期进行重设。当然，还可以通过一些其他的合约的约定，来缓释场外衍生品市场的交易对手风险。

另外一种，可以从交易对手本身信用质量上来进行调整。可以设立一些机构，专门进行一些衍生品交易，这样能够使得在和这样的交易对手进行交易的时候，承担的风险相对来说会小一些。常见的机构有：特殊目的机构（SPV），衍生品交易公司（DPC）、信用衍生品公司（CDPC）、单一保险公司（Monolines）等。

特殊目的机构（SPV），它是专门设立来处理一些证券化产品交易的，这样最主要的好处，就是和原来的银行完全隔离开，投资者在和它进行交易的时候，只需要去看标的资产本身的特点就可以，证券化产品和发行主体之间就没有直接的联系了。

DPC，是专门设立来做衍生品交易的。比如，一个大型的金融集团，它可以做很多交易，可以单独去设立一个 DPCs 专门从事衍生品的交易，并且要保证它的评级相对来说是比较高的，比如说是 AAA 级。如果个人投资者或者机构投资者不是和这个集团去进行交易，而是和这个单独设立的公司去进行交易的。那么风险也是和这个集团的风险完全隔离开的。

CDPC，和 DPC 是非常类似的，只不过它是专门做信用衍生产品交易的，两者是非常类似的。

单一保险公司是一种保险公司，专门做的是债券的保险。比如说发行债券的时候，会对债券未来的偿付，提供一定的保险。

这些是通过设立机构来控制交易对手风险的方式。

对于场外衍生品市场的风险管理，尤其是系统性风险，最好的一种解决方式，就是始终有一种工具，能够定期的去控制场外衍生品市场的风险。这个其实就是中央清算所。在整个风险管理过程当中，我们知道了现在的风险管理模式，希望未来更好的去处理它的风险，就可以通过引入中央清算机构（CCP）的方式来进行。

> 考纲要求
> 解释场外生品市场的监管措施及其对中央清算的影响。

自 2007~2008 年全球金融危机以来出台的监管规定已导致中央清算机构在场外衍生品市场的使用有所增长。这些规定的出台是基于这样一种认知，即复杂的场外衍生品，特别是那些由次级抵押贷款组合构造的衍生品是造成此次危机的一个重要原因。在当时这些抵押贷款相关的衍生品交易时，场外市场基本上不受监管。市场参与者可以以自己选择的任何方式执行和清算交易，而无需向监管部门报告自己的交易。因此，当 20 国集团领导人 2009 年 9 月在匹兹堡会晤时，他们急于控制 OTC 市场。他们尤其担心其中暴露出的系统性风险。这种风险体现为一个衍生品交易商的违约可能导致其他与其进行交易的交易商蒙受损失。这进而可能导致更多的违约或者其他交易商的进一步损失。在最糟糕的情况下，衍生品交易商之间的这种互联性将导致全球金融体系的崩溃。

20 国集团领导人在匹兹堡峰会后发表的声明包括以下内容：所有标准化的场外衍生品合约应在适当的交易所或电子交易平台进行交易，最迟在 2012 年底前达成通过中央清算机构进行清算。场外衍生品合约应向交易资料库报告。未经中央清算的合约将受到更高的资本要求。20 国集团匹兹堡会议产生了影响 OTC 衍生品的三项主要监管规定：

（1）要求所有标准化场外衍生品通过中央清算机构进行清算。标准化衍生品包括普通利率互换（占场外衍生品交易的绝大部分）和指数信用违约互换。这一要求的目的是创造一种环境，在这种环境中交易商彼此之间的信用风险敞口较小，从而降低了相互联系和系统性风险。

（2）要求标准化场外衍生品在电子平台上进行交易，以提高价格透明度。如果有一个撮合买卖双方的电子平台，所有市场参与者都应能随时获得产品交易的价格。这些平台在美国称为互换执行设施（SEFs），在欧洲称为有组织交易设施（OTFs）。在实践中，标准化产品一旦在这些平台上进行交易，就会自动传送给CCP。

（3）要求OTC市场上的所有交易都报告给中央交易数据库。这一要求为监管机构提供了有关场外交易市场参与者所承担风险的重要信息。

前两条规定仅适用于两家金融机构之间的交易（或一家金融机构与一家因其场外衍生品交易规模而被视为具有系统重要性的非金融公司之间的交易）。这意味着，衍生品交易商在与大多数非金融终端用户交易标准化合约时，不必使用电子平台和CCP。然而，要求对标准的交易商间的交易（如利率互换）进行中央清算，导致通过中央清算的场外交易数量大幅增长。

第三节　市场参与者

市场参与者

— 考纲要求 —
套期保值者、投机者和套利者。

市场参与者分类：

对冲者（Hedgers），目的：通过交易降低风险。

投机者（Speculators），目的：通过承担风险，赌未来资产价格的方向获取收益。对市场作用：因为市场上有人做对冲，对冲的形成，需要有人反向建仓，这个时候就需要投机者参与，投机者因此可以为市场提供流动性。

套利者（Arbitrageurs），因为同一个资产在不同的市场上存在价格偏差，这时可以通过低买高卖的方式锁定一定利润。一般来说，套利都是无风险无成本的。

做市商（Market Maker），特点：同时愿意接盘买方和卖方两种交易，因此它为市场提供了流动性。比如中国，对于个股期权就采取做市商制度，只要满足一定条件，就可以成为该期权的报价单位，这样的话，投资者就可以做买入交易或者做卖出交易。

做市商应区别于经纪商，经纪商是代理别人进行交易的，它赚的是佣金，做市商赚的是买卖价差，比如一些期货交易投资者自己无法直接到交易所交易，通常都是通过期货公司去做的，那么委托期货公司去进行的话，期货公司作为一个经纪商就会收取一定的佣金。

在二级的时候还会讲到**自营银行**（Dealer Bank），自营银行通常是在场外市场做的，做市商通常是在场内市场做的。

第四节 中央清算

中央清算

中央清算机构，一般来说它采用的是会员制，分为清算会员（Clearing Members）和非清算会员（Non-clearing Member）。清算会员当中，又分为两种：一种是**一般清算会员（General Clearing Member，简写 GCM）**。一般清算会员可以自己在中央清算所进行交易，同时也可以代理其他的第三方来进行交易。比如说现在有一个金融机构，它成为了某个 CCP 的清算会员。一些个人或者机构投资者，要去进行交易，就可以借助它来进行。另一种是**个别清算会员（Individual Clearing Member，简写 ICM）**。它们是指可以自己在中央清算所进行交易，但是不能够代理其他的第三方来进行交易。非清算会员，本身是没有会员资格的，这种情况下它只能够通过清算会员，去进行交易。

一般来说当金融机构注册成为会员的时候，为了能够正常交易，通常都会交一个**准备金（Reserve Fund）**。准备金主要处理的就是中央结算机构万一遇到极端风险，需要覆盖风险的时候，当所有的违约方的资源都用完的时候，可能会动用其他的清算会员提供的准备金来共同承担风险。也就是风险共担机制。所谓的风险共担，指的就是所有的清算会员，在发生极端风险的时候，都要共同承担风险。从会员制的角度来看的话，只有清算会员和 CCP 之间是有直接联系的。一般来说，非清算会员和 CCP 之间没有直接联系。如果 CCP 倒闭的话，对非清算会员不一定造成极端影响。

另外清算会员代理非清算会员进行交易的时候，它对于非清算会员的履约，是要承担一定责任的。也就是说，如果出现非清算会员没有办法进行正常交易的话，对应的清算会员要保证交易的正常进行。这是代理非清算会员进行交易的时候，清算会员必须要保证执行的。

CCP 主要的优点在于它能够减少金融市场的互联性。假设现在市场上有 A、B、C、D 这 4 个公司，互联性指的就是 A 和 B 公司，B 和 C 公司，C 和 D 公司之间的互联性。因为现在是通过引入了一个中央清算机构，把他们结合在了一起，这样能够把他们之间的关系进一步的减弱。能够减少某个参与者的无力偿付对于其他机构造成的影响。

除此之外，引入 CCP，能够使得场外衍生品交易市场变得更加透明。因为是双方私底下的交易，其他人不一定能够了解合约的情况以及本质。但是如果所有的交易都是通过中央清算所进行的话，那么这个合约的运作特点就比较容易去理解，可以增加透明度。

值得注意的是，非场外衍生产品交易的中央清算和场外衍生产品当中的中央清算，特点不太一样。非场外衍生产品交易的中央清算，主要是为了标准化和简化交易，主要目的并不是去控制风险。在场外衍生品中引入的中央清算，主要目的是为了缓释交易对手风险。这是两者不同的地方。

中央清算机构引入能够帮助控制场外衍生产品交易的一些交易对手风险，甚至于系统性风险。它是通过哪些机制来达成这样的目的呢？

（1）替代给付（Novation），指的是用新合约替换旧合约。用与中央清算机构之间建立的一份新合约，来替换原来双方之间的旧合约。从图形上来看，最左边是双方交易的一个图形，A 和 B 之间的交易，A 和 C 之间的交易，B 和 C 之间的交易，通过替代给付功能，把所有的交易变成和 CCP 之间的交易，用与 CCP 的合约替代原来双方之间的合约，如图 30-7。

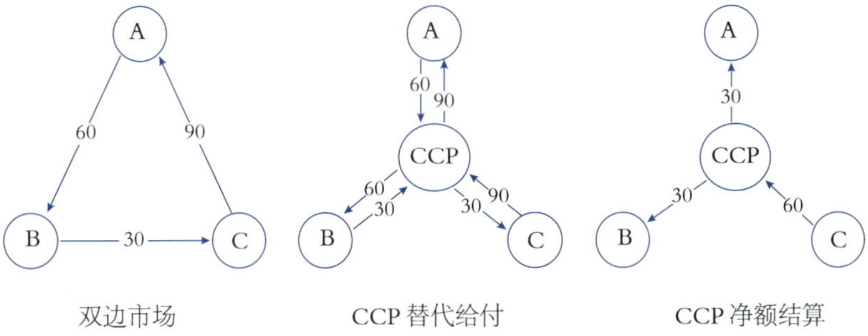

图 30-7 中央清算机构控制场外衍生产品交易对手风险的几种机制

（2）净额结算（Netting），它的特点是多笔之间的交易，是按照净额来算的。比如说 A 欠 B5 美元，B 欠 A3 美元，就是 A 净欠 B 2 美元。从上图可以看到，通过替代给付，所有的人都和 CCP 进行交易，再加上净额结算条款。例如，A 需要支付给 CCP 60 美元，CCP 要支付给 A 90 美元，如果按照净额来算的话，CPP 要净给 A 30 美元。所有的合约都按照这样操作的话，就可以简化成单一的风险敞口，风险相对来说比较小。

（3）损失共担机制（Loss Sharing Model）。会员在注册成为会员的时候，要注入违约金（Default Fund 或 Reserve Fund）。如果市场出现极端的情况，但违约方提供的所有的资金，比如违约方提供的保证金、违约金等，以及与违约方相关的资金全部用完了之后。那么接下来所有的风险是在所有的会员之间，互相进行共担的。也就是说，所有的会员都要承担接下来的风险，这就是风险共担的机制。

名师解惑

风险缓释的过程，在二级会讲。损失是按照一个瀑布式 (Loss Waterfall) 的结构来吸收的。

首先，是看违约会员提供的保证金和违约金，先用这一部分资金来进行缓释。如果这部分资金用完之后，风险还不能够完全覆盖的话。此时，会用到 CCP 本身的储备金。CCP 可能会有提前提用的准备金。如果这部分资金仍然不能够覆盖风险的话，就会动用其他人提供的违约金 (Default Fund)，进行风险共担。如果这部分风险还不能够覆盖风险的话，可能就需要外部的流动性注入，这个时候 CCP，就很容易出现倒闭的情况。这个风险缓释的过程就是由上而下的，先用违约方的所有的资源，如果不够的话，开始触发风险共担机制。

如果某一个清算会员违约的话，CCP 还可以通过拍卖的方式来处理这笔交易，如图 30-8。

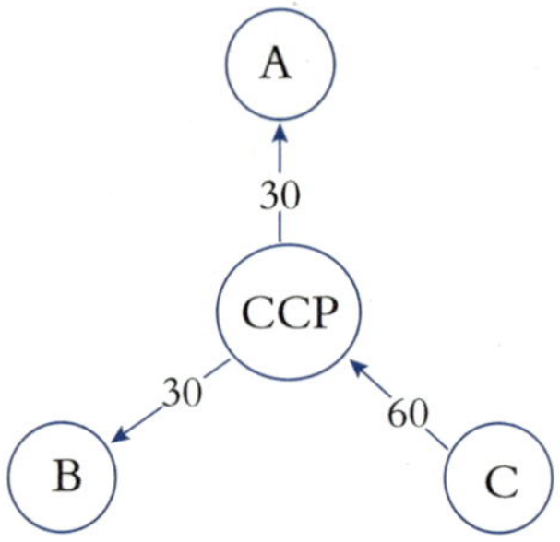

图 30-8　CCP 与交易对手

如上图，A、B、C 分别和 CCP 做交易。CCP 把 A 和 B 交易匹配起来。假如 B 违约了，首先的处理方式是把 B 这笔交易拍卖出去，给其他的参与主体。比如 C 把这笔交易买过来。为什么还有人愿意去买这个有一定损失的合约呢？因为如果其他参与主体不积极的参与到这个损失的处理过程，可能会造成一些极端的情况，比如可能最终会触发风险共担机制。这对 C 来说也是一样会有损失的。所以其他清算会员需要积极的参与，参与到拍卖的过程中。

当某一方违约的时候，它的合约会采用拍卖的方式，拍卖给其他没有发生违约的清算会员。

这是另外的一种处理风险的模式。在一级讲的比较少，考生大致了解即可。

CCP 关于保证金的要求，和期货交易所的关于保证金的要求，有一些类似的地方。比如 A 和 CCP 在进行交易的时候，A 在这份合约中是赚钱的话，会担心 CCP 这笔钱是给不到它的。对于 A 来说，可以减少保证金的注入。因为其实 A 承担的是 CCP 不给它钱的风险。如果现在这份合约是亏的呢，也就相当于 A 未来有一个净的支出，CCP 会担心这笔钱拿不到，此时 CCP 就会要求 A 注入一定的保证金。对于 CCP 来说，为了保证交易能够正常进行，就会去判断，一份合约是赚的还是亏的。如果 CCP 赚的话，就会要求对手方提供一定的保证金。

保证金分为两种，变动保证金和初始保证金。初始保证金就是在合约签订的时候，就需要注入的保证金。变动保证金指的是每天根据市场上价格的变动调整，额外需要注入的保证金。这两个保证金和期货交易所的保证金有一些区别。期货交易所，有一个维持保证金的要求，但是在场外衍生品市场上，通过中央清算机构来进行的话，是没有专门的维持保证金的要求的，而是根据实际价值变动的一定百分比来确定变动保证金的，不一定要有一个门槛值，如图 30-9。

— 考纲要求 —

描述保证金的实施过程，并解释初始保证金要求和变动保证金要求。

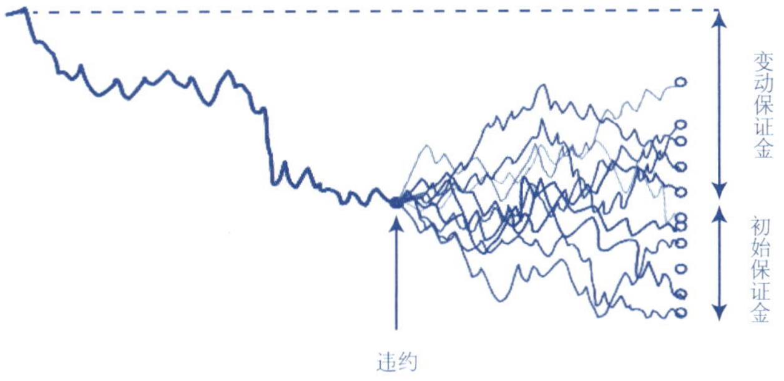

图 30-9　初始保证金和变动保证金

名师解惑

上图中前面实线的部分代表还没有违约，我们是通过变动保证金来覆盖风险的。当它发生违约的时候，接下来的损失是通过初始保证金来覆盖的。

初始保证金的要求是中央清算机构正常运行的基础。初始保证金是除了变动保证金外，必须存入 CCP 的资金或有价证券。为了理解初始保证金的作用，假设一名持有 20 份 9 月交割的玉米合约的净多头头寸的会员被要求支付 7，000 美元的变动保证金，但他无法支付。因此，CCP 必须通过出售 20 份 9 月交割的玉米合约，结清该成员的头寸。如果没有初始保证金，CCP 将面临 7，000 美元的直接损失，因为向持有空头头寸的会员支付的保证金将比从持有多头头寸的会员收取的保证金高出 7,000 美元。此外，在中央清算机构能够平仓之前，9 月份玉米价格可能会下跌 1 美分 / 每蒲式耳。这将导致 CCP 进一步损失 1,000 美元（$0.01 \times 5,000 \times 20$），并将总损失增加到 8,000 美元。初始保证金是用来防止这类损失的。在这种情况下，CCP 可能会设定初始保证金为每份合约 700 美元（不管是多头还是空头合约的初始保证金是一样的）。在这种情况下，CCP 要求 14,000 美元的初始保证金（$=20 \times 700$ 美元）。这将足以弥补 8,000 美元的损失。需要注意的是，期货合约的初始保证金是由交易所设定的，反映了期货价格的波动性。如市场情况有任何改变，交易所保留随时更改初始保证金的权利。

由于期货合约是每日结算（而非到期结算），中央清算机构不会就变动保证金支付利息。然而，中央清算机构对初始保证金支付利息，因为它属于缴纳保证金的会员。如果中央清算机构支付的利率不令人满意，会员可支付国债等证券来替代现金。在这种情况下，CCP 在确定这些证券是否与现金等价时，可能将按一定比例调降其价值。这个调降的比率叫做折扣率（Haircut）。如果某项资产的价格波动性增加，通常会增加该资产的折扣率。

同一资产的多个合约可能会影响变动和初始保证金要求。例如，假设一个会员做多一份 9 月份的玉米合约（购买 9 月份交割的玉米），做空一份 12 月份的玉米合约（出售 12 月份交割的玉米）。当会员被要求支付 9 月合约的变动保证金时，会员同时可能还会收到 12 月合约的变动保证金（反之亦然）。因此，合约之间存在自动的变动保证金的净额结算。交易所通常还制定了降低初始保证金要求的规定，以便 9 月多头合约和 12 月空头合约的初始保证金总额低于分别考虑两份合约的初始保证金之和。

变动保证金的确认，一般用的是估值模型，就是估计一下资产每天的价格变动情况，根据价格的涨跌幅度，来确认每天的变动保证金。初始保证金的确认，一般用的是极端风险度量的方式，比如 VaR 或者 ES。这个是初始保证金和变动保证金之间的差异。

通常 CCP 的保证金要求，要比双方之间的衍生品交易，关于抵押品或者保证金的要求，更加的严格。变动保证金的计算一般要求是比较及时，通常要求至少是每天的，最好是一天以内的。一天以内价格发生变化的话，就会要求有一个变动的保证金注入。而通常保证金是以现金的方式进行的。保证金的设定不是按照交易方的信用质量来进行的，是按照一笔交易本身的市场风险来进行确认的，也就说是赚还是亏，是根据实际的市场风险来确定的。如图 30-10 和图 30-11。

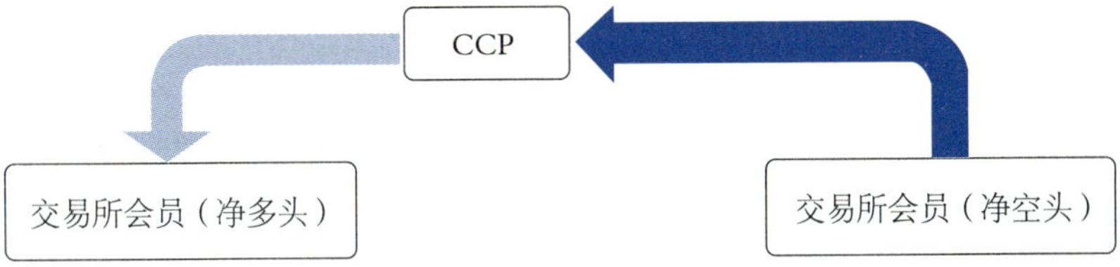

图 30-10 当期货价格从一天的收盘价上升到第二天的收盘价时变动保证金的现金流

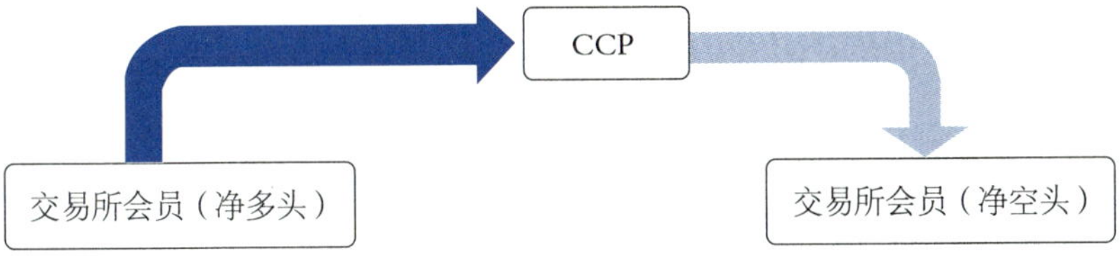

图 30-11 当期货价格从一天的收盘价下降到第二天的收盘价时变动保证金的现金流

引入 CCP 是帮助控制场外衍生品交易的风险的，但是 CCP 本身也会面临一些风险。那么 CCP 主要面临哪些风险呢？

一、违约风险

> 考纲要求
> 识别和解释 CCPs 面临的风险类别。

违约主要指的是清算会员的违约。如果清算会员违约的话，CCP 必须要保证其他会员能够正常履约。除了清算会员违约带来风险，可能还会产生一些连锁反应。首先，如果一个清算会员发生违约，而违约的金额比较大的话，就有可能触发风险共担机制。会影响到其他的清算会员，也可能会引发其他清算会员的违约。其次，就是当某个清算会员发生违约之后，根据损失瀑布来处理损失时，损失如何进行覆盖，也会带来一些不确定的因素。比如说，触发风险共担机制之后，这个风险共担是如何在所有的清算会员当中进行平摊的，也有可能会引发一些问题。违约发生可能会带来一系列连锁的反应，还包括其他的清算会员发生违约，出现拍卖没有达成的问题，也会使得其他的清算会员退出市场，还有可能会造成 CCP 本身的声誉问题。这是 CCP 会遇到的第一个风险，主要是清算会员违约的风险，以及由违约衍生出来的其他风险。

二、流动性风险

CCP 运作过程中，每天都会有大量的保证金的流入流出，保证金流到它的账上时，CCP 必须首先在保值的情况下，还要保证它有一定的无风险的收益。在进行无风险投资的时候，既要保证它有一定的保值增值效果，同时还要保证它有一定的流动性。因为一旦某个会员发生违约，CCP 必须要保证其他会员的交易能够正常进行。有没有比较好的流动性，对 CCP 的影响是非常大的。所以，CCP 遇到的另外一个比较重要的风险就是流动性风险。

三、模型风险

CCP 的模型风险主要体现在保证金的确认过程中。CCP 通常会用保证金来控制风险，这就需要确认变动保证金和初始保证金到底有多少？变动保证金，通常用的是用估值模型来进行确认的。初始保证金是通过 VaR 这一类的模型来进行建模的。在建模的过程当中，如果采用的方式不是特别合理，可能会出现一些模型风险。模型风险主要出现在初始保证金中。初始保证金的确认相对来说更难一些，因为它衡量的是当发生违约的时候成本是多少。需要衡量极端风险的状况，可能要考虑到很多维度。比如说需要考虑波动率的情况，尾部风险的情况，资产相互之间的复杂的相关关系以及一些错路风险。

在数学建模的时候，常会出现线性的特征。线性的特征，一般指的是在保证金的确认过程当中，由模型得到的结论一般是规模上升一定单位，保证金也上升一定单位。保证金是线性上升的，也就说是一个成比例的上升。但是，通过 CCP 来进行场外的交易，很可能会产生集中度过高的问题。对于大规模交易对它的保证金要求应该有一个额外的叠加，而不是线性的增长。在设计保证金时，就不能够去成比例的设计。一般来说 CCP 会设定一个保证金的乘数，也就是当交易规模比较大的时候，会有一个惩罚的因子，保证金的要求会更高一些。

四、操作风险

与人员有关的、与流程有关的、与系统有关的这一类的操作风险，也是 CCP 可能会面临的风险。

五、法律风险

和法律条款的违反有关的法律风险。比如，保证金的运作与市场上的法律法规，不是完全匹配的，这个过程当中可能会出现一些法律风险。有可能会导致法律诉讼问题的出现。

六、投资风险

在注入保证金之后，这些资金或者资产是要实现一定的保值增值的，CCP 在进行交易策略选择的时候，可能会带来一定的投资风险。

七、其他的风险

（1）在交割或者结算的时候，可能会面临交割结算风险；

（2）保证金使用外币标价的，那么可能会面临一些外汇风险；

（3）托管风险，比如说有一些账簿是给银行进行托管的，在托管业务过程当中，可能会遇到的一些风险；

（4）集中度风险，指的是 CCP 交易集中在某些领域、某些方面，可能会有一定的集中度风险；

（5）主权国家债务风险，如果注入的保证金是以主权国家债券的形式，那么就可能面临主权债务风险；

（6）错路风险，指的是信用质量下降，违约概率上升，风险敞口也是在上升的情况。

以上这些风险在 CCP 的运作过程当中，都是有可能会遇到的。

通过中央清算机构来进行结算的话，会有哪些好处？

第一，增加市场透明度。所有人的交易对手都是中央清算机构，它记录了所有的交易信息。交易更加透明的话更容易被投资者或者监管机构进行监管。

第二，按照交易的净额结算，进一步的减少交易对手风险。

第三，实行风险共担机制。

第四，实现法律上或者操作上的有效性。指的是通过中央清算来进行交易，这样的交易相对于双方私底下的交易更加标准化，使得交易更有效。

第五，流动性。一般来说，如果想把所有的交易都在中央清算机构进行的话，就要保证这些交易的流动性是比较好的。因为通过中央清算交易的产品，标准化程度会更高，相对来说流动性会好一些。

总而言之，有一个标准的违约管理操作，比私底下的违约争端处理要好很多。

以上是中央清算的好处，但是如果通过中央清算机构来清算场外衍生品交易的话，也会有一些缺陷：

第一，道德风险。道德风险，指的是在有一定的保障的情况下，投资者行为会出现大幅的偏差。为什么会出现道德风险呢？是因为如果是双方私底下进行交易的话，彼此之间会比较关心对手方的运营情况、市场上的行情以及可能会给自己带来的风险等，但是如果所有的交易都通过中央清算来进行的话，就可能使得大家都不再关注对手方的风险。交易者的前后行为会有重大的差异，风险管理会弱化，这个就叫做道德风险。

第二，逆向选择。逆向选择，指的是当双方在进行交易的时候，一方的信息非常有限，对于交易中的风险不是特别的了解，就可能会使得它对于不同风险的定价是一样的。这种情况下，可能会吸引大量风险更高的交易。比如说，有 A、B 两个公司，通过中央清算机构进行衍生品交易。A 的交易风险是比较小的，B 的交易风险是比较大的。但是风险大小情况只有 AB 公司自己比较清楚，由于中间可能会存在着信息不对称，CCP 不一定会了解。在这种情况下，CCP 对这两笔交易要求的保证金是一样的。会使得风险比较小的 A 公司，退出交易，CCP 就会引入更多的风险。

第三，分歧。分歧指的是一笔交易，原来是在场外市场进行的，现在变成通过中央清算所进行交易的时候，就会有一定程度的标准化，会和原来的场外市场的交易形成一定的差异。因为非定制化的合约是没有办法进行匹配交易的。因此可能不能够完全满足风险管理的需求。

第四，顺周期影响。顺周期影响指的是放大繁荣，或者放大萧条。本来繁荣和萧条只持续一段时间，但是由于特殊的操作，使得这种繁荣和萧条持续很长一段时间。为什么会带来顺周期的影响呢？因为通过中央清算所来控制风险，通常采用保证金的约束，当市场环境非常恶劣时，中央清算所有可能调高保证金的要求。因为当市场比较萧条时，是很可能出现违约的，所以 CCP 会趋向于调高保证金要求。此时对于所有市场参与者来说，参与交易的成本更高了，最终实现的收益就会变少。这会使得市场的恶化情况继续持续下去，就有可能带来顺周期的影响。

除此以外，中央清算所还有一些特殊的影响，也会有一些局限性。

第一个局限性，中央清算机构提出来之后，带来最大的好处，是能够控制场外衍生品交易的交易对手风险。但是风险是不是完全没有了呢？并不是的。在风险管理的时候，很多情况下，并不是风险被完全剔除掉了，而只是风险被转移了。中央清算所引入之后，交易对手风险减少的主要原因是，增加保证金等要求。这个时候交易对手风险确实是下降了。但是引入保证金账户的运作，可能会增加流动性风险、操作风险、法律风险等，因此通过中央清算所来控制交易对手风险，其实只是把它转化成其他风险。

第二个局限性，中央清算所的引入，使得单个交易的互联性减弱，增加了系统性风险，因为中央清算所也有可能倒闭。如果中央清算所倒闭的话，就会对所有和它进行交易的交易对手产生影响。中央清算所的引入，虽然减少了机构和机构之间系统性风险，但是也增加了它自己违约，给市场带来的系统性风险。

第三个局限性，场外衍生品市场并不是不需要存在的，它的存在是有一定客观需求的。因为场外衍生品市场是金融创新非常好的摇篮。一般一些新的衍生产品，都是在场外衍生品市场首先出现的。只要交易双方谈妥就可以进行交易，不需要有一个非常标准化的模式，因此当出现金融创新的话，往往是首先出现在场外衍生品交易市场的。所以场外衍生品市场也是非常重要的。如果把所有的要求，都是通过中央清算机构来进行的话，就可能减少场外衍生品市场对于金融创新的积极影响。

本章小结

♣ 金融衍生品

◢ 远期和期货：远期和期货约定的是某个产品的买卖价格，通过多头和空头头寸来达成。

◢ 互换（掉期）。

- 利率互换：利率互换针对的是同一币种的不同利息计付方式之间的互换。
- 货币互换：货币互换针对的是不同币种的同一利息计付方式之间的互换。

◢ 期权：约定到期执行价格，到期持有方可以选择执行也可以选择不执行。

♣ 交易所与场外市场

◢ 场外市场：定制化、不在一个中心地点交易、不受监管、交易规模大。

◢ 场内市场：场内市场、标准化、在一个统一地点交易、受监管、交易规模小。

◢ 交易所市场 3 种清算模式：

- 直接清算：双方之间进行的清算的操作，没有第三方参与。
- 清算环：在多个参与主体之间构造的一个清算的系统。
- 完全清算：清算的最高层次，中央的参与主体会把所有人的交易，变成和中央参与主体之间的交易。

◢ 场外衍生品市场：场外衍生品市场在整个金融市场的交易规模是比较大的，主要的产品包括利率类、外汇类、股票类、商品类、信用衍生产品。

♣ 市场参与者

◢ 对冲者：通过交易降低风险。

◢ 投机者：通过承担风险，赌未来资产价格的方向获取收益。

◢ 套利者：因为同一个资产在不同的市场上存在价格偏差，这时可以通过低买高卖的方式锁定一定利润。

◢ 做市商：同时愿意接盘买方和卖方两种交易，赚取差价。

♣ 中央清算

- 清算会员。
  - 一般清算会员：可以自己在中央清算所进行交易，同时也可以代理其他的第三方来进行交易。
  - 个别清算会员：可以自己在中央清算所进行交易，但是不能够代理其他的第三方来进行交易。
- 非清算会员：只能够通过清算会员，去进行交易。
- CCP 控制风险机制：
  - 替代给付：指的是用新合约替换旧合约。
  - 净额结算：多笔之间的交易，是按照净额来算的。
  - 损失共担机制：当市场出现极端的情况，但违约方提供的所有的资金都用完了之后。所有的会员都要承担接下来的风险，这就是风险共担的机制。
- CCP 主要面临的风险：
  - 违约风险。
  - 流动性风险。
  - 模型风险。
  - 操作风险。
  - 法律风险。
  - 投资风险。
  - 其他的风险。

章节练习

◇ Which of the following statements is an advantage of an exchange trading system? On an exchange system:

A. terms are not specified.

B. trades are made in such a way as to reduce credit risk.

C. participants have flexibility to negotiate.

D. in the event of a misunderstanding, calls are recorded between parties.

答案解析：B

交易所市场可以降低信用风险，其他选项是场外交易市场的优点。

◇ An individual that maintains bid and offer prices in a given security and stands ready to buy or sell lots of said security is:

A. a hedger.

B. an arbitrageur.

C. a speculator.

D. a market maker.

答案解析：D

做市商在证券交易中维持买入价和卖出价，随时准备买入或卖出大量特定的证券

◇ Consider counterparties A, B, and C, Which are members of a derivatives exchange. A is short a derivatives position with B， and B is short the same derivatives position with C. Replacing these two positions with a single position between A and C is an example of:

A. direct clearing.

B. bilateral clearing.

C. complete clearing.

D. clearing ring.

答案解析：D

清算环是在多个参与主体之间，构造的一个清算的系统。一般这个是参与方都认可，双方之间的一个交易，并且认可所有的交易对手，都是可以进行互相调整的。在这种情况下，有一些交易就可以采用净额的结算方式来进行计算，来减少双方之间的互联性。

◇ Alpha Bank recently noted that its bilateral over-the-counter（OTC）trade obligations with Beta Bank ceased to exist and the bank now directly faces a central counterparty（CCP）for its trade obligations. Which of the following concepts best identify this scenario：

A. Netting.

B. Novation.

C. Margining.

D. Multilateral offsetting.

答案解析：B

替代给付指的是用新合约替换旧合约的过程，交易对手彼此之间的双边义务不复存在。

◇ Which of the following risks facing a central counterparty（CCP）is most likely to be introduced during a market crisis？

A. Default risk.

B. Liquidity risk.

C. Operational risk.

D. Settlement and payment risk.

答案解析：D

结算支付风险是指银行不再为 CCP 及其成员提供现金结算服务的风险。这种风险不太可能出现在正常时期，但更有可能出现在危机时期。

扫码获取更多题目

第三十一章 远期和期货
Forward and Futures

一、远期和期货合约	远期和期货合约	★★
二、远期合约	1. 大宗商品远期合约	★★
	2. 金融远期合约	★★★
三、期货合约	1. 期货合约基本要素	★★
	2. 期货合约交割方式	★★
	3. 保证金要求	★★★
	4. 交易指令种类	★★★
	5. 对冲会计准则	★★
	6. 远期 / 期货价格与期现套利	★★
	7. 利率平价	★★★
	8. 外汇风险	★★
	9. 现货溢价与期货溢价	★★★
四、远期价值	远期价值	★★★
五、利率期货	1. 长期国债期货	★★★
	2. 欧洲美元期货	★★★
六、期货对冲	1. 对冲分类	★★
	2. 最小方差对冲比率	★★★
	3. 期货合约最优对冲数量	★★★
	4. 尾随对冲	★
	5. 对冲的有效性	★
	6. 对冲实例	★★★
	7. 基差风险	★★★

◢ 学习目的

远期和期货是金融衍生品市场中一类比较常见的产品，也是人们在进行风险管理时常用的工具，远期和期货具有类似的性质，他们最大的区别在于远期是场外市场工具，而期货是交易所交易工具。了解远期和期货市场对对冲交易策略的制定具有非常重要的意义。

考点分析

通过本章学习，各位读者需要掌握远期与期货市场的联系与区别；熟悉常见的远期产品，了解远期利率协议的特性；了解期货市场的基本运作，包括保证金、交易指令等一系列规范性操作；了解远期与期货产品的定价方式；了解远期外汇产品在外汇风险管理中的运用；熟悉远期合约价值的确认方式；了解常见的利率期货产品，包括长期国债期货以及欧洲美元期货；了解如何进行期货对冲并熟悉其中潜在的风险。

本章入门

首先，本章会给读者介绍远期和期货合约的异同点，然后会给读者简单地介绍一下远期市场的产品类型和特征，然后，本章会花大篇幅讲述期货合约，包括期货合约的特点、标准化的维度，远期和期货合约价格的确定。然后会详细介绍期货中被广泛运用到对冲中的产品——利率期货，利率期货是考试的重点，利率期货往往结合最后一节对冲放在一起考察，需要注意它们之间的联系。利率期货中主要介绍两个，一个是长期国债期货，一个是欧洲美元期货。最后一节讲的是如何通过期货合约进行对冲，以及对冲当中可能额外引入的一些风险。

第一节 远期和期货合约

远期和期货合约

— 考纲要求 —
掌握远期与期货市场的联系与区别。

远期和期货都是对于未来买入或卖出某个产品的价格去做一个约定，一般来说，它分**多头头寸**（Long Position）和**空头头寸**（Short Position），所谓的多头头寸是指投资者约定未来买入，锁定买入价，所谓的空头头寸是投资者约定未来卖出，锁定卖出价，一般来说，双方会达成一个约定的未来买卖价格，即合约的**执行价格**（Delivery Price）。

举个例子

比如夏天热了，许多人会买哈根达斯冰激凌，冰激凌的原料是牛奶，假设哈根达斯公司的提供商是光明公司，哈根达斯公司和光明公司这两个公司对于牛奶价格承担的风险想法是不一样的，光明公司担心未来牛奶价格下降，哈根达斯公司担心未来牛奶价格上升，这是它们两个之间的差异，这个时候如果光明公司要控制牛奶价格下降的风险，它可以做空头远期或者期货合约约定未来的卖出价，比如它约定未来的卖出价是 2 元钱，如果未来价格真的下降了，光明公司作为空头头寸，期货合约就赚钱了，无论现货价格下降的多么厉害，光明公司都可以按照约定的 2 元钱卖牛奶。

那么对于哈根达斯公司来说，它要控制牛奶的价格风险，它应该约定的就是买入价，如果未来牛奶价格上升，但期货合约做多头头寸的话，哈根达斯公司仍然可以以 2 元的价格买，所以同理，在价格上升的时候，多头远期或者期货赚钱。

举数字为例：假设光明公司、哈根达斯公司未来约定以 2 元的价格即进行一份远期合约交易，哈根达斯公司是多头头寸，光明公司是空头头寸，如果到期牛奶价格是 3 元，哈根达斯公司按照合约可以以 2 元买入，那么它的收益就是 1 元钱，如果到期牛奶价格 2 元，哈根达斯公司收益 0 元，如果到期牛奶价格 1 元，哈根达斯公司损失 1 元，所以对于多头头寸来讲，盈亏的图像如图 31-1 所示：

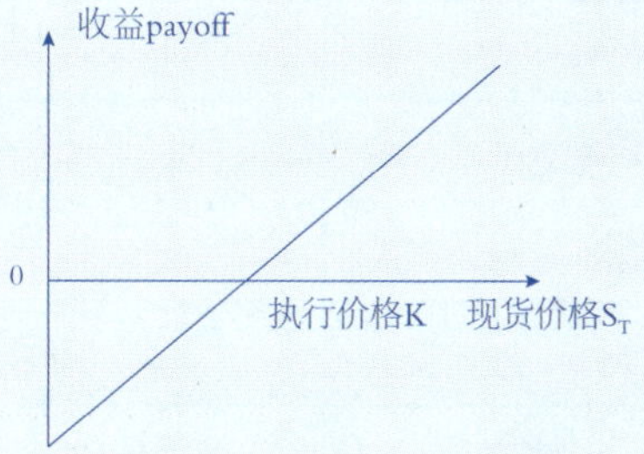

收益payoff=现货价格S_T−执行价格K

图 31-1　远期多头损益

多头收益公式：收益 = $\max(S_T - K,\ 0)$

站在空头头寸的角度，也就是光明公司的头寸，它约定的是2元钱卖出，如果到期的市场价格是3元钱的话，合约约定2元钱卖出就是亏了，亏了1元钱，如果到期市场价格是2元钱的话，就是不赚不亏的，如果到期市场价格是1元钱的话，合约约定2元钱卖出，就是赚了1元钱，它的收益图形如图31-2所示。

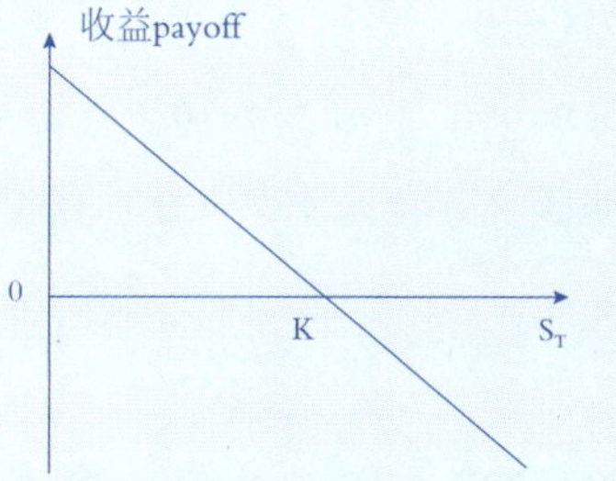

收益payoff=执行价格K−现货价格S_T

图 31-2　远期空头损益

空头收益公式：收益 =$\mathrm{Max}(K-S_T,\ 0)$

远期和期货之间的差异跟本书前述的场外市场与场内市场的差异是非常类似的，最大的差异就是交易场所不同，远期合约是场外交易，期货合约是交易所交易。它们之间的一些差异如表31−1所示：

表 31−1　远期合约和期货合约的异同

远期合约	期货合约
场外交易	在交易所交易
非标准化	标准化

续表

远期合约	期货合约
一个特定的交割日期	一系列交割日期
在合约结束时结算	逐日盯市
实物或现金交割	在到期前合约可平仓
定制化，基差风险较小，流动性较低	标准化合约，流动性更好，基差风险大
承担违约风险	由清算所做保证
不需要上交保证金	需要保证金并且可能调整

名师解惑

平仓指的是建立一个反向仓位，直接把原来的交易结束。比如，2018年3月31日投资者建立了一个2018年9月30日到期的大豆期货多头合约，过了一个月，投资者预期改变，不想要持有大豆期货的多头头寸，那么这个时候他可以建立2018年9月30日到期的大豆期货的空头头寸，这样仓位一正一反，就可以把原先的仓位结束。（注：建仓都需要支付手续费。）

远期合约根据标的资产的不同，可分为**商品远期合约**（Commodity Forward Contract）和**金融远期合约**（Financial Forward Contract），期货合约也可以这么来划分。

第二节 远期合约

一、大宗商品远期合约

商品远期 / 期货中的常见标的资产

（一）农产品

— 考纲要求 —
熟悉常见的远期产品，了解远期利率协议的特性。

期货合约中的农产品包括种植的产品（如玉米、小麦、大豆、可可和糖）以及牲畜（如牛和猪）。储存农产品价格昂贵，即使在最佳条件下，有些产品也只能储存有限的时间。各种农产品之间也相互依存。例如，饲养牲畜的成本可能取决于种植的农产品（如玉米）的价格。农产品的价格可以是季节性的。例如，考虑玉米和大豆的价格，在收获季节（10 月至 11 月），它们的价格往往相对较低，然而，在此期间之外，由于农民和其他经销商要承担储存成本，它们的价格可能会更高。这种季节性有时反映在期货价格上，使期货价格呈现正向和反向市场模式的混合。

还有其他因素可能影响市场对商品未来价格的看法。如果收成好（或不好），市场参与者就会认为价格会相对低（或相对高）。政治因素也会影响期货价格。

天气也是许多农产品的一个重要考虑因素。例如，佛罗里达的恶劣天气会提高冰冻橙汁的期货价格。与此同时，巴西的霜冻可能会大幅降低巴西咖啡产量，并推高咖啡期货价格。

（二）金属

金属包括金、银、铂、钯、铜、锡、铅、锌、镍和铝。它们的性质与农产品有很大的不同。例如，金属价格不受天气影响，也不是季节性的（因为它们是从地下开采出来的）。此外，它们的储存成本通常低于农产品。

有些金属纯粹是为了投资而持有的。这意味着它们的期货价格可以更容易地从可观察到的变量中获得。对于那些希望持有某种金属进行投资的人来说，持有期货合约可能是比持有实物资产本身更可取的选择。

大多数金属在一个国家提炼，在另一个国家消费。因此，汇率可能会影响价格。其他关键因素包括金属的工业应用范围和发现新来源的速度。开采方法的改变、政府的行动以及环境法规也会影响金属价格。有时金属价格甚至会受到回收过程的影响。例如，某一年在生产过程中使用的金属可以被回收，多年后重新进入市场。

（三）能源

能源产品是另一类重要的商品。市场上有原油和原油提取物（如石油制品和燃油）的期货合约。也有天然气和电力的期货合约。

原油市场是世界上最大的商品市场，全球需求量估计接近每天 1 亿桶。原油产品中有许多不同的规格反映了密度和硫含量的变化。两个重要的基准产品是布伦特原油（来自北海）和西德克萨斯中质原油（WTI）。

天然气产品主要用于取暖和供电。它可以无限期地储存（地上或地下），但其储存成本相当高。天然气的运输成本也很高，因此天然气的价格可能因地而异。芝加哥商业交易所集团（CME Group）提供了一种 100 亿英热单位（BTUs）的天然气期货合约。该合约要求以大致相同的速度将货物送到路易斯安那州的一个中心。洲际交易所（ICE）也提供天然气期货合约。在冬季市场对天然气的需求量很大（用于供暖），夏季对天然气的需求量较小（用于为空调供电）。这造成了期货价格具有季节性特征。

电力是一种不寻常的商品，因为它几乎不可能储存。一个地区的最大电力供应取决于该地区所有发电厂的发电能力。在美国，有 140 个这样的地区，电力批发价格由每个地区的电价决定。电力的不可储存性会导致巨大的价格波动。例如，众所周知，夏季的热浪会增加使用空调的需求从而将电力成本提高 1，000%。然而，一旦热浪过去，价格很快就会回到正常水平（这是我们前面提到的均值回归趋势的一个体现）。市场上存在电力期货合约，但它们的交易不如天然气和原油期货合约活跃。电力合约也在场外交易市场交易。典型电力期货合约允许一方在特定的月份以特定的价格在特定的地点接收特定数量的兆瓦时。在一份 5×8 的合约中，约定在周一到周五的非高峰时段（晚上 11 点到早上 7 点）接收电力。在一份 5×16 的合约中，约定在指定月份的周一到周五高峰时段（上午 7 点到晚上 11 点）接收电力。在一份 7×24 的合约中，约定在指定的月份中，每周 7 天，每天 24 小时接收电力。电力产品价格具有很强的季节性，夏季需求的增加。

（四）天气

天气衍生品合约在交易所交易市场和场外交易市场都有。最受欢迎的合同是那些根据温度而定的合约（能源公司用来对冲使用）。两个重要的天气衍生品变量是热度日（HDDs）和冷度日（CDDs）。一天的 HDD 和 CDD 分别定义为：

$$HDD=\max(0,64-A)$$

$$CDD=\max(0,A-65)$$

其中 A 为某一特定气象站某一天最高和最低温度的平均值（以华氏温度计算）。例如，如果一天中的最低温度是 40 华氏度，最高温度是 60 华氏度，那么 A=（60+40）/2=50。因此，当天的 CDD 是零，而当天的 HDD 是 15。衍生品合约通常是根据给定月份中所有天数的累积 HDD 和 CDD 来定义的。

投资者研究商品远期合约的时候，研究的维度通常比金融资产更多，因为大宗商品会额外考虑一些因素，比如说如果商品远期的标的资产是天然气的话，**储存成本（Storage Cost）**相对较高，这个时候就不得不考虑储存成本，当然有时也可以通过某些方法转化成储存成本率，即以百分比的形式考虑；如果商品远期的标的资产是黄金的话，黄金可以租出去，获得收益，这时候投资者就需要考虑**租赁收益率（Lease Rate）**，如果是一些粮食类的大宗商品，它可能因为短时间内的市场的供小于求，而额外给现货持有方带来“相对”收益，这个时候要考虑**便利性收益率（Convenience Yield）**。

名师解惑

便利性收益指的是投资者持有现货和持有期货合约相比会额外给投资者带来的好处，举例来说，投资者现在有个生产线，为了流畅生产，一般来说要有一定的库存，在这种情况下，如果预计未来库存存货会有大面积短缺，现在投资者持有现货肯定要比持有远期合约好，此时它会额外给投资者带来一定的好处，这种类型的好处就属于便利性收益，便利性收益一般是一个预估值，不是一个实际的值，一般是用 % 形式描述的，投资者在商品类的远期或者期货合约分析中，要进一步考虑这个因素，这个和金融远期或金融期货不太一样。

此外，在商品类远期或者期货合约中，有一种特殊的交易，叫做商品价差交易，有时候称之为Commodity Spread，在 Commodity Spread 这个大类中，有个子类，**裂解价差交易（Crack Spread）**。

名师解惑

商品价差交易，是基于商品期货或者商品远期合约建立的一种价差交易，它的特点是专门针对某一组产品，这组产品包含了原材料和产成品市场上同时具有原材料的远期或者期货合约，以及产成品的远期或者期货合约，投资者可以基于它们的价格差异，建立价差交易。

裂解价差交易专指原油类产品的价差交易。它的具体构造如下所述。

假设投资者有原油，原油可以生产出燃油或者汽油，这个时候投资者就可以根据实际市场的情况（即原材料价格比较低，产成品价格比较高），进行如下的交易策略：买入原材料的远期或者期货合约，卖出产成品的远期或者期货合约，构建价差交易。简单来看，生产用的原材料成本锁定，生产出的产成品价格锁定。

通常在两种情况下投资者会做这类交易。第一种情况，比如说原油的精炼厂，它是需要购买原材料，然后出售产成品的，这样交易的好处是通过买入远期或者期货合约可以控制成本，通过卖出远期或者期货合约可以控制收益。这是符合逻辑的操作。

还有一种情况就是投机，如果市场上存在可以获利的机会，那么投机者可以利用价差交易获利。

接下来，介绍裂解价差在计算中是怎么应用的。

举个例子

某投资者进行一份“3-2-1”的裂解价差交易。“3-2-1”表示3加仑原油投入，2加仑汽油和1加仑燃油产出。（如图31-3所示）

无论未来价格上升还是下降，多头头寸原油合约未来支付固定的3×2=6（美元），空头头寸，汽油合约收到2.1×2=4.2（美元），燃油合约收到2.5×1=2.5（美元），总的价差交易锁定的净收益=6.7-6=0.7（美元）。

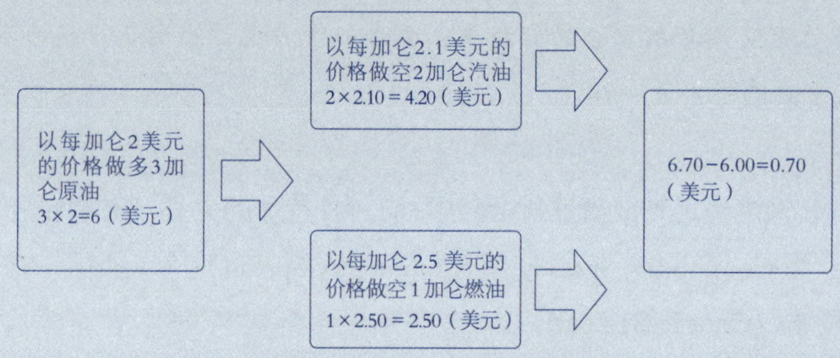

图31-3 裂解价差交易案例

二、金融远期合约

金融远期合约的标的是金融资产或与金融有关的要素，比如利率、汇率等。

这一节，重点介绍一种产品，**远期利率协议**（Forward Rate Agreement, FRA），这可能是考试单独考察考生的一个内容，远期利率协议的标的资产是利率，它的目的是通过建立这笔合约，锁定未来某个时间点开始的一笔投资或者融资的利率。

【例】假设GF预计一年以后要借100万元，那么站在GF的角度，担心的就是一年以后，利率上涨，其实现在GF就可以通过远期利率协议，约定1年以后，借这100万元的利率，这个就是远期利率协议的实际应用。

对于远期利率协议，考生首先要了解它的多头方和空头方交易是什么样的，远期利率协议的多头方，一般锁定的是**借款利率**（Borrowing Rate），即融资成本，未来如果利率上升，作为远期利率的多头方，支付的是借款利率，是锁定的，市场利率上升，对多头方来讲是赚的。如果是空头方，它锁定是**借出利率**（Lending Rate），即投资收益，未来如果利率上升，作为远期利率的空头方，收到的借出利率是锁定的，市场利率上升，对空头方来讲是亏的。

因为远期利率协议锁定的是未来一段时间的利率，所以读者要对这里的“时间”有一定了解，以 FRA 1×4 为例，其中 1 表示远期合约从 1 月末开始，融资 3 个月，4 月末结束。

远期利率协议在 1 时刻，也就是交割日交割收益是根据未来“1–4”这一段市场的实际利率，和事先约定的这一段期间的利率轧差计算的，所以计算的是 4 时刻的收益，但如果考虑时间价值，计算交割日结算价值的话，需要将 4 时刻的收益折现到 1 时刻。如果需要计算远期合约价值的话，也就是即期日远期合约的价值，需要将 4 时刻的收益折现到 0 时刻。

以下介绍一下有关远期合约计算的通式。

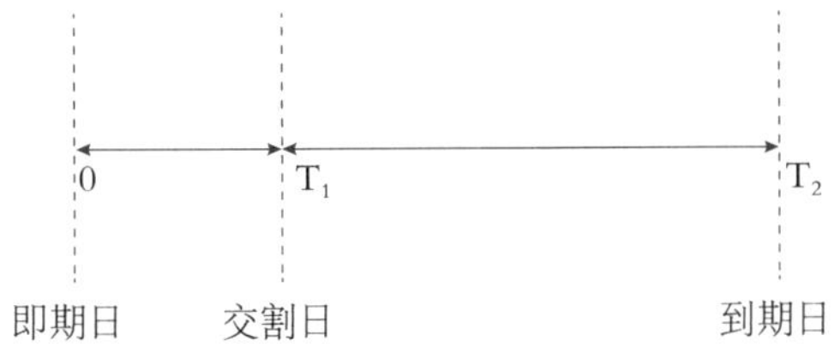

图 31-4 FRA 的不同关键日期

如图 31–4，远期利率协议（FRA，$T_1\times T_2$），本金是 L，协议约定 $T_1\sim T_2$ 时刻的协议利率（或固定利率）是 R_K，$T_1\sim T_2$ 时刻的市场实际利率是 R，τ 代表时间 T_2-T_1。

远期利率协议的利息通常在期末支付。然而，按照交易惯例通常结算发生在利息计算期期初。

支固定、收浮动一方的收益可以表示为：

$$\frac{(R-R_K)\,\tau\,L}{1+R\,\tau}$$

支浮动、收固定一方的收益可以表示为：

$$\frac{(R_K-R)\,\tau\,L}{1+R\,\tau}$$

其中 R 代表实现的浮动利率，代表固定利率，L 代表本金而 τ 代表时间。

此外，远期利率协议的价值可以通过对收益求现值的方式来进行计算，其中：

支固定、收浮动一方的价值可以表示为：

$$PV\left(\frac{(R_F-R_K)\,\tau\,L}{1+R_F\,\tau}\right)$$

支浮动、收固定一方的价值可以表示为：

$$PV\left(\frac{(R_K-R_F)\,\tau\,L}{1+R_F\,\tau}\right)$$

其中 R_F 代表远期利率，PV 代表从结算日到今天的现值。

名师解惑

（1）债券市场用一般复利比较多，衍生品市场连续复利比较多。

（2）单利的计算方式：$PV \times (1+r \times n)=FV$。

（3）区别 R_F，R_K 之间的区别。

（4）考生要牢记到期收益的计算公式，并区分相关概念。

考试也经常根据这两个公式，让考生判断，当投资者担心利率上升或者下降的时候，投资者应该做多头还是空头。

当投资者担心未来利率上升，即 R_F 上升，投资者可以进入远期利率协议的多头，这样在未来利率上升的时候，投资者可以在远期利率协议上获得收益，如此来看，远期利率协议可以帮助投资者对冲利率风险，锁定利率。

反之，当投资者担心未来利率下降，即 R_F 下降，投资者可以进入远期利率协议的空头，这样在未来利率下降的时候，投资者可以在远期利率协议上获得收益，因为此时 R_K 比 R_F 大。

举个例子

GF 公司进入一份远期利率协议，约定未来 3~3.25 年，收固定利率 4%，本金一百万，如果未来 3~3.25 年期间市场利率是 4.5%，0~3.25 时刻的即期利率是 5%，假定连续复利折现。要求：

（1）计算 3.25 时刻的理论收益。

（2）计算 3 年末结算的金额。

（3）计算远期利率协议的价值。

如图 31-5 所示：

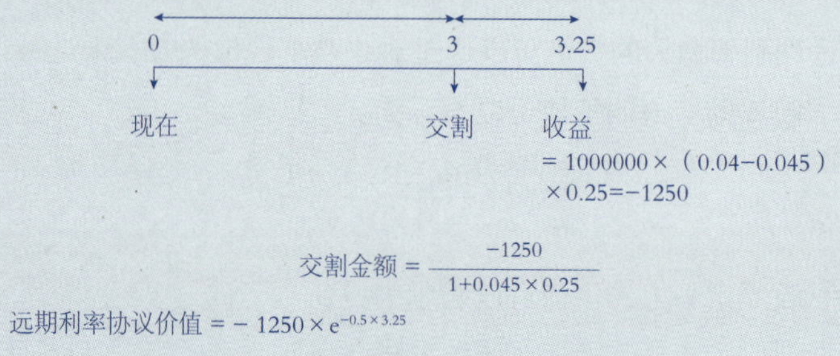

图 31-5 远期利率协议价值计算

(1) 3.25 时刻的理论收益 =1000000×(0.04−0.045)×0.25=−1250(美元)

(2) 交割金额 =−1250 / (1+0.045×0.25) =−1236.09 (美元) (负号:对于 GF 公司来讲是损失)

(3) 远期利率协议价值 =$-1250\times e^{-0.05\times3.25}$=−1062.52 (美元)

第三节　期货合约

一、期货合约基本要素

期货合约都是标准化合约，它有一些基本的要素，期货合约主要有六大基本要素。

首先，作为一份期货合约，会告诉投资者**标的资产** (Underlying Asset) 的种类。一般来说，如果标的资产是商品的话，它会根据质量、种类等分为不同的等级。

期货合约会告诉投资者**合约规模** (Contract Size) ，例如这份合约中含有多少手股票。这个概念很重要，它可以帮助投资者确定期货合约的价值，这里考生要知道三个产品合约价值的计算。

第一个，**长期国债期货** (Treasury Bond Futures) , 它的面值是 10 万美元，根据面值和报价，投资者可以计算这份期货合约的价值，比如说一份长期国债期货合约报价是 90−05。那么这份合约的价值 = (90+5/32) /100 × 100000。

接下来第二个，也是比较重要的，标普 500 指数期货，标普 500 的指数期货价值 = 指数点 ×250，因为股指本身是不能做交易的，它是反映市场涨跌趋势的一个维度，如果要做投资交易的话，通常是根据指数基金或者股指期货进行的，通常在股指期货中，要约定一个指数点值多少钱能够进行交易。假设现在有一份指数期货合约报价是 1025，那么这份合约的价值等于 1025 × 250;

第三个，欧洲美元期货合约，它的面值是一百万美元。欧洲美元期货的价值确认比较复杂，下文会有展开。有了合约规模，投资者结合报价和面值，就能知道合约的价值是多少。

名师解惑

美国中长期国债期货是32位百元报价法，面值100,000，合约价值计算：

例：报价90-05，合约价值 =(90+5/32)/100×100,000=90156.25

欧洲美元期货是百元报价法，面值1,000,000美元，合约价值计算：

例：报价90.16，合约价值 =1,000,000×（1-0.25×$\frac{(100-报价)}{100}$）=975,400（美元）（后面详细说明）

股指期货合约价值：标普500指数期货价值 = 指数点 ×250

考生需要掌握以上三个合约价值的计算。

期货合约中第三个基本要素，**交割安排**(Delivery Arrangement)，一般来说，如果是实物交割，合约中会说明期货多空双方交割地点。

第四个要素，**交割日期**（Delivery Month），一般来说，对于期货合约来讲，交割日期通常有一系列日期，比如说3月、6月、9月都可以进行交割。

第五个要素，**最小变动单位**（Price Quotes），也就是价格变动最小的幅度是多少，不同的合约当中会有不同的约定，一些商品的期货合约会约定一个合约最小的价格变动是多少钱。

第六个要素，**价格限制**（Price Limits）和**头寸限制**（Position Limits）。价格限制，这就和国内股票市场的涨跌停板很像，价格限制指的是某一天的价格，上涨下跌不能超过前一天价格的多少百分比，价格限制的作用是为了控制市场上出现一些特殊信息而导致价格发生极端变化，设定上涨下跌幅度的要求，一旦价格达到限制就不再发生变化，停止在价格确定水平上；头寸控制主要是为了控制投机交易的，对于不同的人持有的净多头头寸或净空头头寸规定最多不能够超过多少份额，这样可以避免大规模交易对市场价格产生过度影响。

商品期货——玉米期货，如表31-2和表31-3。

表31-2　玉米期货合约细则（英文版）

Asset	Corn（No 2 Yellow.）
Contract size	5000 bushels
Delivery Arrangement	Toledo，St. Louis
Delivery Months	Dec，Mar，May，Jul，Sep
Price Quotes	1/4 cent/bushel（$12. 50/contract）
Price limits and position limits	Daily Price Limit：Thirty cent（$0. 30）per bushel（$1，500/contract）above or below the previous day's settlement price. No limit in the spot month.

表 31-3 玉米期货合约细则（中文版）

资产	2 号黄玉米
合约规模	5000 蒲式耳
交割安排	托莱多，圣路易斯（实物交割）
交割月份	12 月、3 月、5 月、7 月、9 月
最小报价单位	0.25 美分 / 蒲式耳（12.5，美元 / 合约）
价格限制和头寸限制	每天价格变化限制：每蒲式耳 30 美分（1500 美元 / 合约）相比较上一个交易日的计算价格 在交割月份没有价格限制

股指期货——标普 500 期货，如表 31-4 和表 31-5。

表 31-4 股指期货合约细则（英文版）

Asset	S&P 500 Index
Contract size	$250 × S&P 500 Futures Price
Delivery Arrangement	Cash Settlement
Delivery Months	Mar, Jun, Sep, Dec
Price Quotes	0.05 index points =$12.50
Price limits and position limits	20,000 net long or short in all contract months combined

表 31-5 股指期货合约细则（中文版）

资产	标普 500 指数
合约规模	250 美元 × 标普 500 指数价格
交割安排	现金交割
交割月份	3 月、6 月、9 月、12 月
最小报价单位	每指数变动 0.05，合约价值变化 =0.05×250=12.5 美元
价格限制和头寸限制	所有月份的合约加在一起，总的合约净头寸多头或空头不超过 20000 份

在上述商品期货中，交割月份没有上下价格限制。因为在交割月份，期货价格应该收敛于现货价格，因为此时期货即将到期交割，假设当天交割的期货可以购买，购买当天交割的期货，与直接购买现货，差别不大。所以，随着交割日期

的临近，期货价格应该收敛于现货价格。

二、期货合约交割方式

— 考纲要求 —
了解期货市场的基本运作，包括保证金、交易指令等一系列规范性操作。

最常见的交割方式有两种，第一种为实物交割，多头方付钱，空头方交货；另一种为现金交割，多头直接付钱给到空头方。**实物交割**（Physical Settlement），涉及到交割的时间，交割的地点，交割的产品，这个时候，这几点通常是由空头方决定的。因为如果多头方去决定这些要素，交割起来可能不是很方便。如果交割的产品比较特殊，像牛羊类的产品，假设多头方现在站在一个广场上，要求空头方立刻到此进行交割，这是比较困难的，因为这需要安排这些东西的运输、储存等等。因为货在空头方手上，由空头方安排交割更方便一些。所以，根据交易惯例，实物交割的话，合约交割方式内容通常由空头方决定。后文提到的**长期国债期货**（T-bond Futures），长期国债期货不是只交割某一特定产品，而是由一系列产品可供空头方选择进行交割。**现金交割**（Cash Settlement）相对比较简单，一般来说，金融期货合约大多数是现金交割，如股指期货、利率期货等，这两种交割方式都是到期进行交割的。除了这两种交易，还有第三种交易方式，叫**平仓**（Close Out），平仓是提前进行的，不是到期的时候进行的，提前进行的话，也就是说某个时刻投资者发现自己不需要这份合约了，此时投资者就可以做一个反向交易，进行平仓。最后一种交易方式，**期货转现货**（Exchange for Physicals），期货转现货指的是交易双方都有期货合约，但是可能交易双方在私底下经过协商，并且发现双方的条款都是可以接受的，无需持有至到期再进行交易，此时双方可以在现货市场上直接进行交割，之后双方只要告知期货交易所交割结束即可。

考试中涉及得比较多的是前三种。

接下来本书介绍下期货市场上非常重要的参与主体，**清算所**（Clearing House）。本书前面讲过交易所，即实际做交易的场所。而清算所可以看成投资者交易的对手方，它是一个中介机构，它匹配交易，而不是真的去做交易，通过它的参与，投资者可以更好地管理交易对手风险，即一方违约给另一方带来的风险。

通常，清算所在控制交易对手风险的时候，会采用逐日盯市的制度，清算所每天都有保证金结算，如果出现一些追缴保证金的情况，是需要交易者补充保证金的，这是一种控制风险的方式；还有一种方式，是通过违约基金（Default Fund）来达成的，违约基金是指投资者在参与期货交易的时候事先注入的一笔资金，此概念通常只跟清算会员有关，大型的清算交易所，通常都是会员制的，包括**清算会员**（Clearing Member）**和非清算会员**（Non-clearing Member），个人投资者一般都是非清算会员，像期货公司等，都是清算会员。个人是不会到交易所直接进行交易的，只能通过期货公司，即清算会员进行交易，而期货公司在注册成为清算会员之后，必须注入一笔违约基金，万一出现违约的话，期货交易所会动用这部分基金控制风险，一般来说清算所是通过这两种方式控制风险的。

在场外市场没有这么标准的操作，但有非常相似的操作，场外市场上的衍生品交易，很多都是通过国际互换衍生品协会提出的**主协议**（Master Agreement），来进行约束控制风险的，也就是说国际互换与衍生品协会给出了一个综合的主协议的范本，当投资双方在私底下签订的时候，可以用这个范本来签订，有一些条款是既定好的，可以比较好的控制风险，很多场外交易都是通过主协议来进行设计的，在主协议当中有一些特殊的附件，如**信用支持附件**（Credit Support Annex，CSA），信用支持附件是专门约定抵押品的，有些场外衍生品交易投资者可以通过信用支持附件来约定抵押品，而抵押品操作和保证金操作非常类似，如一方出现亏损的话，表示未来它会出现现金净支出，此时这方需要补交抵押品，当一方出现盈余的时候，会要求对方追交抵押品。

三、保证金要求

期货合约在刚开始建立的时候注入的保证金，称为**初始保证金**（Initial Margin），初始保证金是在合约建立之初就必须注入的保证金，不管是多头还是空头，一般来说，它可能按照合约的一定百分比来确定，所以期货合约是一个杠杆交易，因为投资者只需要交一定百分比的金额就可以承担整笔交易金额带来的收益，举个例子，如果投资者期货的头寸是 1000 元，需要交 10% 的保证金，因此期初只需要交 100 元就可以了，如果说这一段时间内，整个期货头寸涨了 10% 的话，投资者期初投了 100 元，期货头寸上赚了 100 元，总共净赚 100%。

注入初始保证金之后，每天保证金账户都会根据结算价格确定是盈余的还是亏损的，盈余的部分是可以提出来的，亏损的话保证金账户就会扣除，扣除往往是有临界值的，保证金账户余额达不到一定水平，就需要补充保证金，这个临界值即为**维持保证金**（Maintenance Margin），当保证金账户余额低到维持保证金以下时，投资者就会收到**补充保证金通知**（Margin Call），如果是交易所与清算会员之间的，就是交易所发给清算会员的，如果是清算会员和非清算会员之间的，就是清算会员发给非清算会员，要求非清算会员注入保证金。一般来说，投资者收到通知之后就要注入保证金，补回到初始保证金水平，如果不能正常补回的话，这个时候就会被强制平仓，这就是本书之前讲的很多期货机构在期货市场上发生亏损的原因。比如，长期资本管理公司中，虽然它最终的预期是准的，但是它在交易当中有一段时间爆仓了，因为现金流出现问题，没有办法补充保证金，使得它的交易头寸没有办法正常存续下去，所以即使最终预期准确，但在交易进行的时候就被平仓了，就赚不了预期的那笔收益，这就是期货合约中的保证金运作。所以在进行期货合约交易的时候，对现金流的要求是非常高的，必须保证在整个合约存续期间，都可以保证保证金的及时注入，需要补充的保证金部分定义为**补充保证金（Variation Margin）**。

补充保证金 = 初始保证金 − 保证金账户余额，考试当中，关于保证金这一部分可能会单独考察保证金的计算，也可能会考察判断在什么时候需要补充保证金，还可能会考察不能补充保证金的话，会出现什么样的问题，关于以上问题，考生需要了解。

表 31-6 期货合约保证金要求

合约要求		
合约规模		100 盎司
合约数量		2 份
初始期货价格		600 美元
保证金	每份	总共
初始保证金	2000 美元	4000 美元
维持保证金	1500 美元	3000 美元

表 31-7 期货合约保证金账户损益变化

日期	期货价格	每日收益 / 损失	累积收益 / 损失	保证金余额	追加保证金
	600.00			4000	
6 月 5 日	597.00	（600.00）	（600.00）	3400	
6 月 6 日	596.10	（180.00）	（780.00）	3220	
6 月 9 日	598.20	420.00	（360.00）	3640	
6 月 10 日	597.10	（220.00）	（580.00）	3420	
6 月 11 日	596.70	（80.00）	（660.00）	3340	
6 月 12 日	595.40	（260.00）	（920.00）	3080	
6 月 13 日	593.30	（420.00）	（1340.00）	2660	1340
6 月 16 日	593.60	60.00	（1280.00）	4060	
6 月 17 日	591.80	（360.00）	（1640.00）	3700	

续表

日期	期货价格	每日收益 / 损失	累积收益 / 损失	保证金余额	追加保证金
6 月 18 日	592.70	180.00	(1460.00)	3880	
6 月 19 日	587.70	(1140.00)	(2600.00)	2740	1260
6 月 20 日	587.70	0.00	(2600.00)	4000	

读者可以根据表 31–7 观察得出，投资者在 6 月 13 日和 6 月 19 日保证金账户余额低于维持保证金，需要追加保证金至初始保证金水平。考试常见考法是，根据该表中的倒数第二列，判断何时追加保证金，追加多少保证金。

四、交易指令种类

期货市场，通常采取的是会员制度，个人如果要交易，往往要借助清算会员进行交易，清算会员，也就是经纪商，如果要借助经纪商进行交易的话，投资者会向经纪商发不同的指令，订单指令有不同的类型，代表不同的含义。

第一种，是最常见的，叫做**市价指令**（Market Order）。市价指令就是以市场上最优价格达成交易，市场上可能会有不同的报价，此时经纪商代理投资者去交易的时候是按照最优价去执行的，如果投资者是多头交易，就是最低价，如果投资者是空头交易，就是最高价，这是市价指令。

第二种，**限价指令**（Limit Order）。限价指令的特点就是投资者以市场上的一个限定的价格，以这个限定价格或者比这个限定价格更优的价格达成交易，如果投资者是多头方的话，假设投资者的限价设定在 5 元钱，此时投资者是以限价或者比它更优的一个价格达成交易的，因为投资者是多头，更优的话应该是更低的一个价格，所以是以小于等于 5 元达成交易，如果是空头，限价是 8 元，就会以大于等于 8 元达成交易。

第三种，**止损指令**（Stop Order/Stop-loss Order）。止损指令，一般来说，它会有一个止损价，它的交易是按照止损价或者是比止损价次优的一个价格达成交易，比如说投资者现在持有一个资产，担心价格下跌，止损肯定是在价格下跌的时候止损，在价格下跌的时候，止损做的是卖出的交易，比如说现在设定的止损价是 10 元钱，只有当价格跌破 10 元，此时卖出就以小于等于 10 元的价格进行，这和限价指令不一样，如果是限价指令的话，就是以大于等于 10 元卖出；另外一种情况，假设投资者现在是空头，他进行卖出交易，投资者本身赌的是跌，担心的是价格上涨，如果此时止损，投资者进行的操作应该是买入，所以止损做的是买入交易，此时假设投资者约定的是 12 元，则投资者会在价格上升到 12 元，或者突破 12 元才会止损，所以此时投资者是以大于等于 12 元买入，因此叫做止损指令。

进一步来看，读者会发现止损指令有一个缺陷，以上一段第一种情况为例，如果说现在价格下跌，跌破 10 元钱，然后立马就跌到 1 分钱，此时投资者不会希望立即卖出，可能放在账上等一段时间，因为等一段时间，价格可能又涨回来了，这个时候投资者单下一个止损指令是非常危险的，所以这个时候，又出现另外一种指令，叫做**限价止损指令**（Stop-limit Order），它是一个止损订单和一个限价订单的结合体，它的特点如下：以上述第一个止损的例子为例，投资者在止损的同时，加入限价指令，假设限定的价格是 8 元钱，限价指令是以锁定的价格或者说比它更优的价格达成交易，如果投资者是卖出，卖出 8 元钱的话，应该是大于等于 8 元达成交易，所以这个时候，投资者的整个价格是在 8 元 ~10 元之间达成交易，就可以避免上文所述极端情况出现，这个就叫做限价止损指令，当然，空头也可以这么来设定，此处不赘述。

第五种，**触价指令**（Market If Touch Order）。当市场价值达到触价，或者说比它更优价格的时候，这个命令就变成市价指令，就是这个时候按照市价达成交易，一般来说，触价设定的非常的高或者非常的低，可以保证投资者能拿到一定的好处，也就是投资者目标的收益水平，触价指令和限价指令之间的区别在于限价指令规定了一个限定价，只有比限定价更优的价格才会达成交易。触价指令是触发之后，就可以按照市价进行交易，不要求比限定价更优的价格。

举个简单的例子，限价指令限定买价是 5 元，触价指令，触价为 5 元。对于限价指令来说，只有当价格小于等于 5 元时，才能进行交易；对于触价指令来说，当价格达到 5 元，就可以随行就市，按当前市价进行交易。触价指令实际交割价和 5 元并不直接挂钩，触碰到 5 元，触价指令就变成了市价指令，而限价指令是和 5 元挂钩在一起的，这是它们之间的主要差异。

第六种，**自由裁量指令 / 市场不持有指令**（Discretionary Order/Market-not-Held Order）。这个指令是给了经纪商一定的权限，如果经纪商认为现在交易时间不是特别合理的话，投资者可以允许经纪商有一定的延迟来选择达到一个更优的交易，即投资者给了经纪商一定的自由裁量做决定的权利。

第七种，**全部交易否则即取消的指令**（Fill-or-kill Order）。指的是要么全部达成，要么全部取消，专门针对大规模交易的指令。大规模的交易很容易影响到价格，比如说大规模的买入会使价格上升，大规模的卖出会使价格下降，如果投资者不能一次性达成交易的话，投资者本身会受到价格不利变动给投资者带来的影响，为避免这种情况，投资者可以选择全部购买或卖出否则即取消的命令，在这种情况下，可以使得交易按照约定的价格达成，或者即使没有全部达成的话，立即就取消掉投资者的所有交易，这样投资者就不会受到价格变动带来的任何影响。

投资者通过经纪商进行期货合约交易的时候，可以采用不同的指令方式（如表 31-8 所示），让经纪商代理其进行交易。

名师解惑

表 31-8 不同指令类型及特点

指令类型	特点
市价指令	按照最优市价交易
限价指令	限定价格，以限定价格或者比限定价格更优的价格交易（占便宜心态）
止损指令	设定止损价格，按照止损价或者比止损价次优的价格达成交易（止损心态）
限价止损指令	设定止损价格和限定价格，只允许在这两个价格内（包括这两个价格）交易
触价指令	触及指定价格，触价指令变为市价指令
自由裁量指令 / 市场不持有指令	给经纪商权限延迟交易
全部交易否则即取消的指令	全部成交或者全部不成交

五、对冲会计准则

一般的会计规则要求期货交易的收益和损失在发生时就进行核算。

例如，考虑一家金矿公司，其会计年度在 12 月结束。假设它在 6 月份卖出 200 份两年期黄金期货合约，当时黄金期货价格为每盎司 1300 美元。每一份合同包含 100 盎司黄金。假设：（1）第一年 12 月，期货价格为每盎司 1240 美元。（2）第二年 12 月，期货价格为每盎司 1160 美元。（3）合同在第三年 6 月以每盎司 1190 美元的价格平仓。

美元利润可报告如下：

第一会计年度：（1,300−1,240）×100×200=1,200,000

第二会计年度：（1,240−1,160）×100×200=1,600,000

第三会计年度：（1,160−1,190）×100×200=−600,000

然而，如果这家黄金公司是在对其预计两年内生产的黄金进行对冲，那么它签订的合约可能符合对冲会计准则。这种情况与我们刚才提到的一般规则不同，允许对冲交易的收益（或损失）与被对冲项目的损失（或收益）同时确认。财务会计准则委员会（FASB）已经制定了 FAS 133 和 ASC 815 来解释美国公司什么时候可以或不可以采用对冲会计准则。国际会计准则委员会（IASB）也发布了类似条款 IAS 39 和 IFRS 9。

如果我们上述提到的黄金公司满足对冲会计准则的要求，那么全部 2,200,000 美元（=（1,300−1,190）×100×200）的收益将在第三年实现。这对该公司是有吸引力的，因为它会减少收益波动。

六、远期 / 期货价格与期现套利

本节是考试的重要内容，也是难点，在讲本节内容之前，先介绍一个基础概念，就是**融券交易（Short Sale）**，即借现货卖出，有时也称之为卖空。举例来说，当预期未来价格上涨，投资者可以通过多头，即买现货来获取收益，而当预期未来价格下降，投资者可以通过空头，即卖现货来获取收益，但是，很多情况下，投资者不一定手上持有现货，这个时候，投资者可以找经纪商借现货卖出，然后到期再把它买回来偿还，仍然可以获得价格下降带来的好处。这种借现货卖出，然后到期归还的方式，就称之为融券交易，它也是 2015 年中国股灾的重要原因之一。

举个例子

卖空 v.s. 空头

卖空是指当股票投资者看跌某种股票价格时，便从经纪人手中借入该股票售出，日后该股票价格下降时，再以更低的价格买进股票归还经纪人，从而赚取中间差价。

空头是指投资者和股票商认为现时股价虽然较高，但对股市前景看空，预计股价将会下跌，于是趁股票高价时把股票卖出的行为。

接下来详细看一下多头和卖空之间有关股利的差异，首先看一下多头，假设市场价格是 120 元，投资者买入 500 股，支出就是 60000 元，假设到 6 月份，股票分红了，因为投资者是花自己钱买入股票的，所以投资者会获取 500 元的股利收益。假设到期股票价格是 100 元，股票价格下跌导致投资者亏损 10000 元，总亏损 9500 元。

如果投资者做卖空，收益和过程如下。首先投资者要向经纪商去借股票卖出，可以按照120元卖出500股，赚60000元，当分红时，因为是借来的股票，所有权归经纪商，所以股票分红时收到的利息应该给经纪商，投资者应该支出500元给经纪商，最后，借来的股票到期时，投资者应当买入股票归还，此时投资者可以按照100元买入，支出50000元，投资者最后赚的是9500元。

收益总结如表31-9：

表31-9　多头股票和卖出股票的收益

多头股票	
4月：120元的价格买500股	-60000元
6月：收到每股分红1元	500元
7月：以100元的价格卖出500股	50000元
净利	-9500元
卖空股票	
4月：借500股以120元卖出	60000元
6月：付每股1元红利	-500元
7月：以100元买500股归还	-50000元
净利	9500元

考纲要求

了解远期与期货产品的定价方式。

接下来，介绍远期或者期货合约中约定的未来买入价或者卖出价，它们的定价方法。先举一个比较简单的例子，假设过一段时间甲要回老家探亲，要买一盒礼品，这是甲预计未来要做的一件事情，可以事先与乙签订一份协议约定礼品的买入价格。在这个合约中，甲是做多头，在T时刻进行买入的交易。因为乙预期T时刻就要卖给甲一盒礼品，所以乙通常会先准备好，手上会先持有一盒礼品，以备到期交割，所以乙在0时刻，如果没有一盒礼品的话，可能就会把一盒礼品买过来，乙在考虑未来T时刻一盒礼品的卖出价时，就会考虑0时刻购买一盒礼品占用的资金成本，即0~T时刻的资金成本，资金成本用的是无风险利率，因为衍生品定价假设是在一个风险中性的世界中，风险中性的特征就是资产要求的回报不因投资者之间风险态度的不同而改变，投资回报为无风险利率。考虑资金成本，如果是连续复利进行计算的话，期初支付投资一盒礼品，到期就应该值$S(1+R)^T$，此公式最合理的解释就是乙到期收到甲的支付价格时，至少应该包含期初占用资金的无风险投资收益部分，因此最基本的关于远期/期货理论价格的计算公式为：

$$F=S(1+R)^T$$

这是有关远期理论价格思考的一个简单逻辑，接下来读者不妨从数学角度，去验证它的合理性，此时，需要用到无套利定价的理论，即根据理论上的远期价格和市场中的远期价格作比较，判断是否存在套利空间，如何运用期货和现货进行期现套利。

以下分析仅考虑资金成本。

第一种情况，当 $F>S(1+R)^T$ 时，F 指的是投资者在远期合约或者期货合约约定的买入价，即 0 时刻远期价格的市场预测价，$S(1+R)^T$ 表示根据现在价格预测的价格，即 0 时刻远期价格的理论预测价，市场价格大于理论价格，说明市场上远期合约价格偏高了，根据套利买低卖高的原则，期货头寸上应该做空头，这样未来到期交割商品时，现金流入。未来交割商品，投资者应该提前就要准备好，参照上文，如果 0 时刻准备的话，投资者应该借的资金购买现货，T 时刻需要归还的钱是 $S(1+R)^T$，总的来看，期货上流入现金，到期归还本息 $S(1+R)^T$，存在可套利的空间等于 $F-S(1+R)^T>0$，有关期货、现货、现金流在 0、T 时刻的变化如表 31-10。读者可参照该表仔细理解上述套利过程。

表 31-10　正向套利

	0 时刻	T 时刻
期货	空头	交割；现金流入：+F
现货	购买现货；现金流出：−S	现货交割
钱	借钱，现金流入：+S	还钱，现金流出：$-S(1+R)^T$

根据表 31-10，套利者理论上 T 时刻可获取收益 $F-S(1+R)^T$。上述套利过程是考试的重点与难点，记忆口诀如下，当 $F>S(1+R)^T$ 时，做空期货，借钱买现货准备交割。建议读者参照无风险套利原理理解。

第二种情况，当 $F<S(1+R)^T$ 时，同样进行分析。因为是当前市场上交易的远期价格，市场价格偏低，根据买低卖高原则，投资者在 0 时刻应该进入期货多头，未来以 F 买入资产，因为未来 T 时刻买入资产，考虑无风险套利，现货总头寸应该为 0，所以在 0 时刻现货市场上是借现货卖出，收到现金 S_0，再将该笔资金进行无风险投资，T 时刻，该笔资金变为 $S(1+R)^T$，以约定的 F 买入资产，归还现货，现金头寸剩余 $S(1+R)^T-F>0$，$S(1+R)^T-F$ 这一部分就是套利空间。同理，0~T 时刻的套利过程如表 31-11：

表 31-11　反向套利

	0 时刻	T 时刻
期货	多头	交割；现金流入：−F
现货	借现货卖出；现金流入：+S	归还现货
钱	无风险投资，现金流出：−S	到期本息和：$+S(1+R)^T$

以上是有关期现套利的考点，第一种情况称之为**正向套利**（Cash and Carry Arbitrage），第二种情况称之为**反向套利**（Reverse Cash and Carry Arbitrage）。考生了解名词对应概念即可。

接下来，介绍下本节也是本章的重要内容，远期 / 期货价格的理论定价。

之前本书介绍了远期 / 期货价格的最基本的定价公式：

$$F=S(1+R)^T$$

上式仅仅考虑了 S 的资金占用成本，但是考试不会考得这么简单，它往往会考一些进阶版的公式。进阶版公式的核心特点是，在 S 项，加上成本，减去收益，本书将这些公式分为两类，一类是有关大宗商品的，一类是有关金融资产的。

首先来看大宗商品的远期 / 期货理论价格。关于大宗商品，空头方不光要考虑资金占用成本，还要考虑大宗商品的有关特点。第一，大宗商品是有形的，所以有些情况下，要考虑大宗商品的**储存成本**（Storage Cost），储存成本如果考试当中题目条件给的是现金形式，可以将该部分现金折现到 0 时刻，这里用 U 表示，如果题目条件给的是连续复利的百分比形式，u，在幂次项加上即可；第二，大宗商品，比如黄金，要考虑**租赁利率**（Leasing Rate），例：央行租出去黄金，要考虑租金收益，这部分收益，如果考试题目条件以现金形式给出，需要将该部分现金折现到 0 时刻，通常用表示，如果题目条件给的是一般复利的百分比形式，Q，除以 $(1+Q)^T$ 即可，如果题目条件给的是连续复利的百分比形式，q，在幂次项减去即可；第三，大宗商品有时因持有现货而获取一个相对的收益，这个收益称之为**便利性收益**（Convenience Yield），这个相对收益题目条件通常用一般复利百分比形式 Y，或连续复利百分比形式 y 表示。假设甲是豆油生产商，购买大豆提取豆油，甲之前已经买了一批大豆，现在大豆价格上涨了，那么甲相对于市场来说，获取了一个相对的收益，这个收益因为是相对的，所以通常用百分比形式表示。

综上，当题目条件成本收益给的都是现金形式，需将这些现金折现到 0 时刻，在现货价格基础上调整，远期 / 期货价格公式如下：

$$F=(S+U-I)\frac{(1+R)^T}{(1+Y)^T}$$

当题目条件成本收益给的都是连续复利的百分比形式，需要在指数上调整，远期／期货价格公式如下：

$$F=Se^{(r+u-q-y)T}$$

关于金融产品，对比大宗商品，持有成本可以忽略不计，通常只需考虑金融产品的收益即可。常见的金融产品现货标的比如债券和股票。债券的收益，常见的就是每期支付的利息；股票的收益，常见的就是支付的股息。这些收益如果考试当中题目条件给的是现金形式，通常用表示，如果题目条件给的连续复利的百分比形式，通常用 Q 表示。

对应的远期／期货价格计算公式如下：

如果是现金形式：

$$F=(S-I)(1+R)^T$$

如果是一般复利百分比利率形式：

$$F=S\frac{(1+R)^T}{(1+Q)^T}$$

名师解惑

远期／期货价格计算公式总结如表 31-12，这些公式也称之为持有成本模型（Cost of Carry Model）。

表 31-12　远期／期货价格公示总结

	金融商品	大宗商品
成本收益现金形式	$F=(S-I)(1+R)^T$	$F=(S+U-I)\frac{(1+R)^T}{(1+Y)^T}$
成本收益一般复利百分比形式	$F=S\frac{(1+R)^T}{(1+Q)^T}$	$F=S\frac{(1+R)^T(1+U)^T}{(1+Q)^T(1+Y)^T}$
成本收益连续复利百分比形式	$F=Se^{(r-q)T}$	$F=Se^{(r+u-q-y)T}$

举个例子

投资者目前有一个资产，价值 1000 美元，目前所有期限的连续复利率是 4%。计算 6 个月远期合约对应的标的资产远期价格是多少。

$$F=S_0e^{rT}=1{,}000\times e^{4\%\times0.5}=1{,}020.20\text{（美元）}$$

举个例子

计算 6 个月远期合约的远期价格，标的资产是股指，股指合约价值是 1000 美元，连续复利分红利率是 1%，假设连续复利无风险利率是 4%。

$$F=S_0e^{(r-q)T}=1{,}000e^{(0.04-0.01)\times 0.5}=1{,}015.11\text{（美元）}$$

举个例子

有一个股票现在市场价格是 50 美元，股票在未来 6 个月付 1 美元红利，所有期限的连续复利无风险利率是 5%，计算一年以后再去买该股票的理论价格。

$$F=(S_0-I_0)e^{rT}=(50-1\times e^{-0.05\times 0.5})e^{0.05}=51.54\text{（美元）}$$

七、利率平价

外汇远期合约的定价的分析过程用的是经济学中利率平价的原理。

假设现在有两种货币 A 和 B，现在的汇率是 S_0，报价方式用 B/A 来表示，这个标价方法代表 1 个 B 等于 S_0 个 A，这是对 B 的定价。即把 B 看成商品，A 看成货币。

假设投资者现在有 1 单位的 A 货币在 A 国市场上进行投资，A 国市场上的无风险利率是，按照连续复利计算，到期总头寸就是 $e^{r_A T}$，如果年利率是一般复利计算的话，到期总头寸是 $(1+r_A)^T$，这是一单位的 A，投资者可以这么进行投资。现在读者换个角度想一下，把自己想象成跨国投资者，一单位的 A，不仅可以在 A 国市场上进行投资，也可以换成 B 货币，在 B 国市场上进行投资，一单位 A 货币可以转化成 $1/S_0$ 单位 B，此时按照连续复利计算，到期 B 国投资总头寸为 $\frac{1}{S_0}e^{r_B T}$，或者一般复利计算，到期总头寸是 $\frac{1}{S_0}(1+r_B)^T$，上述过程如图 31-6 所示：

$$1\ \ A \longrightarrow e^{r_A T} \qquad (1+r_A)^T$$

$$\frac{1}{S_0}\ B \longrightarrow \frac{1}{S_0}e^{r_B T} \qquad \frac{1}{S_0}(1+r_B)^T$$

图 31-6 外汇汇率转换机制

通常在无套利情况下，在两个国家投资的到期价值应该是完全一样的，因为期初价值相同，当然，现在还不能直接比较，因为之前货币转化过一次，所以到期时我们要将 B 国货币转化为 A 国货币，去和 A 国的头寸作比较，假设 0 时刻约定的远期外汇价格是 F，报价方式是 A/B，到期将 B 货币按约定汇率转化为 A 货币后，变为 $\frac{1}{S_0}e^{r_BT}\times F$（以连续复利计算形式为例）。那么就有如下等式：

$$\frac{1}{S_0}e^{r_BT}\times F=e^{r_AT}$$

$$F=S_0e^{(r_A-r_B)T}$$

一般复利也一样，同理可得：

$$F=S_0\frac{(1+r_A)^T}{(1+r_B)^T}$$

以上两个公式称为**利率平价公式（Interest Rate Parity）**。如果报价方式是 B/A 这样的形式，考生可以通过记忆这两个公式，计算外汇远期价格。还有一种方法，可以帮助考生联系之前所学内容，记忆理解这两个公式。

因为外汇远期的标的是金融资产，金融资产远期价格计算公式：

$$F=S_0e^{(r-q)T}$$

和上述连续复利情况下，外汇远期价格的计算公式一样。q 代表的是标的资产额外带来的收益，可将此公式转化成金融资产理解。因为外汇的标的是 B，B 会给投资者带来收益，B 带来的收益 q 就是这里的 r_B，即 B 国货币无风险利率，远期价格是以 A 货币计价的，所以，B 资产的远期价格可以写成

$$F=S_0e^{(r_A-r_B)T}$$

在 FRM 考试当中，有关利率平价公式，有两种考核方式。第一种，直接考察外汇远期价格的计算，考生根据公式带入计算即可。第二种，考察外汇市场上的套利分析，这是难点，以下举例详细讲述。

在做套利分析前建议读者需要先把握以下原则：

在无风险套利分析中，套利之所以存在，是因为市场上的远期价格和理论上计算出来的远期价格不同。套利，通过“低买高卖”进行；无风险套利，最后的状态是现货、期货头寸都为 0，因为最后总头寸不为 0 的话会有风险。

通过以上原则，结合远期价格计算公式，我们可以比较远期理论价格和市场远期价格的高低，判断套利过程中各货币各时刻点的头寸方向。

举个例子

假设 2 年期澳元利率是 5%，2 年期美元利率是 7%，都是连续复利率，即期汇率是一澳元等于 0.62 美元。

（1）计算 0 时刻理论上预期的 2 年后的远期汇率。

（2）如果 0 时刻市场上预期的 2 年后的远期汇率是 0.63，如何无风险套利？

（1）根据远期汇率定价公式：

$$F=S_0e^{(r_A-r_B)T}=0.62e^{(0.07-0.05)\times 2}=0.6453$$

（2）因为 0.6453>0.6300

市场远期汇率较理论远期汇率低，根据买低卖高原则，应该进入市场上的澳元远期合约，未来到期以较低汇率买澳元，对应现在就是卖澳元。现在卖澳元，得到美元，相当于 0 时刻，进入美元现货多头，美元期货空头，用美元做无风险投资。

以下以卖 1000 澳元为起点举例，方便读者更容易理解上述过程。如图 31-7：

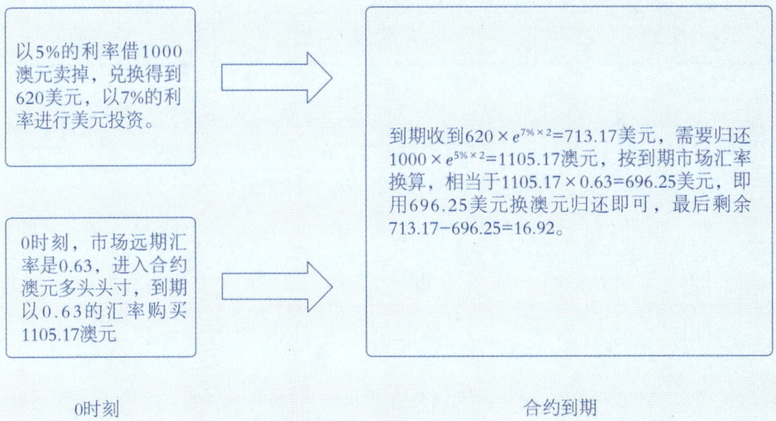

图 31-7　外汇套利

八、外汇风险

> 考纲要求
> 了解远期外汇产品在外汇风险管理中的运用。

（一）外汇报价和买卖价差

在汇率的报价中通常包含一个基础货币和一个报价货币。汇率单位通常表示为 XXXYYY 或 XXX/YYY（以 XXX 为基础货币，YYY 为报价货币）。汇率反映了购买一单位基础货币需要多少报价货币。例如，EURUSD 的报价为 1.2345，表明购买 1 欧元需要 1.2345 美元。

即期汇率通常有四位小数。货币交易员们在汇率报价中关于哪种货币是基础货币通常有一些惯例。例如，在美元和英镑之间的汇率中，美元是报价货币。美元兑欧元、澳元和新西兰元的汇率也是如此。然而，在大多数其他情况下，美元是基础货币，其他货币是报价货币。

远期汇率的报价与即期汇率的基础货币相同。它们通常以 1/10，000 的点数来表示，需要在现货报价上加上点数来确认报价。

表 31-13　远期报价表

2018 年 7 月 6 日 EURUSD 远期报价（即期利率为卖价 1.1744，买价 1.1746）		
期限	卖价	买价
1 周	5.74	5.90
2 周	11.67	11.75
3 周	17.55	17.65
1 个月	26.10	27.20
2 个月	52.87	53.87
3 个月	80.87	82.07

根据上表所示，3 个月远期报价为：

$$1.1746+0.008207=1.182807$$

点数的买卖差价是 1.20。这使得 3 个月远期合约的买卖价差相对于现货交易的买卖价差提高了 0.00012，使得远期合约的买卖价差达到 0.00032。买卖价差随着远期合约期限的延长而增大。这些报价表明在远期市场上以美元购买欧元比在现货市场上更贵。

在世界各地的交易所外汇期货交易都非常活跃。在美国的芝加哥商品交易所集团（CME group）交易多种的美元与其他货币间的外汇期货合约。这些期货合约的报价通常以美元为基础货币。这是因为（从交易所的角度来看）一种外国货币被视为与其他资产一样，都是以美元计价的。

（二）远期外汇交易与互换

远期外汇交易是指买卖双方约定在未来某一日期进行交易，称为直接交易（Outright Transaction）或远期直接交易（Forward Outright Transaction）。它可以与在两个不同日期交换货币的外汇互换交易（FX Swap）形成对比。通常，外汇互换是指在现货市场买进（卖出）外币，然后在远期市场卖出（买进）外币。外汇是一种通过支付本币利息来为外币资产融资的方式。请注意，虽然外汇互换涉及两个不同日期的货币交换，但是与货币互换（Currency Swap）是有区别的，货币互换包含的是本金的交换和一系列利息的交换。

（三）外汇风险

在企业运营过程中，需要对未来不同时期面临的汇率风险敞口进行量化。结合量化结果，他们可以判断他们的风险敞口是否可以接受，或者是否有必要进行一些对冲。在企业运营过程中面临的常见的外汇风险包含如下几种类型：

1. 交易风险

交易风险（Transaction Risk）是与应收和应付款项相关的风险。例如，考虑一家从南非进口商品并以南非兰特支付货款的英国公司。它会受到 GBPZAR 汇率变动带来的风险。如果 ZAR 兑英镑走强，由于它必须购买 ZAR 以支付供应商，因而其利润将受到影响。

交易风险可以用远期直接交易来对冲。对于上例中的这家公司来说，购买 ZAR 远期将锁定支付给南非供应商的货款的汇率。此外，当一家公司拥有未来将用于购买的外币，但又希望获得本国货币的利息时，外汇互换交易是一个有用的方案。这样的互换交易将使该公司能够在现货市场出售外币，换取本国货币，并在未来某个时候在远期市场进行回购。

2. 外币折算风险

当资产和负债以外币计价时会出现折算风险（Translation Risk）。在编制财务报表时，这些资产和负债必须以公司本国货币计价。这可能导致外汇收益或损失。例如，假设一家美国公司在英国有一家制造工厂，到第一年年底，工厂价值 1，000 万英镑，英镑兑美元的汇率是 1.3500。到第二年年底，该工厂的英镑价值没有变化，仍然价值 1，000 万英镑。然而，英镑兑美元的汇率是 1.25。公司将记录以下外汇损失（美元）：

$$1.3500-1.2500\times 10{,}000{,}000=1{,}000{,}000$$

外币借款也会导致外汇损益。举例来说，假设一家美国公司有一笔 2，000 万欧元的贷款，将在五年内偿还。利息以欧元支付，那么公司将面临交易风险。然而，要偿还的贷款本金也会带来可能更大的折算风险。假设 1 年末欧元兑美元的汇率是 1.2000，2 年末是 1.1500。假设贷款的价值为票面价值，贷款将在第 1 年末按美元价值计算：

$$20{,}000{,}000\times 1.2000=24{,}000{,}000$$

贷款在第 2 年末的价值为：

$$20,000,000 \times 1.1500=23,000,000$$

由于欧元走弱，该公司获得了100万美元的外汇收益。如果欧元在这一年中走强，该公司将蒙受外汇损失。对比来看，折算风险与交易风险有着本质的区别。交易风险直接影响公司的现金流，而折算风险则不会。然而，折算风险可能对其公布的收益产生重大影响。

在某一报告日用远期合约对冲折算风险可以使会计利润在该报告日的波动性降低。然而，除非在未来某个特定时间有出售外币资产或偿还外币债务的计划，否则这是否是个好主意就值得怀疑了。这是因为这种对冲实际上是用现金流风险代替了会计风险（因为远期合约会影响未来的现金流）。在降低折算风险的同时，增加了与远期合约现金流相关的交易风险。避免折算风险的一个更好的方法是用某一币种的借款为该币种计价的资产提供融资。在这种情况下，资产的损益被负债的损益所抵消。再来考虑一下在英国拥有1，000万英镑制造工厂的美国公司。如果折算风险被认为是不可接受的，那么可以通过1，000万英镑的借款来融资。抵消后就不会有折算风险了。

3. 经济风险

经济风险是指企业未来的现金流受到汇率变动影响的风险。例如，一家在巴西销售以美元计价的软件的美国公司没有交易风险。然而，该公司确实存在经济风险（Economic Risk）。如果巴西雷亚尔（BRL）相对于美元贬值，该公司在巴西的客户将发现其软件更加昂贵。从而造成市场对软件的需求减少，或公司发现有必要降低软件在巴西销售时的美元价格。经济风险比交易风险或折算风险更难量化，但在制定关键的战略决策时，应考虑可能的汇率变动。例如，在决定将生产转移到海外时，应考虑外汇的因素。

（四）使用期权进行多币种风险对冲

正如在之前的章节中提到的，在对冲时，财务主管通常更喜欢期权而不是远期合约。这是因为期权提供了对不利的汇率变动的保护，同时仍允许公司从有利的变动中获益。可行的一种外汇对冲策略是购买个别货币的期权，以覆盖每一种货币可能出现的不利汇率变动。不过，对一家公司来说，另一种成本较低的选择是，在识别所面临的所有外汇风险敞口后，在场外交易市场购买包含所有货币组合的期权。例如，一个公司可以购买一个包含以下组合的期权：

10万A货币多头

20万B货币多头

7.5万C货币空头

这种期权被称为一揽子期权（Basket Option）。跨国公司通常每个月都有汇率风险敞口。控制这种风险敞口的一种方法是购买对应每月到期的期权。一个成本较低的选择是交易基于一年内平均汇率确认收益的期权。这些期权被称为亚洲期权（Asian Option）。

（五）影响汇率的要素

1. 国际收支和贸易量

国与国之间的国际收支衡量的是出口价值与进口价值之间的差额。例如，假设从 A 国到 B 国的出口增加。当出口商将其外币收入兑换成本国货币时，这将增加对 A 国货币的需求，并使其相对于 B 国货币走强。然而，如果 A 国向 B 国的进口增加，A 国货币相对于 B 国货币将会贬值（因为进口商将不得不购买 B 国货币来支付他们进口的货物）。

而贸易量的影响我们通过美元兑加元的汇率来进行说明。因为加拿大是一个石油出口国，所以加元的价值受到石油价格的影响。例如，在 2011—2014 年原油价格高企的时候，加拿大元的价值高于美元。当油价下跌时，加元也下跌了。

2. 通货膨胀

根据购买力平价的基本公式可以知道汇率受到通货膨胀的影响。购买力平价的公式如下：

本国及其汇率走强的百分比 = 国外通货膨胀率 − 国内通货膨胀率

3. 货币政策

一国货币的价值也受其中央银行货币政策的影响。如果 A 国增加 25% 的货币供应量，而 B 国保持货币供应量不变，那么在其他条件相同的情况下 A 国货币相对于 B 国货币的价值将下降 25%。这是因为 A 国货币增加的 25% 被用于购买相同数量的商品。

（六）名义利率与实际利率

市场上公布的利率通常是名义利率（Nominal Interest Rates），它表明投资一种货币将获得的收益。举例来说，某一货币每年 4% 的利率意味着 100 个该货币将在一年内增长到 104 个。而实际利率（Real Interest Rates）是根据通货膨胀调整得出的。例如，考虑一篮子年初价值为 100 美元的商品。如果其所在国家的通货膨胀率为 3%，那么年底该篮子商品的价格将增长为 103 美元。一个起初持有 100 美元的人既可以在年初购买一篮子资产也可以在市场上按 4% 进行投资而在年末按 103 美元进行买入。根据：

$$\frac{104}{103}=1.0097$$

这说明投资者的实际购买力仅增加了 0.97%。这就是所谓的投资者的实际利率。

一般来说：

$$R_{real}=\frac{1+R_{nom}}{1+R_{infl}}-1$$

其中，R_{real} 为实际利率，R_{nom} 为名义利率，R_{infl} 为通货膨胀率。

这通常被近似为：

$$R_{real}=R_{nom}-R_{infl}$$

（七）抛补和非抛补利率平价

购买力平价所提供的结果只是在长期情况下近似正确。在短期内，与远期汇率、即期汇率和利率相关的结果，即利率平价更为精确，因为它是基于套利分析的。

抛补利率平价的结论可以通过如下公式来反映（汇率 XXXYYY）：

$$F=S\frac{(1+R_{YYY})^T}{(1+R_{XXX})^T}$$

无抛补利率平价是一种与汇率本身有关的假说，它只是决定汇率变动的众多相互作用因素之一。它认为，当考虑预期的汇率变动时，投资者在所有币种中均应获得相同的利率。以无风险利率分别为 2% 和 6% 的 X 和 Y 货币为例，在均衡状态下，这两种货币应该具有同等的吸引力。根据无递补利率平价，这意味着投资者预期货币 Y 的价值相对于货币 X 的价值会下降约 4%。

九、现货溢价与期货溢价

本节介绍远期价格的特征。

因为 $F=S(1+R)^T$，读者会发现，远期价格和现货价格是不完全相等的，因为 S_0 是当前交易的价格，F 是未来交易的价格。

举个例子，假设到期是 T 时刻，假设市场上远期价格是 F_0，F_0 是到期才会进行交易的，S_0 是在期初时刻的价格，所以在 t 时刻的话，S_0 和 F_0 可能不是相等的，可能 $F_0>S_0$，但是随着到期日的临近，到到期日的时候，它们应该是收敛的，因为到期当天如果投资者可以做远期交易的时候，那么投资者可以进行交割的价格，和投资者在现货市场上直接交易的价格应该是完全一样的，否则就存在套利机会。所以到期应该是收敛的，但是期初可能是不完全相等的。

如果到期现货和期货价格不相等的话，就会出现两种情况，第一种情况，是比较常见的一种情况，就是期货价格高于现货价格。期货价格高于现货价格，在这种情况下期货市场是正向市场（Normal Market），如图 31-8 所示。学者也给“期货价格高于现货价格”一个定义，叫做期货溢价（Contango），有关概念的不同描述，考生需要了解一下。如图 31-8 。另一种情况就是期货价格低于现货价格，这种情况在期货市场上相对比较少见，这种期货市场叫做反向市场（Inverted Market），也称作现货溢价（Backwardation）如图 31–9 所示。

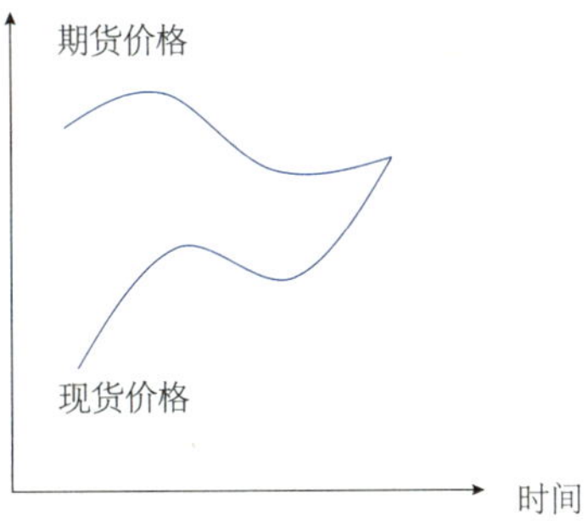

图 31-8 正向市场

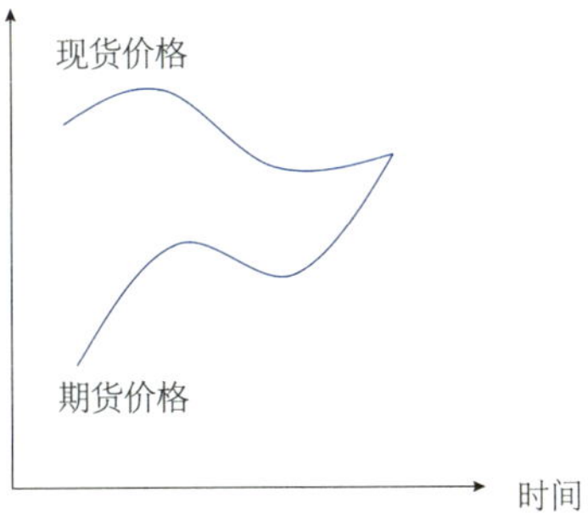

图 31-9 反向市场

当持有现货会给投资者带来非常大的额外收益的时候会出现现货溢价，这里举个简单的例子，结合远期或者期货价格定价基本式，考虑持有资产会给投资者带来的便利收益，也就是便利性收益，y。当 y 非常大的时候，$S_0>F$，所以当市场上出现现货短缺，当便利性收益非常大的时候，就比较容易出现现货溢价。

通常期货市场的价格状态是混合的（Mixed）。即有一段时间是现货溢价，有一段时间是期货溢价。

这两个概念建议考生熟悉记忆它的基本特点，有时候会在题目中结合便利性收益一起来考察，让考生判断未来市场是期货溢价还是现货溢价，考生知道如何进行判断即可。

名师解惑

读者在平时阅读其他书籍的时候，会看到正向市场（Normal Market）和反向市场（Inverted Market）的描述。所谓的正向市场指的是在一段时间内期货/远期价格上升，正向市场经常也叫做期货溢价（Contango），同理，反向市场指的是在一段时间内期货/远期价格下降，反向市场也叫做现货溢价（Backwardation）。

第四节 远期价值

远期价值

— 考纲要求 —
熟悉远期合约价值的确认方式。

以上讲的是远期或者期货价格的定价，定价指的是约定的买入或者卖出价格，接下来本节介绍合约的价值。价值区别于价格，价值指的是投资者现在进行这一纸合约的交易，这一纸合约值多少钱，即投资者现在买卖这份合约，应该花多少钱去买卖。此时期货市场上的价值是不需要算的，因为期货市场每天都可以进行交易，每天都有报价，每天交易按照报价来进行，所以期货的价值不需要额外计算，直接按期货市场上的报价就可以确认出来，所以期货的价值不是读者关注的重点。而远期的价值可能会考察计算，首先要记住并且明白，远期合约在期初，价值是等于 0 的。远期合约在刚开始建立的时候，双方是基于一致的预期去建立这份合约的，即投资者约定了这个价格，应该包含了双方对未来所有的预期，所以期初这一个时点，对于买方和卖方来讲是不赚不亏的，期初的价值是等于 0 的。那么合约何时才会有价值，在开始合约之后，市场并没有完全按照投资者的预期发展的时候，它才会出现价值，所以远期合约的价值衡量的一般不是期初的价值，而是在期中某一个时刻的价值。

比如求一份远期合约 0 时刻的价值，这份合约是在过去 $-t$ 时刻签的，T 时刻到期，那么在 0 时刻，合约可能是有价值的，假设签的时候投资者是多头，执行价格是 K，现在市场上出现新的远期价格报价 F，F 是 0~T 时刻的远期价格，所以如果投资者重新去签的话，应当按照的价格去签，此时投资者就可以判断市场现在的情况，和之前合约预期的情况是否一致。这个时候，如果高于期初约定的价格 K，证明合约远期价格上升，多头方赚钱，此合约给投资者带来的价值就是 F−K，但是 F−K 的好处最终是 T 时刻实现的，并不是 0 时刻实现的，所以，投资者虽然可以根据二者之间的差额确认给投资者带来的好处，但是这个好处是要 T 时刻才能够成立的，如果投资者要算这个好处现在值多少钱，投资者还要把它折现到 0 时刻，即$\frac{(F-K)}{(1+R)^{T}}$，这就是远期合约的价值。

另外注意，因为 F 是当前的远期价格，所以理论上，仅考虑资金成本的话，$F=S(1+R)^{T}$，代入上式：

$$V=S-\frac{K}{(1+R)^{T}}$$

如果考虑资金成本和股利收益的话，

$$F=S\frac{(1+R)^{T}}{(1+Q)^{T}}$$

$$V=\frac{(1+R)^{T}}{(1+Q)^{T}}-\frac{K}{(1+R)^{T}}$$

上述远期价值计算公式，建议读者熟悉记忆。

接下来介绍远期合约价格和期货合约价格之间的差异。

期货和远期合约最大的不同，在于期货是逐日盯市的，每天会有资金流入流出，资金受到的影响主要就是利率影响，如果市场利率发生变化，合约利率和市场利率可能不是相等的，此时投资者就需要考虑利率的影响，如果利率是预定不变，并且是可以预期的，我们可以近似认为远期和期货基本上是一样的，如果说合约的期限比较短的话，我们也可以看成它们之间是没有差异的，如果合约的期限比较长，我们需要去分析它们之间的差异，关注利率是否会发生变化以及利率变化对于期货合约会造成的影响。通常有两种情况，第一种情况，假设期货合约是有标的资产的，且利率和标的资产之间是同向关系，此时，利率上升，合约价值是赚的情况下，期货合约给投资者带来的效果是期货价值上升，保证金账户会有盈余，保证金账户会有盈余的话，投资者可以取出钱来，以当前较高的利率去市场上进行投资，而远期合约没有逐日盯市制度，所以无法将此时的盈利兑现。

系统的分析如下：当利率变化无法预测时（正如现实世界中那样），远期价格和期货价格从理论上将会有所不同。通过考虑标的资产价格 S 与利率高度相关的情形，我们会对两者之间的关系有一个感性的认识。当 S 上升时，一个期货多头的持有者因为期货的每日结算会马上获利。期货价格与利率正相关性造成利率也马上上升，这时获得的利润将会高于以平均利率作为回报的投资所带来的利润。同样，当 S 下跌时，投资者马上会遭受损失。这时亏损的融资费用会低于平均利率。持有远期多头而不是期货多头的投资者将不会因为利率的这种上下变动而受到影响。因此，在其他条件相同的情况下，当 S 与利率正相关时，期货的多头比远期的多头更具吸引力，期货价格稍稍高于远期价格。

同理，当 S 与利率负相关时，利率上升，期货价值下降，对于期货的多头而言，产生亏损，亏损产生的融资费用要以较高的利率进行融资（因为负相关，此时利率上升）；当利率下降，对于期货的多头而言，期货价值上升，保证金余额上升，多余的保证金可以取出以当前较低的利率进行投资。综上所述，当利率与资产价格负相关时，期货赚钱的时候赚的会更少，亏钱的时候亏的会更多，期货相比较远期，吸引力更差，所以此时期货价格低于远期价格。

第五节 利率期货

一、长期国债期货

— 考纲要求 —
了解常见的利率期货产品，包括长期国债期货以及欧洲美元期货。

长期国债期货合约中，不是约定的单一的交割标的，它会有一个标的资产，但这个资产是一个虚拟券，是不存在的，它最终会有很多不同的选择让投资者交割，因为长期国债在市场上普遍流动性是比较差的，如果投资者约定的是某一特殊的资产，空头方到期可能没有办法进行交割，因为到期空头方有可能在市场上买不到长期国债，所以长期国债期货一般来说，有很多可交割的标的供投资者进行选择，那可交割的产品有什么样基本的要素呢，要求是在交割月的第一天，剩余期限在15年以上，并且在15年内不可赎回的长期国债，都可以作为交割标的。

这个时候就会出现一个问题，交割标的很多，但在期货合约中，期货报价是只有一个的，即有且只有一个报价，为了交割能够完成，并且能够反映产品实际的价格，此时芝加哥交易所（CME）提供了一个**转换因子（Conversion Factor）**，它会对所有可交割的债券都提供转换因子，转换因子的作用是方便计算空头方交割债券的实际价格。

空头方到期交割债券，交割债券交割的是全价（报价报的是净价）。

全价 =（最新的期货报价 × 转换因子）+ 应计利息

净价 = 最新的期货报价 × 转换因子

债券的转换因子是这样确定的：假定所有期限的利率均为年利率6%（每半年复利一次），某债券的转换因子被定义为在交割月份的第一天具有一元本金的债券的价格。

接下来考虑交割环节，交割的时候存在一个问题，市场上有很多债券可供交割，空头方该选择哪一个债券进行交割？在人们的交易过程中，人们发现，转换因子有一定的局限性，因为它假设市场利率是6%，然而真实的市场利率不一定是6%，所以用转换因子确定的债券价格，和实际债券的报价还是存在一定差异的，那在这种情况下，对于空头方来说，因为存在一定缺陷，空头方始终可以找到交割成本最低的一个债券，这个债券就叫做**最便宜可交割债券（Cheapest-to-deliver Bond）**，最便宜可交割债券出现的原因就是交割环节的设计具有一定的局限性，所以空头方可以选择成本最低的投资标的。

对于空头方来说，交割的是债券，收到的钱 =（最新成交价格 × 转换因子）+ 应计利息

买入债券的费用，支付的钱 = 债券报价 + 应计利息

所以净成本 = 支付的钱 − 收到的钱 = 债券报价 −（最新成交价格 × 转换因子）

在上式中，因为债券交割环节支付的是全价，全价包含应计利息，收到的钱和支付的钱包含的是同一个应计利息，所以可以抵消得到净成本的公式。

【例】基于表 31–14 信息，有四个债券可供交割，期货报价是 95.75，问空头方应该选择哪个债券交割？

表 31–14　不同债券报价及其转换因子

债券	债券报价	转换因子
1	99	1.01
2	125	1.24
3	103	1.06
4	115	1.14

【解析】如表 31–15。

表 31–15　不同可交割债券的净成本

债券	债券报价	转换因子	净成本 = 债券报价 −转换因子 × 期货报价
1	99	1.01	99−1.01 × 95.75=2.29
2	125	1.24	125−1.24 × 95.75=6.27
3	103	1.06	103−1.06 × 95.75=1.51
4	115	1.14	115−1.14 × 95.75=5.85

综上，成本最低的是债券 3。应该选择债券 3 进行交割。

快速确定最便宜可交割债券的范围有一些经验结论。一个是根据市场利率的实际水平进行划分，或者根据利率的走势进行划分。第一个，根据市场利率，市场利率也可以看成债券价格计算的折现率，以 6% 为标准，因为最便宜可交割债券的标准是根据净成本进行判断的，净成本 = 交割债券报价 − 期货报价 × 转换因子，在一份合约临近到期时，期货报价和转换因子几乎都是确定的，唯一不确定的是交割债券报价。当前市场利率＞ 6%，以折现因子作为标准的话，此时交割债券对应的是“折价债券”，要使净成本最小，交割债券最好久期越大，这样的话，当利率上升，债券价格下降的越快，净成本越小。即当收益率 >6% 时，选久期较大的债券。

对应当市场利率< 6%时，说明交割债券相比 6%的折现因子，是“溢价债券”，价格是偏高的，偏高的情况下空头方希望偏高的程度是越小越好，这样的话成本才比较低，所以这个时候投资者就希望选敏感程度比较低一些，就是久期小一些的债券。

综上，第一条结论是当收益率 >6% 时，先考虑久期较大的债券，即息票率较低、期限较长的债券；当收益率 <6% 时，先考虑久期较小的债券，即息票率较高、期限较短的债券。

第二条经验结论是根据利率期限结构进行划分的。当利率期限结构是向上的话，利率上升，债券价格下降，此时空头方希望价格下降的越多越好，因此倾向于选择久期大的债券，同理，反之，当利率期限结构向下，空头方倾向于先考虑久期小的债券。

综上，第二条结论是当利率期限结构向上，先考虑久期较大的债券，即到期期限较长的债券；当利率期限结构向下，先考虑久期较小的债券，即到期期限较短的债券。

另外，提及考试中的一个难点。长期国债期货因为涉及到两个债券，一个是 6% 的虚拟债，一个是到期实际交割的最便宜交割债券，在后面讲对冲的时候，题目往往会给考生一系列久期，比如说现在期货标的久期，现在最便宜可交割债券的久期，未来期货标的久期，未来最便宜可交割债券的久期，如果题目要求对冲未来交割时的利率风险敞口，读者想一下，应该用哪个久期？答案是未来最便宜可交割债券的久期。因为，其一，长期国债期货的标的是虚拟债，是不存在的，所以应该用最便宜可交割债券的久期，其二，对冲的是未来的利率风险敞口，所以应该用未来的久期来进行对冲。

接下来介绍确认长期国债期货价格，长期国债期货价格确认与期货价格计算原则相同，不过有一些小点需要注意。

由于期货空头方既拥有选择交割时间的权利，也有选择所交割债券的权利，因此精确地确定长期国债期货的理论价格是十分困难的。但是如果假定最便宜可交割债券及交割日期均为一致，长期国债期货就等价于一个为持有人提供中间收入的期货合约。期货价格 F 与即期价格 S 的关系式：

$$F=(S-I)(1+R)^{T}$$

I 为期货期限内券息的贴现值，T 为期货到期时间，R 为适用期限 T 的无风险利率。

举个例子

假定对于某一国债期货已知最便宜交割债券的息票利率为 12%，转换因子为 1.6。假定期货交割日期为 270 天以后。券息的支付为每半年一次。（如图 31-10），上一次券息支付为 60 天以前，下一次券息支付为 305 天以后。利率期限结构为水平，利率为年利率 10%（连续复利）。

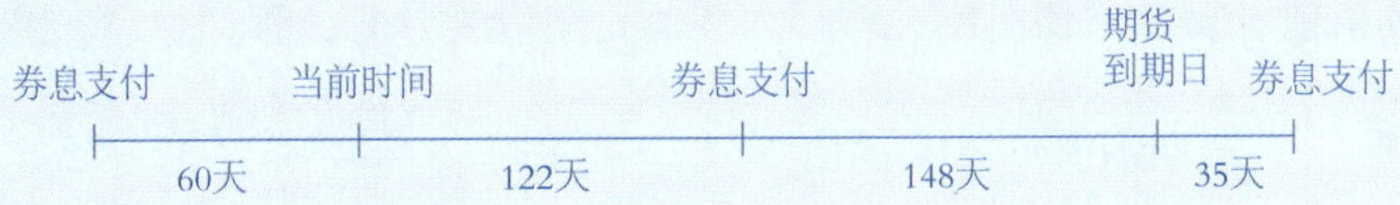

图 31-10 国债的不同关键日期

假定债券的当前报价为 115 美元。债券的现金价格等于报价加上从上一次付息至今的应计利息，债券现金价为：

$$115+\frac{60}{60+122}\times 6=116.978\text{（美元）}$$

在 122 天（0.3342 年）后，债券持有者将收到 6 美元的利息，该利息的贴现值为：

$$6e^{-0.1\times 0.3342}=5.803\text{（美元）}$$

期货合约将持续 270 天（0.7397 年）。如果期货合约是关于券息率为 12% 的债券，期货的现金价格为：

$$(116.978-5.803)\ e^{0.1\times 0.7397}=119.711\text{（美元）}$$

在债券交割时，会产生 148 天的应计利息。如果期货合约是有关于券息率为 12% 的债券，期货的价格为：

$$119.711-6\times\frac{148}{148+35}=114.859\text{（美元）}$$

由转换因子定义得出，1.6 倍的标准债券等价于一个 12% 的债券。因此，期货的报价应为 114.859/1.6=71.79（美元）。

二、欧洲美元期货

欧洲美元期货是较不易理解的利率期货产品，因为它的标的资产是利率。也就是说它约定的是未来某一段时间的利率水平，它约定的利率期间长度都是三个月的，即不管从哪个时间点开始计息，投资者约定的都是未来三个月的利率，比如两年之后的三个月、五年之后的三个月，利率的期限一定是三个月的，但是合约本身的期限会有不同的选择。

一般来说，欧洲美元是指在美国市场以外存放的，不受美国市场控制的美元，欧洲美元期货规定合约的规模是 1 百万，也就是一份合约的面值是 1 百万。

欧洲美元期货的标的资产是利率，合约约定利率，即期货利率用 F_t 来表示，到期的时候，按照当时市场上三个月的 LIBOR 利率进行结算，合约的价值确定如下。首先，它的设计和其他常见的利率期货的设计是一样的，即利率和合约价值是反向关系，利率上升，债券价值下降，合约价值下降。读者不妨先回顾下短期国债的价值计算，方便类比去理解欧洲美元期货的价值计算。

$$\text{短期国债价值} = \text{面值} \times \left(1 - \text{折扣率} \times \frac{\text{到期天数}}{360}\right)$$

欧洲美元期货价值计算与此相似，它的折扣率就是合约约定的期货利率，到期天数固定是 3 个月，也就是 0.25 年。欧洲美元期货价值计算公式如下：

$$\text{欧洲美元期货价值} = 10^6 \times (1 - \text{期货利率} \times 0.25)$$

F_t 是年化利率，因为约定利率期限是 3 个月，所以这里乘 0.25，相当于打了三个月的折扣，考生据此可以计算欧洲美元期货的价值。

不过，标的资产（利率）变动与合约价值变动相反，有点违反直觉，人们习惯的是标的资产变动与期货价值变动是同方向的，为此，交易者为了交易方便，提出了报价概念，报价 FQ 的计算公式如下：

$$FQ = 100 \times (1 - F_t)$$

这样一来，欧洲美元期货的报价和价值就是同方向，读者平时看到的报价就是这么来的。

举个例子

假设现在有一个欧洲美元期货，锁定的利率是 2%，那么这时候的报价就是 100×（1-2%）=98 美元。

如果想要将报价转化为价值，可以根据以下公式计算：

$$V = 1000000 \times \left(1 - 0.25 \times \frac{(100 - FQ)}{100}\right)$$

$$FQ = 100 \times (1 - F_t)$$

$$F_t = \frac{100 - FQ}{100}$$

计算出来是 995000 美元。

研究欧洲美元期货价值与利率之间的关系。参照公式：

$$V = 10^6 \times (1 - F_t \times 0.25)$$

一单位利率变动对应的期货价值变动，算出来等于 -250000 美元，如果要研究利率变动一个基点，即 10^{-4}，则对应期货价值变动等于 -250000×0.0001=-25 美元，也就意味着利率变动一个基点，欧元美元期货变动 25 美元，这个其实就是 DV01，所以欧洲美元期货 DV01 一定等于 25 美元，这个是经验结论，不需要再进行计算。

所以对冲的时候，考生只需要计算需要对冲头寸的 DV01，然后再判断下需要多少份欧洲美元期货来进行对冲就可以了，当然这里考生需要注意一下它的头寸方向，如果 F_t 变大 0.0001 的话，FQ 对应的是 0.01 的价格下降，对应合约价值下降 25 美元，这个变动方向考生需要理解，这是欧洲美元期货的重要特点。

名师解惑

利率对冲方向判断：

考试通常考三种利率衍生品对冲利率风险。这三种产品分别是 FRA、长期国债期货和欧洲美元期货。

投资者如果担心未来利率上升。分析如下：

利率上升→多头 FRA（收浮动，支固定）收益上升→多头方赚钱；

利率上升→欧洲美元期货 / 长期国债期货价值下降→空头方赚钱。

综上，当投资者担心未来利率上升，应该多头 FRA，空头长期国债期货与欧洲美元期货。

欧洲美元期货与远期利率协议很相似，它们都可以用于锁定将来某个时间段的利率。对于较短的期限（不长于 1 年），可以假设欧洲美元期货利率与相应的远期利率相同。对于较长期限的合约，了解它们之间的不同至关重要。考虑介于时间 T 和 T+0.25 的期货利率及相应的远期利率。欧洲美元期货合约每天进行结算，最终的交割发生在 T，反映 T 与 T+0.25 之间的利率。远期利率协议不是每天结算，最终的交割也反映 T 与 T+0.25 之间的利率，远期利率协议的最终付款发生在 T+0.25。

以上两种利率的差别叫做**曲率调节**（Convexity Adjustment）。一种普遍的做法是：

$$远期利率 = 期货利率 -0.5\sigma^2 T（T+0.25）$$

T 为期货合约的期限；

T+0.25 为期货合约标的利率所对应的期限；

变量 σ 为一年的短期利率变化的标准差，这里利率均为连续复利率。

【例】假设 σ=0.012，要求计算 8 年期限，期货价格为 94 所对应的远期利率。这时曲率调整为：

$$\frac{1}{2}\times 0.012^2\times 8\times 8.25=0.00475$$

即 0.475%（47.5 个基点）。表 31-16 显示了随着期限的变化的曲率调整的幅度。

表 31-16 期货的期限及其曲率调整量

期货的期限（年）	曲率调整量（基点数）
2	3.2
4	12.2
6	27.0
8	47.5
10	73.8

以上结果显示，调节数量大约与期货到期期限的平方成正比。因此，对于 4 年期限的合约调节量大约是 2 年期限的合约调节量的 4 倍。

第六节 期货对冲

一、对冲分类

（一）多头套期保值与空头套期保值

— 考纲要求 —
了解如何进行期货对冲并熟悉其中潜在的风险。

有关对冲的基本分类，考生要了解两种基本的对冲分类方式，**多头套期保值**（Long Hedge）和**空头套期保值**（Short Hedge），之所以这么命名，是和期货合约的头寸方向判断有关的，考生也可以根据这个方法区别这两个名词。

多头套期保值与空头套期保值概念区分如表 31-17：

表 31-17 多头套期保值与空头套期保值

	多头套期保值	空头套期保值
0 时刻头寸方向	期货多头，现货空头	期货空头，现货多头
T 时刻总头寸价值	$(F_t-F_0)-S_t=-F_0-(S_t-F_t)$	$-(F_t-F_0)+S_t=F_0+(S_t-F_t)$
应用	对冲未来价格上涨	对冲未来价格下跌

（二）一对一对冲（Strip Hedge）和滚动对冲（Stack and Roll）

对冲交易策略的第二种交易方式即一对一对冲和滚动对冲。假如现在有一家原油的供给商，在未来的三年里，都需要对外出售原油合约，它会担心油价下跌，可以通过一些远期或者期货合约进行对冲，因为未来有多笔头寸，投资者就可以采用不同方式进行对冲，一种方式是完全的对冲，分别建立三份合约，每份合约针对每笔交易来进行对冲，比如说投资者每一年要有 10 桶油的支出，第一笔对冲就是一年后 10 桶油的期货合约对冲，第二笔对冲就是两年后 10 桶油的对冲，第三笔对冲就是三年后 10 桶油的对冲，这种对冲方式叫做一对一对冲，如图 31–11 所示：

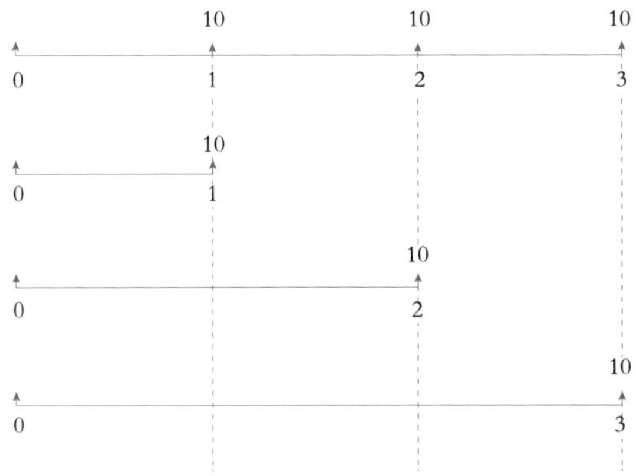

图 31-11　一对一对冲

这种对冲方式理论上是最好的，期限、资产理论上完全匹配，但是这种对冲有一个问题，当需要一些长期合约的时候，比如说这里不是三年，是 10 年的话，那就可能就需要一份长达 10 年的合约进行对冲，通常短期期货市场的流动性是非常好的，10 年期的期货合约投资者几乎是找不到的，因此，一对一对冲（Strip Hedge）可能因为流动性的问题，没有办法达成，因此投资者可能用另外一种方式来替代一对一对冲，另外一种方式就是滚动对冲，同样我们一起来考虑一下未来三年 30 桶油的滚动对冲（Stack and Roll），stack 是堆在一起的意思，也就是用短期的期货合约堆积起来，一段一段时间对冲长期的头寸，它未来每一个短期都是用剩余期间所有头寸堆在一起进行对冲的，比如在这个例子当中，未来一共是 30 桶油的价格风险，对冲的时候，一开始第一年，多头 30 桶油的一年期合约（之所以 30 份，是因为要对冲这 30 桶油在 0~1 时刻的价格变动），到期的时候平仓，再新建立一份包含 20 桶油的合约，然后等待一年平仓，接着再建立一份 10 桶油的一年期合约，这种对冲就叫做**滚动对冲（Stack Hedge）**。如图 31–12 所示：

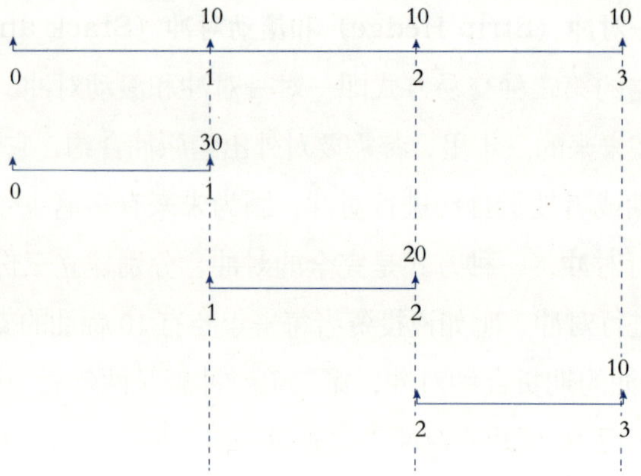

图 31-12 滚动对冲

滚动对冲有时候也翻译为 Stack and Roll，因为它是堆起来滚动到下一期当中去的，这种对冲的特点是可以满足期货合约中的流动性需求，但是它也有一定缺陷，如果投资者单独来看的话，第一笔对冲，是一笔 1 年期的合约，对冲的是未来 3 年的头寸，第二笔对冲，是一笔 1 年期的合约，对冲的是未来 2 年的头寸，以此类推。所以这里不像一对一对冲一样，是一一对应的，这里对冲是不完全的，所以对冲的过程中，会额外引入一些风险，其中最主要的风险在讲风险管理基础的时候已经提到过，后面还会提到，就是基差风险，所谓基差风险，简单地理解，就是投资者在对冲的时候，因为期限或者标的资产不是完全一致的情况，给投资者的对冲带来的额外的风险。

二、最小方差对冲比率

在确认对冲的方向以后，投资者要确认用什么合约对冲以及用多少份合约对冲，此时投资者可以根据期货价格和现货价格的变动进行判断，也就是研究 ΔS 和 ΔF 的关系。

假设现在有一个现货，加入期货进行对冲以后，构成一个组合，构造出来的整个组合的价格变动是服从方差最小的，价格变动的方差最小，即存在最小方差对冲比率（Minimum Variance Hedge Ratio）。

假设加入 h 份期货，组合价格变动方差最小。

相关推导和证明如下：

$$F(h)=\sigma(\Delta S+h\Delta F)^2=\sigma_s^2+h^2\sigma_F^2+2\rho h\sigma_s\sigma_F$$

要使 F（h）最小，对 F（h）求导：

$$F'(h)=2h\sigma_F^2+2\rho\sigma_s\sigma_F$$

令 $F'(h)=0$，

$$h=-\rho\frac{\sigma_s}{\sigma_F}$$

因为期货价格变动和现货价格变动方向本来就是反向的，因此最小对冲比率为 $h=\rho\frac{\sigma_s}{\sigma_F}$。

名师解惑

该等式也可以从一元线性回归的角度理解。

对冲的原理是：现货头寸价格的变动与期货头寸价格的变动相加等于0。

即：

$$h\Delta F+\Delta S=0$$

$$\Delta S=-h\Delta F$$

看成 $y=bx$，

根据第二门课所学，

$$b=h=\rho\frac{\sigma_s}{\sigma_F}$$

三、期货合约最优对冲数量

如果投资者真的要去对冲一个头寸，用市场上的标准化期货合约进行对冲，我们首先要明白，一份标准化的期货合约对应的可能不是一单位的标的资产，比如说，一份黄金的期货合约，它的合约规模可能是1万盎司，10万盎司，1000万盎司等，这个时候，现货头寸的单位和期货头寸的单位是不一样的，就比如我们买股票，假设根据计算，我们需要买180只股票对冲，但是股票都是1手，100股交易的，所以我们最低应该买2手，期货对冲也一样，我们需要根据一份合约的规模调整，然后计算合约的份数（相当于计算买卖股票的手数）。

所以最优期货合约的数量（份数）计算如下：

$$N^*=\frac{h^*Q_A}{Q_F}$$

Q_A：被对冲的现货头寸数量；

Q_F：一份期货合约对应的标的数量；

N^*：最优期货合约对冲数量。

四、尾随对冲

前面讲的是对冲的基本概念，对冲方式非常简单，计算起来并不难，但是实操中计算起来没那么简单，因为我们首先要知道每天现货价格的波动率，每天期货价格变动的波动率，还要知道它们之间的相关关系，这是非常大的统计运算，所以难度是非常大的。用这种方式来做对冲的话，如果资产每一天价格都在变化，需要投资者每一天都重新计算，这样的话计算量是非常大的。

由于期货市场每天进行结算，每天价格都会发生变化，每天可以获取市场价格，所以这个时候投资者如果每天都进行粗略调整的话，可以采取以下简单近似的计算方法。

这个方法叫做**尾随对冲（Tailing the Hedge）**，尾随对冲不需要投资者每天去计算波动率，计算相关系数，计算对冲比率。它用一种近似的方法帮助投资者进行近似的调整，这种近似方法，很简单，假设过了一天之后，出现新的价格，期货价格 F' 与现货价格 S'，考虑这两个价格对对冲比率的影响，其中，期货头寸对应的价值是 V_F，现货头寸对应的价值是 V_A。

相应推导证明过程如下：

新的对冲比率：

$$h'=h\frac{S'}{F'}$$

对于最优期货合约对冲数量，也可以做简单地近似调整：

$$N'=h\frac{S'\times Q_A}{F'\times Q_F}$$

$$N'=h\frac{V_{A'}}{V_{F'}}$$

举个例子

假设期货价格和现货价格的日收益率标准差分别为 1% 和 1.2%，两者的相关系数为 0.88，被对冲的现货资产价值 100 万美元，每份期货合约价值 2 万美元。问对冲所使用的期货合约的数量。

计算如下：

$$V_A'=1,000,000$$

$$V_F'=20,000$$

$$h=0.88\times\frac{0.012}{0.01}=1.056$$

$$N'=h\frac{V_A'}{V_F'}=1.056\times\frac{1,000,000}{20,000}=52.8\approx 53$$

五、对冲的有效性

对冲的效果如何进行评估，这里有一个基本的分析逻辑。根据上文，如果是好的对冲，投资者可以通过 h 份的期货合约变动完全对冲现货合约价格变动，我们可以把它转化成一种数学语言，即什么时候自变量的解释力度对于因变量的解释力度是最好的，也就是这个回归做的是最有效的，我们知道，根据定量分析部分所学，要研究一个一元线性回归自变量对因变量的解释力度，我们可以用决定系数来进行分析，决定系数反映的就是自变量对因变量的解释力度。所以在一元回归当中，我们就可以用决定系数来反映投资者的对冲效果。即根据 R^2 或者 ρ^2 评估对冲的效果如何。

六、对冲实例

（一）对冲实例——完全对冲

来看一个典型的例子，假设现在有一个航空公司，在未来一个月，它要去买 2 百万加仑的航空燃油，用燃油期货去对冲，每个燃油期货对应 42000 加仑的燃油。相关条件如表 31–18：

表 31–18　用燃油期货对冲航空燃油价格变动

月份（i）	燃油期货每加仑价格变动	航空燃油期货每加仑价格变动
1	0.021	0.029
2	0.035	0.020
3	−0.046	−0.044
4	0.001	0.008
5	0.044	0.026
6	−0.029	−0.019
7	−0.026	−0.010
8	−0.029	−0.007
9	0.048	0.043
10	−0.006	0.011
11	−0.036	−0.036
12	−0.011	−0.018
13	0.019	0.009
14	−0.027	−0.032
15	0.029	0.023

计算出来，对应的相关性和标准差如表 31-19：

表 31-19　燃油期货和现货的标准差及二者间的相关性

	△F	△S
标准差	0.031	0.026
相关性	0.928	

对冲比率 $h=\rho_{S,F}\frac{\sigma_S}{\sigma_F}=0.928\times\frac{0.026}{0.031}=0.778$

最优期货合约对冲数量 $N=0.778\times\frac{2000000}{42000}=37.03$

（二）对冲实例——股票组合对冲（对冲系统性风险）

以上的对冲还是比较复杂的，接下来将两种特殊产品的对冲，一种是股票组合的对冲，一种是债券的对冲。

股票组合当中，投资者最关注的是系统性风险。而对冲系统性风险，通常用股指期货对冲，常见的例如：标普 500 指数期货。

既然是对冲，就需要研究现货价格变动和期货价格变动之间的关系，价格变动，结合第一门课 CAPM 的相关内容，考虑价格变动的期望，现货价格变动可写成：

$$\Delta S=V_S\times R_S$$

期货价格的变动可写成：

$$\Delta F=V_F\times R_F$$

因为大多数情况下：

$$R_S\approx\beta_S R_M$$

$$R_F\approx\beta_S R_M$$

现货头寸的价格变动就可以转换表示成：

$$\Delta S=V_S\times\beta_S\times R_M$$

$$\Delta F=V_F\times\beta_F\times R_M$$

假设现在需要 N 份期货进行对冲，总头寸的价格变化等于 0。

$$N\times V_F\times\beta_F\times R_M+V_S\times\beta_S\times R_M=0$$

又因为大多数情况下，$\beta_F=1$，化简上式得：

$$N=-\beta_S\frac{V_S}{V_F}$$

而在现实情况中，很多情况下投资者希望承担部分系统性风险，假设目标系统性风险为 β^T。

承担 β^T 的系统性风险，带来的价格变动是 $V_S\times\beta^T\times R_M$。

对应的对冲的组合价格变动可表达成：

$$N \times V_F \times \beta_F \times R_M + V_S \times \beta_S \times R_M = V_S \times \beta^T \times R_M$$

$\beta_F=1$，化简上式得：

$$N=(\beta^T-\beta_S)\frac{V_S}{V_F}$$

在这个计算过程当中，有两点，需要和读者展开一下：

（1）在以上过程中，读者不需要考虑头寸是多头还是空头，如果计算出来是正值，就是多头，如果计算出来是负值，就是空头。

（2）期货合约的价值 = 指数的期货报价 ×250（例如标普 500 指数，每个指数点代表 250 美元）。

（三）对冲实例——债券组合对冲

接下来看一下债券组合的风险对冲，假如投资者现在持有一个债券组合，投资者通过什么来对冲呢，对于债券组合，债券是一种利率敏感性的产品，如果投资者要用期货合约进行对冲的话，可以用利率期货，利率期货一般是两个，一个是长期国债期货，还有一个是欧洲美元期货，也就是说投资者可以用这两个合约来进行债券组合对冲，对冲的是利率风险，需要研究利率变动对债券价格带来的影响，此处可以借助久期来进行分析。

对于债券组合来讲，价格变动：

$$\Delta S=-MD_S \times P_S \times \Delta y$$

对于利率期货来讲，价格变动：

$$\Delta F=-MD_F \times P_F \times \Delta y$$

假设需要 N 份期货合约对冲债券组合的利率风险，对冲后的组合价格变动等于 0，对应表达式为：

$$-MD_S \times P_S \times \Delta y + N \times -MD_F \times P_F \times \Delta y=0$$

$$N=-\frac{MD_S \times P_S}{MD_F \times P_F}$$

组合的价格变动等于 0。这是利率风险免疫的策略。

这里不推荐读者考虑正负号，因为欧洲美元期货的分析比较复杂，需要单独分析正负号。

举个例子

假设一个组合经理，管理2000万成长型股票资产组合，β=1.4（相对于标普500指数来说），标普500指数期货合约目前的指数报价为1150点，乘数为250。该组合经理想要对冲未来几个月现有组合的市场风险，问对冲头寸的方向，以及对冲所使用的标普500指数合约的数量。

计算如下：

$$20000000 \times 1.4 \times R_M + N \times 1 \times R_M \times 1150 \times 250 = 0$$

得：

$$N \approx -97$$

所以，对冲头寸方向为空头，应该做空97份股指期货合约。

另解：

或使用公式：

$$N = (\beta^T - \beta_S)\frac{V_S}{V_F}$$

代入得：

$$N \approx (0-1.4)\ \frac{20000000}{1150 \times 250} = -97$$

所以，对冲头寸方向为空头，应该做空97份股指期货合约。

举个例子

接上题，假设现在该组合经理想要做一个尾随对冲，相关条件如下：假设下一交易日，标普500指数现货价格为1095点，标普500指数期货价格为1160美元，做完尾随对冲调整之后，对冲的合约数量为多少？

根据尾随对冲的公式：

$$N' = h\frac{V_{S'}}{V_{F'}} = h\frac{S' \times Q_A}{F' \times Q_F} = N \times \frac{S'}{F'}$$

$$N' = 97 \times \frac{1,095}{1,160} \approx 92$$

$$N' = 1.4 \times \frac{20,000,000}{1,150 \times 250} \times \frac{1,095}{1,160} = 92$$

举个例子

假设某投资经理有一个分散化很好的价值 100 百万的股票组合，组合的β相对于标普 500 指数来讲是 1.2，目前 3 个月期限的标普 500 指数报价为 1080 点，组合经理想要通过期货合约对冲接下来 3 个月的系统性风险，问通过怎样的方式调整 beta？

【解析】

$$合约数量 = (0-1.2)\frac{100,000,000}{1,080\times250} = -444.44$$

所以，做空 444 份股指期货合约可以达成。

举个例子

某投资组合的价值是 100000000 美元，对冲时间是 6 个月，6 个月到期美国国债期货报价是 105-09 美元，合约面值是 100000 美元，投资组合的久期是 15，期货合约的久期是 17，问如果要对冲投资组合的利率风险，应该如何操作？

【解析】

$$-MD_P\times P_p\times\Delta y+(-N\times MD_F\times P_F\times\Delta y)=0$$

$$N=-\frac{MD_P\times P_P}{MD_F\times P_F}=-\frac{100,000,000\times15}{\left(105+\frac{9}{32}\right)\div100\times100,000\times17}=-839$$

所以，应该做空 839 份国债期货合约，以对冲利率风险。

七、基差风险

到目前为止，我们所考虑的对冲实例过于完美，几乎不太可能发生。在这些完美的实例中，对冲可以确定将来买入资产的准确时间，也可以用期货合约来消除几乎所有的在相应时间由于资产价格变动而带来的风险。在实践中，对冲常常没有那么容易，部分原因如下：

（1）需要对冲价格风险的资产与期货合约的标的资产可能并不完全一致；

（2）对冲者可能并不确定资产买入及卖出的时间；

（3）对冲者可能需要在期货到期日之间将期货进行平仓。

这些问题就带来了所谓的**基差风险（Basis Risk）**。在对冲的意义下，基差（Basis）的定义为：

基差 = 被对冲资产的即期价格 - 用于对冲的期货合约的价格

如果被对冲的资产与期货合约的标的资产等同，在期货到期时，基差为 0。在到期日之前，基差或者为正或者为负。

随着时间的流逝，即期价格变化与某个特定月份的期货价格并不一定相同，因此导致基差的变化。当基差变大时，称为**基差增强（Strengthening of the Basis）**；当基差变小时，称为**基差减弱（Weakening of the Basis）**。图 31-13 说明了当基差为正时，在期货到期之前基差随时间变化的形式。

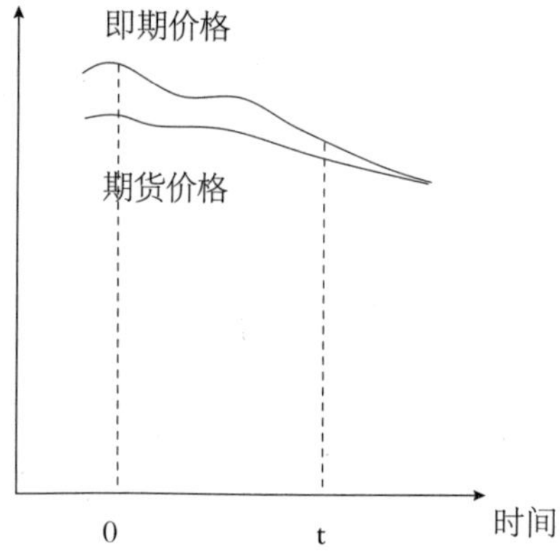

图 31-13 期货与即期价格变化

为了检验基差风险的性质，我们定义如下变量：

S_0——在 0 时刻的即期价格；

S_t——在 t 时刻的即期价格；

F_0——在 0 时刻的期货价格；

F_t——在 t 时刻的期货价格；

b_0——在 0 时刻的基差；

b_t——在 t 时刻的基差。

假定对冲在时刻，并在时刻平仓。假定现货及期货价格在对冲刚刚设定时的价格分别为 2.50 美元及 2.20 美元，而在对冲平仓时的价格分别为 2 美元及 1.90 美元。这意味着 $S_0=2.50$，$F_0=2.20$，$S_t=2.00$ 及 $F_t=1.90$。由基差定义：

$$b_0=S_0-F_0 \text{ 及 } b_t=S_t-F_t$$

得出 $b_0=0.3$ 及 $b_t=0.1$。

首先考虑如下情形：对冲者已知资产将在 t 时刻卖出，并且在 0 时刻持有了期货空头头寸。资产实现的价格为 S_t，期货的盈利为 F_0-F_t。由这种对冲策略得到的实际价格为：

$$S_t+F_0-F_t=F_{0+}b_t$$

在我们的例子中，上式等于 2.3 美元。在时刻 F_0 的价格为已知。如果这时也为已知，由此可以构造完美对冲。对冲风险与 b_t 有关，此风险即基差风险。考虑另外一种情况，公司知道自身在 t 时刻将购买资产，因而在 0 时刻进行多头头寸对冲。买入资产支付价格为 S_t，对冲的收益为 F_t-F_0。对冲资产所得到的实际价格为：

$$-S_t+F_t-F_0=-b_t-F_0$$

本例中上式等于 −2.3 美元。在时刻 F_0 的价格为已知，b_t 代表了基差风险。

注意，基差风险会使对冲者的头寸得以改善或恶化。考虑一个空头头寸对冲，如果基差意想不到地增强，对冲者的头寸会有所改善；如果基差意想不到地减弱，对冲者的头寸会有所恶化。同样，对于一个多头头寸对冲，如果基差意想不到的增强，对冲者的头寸将会恶化，如果基差意想不到的减弱，对冲者的头寸将会改善。

有时给对冲者带来风险的资产与用于对冲的合约标的资产是不一样的，这叫交叉对冲，将在下节论述，这时基差风险会更大。定义 S_t^* 为在 t 时刻期货合约中的标的资产的价格。同上，S_t 是在 t 时刻被对冲资产的价格。通过对冲，公司确保购买或出售资产的价格为：

$$S_t+F_0-F_t$$

上式可变形为：

$$F_0+(S_t^*-F_t)+(S_t-S_t^*)$$

$S_t^*-F_t$ 及 $S_t-S_t^*$ 两项代表基差的两个组成部分。当被对冲的资产与期货合约中的资产一致时，相应的基差为 $S_t^*-F_t$，而当两个资产不同时，$S_t-S_t^*$ 是由于两个资产差异而带来的基差。

影响基差风险的一个关键因素是对冲时所选用的期货合约，选择期货合约应考虑两个因素：

（1）选择期货合约的标的资产；

（2）选择交割的月份。

如果被对冲的资产刚好与期货的标的资产吻合，通常这里的第 1 个选择就非常容易。在其他情况下，对冲者必须仔细分析以确定哪一种可以使用的期货合约与被对冲资产的价格有最密切的相关性。

交割月份的选择与几个因素有关。在本章的例子中，当我们假定对冲的到期日与期货交割月份一致时，就应直接选择该交割月份的期货合约。事实上，在这些情况下，对冲者通常会选择一个随后月份交割的期货合约。这是由于在某些情况下，交割月份中期货价格不太稳定。同时，多头头寸对冲者在交割月份持有合约而会面临不得不接受资产交割而带来的风险，资产交割会带来成本并造成不便（多头头寸对冲者一般不喜欢将期货合约平仓，然后在其常用的供应商处买入资产）。

一般来说，当对冲的到期日与期货交割月份之间的差距增大时，基差风险也会随之增大。一个经验法则（Rule of Thumb）是尽量选择与对冲的到期日最近，但仍长于对冲到期日的交割月份。假定某一资产期货的到期月分别为 3 月、6 月、9 月及 12 月。对于在 12 月、1 月、2 月到期的对冲，应选择 3 月份的合约；对于 3 月、4 月、5 月到期的对冲，应选择 6 月份的合约等等。这一经验法则假定满足对冲需求的所有合约均有足够大的流动性。然而在实践中，短期限的期货合约往往有最强的流动性，因此在某些情况下，对冲者会倾向于采用短期合约并且不断将合约向前展期。

举个例子

假定今天为 3 月 8 日。一个美国公司预期将在 7 月底收入 5000 万日元。CME 的日元期货具有 3 月、6 月、9 月和 12 月的交割月份。每份合约的交割数量为 1250 万日元。这家公司在 3 月 8 日进入 4 份 9 月份日元期货空头头寸。在 7 月底收到日元时，公司对其期货平仓。假设日元期货在 3 月 1 日的价格为每日元 0.7800 美分，而当期货被平仓时的即期价格与期货价格分别为 0.7200 美分和 0.7250 美分。

在期货合约上的盈利为每日元 0.7800-0.7250=0.0550（美分）。当合约被平仓时基差为每日元 0.7200-0.7250=-0.0050（美分）。所得以每日元按美分计的有效价格是最后的即期价格加上从期货所得盈利：

0.7200+0.0550=0.7750（美分）

这也可以写成最初的期货价格加上最后的基差：

0.7800-0.0050=0.7750（美分）

公司从 5000 万日元上所收的美元数量是 50×7,750，即 387,500（美分）。

举个例子

假定今天为6月9日，一家公司知道在10月份或11月份的某个时刻需要买入20000桶原油。目前纽约商品交易所（NYMEX）交易的原油期货合约在每一个月都有交割，每份合约的规模为1000桶原油。公司采用12月份的期货来进行对冲并进入20份12月份合约的多头头寸。在6月9日期货价格为每桶68.00美元。公司在11月10日需要购买原油，因此在这天对期货合约平仓。在11月10日，即期价格和期货价格分别是每桶70.00美元和每桶69.10美元。

在期货上的盈利是每桶69.10-68.00=1.10（美元）。平仓时的基差是每桶70.00-69.10=0.90（美元）。所付的有效价格是（每桶按美元计）最后现价减去在期货上的盈利：

70.00-1.1=68.90（美元）

这也可以由最初期货价格加上最后的基差来计算：

68.00+0.90=68.90（美元）

所付的总价格是68.90×20,000=1,378,000（美元）。

上述两例中，用于对冲的期货标的资产等同于现货价格被对冲的资产。当两个资产不同时将会出现**交叉对冲（Cross Hedging）**。例如，某家航空公司对飞机燃料油的未来价格有些担心，担心油价上升，但是由于没有飞机燃料油的期货，这家公司也许会采用加热油期货合约来对冲风险。

对冲比率是指持有期货合约的头寸大小与资产风险暴露数量大小的比率。当采用交叉对冲时，对冲比率为1.0并不一定最优。联系对冲实例——完全对冲，此时应使得被对冲后头寸的价格变动方差达到最小。

本章小结

本章主要介绍的是远期和期货合约。

♣ 远期合约

◢ 大宗商品远期：大宗商品会额外考虑的因素：储存成本、租赁收益率、便利性收益率。

◢ 金融远期：主要指的是远期利率协议，多头方，一般锁定的是借款利率；空头方锁定是借出利率。

♣ 远期和期货合约比较，如表 31-20。

表 31-20 远期和期货合约的比较

远期合约	期货合约
场外交易	在交易所交易
非标准化	标准化
一个特定的交割日期	一系列交割日期
在合约结束时结算	逐日盯市
实物或现金交割	在到期前合约可平仓
定制化，基差风险较小，流动性较低	标准化合约，流动性更好，基差风险大
承担违约风险	由清算所做保证
不需要上交保证金	需要保证金并且可能调整

♣ 期货合约

◢ 期货合约交割方式。

- 实物交割：合约交割方式内容通常由空头方决定。
- 现金交割：金融期货合约大多数是现金交割，如股指期货、利率期货等。
- 平仓：平仓是提前进行的，投资者做一个反向交易，结束当前的合约。
- 期货转现货：双方可以在现货市场上直接进行交割，之后双方只要告知期货交易所交割结束即可。

- 保证金要求。
  - 初始保证金：在合约建立之初就必须注入的保证金。
  - 维持保证金：保证金账户余额达不到一定水平，就需要补充保证金，这个临界值即为维持保证金。
  - 补充保证金：当保证金账户余额低到维持保证金以下时，投资者就会收到补充保证金通知，要补充的保证金部分就是补充保证金。
- 交易指令，如表 31-21。

表 31-21　不同指令类型及其特点

指令类型	特点
市价指令	按照最优市价交易
限价指令	限定价格，以限定价格或者比限定价格更优的价格交易（占便宜心态）
止损指令	设定止损价格，按照止损价或者是比止损价次优的价格达成交易（止损心态）
限价止损指令	设定止损价格和限定价格，只允许在这两个价格内（包括这两个价格）交易
触价指令	触及指定价格，触价指令变为市价指令
自由裁量指令 / 市场不持有指令	经纪商有权限延迟交易
全部交易否则即取消的指令	全部成交或者全部不成交

- 利率平价
  - $F=S_0\dfrac{(1+r_A)^T}{(1+r_B)^T}$
  - $F=S_0e^{(r_A-r_B)T}$
- 期货溢价和现货溢价
  - 期货溢价：期货价格高于现货价格。
  - 现货溢价：期货价格低于现货价格。

♣ 远期和期货合约价值

- $V=S-\dfrac{K}{(1+R)^T}$。
- 如果考虑资金成本和股利收益的话：$V=\dfrac{S}{(1+Q)^T}-\dfrac{K}{(1+R)^T}$。

♣ 利率期货

- 长期国债期货
  - 对于空头方来说，交割的是债券，收到的钱 =（最新成交价格 × 转换因子）+ 应计利息。
  - 空头方买入债券的费用，支付的钱 = 债券报价 + 应计利息。
  - 净成本 = 支付的钱 – 收到的钱 = 债券报价 –（最新成交价格 × 转换因子）。
- 欧洲美元期货。
  - 欧洲美元期货价值 $=10^6\times$（1– 期货利率 ×0.25）。
  - 利率变动一个基点，欧元美元期货变动 25 美元。
  - 标的资产是利率，并且约定的利率期间长度为三个月。

♣ 期货对冲

- 多头套期保值与空头套期保值，如表 31–22。

表 31–22　多头与空头套期保值

	多头套期保值	空头套期保值
0 时刻头寸方向	期货多头，现货空头	期货空头，现货多头
T 时刻总头寸价值	$(F_t-F_0)-S_t=-F_0-(S_t-F_t)$	$-(F_t-F_0)+S_t=F_0+(S_t-F_t)$
应用	对冲未来价格上涨	对冲未来价格下跌

- 最小方差对冲比率：$h=-\rho\dfrac{\sigma_s}{\sigma_F}$
- 最优对冲数量：$N^{*}=\dfrac{h^{*}Q_A}{Q_F}$
- 基差风险。
  - 基差 = 被对冲资产的即期价格 – 用于对冲的期货合约的价格。
  - 一个空头头寸对冲，如果基差增强，对冲者的头寸会有所改善。
  - 一个多头头寸对冲，如果基差增强，对冲者的头寸将会恶化。

章节练习

◇ Which one of the following statements is incorrect regarding the margining of exchange-traded futures contracts？

A. Day trades and spread transactions require lower margin levels.

B. If an investor fails to deposit variation margin in a timely manner the positions may be liquidated by the carrying broker.

C. Initial margin is the amount of money that must be deposited when a futures contract is opened.

D. A margin call will be issued only if the investor's margin account balance becomes negative.

答案解析：D

当保证金账户中的余额低于维持保证金时，投资者收到补充保证金通知。收到补充保证金通知后，投资者需要将保证金账户补交到最初的保证金水平。

◇ If the volatility of the short interest rate （LIBOR） is 4.0%, what is the convexity adjustment for a five (5) -year Eurodollar futures contract？

A. 0.75%

B. 1.1%

C. 2.1%

D. 4.2%

答案解析：C

曲率调节 $=0.5\sigma^2T（T+0.25）=0.5\times 4\%^2\times 5\times 5.25=2.1\%$

◇ A firm is going to buy 10，000 barrels of West Texas Intermediate Crude Oil. It plans to hedge the purchase using the Brent Crude Oil futures contracts. The correlation between the spot and futures prices is 0.72. The volatility of the spot price is 0.35% per year. The volatility of the Brent Crude Oil futures price is 0.27% per year. What is the hedge ratio for the firm？

A. 0.9333

B. 0.5554

C. 0.8198

D. 1.2099

答案解析：A

$$h=\rho_{s,f}\times\frac{\sigma_s}{\sigma_f}=0.72\times\frac{0.35}{0.27}=0.933$$

◇ Consider an equity portfolio with market value of USD 100M and a beta of 1.5 with respect to the S&P 500 Index. The current S&P 500 index level is 1000 and each futures contract is for delivery of USD 250 times the index level. Which of the following strategy will reduce the beta of the equity portfolio to 0.8 ?

A. Long 600 S&P 500 futures contracts

B. Short 600 S&P 500 futures contracts

C. Long 280 S&P 500 futures contracts

D. Short 280 S&P 500 futures contracts

答案解析：D

$$N=（0.8-1.5）\times\frac{100,000,000}{250\times1,000}=-280$$

◇ To utilize the cash position of assets under management，a portfolio manager enters into a long futures position on the S&P 500 index with a multiplier of 250. The cash position is $15 million which at the current futures value of 1,000，requires the manager to be long 60 contracts. If the current initial margin is $12,500 per contract，and the current maintenance margin is $10,000 per contract，what variation margin does the portfolio manager have to advance if the futures contract value falls to 995 at the end of the first day of the position being placed ?

A. $30,000

B. $0

C. $300,000

D. $75,000

答案解析：B

第一步计算初始保证金 12500 × 60 = 750000；维持保证金 10,000 × 60 = 600,000。

第二步计算第一天损失 =（1,000−995）× 250 × 60 = $75,000，所以第一天的价值 = 750,000−75,000=675,000>600,000，因此不需要补充保证金。

扫码获取更多题目

第三十二章 互换
Swaps

一、互换引入	互换引入	★
二、利率互换	1. 比较优势	★★★
	2. 利率互换估值	★★★
三、货币互换	1. 比较优势	★★
	2. 货币互换估值	★★★
四、其他类型的互换	其他类型的互换	★

学习目的

互换是金融市场中一类常见的衍生产品，其中利率互换更是在市场中占据了大量的比重。作为一种风险管理的重要工具，我们需要对互换市场以及互换的常见产品有一个清晰的认识，从而在风险管理中能够灵活的运用。

考点分析

- 解释普通利率互换的机制并计算其现金流。
- 了解利率互换中的比较优势原理。
- 计算普通利率互换的价值。
- 解释货币互换的机制并计算其现金流。
- 基于债券法计算货币互换的价值。

本章入门

互换这一部分内容框架比较清晰，通过本章的学习读者应该重点掌握的是利率互换与货币互换的一些基本特征，考试当中最主要考的也就是利率互换与货币互换，互换约定的是未来一定时间内一系列现金流的交换，可以看成是一系列的远期合约，这个章节会先介绍常见的互换类型，然后具体展开利率互换与货币互换的基本特点，然后再给读者阐述一些市场上可以看到的其他互换的基本类型。

第一节　互换引入

互换引入

常见的互换类型，最主要的是**利率互换**（Interest Rate Swap）和**货币互换**（Currency Swap），尤其在国际场外衍生品市场上，最大规模的就是这两类产品。

利率互换，利率互换主要互换的是利息现金流，也就是一定的本金之上的固定利率和浮动利率，即固定利率和浮动利率之间的交换，也就是一方支付固定利率，一方支付浮动利率进行互换。利率互换有一个非常重要的特点就是双方计算的本金基础都是一样的，所以如果交换的话，期初交换一次本金，期末交换一次本金是没有必要的，因为双方的本金是完全一样的，所以一般利率互换里面只有利息交换，没有本金交换，这是它比较特殊的地方。

接下来看一下货币互换，货币互换交换的是不同币种上的本金和利息，这跟利率互换要区别开，它要同时交换利息和本金，在 FRM 考试里，只考一种，就是固定利息和固定利息的交换，本书所讲的货币互换实际是不同币种的固定利息交换，它的特点是期初和期末都是要交割本金的。

比如期初的时候，100 美元本金和 80 英镑是等价的，但是到期末的时候，100 美元本金和 80 英镑可能是不等价的，这和汇率的变动可能是有一定联系的。

读者要研究利率互换，首先要了解利率互换产生的原因。当人们去市场上融资时，人们获取融资的优势和人们的意愿之间不一定匹配，这时候利率互换应运而生，帮助投资者匹配意愿和实际融资的优势所在。

第二节　利率互换

一、比较优势

如何利用上述优势，在这里为读者介绍比较优势理论。

假设市场上有两家公司，BetterCreditCorp 和 WorseCreditCorp，这两家公司，它们都可以去市场上借固定利率的贷款或浮动利率的贷款，但投资者发现，BetterCreditCorp 在借固定和借浮动的时候，成本都是比较低的，所以它在借钱的市场是具有绝对的优势的，但是，如果把它们相对来看的话，它在借固定利息的时候，要比 WorseCreditCorp 少 2%，而在借浮动利息的时候，要

> 重点单词
> Comparative Advantage：比较优势。

比 WorseCreditCorp 少 1%，所以相比较而言，它在固定市场上更有优势。所以从比较优势理论来说，BetterCreditCorp 在借固定利息方面有比较优势，接下来投资者要看的是它的意愿，虽然它有这个优势，但是它的优势可能和它实际的使用意愿是不相匹配的，举个简单的例子，比如 BetterCreditCorp 它预期未来市场上的利率是下降的，如果预测未来利率下降，是应该借固定还是借浮动，借固定的话相当于成本就确定了，借浮动的话相当于未来成本就下降了，所以 BetterCreditCorp 根据它自己的预期而言，它希望借浮动。如果 WorseCreditCorp 预期未来利率是上升的，那这个时候，他肯定希望借固定利息，双方如果都是按照它的意愿来借的话，BetterCreditCorp 成本是 LIBOR+1%，WorseCreditCorp 的成本是 6%，总的融资成本是 LIBOR+7%，但是如果它们双方按照比较优势来借的话，BetterCreditCorp 借 4%，WorseCreditCorp 借 LIBOR+2%，总共成本只要 LIBOR+6% 就可以了，比较优势和投资意愿不匹配，让双方总共多花了 1% 的钱，市场上头脑比较灵活的人，发现了这个缺陷，就创造利率互换这个产品，使得人们的融资意愿和它们的比较优势相匹配，这个就是利率互换。

— 考纲要求 —

了解利率互换的比较优势理论。

至于节省的 1% 利率收益的分法，这就要看两家公司之间的博弈。相关过程如图 32-1，假设两家公司平分节省的利息收益。

	固定利率	浮动利率	比较优势
BetterCreditCorp	4%	Libor +1%	固定利率市场
WorseCreditCorp	6%	Libor + 2%	浮动利率市场

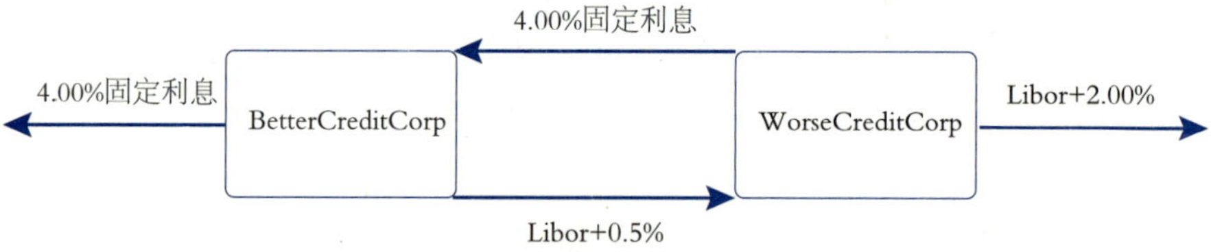

净融资成本		
	固定利率	浮动利率
BetterCreditCorp		Libor+0.5%
WorseCreditCorp	5.5%	

图 32-1　利率互换交易机制

通过利率互换，可以帮助投资者去利用比较优势，实现投资者最优的融资成本的控制，这就是利率比较优势的一个例子。

有的时候也不是 BetterCreditCorp 和 WorseCreditCorp 直接进行交易的，可能会有中介机构参与，这个时候，它们可能“省”的会更少一些，因为要给一定的服务费到中介机构，此时比较优势的分析大家需要稍微注意，考试当中可能会考计算，可能会考到计算通过利率互换给投资者减少的成本是多少，如果介入中介机构的话，中介机构最多能赚多少，所以这个分析过程读者要稍微了解一下。

— 考纲要求 —
解释普通利率互换的机制并计算其现金流。

二、利率互换估值

一笔互换合约的价值在初始时刻为 0（或接近于 0）。随后，由于利率的变化，它的价值可能是正的，也可能是负的。互换的价值估计可以通过将其与已知价值为 0 的新互换合约进行比较来估值。

— 考纲要求 —
掌握利率互换估值方法。

考虑一笔一段时间以前签订的互换合约，目前还有两年到期。假设合约约定持有合约的一方可以每三个月收到本金为 1 亿美元所对应的 4% 的固定利率并支出对应本金 Libor 的浮动利率。给定今日衍生品交易商的报价，一个新的两年期互换合约约定的互换利率（即买卖报价的平均值）为 2.96%。因此可以合理地假设一个支付 2.96%、收取 Libor 的互换在今日的价值为零。出于估值的目的，我们可以假设一个交易者持有以下两笔头寸：

1. 两年期本金为 1 亿美元的利率互换，每三个月交换一次，约定收取的固定利率为 4%，支付的浮动利率为三个月 Libor 利率。

2. 两年期本金为 1 亿美元的利率互换，每三个月交换一次，约定支付的固定利率为 2.96%，收取的浮动利率为三个月 Libor 利率。

这两笔互换交易结合在一起将在接下来的两年中每三个月净收入本金的 1.04%，即 260,000 美元（= 0.25 × 0.0104 × 100,000,000 美元）。现在假设所有期限的两年期无风险利率为 2.4%（季度复利），这相当于每三个月增长 0.6%。因此，该头寸的价值为：

$$\frac{260,000}{1.006}+\frac{260,000}{1.006^2}+\ldots+\frac{260,000}{1.006^8}=2,024,945$$

如前所述，第二笔互换的价值为零。因此，第一笔互换的价值（即我们感兴趣的那一笔）是 2,024,945 美元。隔夜利率互换的估值也可以采用类似的方法。

综上所述，假设交易员拥有一个 N 年期的利率互换，该互换约定收取的固定利率为 X%（支付的浮动利率可以是 Libor 利率或隔夜利率）。进一步假设一笔新的 N 年期互换的固定利率为 Y%。互换的价值相当于一个 N 年期收取本金的 (X−Y)% 的一笔年金的价值。如果约定的是支付（而不是收取）X% 的固定利率，则互换的价值相当于收取本金的 (Y−X)% 的一笔 N 年期年金的价值。

有时需要在报价之间运用插值法来估计某一特定期限新的互换的报价。例如，如果一个互换的剩余期限为 2.5 年，给定一个两年期的互换的报价为 2.96%，一个三年期的互换的报价为 3.075%，那么可以假设一个固定利率为 3.0175%（= 0.5 ×（2.96% + 3.075%））的 2.5 年期互换当前的价值为零。

第三节　货币互换

一、比较优势

接下来看一下货币互换的基本特点。

货币互换这一部分，读者也要了解两部分内容，一个是比较优势的分析，另外一个是货币互换价值的估计。比较优势的分析相对来说比较简单，它的分析过程和利率互换是非常类似的。

假设现在有两个机构，一个是通用电器，一个是澳洲航空，这两家公司，如果说它们都想去市场上进行融资，并且是不同币种的融资的话，它可以借美元，也可以借澳元，那么，从融资的成本来看，通用电器具有绝对的优势，不管是借美元，还是借澳元，它借钱的成本是比较低的，从一个相对的优势比较来看，借美元上它可以节省 2%，借澳元上只能节省 0.4%，所以从比较优势的角度来看的话，通用电器在借美元上是有比较优势的，而在借澳元上，澳洲航空是有比较优势的，这是它们实际优势的分析，如果来看两家公司的意愿的话，他们的意愿和他们的优势可能不大匹配，通用电器想去澳洲市场上进行投资，现在可能它想要借的是澳元，澳洲航空恰恰相反，它想要借的是美元，这个时候二者的意愿和比较优势之间就不匹配，如果直接按照它的意愿来借，不考虑汇率的情况的话，总的融资成本应该是多少呢，是 14.6%。那么如果考虑比较优势的融资成本呢，应该是 13%，所以这当中，差了 1.6% 的成本，从这个角度上看，如果各自按照它的意愿去借的话，就不是最优的，这时候，市场上就出现了货币互换来帮助双方达到最优，它的操作方式就是通用电器和澳洲航空按照自己各自的比较优势去借，双方可以通过中介机构达成货币互换的形成，也可以双方直接达成。如图 32-2 所示：

	美元	澳元	相对优势
通用电器	5%	7.6%	美元市场
澳洲航空	7%	8%	澳元市场

净融资成本		
	美元	澳元
通用电器		6.9%
澳洲航空	6.3%	

图 32-2 货币互换交易机制

总体来说，货币互换，使得双方一共节省了 1.4% 的成本，中介机构收取了 0.2% 的费用，这是货币互换比较优势的分析，接下来本章会继续阐述货币互换的价值估计。

考纲要求
解释货币互换的机制并计算其现金流。

二、货币互换估值

货币互换的价值估计，其实相对来说要比利率互换更简单，假设投资者现在有一个两年期的货币互换。假设该投资者是收美元利息，付澳元利息。相应的现金流量图如图 32-3，相当于美元债券的多头，澳元债券的空头。

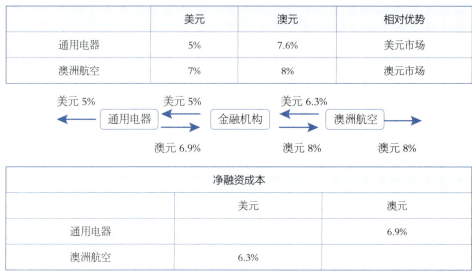

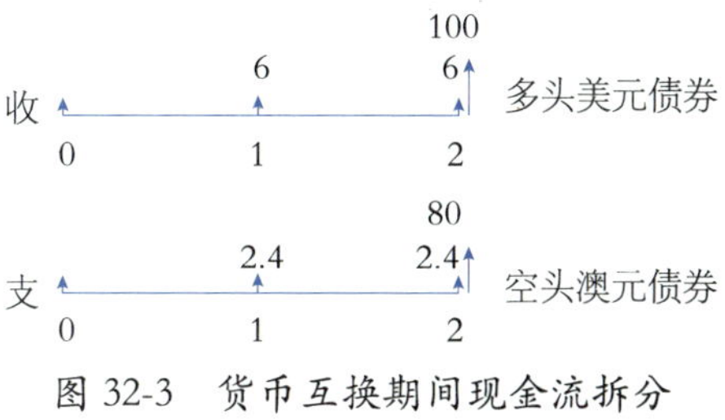

图 32-3 货币互换期间现金流拆分

所以说不管收美元的这一方，还是付美元的这一方，投资者都可以看成固息债，互换的价值就相当于是买一个美元债券的价格，卖一个澳元债券的价格，二者的差值。

考纲要求
基于债券法计算货币互换的价值。

$$V_{互换}=Bond_{美元}-Bond_{澳元}$$

这个计算过程没有结束，因为这是两个不同币种，所以不能直接进行计算，我们需要进行货币的汇率调整，假设期初的汇率是 S0 的话，同时都调整成美元报价的话，把澳元乘以汇率调整就可以了，如果是支美元收澳元的话，前后调整下先后顺序就可以了。

对于收本币，付外币的互换来说：

$$V_{\text{互换}}=V_{\text{本币债券}}-\text{即期汇率}\times V_{\text{外币债券}}$$

对于付本币，收外币的互换来说：

$$V_{\text{互换}}=V_{\text{外币债券}}\times\text{即期汇率}-V_{\text{本币债券}}$$

举个例子

A 公司与 B 公司进行货币互换，互换开始时，A 公司给 B 公司本金 175 百万美元，B 公司给 A 公司 100 百万英镑，互换期间，A 公司支付给 B 公司 6% 的英镑年利息，B 公司支付给 A 公司 5% 的美元年利息，在互换期末，双方归还本金。假设美元和英镑的市场利率曲线都是平坦的，分别是 2% 和 4%（假定连续复利），期初汇率是 1.5 美元 =1 英镑，如果这个互换持续三年，求这个互换的价值，如图 32-4。

$$V_{\text{美元债券}}=8.75\times e^{-2\%\times1}+8.75\times e^{-2\%\times2}+183.75\times e^{-2\%\times3}=190.0329\text{ 百万美元}$$

$$V_{\text{英镑债券}}=6\times e^{-4\%\times1}+6\times e^{-4\%\times2}+106\times e^{-4\%\times3}=105.317\text{ 百万英镑}$$

$$V_{\text{互换（收美元）}}=109.0329-105.317\times1.5=32.06\text{ 百万美元}$$

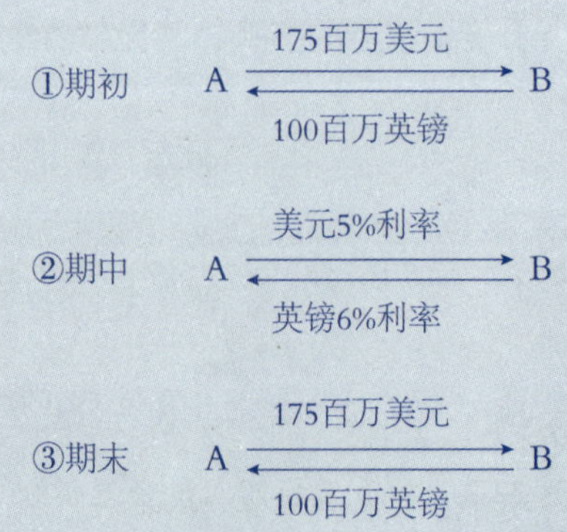

图 32-4 A、B 公司不同时间现金流互换情况

以上是货币互换的流程，期初的 175 百万的美元和 100 百万的英镑价值是等价的，所以我们只需要计算期中和期末的现值就可以算出它的价值是多少了，美国市场上实际的利率是 2%，英镑市场上实际利率是 4%，这

个是市场的利率，也就是说在计算货币时间价值的时候，按照这个利率进行计算，现在汇率是一英镑等于 1.5 美元，其实题目当中并没有说明投资者是收美元还是支美元的，假设现在投资者计算的是收美元，支英镑的情况，而且以美元计价，那么这个互换的价值，就应该等于一美元的债券价值，减去一英镑的债券价值，假如说投资者是按照美元标价的话，英镑债券的价值，还需要根据汇率去做调整，根据题目中的数据，美元债券这一部分，本金是 175 百万，支付的利率是 5%，那么利息就是 175×5%=8.75 百万，接下来三年的话，就依次是 3 笔现金流：8.75、8.75、175+8.75=183.75。

接下来这三年里，美元市场利率是不变的，所以美元债券价值就可以计算出来，等于 190.0329 百万，英镑债券的价值分析过程同样如此，英镑债券的价值本金是 100 百万，息票率是 6%，所以现金流支付很简单，即 100×6%=6 百万，市场上的利率是 4%。所以按照 4% 折现即可。

如果投资者是收美元，支英镑的话。那互换的价值就是美元债券的价值 - 英镑债券的价值，但是英镑债券价值是以英镑标价的，所以要都转化成美元，如果一个英镑等于 1.5 美元的话，互换的价值就等于 190.0329-105.317×1.5=32.06 百万美元。

第四节 其他类型的互换

其他类型的互换

接下来本章介绍互换当中并不怎么常见的一些产品，FRM 考试考得不是很多，考生简单了解即可。

第一，**股权互换**（Equity Swap）。股权互换，指某一方换出的现金流，与单一股票或股票指数收益相关。比如说投资者 A 和投资者 B 之间，A 交换股票收益给 B，B 给 A 固定收益或者浮动收益，如图 32−5 所示：

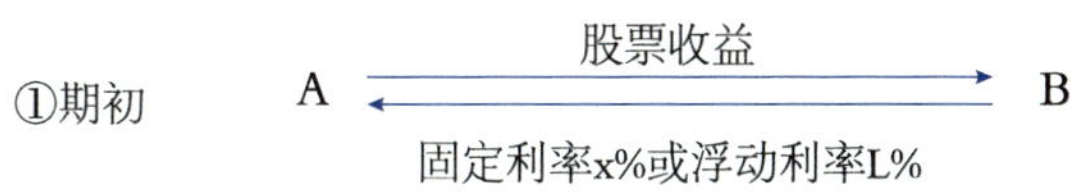

图 32-5 股权互换

如果股票收益是小于 0 的话，那对于 B 来说就是两笔现金流支出。

那么这种交易谁愿意去做呢？假如 B 投资者，他不想要构造股票组合，但又想获取股票收益的话，可能会跟他的对手方签股权互换的合约。

第二，**商品互换**（Commodity Swap）。商品互换，指某一方换出的现金流，与某种大宗商品价格或大宗商品指数相关。

例，投资者 A 定期支付给投资者 B 浮动收益，该浮动收益根据大宗商品的价格变化计算可得，投资者 B 支付给投资者 A 固定收益，现金流量图如图 32-6 所示：

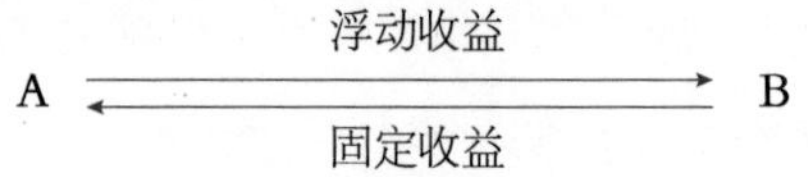

图 32-6　商品互换

一方支付的是固定的价格，一方支付的是浮动的价格，浮动的价格依赖于实际市场上的价格波动。

第三，**波动率互换**（Volatility Swap），双方之间交换的是波动率。波动率互换，指一方支付预先确定的固定波动率，另外一方支付这一时间段的实际波动率。一般来说，波动率互换就是按照波动率和本金确认的收益，比如说，波动率是 5%，本金是 100 美元的话，就按照 5 美元进行交割。

最后，**互换期权**（Swaption）。互换期权其实是一个互换的选择权，它是一个互换的期权，它的特点就是允许持有人以一个既定的价格进入一个互换的交易，和本书后面讲的期权非常类似，就相当于给投资者一个权利，这个权利可以使投资者以一个既定的价格进入互换合约。

本章小结

♣ 互换分类

◢ 利率互换：主要互换的是利息现金流，也就是一定的本金基础上的固定利率和浮动利率。

◢ 货币互换：交换的是不同币种上的本金和利息，它要同时交换利息和本金。

♣ 利率互换与货币互换

◢ 比较优势：帮助投资者实现最优的融资成本的控制。

◢ 利率互换估值。

◢ 货币互换估值：

- 对于收本币，付外币的互换来说：

$$V_{互换}=V_{本币债券}-即期汇率\times V_{外币债券}$$

- 对于付本币，收外币的互换来说：

$$V_{互换}=V_{外币债券}\times 即期汇率-V_{本币债券}$$

♣ 其他类型互换

◢ 股权互换。

◢ 商品互换。

◢ 波动率互换。

◢ 互换期权。

章节练习

◇ XYZ Corporation plans to issue a 10-year bond 6 months from now. XYZ would like to hedge the risk that interest rates might rise significantly over the next 6 months. In order to effect this, the treasurer is contemplating entering into a swap transaction. Under the swap, she should:

A. Pay fixed and receive LIBOR

B. Pay LIBOR and receive fixed

C. Either swap (a or b above) will work

D. Neither swap (a or b above) will work

答案解析：A

在利率互换中，收到浮动利率方将对冲利率上升的风险。

◇ A trader executes a \$420 million 5-year pay fixed swap (duration 4.433) with one client and a \$385 million 10-year receive fixed swap (duration 7.581) with another client shortly afterwards. Assuming that the 5-year rate is 4.15 % and 10-year rate is 5.38 % and that all contracts are transacted at par, how can the trader hedge his net delta position ?

A. Buy 4,227 Eurodollar contracts

B. Sell 4,227 Eurodollar contracts

C. Buy 7,185 Eurodollar contracts

D. Sell 7,185 Eurodollar contracts

答案解析：B

收到固定利息，相当于持有债券，久期为正。

支付固定利息，相当于空头债券，久期为负。

净 $DV01=385\times7.581\times0.0001-420\times4.433\times0.0001=0.291-0.186=0.105m$。

最优对冲数量 $N^{*}=-DV01_{S}/DV01_{F}=-105,683/25=-4227$。

◇ Consider the following 3-year currency swap, which involves exchanging annual interest of 2.75% on 10 million US dollars for 3.75% on 15 million Canadian dollars. The spot rate is 1.52 CAD per USD. The term structure is flat in both countries. Calculate the value of the swap in USD if interest rates in Canada are 5% and in the United States are 4%. Assume continuous compounding. Round to the nearest dollar.

A. $152，000

B. $145，693

C. $131，967

D. $127，818

答案解析：C

$$V_{swap}(USD)=B_{USD}-\frac{B_{CAD}}{\text{Spot Rate}}$$

$$B_{USD}=275,000e^{-0.04\times1}+275,000e^{-0.04\times2}+10,275,000e^{-0.04\times3}=9,631,182$$

$$B_{CAD}=562,500e^{-0.05\times1}+562,500e^{-0.05\times2}+15,562,500e^{-0.05\times3}=14,438,805$$

$$V_{swap}(USD)=9,631,182-\frac{14,438,805}{1.52}=USD131,967$$

◇ You are given the following information about an interest rate swap:

- 2-year term
- Semiannual payment
- Fixed rate = 6%
- Floating rate = LIBOR+50 basis points
- Notional principal USD 10 million

◇ Calculate the net coupon exchange for the first period if LIBOR is 5% at the beginning of the period and 5.6% at the end of the period.

A. Fixed-rate payer pays USD0

B. Fixed-rate payer pays USD25，000

C. Fixed-rate payer pays USD50，000

D. Fixed-rate payer receives USD25，000

答案解析：B

利率是一段时间的概念，比如说我今天存 100 元，利率 5%，一年后的今天能拿到 105 元，这个 5 元利息是在今天确定的，也就是说发生在当期期末的利息是由当期期初时点的利率所决定的，那么对于固定利率支付方来说：

付固定利息 = 6%/2 × 10,000,000 = 300,000

收浮动利息 =（5%+0.50%）/2 × 10,000,000 = 275,000

所以对于固定利率支付方来说：净支付 = 300,000−275,000 = 25,000。

扫码获取更多题目

第三十三章　期权
Options

一、股票期权的基本特点	1. 期权合约	★
	2. 期权的收益情况	★
	3. 欧式期权和美式期权	★★★
	4. 期权价值的分析	★★★
	5. 期权价值的影响因素	★★
	6. 期权的上下限	★★★
	7. 买卖权平价公式	★★★
	8. 交易所交易的股票期权	★★
	9. 其他期权类产品	★
二、期权的交易策略	1. 简单期权策略	★★
	2. 价差策略	★★★
	3. 组合策略	★★★
三、奇异期权	1. 复合期权	★★
	2. 远期生效期权	★★
	3. 选择期权	★★
	4. 障碍期权	★★★
	5. 两值期权	★★★
	6. 回望期权	★★
	7. 缺口期权	★★
	8. 亚式期权	★★
	9. 波动率互换和方差互换	★
	10. 静态期权复制	★
	11. 其他非标期权	★

学习目的

至目前为止，读者应该已经对衍生品市场有了一个较为清晰的认识，之前我们介绍了远期和期货市场以及互换市场，此类衍生品均具有一个特征就是无论到期时是否获利都必须履行合约，因此在合约中始终存在一些不利因素。为了规避这类不利因素，期权产品就出现了。在实际风险管理过程中，期权产品相对于其他产品来说具有其特殊的优势，因此我们需要对期权产品市场加深了解。

考点分析

- 描述期权的类型。
- 解释股息和股票分割如何影响股票期权的条款。
- 描述交易所交易期权的交易、佣金、保证金要求和行使情况。
- 定义和描述权证、可转换债券和员工股权激励。
- 确定影响期权价值的六个因素。
- 确定并计算股票的期权价值的上下限。
- 解释买卖权平价。
- 解释美式期权提前行权特征。
- 了解各类期权交易策略。
- 了解各类奇异期权策略。

本章入门

这个章节涉及的期权主要是指股票期权。股票期权是以股票为标的资产的期权。本章节主要分为 3 个部分：第一部分，主要介绍股票期权的基本特点；第二部分，主要介绍以基础的股票期权构造的交易策略。第三部分，主要介绍股票期权中比较特殊的期权——奇异期权的特点。奇异期权这个部分以前是二级的内容，难度会有点大。一级主要了解奇异期权的基本特点以及收益的确认即可，相对来说难度降低了不少。

第一节　股票期权的基本特点

股票期权是以股票为标的资产的期权，期权基本的形式，叫做香草期权（Plain Vanilla）。香草期权是最简单的期权。通常指的是美式期权和欧式期权。

一、期权合约

— 考纲要求 —
描述期权的类型。

期权合约本身是一个权利，给持有人一个购买或者卖出某个资产的权利。一般来说，可以把期权分为两种类型，一种叫做**看涨期权（Call Option）**，一种叫做**看跌期权（Put Option）**。这个和期货合约中的多头头寸（Long Position）和空头头寸（Short Position）非常的类似。

看涨期权一般锁定的是买入价，也就是当市场价格上升时是赚的。看跌期权一般锁定的是卖出价，也就是当市场价格下降时是赚的。值得注意的是，在期权中是通过call或者put来反映是看涨还是看跌，反映锁定的是买入价还是卖出价的。

Long 和 Short 代表的是**买权**和**卖权**。

Long Call，是**买权，买入了一个看涨的权利**。对于买方来说是持有这个权利，持有一个未来可以以一个既定的价格买入某个资产的权利。

Short Call，是**卖权，卖出了一个看涨的权利**。对于卖出方而言，他是把权利卖给对方。卖出方本身是没有权利的，是对方有权利。所以它只有履行合约的义务。

Long Put，是**买权，买入了一个看跌的权利**。买的是未来标的资产价格下降可以以一个既定的价格卖出某个资产的权利，从而带来一定的收益，锁定的是卖出价格。

Short Put，是**卖权，卖出了一个看跌的权利**。卖权方把这个权利卖给对手方，对手方可以在到期日按照一个特定的价格卖资产给卖权方，卖权方是必须要履行的。所以对于卖权方而言，是纯粹的义务，没有权利。

在期权中，卖权方也叫做 Writer，有时我们看到 Write Option 指的就是卖出一个期权，这个是专业术语。

期权中都会有一个锁定的买入价或者卖出价，叫做**执行价格（Strike Price 或者 Exercise Price）**。

二、期权的收益情况

现在有两个公司，在进行期权交易。A 公司手上持有 ABC 公司的股票，预期

ABC 公司股价未来上升，买了一个看涨期权，锁定股票未来的买入价。未来如果股票价格上涨的话，就可以赚钱。这种情况下，实际市场价格跟股票最终实现的价格之间，带来的收益会呈现不同的情况。

假如说在买入看涨期权（Long Call）头寸中，锁定的 ABC 公司股票的执行价格（K）是 10 美元。如果到期时股票价格是 12 美元的话，A 锁定的是 10 美元的买入价，赚了 2 美元。如果到期时股票价格等于 10 美元的话，那么就是不赚不亏。如果标的资产价格等于 8 美元的话，因为现在是买入了一个权力，是不需要在市场对自己不利的时候行权的，所以此时，A 是可以放弃这个权利的，此时这个合约价值等于 0。

（一）收益（Payoff）情况

对于**买入看涨期权**（Long Call）来说，它的所有情况应该是，在执行价格（K）10 美元以下，是不行权的，收益是零。在执行价格以上，是涨一美元赚一美元的 45° 角向上倾斜的直线，这个是买入看涨期权的收益（Payoff）情况。数学表达式是 $Max(S_T-K,0)$，如图 33-1。

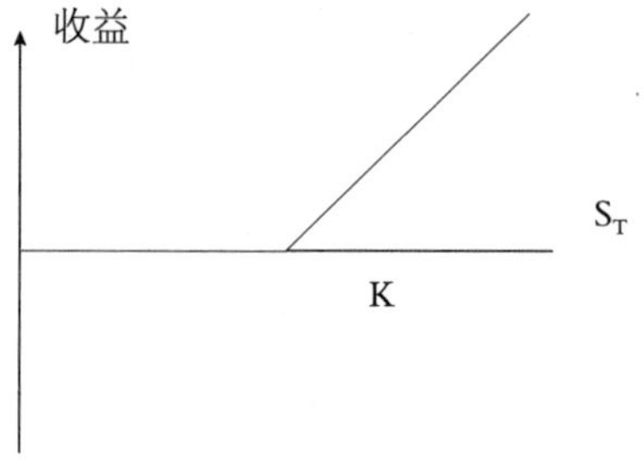

图 33-1　看涨期权多头的收益

对于**卖出看涨期权**（Short Call）来说，假如执行价格也是 10 美元。如果标的资产价格等于 12 美元的话，对手方会来行权，以 10 美元来向 A 公司购买，而市场上是 12 美元。这个时候，对手方是赚钱的，而 A 公司是亏钱的，亏了 2 美元。当价格是 8 美元时，买方是不会行权的，A 公司是不赚不亏的，那么收益等于 0。所以对卖出看涨期权来说，它的收益

情况应该是：当标的资产价格是 10 美元及以下时，仍然是等于 0，因为对手方不会行权。但是 10 美元以上，对手方就会来找 A 公司行权，标的资产价格涨一美元 A 公司就亏一美元。数学表达式是 $-Max(S_T-K,0)$。和买入看涨期权的收益情况正好相反，如图 33-2。

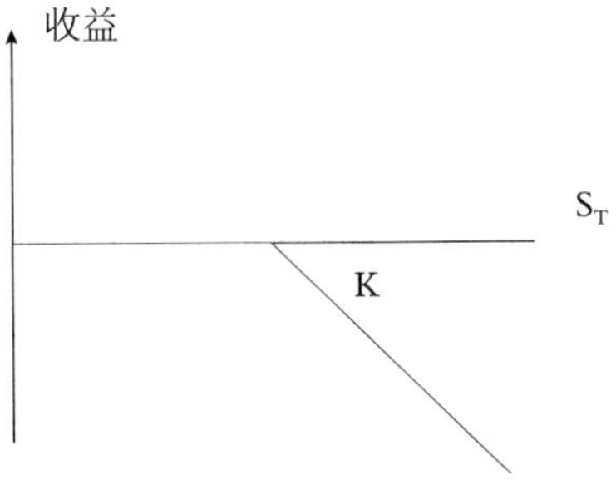

图 33-2 看涨期权空头的收益

买入看跌期权（Long Put），假如 A 公司现在赌的是 ABC 这家公司股票是下跌的。这个时候，它可以通过一个买入看跌期权来达成。执行价格是 10 美元，也就是说锁定的是 10 美元卖出。当市场价格发生变化，会发生什么样的情况？假如说市场上的标的资产价格是 12 美元，A 公司锁定的是 10 美元卖出，这个时候它会不会行权？不会，因为它可以在市场上以 12 美元卖出，所以这个时候不行权，期权的价值就是零。当标的资产的价格等于 10 美元时，这个时候是不赚不亏的，对于 A 公司而言这个期权价值也是零。只有当标的资产价格小于 10 美元时，比如说 8 美元，这个时候 A 公司按 10 美元卖出，赚 2 美元。也就是说在 10 美元以下的话，是跌一美元赚一美元的。所以也是一条 45° 角的直线，10 美元以上是不行权，所以是恒等于零的。这是一个买入看跌期权的收益。数学表达式是 Max（$K-S_T$，0），如图 33-3。

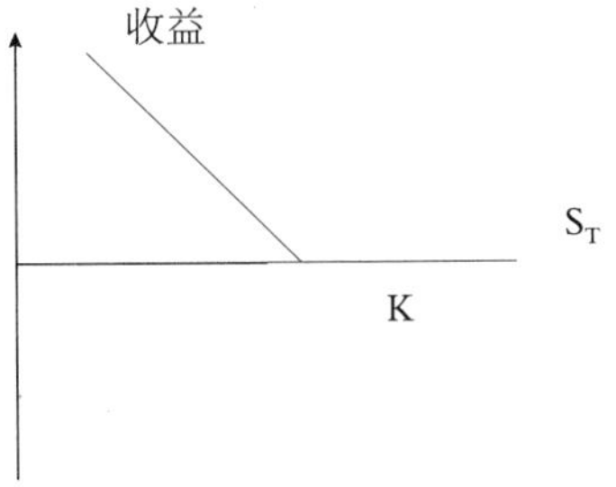

图 33-3 看跌期权多头的收益

卖出看跌期权（Short Put），假如执行价格是 10 美元。如果标的资产价格是 12 美元，或者标的资产价格是 10 美元的话，对手方是不会来找 A 公司行权的，期权的价值等于 0。如果标的资产价格等于 8 美元，这个时候对手方会来找 A 行权，对手方赚 2 美元，A 公司亏 2 美元。所以，对于 A 公司卖出方来说，因为对手方会过来找 A 公司行权，所以对手方赚一美元，A 公司就亏一美元，10 美元以上期权价值恒等于 0。数学表达式是 −Max（$K-S_T$，0），如图 33-4。

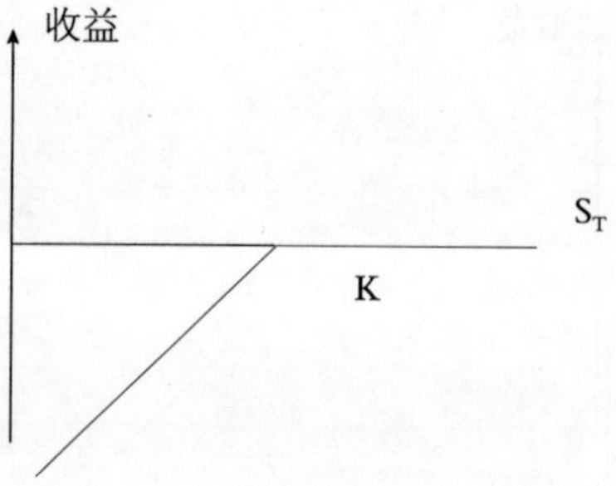

图 33-4　看跌期权空头的收益

通过对以上图形的分析，从收益的角度来看，空头方是净亏损，没有任何的收益，对于多头方来说是净的利好，所以这个合约在一开始对于多头方就是存在一定价值的。因为它买了这个权利，一开始就会带来好处，所以这个产品和远期和期货是不一样的，期初是有成本的。所以多头方一开始就要支付**期权费（Option Premium）**。这个时候再看利润（Profit）的话，需要考虑成本。

（二）利润（Profit）情况

买入看涨期权（Long Call），会有一个成本，所以会使得整个的收益向下平移。平移的这一部分就是它的期权费（Premium）。如图 33-5。

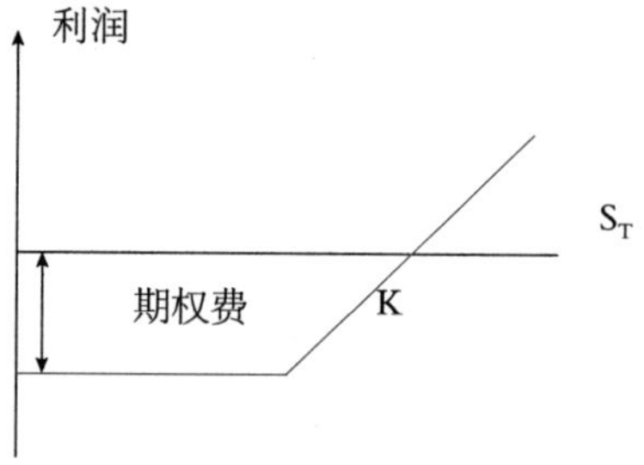

图 33-5　看涨期权多头的损益

卖出看涨期权（Short Call），赚的就是期初的期权费，没有其他的收益，所以它的整个收益是向上平移的。当对手方不行权，它是可以获得收益，也就是这部分期权费，如图 33-6。

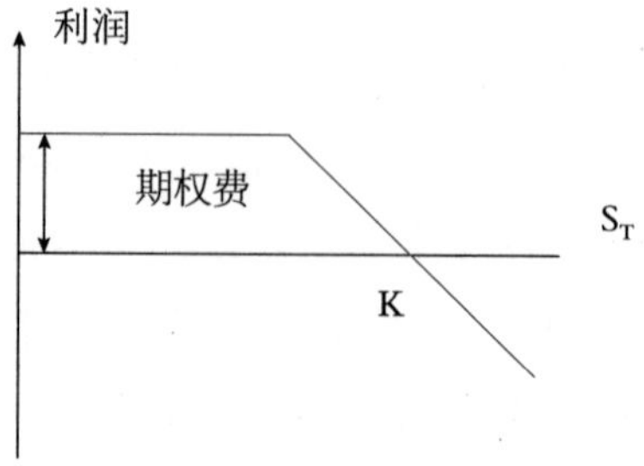

图 33-6　看涨期权空头的损益

买入看跌期权（Long Put），需要期初支付一个期权费，也是向下平移的如图 33−7。卖出看跌期权（Short Put），赚的是期初卖出这个期权所获得的期权费。如图 33−8。

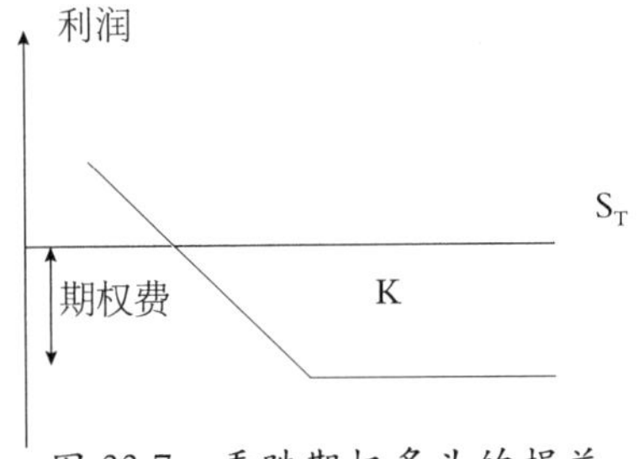

图 33-7　看跌期权多头的损益

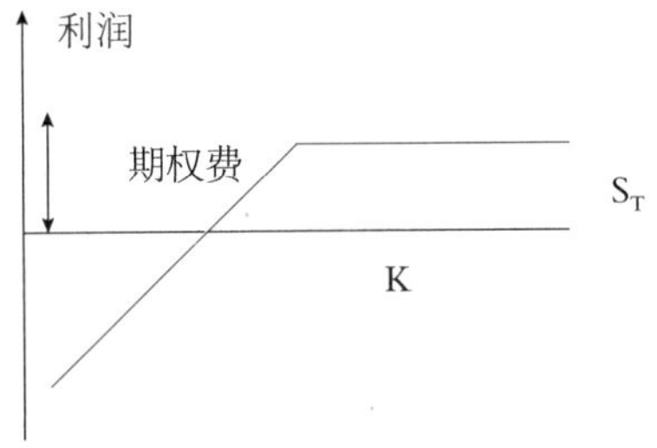

图 33-8　看跌期权空头的损益

（三）风险和收益

在期权交易中，还有一个特殊的地方，就是期权的风险和收益，是不太一样的。

买入看涨期权（Long Call），损失是确定的，收益是无限的。对于多头方来说，是一个非常好的产品。

卖出看涨期权（Short Call），收益是非常有限的，因为最终赚的是期权费，但是风险是无限的。如果净卖空一个看涨期权的话，就可以把它看作是一个投机交易。它是赌风险而赚取的收益，是一个非常特殊的交易策略。

买入看跌期权（Long Put），收益是有限的，损失也是有限的。为什么说它的收益也是有限的？因为它锁定的是卖出价。资产价格最多就只能是跌到零了，当资产价格跌到零的时候，投资者赚的就是这个锁定的价格所对应的收益。收益有限，风险也是有限的。

卖出看跌期权（Short Put），收益有限，损失也有限。因为对手方的收益是有限的，所以它的损失也是有限的。相对来说风险是可控的。

这四个交易中，风险最大的就是卖出看涨期权。

三、欧式期权和美式期权

期权的基本分类，可以分为 Call 和 Put。期权还可以分为欧式期权（European Options）和美式期权（American Options）。

（一）欧式期权

欧式和美式期权，最大的区别在于行权的时间是不一样的。欧式期权指的是只有到期日才可以行权。比如这个期权是一年期的，那也只能在一年后的最后一天，才可以确认到底要不要行权。

（二）美式期权

美式期权在到期日之前的任何一天都可以选择是否行权。美式期权的价值会高一些。因为投资者选择的机会会更多一些。所以美式期权的价值一般是大于等于欧式期权价值的。

既然美式期权是可以提前行权的，是不是它一定会提前行权呢？

在美式看涨期权和美式看跌期权中，如果说一个**美式看涨期权，并且它的标的资产是一个无红利的股票的话。这个美式看涨期权，它永远不会提前行权。**

假如现在有一个美式看涨期权，提前行权和不提前行权的差异在哪里？在于到底是提前行权带来的收益大还是不提前行权带来的收益大？

> 考纲要求
> 解释美式期权提前行权特征。

假如一个期权到期时间是 T。在 t 时刻可以选择是否提前行权，或者持有至到期在 T 时刻行权。在 t 时刻行权，它的收益是 S_t-K。如果是 T 时刻行权，它的收益应该是 S_T-K。这两个是不同时刻的收益，没办法直接比较，要把它们统一到同一时间点。把 T 时刻的收益折到 t 时刻，就应该是 $S_t-PV(K)$。S_t-K 和 $S_t-PV(K)$ 比较的话，哪一项会比较大呢？应该是 $S_t-PV(K)$ 大于 S_t-K。这样来看的话，就没有必要在 t 时刻进行行权。因为如果在这个 t 时刻行权的话，带来的价值还没有在 T 时刻行权带来的价值高。所以对于美式看涨期权而言，如果是没有分红的情况下，是不会提前行权的。

为什么强调是没有分红的呢？因为如果有分红的话，会造成不同的影响。有分红，会有两个影响，首先红利只有股票持有人才能够拿到。如果持有一个看涨期权的话，持有的是未来买入股票的权利。现在投资者手中没有股票，所以这个分红是得不到的。如果这个分红非常大，非常想拿到的话就有可能会提前行权。其次，分红的话股票价格会下跌。买入看涨期权，股价下跌，投资者持有的时间越长赚的越少。从这两个角度来说，如果分红是非常大的话，美式看涨期权是有可能提前行权的，但是不分红的话，不会提前行权。

对于美式看跌期权会不会提前行权呢？同样的分析方式，可以在 t 时间提前行权，也可以在 T 时间行权。如果在 t 时间行权，收益是 $K-S_t$。如果是在 T 行权，收益是 $K-S_T$。把它们放在同一天比较的话，那 $K-S_T$ 折现到 t 时刻是 $PV(K)-S_t$。这两项相比，$K-S_t$ 会大一些。所以美式看跌期权会提前行权，因为提前行权可能会给带来更高的收益。所以，**美式看跌期权在没有分红的情况下，是有可能提前行权的**。

以上是美式期权和欧式期权的异同点。

四、期权价值的分析

接下来看一下期权价值的分析，期权的实际估值，在《估值与风险模型》课程会具体讲解。这里主要涉及到期时期权的价值特征，可以有不同的体现方式。

第一种，**期权价值状态**（Moneyness）。价值状态指的是通过期权的价值状态反应这个期权现在是赚钱还是亏钱。那么这个价值状态指的是什么呢？

如果现在立即行权，是赚的，叫做**实值的或者价内的**（In The Money **或者** ITM）**期权**。

如果现在立即行权，是不赚不亏的，叫做**平价的**（At The Money **或者** ATM）**期权**。

如果现在立即行权，是亏的，叫做**价外的或者虚值的**（Out of The Money **或者** OTM）**期权**。

通过这三种不同的状态我们可以了解当前期权的价值到底是什么情况。

对于看涨期权来说，如果现在立即行权，是赚的，会出现在标的资产的当前价格大于执行价格的时候，这个时候立即行权是赚的。所以这个时候叫做 ITM。

什么时候立即行权是不赚不亏的呢？即当标的资产的价格等于执行价格的时候，这个时候期权是 ATM 的。如果立即行权时，标的资产价格小于执行价格的话，就是亏的，这个时候期权是 OTM 的。

对于看跌期权而言，是正好相反的。什么时候是赚钱的呢？即在标的资产价格小于执行价格时，这个时候期权是 ITM 的。当标的资产价格等于执行价格时，期权是 ATM 的。当标的资产价格大于执行价格时，期权是 OTM 的，如表 33-1。

表 33-1　不同价值状态期权的标的资产价格与执行价格的比较

价值状态	看涨期权	看跌期权
ITM	$S > K$	$S < K$
ATM	$S = K$	$S = K$
OTM	$S < K$	$S > K$

我们可以通过这些描述，来了解现在这个期权是赚的还是亏的。

第二种，**期权价值剖析**。期权价值分析还可以通过不同的成分来进行分析，也就是去判断期权的整个价值可以拆分成哪些不同的成分。一个期权的价值可以分成两部分，一个叫做**内在价值**（Intrinsic Value），一个叫做**时间价值**（Time Value）。

内在价值指的是如果立即行权，能够带来的价值，或者能够带来的收益。所以对于看涨期权来说，内在价值就是 max（S−K，0）。对于看跌期权而言，它的内在价值是 max（K−S，0）。

时间价值指的是什么呢？假如现在 A 有一个看涨期权，执行价格是 10 元，即锁定的买入价是 10 元钱，当前的标的资产价格是 5 元。这个期权现在是价外的，A 现在是不赚钱的，这份合约现在是没有什么价值的。但是如果说这份合约是一年的，过了一年之后标的资产价格变成了 50 元。这个时候就变成了**深度实值状态**（Deep In The Money），这个时候期权合约是非常值钱的一份合约。这一年中的价值变动，叫做时间价值。

所以，一份期权合约价值包含两个部分：时间价值和内在价值。

有了这两个分析之后，我们再来看一下期权的实际价值，它应该是什么样子的？**期权价值指的是期权费**，表示一个期权值多少钱。就是买入方要付多少钱去买。这个价值实际体现的是内在价值加上时间价值。这种情况下一个期权的价值应该是一条曲线（如图 33−9 所示）。

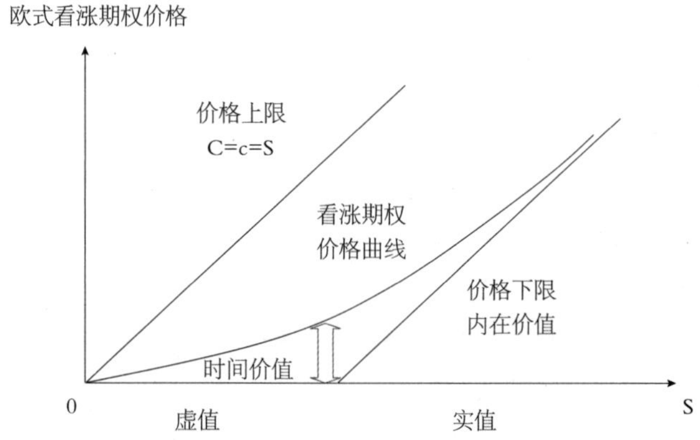

图 33-9　欧式看涨期权价格与标的资产关系

这两条曲线和前面的利润的折线是不太一样的，这两条折线指的是它们的内在价值，反映的是 max（S_t−K，0）、max（K−S_t，0）。实际价值与内在价值之间的差异是时间带来的。所以，实际价值和内在价值中间的差异是时间价值，如

图 33-10 所示。

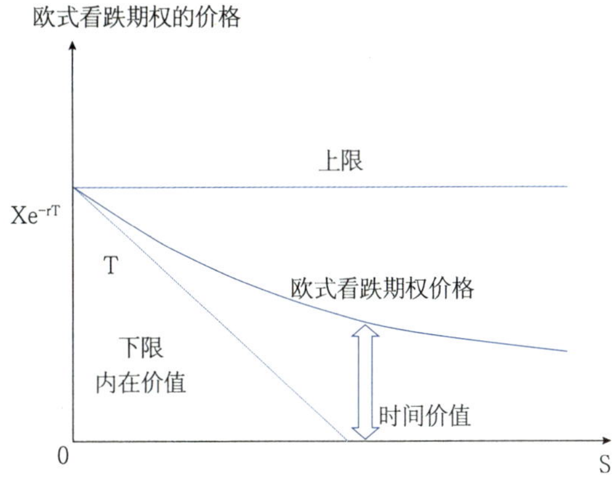

图 33-10　欧式看跌期权价格与标的资产关系

期权价值这条曲线是用期权的定价模型计算出来的。内在价值，是可以直接评估出来的。时间价值一般是不能直接算出来的，是用估算出来的价值跟内在价值比较，倒推出来的。

五、期权价值的影响因素

期权价值会受到哪些因素的影响呢？这里主要研究欧式看涨期权，欧式看跌期权，美式看涨期权和美式看跌期权。

— 考纲要求 —
确定影响期权价值的六个因素。

期权价值的变动主要会受到 6 个因素的影响。分别是标的资产——股票价格、执行价格——锁定的买入卖出价格、时间、标的资产波动率、市场利率以及红利，如表 33-2 所示。

表 33-2　期权价值变动影响因素

影响因素	欧式看涨期权	欧式看跌期权	美式看涨期权	美式看跌期权
S	+	—	+	—
K	—	+	—	+
T	?	?	+	+
σ	+	+	+	+
r	+	—	+	—
D	—	+	—	+

对看涨期权而言，收益是 Max（S_T−K，0）。对于看跌期权而言，收益是 Max（K−S_T，0）。我们很容易看出，ST 和 K 对于期权价值的影响。对于看涨期权而言，不管是欧式还是美式，都是赌涨的，标的资产价格越高，对于它来说赚的越多。所以标的资产价格对看涨期权是正向影响。对于看跌期权来说，锁定的是卖出价，标的资产价格越高，赚得越少，所以是反向影响。

执行价格对期权价值的影响。对于看涨期权来说，锁定的是买入价，如果确定的买入价越高，越不容易赚钱，所以执行价格对看涨期权是反向影响。对于看跌期权来说，锁定的是卖出价，锁定的卖出价越高，代表赚钱的可能性越高，所以执行价格对看跌期权是同向影响。

时间对期权价值的影响。时间对期权价值影响比较特殊。时间越长，对于期权价值影响越怎么样呢？对于美式看涨期权和美式看跌期权来说，都是正向影响。时间越长，代表可选择的余地越多，所以期权的价值是越高的。时间对欧式期权的影响为什么是问号呢？这里要稍微注意一下，因为欧式期权只有在到期时才可以选择是否行权，来看如下例子：

比如现在有一个 0 到 3 个月的看涨期权，一个 0 到 6 个月的看涨期权。判断时间对于它的影响，无非就是判断 3 个月到期的期权和 6 个月到期的期权到底哪一个比较值钱。假设在 4 个月时发生了一笔分红，如果说是 3 个月的合约的话，在 3 个月的时候就行权了，是按照 3 个月的到期价格行权的。但是如果是 6 个月的合约的话，在 4 个月时的分红，股票价格有可能是会下跌的。可能到 6 个月行权时的标的资产价格还没有 3 个月的好。所以，3 个月的合约价值可能会高于 6 个月的合约价值。所以，时间越长并不一定是价值越高的。这是欧式看涨期权。

假如说现在有到期时间是 3 个月的欧式看跌期权和 6 个月的欧式看跌期权，都是到期才能够行权的。假如说在 3 个月的时候，标的资产股票的市场价格等于 0。这个时候对于看跌期权来说，是最赚钱的时候，因为股票价格最多就只能跌到 0 了。在这种情况下，一个 3 个月的合约和一个 6 个月的合约，对于我们来说，会比较喜欢 3 个月到期的合约，因为 6 个月的合约到时候标的资产价格有可能会涨上去的，有可能不是按照最优价格达成的交易。所以对于欧式看涨期权和欧式看跌期权，时间越长并不一定价值越高，因为存在一些比较特殊的情况。主要的原因是欧式期权只有到期才能够行权，这和美式期权是不一样的。所以时间对欧式期权的影响是不确定的。

波动率对期权的影响：波动率对所有期权的影响都是正向影响。所以我们会说期权的交易，就是一个赌波动的交易。为什么呢？如果持有一个看涨期权的话——这里指的都是多头头寸，不考虑空头的情况。考虑标的资产的波动率比较小和波动率比较大情况，如果是损失的话，损失都是确定的，此时多头可以不行权。如果是收益的话，波动越大收益是越大的。所以波动率越大，对于一个期权来说，代表的收益可能性越高，所以期权价值就是越高的。所以不管是美式期权还是欧式期权，波动率越高对它来说都是正向影响。

利率对期权价值的影响。利率对期权价值的影响，相对来说比较难以分析，如果通过计算来分析的话，可能会比较难。可以通过一个比较简单的理念分析进行。看涨期权的本质，是约定未来以某个价值购买某个资产的合约。现在投资者手上有的是钱，将来想要换的是资产。如果市场利率上升的话，这个时候，投资者是愿意提前拿到资产呢？还是延后拿到资产？市场利率上升说明，如果手上有钱，就可以得到一笔更高的无风险投资收益，这个时候，投资者肯定希望钱留在自己手上时间越长越好。所以这个时候，会比较愿意延后去换取资产。所以对于看涨期权来说，利率上升，对它来说是一个利好。对于看跌期权来说，看跌期权锁定的是未来的某个时间点以一个既定的价格卖出某个资产。现在投资者手上有资产，未来要把它转化成资金。如果说市场利率上升的话，投资者更愿意持有资产还是资金？他更愿意持有的是资金。所以更偏向于提前去做这个交易，把这个资产卖出去。所以这个时候看跌期权不值钱，因为它约定的是未来卖出，所以看跌期权价值会随着市场利率的上升而减少，它们之间是一个反向的关系。

分红对期权价值的影响。分红的影响不需要进行额外的分析，因为红利直接影响的是标的资产的价格。红利上升，标的资产价格下降。红利上升，和标的资产价格下降，对期权价值的影响是类似的。

期权价值的变动，受到这些因素的影响。到下一门课中，会进一步展开这些因素对期权价值到底有多大影响。

六、期权的上下限

（一）期权价格上下限

看涨价格的上限是股票价格。这是因为看涨期权的价值永远不会超过股价。

> 考纲要求
> 确定并计算股票的期权价值的上下限。

为了得到看涨期权价格下限，构造如下两个组合：

- A 组合：一份看涨期权和一笔金额等于执行价格（K）现值的现金（现值是按无风险利率对执行价格从到期日折现到期初得出的金额）。
- B 组合：一份股票。

在 A 组合中，可以将现金进行投资，使其在期权到期日时达到 K，相当于执行价格。如果到期时的股票价格大于执行价格，则可以执行 A 组合中的期权，使投资组合的价值与股票价格相等；如果到期时的股票价格低于执行价格，则期权不被执行，而投资组合 A 的价值相当于执行价格。

由此得出结论，A 组合的价值至少与期权到期时的股价相当（在某些情况下甚至超过）。另一方面，B 组合在期权到期时总是等于股票价值。

这意味着期权到期时：

$$A\text{ 组合价值} \geqslant B\text{ 组合价值}$$

可以推断当前也理应如此，否则就会出现套利机会。例如，如果现在 B 组合的价值高于 A 组合，套利者可以购买 A 组合和做空 B 组合，从而建立一种永远不会导致亏损、有时还会带来利润的头寸。

A 组合当前的价值为：

$$\text{看涨期权价格} + PV(K)$$

其中，PV 代表现值，该现值是按无风险利率从期权到期日折现到当前的价值。同时，B 组合当前的价值为股价。综上可得：

$$\text{看涨期权价格} + PV(K) \geqslant S_0$$

或者：

$$\text{看涨期权价格} \geqslant S_0 - PV(K)$$

由于期权价格不能为负值，所以不分红的看涨期权下限为：

$$\text{看涨期权价格} \geqslant \max(S_0 - PV(K), 0)$$

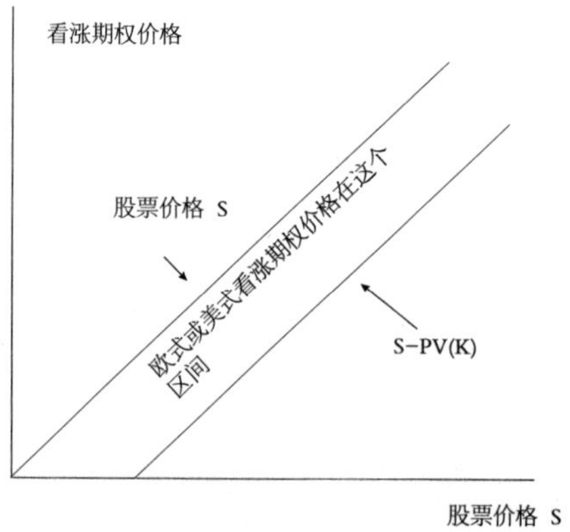

图 33-11　无红利支付的欧式或美式看涨期权价格上下限

对于不分红的股票，美式和欧式看涨期权上下限一致（如图 33-11 所示），因为美式不分红股票看涨期权永远不会提前行权。

当股票分红时，欧式看涨期权的下限为：

$$\text{欧式看涨期权价格} \geqslant S_0 - PV(K) - PV(Divs)$$

其中 PV（Divs）是红利的现值。为了了解其原理，将组合 A 和组合 B 的定义改为：

◢ A 组合：一份欧式看涨期权和一笔金额相当于 PV（K）+PV（Divs）的现金。

◢ B 组合：一份股票。

在 A 组合中，PV（K）在期权到期日达到 K。如果股票价格高于执行价格，到期时，A 组合的价值为：

$$\max(S_T,K)+FV(Divs)$$

其中，为期权到期日的股票价格，FV(Divs) 是期权到期日红利的价值。同时，B 组合的价值为：

$$S_T+FV(Divs)$$

综上可得，期权到期日时：

A 组合价值≥ B 组合价值

在无套利的情况下，可以推断当前也理应如此，故而得出：

$$\text{欧式看涨期权价格}+PV(K)+PV(Divs) \geq S_0$$

由于期权价格不能为负值，所以分红的看涨期权下限为：

$$\text{欧式看涨期权价格} \geq \max(S_0-PV(K)-PV(Divs),\ 0)$$

举个例子，考虑一个一年期的欧式看涨期权，假设当前股价为 64 美元，执行价为 60 美元。预计在三个月、六个月和九个月时分别会有 1 美元的分红，无风险利率为 4%/ 年（以年复利计算）。执行价格的现值为 57.69 美元（=60/1.04）。红利的现值为：

$$\frac{1}{1.04^{0.25}}+\frac{1}{1.04^{0.5}}+\frac{1}{1.04^{0.75}}=2.94$$

因而，看涨期权的价格应至少为：

$$64-57.69-2.94=3.37$$

当有红利时，这个下限仅适用于欧式看涨期权，事实上，美式期权可以立即执行，所以应至少为 4 美元（=64−60）。

（二）看跌期权价格上下限

欧式看跌期权的价格上限是 PV（K），因为我们知道它的到期价值不可能超过 K。美式看跌期权的上限是 K。

为了得到看跌期权价格下限，结合看涨期权的分析逻辑，构造如下两个组合：

◢ 组合 C：一份欧式看跌期权和一份股票。

◢ 组合 D：一笔金额相当于 PV（K）的现金。

如果期权到期时，执行价格大于股票价格，组合 C 中的期权会行权，从而使得组合 C 的价值达到 K；如果执行价格小于股票价格，期权不会被执行，则组合

C 的价值为 S_T。综上可得组合 C 到期的价值为：

$$\max(S_T,K)$$

同时，组合 D 在期权到期时价值为 K。由此可以得出结论，在期权到期时，组合 C 的价值至少与组合 D 相同。在无套利的情况下，当前也应如此，故而得出：

$$欧式看跌期权价格 +S_0 \geqslant PV(K)$$

$$欧式看跌期权价格 \geqslant PV(K)-S_0$$

由于期权价格不能为负值，所以：

$$欧式看跌期权价格 \geqslant \max(PV(K)-S_0,\ 0)$$

因此无红利支付的欧式看跌期权上下限如图 33-12 所示。

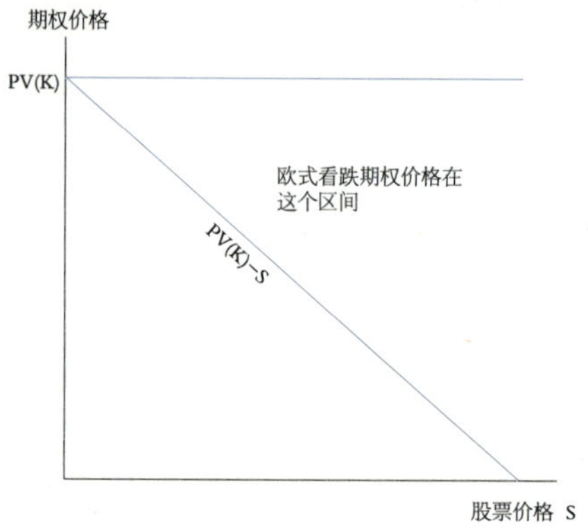

图 33-12　无红利支付的欧式看跌期权上下限

由于美式看跌期权随时都可以行权，所以：

$$美式看跌期权价格 \geqslant \max(K-S_0,\ 0)$$

接下来考虑有分红的股票看跌期权的情况，将组合 C 和 D 调整如下：

- 组合 C：一份欧式看跌期权和一份股票。
- 组合 D：一笔金额相当于 PV（K）+PV（Divs）的现金。

因此，组合 C 到期的价值为：

$$\max(S_T,\ K)+FV(Divs)$$

对应的，组合 D 到期的价值为：

$$K+FV(Divs)$$

因此无红利支付的美式看跌期权上下限如图 33-13 所示。

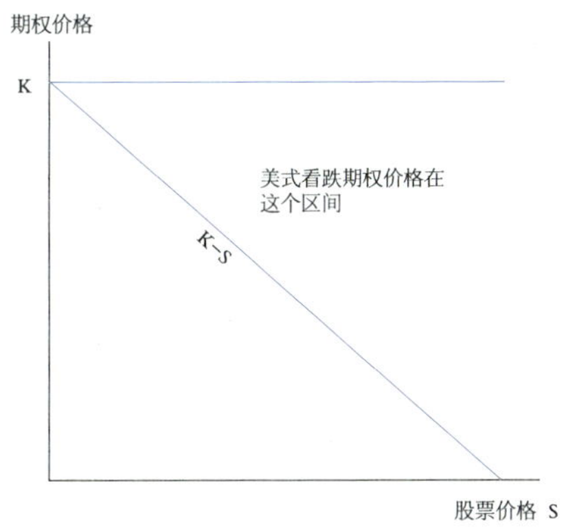

图 33-13 无红利支付的美式看跌期权上下限

对上述价值进行分析可以得出，组合 C 的价值大于等于组合 D 的价值，在无套利的情况下，当前情况也当如此，故而得出：

$$欧式看跌期权价格 + S \geq PV(K) + PV(Divs)$$

$$欧式看跌期权价格 \geq \max(PV(K) + PV(Divs) - S, 0)$$

（三）总结

表 33-3 期权上下限

	上限	不分红	分红
		下限	下限
欧式看涨	S_0	$\max(S_0 - PV(K), 0)$	$\max(S_0 - PV(K) - PV(Divs), 0)$
美式看涨	S_0	$\max(S_0 - PV(K), 0)$	视红利情况而定
欧式看跌	PV(K)	$\max(PV(K) - S_0, 0)$	$\max(PV(K) + PV(Divs) - S_0, 0)$
美式看跌	K	$\max(K - S_0, 0)$	视红利情况而定

举个例子

计算一个 4 个月到期的美式看跌期权、欧式看跌期权的最小的可能价格。执行价格是 65 美元。现在标的资产价格是 63 美元，无风险利率是 5%，假定连续复利折现。

【解析】对于欧式和美式看跌期权，它们的下限是不一样的。美式看跌期权是不需要折现的，欧式看跌期权是需要折现的。下限，按照内在价值来进行判断。欧式看跌期权的下限是 $Max(PV(K)-S_0,0)$，美式看跌期权的

下限是 $Max(K-S_0,0)$。

美式看跌期权的价值下限：$Max(K-S_0,0)=Max(65-63,0)=2$ 美元

欧式看跌期权的价值下限：

$Max(PV(K)-S_0,0)=Max(65e^{-5\%\times\frac{4}{12}}-63,0)=0.92$ 美元

举个例子

计算 3 个月的欧式和美式看涨期权的最小的可能价格，执行价格是 65 美元，现在标的资产价格是 68 美元，无风险利率是 5%，假定连续复利折现。

【解析】对于欧式和美式看涨期权，它们的下限是一样的。下限，按照内在价值来进行判断。它们的下限是 $Max(S_0-PV(K),0)$。

美式看涨期权的价值下限：$Max(68-65^{-5\%\times\frac{3}{12}},0)=3.81$ 美元

欧式看涨期权的价值下限：$Max(68-65^{-5\%\times\frac{3}{12}},0)=3.81$ 美元

名师解惑

上面关于欧式看涨、看跌期权以及美式看涨、看跌期权价值的下限，采用的是传统的分析方式。这个和后面要讲的买卖权平价定理有一定的联系。传统的分析方式，可以通过构造组合的方式来进行分析。在期权的分析过程中，大家会发现很多的文章，都是通过构造组合的方式来分析它的实际价值情况。

除了传统方式，期权价值的上下限还有一个巧妙的记忆方式。

对于看涨期权而言，它的价值的下限至少来说应该是大于等于它的内在价值。看涨期权的内在价值，到期的时候应该是 $Max(S_t-K,0)$。如果要算期初价值的话，对这一项折现就可以，所以应该是 $Max(S_0-PV(K),0)$。这是看涨期权。如果不分红的话，美式看涨期权和欧式看涨期权是一样的。

对于看跌期权而言，它的内在价值，也就是下限应该是 $Max(K-S_t,0)$，这个是在到期的时候。如果是欧式看跌的话，是要折现的，期初的价值就应该是 $Max(PV(K)-S_0,0)$。如果是美式看跌期权，随时可以提前行权的，那么就不需要折现，它的下限就应该是 $Max(K-S_0,0)$。

所以，从记忆的角度，只需要记住一点就是期权的价值最低不可能跌

破它的内在价值，期初就是内在价值的现值。所以，期权价值的下限就应该是内在价值的现值。

七、买卖权平价公式

考纲要求
解释买卖权平价。

买卖权平价描述的是具有相同执行价格和到期时间的欧洲看涨期权和欧洲看跌期权之间的价格关系。考虑以下两个组合：

- A 组合：一份欧式看涨期权和一笔金额相当于 PV（K）+PV（Divs）的现金。
- C 组合：一份欧式看跌期权和一份股票。

假设看涨期权和看跌期权具有相同的执行价格和到期时间。

如果到期日股票价格高于执行价格，那么看涨期权行权，A 组合的价值为一份股票的价值和 FV（Divs）的总额。如果股票价格低于执行价格，看涨期权不行权，那么 A 组合的价值为 K 和 FV（Divs）的总额。结合起来看，到期日 A 组合的价值为：

$$\max(S_T,K)+FV(Divs)$$

接下来考虑 C 组合。股票红利到期日时增长为 FV（Divs）。如果到期日股票价格高于执行价格，看跌期权不行权，那么 C 组合的价值为 S_T+FV(Divs)。如果股票价格低于执行价格，那么看跌期权行权，C 组合的价值为 K+FV(Divs)。结合起来看，到期日 C 组合的价值为：

$$\max(S_T,K)+FV(Divs)$$

综上所述，期权到期日时 A 组合和 C 组合的价值相等。在无套利的情况下，两个组合当前的价值也应相等：

$$\text{欧式看涨期权价格}+PV(K)+PV(Divs)=\text{欧式看跌期权价格}+S_0$$

在美式看涨期权与对应的美式看跌期权价格之间并没有明确的关系。

八、交易所交易的股票期权

（一）拆股（Stock Splits）

一般公司的股价在一直是高起的、市场流动性不是很大的情况下，可能会出现拆股。

拆股的特点，比如一拆三（3–for–1）的话，指的 1 份拆 3 份。这个时候一般是保持股票市值不变。股票市值不变的情况下，1 份拆 3 份的话，股票的价格就会变成原来的三分之一，股票价格就会有所下降。股价下降的情况下，投资者就更容易进行交易，市场上流动性会上升。这个就是它的拆股。m 拆 n（n–for–m），拆股会导致市场上的股票的份数增加，会上升到 m 分之 n（n/m）份。股票价格会下降，下降到 n 分之 m（m/n）。

— 考纲要求 —
解释股息和股票分割如何影响股票期权的条款。

对于市场上的期权交易，会不会造成影响呢？如果标的资产股票是按照预期变化的话，是不会发生影响的。交易所交易的期权，如果出现拆股，是会做调整的，它会同时调整份数以及执行价格。它的份数就会按照 n/m 来进行调整。比如一份期权合约是 100 份的股票，如果一拆三的话，现在就变成了 300 份的股票。它的份数会发生调整，同时执行价格也会发生调整。也是根据这个股票价格的变动来进行调整的。一开始的执行价格是 30 元，如果一拆三的话，执行价格就会变成原来的三分之一，也就是执行价格就变成了 10 元。所以，总的来说，只要股票价格下降是按照预期下降的话，那么对于股票期权的影响是没有的。交易所交易的期权，当遇到拆股时，会根据市场上的拆股来做相应的调整。

（二）红利对股票期权的影响

在期权场外交易的早期，当公布发放现金股利时，每股行权价格将按照股利调降。现在，现金股利通常不影响股票期权的条款。然而，当现金股利非常大时，有时也会有例外。具体来说，如果现金股利超过股票价格的 10%，期权清算公司就会成立一个委员会来决定是否进行调整。而股票股利会导致执行价格的调整。举例来说，10% 的股票股利意味着股东每持有 10 股就能获得 1 股新股（相当于 10 股拆 11 股）。使用拆股规则，执行价格将降至原价格的 10/11，期权数量则变为原来的 11/10 倍。所有这些调整都是为了在股票分红时保持买卖双方的头寸不变。

（三）做市商（Market Makers）

交易所交易的期权一般采用**做市商（Market Makers）**制度。我国的个股期权市场，用的也是做市商制度。会有一些专门申请成为做市商的金融机构，对外进行报价。做市商同时对市场上就某个期权提供**买价（Bid Price）**和**卖价（Ask Price）**。同时作为交易对手，随时准备买入或者卖出。做市商最大的好处就是给市场注入流动性。它本身赚的是**买卖价差（Bid-ask Spread）**。这是做市商的特点。

（四）平仓（Offsetting Orders）

除此之外，交易所交易的期权，也可以采用一些平仓（Offsetting Orders）的操作，与期货的交易非常类似。假如 A 公司现在签订了一份 3 个月到期的股票期权，过了一段时间，可以通过一个反向交易把之前的交易平仓。

（五）经纪商（Broker）

交易所交易的期权，和期货市场的模式是很类似的。采用的是会员制，只有清算会员才能够进行交易。个人去做交易的话，是需要借助于清算会员即**经纪商**

(Broker) 来进行交易的。

经纪商（Broker）运营模式分为两种。一种叫做**折扣经纪商**（Discount Brokers），指的是它提供的服务是有限的。一般来说就是代理交易，不提供任何的顾问建议。另一种叫做**全面服务经纪商**（Full-service Brokers），一般来说是全部的服务都提供的，除了代理客户进行交易以外，可能还会提供一些交易的建议。不管是哪种经纪商运营模式，都会向客户收取一定的**佣金**（Commission），通常折扣经纪商收的佣金相比于全面服务经纪商会稍微低一些。佣金的确认，是按照固定的成本加上和交易规模相关的百分比来进行确认的。

— 考纲要求 —
描述交易所交易期权的交易、佣金、保证金要求和行使情况。

关于折扣经纪商的佣金的确认。假如整个合约头寸的价值是小于 2500 美元的，那么佣金是 20 美元加上 2% 乘以实际的价值。如果是在 2500 到 10000 美元，是 45 美元加上 1% 乘以实际的价值。如果超过 10000 美元，是 120 美元加上 0.25% 乘以实际的价值。如果现在整份合约的价值是 2400 的，佣金就应该是 20 美元加上 2% 乘以 2400 来进行计算的，如表 33-4 所示。

表 33-4 折扣经纪商佣金的确认

合约头寸价值	费用
<$2,500	$20+2%× 实际价值
$2,500 to $10,000	$45+1%× 实际价值
>$10,000	$120+0.25%× 实际价值

如果最终是平仓的话，平仓就是做一个反向交易，反向交易要再交一次佣金。因为相当于另外又做了一笔交易。如果要进行最终交割的话，也就是实际会有股票的交换，这个时候佣金是和实际做一笔股票交易的佣金是一样的。也就是投资者找经纪商代理其去进行股票实际交易时的佣金。这个是在交易所交易的股票期权的佣金确定情况。

（六）保证金

交易所交易的股票期权的保证金情况和期货交易有相同也有不同的地方。

在股票期权中，对于一些期限比较短的期权来说，是不允许投资者借钱来进行交易的。期权本身是具有一定杠杆的。因为只要期初交一个比较少的期权费，就能够使投资者在未来获得一个比较大的收益。所以期权交易本身就存在一定的杠杆。当股票期权的期限比较短，小于 9 个月，一般来说这个期权费是要完全支付的。比如某个股票期权的头寸是 1000000 的，需要交 1000 元期权费，投资者需要百分之百交全才可以开期权交易账户。如果说期限是比较长的，超过 9 个月，是允许部分资金向经纪商借的。比如仍然是需要支付 1000 元的期权费，但是这 1000 元的期权费中，投资者可以自己出 750 元，然后向经纪商借 250 元。可以通过这种方式进一步的举杠杆。但是，这也是有一定限额的，借入的资金最多不能超过整个期权费的 25%。

除此之外，保证金还有一些其他基本特点。对于卖出期权来说，风险是比较大的，所以要求所有的卖出头寸都要有一定的保证金注入。尤其是对于一些裸卖出看涨期权或者裸卖出看跌期权，交易所对它的保证金要求是非常关注的。后面会介绍芝加哥商品交易所对裸卖空看涨、裸卖空看跌的保证金是如何来进行确认的。对于这种合约，因为风险比较大，它的保证金要单独来进行确认。

对股票交易所交易的期权，通常也是每天都需要去计算它的保证金的变化的。如果保证金账户发生比较大的亏损的话，可能会收到保证金催缴电话（Margin Call），补充保证金。这一部分的操作和期货市场是非常类似的。

接下来看一种比较特殊的情况——**无保护期权（Naked Option）**的交易。无保护期权，指的是没有进行对冲的交易。比如说，A 投资者卖出一份看涨期权。卖出看涨期权是股价涨一美元，A 投资者亏一美元的。如果要对冲的话，可以买标的资产股票，风险可以互相抵消，这个属于有对冲的交易策略。裸卖空指的是没有对冲交易，纯粹的卖空一个看涨期权，风险是很大的。

对于裸卖空的期权，交易所会单独设立保证金的要求。这里主要指的是芝加哥商品交易所（CBOE），对于裸卖空的看涨期权的保证金设计。

对于裸卖空的看涨期权的保证金确认分为两个部分。第一部分，卖空看涨期权获得的 100% 的收益，再加上标的资产现在价格的 20%，减去现在这个期权虚值状态的部分。考虑这三个部分，用这三个部分计算出一个价值。第二个部分，100% 的期权卖出的收益，加上 10% 的标的资产的价格。将这两种不同计算方式得到的数值比较，取其中比较大的那个作为保证金确认的依据。如果是根据期初的价值确认出来的，就是**初始保证金（Initial Margin）**。如果是根据当前市场价格确认的，计算出来的就是现在实际需要维持的保证金。这是裸卖空看涨期权保证金确认的情况。

接下来看一下裸卖空看跌期权保证金的确认情况。同样需要计算两个部分，第一部分，是 100% 卖出收益，加上 20% 标的资产的价格，然后再减去期权虚值状态的部分。第二部分，100% 的卖出收益，然后加上 10% 执行价格。两者中取大的，作为保证金确认的依据。

举个例子

现在有一个投资者卖出了 4 份看涨期权，标的资产是股票，一份股票期权对应 100 份标的资产股票。期权的当前价格是 5 美元。执行价格是 40 美元，股票价格是 38 美元。

【解析】对于看涨期权来说，执行价格高于标的资产价格的期权是处于虚值状态（Out of The Money）的。所以，虚值状态的部分是 2 美元。根据保证金的运算，有两种方式计算：

第一种计算方式：$400\times(5+20\%\times38-2)=4{,}240$（美元）

第二种计算方式：$400\times(5+10\%\times38)=3{,}520$（美元）

因此，取最大的那一项，即初始保证金（Initial Margin）是 4240（美元）

如果现在把它转为看跌期权呢？因为现在标的资产价格是低于执行价格的，对于看跌期权而言是实值状态（In The Money）。

第一种计算方式：$400\times(5+20\%\times38)=5{,}040$（美元）

第二种计算方式：$400\times(5+10\%\times40)=3{,}600$（美元）

因此，取最大的那一项，即初始保证金（Initial Margin）是 5040（美元）。

九、其他期权类产品

（一）权证

> 考纲要求
> 定义和描述权证、可转换债券和员工股权激励。

权证（Warrant）是由公司发行的期权。它们通常是公司自己股票的看涨期权，但也可以是购买或出售另一种资产（如黄金）的期权。一旦发行，它们通常在交易所交易。为了执行权证，持有人需要联系发行人。当对以发行公司股票为标的的权证行权时，公司会发行更多的股票。一旦这种情况发生，权证持有人就可以以执行价格购买股票。

（二）可转债

可转债（Convertible Bond）类似于权证。具体来说，可转债是一种可以使用预先确定的交换比率转换成股票的债券。例如，假设一家公司的当前股价是 USD 40。该公司计划发行一个面值为 1，000 的十年期债券，该债券 4 年后开始可以在任何时间转换成 20 股该公司股票。当投资者选择转换时，公司只是发行更多的股票来换取债券。与权证一样，可转换债券也经常在交易所交易。

（三）员工股权激励

员工股权激励（Employee Stock Options）是公司授予员工的看涨期权。

它们与交易所交易期权在许多方面不同：

- 通常有一个等待期，在此期间期权不能行权。等待期可以持续长达 4 年。
- 如果员工在等待期离职（自愿或非自愿），他们可能会丧失期权。
- 当员工在等待期结束后离开公司时，他们通常放弃了那些价外的期权。他们也可能须立即执行他们价内的期权。
- 员工不得将其股票期权出售给第三方。

第二节　期权的交易策略

— 考纲要求 —
了解各类期权交易策略。

这里期权指的是最简单的看涨期权和看跌期权。本节内容主要讲三种策略：简单期权策略，是由标的资产和期权构造的；价差策略（Spread Strategy），是全部选用同种期权的策略，即要么都是看涨期权，要么都是看跌期权；组合策略（Combination Strategy），是由不同种期权构造的组合，同时由看涨期权和看跌期权来构造的。

一、简单期权策略

简单期权策略是由标的资产和期权构造的。主要有备兑看涨期权（Covered Call）和保护性看跌期权（Protective Put）以及保本票据（Principal Protected Note，PPN）。

（一）备兑看涨期权

备兑看涨期权，主要是卖出看涨期权和买入标的资产来构造的策略。也叫收益策略，是先通过看涨期权获取收益，然后再通过标的资产来对冲的一种交易策略。卖出看涨期权，赚取的是期权费，再通过买入股票来做对冲。这里有两个理解角度。

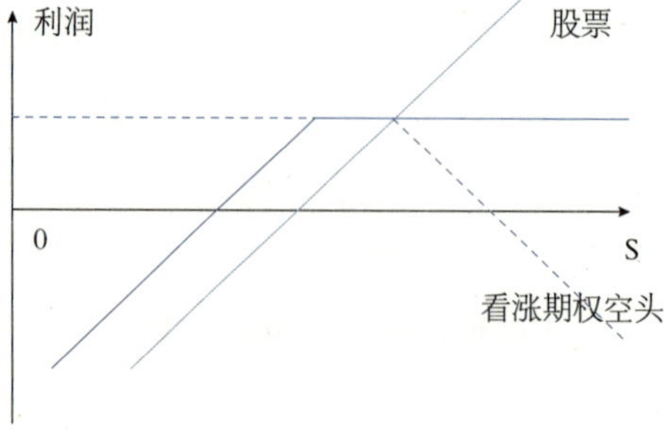

图 33-14　备兑看涨期权损益图

第一个理解角度，只是卖出一个看涨期权，风险是比较大的。如果持有一个资产，期权到期就可以把这个资产交割给对手方。整体风险是可控的。第二个理解角度，卖出看涨期权，股票价格涨一美元是亏一美元的。如果再买入一个标的资产，是涨一美元赚一美元的。这样整体收益就可以互相抵消。

备兑看涨期权策略，在执行价格以下，卖出一个看涨期权获得固定的期权费。标的资产是涨一美元亏一美元的。所以，此时组合的整体收益是一条向上倾斜的 45° 线。在执行价格以上，卖出看涨期权是涨一美元跌一美元的。标的资产是涨一美元赚一美元的。收益相互抵消，所以，此时是一个恒定不变的值。如图 33–14 所示。

备兑看涨期权策略是一个温和看涨的策略，因为当标的资产价格上涨时是赚钱的，但是赚的不多，并且是固定的收益。备兑看涨期权策略最终达到的效果和卖出看跌期权是一样的。为什么会这样呢？备兑看涨期权策略是卖出一个看涨期权，买入一个标的资产。根据买卖权平价，相当于卖出一个看涨期权，再加上一笔固定的投资。所以，通过这种方式，就可以构造出一个卖出看跌期权的效果。所以，备兑看涨期权策略可以通过买卖权平价构造出类似卖出看跌期权的交易策略。

（二）保护性看跌期权

保护性看跌期权，也叫作保险策略。主要是持有一个标的资产，并买入一个看跌期权来构造。投资者持有一个标的资产时，担心资产价格下跌。要对冲风险的话，可以买入一个看跌期权。如果标的资产价格下跌，买入看跌期权是可以获利的。这样就形成了对冲的效果。最终形成的组合策略，在执行价格以下，是一个恒定不变的取值。在执行价格以上，是一个向上倾斜的 45° 角，因为买入一个看跌期权是一个恒定的成本，而标的资产是涨一美元赚一美元的。如图 33–15 所示：

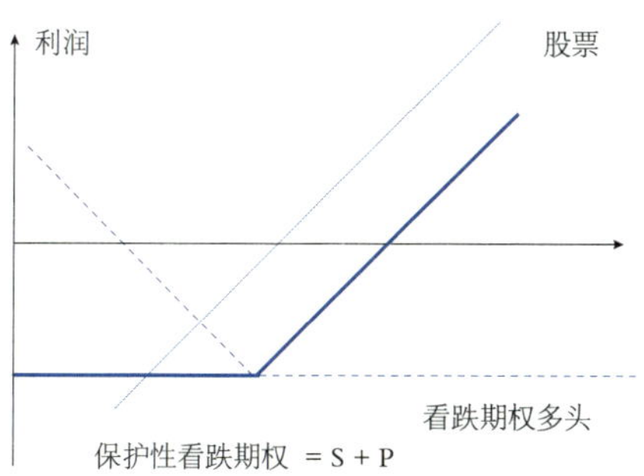

图 33-15　保护性看跌期权损益图

保护性看跌期权策略最终达到的效果和买入看涨期权是一样的，是一个偏看涨的交易策略。买入一个标的资产，买入一个看跌期权，通过买卖权平价定理可知，近似于买入一个看涨期权。

（三）保本票据

保本票据 (Principal Protected Note，PPN) 是一种由单个期权构造的证券，投资者可以从特定投资组合中获得收益，而不会有损失风险。

为了说明保本票据是如何产生的，假设三年期利率为 7%（每年复利）。这意味着 10，000 美元的现值是：

$$\frac{\text{USD}10{,}000}{1.07^3}=\text{USD}8{,}162.98$$

假设组合 A 包括：

- 一个 3 年期零息债券，3 年后支付 1 万美元本金；
- 一份 B 组合的三年期看涨期权，B 组合当前价值为 1 万美元，执行价格为 1 万美元。

A 组合的持有者将从 B 组合价值的增长中受益，而不会在其价值下降时遭受任何本金损失。这一特点对厌恶风险的投资者具有吸引力。如果 A 组合中的第一项成本为 8,162.98 美元。而购买期权的价格低于 1,837.02 美元（= 10,000 − 8,162 美元）。那么投资组合的成本将低于 1 万美元，对于投资者来说就是有利的。

持有人能够获得 100% 的上升收益的全面参与型 PPNs 只有在标的组合提供收益的情况下才可能存在。根据买卖权平价可得：

$$p+S_0=c+PV(K)$$

从而可以进一步推出：

$$c>S_0-PV(K)$$

这表明，看涨期权的成本始终高于用于购买看涨期权的资金（在我们的例子中体现为看涨期权的成本总是超过 1,837.02 美元）。然而，B 组合的收入可以降低看涨期权的成本。如果收入足够高，就可以构造 PPN。

名师解惑

这三种策略近几年考的不多，了解它的本质即可。

二、价差策略

价差策略在考试中是比较容易考到的。一般是同种期权构造的，进一步的可以根据执行价格不同、到期时间不同来构造期权策略。

期权的报价一般是以表格的形式出现的，纵向的表示执行价格，横向的表示时间，代表的是不同执行价格、不同时间的期权的报价。所以，对于执行价格不同的价差策略也叫作纵向差价（Vertical Spread），代表的是纵向不一致构造的价差策略。到期时间不同的价差策略叫作水平价差（Horizontal Spread），代表的是横向不一致构造的策略。有时还会看到一种对角线差价（Diagonal Spread），代表的是纵向横向都不一致构造出来的价差策略。这里主要介绍执行价格不同构造的价差策略，这种策略考试比较容易考察。另一个是时间不同构造的价差策略。对角线策略讲的非常少。

价差策略，主要介绍牛市价差（Bull Spreads）、熊市价差（Bear Spreads）、盒式价差（Box Spreads）蝶式价差（Butterfly Spreads）和日历价差（Calendar Spreads）。

（一）牛市价差

牛市价差是由执行价格不同的同种期权构造的策略。牛市价差对未来的预期是看涨的。在对未来看涨的同时，通过反向交易来控制风险或者控制成本来构造的交易策略。牛市价差，可以通过看涨期权来构造，也可以通过看跌期权来构造。

通过看涨期权来构造牛市价差。看涨期权本身是赌涨的，所以是买一个执行价格（K_1）比较低的看涨期权。对应的，它的期权费是比较高的。购买这样一个看涨期权，相对来说成本是比较高的。此时，可以做一个反向的同种期权的交易——卖出一个看涨期权来控制成本。卖出期权，是不希望对方来行权，而且本身又是赌涨的，所以可以卖出执行价格（K_2）比较高的看涨期权，它的期权费相对来说比较低。

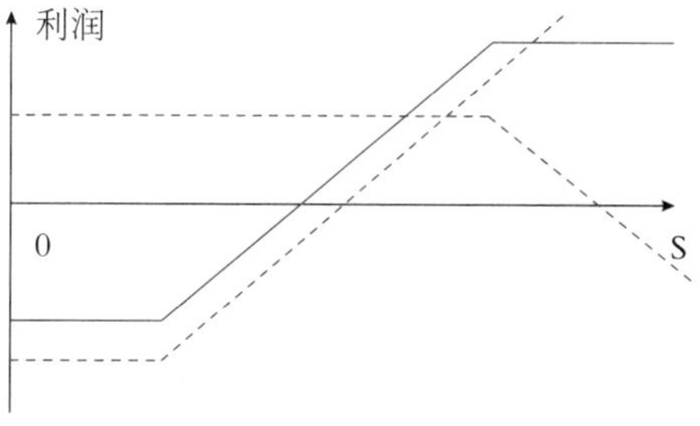

图 33-16　牛市看涨期权损益图

当标的资产价格小于 K_1 时，这个策略的利润是两个期权费的差额，是一个恒定不变的取值；当标的资产价格大于 K_1 小于 K_2 时，得到的是一个向右上方倾斜的直线；当标的资产价格大于 K_2 时，会形成一个恒定不变的取值。构成的策略（蓝色的线），如图 33-16 所示。

牛市价差是一个温和看涨的交易策略。当标的资产价格上涨时，赚的是有限的。当标的资产价格下跌时，亏的也是有限的。

通过看跌期权来构造牛市价差。看跌期权本身是赌跌的，而牛市价差是看涨的。通过买入一个看跌期权是不能够达到目的的，但是可以通过卖出一个看跌期权来达到目的。卖出一个执行价格（K_2）比较高的看跌期权，获得一个比较高的期权费。卖出一个看跌期权风险是比较大的，为了控制风险，可以再买入一个执行价格（K_1）比较低的看跌期权，这样所花费的期权费是比较少的。

当标的资产价格小于 K_1 时，一个期权随标的资产价格上升而上涨，一个期权随标的资产价格上升而下跌，最终是一个恒定不变的取值；当标的资产价格大于 K_1 小于 K_2 时，得到的是一个向右上方倾斜的直线；当标的资产价格大于 K_2 时，这个策略的利润，是两个期权费的差额，会形成一个恒定不变的取值。构成的策略（蓝色的线），如图 33-17 所示：

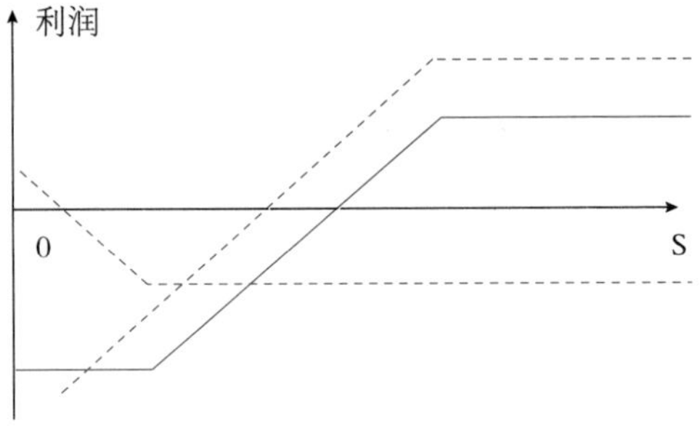

图 33-17　牛市看跌期权损益图

这种交易策略也是一个温和看涨的策略。当标的资产价格上涨时，赚的是有限的。当标的资产价格下跌时，亏的也是有限的。

（二）熊市价差

熊市代表对于市场的预期是下降的。同样可以通过看涨期权或看跌期权来构造。

通过看涨期权来构造熊市价差。通过卖出一个执行价格（K_1）比较低的看涨期权来构造，我们希望当标的资产价格下跌的时候，获取的期权费越高越好。卖出一个期权的风险是比较大的，可以通过购买一个同类型的看涨期权来控制风险——买入一个执行价格（K_2）比较高的看涨期权。

最终，合成的交易策略，当标的资产价格小于 K_1 时，这个策略的利润，是两个期权费的差额，是一个恒定不变的取值；当标的资产价格大于 K_1 小于 K_2 时，得到的是一个向右下方倾斜的直线；当标的资产价格大于 K_2 时，会形成一个恒定不变的取值。构成的策略（蓝色的线），如图 33–18 所示：

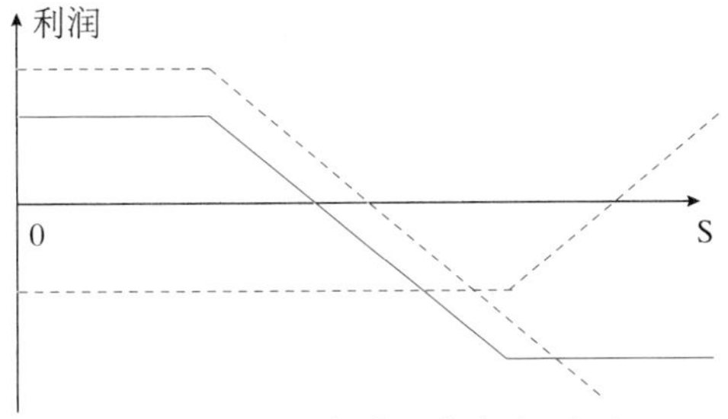

图 33-18　熊市看涨期权损益图

通过看涨期权构造的熊市价差策略是一个温和看跌的策略，当标的资产价格比较小的时候，是赚钱的，赚的是有限的。当标的资产价格较大的时候，是亏钱的，亏的也是有限的。

通过看跌期权也可以来构造熊市价差。可以通过买入一个看跌期权来构造。买入一个比较容易赚钱的看跌期权，也就是买入一个执行价格（K_2）比较高的看跌期权。对于这种期权，期权费是比较高的，为了控制成本，可以再卖出一个执行价格（K_1）比较低的看跌期权。执行价格比较低的看跌期权，期权费是比较便宜的。

当标的资产价格小于 K_1 时，一个期权头寸随标的资产价格上升而上涨，一个期权头寸随标的资产价格上升而下跌，最终是一个恒定不变的取值；当标的资产价格大于 K_1 小于 K_2 时，得到的是一个向右下方倾斜的直线；当标的资产价格大于 K_2 时，这个策略的利润，是两个期权费的差额，会形成一个恒定不变的取值。构成的策略（蓝色的线），如图 33–19 所示：

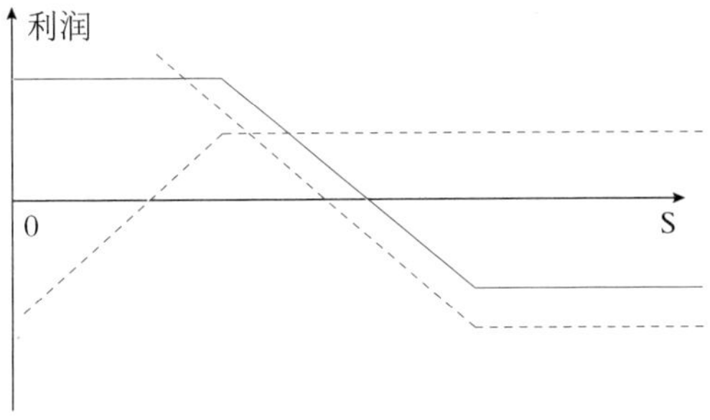

图 33-19　熊市看跌期权损益图

名师解惑

在这里通常会从两个方面来进行考察：首先，牛市价差策略和熊市价差策略的构造方式。

牛市价差策略的记忆方式：由看涨期权构造的牛市价差策略，是通过购买一个执行价格比较低的看涨期权，同时卖出一个执行价格比较高的看涨期权来构造；由看跌期权构造的牛市价差策略，是通过购买一个执行价格比较低的看跌期权，同时卖出一个执行价格比较高的看跌期权来构造。可以记忆成：低买高卖——买一个执行价格比较低的期权，卖一个执行价格比较高的期权。

熊市价差策略的记忆方式：由看涨期权构造的熊市价差策略，是通过购买一个执行价格比较高的看涨期权，同时卖出一个执行价格比较低的看涨期权来构造；由看跌期权构造的熊市价差策略，是通过购买一个执行价格比较高的看跌期权，同时卖出一个执行价格比较低的看跌期权来构造。可以记忆成：高买低卖——买一个执行价格比较高的期权，卖一个执行价格比较低的看涨期权。

其次，牛市价差策略利润的计算。本身这个策略就是由两个看涨（或看跌）期权构造的，在计算利润时，我们可以单独把每个期权的利润求出来，再合并就可以了。

（三）盒式价差（Box Spread）

盒式价差是使用一个牛市看涨价差策略，执行价格分别是 K_1 和 K_2，同时加上一个相同执行价格的熊市看跌价差策略来构造的。如图 33-20：

通过分析如表 33-5，它的利润恒是 K_2-K_1，价值是 $PV(K_2-K_1)$。

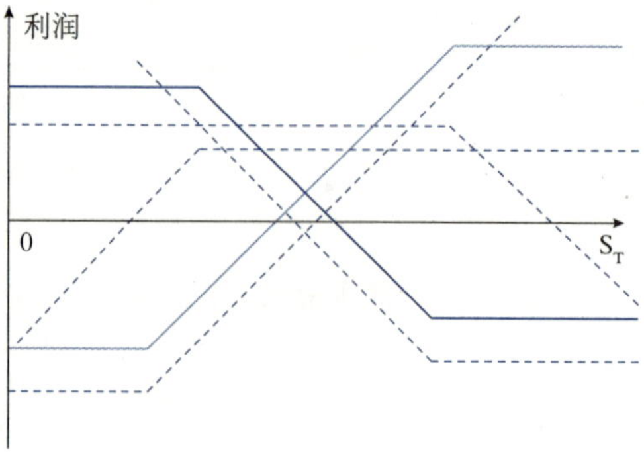

图 33-20　盒式价差损益图

表 33-5 盒式价差的利润

股价变化	牛市看涨期权价差的利润	熊市看跌期权价差的利润	总损益
$S_T \leqslant K_1$	0	K_2-K_1	K_2-K_1
$K_1<S_T<K_2$	S_T-K_1	K_2-S_T	K_2-K_1
$S_T \leqslant K_2$	K_2-K_1	0	K_2-K_1

如果市场上的盒式价差的交易价格小于 $PV(K_2-K_1)$，此时就可以通过买入这个盒式价差来套利。反之，就可以通过卖出这个盒式价差来套利。

（四）蝶式价差

蝶式价差可以通过看涨期权或者看跌期权来构造。

通过看涨期权来构造。买入一个执行价格（K_1）比较低的看涨期权，买入一个执行价格（K_3）比较高的看涨期权，卖出 2 个中间执行价格 $(K_2=\dfrac{K_1+K_3}{2})$ 的看涨期权。构成的策略的形状与蝴蝶相似，所以叫做蝶式价差。如图 33-21 和表 33-6 所示。

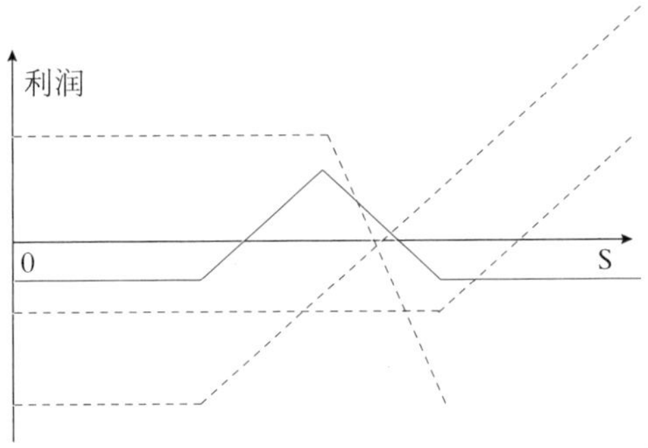

图 33-21 看涨期权构造的蝶式价差损益图

表 33-6 看涨期权构造的蝶式价差损益表

股价变化	买入执行价格 K_1 的看涨期权的收益	卖出两份执行价格为 K_2 的看涨期权的收益	买入执行价格为 K_3 的看涨期权的收益	总收益
$S_T \leqslant K_1$	0	0	0	0
$K_1<S_T \leqslant K_2$	S_T-K_1	0	0	S_T-K_1
$K_1<S_T \leqslant K_3$	S_T-K_1	$-2(S_T-K_2)$	0	$2K_2-K_1-S_T=K_3-S_T$
$S_T>K_2$	S_T-K_1	$-2(S_T-K_2)$	S_T-K_3	$2K_2-K_1-K_3=0$

通过看跌期权来构造。买入一个执行价格（K_1）比较低的看跌期权，买入一个执行价格（K_3）比较高的看跌期权，卖出 2 个中间执行价格 ($K_2=\frac{K_1+K_3}{2}$) 的看跌期权。构成的策略如图 33-22 所示，其损益状况如表 33-7 所示。

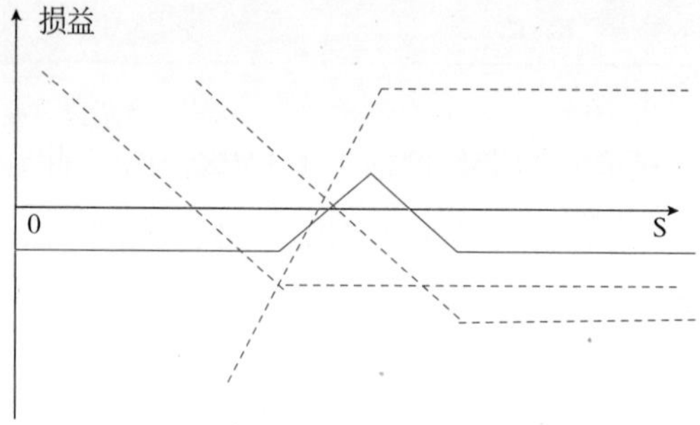

图 33-22　看跌期权构造的蝶式价差损益

表 33-7　看跌期权构造的蝶式价差损益表

股价变化	买入执行价格 K_1 的看跌期权的收益	卖出两份执行价格为 K_2 的看跌期权的收益	买入执行价格为 K_3 的看跌期权的收益	总收益
$S_T \leqslant K_1$	K_1-S_T	$-2(K_2-S_T)$	K_3-S_T	$-2K_2-K_1+K_3=0$
$K_2 < S_T \leqslant K_2$	0	$-2(K_2-S_T)$	K_3-S_T	$S_T+K_3-2K_2=S_T-K_1$
$K_2 < S_T \leqslant K_3$	0	0	K_3-S_T	K_3-S_T
$S_T > K_3$	0	0	0	0

在蝶式价差中，不论是由看涨期权构成还是由看跌期权构成的，赌的都是标的资产价格在窄幅范围内波动。标的资产价格在窄幅范围内波动，是可以获利的。一旦超出这个范围，就可能会亏钱，但是亏的也是有限的。

如果是由看涨期权构成，蝶式价差策略收益：

$$Max(S_T-K_1,0)-C_1+Max(S_T-K_3,0)-C_3-2Max(S_T-K_2,0)+2C_2$$

蝶式价差，是由同种期权不同的执行价格构造的价差策略，通常堵的是波动比较小情况。波动较小会带来一定的收益。风险相对是可控的。

（五）日历价差

日历价差，由两个到期时间不同的同种期权构造的价差策略。可以由看涨期权构成，也可以由看跌期权构成。

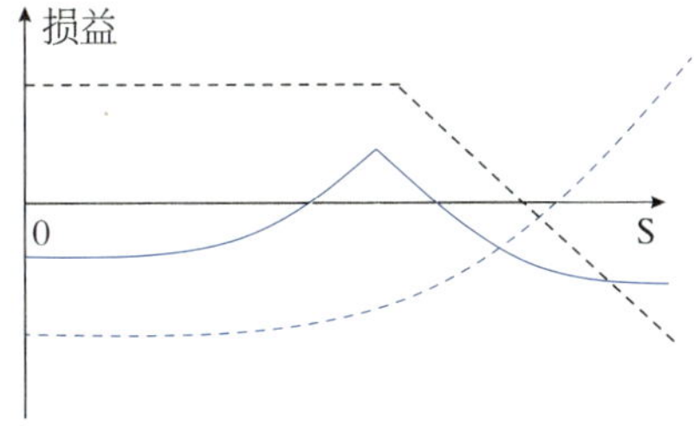

图 33-23　看涨期权构造的日历价差损益图

由看涨期权构造的日历价差，卖出一个到期时间比较短的看涨期权，买入一个到期时间比较长、具有相同执行价格的看涨期权。构造出一个和蝶式价差很像的策略，赌标的资产价格波动小，此时获得收益。如图 33-23。

由看跌期权构造的日历价差，卖出一个到期时间比较短的看跌期权，买入一个到期时间比较长、具有相同执行价格的看跌期权。如图 33-24。

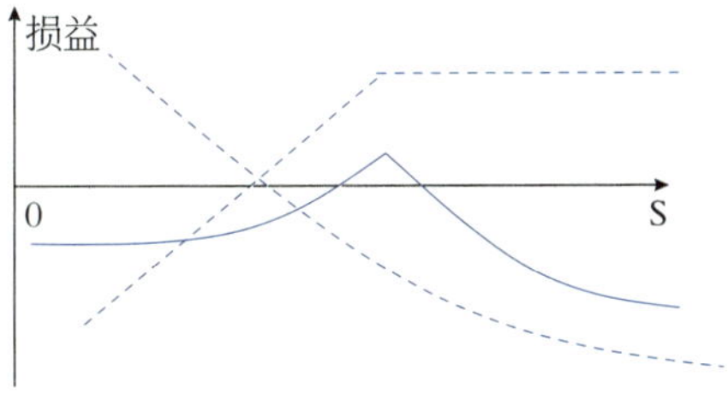

图 33-24　看跌期权构造的日历价差损益图

名师解惑

日历价差一般不会单独来考察。

三、组合策略

组合策略是由不同种的期权构造的策略，同时有看涨期权和看跌期权。可分为两类，一种是对未来有方向预期的，包含**跨式组合**（Straddle）和**异价跨式组合**（Strangle），一种是对未来没有方向预期的，包含**序列组合**（Strip）和**带式组合**（Strap）。

（一）跨式组合（Straddle）

同时买入一个看涨期权，和一个具有相同执行价格的看跌期权。如图 33-25 和表 33-8 所示。

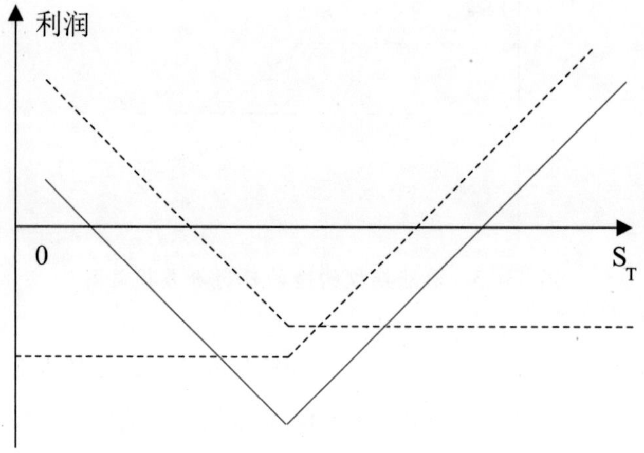

图 33-25 跨式组合损益

表 33-8 异价跨式组合损益

股价变化	买入执行价格 K 的看涨期权的收益	买入执行价格 K 的看跌期权的收益	总收益
$S_T \leqslant K$	0	$K-S_T$	$K-S_T$
$S_T>K$	S_T-K	0	S_T-K

跨式组合，赌的是波动。当标的资产价格波动比较大时，不论是大幅上涨还是大幅下跌，这个交易策略都是可以获利的。当标的资产价格波动比较小时，这个交易策略是很有可能亏损的。因为是同时买入一个看涨期权和一个看跌期权，需要支付两笔期权费。跨式组合，赌的是波动不是方向，只要波动大就可以赚钱。

（二）异价跨式组合（Strangle）

异价跨式组合，类似跨式组合，但是构建成本相对小一些。异价跨式组合，是买入一个执行价格比较高的看涨期权，同时买入一个执行价格比较低的看跌期权。这两个基础期权的期权费相对都是比较低的。

异价跨式组合赌的也是波动。当标的资产价格波动比较大时，不论是大幅上涨还是大幅下跌，这个交易策略都是可以获利的。当标的资产价格波动比较小时，这个交易策略是很有可能亏损的。但是亏损相对比较小，因为构建成本相对比较低，如图 33−26。

收益的计算：

$$Max(S_T-K_2,0)+Max(K_1-S_T,0)-c-p$$

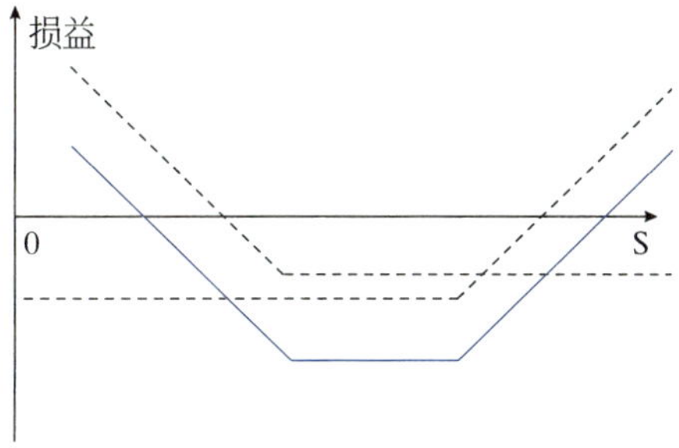

图 33-26 异价跨式组合损益

表 33-9 异价跨式组合损益

股价变化	买入执行价格 K_2 的看涨期权的收益	买入执行价格 K_1 的看跌期权的收益	总收益
$S_T \leqslant K_1$	0	K_1-S_T	K_1-S_T
$K_1 < S_T \leqslant K_2$	0	0	0
$S_T > K_2$	S_T-K_2	0	S_T-K_2

（三）序列组合（Strip）

序列组合，通过买入两个看跌期权，买入一个具有相同执行价格的看涨期权构造。如图 33-27。

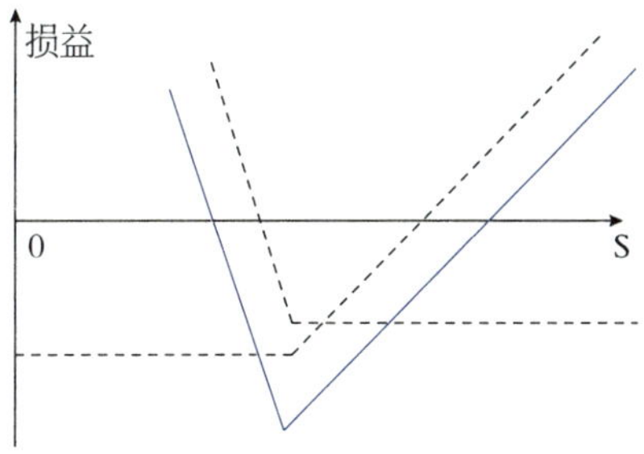

图 33-27 序列组合损益

标的资产价格上涨的话，是涨一美元，赚一美元的。如果标的资产价格下降的话，是跌一美元，赚两美元的。赌的是波动，但是在标的资产价格下跌的时候赚的更多。所以这是一个偏跌式的策略。

（四）带式组合（Strap）

带式组合，通过买入两个看涨期权，买入一个具有相同执行价格的看跌期权构造的。如图 33-28。

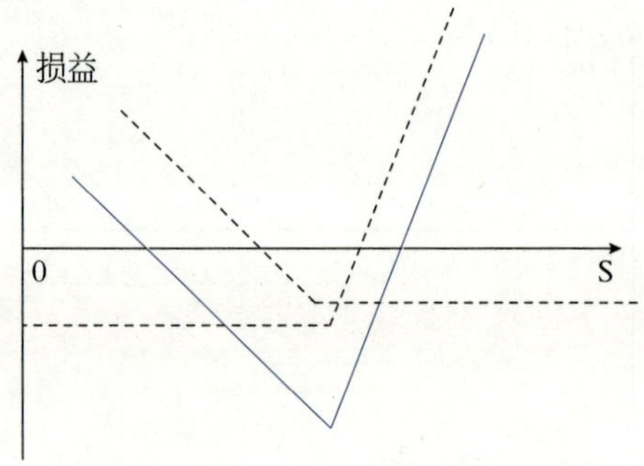

图 33-28　带式组合收益

标的资产价格上涨的话，是涨一美元，赚两美元的。如果标的资产价格下降的话，是跌一美元，赚一美元的。赌的是波动，但是在标的资产价格上涨的时候赚的更多。所以这是一个偏涨式的策略。

名师解惑

现将期权的交易策略进行总结，如表 33-10 所示。

表 33-10　不同组合策略总结

简单策略	一个标的资产，一个期权
价差策略	同是看涨期权，或者同是看跌期权
牛市价差	2 个不同的执行价格
熊市价差	2 个不同的执行价格
蝶式价差	3 个不同的执行价格
日历价差	2 个不同的到期时间
组合策略	同时由看涨期权和看跌期权构造
跨式组合和异价跨式组合	对称
序列组合和带式组合	不对称

第三节　奇异期权

— 考纲要求 —
了解各类奇异期权策略。

奇异期权（Exotic Options），是期权中的比较特殊的一类期权。奇异期权的收益确认，是具有一些特殊的设计的，和之前的看涨期权或看跌期权不太一样。欧式看涨和看跌是最简单的，收益的确认直接根据标的资产的价格与执行价格之间的差额来进行。奇异期权相对于这种最基础的期权，加上一些特殊的设计，是一个更定制化的期权种类。

名师解惑

考生需要了解奇异期权的基本类型以及某些奇异期权的收益确认方法。

奇异期权是通过最简单的美式期权引申出来的。奇异期权一般来说是针对欧式看涨看跌的，美式期权可以看成是一种最简单的奇异期权。标准化的美式期权，指的是随时都可以提前行权。非标准化的美式期权就是一种典型的奇异期权。

非标准的美式期权有很多种。对于标准的美式期权，在执行时间或者执行价格等方面做了一些特殊的调整之后，就可以得出非标准的美式期权。

有几种情况是比较常见的。第一种，百慕大期权（Bermudan Option）。提前执行限定在某些特殊的时间，比如约定期权只能够在每个月 15 号，确定到底要不要提前行权。第二种，是否提前行权只限定在整个期权存续期间的某一段时间。比如说前三个月或者是后三个月。第三种，是执行价格随时间的变化而变化的期权。

市场上有一些比较常见的奇异期权，都是一些比较成熟的奇异期权。

一、复合期权

复合期权（Compound Options）与普通期权不同，它的标的资产是期权。

复合期权可以分成四种：基于看涨期权的看涨期权（a call on a call），基于看涨期权的看跌期权（a put on a call），基于看跌期权的看涨期权（a call on a put），和基于看跌期权的看跌期权（a put on a put）。

复合期权涉及两个时间点，一个复合期权的期限，只是到 T_1 时间，但是最终标的资产的交易可能要持续到 T_2 时间。一个复合期权，它的标的资产首先是一个期权，在第一个到期的时间点确定到底要不要买入或者是卖出期权，在第二个到期的时间点再确定到底是不是买入或者卖出这个资产，所以它有两步操作。例如，基于看涨期权的看涨期权，意味着现在持有一个以既定的价格，在 T_1 时刻可以买入一个看涨期权的权利。其实就是把原来的标的资产换成了一个看涨期权。到 T_1 时刻，要决定到底要不要行使这个权利去买这个标的资产——看涨期权。只有在 T_1 时刻确定要买入标的资产看涨期权，才可以在 T_2 时间再去决定到底要不要以确定的价格去买标的资产。

复合期权收益的确认。例如，基于看涨期权的看涨期权，在 T_1 时刻，看涨期

权的期权费是 c_1，那么它的收益是 max（c_1-k，0）。基于看跌期权的看涨期权，在 T_1 时刻，看跌期权的期权费是 p1，那么它的收益是 max（p_1-k，0）。同样的，基于看涨期权的看跌期权，它的收益 max（k-c_1，0）。基于看跌期权的看跌期权，它的收益 max（k-p_1，0）。

复合期权，一般来说它的杠杆是比较高的。因为只要出一点点的钱就可以去做两次选择，最终来获取收益，所以它的杠杆是比较高的。期初期权费的支出是比较低的，因为要首先确认期权要不要执行，再确认标的资产要不要买入或卖出。但是如果两个期权都执行的话，就需要交两份期权费，所以如果都执行的话成本就会比较高。

二、远期生效期权

远期生效期权（Forward Start Options）是一个在未来才会生效的期权。可以简单的把它看成是一个期权的远期合约。比如说某个公司要进行一个股权激励计划，允许公司的员工可以持有公司股票。但是持有公司股票一般来说都是有要求的，比如说工作 10 年。所以只有当员工工作了 10 年之后才有这样一个权利。

如果标的资产是一个无红利支付的股票的话，那么远期生效期权的价值跟一个正常的欧式期权是完全一样的。

三、选择期权

所谓的选择期权（Chooser Option），指的在一开始建立期权合约的时候，投资者并不知道它是看涨期权还是看跌期权，允许在合约期限内的某一天再去确认是看涨期权还是看跌期权。选择期权也涉及到两个时间点，它可能是后一个时间点到期的，但是在零时刻是不知道这个期权是看涨还是看跌的，投资者最终是在前一个时间点来确认是看涨期权还是看跌期权的。

选择期权的收益，是 max（c，p），就是未来时刻到期的看涨或者看跌期权中取价值为较大的。选择期权的本质就是在过了一段时间之后才去选择它到底是看涨期权还是看跌期权。

四、障碍期权

障碍期权（Barrier Options）的特点是会有一个障碍价格（Barrier Level）。期权的生效或者失效是跟障碍价格有关系的。一般来说根据障碍价格可以分为，敲入式期权（Knock-in Option）和敲出式期权（Knock-out Option）两种情况。In 代表的是生效，out 代表的是失效。敲入式期权触发了障碍价格，就生效了。

敲出式期权触发了障碍价格，就失效了。进一步细分如下：

上涨－敲入式期权（Up-and-in），指的是在触发障碍价格之前，标的资产价格走势是上升的。当触发到障碍价格时，这个期权就开始生效了。也就是达到障碍价格之后，这个期权才是生效的。在达到这个价格之前，这个期权是不生效的。

下降－敲入式期权（Down-and-in），指的是前期的价格走势是下降的。在达到障碍价格之后，这个期权就生效了。在触发这个价格之前是失效的。

上涨－敲出式期权（Up-and-out），指的是前期价格走势是上升的，达到障碍价格之后，这个期权就被敲出去即失效了。在触发价格之前期权是生效的。

下降－敲出式期权（Down-and-out），指的是标的资产价格下降的时候，触发到障碍价格就失效了。在触发价格之前期权是生效的。

障碍期权有一个特点，叫做敲入－敲出平价定理（In-out Parity）。指的是如果把一个同样障碍价格敲入期权和一个同样障碍价格的敲出期权结合在一起，就可以构造出一个普通的期权。

比如，有两个障碍期权分别是上涨－敲入式看涨期权（Up-and-in Call）和上涨－敲出式看涨期权（Up-and-out Call），障碍价格是相同的。对于上涨－敲入式看涨期权它生效的部分是后一段，即达到障碍价格之后的一段。上涨－敲出式看涨期权生效的部分是前一段，即达到障碍价格之前的一段。如果把这两个障碍期权构成一个期权组合的话，这个走势就包含了所有的标的资产价格路径，如图 33-29 所示。因此，上涨－敲入式看涨期权和上涨－敲出式看涨期权就可以构造出一个普通的看涨期权。

一个下降－敲入式看涨期权/看跌期权（Down-and-in Call/Put）和一个下降－敲出式看涨期权/看跌期权（Down-and-out Call/Put）也可以构造一个普通的看涨期权或者看跌期权。这个就叫做敲入－敲出平价定理。

所以，相对而言，一个障碍期权的价格相对于普通期权的价格来说更加便宜。从另外一个理解，因为障碍期权只是在某一个阶段才是有效的，所以它的价格相对于普通期权而言要更便宜。

障碍期权是路径依赖式（Path-dependent）期权。普通的期权收益的确认和标的资产的价格走势是没有关系的，只和到期时的标的资产价格有关。但是障碍期权收益的确认是和标的资产价格的前期走势是相关的。走势发生变化了，可能这个期权就失效了。

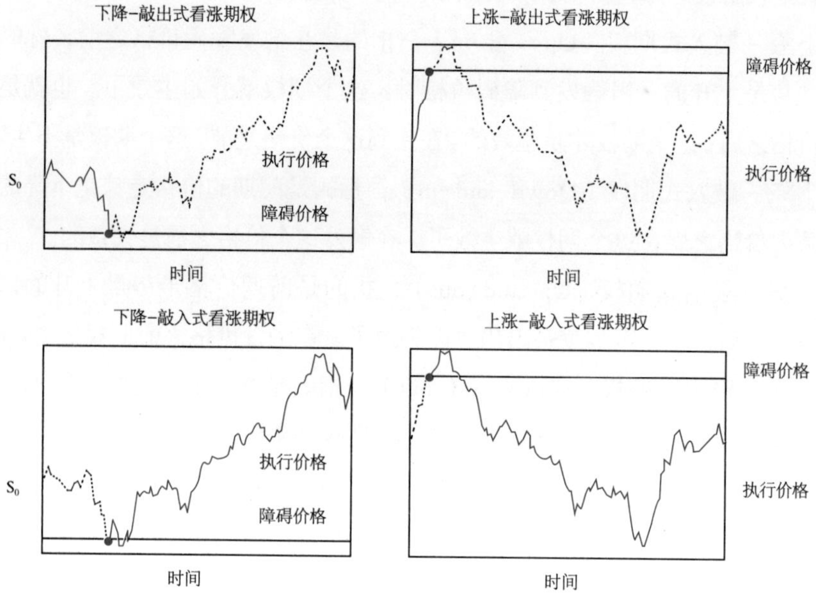

图 33-29 障碍期权路径走势图

五、两值期权

两值期权（Binary Options/Digital Option），指的是这种期权的收益只有两种情况。可以分为两大种类：

现金或空手期权（Cash–or–nothing Option）的收益要么是现金，要么什么都没有。可以分为：现金或空手看涨期权（Cash–or–nothing Call）和现金或空手看跌期权（Cash–or–nothing Put），如表 33–11。

收益情况：

表 33–11 现金或空手看涨期权损益表

	$S_T > K$	$S_T < K$
现金或空手看涨期权收益	Q	0
现金或空手看跌期权收益	0	Q

如图 33–30。

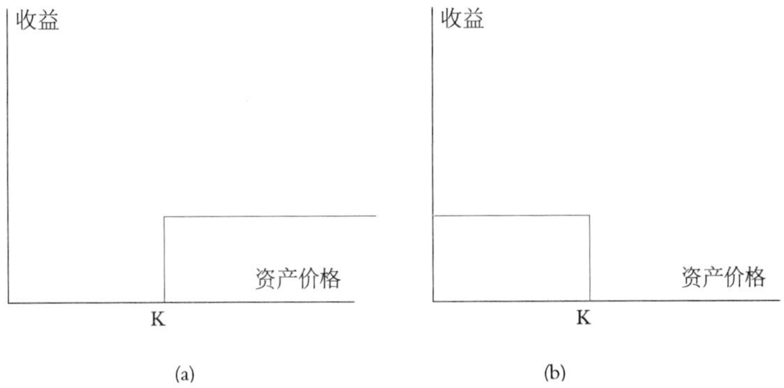

图 33-30　现金或空手期权看涨期权（a）和看跌期权（b）收益图

资产或空手期权（Asset–or–nothing Option）的收益要么是资产，要么什么都没有。可以分为资产或空手看涨期权（Asset–or–nothing Call）的收益和资产或空手看跌期权（Asset–or–nothing Put），如表 33–12。

收益情况：

表 33–12　资产或空手看涨期权损益表

	$S_T > K$	$S_T < K$
资产或空手看涨期权收益	S_T	0
资产或空手看跌期权收益	0	S_T

如图 33–31。

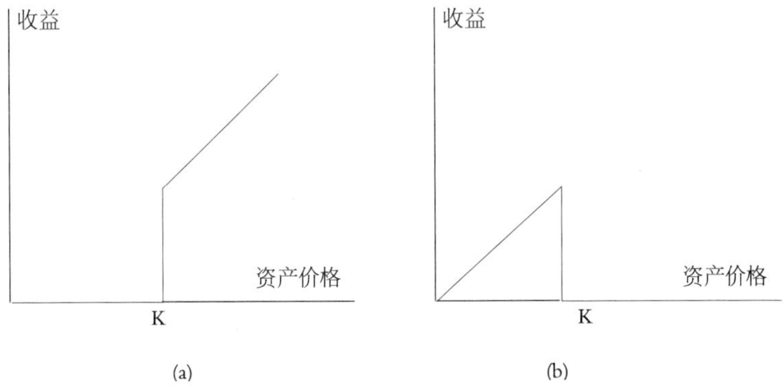

图 33-31　资产或空手期权看涨期权（a）和看跌期权（b）收益图

买入资产或空手看涨期权，同时卖出现金或空手看涨期权可以构造出一个普通的看涨期权。收益分析如表 33–13：

表 33-13 利用现金或空手看涨期权和资产或空手看涨期权构造普通看涨期权

	$S_T > K$	$S_T < K$
买入资产或空手看涨期权收益	S_T	0
卖出现金或空手看涨期权收益	−Q	0
总收益	Max（S_T−Q，0）	

买入现金或空手看跌期权，同时卖出资产或空手看跌期权可以构造出一个普通的看跌期权。收益分析如表 33-14：

表 33-14 利用现金或空手看跌期权和资产或空手看跌期权构造普通看跌期权

	$S_T > K$	$S_T < K$
买入现金或空手看跌期权收益	0	Q
卖出资产或空手看跌期权收益	0	$-S_T$
总收益	Max（Q−S_T，0）	

两值期权看涨期权价值的估计，要结合 BSM 模型，如表 33-15：

表 33-15 两值期权看涨期权价值估计

现金或空手看涨期权	$Qe^{-rT}N(d_2)$
现金或空手看跌期权	$Qe^{-rT}N(-d_2)$
资产或空手看涨期权	$S_0e^{-qT}N(d_1)$
资产或空手看跌期权	$S_0e^{-qT}N(-d_1)$

Q 表示固定的现金；T 表示期权的到期时间；r 表示无风险利率；$N(d_2)$ 表示看涨期权行权概率；q 表示标的资产的分红率；S 表示标的资产价值；$N(d_1)$ 表示看涨期权的 Delta。

六、回望期权

和普通期权不同，回望期权（Lookback Options）的收益不是按照到期时标的资产价格和执行价格之间的关系来确认的，而是按照整个期权存续期间的最优价格来确认收益的。用过去的最大值或者最小值来确定。

可以根据浮动执行价格（Floating Strike）和固定执行价格（Fixed Strike）进

行分类：

浮动回望看涨期权（Floating Lookback Call）收益 = 最终资产价格（Final Asset Price）− 最低资产价格（Minimum Asset Price）

固定回望看涨期权（Fixed Lookback Call）收益 = 最高资产价格（Maximum Asset Price）– 执行价格

浮动回望看跌期权（Floating Lookback Put）收益 = 最高资产价格（Maximum Asset Price）– 最终资产价格（Final Asset Price）

固定回望看跌期权（Fixed Lookback Put）收益 = 执行价格 – 最低资产价格（Minimum Asset Price）

举个例子

过去一段时间，标的资产的价格分别是 10、13、7、11 美元，执行价格是 10 美元。

对于一个固定执行价格看涨期权（Fixed Strike Call），它的收益是 13-10=3 美元。

对于一个固定执行价格看跌期权（Fixed Strike Put），它的收益是 10-7=3 美元。

对于一个浮动执行价格看涨期权（Floating Strike Call），它的收益是 11-7=4 美元。

对于一个浮动执行价格看跌期权（Floating Strike Put），它的收益是 13-11=2 美元。

七、缺口期权

缺口期权是一种欧式期权，当 $S_T \geqslant K_2$ 时，其收益为 S_T-K_1。缺口期权与具有执行价格为 K_2 的普通看涨期权之间的区别是，当 $S_T \geqslant K_2$ 时，收益增加了为 K_2-K_1。当 $K_2 > K_1$ 时，这个数量为正；当 $K_2 < K_1$ 时，这个数量为负。

缺口看涨期权和缺口看跌期权的收益，如表 33-16 所示。

表 33-16　缺口看涨期权和缺口看跌期权的收益

	$S_T \leqslant K_2$	$S_T > K_2$
缺口看涨期权	0	S_T-K_1
缺口看跌期权	K_1-S_T	0

缺口看涨期权收益，如图 33-32 所示。

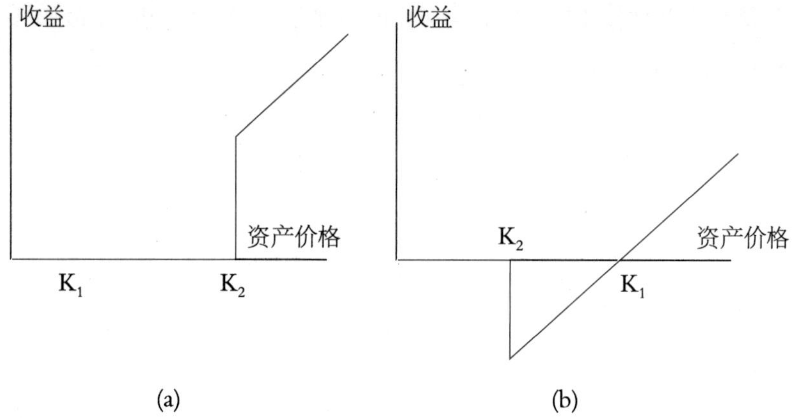

图 33-32　缺口看涨期权（a）$K_2 > K_1$ 和（b）$K_2 > K_1$ 收益图

缺口看跌期权收益，如图 33-33 所示。

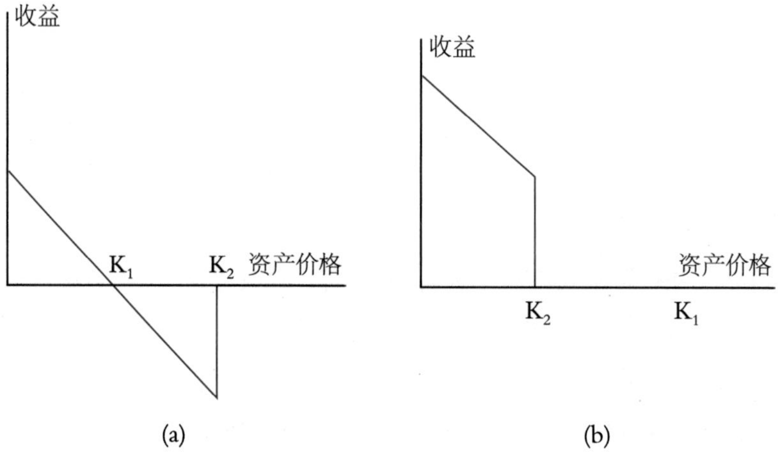

图 33-33　缺口看跌期权（a）$K_2 > K_1$ 和（b）$K_2 > K_1$ 收益图

八、亚式期权

亚式期权（Asian Options）收益的确认是参照标的资产在期权存续期间内的

平均价格。所以亚式期权收益的变动幅度不大，收益是相对可控的。期权费也是比较便宜的。

可以根据平均价格（Average Price Option）和平均执行价格（Average Strike Option）进行分类：

平均价格看涨期权（Average Price Call），其收益 $Max(S_{ave}-K, 0)$。

平均价格看跌期权（Average Price Put），其收益 $Max(K-S_{ave}, 0)$。

平均执行价格看涨期权（Average Strike Call），其收益 $Max(S_T-S_{ave}, 0)$。

平均执行价格看跌期权（Average Strike Put），其收益 $Max(S_{ave}-S_T, 0)$。

九、波动率互换和方差互换

通常说期权的交易是在赌波动的，波动越大收益越大。期权交易不仅赌波动，还赌的是价格变动。期权收益其实来源于两个部分，一个是价格的预期，一个是波动的预期。如果只是纯粹想赌波动预期的话，可以用波动率互换（Volatility Swap）或者方差互换（Variance Swap）来实现。

波动率互换或方差互换，是以一定本金计算的波动率或者是方差率的交换。一般是实际市场的波动率或者方差率与事先约定的波动率或者方差率做一个互换。反映了对未来的波动率或者方差的预期。

目前金融市场上用的比较多的是方差互换。从数学统计的角度来说，可以把方差互换转化为最简单的看涨期权和看跌期权的组合，对冲会比较简单。可以用普通的看涨期权和看跌期权来拟合它的收益。

十、静态期权复制

对于奇异期权进行风险管理相对来说会困难很多，因为奇异期权收益的确认总是在普通看涨期权或者看跌期权基础上做了一些特殊的调整。所以在对它进行对冲时，一般采用的方法是静态期权复制（Static Options Replication）。它的特点是把奇异期权拆分成不同的一段一段的情况。每一段都用普通看涨期权或者看跌期权去进行复制，接着可以通过一系列普通的期权组合来复制出这个奇异期权的收益。然后可以通过卖出这个组合来进行对冲。

关于这个知识点读者只要了解到方法论就可以了。

十一、其他非标期权

其他非标期权（Other Nonstandard Products），指的是在交易所交易的其他非标准化的期权。这些期权可以理解为非标准的简单期权，或者奇异期权。

◢ ETF 期权

ETF 是交易所交易的指数基金。一般来说，这种产品跟踪的都是股票指数。它的申购和赎回，不是用现金，而是用标的指数对应的一篮子资产来申购和赎回的。同时具有开放式基金和封闭式基金的特点。基金份额可以在股票交易所进行交易，所以叫交易所交易基金。ETF 期权（Options on Exchange-trade Funds）指的是以这些交易所交易的基金作为标的的期权。

◢ Weeklys

这类期权通常存续期是一周，从周四开始到下周五就到期。

◢ 基于信用事件的两值期权（Credit Event Binary Options，简称 CEBOs）

这个期权的收益，与标的公司是否发生信用事件是相关的。比如标的公司发生了降级、兼并重组等特殊信用事件，这个期权就会产生一定的收益。

◢ DOOM 期权（Deep-Out-of-the-Money Put Options）

深度虚值的看跌期权的执行价格是比较低的，不太容易赚钱。这种期权一般是用来对冲极端风险的。当标的资产价格一下子跌倒很低的情况下，就可以用这个期权来覆盖风险。所以 DOOM 期权主要用在一些极端情况下，可以通过这种深度虚值的看跌期权来覆盖风险。

本章小结

♣ 股票期权的基本特点

- 收益 (Payoff)。
  - 买入看涨期权 (Long Call)：$Max(S_T - K, 0)$。
  - 卖出看涨期权 (Short Call)：$-Max(S_T - K, 0)$。
  - 买入看跌期权 (Long Put)：$Max(K - S_T, 0)$。
  - 卖出看跌期权 (Short Put)：$-Max(K - S_T, 0)$。
- 利润 (Profit)。
  - 买入看涨期权 (Long Call)：$Max(S_T - K, 0)-c$。
  - 卖出看涨期权 (Short Call)：$-Max(S_T - K, 0)+c$。
  - 买入看跌期权 (Long Put)：$Max(K - S_T, 0)-p$。
  - 卖出看跌期权 (Short Put)；$-Max(K - S_T, 0)+p$。
- 欧式期权和美式期权。
  - 欧式期权一般指的是只有到期日才可以行权。
  - 美式期权在到期日之前的任何一天都可以选择去行权。
- 期权价值的分析，如表 33-16 所示。

表 33-16　不同价值状态期权的标的资产价格与执行价格的比较

期权价值	看涨期权	看跌期权
ITM	$S > K$	$S < K$
ATM	$S = K$	$S = K$
OTM	$S < K$	$S > K$

- 期权价值的影响因素，如表 33-17 所示。

表 33-17　期权价值变动影响因素

影响因素	欧式看涨期权	欧式看跌期权	美式看涨期权	美式看跌期权
S	+	—	+	—
K	—	+	—	+
T	?	?	+	+
σ	+	+	+	+
r	+	—	+	—
D	—	+	—	+

◢ 期权的上下限，如表 33-18 所示。

表 33-18 期权价格的上下限

	上限	不分红	分红
		下限	下限
欧式看涨	S_0	max（S_0−PV(K), 0）	max（S_0−PV(K)−PV（Divs）, 0）
美式看涨	S_0	max（S_0−PV(K), 0）	视红利情况而定
欧式看跌	PV(K)	max（PV(K)−S_0, 0）	max（PV(K)+PV（Divs）−S_0, 0）
美式看跌	K	max（K−S_0, 0）	视红利情况而定

◢ 买卖权平价公式：

◆ 欧式期权的买卖权平价公式（无分红）：$c+PV(K)=p+S_0$。

◆ 欧式期权的买卖权平价公式（有红利）：$c+PV(K)=p+S_0-PV(Divs)$。

♣ 期权的交易策略

◢ 简单期权策略，由标的资产和期权构造。

◆ 备兑看涨期权：卖出看涨期权和买入标的资产来构造。

◆ 保护性看跌期权：持有一个标的资产，并买入一个看跌期权来构造。

◆ 保本票据：由单个期权构造的证券，投资者可以从特定投资组合中获得收益，而不会有损失风险。

◢ 价差策略，是全部选用同种期权的策略，要么都是看涨期权，要么都是看跌期权；

◆ 牛市价差：由执行价格不同的期权构造的价差。牛市价差，代表投资者对未来的预期是看涨的。可以通过看涨期权或看跌期权来构造。

◆ 熊市价差：由执行价格不同的期权构造的价差。熊市价差，代表投资者对于未来市场的预期是下降的。可以通过看涨期权或看跌期权来构造。

◆ 盒式价差：使用一个牛市看涨价差策略，执行价格分别是 k_1 和 k_2，同时加上一个相同执行价格的熊市看跌价差策略来构造。

◆ 蝶式价差：可以通过看涨期权或者看跌期权来构造。

◆ 日历价差：由两个到期时间不同的同种期权构造的价差策略。可以由看涨期权构成，也可以由看跌期权构成。

◢ 组合策略，由不同种期权构造的组合，同时由看涨期权和看跌期权来构造。

- 跨式组合：同时买入一个看涨期权，和一个具有相同执行价格的看跌期权。
- 异价跨式组合：类似于跨式组合，但是构建成本相对小一些。异价跨式组合，是买入一个执行价格比较高的看涨期权，同时买入一个执行价格比较低的看跌期权。
- 序列组合：由买入两个看跌期权，卖出一个具有相同执行价格的看涨期权构造。
- 带式组合：由买入两个看涨期权，卖出一个具有相同执行价格的看跌期权构造。

♣ 奇异期权

◢ 复合期权：与普通期权不同，它的标的资产是期权。

◢ 远期生效期权：在未来才会生效的期权。可以简单的把它看成是一个期权的远期合约。

◢ 选择期权：指的在一开始建立期权合约的时候，先不确认它是看涨期权还是看跌期权，允许在合约期限内的某一天再去确认是看涨期权还是看跌期权。

◢ 障碍期权：会有一个障碍价格。期权的生效或者失效是跟障碍价格有关系的。根据生效还是失效分为敲入式期权和敲出式期权两种情况。

◢ 两值期权：在国际市场上交易是很多的，指的是这种期权的收益只有两种情况。

◢ 回望期权：和普通期权不同，回望期权的收益不是按照到期时标的资产价格和执行价格之间的关系来确认的，而是按照整个期权存续期间的最优价格来确认收益的。用过去的最大值或者最小值来决定。

◢ 喊价式期权：对于普通的期权，只能在到期时确认收益。喊价式期权给了一次选择，允许在整个期权的存续期内的某一天，向经纪商“喊叫”(Shout) 一下，把现在的价格记录下来。到期时按照记录下来的价格和到期时的价格，选择最优的作为喊价式期权收益的确认。

◢ 亚式期权：收益的确认是按照标的资产在期权存续期间内的平均价格进行的。所以亚式期权收益的变动幅度不大，收益是相对可控的。期权费也是比较便宜的。

章节练习

◇ The current stock price of a share is USD 100, and the continuously compounding risk-free rate is 12% per year. The maximum possible prices for a 3-month European call option, American call option, European put option, and American put option, all with strike price of USD 90, are:

A. 100, 100, 87.34, 90

B. 100, 100, 90, 90

C. 97.04, 100, 90, 90

D. 97.04, 97.04, 87.34, 87.34

答案解析：A

期权种类	最大值
欧式看涨期权	$S_0=100$
美式看涨期权	$S_0=100$
欧式看跌期权	$Ke^{-rt}=90\times e^{-12\%\times 0.25}=87.34$
美式看跌期权	$K=90$

◇ A risk manager is analyzing the option prices for a non-dividend-paying stock. How would the risk manager create a synthetic long European call option position on this stock using an appropriate zero-coupon risk-free bond and options having the same exercise price and exercise date ?

A. Buy a European put on the stock, buy the stock, and sell a zero-coupon risk-free bond.

B. Buy a European put on the stock, sell the stock, and buy a zero-coupon risk-free bond.

C. Sell a European put on the stock, buy the stock, and sell a zero-coupon risk-free bond.

D. Sell a European put on the stock, sell the stock, and buy a zero-coupon risk-free bond.

答案解析：A

根据买卖权平价公式：$c+PV(K)=p+S_0$

得 $c=p+S_0-PV(K)$，所以 A 选项正确。

◇ An investor sells a June 2008 call of ABC Limited with a strike price of USD 45 for USD 3 and buys a June 2008 call of ABC Limited with a strike price of USD 40 for USD 5. What is the name of this strategy and the maximum profit and loss the investor could incur ?

A. Bear spread, maximum loss USD 2, maximum profit USD 3

B. Bull spread, maximum loss Unlimited, maximum profit USD 3

C. Bear spread, maximum loss USD 2, maximum profit unlimited

D. Bull spread, maximum loss USD 2, maximum profit USD 3

答案解析：D

操作 1：卖看涨：$3-\max(0, S_T-45)$

操作 2：买看涨：$\max(S_T-40,0)-5$

当 $S_T<40$ 时，操作 1：3；操作 2：−5，因此最大损失 2。

当 $S_T>45$ 时，操作 1：$3-(S_T-45)$；操作 2：$(S_T-40)-5$，因此最大收益 3。

◇ Which portfolio will create a bull spread ?

A. Buy a put with a strike price of 32 and buy a call with a strike price of 25.

B. Buy a put with a strike price of 25 and sell a call with a strike price of 32.

C. Buy a call with a strike price of 32 and sell a call with a strike price of 25.

D. Buy a call with a strike price of 25 and sell a call with a strike price of 32.

答案解析：D

牛市价差策略的基本规则是买低（执行价）、卖高（执行价）。

扫码获取更多题目

第三十四章 住房抵押贷款与住房抵押贷款支持型证券
Mortgages and Mortgage-Backed Securities

一、住房抵押贷款介绍	住房抵押贷款介绍	★
二、抵押贷款现金流分析	抵押贷款现金流分析	★★★
三、抵押贷款的提前还款	抵押贷款的提前还款	★★★
四、MBS 市场	1. MBS 市场参与方	★
	2. 抵押资产池特征	★★
	3. 抵押资产池交易	★★
	4. 美元滚动交易	★★★
	5. MBS 类型	★★
	6. MBS 价值估计	★★★

学习目的

证券化产品是目前金融市场上一类比较常见同时结构又相对比较复杂的产品。由于产品结构特殊，存在多样化的风险特征，参与此类交易需要更深入的分析和全面的思考。因此，风险管理从业人员需要对此类产品有一个全面的理解和认识。

考点分析

- 描述各类住房抵押贷款产品。
- 计算固定利率住房抵押贷款的本金和利息组成部分。
- 描述抵押贷款提前偿付权和影响提前偿付的因素。
- 了解抵押贷款支持证券（MBS）的证券化过程，特别是抵押贷款池的形成方式。
- 计算抵押贷款资产池的常用业绩指标。
- 了解 MBS 的各种类型。
- 了解美元滚动交易及其价值计算。
- 使用蒙特卡罗模拟对 MBS 进行价值估计。
- 定义提前偿付权调整价差（OAS）并解释其挑战和用途。

本章入门

资产证券化不管是在国际市场上，还是在国内市场上都是非常盛行的。主要原因就是它能够满足资产剥离方的需求，也同时可以满足投资者的需求。这当中风险也是很大的，在次贷危机之后，当人们开始认真地研究 MBS 的时候，发现 MBS 产品的分析跟公司债产品是完全不一样的，不应该分析发行人的风险，而应该分析标的资产池的风险。所以在 MBS 这个章节，会花大篇幅讲解标的资产池的特点，然后再讲解 MBS 的特点，主要的原因就在于 MBS 本身的风险是不能够与标的资产池分割开的。因此这个章节前三个部分主要介绍标的资产池，最后一部分介绍 MBS 市场的情况。

第一节 住房抵押贷款介绍

住房抵押贷款介绍

— 考纲要求 —
描述各类住房抵押贷款产品。

在这一个章节当中，主要讲的是固定利率的住房抵押贷款，当然市场上也有浮动利率的住房抵押贷款。根据抵押贷款的风险质量不同，可以把它分成两大类型：一种叫**机构贷款**（Agency Loans）**或者标准贷款**（Conforming Loans），一种叫做**非机构贷款**（Non-agency Loans）**或者非标准贷款**（Non-conforming Loans）。机构（Agency）指的是三大机构，机构贷款也就是三大机构认可的，可以去进行收购的贷款。这些住房抵押贷款信用质量是比较好的。非机构贷款，信用质量相对来说差一些，不满足三大机构的评估要求，在这种情况下，这些贷款如果做证券化的话，只能够通过一些其他的私有部门，可能是一些金融机构去收购，然后构造证券化产品。

非机构贷款细化的来看又可以分成几种，第一种是特大（Jumbos），他跟三大机构认可的贷款之间最大的差异就是规模，它的规模太大，以至于超过了三大机构认可的规模。第二种是次优级的住房抵押贷款（Alt-A），它的信用质量相对要比优级的差一些，可能某些信用质量不满足要求。第三种是次级的抵押贷款（Subprime），它的信用质量更差一些。在美国市场上，借款人信用评分指数（FICO）是在 660 分以下的，是比较容易发生违约的借款人，通常归类为次级贷款借款人。在美国市场上次级的住房抵押贷款有很多，80% 以上是可调利率的住房抵押贷款。因为这些住房抵押贷款借款人很容易违约，所以为了使得他们能够进入到这个市场，一般来说银行在设计产品的时候，会有一个诱惑利率，在前期利率非常低，后期会跟市场利率挂钩。这种情况下后期利率调整到市场利率的时候就很容易出现违约。这是次级贷款的一些基本特点。

第二节 抵押贷款现金流分析

一、抵押贷款现金流分析

MBS（全称 Mortgage-Backed Securities）出现的背景，是当时美国政府出了一个促进所有人去买房的政策。因为有这样一个政策，所以金融机构开始大量做一些房贷业务，这个产品就是在当时那一段时间出现的。如果人们要去买房子的话，一般采用的都是房贷的方式。那么银行可以借出很多的贷款给到客户，然后客户用贷款去买房子。这种贷款通常叫做住房抵押贷款（Mortgage），这种贷款是以最终买入的房子作为抵押品的。因为有这样的政策，美国政府希望银行尽量多的对外去发行这样的贷款，但是银行资金规模是有限的。银行的贷款占用在银行的账上，就没有办法再发额外的贷款。所以当时美国政府建立了一些专门的机构去向银行收购这些贷款。这些专门向银行收购住房贷款的机构中，比较常见的有：房地美、房利美和吉利美。这些机构，是做一些专门的证券化产品的机构。它们就会去向银行把抵押资产池（Loan Pool）买过来。买过来的话银行又有钱了，又可以去市场上发贷款，就可以促进市场上的正常的运作。

这些机构把抵押资产池买过来之后，也不是全部都留在自己账上，因为这样会占用自己的资金，所以在买过来之后对这些资产池做了重新的调整之后把它又卖了出去，给到了投资者。这些机构会专门设立一个机构——特殊目的机构（SPV）。设立这个机构的主要目的是做一个破产隔离。把这些资产池转移到特殊目的机构之后，特殊目的机构会专项来对资产池做证券化产品的设计。比较常见的证券化产品是 MBS、CDO 等。这些产品的特点是它有一个标的资产池，比如 MBS，它的标的资产池是住房抵押贷款。把所有的住房抵押贷款放在同一个 SPV 当中进行管理，然后对外发行产品，这个产品就叫做 MBS。然后投资者就可以去进行投资。

投资者的未来的收益是按照什么来确认的？就是按照这些住房抵押贷款未来的利息和本金的收入来进行确定的，最终这些产品卖给了投资者。所以相当于把风险又转嫁到了投资者身上。

整个运作过程的好处是什么？首先，它能够促进市场上借款人都可以去买房子。其次，银行能够把一些风险资产剥离。最后，对于投资者来说，可以给投资者提供一些新的投资工具，帮助投资者来赚取更多的收益。所以就产生了这样一个证券化的市场。

资产证券化，现在不管是在国际市场上，还是在国内市场上都是非常红火的。当然，这中间风险也是很大的，这个在二级会详细讲解的。在一开始的运行过程中，证券化的产品运作是非常好的，但是后来却出现了非常大的问题，导致了次贷危机的发生。

银行开始发放住房贷款的时候，优质客户是有限的。优质客户发完了之后，银行就把目光转移到了次级贷款借款人身上。所谓的次级贷款借款人（Subprime），特点就是它的信用质量是不好的，比较容易违约，所以一般来说银行是不愿意借钱给他们的。但通过证券化可以实现剥离，所以银行愿意借。因为银行最终是把它卖出去了，然后由其他的人去承担这个风险。所以银行就不用担心次级借款人带来的风险，风险就开始进入到次贷的市场。在风险逐渐累积的过程当中，当这些次级贷款借款人开始违约的时候，市场上就会受到非常大的冲击。

所谓的 MBS，就是基于住房抵押贷款资产池构造出来的一个证券化产品。SPV 可以把这些资产池买过来，直接做一个简单的打包，然后卖出去。或者把资产池买过来，重新分配它的现金流，对产品做一个分层，然后再卖出去。

证券化产品，是通过特殊目的机构发行的，与一开始的发放贷款的银行之间已经实现了破产隔离，所以投资者在投资这个产品的时候，关注的不应该是发行人，因为它未来的收益的确认是由标的资产池的现金流决定的。所以投资者应该去分析的是抵押贷款资产池本身的风险。

MBS 的主要风险是基于标的资产池的。MBS 能否获得现金流入，主要看标的资产池能不能正常获得现金流入。标的资产池的现金流是怎么确定的？美国市场上的住房抵押贷款有这样一些特性：第一，一般都是 30 年的。第二，一般是月供的，每个月进行支付。第二，等额本息。所谓的等额本息，指的是它在每一期支付的金额是等额的，而且每一期的支付中既包含了本金，又包含了利息。到期的时候是没有单笔本金偿付的，它的本金是摊在每个月当中进行偿付的，所以这种结构也叫做**摊销结构**。

二、现金流的确认

— 考纲要求 —
计算固定利率住房抵押贷款的本金和利息组成部分。

一般来说在住房抵押贷款中，只要知道贷款时间、贷款利率、借款额等基本信息，就可以知道每一期支付的金额是多少，也就是等额本息共是多少。从现金流结构上来看，MBS 和年金是类似的，因为年金每年支付的也是相同的金额，而且到期是没有单笔本金支付的。

假设现在是每个月支付 X 的话，B（0）表示贷款的本金，就相当于是未来所有的每一期支付的等额本息的现值之和。也就是说每一期支付的 X，在现在值多少钱，加起来就应该等于现在借的资金，这是一个年金产品的基本特点。

$$X\sum_{n=1}^{12T}\frac{1}{(1+\frac{y}{12})^{n}}=B(0)；\ X\frac{12}{y}\left[1-\frac{1}{(1+\frac{y}{12})^{12T}}\right]=B(0)$$

名师解惑

计算过程不需要考生去实际计算，它本身的特点跟年金是一样的，所以年金产品怎么处理，这种贷款就可以类似来处理。

举个例子

现在有一个抵押贷款，期限是30年，抵押贷款利率是10%，贷款金额是10万，请计算每个月的等额本息是多少？第一个月中的等额本息当中本金和利息分别是多少？【解析】要计算等额本息，其实就相当于去计算PMT。可以直接用计算器来进行操作。

30年按月供的话，那么N是等于30乘以12。10%是年化利率，那么月供的话I/Y是10/12。10万是现在的价值，所以PV等于10万。因为到期是没有单笔本金支付的，所以FV等于0。知道这四项，就可以计算出PMT。

N=360，I/Y=0.8333，PV=100，000，FV=0，就可以得出PMT=-877.5716

所以，每个月的等额本息是877.5716。

等额本息中本金、利息及未还余额的计算

等额本息当中本金和利息分别是多少？怎么来进行处理？假如，期初的本金是B（n），抵押贷款利率是y。那么在这一个月当中，利息部分应该就是本金乘以这一个月的利率。

$$B(n)\times\frac{y}{12}$$

接着上面的例子，计算出这一个月要支付的等额本息是877.5716，那么利息部分应该是100000×10%×1/12=833.3333，本金部分应该是877.5716-833.3333=44.2383。

每个月的等额本息中的利息和本金的计算，可以通过计算器来实现。如下例题。

举个例子

假如说现在有一个房屋的持有人，现在要借10万美元，市场抵押贷款利率是4%，期限是30年。计算第一个月支付的等额本息是多少？第一个月月末剩余的本金是多少？

【解析】首先计算出每月应还金额是多少。和计算普通债券的PMT类似。

N=30×12=360，I/Y=4÷12，PV=100,000，FV=0。得PMT=-477.42。

477.42 是等额本息。方法一：手动计算，本月利息部分和本金部分。

利息 =100，000×4%÷12=333.33（美元）

本金 =477.42-333.33=144.08（美元）

期初的本金是 10 万，第一个月还了 144.08 美元，第一个月月末剩余 99855.92 美元应还本金。

方法二：计算器计算。

需要调用【PV】上面的【AMORT】的功能键。这个功能键可以用来处理具有摊销结构的现金流。但是前期需要把贷款的信息输进去，比如本金、利率、时间等。

一般来说我们需要输入两个值，一个是 P1，表示现金流起始的时间，一个是 P2，表示现金流结束的时间。比如，要计算第一个月分别支付了多少本金，多少利息以及第一个月末剩下的本金是多少。

应该输入 P1=1，P2=1，表示第一个月开始到第一个月结束，前者指的是开始时间，后者指的是结束时间。PRN，代表的是这一个月等额本息当中支付的本金，INT 代表的是这个月等额本息当中支付的利息，BAL 代表这个月月末剩余的本金是多少。

P1=2，P2=2，表示第二个月开始到第二个月结束。

P1=1，P2=2，表示第一个月开始到第二个月结束。

计算器计算，计算过程如表 34-1：

表 34-1　利用计算器计算房屋抵押贷款还款额

输入	显示	解释
【360】	360	——
【N】	N=360.0000	代表 360 个月
【0.333333】	0.3333	——
【I/Y】	I/Y=0.333333	代表每一月的 I/Y
【100,000】	100,000	——
【PV】	PV=100,000	代表 PV
【0】	0	——
【FV】	FV=0.0000	代表 FV
【CPT】	FV=0.0000	屏幕显示不变
【PMT】	PMT=−477.4150	“−”代表现金流的流出
【2ND】	PMT=−477.4150	屏幕显示不变

续表

输入	显示	解释
【PV】	P1=1.0000	初始显示
【1】	P1	——
【ENTER】	P1=1.0000	开始时间
【↓】	P2=1.0000	初始显示
【1】	P2	——
【ENTER】	P2=1.0000	结束时间
【↓】	BAL=99855.9179	第一个月月末剩余的本金
【↓】	PRN=−144.0820	这个月等额本息当中支付的本金
【↓】	INT=−333.3330	这个月等额本息当中支付的利息

所以，第一个月支付的等额本息中本金和利息分别是 144.08 美元和 333.33 美元，第一个月月末剩余的本金是 99,855.9179 美元。

如果只是确认每一期期末的本金余额的话，还有一个技巧来进行确认。假设市场上的抵押贷款利率是恒定不变的，也可以直接用未来所有剩余的等额本息的现值之和来进行计算。

在上面这个例子中，假设过了 60 个月，计算 60 个月月末的本金余额是多少？可以用两种方式来进行计算，一种方式就是用计算器来计算，要注意，输入 P1=60，P2=60，去看 BAL 是多少。就可以得第 60 个月月末的本金余额。第二种方式，把现在的计算看成是未来还剩下 300 笔现金流来折现就可以了。因此，输入 N=25×12=300，I/Y=4÷12，PMT=-477.42，FV=0。得 PV=90,448.4。因此，第 60 个月月末的本金余额为 90，448.4。其未偿还本金与月数的关系大致如图 34-1。

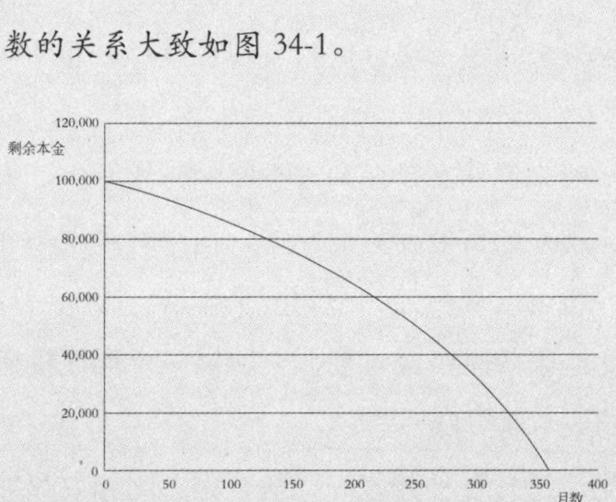

图 34-1　30 年期的抵押贷款剩余本金与月数的关系图

名师解惑

考试当中提到月供的话，通常不会讲到是在月中。一般就是以月作为单位的。

第三节 抵押贷款的提前还款

抵押贷款的提前还款

— 考纲要求 —
描述抵押贷款提前偿付权和影响提前偿付的因素。

如果未来现金流贴现的现值与现在的本金余额不相等，这种情况主要出现在抵押贷款利率发生变化的情况下，尤其是抵押贷款利率下降的时候。这种情况下会出现什么样的问题？抵押贷款利率下降，那么未来所有现金流的贴现值是上升的。这时就会出现在余额小于未来所有现金流的贴现值。这种情况下，说明未来要支付更多，借款人会选择现在进行还款。这个时候很多人就会选择提前偿还（Prepayment），所以在住房抵押贷款当中经常会出现的一种风险，叫做提前偿付风险。

如果投资者投资 MBS，就必须要认识到它的标的资产池会有一个非常重要的风险——提前偿付风险。提前偿付，对于投资者来说最大的问题是什么？比如，投资者本来预期投资十年，提前偿还会使投资期变短，他们要重新去市场上再进行投资。

对于借款人来说有这样一个权利，可以在某一天提前去偿付这笔贷款，使得这笔贷款的交易提前结束。比如，在上面这个例子当中，在五年末时，本金余额是 90448 美元。如果未来利率下降，借款人现在就可以还 90448 美元，把这笔贷款结束。

— 考纲要求 —
了解和计算抵押贷款资产池的常用业绩指标，包括 WAC/WAM/SMM/CPR。

提前偿付风险一般来说通常是在利率下降的时候发生。当利率上升的话就代表未来现金流贴现比现在的价值要更低一些，这个时候就不会提前还款，因为未来还的要更少一些。也可以从另外一个角度来理解，因为一旦利率下降，说明现在去融资的成本要比原来的融资成本要低，所以一个理性投资者会选择提前进行偿付，重新去借款的成本要更低一些。

提前偿付的发生，还有各种其他的一些原因。比如说突然中了彩票拿了很多钱，有足够的资金把贷款还掉。但是从金融的角度，我们只关注利率下降带来的提前偿付风险。这是抵押贷款中的一种特殊风险，之后在研究 MBS 的时候，也需要关注这个风险，因为它标的资产会有这样的风险。

提前偿付风险的度量。最主要的有两个，一个是**单月的提前偿付率**（Single Monthly Mortality Rate，简写 SMM）。一个是**年化的提前偿付率**（Constant Prepayment Rate 或者 Conditional Prepayment Rate，简写 CPR）。

SMM 计算的是每个月的提前偿付率，它是根据每一个月的实际现金流来确认的。

名师解惑

关于 SMM，在一级的原版书上是没有讲到它的计算的，在二级原版书上有。但是在一级的考试当中是考过计算的。

SMM 计算的是在这一个月月初的余额，扣除掉这一个月计划支付的本金之后，提前偿付的本金部分。

$$SMM=\frac{\text{本月提前偿付的本金}}{\text{期初余额}-\text{本月计划还的本金}}$$

注意，提前偿付一定指的是本金，跟利息没有关系。

比如，现在有一笔贷款，最初的余额是 10,000 元，第一个月计划支付的本金是 100 元，第一个月实际支付的本金是 200 元。那么，

$$SMM=\frac{200-100}{10{,}000-100}=1.01\%$$

CPR 是一个年化的提前还款率，是对 SMM 做了一个年化处理。因为一般来说在分析不同产品的时候，分析的大多数都是年化数据，所以做了一个年化的处理。CPR 的计算是根据 SMM 转化过来的。1 减去 SMM 就可以反映出这一个月没有提前偿付的部分，12 次方的话就代表 12 个月都没有提前偿付的部分。用 1 再减去整个这一部分的话就应该是在 12 个月中有提前偿付的部分。

$$CPR_n=1-(1-SMM_n)^{12}$$

在已知现金流的情况下，可以先确定单月的提前还款率，然后再转化成年化的提前还款率。或者已知年化的提前还款率的情况下，可以先转化成单月的提前还款率，再根据实际现金流去确认实际的提前偿付金额。

第四节 MBS 市场

MBS 证券市场上最简单的一种证券叫做转手证券（Mortgage Pass-Through）。转手证券的特点就在于资产池是什么样子的，销售给投资者的 MBS 就是什么样子的，所有投资者承担的风险类型都是完全一样的。只是说因为每个人的投资额不一样，它的收益和损失可能不太一样，但是承担的风险类型都是完全一样的，这是转手证券的特点。

名师解惑

一级中关于 MBS 的知识点相对来说比较简单，以理解为主。可能会考一些抵押贷款资产池的交易方式。在讲二级的时候，我们会学习更多更复杂的 MBS，比如说在结构上可以做一个重新的分层（Tranching），这个时候现金流会有不同的划分，那么投资不同层级的人拿到现金流的先后顺序就不一样，它们的风险也会不一样。

如果是政府机构构造这种 MBS 的话，政府机构对于它的信用风险是做担保的，也就是说标的资产池如果发生违约，投资者是不承担风险的。这时投资者要承担的是什么风险呢？就是提前偿付风险。所以这种债券，主要是提前偿付风险，一般没有违约风险，因为它是有一定的担保的。

一、MBS 市场参与方

MBS 市场参与方有很多。Originator 指的是发放贷款的银行。Arranger 指的是收购抵押资产池的这一方。除此以外还会涉及评级机构（Rating Agency）、抵押贷款服务商（Mortgage Servicers）等。

评级机构对这个产品做评级。而抵押贷款服务商指的是 SPV 把证券化产品卖出去之后，需要有一个专门的服务商去进行现金流的收取以及分配。一般来说通常抵押贷款服务商就是一开始剥离资产的这家银行，它可以提供一些额外的服务，去管理这些抵押贷款的现金流等，银行可以通过提供这样的服务来获取额外的收益。

抵押贷款担保人（Mortgage Guarantors），指的是担保的一方。非政府机构发放的 MBS，可以选择一些其他的担保公司专门对于它的信用风险或者它的违约风险做担保，这样如果发生违约的话，抵押贷款担保人将一次性支付所有的费用，然后再去找服务商去帮它进行催收。这是 MBS 市场上的一些常见的参与主体。

二、抵押资产池特征

MBS 的标的资产是一系列的抵押贷款。因为这些抵押贷款不是完全一样，那么就需要通过一些专门的指标来反应整个资产池的特点。常见的有加权平均利率（Weighted-average Coupon，简写 WAC），加权平均到期日（Weighted-average Maturity，简写 WAM）。它们都是对于资产池的特点做的描述。

WAC，指的是整个资产池的加权平均的利率，因为资产池中不同抵押贷款的利率是不一样的。WAM，指的是整个抵押贷款资产池平均到期日，因为资产池当中的每个抵押贷款可能期限是不一样的。

两者都是加权平均，反映的都是资产池的基本特点。有了这两个指标就可以了解资产池的基本情况，比如说可以根据 WAC 来判断平均收到的现金流是多少，可以判断 MBS 承诺支出的现金流跟收到的现金流之间的大小关系以及风险情况。可以根据 WAM 判断这些抵押贷款资产大致的还款期是多久以及风险有多大。

三、抵押资产池交易

在 MBS 的整个构造过程当中，银行发放贷款之后会有一个专门的机构去收购这些抵押贷款资产池，如果是三大机构去收购资产池，一般有两种交易方式：

> **考纲要求**
> 了解抵押贷款支持证券（MBS）的证券化过程，特别是抵押贷款池的形成方式。

第一种：**特定抵押资产池收购（Specified Pools）**

特定抵押资产池市场（Specified Pools Market），指的是三大机构去收购抵押贷款资产池时，有一些具体的特殊的规定，比如规定是谁发行的、什么样到期日等，只针对特殊设定好的抵押贷款资产池去收购。但是这种交易方式流动性不是特别好，因为不一定能够买到满足要求的资产池。

第二种：**TBA（To Be Announced）收购**

TBA 市场（To Be Announced Market），这种交易方式流动性会比较好一些。TBA，指的是在交易中是一个抵押贷款资产池的远期合约。一般来说期限比较短，比如说一个月，就相当于是现在签订一个合约，约定一个月之后要去买这个资产池。这种交易方式，其实给了卖出方一个选择权，卖出方可以选择以最优的一个资产池去进行交割，所以这个产品和长期国债期货很像。买入方在进行交易的时候只做一些基础的设定，比如只对于发行人、期限和利息等做一些要求，只要满足这些要求的所有的资产池都可以进行交割。其实就是用一个短期的远期合约，在这个合约当中有一个特点，就是它的最终的交割标的是不确定的，要看卖出方是如何来进行选择的。

四、美元滚动交易

— 考纲要求 —
了解美元滚动交易及其价值计算。

一笔美元滚动交易（Dollar Roll）包括卖出一笔在一个月结算的 TBA 合约同时买入一笔类似的在下一个月结算的 TBA 合约。例如，交易员可以卖出一份标的为 1 亿美元，30 年期，利息为 4.5% 的 FNMA 抵押资产池，交割月为八月的合约，并购买一份同样标的的交割月是九月的合约。美元滚动交易类似于回购（在某些方面）。但有两个重要的区别：

（1）第二个月购入的证券可能与第一个月交割的证券不同。交易的另一方可以将相同的证券卖回，但也可能交付具有更差的提前还款特征的证券。

（2）当重新购回证券的时候价格中不会考虑这个月中的利息。美元滚动交易中发起方将损失一个月的利息，而另一方则获得这一个月的利息。

美元滚动交易的价值与以下四个要素有关，定义：

A：第一个月资产池售价（包括应计利息）；

B：第二个月资产池购入价（包括应计利息）；

C：卖出资产池获得的收入在一个月内的利息；

D：第一个月卖出的资产池应获得的利息和本金偿付。

从而美元滚动交易的价值可以计算为：

$$A-B+C-D$$

例如，假设一个面值为 100 万美元的美元滚动交易，3 月份以 102.50 美元售出一个利率为 4.5% 的资产池，4 月份以 102.00 美元进行回购。我们假设每个月的付款日期都是 12 号。这意味着两笔交易的应计利息均为 1500 美元（=（12/30）×（0.045/12）×1,000,000）。从而得出：A = 102.65 万美元，B = 102.15 万美元。现在假设第一个月卖出获得的收入可以按该月利率 0.1% 进行投资，那么 C = 1,026.5 美元。在计算 D 时，我们假设如果资产池没有被出售，那么在一个月里资产池的利息和本金将达到面值的 0.45%。这意味着 D = 4,500 美元。在本例中，美元滚动交易的价值为美元 1,026,500−1,021,500+1,026.5−4,500=1,526.5。

名师解惑

关于美元滚动，除了要知道它的交易模式以外，还要知道它的价值如何来进行确认的。

五、MBS 类型

以抵押贷款资产池作为标的的证券化产品还包括**抵押担保债券（CMO）**。CMO 构造过程中创造了多种具有不同提前偿付风险的证券。这些证券被称为层级（Tranches）。举一个简单的例子，假设存在具有以下特征的 A 层级、B 层级和 C 层级：

> 考纲要求
> 了解 MBS 的各种类型。

（1）A 层级投资者的投资额为 30% 的 MBS 本金；

（2）B 层级投资者的投资额为 50% 的 MBS 本金；

（3）C 层级投资者的投资额为剩余 20% 的 MBS 本金。

根据 CMO 的结构设计，每层级都能得到未偿本金对应的利息。然而，对于本金支付（包括计划支付和提前偿付）则有特殊的规则。偿付的本金首先分配给 A 层级，当 A 层级的本金全部清偿后，偿付的本金开始分配给 B 层级，当 B 层级的本金全部清偿后，所有剩余的本金全部分配给 C 层级。在这个例子中，大部分的提前偿付风险由 A 层级承担，C 层级承担的提前偿付风险较小。然而，通过调整不同层级的占比可以调整对应的提前偿付风险。

> 重点单词
> IOs：Interest-only Strip；
> POs：Principal-only Strip

另外两种常见的三大机构发行的证券化产品是**纯息证券（IOs）**和**纯本证券（POs）**。这些也被称为剥离式 MBSs。正如他们的名字所暗示的那样，所有来自抵押贷款资产池的利息支付都流入 IOs，而所有的本金支付都流入 POs。当提前偿付上升时，由于 PO 能够更早获得现金流，所以 PO 变得更有价值。相比之下，IO 变得不那么值钱了，因为总体上支付的利息更少了。当提前偿付下降时则正好相反。

六、MBS 价值估计

固定收益类产品的价值，可以采用二叉树。这个二叉树指的是利率二叉树。假如现在有一个两年期的固定收益的产品，当前的市场利率，比如说 10%。要估算它的价值，可以先从现在市场利率来预测未来的市场利率，也就是建立一个利率的预期。这个预期可以通过二叉树的方式来进行。假设说预期未来的利率可能会上升到 11% 或者下降到 9%，这样就得到一个二叉树。有了利率的预期之后，然后对每一笔现金流逐一折现，通过加权平均可以得到它的价格。先从前往后推利率，然后再从后往前推现金流的现值，最后求期望就可以算它的价值，这种计算方法叫做二叉树估值法。

二叉树在计算 MBS 的价值时是不适用的。如果一个 MBS 不是担保的，可能会有信用风险。还有现金流本身自带有风险，可能会有提前偿付的风险，所以

MBS 有一个重要的特点，它不一定是持有至到期的，可能提前就还掉了。所以从前往后推利率，没有问题，但是从后往前推现金流，就会有问题。因为从后往前推现金流的时候，有一个假设就是现金流不会提前偿付。只要有提前偿付就不能直接从后往前去推它的价值。所以 MBS 产品不能用传统二叉树的方式去估计它的价值。主要的原因是它的现金流可能会有提前偿付的问题，也就是说它的现金流具有一定的不确定性。所以在金融市场上对于 MBS 产品的价值估计我们一般用蒙特卡洛模拟的方式。

（一）蒙特卡洛模拟（Monte Carlo Simulation）

— 考纲要求 —
使用蒙特卡罗模拟对 MBS 进行价值估计。

蒙特卡洛模拟在《定量分析》这门课上讲过，看起来很复杂，但是模拟的本质是比较容易理解的。模拟的本质是什么？如果我们要研究一个产品，可以先找一下它的核心风险因子，然后就它的核心风险因子的预测建立一个随机过程，然后可以得出风险因子整个的变动关系，可以有 N 条路径。有了风险因子的 N 条路径之后，就可以估算它未来某一个点上的价值或者风险。这就是模拟的过程。

模拟可以用在 MBS 产品的价值估计当中，首先要知道 MBS 产品的主要风险因素——利率。利率会对它的最终价值造成影响，并且利率的上升或者下降会影响到它的提前偿付。所以如果要去分析 MBS 的价值，可以先就利率这个关键的风险因素去做模拟，模拟出它所有的路径之后，再判断跟利率相关的提前偿付情况，可以得出所有的现金流情况，有了现金流的模拟，就可以算出 MBS 的价值。

用蒙特卡洛模拟来估计 MBS 价值的步骤：

第一步：建模利率走势和再融资路径。可以有 N 条利率上升的、下降的路径。再结合提前偿付的假设，比如说在什么样情况下会发生一些提前偿付。可以根据利率来判断哪些点上会有提前偿付的情况出现，就可以进一步的得到它再融资的一条路径。再融资指的就是提前偿付，再去市场上进行融资。

第二步：计算每条路径的现金流情况。在每一个关键点上了解是不是会提前偿付，进一步的就可以去确认每一个点上的现金流情况，是百分之百的提前偿付还是百分之多少的提前偿付。

第三步：根据模拟的路径，计算每一条路径的现金流现值。有了每一条路径上的利率，有了每一条路径上的现金流，就可以得出每一条路径上的现金流的现值。

最后计算所有路径现值的平均值，得到 MBS 的价值。每一条路径都可以得到一个现值，把所有的现值求一个平均值。这个平均值，就可以作为 MBS 这个产品的价值的一个合理的预期。

为什么说蒙特卡洛模拟能够去分析 MBS 的价值？因为它在利率和现金流的分析中，已经把所有的提前偿付的情况全部都考虑进去了，把所有的情况都考虑进去之后，算出它的现值，再求一个平均水平就可以反应它的价值。这是蒙特卡洛模拟在 MBS 产品的价值估计当中一个实际运用。

（二）相对价值分析

对于很多债券类产品进行分析时，经常也会用到相对价值分析。相对价值分析指的是在不同产品当中去做对比分析。可以用**价差（Spread）/ 风险溢价（Risk Premium，简写 RP）**来分析。根据每一个产品溢价的大小，来判断它带来的收益情况。

对于常规的债券，它的风险溢价，是怎么来进行分析的？公允的价格是按照无风险利率来进行折现求得的。在已知价格的情况下，是可以通过价格来倒推它隐含的风险溢价的。债券的公允的价格，等于未来所有的现金流现值之和。

$$P=\sum_{t=1}^{T}\frac{C_t}{(1+Z_i)^t}$$

如果现在已知债券的市场价格，就可以倒推实际的风险溢价，那么它的计算方法就应该是什么？市场价格是未来的现金流在贴现的时候，在无风险利率基础上加上了一个风险溢价，然后折现得出来的。

$$\text{市场价格}=\sum_{t=1}^{T}\frac{C_t}{(1+z_i+RP)^t}$$

风险溢价在债券中也叫做价差（spread）。如果比较的债券是同类型的，那么就可以根据他们不同的价差来判断谁的价值比较高，谁的价值比较低。在常规的债券中，计算出来的价差，叫做**零波动价差（Zero-Volatility Spread，简写 Z-Spread）**。它就是在市场上的无风险利率的基础上加上了一个价差，然后把未来所有现金流进行贴现，令它等于当前的市场价格倒推出来的一个风险溢价。这样就可以做相对价值分析。

但是这种分析方式是不适用于 MBS 的。因为 MBS 本身有一个额外的提前偿付风险。如果通过上述方式，计算出来的 MBS 的价差，除了其他债券都有的风险以外，它其实还包含了一个提前偿付风险。这样得来的价差是不可比的，因为它的风险特征不一样。

在对 MBS 相对价值分析计算价差时，仍然可采用蒙特卡洛模拟的方式。令市场价格等于所有路径的现值的期望。每个路径的现值，采用这条路径上预测出来的现金流，除以这一条路径上的无风险利率加价差得来的。每条路径上都要计算一次。通过这种方式倒推出价差。

$$\text{市场价格}=E(PV_i)$$

$$PV_i = \sum_{t=1}^{T} \frac{C_t}{(1 + z_i + RP)^t}$$

这个时候倒推出的价差，就不包含提前偿付风险了。因为模拟考虑了所有现金流的情况。通过这种方式得出来的价差，是可以跟其他的一些不同风险类型的债券相比较的，因为它把提前偿付风险剔除了。

— 考纲要求 —
定义提前偿付权调整价差（OAS）。

还有一类价差，有一个特殊的名称叫做**提前偿付权调整利差（Option-Adjusted Spread，简写 OAS）**，OAS 是指固定收益产品中基于嵌入权利调整后得出的超出无风险利率的超额收益。我们之前介绍了一个涉及蒙特卡罗模拟的 MBS 价值计算过程。对这一过程进行调整后可以用于确定 MBS 中的 OAS。流程如下：

（1）对 OAS 进行初步估计；

（2）按照上一节的描述进行蒙特卡罗模拟，但是使用的贴现率为国债利率加上 OAS 的当前估计值；

（3）将得出的价格与市场价格进行比较；

（4）如果市场价格高于模拟价格，则降低 OAS 估计值；如果市场价格低于模拟价格，则增加 OAS 估计值。

（5）继续更改 OAS 估计值，直到模拟价格等于市场价格为止。

在确定不同 MBS 资产池的相对价值时，OAS 很有用。例如，一个 OAS 为 80 个基点（即相对与国债来说超额收益为 0.8%）的 MBS 相对于一个 OAS 为 40 个基点（即相对与国债来说超额收益为 0.4%）的 MBS 来说更具有价值。

OAS 是在 MBS 产品的分析当中特有的，是运用蒙特卡洛模拟的方式得到的一个风险溢价，在这个风险溢价当中直接剔除了 MBS 特有的提前偿付风险。一般 Z-Spread 比 OAS 要高一些，高的部分主要是提前偿付带来的额外的风险溢价。总的来说，MBS 的价值估计一般用的是蒙特卡洛模拟的方式，另外在相对价值分析时用到的是 OAS。OAS 的计算，仍然要运用到蒙特卡洛模拟的方式。

本章小结

本章节，前三节是基于标的资产池，第四节是 MBS 市场的情况。

♣ 标的资产池

◢ 住房抵押贷款介绍。

- 机构贷款（Agency Loans）或者标准贷款（Conforming Loans）。
- 非机构贷款（Non-agency Loans）或者非标准贷款（Non-conforming Loans）。

◢ 抵押贷款现金流分析。

- 等额本息中本金、利息及未还余额的计算。

◢ 抵押贷款的提前还款。

- SMM。
- CPR。

♣ MBS 市场

◢ 抵押资产池交易。

- 特定抵押池收购指的是三大机构去收购抵押贷款资产池时，它是有一些具体的特殊的规定，只针对特殊设定好的抵押贷款资产池去收购。但是这种交易方式流动性不是特别好。
- TBA 收购，交易的是一个抵押贷款资产池的远期合约，流动性会比较好一些。

◢ 美元滚动交易：用抵押贷款资产池融资的一种方式。滚动的购买者先出售一份一个月后到期的 TBA，并且在下一个月购回同样的 TBA。和回购很像。

◢ MBS 价值估计：蒙特卡洛模拟。

章节练习

◇ A homeowner has a 30-year, 5% fixed rate mortgage with a current balance of USD 250,000. Mortgage rates have been decreasing. Which of the following is closest to the amount that the homeowner would save in monthly mortgage payments if the existing mortgage was refinanced into a new 30-year, 4% fixed rate mortgage ?

A. USD 145

B. USD 150

C. USD 155

D. USD 160

答案解析：B

5% 的固定利率抵押贷款：N=30×12=360，I/Y=5/12，PV=250,000，FV=0，可得 PMT=−1,342.05。

4% 的固定利率抵押贷款：N=30×12=360，I/Y=4/12，PV=250,000，FV=0，可得 PMT=−1,193.54。

所以，每个月节省 1,342.05−1,193.54=148.51。

◇ A fixed-income portfolio manager purchases a seasoned 5.5% agency mortgage-backed security with a weighted average loan age of 60 months. The current balance on the loans is USD 20 million, and the conditional prepayment rate is assumed to be constant at 0.4% per year. Which of the following is closest to the expected principal prepayment this month ?

A. USD1,000

B. USD7,000

C. USD10,000

D. USD70,000

答案解析：B

第一步：由 $1-CPR=(1-SMM)^{12}$，可得 SMM=0.000334。

第二步：计算本月计划还的本金。

N=60，I/Y=5.5/12，PV=20,000,000，FV=0，可得 PMT=−382,023.24。利用计算器摊销功能，输入 P1=1，P2=1，可得 PRN=290,356.58。即本月计划还的本金 =290,356.58。

第三步：由 SMM= 本月提前偿付的本金 /（期初余额 − 本月计划还的本金）

可得本月提前偿付的本金 =0.000334×（20,000,000−290,356.58）=6,583。

◇　A level-payment, fixed-rate mortgage has the following characteristics:

- Term 30 years
- Mortgage rate 9.0%
- Servicing fee 0.5%
- Original mortgage loan balance $150,000

The monthly mortgage payment is:

A. $416.67

B. $1,125.00

C. $1,206.93

D. $1,216.70

答案解析：C

N=360；I=9/12=0.75；PV=150,000；FV=0；CPT PMT=−$1,206.93

服务费不计入月还款额当中。

◇　If the conditional prepayment rate（CPR）for a pool of mortgages is assumed to be 5% on an annual basis and the weighted average maturity of the underlying mortgages is 15 years, which of the following amounts is closest to the constant maturity mortality ?

A. 0.333%

B. 0.405%

C. 0.427%

D. 0.5%

答案解析：C

$$SMM=1-(1-CPR)^{1/12}=1-(1-0.05)^{1/12}=1-0.95^{1/12}=0.43\%$$

◇ When using the Monte Carlo approach to estimate the value of mortgage-backed securities（MBSs）the model should：

A. use one consistent volatility measure for all interest rate paths.

B. use a short/long yield volatility approach.

C. use annual interest rates over the entire life of the mortgage security.

D. ignore the distribution of the interest rate paths used to determine the theoretical value.

答案解析：B

当使用蒙特卡罗方法估计 MBS 价值时，该模型应该对所有利率路径使用多个波动率度量。使用短期或长期收益率波动率方法来估计每月利率是很常见的。虽然有关利率路径分布的信息常常被忽略，但它包含有价值信息，应该加以考虑。

扫码获取更多题目

Part 04

第四部分　估值与风险模型

模块导论

估值与风险模型在考试中占比为30%，主要关注产品是如何定价的。本门课程在FRM体系中起到了承上启下的作用，它先介绍了期权和债券的定价方式，这是承上的部分；风险模型是启下的部分。风险模型关注的是金融市场中的三大风险，即信用风险、市场风险和操作风险。在二级当中，这三大风险每一门都划分为单独的一个科目。估值与风险模型这门课一共可以分为六大模块，第一个模块是期权的估值，主要分为三个部分；第二大模块是债券的估值，金融市场与产品中，大家已经学习了一些债券的基本知识，这些基础知识在估值这门课中会进行深入的学习。第三模块是市场风险，这部分内容会引入市场风险计量指标VaR值（在险价值），以此衡量市场上各个风险因子的变化所带来的影响。第四个模块是信用风险，这部分内容主要讲解交易对手带来的风险。第五模块是操作风险，巴塞尔协会明确规定了它的计量方式。第六模块是压力测试，压力测试也是近几年比较流行的，人民银行和银监会每年都会要求银行业进行压力测试。大家学习的重点在前面三个模块，信用风险和操作风险在二级还会进行深入学习。以上是估值与风险模型的整体框架。这门课不仅在分值上占比比较高，而且在一级和二级内容的承接方面起到了至关重要的作用。

期权估值是比较复杂的内容。第三十六章节是1973年布莱克、斯科尔斯和莫顿提出的BSM模型，该模型堪称是金融学史上的里程碑。这是金融学历史上非常重要的模型，其成就可和马可维茨现代投资组合理论齐名。当然，BSM模型也有不足之处，例如假设条件多，计算复杂等，所以经济学家们在1979年提出了一种简单的方法，即第三十五章节内容，二叉树模型（Binomial Trees），它认为未来股票价格就像一棵树的树枝一样，要么上涨，要么下跌，通过股票价格未来变化的情况估计期权的变动，这是二叉树模型的中心思想。二叉树模型的诞生时间比BSM模型晚，但由于二叉树模型相对简单，所以本书先介绍二叉树模型，再介绍BSM模型，有助于大家理解。第三十七章节是希腊字母，希腊字母研究的是影响期权价格变动的因素，希腊字母是期权内容中最复杂、最难也是考题最多的章节，所以希腊字母这一章节是必须重点掌握的。第三十八、三十九章节都是介绍与债券相关的内容，即债券的基本简介、债券估值以及债券的风险管理。第四十章至四十二章的内容就是银行所面临的三大风险，在一级，以市场风险的VaR值为学习重点，这里出计算题的概率很大，信用风险和操作风险以理解为主，信用风险会有少量计算，最后的第四十三章是压力测试，也是需要重点关注的一块内容。

第三十五章 二叉树模型
Binomial Trees

一、二叉树定价	1. 构造备兑看涨期权组合	★★
	2. 风险中性概率的方法	★★★
二、一步二叉树	1. 引入波动率	★★★
	2. 引入 p、u、d	★★★
三、二叉树运用	1. 两步二叉树	★★★
	2. 美式期权的定价	★★★
四、二叉树的优缺点	1. 二叉树的优点	★★
	2. 二叉树的缺点	★★

学习目的

期权定价是困扰人类近 2500 年的难题，期权二叉树定价方法的发明无疑初步解决了这个难题。二叉树定价方法简单易行，且不涉及过于高深的数学技术。本章我们就来学习这个技术。

考点分析

本章考试题目多以定量为主，计算量比较大。通过构建二叉树对期权进行定价几乎是 FRM 必考题。考生尤其需要掌握两步欧式期权的二叉树定价计算。而美式看跌期权的二叉树定价，由于计算量较大、耗时较多，因而显得性价比不高。考生可以根据自己在实际考试中的时间预算灵活决定取舍。

本章入门

期权估值分为三个章节，第三十五章讲述如何用二叉树给期权定价，二叉树模型是在 1979 年由考克斯、罗斯、鲁宾斯坦等首先发现并证明的。二叉树是期权定价的方法之一，该方式是以风险中性定价为假设前提，假设未来标的资产价格有两种可能——上涨或下跌形成树杈形，从树杈节点末端的期权价值往前端倒推，以此来计算期权价格。这种方法显著的优势是简单方便。

第一节　二叉树定价

一、构造备兑看涨期权组合

> 考试小技巧
> 该部分内容是大家学习的重点，通过本章节的学习，要求大家掌握二叉树各个参数的计算方法，理解二叉树定价的基本原理，学会利用二叉树模型求解欧式和美式期权的价值。

如图 35-1 所示，假设现在 ABC 公司的股票价格为 20 美元，该股票在三个月后或者上涨到 22 美元或者下降到 18 美元，期权的执行价格是 21 美元，连续复利的无风险利率为 12%，求三个月后以该股票为标的资产的欧式看涨期权的价格是多少？

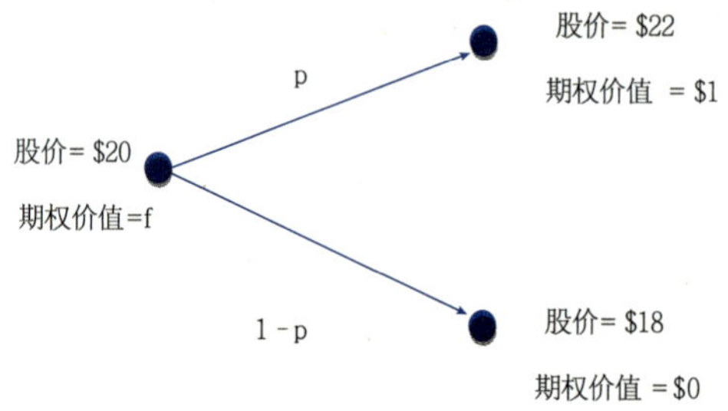

图 35-1　期权价值二叉树

> 考纲要求
> 定义和计算股票期权的 delta。

首先计算到期日的股票期权价值，即为 Max（S_T − K，0），当股票价格上涨时，此时看涨期权的价值为 22−21=1，即为 f_u=1；当股票价格下跌时，此时看涨期权的价值为 0，即为 f_d=0。

通过标的资产—股票、和对冲工具—看涨期权来构造无风险组合，在《金融市场与产品》中，大家学过备兑看涨期权组合，构造此策略时是先卖出一份看涨期权，由于卖出看涨期权风险是无限大的，所以通过买入股票来对冲股票价格无限上升的风险，即卖出一份看涨期权，买入 Δ 份股票。将这种构造组合的理念引入到二叉树定价模型中，使得整个组合的完全无风险。

组合期初的价值为 20 × Δ−f。若想要整个组合是完全无风险的，那意味着无论标的资产价格如何变动，组合的价值都应不受影响。所以无论期末股票价格上涨还是下跌，对应的组合价值都要相等，得到式子：22 × Δ−1=18 × Δ−0，即期末组合价值在股票价格上升和下降时是相同的，此时实现完全对冲。通过计算得到 Δ =0.25，的经济含义为买入 0.25 份股票、卖出 1 份看涨期权，即可实现风险的完全对冲。

由于整个组合是完全无风险的，那么期权初始 0 时刻的价值和 3 个月后到期时的价值应该只有无风险收益率的差异，与在银行存钱类似，因为风险已经完全对冲，所以期末可以获得无风险收益率。

表达式为：$20\times\Delta-f=e^{-rT}\times(22\times\Delta-1)$

可得期权的价值 f=0.63。

名师解惑

这种定价模型叫做二叉树模型。整体思路为买入Δ份股票，卖出一份看涨期权，构造备兑看涨期权组合，把整个组合的风险完全对冲，所以标的资产价格的上涨和下跌不会影响组合的未来价值，由此可以算出对冲比率Δ。因为整个组合是无风险组合，因此可以列出无风险组合的表达式，即期初价值和期末价值之间只差一个无风险收益，所以期末价值用无风险利率贴现到现在就等于期权组合的期初价值。

二、风险中性概率的方法

关于二叉树模型，一共有两种计算方式。上述方法为第一种方法，先计算出对冲比率，然后用无风险利率贴现求得期权价值。

第二种方法是用风险中性概率。在风险中性的世界里，所有人对风险采取无所谓的态度，即只关心收益不关心风险，要求的收益也仅是无风险收益。在 CAPM 理论中假设所有投资者都是风险厌恶的，而二叉树模型假设投资者是风险中性的。

名师解惑

风险中性定价为什么可以应用到现实世界中呢？因为在现实世界中，一个资产的定价并不受投资者风险偏好的影响，不管投资者是风险厌恶、风险中性或是风险偏好，都无法改变一个资产的定价，因为在现实世界中资产的定价只有一个。所以现实世界的金融产品是适合风险中性的估值方式的，也就是说利用风险中性估值方法估计出来的资产价格是可以在现实世界中运用的。

首先，在已经构造的无风险组合—备兑看涨期权组合的基础上，引入风险中性概率的概念，把股票和期权拆成单独的两份，假设股票价格上涨的概率为 p，下跌的概率为 1−p，对应到期权上也是上涨的概率为 p，下跌的概率为 1−p。

考试小技巧

考试中，更多采用的是第二种方法给期权定价：期权价值先求风险中性概率，然后按照风险中性概率求期权期望，再用无风险利率来贴现，求出期初期权的价值。

计算未来股票价格的期望，即为 $22\times p+18\times(1-p)$，因为备兑看涨期权组合是无风险的，所以股票期初的价格等于期末的价格以无风险利率折现，即为 $20=[22\times p+18\times(1-p)]e^{-12\%\times0.25}$，此时可得风险中性概率 p=0.6523。此处的风险中性概率 p 是客观存在的概率，与投资者个人的主观意识无关，完全取决于未来的股票价格。只要未来的股票价值确定了，就可以求出 p，p 表示的是股票价格上涨的概率，股票价格下跌的概率为 1−p=1−0.6523=0.3477。期权价格同理，$f=[1\times p+0\times(1-p)]e^{-rT}$，代入已知条件，可以得到。

名师解惑

考试必须要明白风险中性定价的原理。这个定价原理经常会出一些定性的题目，比如说，判断一句话的正误“风险中性概率，表示的是未来股票价格上涨的概率”这个说法是不对的。它是在风险中性环境下，通过备兑看涨期权组合或者保护性看跌期权组合两种方式构造一个无风险组合之后，再把股票和期权分别拆开。在这种无风险组合的情况下，可以计算出来一个隐含的概率水平，这个概率是一个客观存在的，它和现实生活中真实的上涨和下跌的概率是不一样的。现实生活中的上涨下跌概率叫做物理的概率（Physical Probability）。

第二节 一步二叉树

一、引入波动率

由于市场上投资者的风险偏好不同，所以每个投资者对于未来股票价格的预期就会不同，每个投资者的风险中性概率 p 也会不同，如果以此方式定价会导致不同投资者有不同的期权定价。因此为了得到更加标准化的定价，我们在定价中引入股票波动率，股票波动率是影响期权价格的一个很重要的因素。

在引入股票波动率为期权定价时，要基于以下三条假设：

（1）股票价格变化服从几何布朗运动，即股价是随机游走的，等同于股价是服从对数正态分布的，即股票价格收益率服从正态分布，S ~ lonnormal 或者 $\ln S$ ~ normal。

（2）风险中性，即所有的投资者组合构建一个风险中性的组合。

（3）u=1/d，即股票价格上涨的幅度和下跌的幅度互为倒数，其中 u 为上涨的幅度，d 为下降的幅度。

名师解惑

严格来说，应该是股票价格的收益率 (S_1/S_0) 服从对数正态分布，股票价格的对数收益率 $\ln(S_1/S_0)$ 服从正态分布。但在 FRM 体系中，按照正文理解即可，即股票价格是服从对数正态分布的，股票价格收益率是服从正态分布的。

在这三条假设的基础上，上述期权定价的例子就更加标准化了。

首先，第一种方法是利用对冲比率 Δ 定价。

以看涨期权为例，假设股票的期初价格为 S_0，期末上涨后的价格为 $S_0\times u$，下降后的价格为 $S_0\times d$，其中 u 和 d 分别表示股票价格上涨和下跌的幅度。如上述例子中，股票的初始价格为 20 元，上涨到 22 元，那么此时 u 为 1.1；下跌到 18 元，那么此时 d 为 0.9。期末看涨期权的价值 $f_u=\max(S_0\times u-K,0)$，$f_d=\max(S_0\times d-K,0)$。然后买入 Δ 份股票，卖出一份看涨期权，此时股票的价值变为 $S_0\times u\times\Delta-f_u=S_0\times d\times\Delta-f_d$，得到对冲比率 $\Delta=\frac{f_u-f_d}{S_0\times u-S_0\times d}$，Δ 的含义为股票价格变动一单位，期权价格变动多少单位。期权期初价值与期末价值以无风险利率折现是相等的，即为 $S_0\times\Delta-f=(S_0\times u\times\Delta-f_u)e^{-rT}$ 或者 $S_0\times\Delta-f=(S_0\times d\times\Delta-f_d)e^{-rT}$，此时可以反求出期权价格 f 的值。

二、引入 p、u、d

第二种方法是引入风险中性概率。

在已构造的无风险组合的基础上，将股票价格和期权价格拆开，此时 $S_0=[S_0\times u\times p+S_0\times d\times(1-p)]e^{-r\Delta T}$，可得$p=\frac{e^{r\Delta t}-d}{u-d}$，将风险中性概率 p 应用到期权定价当中，可得 $f=[f_u\times p+f_d\times(1-p)]e^{-r\Delta T}$。即期权价值等于风险中性概率 p 求期望然后用无风险利率贴现。考试中会有两种情况，一种是题干会直接说明上涨的幅度 u 和下跌的幅度 d 的数值分别是多少，还有一种是题干不会直接说明 u 和 d 的数值，此时只要引入波动率，就可以计算上涨和下跌的幅度。计算公式为 $u=e^{\sigma\sqrt{\Delta t}}$；$d=e^{-\sigma\sqrt{\Delta t}}$，具体推导可由下列 3 个方程式得出：

（1）$S_0=[S_0\times u\times p+S_0\times d\times(1-p)]e^{-r\Delta T}$

（2）$u=\frac{1}{d}$

（3）股票价格变动服从几何布朗运动，那么股票价格的方差等于股票价格平方的期望减去期望的平方即：$S^2\times\sigma^2\times\Delta t=(Su)^2\times p+(Sd)^2\times(1-p)-[Su\times p+Sd\times(1-p)]^2$

利用上述 3 个方程式，可以分别解出 p，u，d。

名师解惑

关于 u 和 d 的衍生出的小概念：

当利用 $u=e^{\sigma\sqrt{\Delta t}}$；$d=e^{-\sigma\sqrt{\Delta t}}$；计算 u、d 时，这时 u×d=1。

当利用 $u=\frac{S_u}{S_0}$，$d=\frac{S_d}{S_0}$，计算 u、d 时，此时 u×d 可以不等于 1。

当利用 u=1+？%，d=1-？%；计算 u、d 时，u×d 可以不等于 1。

三、其他资产的调整方式

当股票二叉树中的标的资产股票有分红时，假定分红率是 q，q 需在无风险利率 r 的基础上扣除，那么风险中性下的上升概率 p 应该调整成：$p=\frac{e^{(r-q)\Delta t}-d}{u-d}$。

当股票二叉树中的标的资产替换成股指时，处理方式仍然和股票期权一致，风险中性下的上升概率仍然是$p=\frac{e^{(r-q)\Delta t}-d}{u-d}$。

当股票二叉树中的标的资产替换成外汇时，此时只需将外币产生的收益近似看成是股票的分红即可，外币的收益需在本国的无风险利率 r 的基础上扣除。

当股票二叉树中的标的资产替换成期货时，此时仍然可以把期货当成是股票，不过标的资产的分红率刚好等于本国的无风险利率，那么风险中性下的上升概率 p 应该调整成：$p=\frac{e^{(r-q)\Delta t}-d}{u-d}=\frac{1-d}{u-d}$。

名师解惑

关于其他资产的调整方式，以会运用为主，不必过度纠结由来。类似的调整方式，同样适用于后续的 BSM 模型章节。

第三节　二叉树运用

一、两步二叉树

对于两步二叉树而言，在第一个节点，股票价格上涨至 $S_0 \times u$ 或者下跌至 $S_0 \times d$，在第二个节点，股票价格可以表现为 $S_0 \times u \times u$、$S_0 \times u \times d$、$S_0 \times d \times d$ 这三种情况。在利用两步二叉树进行期权估值时，需要考虑每一步之间的时间间隔。

考纲要求

使用二叉树计算欧式和美式期权价值。

举个例子

利用两步二叉树计算欧式看涨期权的价格，如表 35-1 所示。

表 35-1　欧式看涨期权信息表

股票价格	执行价格	期限	波动率	无风险收益率	红利率
810 美元	800 美元	0.5 年	20%	5%	2%

1. 计算 p，u，d：

$u=e^{\sigma\sqrt{\Delta t}}=e^{0.2\sqrt{0.25}}=1.1052$；$d=\frac{1}{u}=0.9048$，注意这里的 $\Delta t=0.25$。

$P=\frac{e^{(r-q)\Delta t}-d}{u-d}=\frac{e^{(5\%-2\%)\times 0.25}-0.9048}{1.1052-0.9048}=0.5126$；$1-p=0.4874$

2. 股票价格从前向后推，如图 35-2 所示：

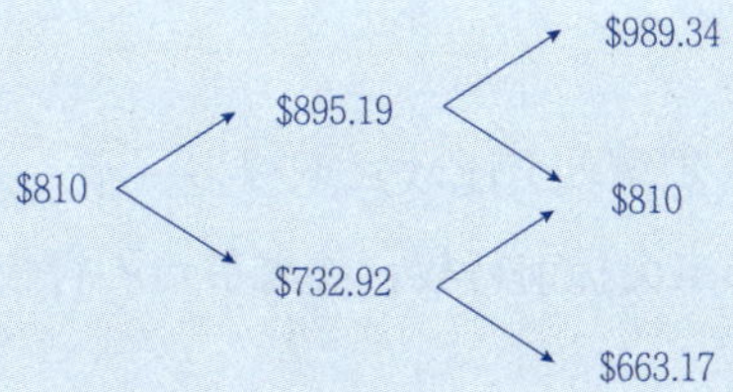

图 35-2　节点股票价格图

3. 计算节点的期权价值，看涨期权价值为 Max(ST - K，0)

4. 期权价值从后向前贴现，如图 35-3 所示：

$$(189.34\times 0.5126+10\times(1-0.5126))e^{-0.05\times 0.25}=100.66$$

$$(10\times 0.5126+0\times(1-0.5126))e^{-0.05\times 0.25}=5.06$$

$$(100.66\times 0.5126+5.06\times(1-0.5126))e^{-0.05\times 0.25}=53.4$$

考试小技巧

对于二叉树定价，如果是一般的欧式期权，主要为以下四步：

1. 计算 p，u，d。
2. 股票价格从前向后推。
3. 计算节点的期权价值。
4. 期权价值从后向前贴现。

所以该欧式看涨期权的价值是 53.4 元。

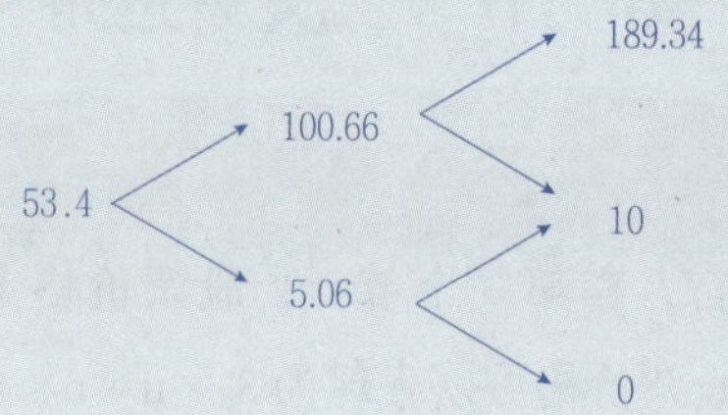

图 35-3 节点期权价值图

举个例子

> 考试小技巧
> 美式期权与欧式期权定价只有最后一步不同，即需要判断节点期权价值。

股票 A 现在的价格是 10 元，3 个月后，股票价格上涨到 11 元或者下跌到 9 元，无风险利率是 3.5%，3 个月期的欧式期权，执行价格为 10，问该欧式期权的价格是多少？

【解析】第一步，先计算 p、u、d，u=1.1，d=0.9，$p=\frac{e^{3.5\%\times 0.25}-0.9}{1.1-0.9}=0.5439$，1-p=0.4561；第二步，股票价格从前往后推，这一步根据题干信息已知；第三步，计算节点期权价值，$f_u=1$，$f_d=0$；第四步，将期权价值从后向前贴现，按照风险中性概率求期望：$[1\times p+0\times(1-p)]e^{-3.5\%\times 0.25}=0.5439e^{-3.5\%\times 0.25}=0.54$。

二、美式期权的定价

> 考试小技巧
> 欧式看涨期权和看跌期权永远都不会提前行权，美式看涨期权只要没有红利支付，是不会提前执行的，就等同于欧式期权，所以这三种期权需要 4 个步骤，但美式看跌期权要用到 5 个步骤，多出的步骤是比较节点期权价值，从中取较大的数值，然后再用无风险利率贴现。

为美式期权定价时，步骤就会比欧式期权多一步。为了简化问题，假设美式期权只在 0 时刻或某个节点会提前行权，如果节点不行权则默认期权持有至到期。

（1）计算 p，u，d。

（2）股票价格从前向后推。

（3）计算节点的期权价值。

（4）期权价值从后向前贴现。

（5）比较节点期权价值，取较大值。

举个例子

利用两步二叉树计算价格涨跌幅为 +/-20% 的美式看跌期权的价格，如表 35-2。

表 35-2 美式看跌期权信息表

股票价格	执行价格	期限	无风险收益率	红利率
50 美元	52 美元	2 年	5%	0%

1. 计算 p，u，d：

$$u=1+20\%=1.2;\ d=1-20\%=0.8$$

$$p=\frac{e^{r\Delta t}-d}{u-d}=\frac{e^{5\%\times 1}-0.8}{1.2-0.8}=0.6282;\ 1-p=0.3718$$

2. 股票价格从前向后推：

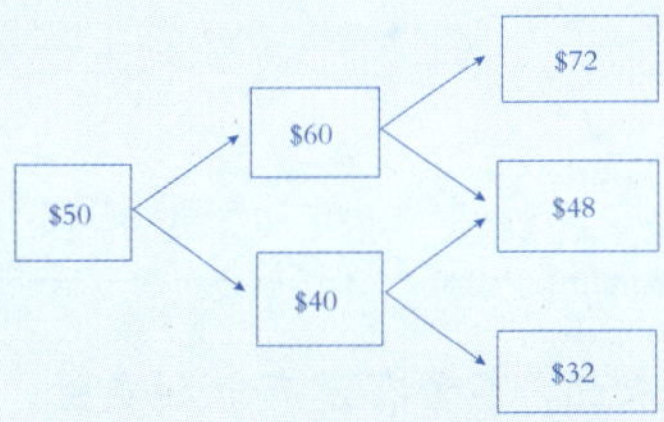

图 35-4 节点股票价格图

3. 计算节点的期权价值，看跌期权价值为 Max（$K - S_T, 0$）：

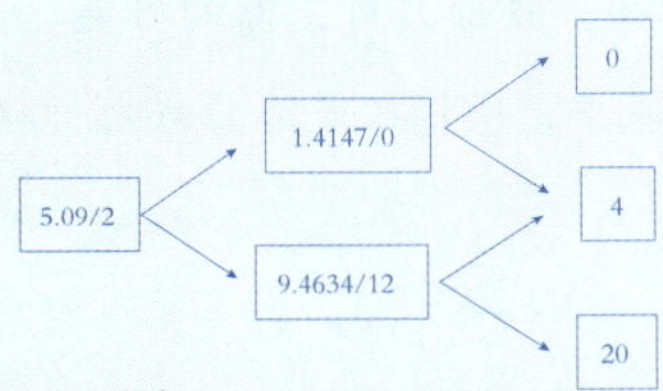

图 35-5 节点期权价值图

4. 期权价值从后向前贴现，如图 35-5：

$(0\times 0.6282+4\times(1-0.6282))e^{-0.05\times 1}=1.4147$

$(4\times 0.6282+20\times(1-0.6282))e^{-0.05\times 1}=9.4634$

$(1.4147\times 0.6282+12\times(1-0.6282))e^{-0.05\times 1}=5.09$

5. 比较节点期权价值，取较大值：

因为 12>9.4634，所以当标的资产为 40 美元时，美式看跌期权提前行权，此时看跌期权的价格为 12 而不是 9.463412。

举个例子

一个美式看跌期权，执行价格为 50 元，标的资产价格为 40 元，假设股票价格未来上涨和下跌的幅度都是 8 元，期限是 6 个月，无风险利率是 6.2%，请用一步二叉树求期权价值。

【解析】第一步，算 p、u、d，u=48/40=1.2，d=32/40=0.8，$p=\frac{e^{6.2\%\times0.5}-0.8}{1.2-0.8}=$ 0.5787；第二步，股票价格从前往后推，这一步题目已知分别是 48 和 32；第三步，计算节点期权价值，因为是美式期权，所以计算完节点价值之后需要和提前行权的期权价值做比较，max（K-S，0），$f_u=50-48=2$，$f_d=50-32=18$；第四步，期权价值从后向前贴现，2 和 18 分别按照风险中性概率求期望，$[2\times0.5787+18\times0.4213]e^{-6.2\%\times0.5}=8.4738$；第五步，比较两个节点期权价值，从中选取较大的。贴现回来的价值是 8.4738，直接执行的价值是 10，所以期权的价值是 10。

名师解惑

对于美式看跌期权来说，不管有没有红利支付，都是可以提前行权的。例如，在极端情况下，一只股票的看跌期权行权价格是 10 元，若此时股票价格已经跌到 0 元，对于买入美式看跌期权的投资者来说，已经是赚得了最大收益，所以继续持有，股价只有上涨的可能，不会下跌更多，换句话说继续等待只会使收益减少，所以投资者会提前行权。

第四节　二叉树的优缺点

一、二叉树的优点

二叉树定价模型是一种非常简单的模型，是只需要用加减乘除就可以得到一个相对准确结果的一种方法。假设期权到期的时间是 T，在 0 到 T 之内，可以采用一步二叉树，Δt=T；也可以采用两步二叉树，Δt=T/2；还可以采用 N 步二叉树，Δt=T/N。随着 N 无限增大，Δt 无限减小，此时二叉树就变成连续二叉树，计算量会增大，连续二叉树得出的期权价格就会无限趋近于 BSM 模型算出来的价格。由此可见二叉树模型很实用，通过加减乘除就可以得到一个相对准确的结果。

美式期权因为可以提前行权，所以在为其定价时是有一定难度的，但二叉树模型的又一优点在于它可以给美式期权做定价。

名师解惑

二叉树虽然计算比较复杂，但是很容易通过编程来实现。

后来一些经济学家也对二叉树模型做了一些扩展。比如，引入一种三叉树，股价未来可以上涨下跌或者不变，这样组合起来就像一个蜘蛛网，计算出来的结果也会更加精确一点。二叉树模型是可以有很多扩展方向的，它只要分的步骤足够多，时间间隔足够短，它最终的结果是趋向于BSM定价公式计算出来的结果的。

二、二叉树的缺点

二叉树模型有个缺点，不能为**路径依赖式**（Path-dependent）的期权定价。比如，**亚式期权**（Asian Option），亚式期权的执行价格等于过去每天股票收盘价的平均数，所以亚式期权它的损益就依赖于未来股票价格真实波动的路径。二叉树模型采用的方法是从后向前贴现的方法，这样是没有办法给这种路径依赖式期权定价的。给路径依赖式期权定价只能用蒙特卡洛模拟来实现。再以**回溯期权**（Lookback Option）为例，回溯期权可以用二叉树定价，因为这种期权是往回看的，它的损益可以表述为 $\max(S_t-X, 0)$，是从未来向前推的，所以可以用二叉树定价。

名师解惑

这里是经常会出一些定性题目的，比如说哪类期权适用于哪些定价方法。

二叉树定价明确的几个小问题：

- 二叉树里的期权定价主要指的是股票期权，期权的定价就是它的估值，不同于金融市场与产品里的远期的定价和估值。
- 期权定价定的是期权费用。

本章小结

♣ 二叉树定价

- 构造备兑看涨期权组合。
  - 买入 Δ 份股票，卖出一份看涨期权，构造无风险组合。
- 风险中性概率的方法。
  - 在无风险组合——备兑看涨期权组合的基础上，假设股票价格上涨的概率为 p，下跌的概率为 1-p，然后利用无风险利率贴现求得期权价值。

♣ 一步二叉树

- 引入波动率的 3 条假设。
  - 股票价格变化服从几何布朗运动，即股票价格服从对数正态分布，S ~ Lognormal 或者 ln*S* ~ Normal。
  - 风险中性，即所有投资者都对风险采取一种无所谓的态度。
  - u=1/d，即上涨的幅度和下跌的幅度互为倒数。
- 引入 p、u、d。
  - $p=\frac{e^{r\Delta T}-d}{u-d}$
  - $u=e^{\sigma\sqrt{\Delta t}}$
  - $d=e^{-\sigma\sqrt{\Delta t}}$

♣ 二叉树运用

- 两步二叉树给欧式期权定价步骤。
  - 计算 p，u，d。
  - 股票价格从前向后推。
  - 计算节点的期权价值。
  - 期权价值从后向前贴现。
- 美式期权定价步骤。
  - 计算 p，u，d。

- 股票价格从前向后推。
- 计算节点的期权价值。
- 期权价值从后向前贴现。
- 比较节点期权价值，取较大值。

♣ 二叉树的优缺点

- 二叉树的优点。
  - 可以给美式期权做定价。
  - 只用加减乘除就可以得到一个相对准确的结果。
- 二叉树的缺点。
  - 不能给路径依赖式期权定价。

章节练习

◇ Assume that a binomial interest-rate tree indicates a 6-month period spot rate of 2.5% and the price of the bond if rates decline is \$98.45, and if rates increase is \$96. The risk-neutral probabilities respectively associated with a decline and increase in rates if the market price of the bond is \$97 correspond to:

A. 0.1/0.9

B. 0.9/0.1

C. 0.2/0.8

D. 0.8/0.2

答案解析：B

$$\frac{p\times 98.45+(1-p)\times 96.00}{1+0.025/2}=97.00\Rightarrow p=0.9;1-p=0.1$$

◇ Consider a non-dividend paying stock currently priced at \$37. Assuming that the price of the stock will rise or fall by 5% every three months. The continuously compounded risk free rate is 7%. Calculate the value of a 6-month European call option with a strike price at \$38.

A. \$1.065

B. \$1.234

C. \$1.856

D. \$2.710

答案解析：B

二叉树的路径如下：

今天	3 个月后	6 个月后
		40.7925 (2.7925)
	38.85	
37		36.9075 (0)
	35.15	
		33.3925 (0)

看涨期权的价值是期望的内在价值的现值。股价向上移动的概率为：

$$p=\frac{e^{r\Delta T}-d}{u-d}=\frac{e^{7\%\times 0.25}-0.95}{1.05-0.95}=0.67654$$

只有当股价连续两次上涨时，期权才处于实值状态，股价连续两次上涨的概率是 $0.67654^2=0.45771$，期权今天的价值是 $c=0.45771\times 2.7925\times e^{-7\%\times 0.5}=1.234$。

◇ The current price of a non-dividend paying stock is \$75. The annual volatility of the stock is 18.25%, and the current continuously compounded risk-free interest rate is 5%. A 3-year European call option exists that has a strike price of \$90. Assuming that the price of the stock will rise or fall by a proportional amount each year, and that the probability that the stock will rise in any one year is 60%, what is the value of the European call option ?

A. \$22.16

B. \$12.91

C. \$3.24

D. \$7.36

答案解析：D

$$u=e^{\sigma\sqrt{\Delta t}}=e^{18.25\%\times\sqrt{1}}=1.2;\ d=e^{-\sigma\sqrt{\Delta t}}=0.83$$

接下来，预测股票价格在 3 年内可以遵循的各种路径。该股有 4 个潜在的期末价值：

Suuu = \$75 × 1.2 × 1.2 × 1.2 = \$129.60

Suud = Sduu = Sudu = \$75 × 1.2 × 1.2 × 0.83 = \$89.64

Sudd = Sdud = Sddu = \$75 × 1.2 × 0.83 × 0.83 = \$62.00

Sddd = \$75 × 0.83 × 0.83 × 0.83 = \$42.89

向上概率：$60\%^3=21.6\%$。

期权价值：$(129.60-90)\times 21.6\%\times e^{-5\%\times 3}=7.36$。

◇ As a risk manager for bank XYZ, Mark is considering writing a 6 month American put option on a non-dividend paying stock ABC. The current stock price is USD 50 and the strike price of the option is USD 52. In order to find the no-arbitrage price of the option, Mark uses a two-step binomial tree model.

The stock price can go up or down by 20% each period. Mark's view is that the stock price has an 80% probability of going up each period and a 20% probability of going down. The risk–free rate is 12% per annum with continuous compounding.What is the risk–neutral probability of the stock pricing going up in a single step ?

A. 34.5%

B. 57.6%

C. 65.5%

D. 80.0%

答案解析：B

$$P_{up}=\frac{e^{r\Delta t}-d}{u-d}=\frac{e^{0.12\times 3/12}-0.8}{1.2-0.8}=57.61\%$$

扫码获取更多题目

第三十六章 BSM 模型
BSM Model

一、BSM 模型背景	1.BSM 模型的历史背景	★
	2.BSM 的假设条件	★★★
	3.BSM 的推导	★
二、BSM 公式	1. 欧式看涨期权定价公式	★★★
	2. 欧式看跌期权定价公式	★★★
	3.d_1、d_2 计算公式	★★★
	4.N（d_1）、N（d_2）代表含义	★★★
	5. 有红利的期权定价公式	★★★
	6. 布莱克估计	★★
	7. 隐含波动率	★★
三、权证	1. 权证的基本概念	★
	2. 权证与期权的区别	★★
	3. 权证定价	★★

学习目的

获得诺贝尔经济学奖的 BMS 模型是期权定价历史上最光辉的杰作，具有里程碑的意义。掌握 BSM 模型，有助于进一步学习各种非标准期权的定价。

考点分析

本章在历年 FRM 考试中难度不大，主要考察对 BSM 公式的记忆，考题以代公式为主。

本章入门

本章节是《估值与风险模型》这门课中的核心章节，重点介绍了估计期权价格的另一种方法——BSM 模型，该模型假设股票价格服从几何布朗运动，在此基础上经过一系列严格的数学推导最终得出期权定价公式。

第一节 BSM 模型背景

一、BSM 定价模型的历史背景

— 考纲要求 —
描述 BSM 模型的假设条件。

BSM 定价模型是布莱克与斯科尔斯在 1973 年发布的。在此之前，期权的定价已经困扰了经济学家上百年，早在 1900 年就已经有人开始研究期权定价了，当时市场已经有期权交易，但无人知道期权价格究竟如何决定。1900 年，有个法国的经济学家叫做巴切利耶，他是第一个研究期权定价的人，写了一篇论文叫做《投机研究》，文章中做了一条假设：股票价格服从正态分布，并在此基础上推出了股票期权的定价。由于服从正态分布的随机变量的取值范围是 $(-\infty, +\infty)$，所以这篇论文并没有得到很高的评价，很快就被忘记了。后来在 1965 年经济学家萨缪尔森在研究期权定价时发现了巴切利耶的论文，并借鉴了其中的推导过程。萨缪尔森在假设股票价格服从**对数正态分布**（Lognormal Distribution）的基础上，推导出了期权定价的公式，但由于期权定价公式中有一个未知量叫做 U，即股票的预期收益率，这个未知量无法确定，所以期权定价公式不是一个完美的公式，它依赖于股票价格对未来的预期。直到 1973 年布莱克与斯科尔斯得到了可以不依赖于任何主观判断的期权定价公式，该定价公式中排除了 U 的影响，该期权定价公式经过一系列的数学运算，最后得到一个偏微分方程，叫做布莱克 – 斯科尔斯微偏分方程，且该偏微分方程恰好有唯一解，就是最著名的 BSM 期权定价公式。

二、BSM 的假设条件

（1）股票价格服从对数正态分布，或股票价格服从**几何布朗运动**（Geometric Brownian Motion/GBM），该假设认为股票的预期收益率是 u，股票价格的波动率是 σ，u 和 σ 都是常数。

（2）股票允许**卖空**（Short Selling）。

（3）没有交**易成本和税费**（Transaction Costs and Taxes），所有资产都可以被无限细分（Perfectly Divisible），比如，可以买入 0.01 份股票。

（4）在股票的存续期中，没有红利（Dividends）。

（5）没有**无风险套利机会**（Riskless Arbitrage Opportunities）。一旦出现套利机会，所有投资者会一起套利，导致套利机会立刻消失。

（6）交易是连续（Continuous）的，股票价格是连续波动的，不会出现跳空的情况，例如若 A 股市场上第一天收盘价 18 块，第二天开盘价依旧是 18 块，不会跳空。

（7）**无风险利率**（Risk-free Rate）是一个常数。

举个例子

下列哪项不是BSM模型的基本假设？

A．资产的价格服从几何布朗运动。

B．连续复利率服从正态分布，股价服从对数正态分布。

C．预期收益率和标准差都是常数。

D．预期回报率已知并且期权价格是预期回报率的函数。

【解析】预期回报率是一个主观的判断，无法知晓的，这也是BSM定价公式解决的问题，所以D选项错误。

考试小技巧

伊藤引理研究的是衍生产品价格与时间的关系，不管远期、期货还是期权，都遵循这条规律，df表示的是衍生产品价格的变动，f对t求偏导数，表示衍生产品的价格和时间的关系，f对s求偏导数，表示衍生产品价格和标的资产价格的关系。

名师解惑

关于BSM模型的假设，考试中可能会有定性的题目出现。最常见的迷惑选项就是第一条，若题干说“股票价格服从正态分布”，这种说法就是错误的。只有三种说法是正确的：“股票价格服从对数正态分布”、“对股票价格取对数之后得到的数据是服从正态分布的”、“股票价格服从几何布朗运动”，除此之外，其他任何说法都是不正确的。

三、BSM的推导

基于BSM模型的假设，有两个比较重要的公式：

（1）几何布朗运动 $dS_t=uS_tdt+\sigma S_tdZ_t$ ①

（2）伊藤引理 $df(t,S)=\left(\frac{\partial f}{\partial t}+uS_t\frac{\partial f}{\partial S}+\frac{1}{2}\sigma^2S_t^2\frac{\partial^2 f}{\partial S^2}\right)dt+\sigma S_t\frac{\partial f}{\partial S}dZ_t$ ②

布莱克与斯科尔斯通过分析观察发现，①式研究的是标的资产价格（股票价格）的变动，②式研究的是基于股票的衍生产品价格波动，两个价格的波动受到相同的不确定性dZ的影响，所以要将不确定性消掉，于是给①式左右两边同时乘以$\frac{\partial f}{\partial s}$，得到③式：$dS_t\frac{\partial f}{\partial S}=uSd_t\frac{\partial f}{\partial S}+\sigma S_tdZ_t\frac{\partial f}{\partial S}$再与②式作差，就可以把dZ这项消掉。

布莱克、斯科尔斯提出了一种观点，叫做**风险中性**（Risk-Neutral），要构造一个组合，在组合中，做多份股票，同时做空1份看涨期权，构造一个**备兑看**

涨期权组合（Covered Call Option），此时整体组合的风险为 0。$\Delta=\frac{\partial f}{\partial S}$，所以③式表示做多 Δ 份股票，股票价值的变动为 ΔdS；同时做空 1 个看涨期权，②式左右两边同时取负数，得到④式：$-df(t,S)=-\left(\frac{\partial f}{\partial t}+uS_t\frac{\partial f}{\partial S}+\frac{1}{2}\sigma^2S_t^2\frac{\partial^2 f}{\partial S^2}\right)dt-\sigma S_t\frac{\partial f}{\partial S}dZ_t$

联立③式与④式，得到⑤式$\frac{\partial f}{\partial S}dS-df(t,S)=-\left(\frac{\partial f}{\partial t}+\frac{1}{2}\sigma^2S^2\frac{\partial^2 f}{\partial S^2}\right)dt$，左边$\frac{\partial f}{\partial S}dS-df$表示做多 Δ 份股票，同时做空 1 份看涨期权。左边表示整个投资组合价值的变动，由于构造了无风险组合，那么在一个很短的时间间隔 dt 中，组合价值的变动就是无风险收益率水平即 $r\times(\Delta S-f)dt$，所以$r\times(\Delta S-f)dt=-\left(\frac{\partial f}{\partial t}+\frac{1}{2}\sigma^2S^2\frac{\partial f^2}{\partial S^2}\right)dt$，移项之后得到$rf=\frac{\partial f}{\partial S}rS+\frac{\partial f}{\partial t}+\frac{1}{2}\sigma^2S^2\frac{\partial^2 f}{\partial S^2}$，这个公式叫做布莱克、斯科尔斯微偏分方程，该偏微分方程恰好有唯一解，这就是最著名的 BSM 定价公式。

名师解惑

几何布朗运动最早是研究花粉在水分子作用下的运动轨迹，是没有规律的随机运动。在金融市场上，股票价格受到不同因素的冲击，这个冲击是随机的，所以股票价格变动也是随机的变化，写作 dS，在很短的时间间隔 dt 中，$dS_t=uS_tdt+\sigma S_tdZ_t$，dZ 表示随机变量乘以$\sqrt{dt}$，该随机变量服从标准正态分布，对于随机变量的选择可以用蒙特卡洛模型进行选择，以此估计股票价格未来的变动情况。

第二节 BSM 公式

一、欧式看涨期权定价公式

$$C=SN(d_1)-Ke^{-rT}N(d_2)$$

- C – 期权合理价格
- K – 期权执行价格
- S – 资产现价
- T – 期权有效期
- r – 无风险利率
- σ – 年度化标准差

◢ N()－标准正态分布变量的累积概率分布函数

二、欧式看跌期权定价公式

欧式看跌期权定价公式借助**看涨看跌期权的平价定理**（Put-call-parity），$P+S=C+Ke^{-rT}$，可以得到

$$
\begin{aligned}
P&=SN(d_1)-Ke^{-rT}N(d_2)+Ke^{-rT}-S\\
&=S[N(d_1)-1]-Ke^{-rT}[N(d_2)-1]\\
&=Ke^{-rT}N(-d_2)-SN(-d_1)
\end{aligned}
$$

三、d_1、d_2 计算公式

$$d_1=\frac{\ln\frac{S}{K}+\left(r+\frac{1}{2}\sigma^2\right)T}{\sigma\sqrt{T}},d_2=d_1-\sigma\sqrt{T}$$

$$\text{或者 } d_{1,2}=\frac{\ln\left(\frac{S}{Ke^{-rT}}\right)}{\sigma\sqrt{T}}\pm\frac{1}{2}\sigma\sqrt{T}$$

举个例子

股票A当前价格为10元，期权执行价格9元，波动率是20%，期限6个月，无风险利率5%，欧式看涨期权的价格是多少？

【解析】本题可以直接套用期权公式，根据：

$$d_1=\frac{\ln\frac{S}{K}+\left(r+\frac{1}{2}\sigma^2\right)T}{\sigma\sqrt{T}},d_2=d_1-\sigma\sqrt{T}$$

$$C=SN(d_1)\text{-}Ke^{-rT}N(d_2)=10N(0.992)\text{-}9e^{-0.05\times0.5}N(0.851)=1.35$$

股票B当前价格为25元，欧式看跌期权执行价格是20元，期限6个月，$N(d_1)=0.9737$，$N(d_2)=0.9651$，股票的波动率是25%，无风险利率是4.25%，用BSM模型计算该看跌期权的价格是多少？

【解析】

$$P=Ke^{(-rt)}N(-d_2)-SN(-d_1)=20e^{(-0.0425\times0.5)}(1-0.9651)-25(1-0.9737)=0.03$$

因为是虚值期权，看跌期权基本上不会被执行，所以价格很便宜。在解答此类问题时，当期权是深度虚值，有时是不需要计算的，如果选项的差异很明显，可以主观判断。

名师解惑

若到期日股票价格远远超过执行价格，看涨期权肯定会被执行，在这种情况下，ln(S/K) 会比较大，利率和波动率都是很小的数字，影响并不大，意味着 d_1、d_2 算出来的结果也会是一个比较大的数字，d_1、d_2 是正态分布的累积概率函数，所以，$N(d_1)$、$N(d_2)$ 会趋向于 1，期权定价公式趋向于 $C=S-Ke^{-rt}$，与远期合约的价值公式相同，这也从侧面印证期权定价公式和远期期货合约是一脉相承的。同理，如果在到期日这天股票价格远远低于执行价格，那么 ln(S/K) 算出来是一个很大的负数，d_1、d_2 比较靠正态分布的左边，$N(d_1)$、$N(d_2)$ 都会趋向于 0，此时期权价值也接近于 0，期权处于深度虚值的状态，不会被执行。BSM 定价公式解决了困扰经济学家上百年的难题。

四、N（d_1）、N（d_2）代表含义

N() 表示标准正态分布的累积概率函数，该函数是通过解偏微分方程解出来的，即对股票价格求偏导数，其他变量都是常数，只有 S 是变量，对股票价格求偏导数后正好等于 N（d_1），N（d_1）其实就是构造无风险组合中的 Δ，表示股票价格变动一块钱，对应期权的价格变动多少钱，买入 Δ 份的股票，同时卖出一份看涨期权，就可以将风险全部对冲；N（d_2）的经济含义是执行看涨期权的风险中性概率。在欧式看跌期权的定价公式中，对股票价格求导数，得到结果 $N(d_1)-1$，表示看跌期权的对冲比率，$N(-d_2)$ 表示执行看跌期权的风险中性概率，由于看跌期权在执行价格高于股票价格时行权，所以 N（$-d_2$）也被称为执行价格高于股票价格的风险中性概率。

五、有红利的期权定价公式

— 考纲要求 —
解释红利如何影响美式期权的提前行权。

如果股票有红利支付时，看涨期权和看跌期权应如何定价？基本原则都是在股票价格中扣除红利的部分。比如，若有连续复利的红利率为 q，只要在股票价格上面乘以 e^{-qt}，看跌期权与看涨期权的处理方式是一致的，都是在股票价格上面乘 e^{-qt}，由于 d_1、d_2 的公式计算中中也有股票价格，所以 e^{-qt} 也要乘到 S 上。公式如下：

$$C=Se^{-qT}N(d_1)-Ke^{-rT}N(d_2)$$

$$P=Ke^{-rT}N(-d_2)-Se^{-qT}N(-d_1)$$

六、布莱克估计

上文中的期权定价公式都只能为欧式期权定价，不能为美式期权定价。因为美式期权的偏微分方程无解。所以布莱克对美式期权的定价做了估计，首先计算期权在到期日的欧式期权的价值，然后计算在 t_n 天时的期权价值（n 指的是股票分红的那天），最后在欧式期权价值与 t_n 天时的期权价值中取一个较大值作为美式期权的价格。

举个例子

股票 A 现在股价是 100 元，波动率是 0.2，无风险利率 6%，期限 6 个月，执行价格 100 元，现有一个股票看涨期权，它的标的资产即该只股票在 5 个月后会有 2 元的红利支付。若该期权是欧式期权，它的价格是多少？若该期权是美式期权，它的价格是多少？

【解析】如果是美式期权，要评估现金红利支付有多少，是不是足够大，是否值得提前行权。欧式期权不会有此类问题，因为欧式期权是不能提前执行的，所以执行日只能是 6 个月后，$C=SN(d_1)-Ke^{-rT}N(d_2)$，若是离散的红利支付，同样要把现金流贴现到 0 时刻，然后在股票价格中扣减，新的股票价格 $S'=100-2e^{-6\%\times\frac{5}{12}}=98.0494$，所以 $[100-2e^{-6\%\times\frac{5}{12}}]N(d_1)-100e^{-6\%\times\frac{6}{12}}N(d_2)$，分别计算 d_1、d_2：

$$d_1=\frac{\ln(98.0494/100)+(6\%+1/2\times0.2^2)\times0.5}{0.2\times\sqrt{0.5}}=0.14366$$

$N(d_1)=0.5571$；$N(d_2)=0.501$

最终欧式期权价值计算结果是 5.99。

美式期权可以提前行权，提前行权的时间应是在红利支付日之前，所以在红利支付日期权的价值是很重要的，如果期限为 5 个月的期权合约，股价是 100 元，持有股票的目的是为了获取股票在 5 个月后的 2 元红利，根据期权定价公式：

$$C=SN(d_1)-Ke^{-rt}N(d_2)=100N(d_1)-100e^{-6\%\times\frac{5}{12}}N(d_2)$$

$$d_1=\frac{\ln\frac{100}{100}+\left(6\%+\frac{1}{2}\times0.2^2\right)\times\frac{5}{12}}{0.2\times\sqrt{\frac{5}{12}}}=0.2582,\ N(d_1)=0.601,\ N(d_2)=0.551$$

最后计算出期权价值为 6.36，6.36>5.99，所以 6.36 即为美式期权的价格。

七、隐含波动率

— 考纲要求 —
定义和描述隐含波动率。

期权的隐含波动率是指将期权的市场价格带入 BSM 公式，求解标的物的波动率。隐含波动率没有解析解，必须使用迭代试验和误差程序来找到它。

确定隐含波动率的一种简单方法叫做连续二分法。请注意，期权的价格是其波动性的一个不断增加的函数。这意味着，如果我们继续增加波动率，我们将发现一个高于隐含波动率的波动率，我们称之为“波动率过高”；同样，如果波动率低于隐含波动率，则它给出的期权价格低于市场价格，我们称之为“波动率过低”。然后我们尝试另一个波动率，即太高和太低波动率的平均值。我们对新的过高和过低波动率进行平均，并重复该过程，直到找到隐含波动率。

第三节　权证

一、权证的基本概念

权证，在香港市场中英译成涡轮。权证和期权非常类似，权证是公司发行的一种权利，一个可以在未来以约定价格买入公司股票的权利。权证分为两类：第一种是认购权证，投资者未来可以以约定的价格买入股票，类似于买入看涨期权；第二种是认沽权证，投资者未来可以以约定的价格卖出股票，相当于买入看跌期权。通常在 FRM 体系中说的权证都是认购权证。

二、权证与期权的区别

— 考纲要求 —
描述权证，计算权证价值。

买入期权，投资者在行权时拿到的股票是已经在市场上流通的股票；投资者如果执行权证，行权买入的是公司增发的未上市流通的新股，这是权证和期权最大的差异。总而言之，期权是两个投资者在二级市场上的交易，权证是投资者与一级市场，即与上市公司之间的交易。

三、权证定价

权证定价和期权类似，但权证会有**股权稀释**（Dilution）效应，对原股东产生不利影响。比如 A 公司初始时刻发行的股票有 N 股，股票的价格是 S_0，若 A 公司发行了权证，并且该权证全部被执行了，持有权证的投资者可以以约定的价格 K 来买入 A 公司的股票，假设新发行 M 股，那么在所有权证被执行之后，A 公司的价值就变成了 NS_0+MK，此时股票的数量由 N 变成了 N+M，股票价格会

从初始的 S_0 变成$\frac{NS+MK}{N+M}$，这个过程叫做股权的稀释。权证持有人的到期盈亏等于股票价格减去执行价格，即$\frac{NS_T+MK}{N+M}-K$，化简之后等于$\frac{N}{N+M}\times(S_T-K)$。权证的市场价格 = $\frac{N}{N+M}\times C$。所以得出结论：权证的市场价格等于股票期权价格 C 乘以系数$\frac{N}{N+M}$，N 是期初的股票数量，M 是发行权证之后新增的股票数量。

举个例子

B 公司有一百万股股票，股价是 40 元 / 股，现在发行 20 万股的权证，给予投资者未来以 60 元每股的价格买入 B 公司股票的权利，期限是 5 年，市场上对应的股票期权价格是 7.04，求 B 公司权证的定价应该是多少？

【解析】市场上对应的股票期权价格是 7.04，直接套用公式，

$\frac{1,000,000}{1,000,000+200,000}\times 7.04=5.87$，所以投资者买入权证需要 5.87 元。

本章小结

♣ BSM 模型背景

- BSM 模型的假设条件。
  - 股票价格服从对数正态分布。
  - 股票是允许卖空的。
  - 没有交易成本和税收。
  - 交易都是连续的。
  - 无风险利率是一个常数。

♣ BSM 公式

- 欧式看涨、看跌期权定价公式。
  - 欧式看涨：$C=SN(d_1)-Ke^{-rT}N(d_2)$ 。
  - 欧式看跌：$P=Ke^{-rT}N(-d_2)-SN(-d_1)$ 。
- d_1 、d_2 计算公式：
  - $d_1=\frac{\ln\frac{S}{K}+\left(r+\frac{1}{2}\sigma^2\right)T}{\sigma\sqrt{T}}, d_2=d_1-\sigma\sqrt{T}$。
- 有红利期权定价公式：
  - $C=Se^{-qT}N(d_1)-Ke^{-rT}N(d_2)$

    $P=Ke^{-rT}N(-d_2)-Se^{-qT}N(-d_1)$

    $d_{1,2}=\frac{\ln\left(Se^{-qT}/Ke^{-rT}\right)}{\sigma\sqrt{T}}\pm\frac{\sigma\sqrt{T}}{2}$
- $N(d_1)$、$N(d_2)$ 的经济含义。
  - $N(d_1)$：$N(d_1)$ 表示对冲比率 Δ，含义是股票价格变动一块钱，对应期权价格变动多少钱。
  - $N(d_2)$：欧式看涨期权行权的风险中性概率。
- Black 估计。
  - 首先计算期权在到期日时的欧式期权价格，再计算股票分红时欧式期权的价格，从中选取一个较大的价格作为美式期权的价格。

♣ 权证

- 权证与期权对比。
  - 期权交易的股票是公司已经在市场上流通的股票，权证交易的股票是公司增发的新股。
- 权证定价。
  - 到期盈亏 $= \frac{N}{N+M}(S_T - K)$
  - 权证价格 $= \frac{N}{N+M} \times C$

章节练习

◇ The current price of a stock is \$25. A call option is available with a \$20 strike price that expires in three months. If the underlying stock exhibits an annual standard deviation of 25%, the current risk-free rate is 4.5%, $N(d_1)=0.9737$, and $N(d_2)=0.9652$, the Black-Scholes-Merton value of the call is closest to:

A. \$4.39

B. \$4.87

C. \$5.25

D. \$5.89

答案解析：C

$C=25\times0.9737-20e^{-0.045\times0.25}\times0.9652=5.25$

◇ Assume that options on a non-dividend paying stock with price of USD 100 have a time to expiry of half a year and a strike price of USD 110. The risk-free rate is 10%. Further, $N(d_1)=0.457185$and $N(d_2)=0.374163$, which of the following values is closest to the Black-Scholes values of these option ?

A. Value of American call option is USD 6.56 and of American put option is USD 12.0.

B. Value of American call option is USD 5.50 and of American put option is USD 12.0.

C. Value of American call option is USD 6.56 and of American put option is USD 10.0.

D. Value of American call option is USD 5.50 and of American put option is USD 10.0.

答案解析：A

$C=SN(d_1)-Ke^{-rT}N(d_2)=100\times0.457185-110e^{-10\%\times0.5}\times0.374163=6.56$

$P=Ke^{-rT}N(-d_2)-SN(-d_1)=110e^{-10\%\times0.5}\times(1-0.374163)-100\times(1-0.457185)=11.20$

美式期权的价格永远不会低于条件相同的欧式期权价格。通常在布莱克 - 斯科尔斯模型中，在没有股息的情况下，美式的看涨期权价格与欧洲的看涨期权价格完全相同。因此，只有 A 是正确的选项。

◇ You are given the following information about a call option:

- Time to maturity = 2 years
- Continuous risk-free rate = 4%
- Continuous dividend yield = 1%
- $N(d_1)=0.64$
- Calculate the delta of this option.

A. −0.64

B. 0.36

C. 0.63

D. 0.64

答案解析：C

$$Delta=N(d_1)\times e^{-q\tau}=0.64\times e^{-1\%\times 2}=0.63$$

◇ A stock price is USD 50 with a volatility of 22%. The risk free rate is 3%. Use the Black-Scholes-Merton formula to value (a) a European call option and (b) a European put option when the strike price is USD 50, and the time to maturity is nine months.

A. 4.3/2.3

B. 4.3/3.2

C. 3.4/2.3

D. 3.4/3.2

答案解析：A

$$d_1=\frac{\ln\frac{S}{K}+\left(r+\frac{1}{2}\sigma^2\right)T}{\sigma\sqrt{T}}=\frac{\ln\frac{50}{50}+\left(0.03+\frac{1}{2}0.22^2\right)\times 0.75}{0.22\times\sqrt{0.75}}=0.2134$$

$$d_2=\frac{\ln\frac{50}{50}+\left(0.03-\frac{1}{2}0.22^2\right)\times 0.75}{0.22\times\sqrt{0.75}}=0.0228$$

看涨期权价值：

$c=SN(d_1)-Ke^{-rT}N(d_2)=50N(0.2134)-50e^{-0.03\times0.75}N(0.0228)=4.3$

看跌期权价值：

$p=50e^{-0.03\times0.75}N（-0.228）-50N（-0.2134）=3.2$

◇ Compared to the value of a call option on a stock with no dividends, a call option on an identical stock expected to pay a dividend during the term of the option will have a:

A. lower value in all cases.

B. higher value in all cases.

C. lower value only if it is an American-style option.

D. higher value only if it is an American-style option.

答案解析：A

期权持有期内的预期股息将降低看涨期权的价值。

扫码获取更多题目

第三十七章　希腊字母
The Greeks

一、影响期权价格因素	1. 六个影响因素	★★★
	2. 裸头寸和备兑看涨期权头寸	★★
	3. 止损策略	★
二、希腊字母	1.Delta	★★★
	2.Gamma	★★★
	3.Vega	★★★
	4.Theta	★★
	5.Rho	★★
三、希腊字母的运用	1.Delta 对冲	★★★
	2.Delta-Gamma 中性对冲	★★★
	3. 希腊字母间的关系	★★
四、组合保险	组合保险	★★

学习目的

本章节重点介绍五个希腊字母。通过本章的学习，考生应该掌握五个希腊字母含义、可以解释不同因素对于期权价格的影响并利用希腊字母的性质构建对冲策略。

考点分析

“希腊字母”堪称 FRM 一级最难的篇章，在考试中几乎包办了最难的题目。考生特别需要重点掌握 Delta， Gamma 这两个希腊字母。

本章入门

本章从介绍备兑看涨期权开始，引入了希腊字母的概念。通过五个希腊字母的介绍，推出了用期权做风险控制的要诀。特别是利用希腊字母奇妙地对冲风险，充分体现了现代风控技术的先进性。

第一节 影响期权价格因素

一、六个影响因素

回顾影响期权价格变动的六个因素：

第一个也是最重要的因素—标的资产（股票）的价格。股价越高，看涨期权价值越高，所以二者之间是正相关；股价越高，看跌期权价值越低，所以二者之间是负相关；

第二个因素，执行价格。执行价格对期权的影响与股价对期权价格的影响效果恰好相反；

第三个因素，期限。期限越长，不确定性越大，未来赚钱的可能越大。所以一般来讲，期限对看涨和看跌期权都是正向影响；

第四个因素，无风险利率。无风险利率对看涨期权影响是正的，对看跌期权影响是负的；

第五个因素，分红。分红可以降低股票的价格，分红越多，股价越低，导致看涨期权的价格越低，看跌期权价格越高；

第六个因素，波动率。波动率对于看涨期权和看跌期权都是正向影响，波动率越大，无论是看涨还是看跌期权，赚钱的可能性都越大。

— 考纲要求 —

熟练掌握希腊字母的含义，并会应用其进行风险管理。

名师解惑

股价是影响期权价格最重要的风险因素，在研究股票价格对于期权价格的影响时，引入两个希腊字母，Delta和Gamma；由于执行价格是已知的，所以执行价格不是风险因子，不予研究；在研究期限对于期权价格影响时，引入希腊字母Theta；在研究利率变动对于期权价值影响时，引入希腊字母Rho；在研究波动率对于期权价值影响时，引入希腊字母Vega。

二、裸头寸和备兑看涨期权头寸

一般来讲，标的资产价格上涨，卖出看涨期权的投资者亏损将无限大。**裸头寸（Naked Position）**，指的是投资者仅卖出一个期权，而不持有标的资产，即不受任何保护的头寸。通常来讲，这种头寸风险很大。若想要降低风险，投资者可以通过买入相应的股票，通过构造**备兑看涨期权组合（Covered Call**

Position）的方式来降低风险。如果未来股价上涨，期权亏损，但持有股票会获得收益，二者可以互相抵消一部分，抵消的部分就叫做受保护的头寸。

三、止损策略

另一种可能的对冲策略称为止损策略。在这种方法中，当看涨期权处于价外时（即股票价格低于执行价格），交易者持有裸头寸；当看涨期权处于价内时（即股票价格高于执行价格），交易者则持有受保护的头寸（买入股票+卖出看涨期权）。

第二节 希腊字母

一、Delta

Delta 表示标的资产价格每变动一块钱，对应期权价格会变动多少钱，数学表达式为：$\Delta=\frac{\Delta f}{\Delta S}=\frac{df}{dS}=\frac{\partial f}{\partial S}$。标的资产的 Delta 为 1，表达式为：$\Delta=\frac{\Delta S}{\Delta S}=1$。Delta 其实是描述期权价格和股票价格之间的变动关系。这个变动关系可以通过三个角度去看。

第一个角度，Delta 表示对冲比率，通过买入 Delta 份股票，卖出一份看涨期权，可以把整个组合的风险降低为零。

第二个角度：对于看涨期权（如图 37-1 所示），Delta 表示横轴（标的资产价格）每变动一个单位，纵轴（期权的价格）变动多少个单位，股票初始价格是 S_0，上升了 ΔS，期权价格从初始的 f_0 增加到 f'，股价变动了 ΔS 个单位，期权价格变动 $f'-f_0$ 个单位，如果股价变动的幅度非常小，那么对冲比率就是切线斜率。在股价很低时，切线斜率趋向于 0，为看涨期权的虚值，Delta 趋向于 0；随着股价上涨，切线斜率越来越大，在股价较高时，为看涨期权的实值，切线斜率 Delta 趋向于 1，意味着当股价每变动 1 块钱，期权的价格也几乎变动 1 块钱。所以对于看涨期权来讲，Delta 的取值范围是从 0 到 1 逐渐增加。看跌期权也是同样的分析原理，如图 37-2 所示。

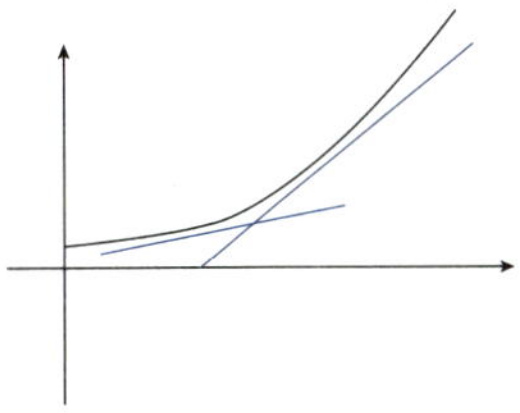

图 37-1 看涨期权 Delta 图

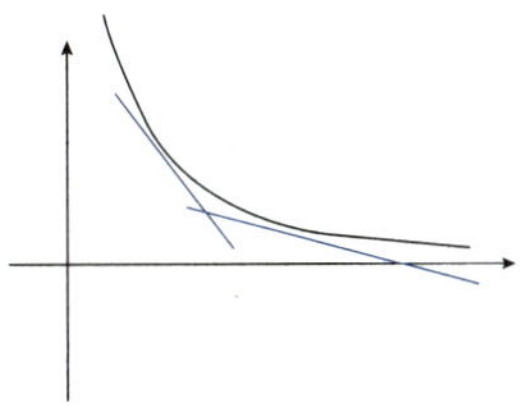

图 37-2 看跌期权 Delta 图

第三个角度：回顾期权定价公式（$C=SN(d_1)-Ke^{-rT}N(d_2)$），对股票价格求偏导数，得到的结果就是切线斜率 N（d_1），即 S 前的系数。所以 Delta 的第三个含义是 N（d_1），K 左边是股价低于执行价格的部分，对应看涨期权虚值，Delta 趋近于 0；K 右边是股价高于执行价格的部分，Delta 趋向于 1。看涨期权的 Delta 是 N（d_1），取值范围是从 0 到 1；看跌期权的 Delta 是 N（d_1）−1，取值范围就是从 −1 到 0，如图 37-3 所示。

- 考试小技巧 -
快速记住不同期权的 Delta 的正负号诀窍：记看涨期权为"+"、看跌期权为"-"、买入为"+"、卖出为"-"，所以买入看涨期权就相当于"+"乘"+"，即 Delta>0；买入看跌期权就相当于"+"乘"-"，即 Delta<0；卖出看涨期权就相当于"-"乘"+"，即 Delta<0；卖出看跌期权就相当于"-"乘"-"，即 Delta>0。

将 Delta 的定义推广到衍生产品上，Delta 表示标的资产变动 1 块钱，对应衍生产品价格变动多少钱。以远期的买入方为例，假设执行价格是 K，到期时间是 T，到期标的资产价格是 ST，在 t 时刻远期合约的价值 $f=S_t-Ke^{-r(T-t)}$，$\Delta=\frac{\Delta f}{\Delta S}=1$；若标的资产有分红，则远期合约的价值 $f=S_te^{-q(T-t)}-Ke^{-r(T-t)}$，$\Delta=\frac{\Delta f}{\Delta S}=e^{-q(T-t)}$。同样的，期货合约由于交易机制不同，期货和远期的 Delta 也不同。在 T=0 时刻，$F_0=S_0e^{rt}$； 在 T=1 时刻，$S_0\rightarrow S_0+\Delta S$，$F_1=(S_0+\Delta S)e^{rt}$，$\Delta F=F_1-F_0=(S_0+\Delta S)e^{rt}-S_0e^{rt}=\Delta Se^{rt}$，$\Delta=\Delta F/\Delta S=e^{rt}$。如果标的资产有分红的话，$\Delta=e^{(r-q)t}$。

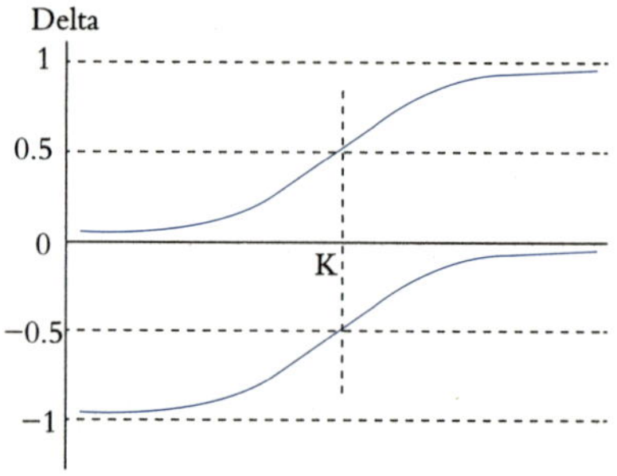

图 37-3　Delta 与执行价格 K 关系图

举个例子

> 资产 A 的年红利率是 10%，6 个月远期合约的 delta 是多少？
> 远期合约的 Delta 就是 e^{-qt}。$e^{-qt}=e^{-0.1\times0.5}$，大约是 0.95。

总结一下，Delta 可以表示对冲比率，描述期权价格变动与股票价格变动的关系，此外还可以表示切线斜率，以及标准正态分布的累积函数 N（d_1）。看涨期权 Delta 从 0 变化到 1，看跌期权 Delta 从 −1 变化到 0，90 天的 Delta 变化比较平缓，10 天的 Delta 变化比较剧烈。

名师解惑

如果股价约等于执行价格，此时 Delta 趋向于 0.5，Delta 为什么趋向于 0.5？可以从 $N(d_1)$ 的公式得出 $d_1=\dfrac{\ln\dfrac{S}{K}+\left(r+\dfrac{1}{2}\sigma^2\right)T}{\sigma\sqrt{T}}$，平值状态下，S/K 接近于 1，取对数为 0，利率、波动率比较小，整个 d_1 趋向于 0，$N(d_1)$ 是标准正态分布的累积函数，0 左边的面积是一半，所以趋向于 0.5。

二、Gamma

期权价格与股票价格变动是曲线关系，直接用一阶导数估计是有误差的，所以要考虑二阶导数 Gamma。Gamma 是期权价格对股票价格求二阶导数，也可写为。数学表达式为：$Gamma=\dfrac{\Delta(Delta)}{\Delta S}=\dfrac{d(Delta)}{dS}=\dfrac{\partial(Delta)}{\partial S}$，Gamma 在数学中表示图形的凸凹性程度。只要持有期权，Gamma 都是 >0。投资者都喜欢凸性大的产品，凸性大在资产价值上涨时，上涨的幅度更大，在资产价格下跌时，下跌的幅度更少。这是 Gamma 的第一种理解方式。

Gamma 是二阶导数，相当于对一阶导数再求一次导数，表达式为 $Gamma=d\Delta/ds$，表示股价每变动 1 单位，对应 Delta 变动多少，这是 Gamma 的第二种理解方式。从图形上看（如图 37-4），Gamma 是 Delta 图像的切线斜率。靠近左边，切线非常平缓，接近 X 轴，所以 Gamma 趋向于 0，随着股价上升，Gamma 越来越大，大到一定程度之后，又开始变小，越靠近右边，Gamma 又趋向于 0，所以 Gamma 随着股价的变动是从 0 逐渐增加再逐渐减小到 0 的过程。把 Gamma 和标的资产价格画在一张图中（如图 37-5），对于看涨期权来讲，左边是虚值，Gamma 趋向于 0，右边实值，Gamma 同样趋向于 0，在平值状态下 Gamma 达到最大值。

第三种理解方式，$N(d_1)$ 是 Delta，给 $N(d_1)$ 求导，即给累积函数求导数，就是概率密度函数，也就是正态分布的形状。

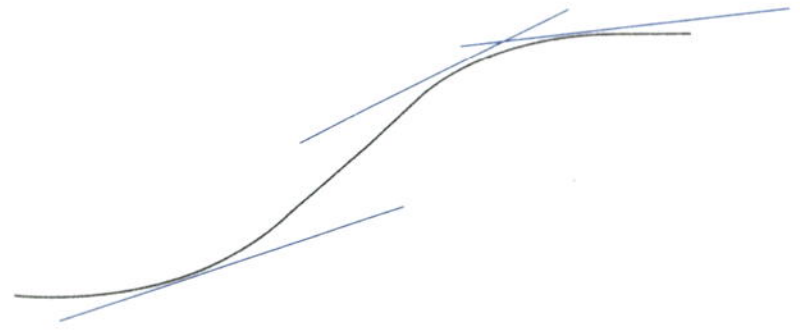

图 37-4 Delta 与 Gamma 关系图

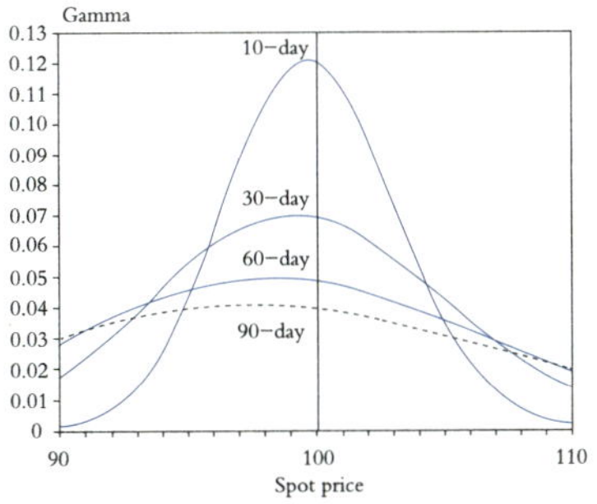

图 37-5 期权 Gamma 图

举个例子

以下IBM期权，当前的IBM股价是68，下列哪项具有最大的Gamma？

A. 距离到期日还有10天，执行价格是70的看涨期权。

B. 距离到期日还有10天，执行价格是50的看涨期权。

C. 距离到期日还有10天，执行价格是50的看跌期权。

D. 距离到期日还有2个月，执行价格是70的看跌期权。

【解析】期权期限越短，Gamma越大，所以先排除期限长的选项D。Gamma在平值状态下有最大取值，所以此题正确答案为A选项。本题与期权是看涨还是看跌期权没有关系。

三、Vega

Vega是期权价格对波动率求导数，数学表达式为：$Vega=\frac{\Delta f}{\Delta\sigma}=\frac{df}{d\sigma}$，看涨期权和看跌期权的Vega是相等的，Vega的图形（如图37-6所示）与正态分布类似，都是中间高两端低的形状，期限越长，不确定性越大，Vega越大，平值时Vega最大。Vega衡量的是波动率的变动对于期权价格的影响，对于看涨期权和看跌期权来说，都是正影响。

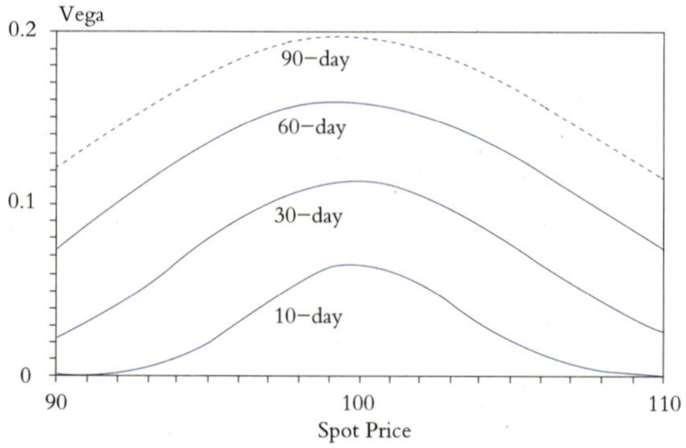

图37-6 期权Vega图

四、Theta

Theta衡量的是期权价格与到期时间的关系，是期权价格对到期时间求偏导数，数学表达式为：$Theta=\frac{\Delta f}{\Delta T}=\frac{\partial f}{\partial T}$。Theta对于看涨和看跌期权的影响是不完全相同的，但是影响的方向是相同的。所有的 Theta 基本上都是负数，因为随着到期时间的临近，期权是在不断贬值的，平值状态时，贬值最快，距离到期日越近，贬值的速度越快，负值越大，如图 37-7 所示。

> 考试小技巧
> 可以通过内在价值和时间价值的关系去看 Theta，在深度实值和深度虚值时，期权的时间价值非常小，而在平值时，时间价值非常大随着到期日的临近，期权的真实价格越来越趋近于其内在价值。

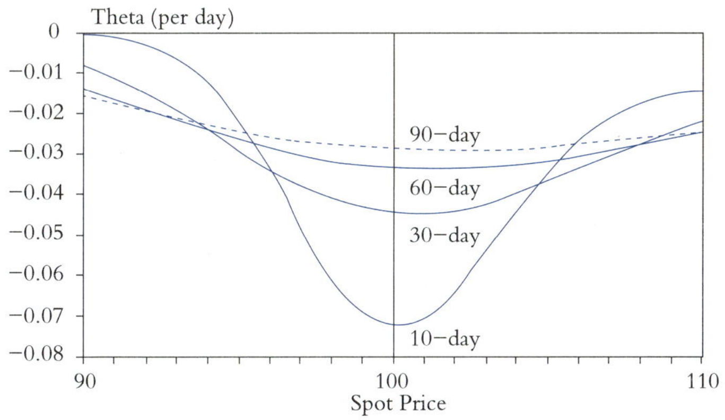

图 37-7 期权 Theta 图

大多数期权的 Theta 都是小于 0 的，但有一个特例，是欧式实值看跌期权，该期权的 Theta 会大于 0。此外要注意的是 Theta 不是风险因子，因为时间总是会流逝的，不管有没有做风险管理，期权的时间价值都会下降。

五、Rho

Rho 表示期权价值对无风险利率求偏导数，数学表达式为：$Rho=\frac{\Delta f}{\Delta r}=\frac{\partial f}{\partial r}$。看涨期权期限越长，Rho 越大，实值状态的看涨期权利率变动对期权价格变动的影响要超过虚值状态的看涨期权的利率变动对期权价格变动的影响。类似的，实值状态的看跌期权利率变动对期权价格变动的影响要超过虚值状态的看跌期权利率变动对期权价格变动的影响。对于两个实值的看跌期权，10 天的影响小于 90 天的影响，绝对值越大，影响就越大。只不过是负的方向的变动。

> **名师解惑**
>
> 利率是对股票期权价格变动影响最小的因子，因为无风险利率变动 10bp 算是很大的变动了，但即使是 1% 的利率变动，期权的价格可能只变动 1 分钱，所以利率并不是受关注的风险因子。

第三节 希腊字母的运用

一、Delta 对冲

— 考纲要求 —
解释如何实施和保持 Delta 中性与 Gamma 中性。

Delta 的对冲目标是做 **Delta 中性（Delta-Neutral）** 的头寸，即让投资组合的 Delta=0，这样股票价格变动不会影响组合价格。例如，看涨期权 A，Delta=0.6，0.6 表示股票价格每上升 1 元钱，期权价值上升 0.6 元，现在投资者 B 卖出了 1000 份看涨期权，再买入 600（$-0.6\times1000+1\times N=0$，N=600）份股票，以达到 Delta 中性状态。因为投资者卖出期权，所以 Delta 是 −0.6，股票价格每上涨 1 元钱，期权的卖出方亏损 0.6 元钱，卖出 1000 个看涨期权会亏损 600 元，所以只要买入 600 份股票就可以对冲全部风险。整个组合的 Delta=0。这个过程叫做 Delta 中性对冲。

但 Delta 中性对冲有一个缺陷，上文说的对冲都是基于很短的时间段，一旦未来股价变动，对应的切线斜率也会发生变动，就要重新调整对冲头寸。回到刚刚的例子，原来股价未变化之间 Delta 为 0.6，现在由于股价发生改变，导致切线斜率也发生改变，变成 0.63，所以新 Delta 为 0.63。此时要完全对冲风险，需要买入或卖出股票的数量也将会随之发生变化，之前是 600 份股票就可以完全对冲，现在需要 630 个股票才可以。所以在对冲过程中，对冲比率会随着市场价格的变动进行调整，这个过程叫做**动态的 Delta 对冲（Dynamic Delta Hedge）**。动态对冲的优点是可以让组合的价值不发生太大的变动；缺点是买卖成本较高。

二、Delta-Gamma 中性

当标的资产价格变化比较大时，此时需要用 Gamma 来对冲风险。**Gamma 中性（gamma-neutral）状态**指的是整个组合的 Gamma 为 0。

考试中，处理 Gamma 中性和 Delta 中性的题目时，往往是先处理高阶项再处理低阶项。对于远期（$\Delta=1$）、期货（$\Delta=e^{rt}$）和标的资产（$\Delta=1$），他们的 Gamma 都为 0，只有含权的金融产品才有 Gamma。

举个例子

假设投资组合 A 现在是 Delta 中性状态，Gamma 是 -3000，市场存在一个可交易的期权合约，对应的 Gamma=1.5 和 Delta=0.62，如何构造 Gamma

中性与 Delta 中性的组合？

表 37-1 Delta-Gamma 中性状态过程表

	Delta 0	Gamma -3000
买入 2000 份期权 (3000/1.5 = 2000)	2000 × 0.62= 1240	0
卖出 1240 只股票	0	0

【解析】如表 37-1 所示，本题需要构造一个 Gamma 为 0，Delta 为 0 的投资组合即可，现有的 Gamma 是 -3000，市场上可交易期权的 Gamma 是 1.5，假设需要 N 份期权，则 -3000+N×1.5=0，N=2000。所以要买入 2000 份可交易期权对冲 Gamma。因为买入了 2000 份 Delta 为 0.62 的期权，又有了 Delta 风险，新引入 0.62×2000=1240 的 Delta 风险，必须把 Delta 也对冲为 0，所以需要卖出 1240 份股票，做到 Delta 和 Gamma 都中性。如果投资者希望让 Gamma 继续增大至 -6000 的话，那么 -3000+N×1.5=-6000，N=-2000，则投资者需要再卖出 2000 份的期权，就可以让组合的 Gamma 从 -3000 变成 -6000。

现有一个组合，是 Delta 中性状态， Gamma 为正，以下哪个组合可以让 Delta 和 Gamma 都中性？

A. 买入股票 A 的看涨期权并且卖出股票 A

B. 卖出股票 A 的看涨期权并且卖出股票 A

C. 买入股票 A 的看跌期权并且买入股票 A

D. 卖出股票 A 的看跌期权并且卖出股票 A

【解析】首先要把 Gamma 大于 0 的风险对冲掉。所以需要选择一个 Gamma 为负数的组合，只要是买入期权，Gamma 值就是正值，此题中需要的是 Gamma 为负的组合，所以直接排除 A、C 选项。B 选项 Gamma 小于 0，但由于是卖出看涨期权，引入的 Delta 是负的。要做 Delta-neutral，只能买入股票。所以 B 选项错误。D 选项，卖出看跌期权，Gamma 为负，可以对冲正 Gamma 的风险。Delta 是正的，引入了正 Delta，应该卖出股票做对冲。所以此题 D 选项为正确答案。

现有期权 A 是 Delta- 中性，Gamma 为 -600，市场上有一个可交易期权 M，Delta 是 0.75，Gamma 是 1.5，为了维持 Gamma 中性和 Delta 中性，应该怎么做？

A. 买入 400 份期权然后卖出 300 份股票

B. 买入 300 份期权然后卖出 400 份股票

C. 卖出 400 份期权然后买入 300 份股票

D. 卖出 300 份期权然后买入 400 份股票

【解析】如表 37-2 所示，此题首先把 -600 的 Gamma 对冲掉。可交易期权的 Gamma 的 1.5，假设需要 N 个期权，则 1.5×N−600=0，N=400，所以只要买入 400 个期权就可以把 Gamma 的风险对冲掉。买入 400 个期权时引入了 delta，0.75×400=300，所以需要再卖出 300 份股票。这样股价每上涨 1 块钱，期权组合上涨 300，卖出 300 股股票正好把风险完全对冲。所以此题的正确答案为 A。

表 37-2　构造期权 Delta-Gamma 中性状态过程表

	Delta 0	Gamma -600
买入 400 份期权	400 × 0.75 = 300	0
卖出 300 份股票	0	0

三、希腊字母间的关系

— 考纲要求 —
描述各个希腊字母之间的关系。

希腊字母的相关关系为 $rf = \frac{\partial f}{\partial S} rS + \frac{\partial f}{\partial t} + \frac{1}{2}\sigma^2 S^2 \frac{\partial^2 f}{\partial S^2}$，左边是无风险利率乘以期权的价格，右边是 $Delta \times r \times S + Theta + \frac{1}{2} Gamma \times \sigma^2 S^2$，进一步得到 $r\Pi = \theta + rS\Delta + 0.5\sigma^2 S^2 \Gamma$，当用这此偏微分方程给期权定价时，已经做到了 Delta 中性，所以不考虑 Delta。上式变成 $r\Pi = \theta + 0.5\sigma^2 S^2 \Gamma$，由于利率非常小，期权价格也不是一个无限大的数，所以左边式子算出来是一个接近于 0 的正数，而等式右边，Theta 是一个负数，只要持有期权，Gamma 大于 0。通过该式可知，Theta 和 Gamma 的变动方向相反，持有一个期权相当于做多 Gamma，这对于投资者来讲是好处，因为涨时涨的多，跌时跌的少。但是持有期权，必须要承担随着到期时间的临近给期权价值带来的亏损，表明期权是在贬值的。

第四节　组合保险

— 考纲要求 —
描述组合保险的构造。

假设投资者构造保护性看跌期权头寸，即买入一个看跌期权并且买入股票，损益类似于看涨期权的多头。该头寸预防了股价下跌的风险，一旦股价下跌就会获取相应的收益。有一点要注意，用期权来做对冲成本高，杠杆高，风险更大。所以大部分投资者在做对冲时都选择期货合约，原因是期货的流动性比期权好。

为什么投资组合经理更倾向于合成式的看跌期权而不是在市场上买入。原因有二，其一，期权市场并不总是有充足的流动性来吸收大型基金经理所要求的交易。其二，期权交易所并不总是有与基金经理交易的期权的执行价格和行权日期相匹配的期权。

本章小结

♣ 影响期权价格的 6 个因素

◢ S、K、σ、R、T、D。

- 股价越高，看涨期权价格越高，二者之间是正向关系。
- 执行价格越高，看涨期权价格越低，二者之间是负向关系。
- 波动率无论对看涨还是看跌期权都是正向影响。
- 无风险利率与看涨期权之间是正向关系，与看跌期权之间是负向关系
- 期限与看涨和看跌一般来说都是正向关系。
- 分红越多，股价越低，看涨期权价格越低，看跌期权价格越高。

♣ 希腊字母

◢ Delta、Gamma、Vega、Theta、Rho。

- Delta：表示期权价格和股票价格之间的变动关系。看涨期权的 Delta 介于 0 到 1 之间，看跌期权的 Delta 介于 −1 和 0 之间。
- Gamma：表示股价变动 1 单位，Delta 变动多少单位，因此它表示 Delta 的斜率，短期平值期权的 Gamma 最大。
- Vega：期权价格对波动率求偏导数，看涨期权和看跌期权的 Vega 是相等的，长期平值期权的 Vega 最大。
- Theta：描述期权的价格与到期时间之间的变动关系，Theta 不是一个风险因子，欧式实值的看跌期权 Theta 有可能大于 0。
- Rho：期权价格对无风险利率求偏导数。无论是看涨或看跌期权，期限越长，Rho 越大。

♣ 希腊字母的运用

◢ Delta 对冲：Delta 对冲的目标是做一个 Delta 中性的头寸，让组合的 Delta=0。对冲比例要随着股票市场价格的变动进行调整，这个过程叫做动态的 Delta 对冲。

◢ Delta-Gamma 中性：Delta-Gamma 中性有两步，第一步，先让整个组

合 Gamma 为 0，由于新引入的期权又会产生 Delta，所以第二步要卖出或者买入股票，使 Delta=0 。

- 希腊字母之间的关系：$rf=\frac{\partial f}{\partial S}rS+\frac{\partial f}{\partial t}+\frac{1}{2}\sigma^2S^2\frac{\partial^2 f}{\partial S^2}$，Theta 和 Gamma 的变动方向完全相反。

♣ 组合保险

章节练习

◇ Steve, a market risk manager at Marcat Securities, is analyzing the risk of its S&P 500 index options trading desk. His risk report shows the desk is net long gamma and short vega. Which of the following portfolios of options shows exposures consistent with this report ?

A. The desk has substantial long-expiry long call positions and substantial short-expiry short put positions.

B. The desk has substantial long-expiry long put positions and substantial long-expiry short call positions.

C. The desk has substantial long-expiry long call positions and substantial short-expiry short call positions.

D. The desk has substantial short-expiry long call positions and substantial long-expiry short call positions.

答案解析：D

组合账户显示的是净做多 Gamma，做空 Vega，表明 Gamma>0，Vega<0。对于 Gamma，期限越短越大，越长越小，带入数字可能会好理解一些，所以期限短的 gamma=7，期限长的 gamma=3；对于 Vega，期限越长越大，在此处令期限短的 Vega=4，期限长的 Vega=6；买入期权对应的是"+"，卖出期权对应的是"−"号。若要满足题目的要求，如下所示：

	Gamma	Vega
期限长的期权	−3	−6
期限短的期权	7	4
净头寸	+4	−2

所以应是卖出期限长的期权，买入期限短的期权。所以此题的正确答案为 D。

◇ An analyst is doing a study on the effect on option prices of changes in the price of the underlying asset. The analyst wants to find out when the deltas of calls and puts are most sensitive to changes in the price of the underlying. Assume that the options are European and that the Black–Scholes formula holds. An increase in the price of the underlying has the largest absolute value impact on delta for:

A. Deep in–the–money calls and deep out–of–the–money puts.

B. Deep in–the–money puts and calls.

C. Deep out–of–the–money puts and calls.

D. At–the–money puts and calls.

答案解析：D

期权在平值状态下 gamma 最大，即 delta 对标的资产价格变化最为敏感。

◇ An options dealer sells equity call options. When sold, the options are at–the–money and the firm will be delta–neutral hedged. Which of the following statements is correct？

I. The options dealer will have a negative gamma and negative vega exposure.

II. Over time, gamma and vega will have less of an impact on the value of the option dealer's position if the option moves away from the money.

A. I only

B. II only

C. Both I and II

D. Neither I nor II

答案解析：C

卖出期权时会有负 gamma 与负 Vega 敞口，并且当出售时期权是平值状态，随着时间推移标的资产价格会发生变化，因此期权会进入实值或虚值状态，期权的 gamma 与 Vega 也会降低，所以随着时间的推移，gamma 与 Vega 对期权价值的影响也会逐渐减弱。

◇ A European put option on a non–dividend paying stock has a remaining life of 6 months with a strike of USD 50 and the risk–free rate of 1%, after 3 months which of the following stock prices has the highest time–value of the option（in% of stock price）？

A. USD 10

B. USD 40

C. USD 50

D. USD 60

答案解析：C

平值状态下的期权的 theta 的绝对值最大，时间价值最高。

◇ Portfolio manager Sally has a position in 100 option contracts with the following position greeks：theta = +25,000；vega = +330,000 and gamma = −200；ie., positive theta, positive vega and negative gamma. Which of the following additional trades, utilizing generally at-the-money（ATM）options, will neutralize（hedge）the portfolio with respect to theta, vega and gamma？

A. Sell short-term options + sell long-term options （all roughly at-the-money）.

B. Sell short-term options + buy long-term options（~ ATM）.

C. Buy short-term options + sell long-term options（~ ATM）.

D. Buy short-term options + buy long-term options（~ ATM）.

答案解析：C

在 ATM 期权中，vega 和 theta 随着期限的增加而增加，ganma 随着期限的增加而减少。

C 选项：买入短期 + 卖出长期期权会产生负 theta，负 vega，正 gamma。

A 选项：卖出短期 + 卖出长期期权会产生正 theta，负 vega，负 gamma。

B 选项：卖出短期 + 买入长期期权会产生正 theta，正 vega，负 gamma。

D 选项：买入短期 + 买入长期期权会产生负 thera，正 vega，正 gamma。

扫码获取更多题目

第三十八章 债券的基本介绍
Basic Introduction to Bonds

一、债券的四个要素	1. 发行人	★
	2. 面值	★
	3. 息票率	★
	4. 期限	★
二、国债市场	1. 国债分类	★
	2. 本息剥离债券	★★★
	3. 全价与净价	★★★
	4. 应计利息	★★★
三、债券的复制	1. 一价定律	★★★
	2. 债券复制	★★★
四、不同的利率	1. 折现因子	★★★
	2. 即期利率	★★★
	3. 远期利率	★★★
	4. 平价利率	★★
	5.LIBOR	★★

学习目的

本章分为四个部分。第一部分是债券的四个要素，第二部分是债券的基本介绍，第三部分是债券的复制，第四部分主要讲解债券的不同利率水平。后面三个部分是本章学习的重点和难点。

考点分析

债券是 FRM 考试中历史悠久的重点、难点，本章的考点非常多，考生需要明确掌握每一个知识点，千万不能抱有侥幸心理。

本章入门

本章对债券的基础知识做了详尽的介绍，并且初步涉及了债券的定价方法（复制法）。利率是影响债券价格变动的主要因素，本章也做了全面的讲解。

第一节　债券的四个要素

一、发行人

债券本质是一张借条，借条上列明了四个要素，第一个要素是**发行人**（Issuer）。国家发行的债券叫**国债**（Treasury Bond）；地方政府发行的债券叫**市政债券**（Municipal Bond）；一般公司发行的叫**企业债**（Corporate Bond），比如A股市场上的债券；还有一些金融机构发行的叫做**金融债**（Financial Bond），比如国开行发行的债券。债券未来的现金流和风险特征可能是不同的。国债是国家发行的，国债一般是无风险的；企业债是企业发行的，企业可能会违约倒闭，所以企业债在买入时就要考虑未来可能会带来的风险。

二、面值

第二个要素是**面值**（Face Value），面值表示债券发行人向投资者借了多少钱，在债券到期日时偿还给投资者的金额。比如国家修高铁，发行铁路债券，面值1000元，投资者就可以花1000块钱买入一张债券，债券上标注的价格就是面值1000元。根据面值可以将债权分为三大类，第一类是**溢价债券**（Premium），通常票面利率大于债券的收益率，于是投资者愿意花更多的钱去购买该类债券，对应债券的市场交易价格高于面值；第二类是**折价债券**（Discount），通常票面利率小于债券的收益率，其市场价格是小于面值的，比如零息债券，未来不支付任何利息，到期时归还1000元的本金。所以零息债券的价格应该低于1000元，这种债券就叫做折价债券。第三类是**平价债券**（Par），通常票面利率等于债券的收益率，债券的价格等于面值，一般来说在债券发行日时债券的价格都是等于面值的，但是未来随着市场利率的波动，债券就会出现折价或者溢价的情况。

三、息票率

> – 考试小技巧 –
> 息票率是投资者熟知的利息率。

第三个要素叫做**息票率**（Coupon Rate）。息票率指的是发行债券后，未来给予投资者的收益率。按照息票率不同，债券可以分成三大类，第一类叫做**固定利息债券**（Fixed Rate Bond），比如面值是1000块，未来每一年给与10%的收益，直到到期日为止。第二类叫做**浮动利息债券**（Floating Rate Bond），未来支付的利息并不是一个事先确定好的，而是取决于当前市场的真实利率水平。第三类叫做**零息债券**（Zero Coupon Bond），未来没有任何利息，只有在到期日时收回本金，所以零息债券必然是折价发行的，零息债券的价格和面值之间的差价就是投资者投资零息债券带来的收益水平。

四、期限

第四个要素，**期限**（Maturity）。根据期限不同，可以把债券分为三类，第一类是**短期国债**（Treasury Bill），期限小于 1 年的国债。短期国债都是折价发行的零息债券。在美国市场上，短期国债报价报的不是债券的真正交易价格，而是**折扣率**（Discount Rate/T-bill），表示面值的百分比，折扣率不是真实的收益率。若现在有一个 3 个月的债券，面值为 100 元。债券的折扣率为 5，投资者可以通过折扣率可以去计算债券的价格是多少，即 $P=100\times(1-5\%\times0.25)$ 得出结果为 98.75。第二类为期限在 2 到 10 年之间的**中期国债**（Treasury Note/T-note）。第三类为期限大于 10 年的美国**长期国债**（Treasury Bond/T-bond）。关于中期国债和长期国债，二者的交易结构类似，都是每半年付息一次。

名师解惑

关于中长期国债的报价，用的是 32 分之 1 的报价方式。比如一个长期国债的报价是 96-17，表示每 100 块钱的长期国债的价格是 $96+17/32=96.5312$ 元。再比如一个长期国债的报价是 96-17+，表示每 100 块钱的长期国债的价格是 $96+17.5/32=96.5468$，“+”表示 0.5，美国的中长期国债一般来说都是 100,000 美金的面值，所以在计算时要先除以 100，转换成每 1 元面值，再乘 10 万美金。

第二节 国债市场

一、国债分类

国债市场部分读者需要了解一些常见的国债产品，以下为读者一一介绍：

（一）短期国债

短期国债（Treasury Bill），它属于一种货币市场工具，通常在一年以内，短期国债一般来说都是零息债，通常都是折价发行的。在美国市场，短期国债的报价比较特殊，通常报的是折扣率（Discount rate），这个折扣率是面值的折扣率。价格与折扣率之间的公式：

$$价格 =100\times（1-折扣率\times\frac{到期天数}{360}）$$

举个例子

假设 180 天到期的美国短期国债，面值是 100，折扣率是 5%。则它的价值是多少？

$$100\times（1-5\%\times\frac{180}{360}）=97.5$$

（二）中期国债

中期国债（Treasury Notes）是 2~10 年到期的国债，是付息债（Fixed Coupon Bond），并且是半年付息。

（三）长期国债

长期国债（Treasury Bonds）是到期期限大于 10 年的国债，是付息债并且是半年付息。

中长期国债报价注意事项：

- 报价按照 100 元的面值为基础。
- 32 位报价法（例：90−05 表示该债券报价 =90+5/32）。
- 报价都是净价报价（不包括应计利息）。

【注】净价不是实际交易价，交易支付的钱 = 净价 + 累计利息。

二、本息剥离债券

在美国国债市场上，有一个常用债券叫做**本息分离债券（STRIPS）**。本息分离债券指债券发行后，把该债券的每笔利息支付和最终本金的偿还进行拆分，然后依据各笔现金流形成对应期限和面值的零息债券。一般来讲，大型投行会持有大量不同公司不同国家发行的债券。比如有一张 3 年期的债券，每年支付 5 元的利息，到期支付 100 元的本金，在 0 时刻，投行拥有未来 1 年、2 年和 3 年的收款权，分别可以收到 5 元、5 元和 105 元。由于这三笔现金流都是在未来发生的，所以投行把构成债券的现金流拆成 4 份，分开卖给投资者，比如未来 1 年期收到 5 元的收款权可以把它以 4.5 元卖出，2 年期的 5 元的收款权可以以 3.5 元卖掉。虽然是折价卖出，但投行可以利用这笔钱去做收益率更高的投资。

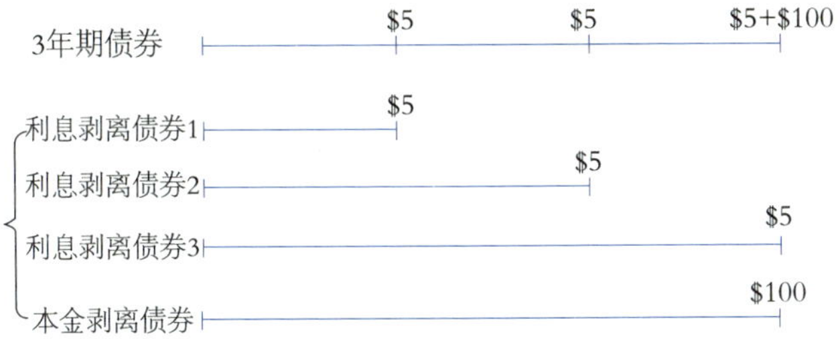

图 38-1 利息 / 本金剥离债券现金流量图

本息剥离债券可以分为两类，利息的部分叫做**利息剥离债券**（C-STRIPS），本金的部分叫做**本金剥离债券**（P-STRIPS），投行将一张债券转变成几笔现金流。对于投行来讲可以起到现金流的回笼作用。

剥离式债券的优点是经过拆分之后，只有一笔现金流，一笔现金流可以根据不同的期限构造任意想要的现金流，所以银行可以做流动性管理。另外，每一笔现金流都可以看成是一张单独的零息债券，零息债券的久期是最大的。久期大，对利率的敏感度高，那么就是较好的利率风险管理工具，银行的资产负债管理的目的就是要达到久期匹配或风险匹配，此时可以通过买卖本息剥离债券来做调整。

> 考试小技巧
>
> 本息剥离债券的流动性之所以比较差，原因是定制发行的，这就像定制西装相同，定制西装以后想要再卖给别人会很困难，同样的，本息剥离债券也是如此。

本息剥离债券缺点是长期的剥离债券流动性较差。市场上期限短的利息剥离债券价格比较高，因为投资者都倾向于期限更短的产品，1 年、2 年的产品是较受欢迎的，所以买入价格会较高。而期限更长的，如 10 年 20 年 50 年的剥离债券，由于无人问津所以很有可能折价发行。这样就会产生定价不合理的情况，产生套利的机会。

三、全价与净价

在美国的中长期国债市场上，通常有两种价格：**全价**（Dirty Price/Full Price/Invoice Price）交易是指债券价格中将应计利息包含在内的债券交易方式。**净价**（Clean Price/Flat Price）交易是指扣除债券价格中的应计利息后的交易方式。中长期国债在市场上的报价都是净价。交易债券并不一定要是在利息支付日才进行，投资者交易债券可以在任意一天。交易日和利息支付日不是同一天就会产生**应计利息**（Accrued Interest），全价等于净价加上应计利息。

> 考纲要求
>
> 区分全价和净价，并解释应计利息。

四、应计利息

债券持有方未来每隔一段时间就可以收到一笔现金流，当投资者将债券转卖给他人，交易时可能是在两个利息支付日之间的某一天，比如下一个利息支付日为 T_2，投资者在 0 到 T_2 中间的某一天 T_1 将债券卖掉，交易时会产生一个问题，

> 考纲要求
>
> 了解天数计算惯例。

- 考试小技巧 -

如何用金融计算器计算天数呢？例如计算2017年8月13日到2017年11月18日一共有多少天。步骤1：按2nd→1→8.1317（按照月.日年的顺序输入，如果是8月3日要输入8.0317,）→enter→输入↓→11.1817（按照月.日年的顺序输入）→enter→输入↓→CPT→显示DBD=97天。

到了T_2时刻，0到T_2时间所有利息全部归债券买入方所有。此时对债券卖出方是不公平的，因为0到T_1这段时间是债券卖出方持有该债券，所以产生的利息应该归卖出方所有。所以在T_1时点交易时要把利息按照天数来折算，如果一共是100元的利息，计算卖出方持有天数，0到T_2的总共天数，按照比例计算的结果叫做应计利息，即应计利息$=C \times T_1/T_2$，在买卖债券时，买卖双方必须考虑应计利息的影响。在利息支付日这天，债券的净价等于全价。

名师解惑

计算相隔日期天数有三种常用的方式。第一种对于美国的长期国债来讲，是用实际天数/实际天数；第二种对于公司债和市政债券来讲，是用30/360这种计价方式，一个月是30天，一年是360天。第三种对于期限比较短的债券来讲，如美国的短期国债或者货币市场工具，1年不管是平年还是闰年，分母都是按360天算，分子看实际的持有天数，计算方法是：实际天数/360。比如现在投资者持有短期国债从2月28号到3月1号，计算实际持有天数是1天；如果这是一只公司债，2月份是按30天来计算的，实际持有天数是3天。持有的债券类别不同，计算的天数结果也会有差异。

举个例子

假设今天是2010年的3月5号，现有债券A息票率为11%，2018年7月10号到期，每半年付息一次，债券A在市场上的报价是95-16，如果在2010年3月5号把这只债券卖掉，报价应该是多少？

【解析】首先要确定应计利息是多少，今天是2010年3月5日，下一个利息支付日是2010年的7月10日。之前的利息支付日是2010年的1月10日。7月10日这天，买入债券方会拿到11%的利息，假设面值是100元，所以利息是$100 \times 11\%/2=5.5$元。但是需要按照天数计算一个比例，通过金融计算器算出来上一个利息支付日到交易日这天是54天，两个利息日之间有181天，也就是说在3月5日卖出债券时，卖方需要从买方手中拿到$5.5 \times 54/181=1.64$元的累积利息。对于国债来说，市场报价永远报的都是净价，不会考虑利息支付日的影响，是不包含利息的。买卖双方在结算时，用的是全价，要考虑双方应该支付的那笔利息。所以全价＝净价＋应计利息$=95\text{-}16+5.5 \times 54/181=97.14$元。

一张1000元面值的公司债券，半年付息一次，息票率为10%，付息日为每年的1月1日和7月1日，假设今天是2005年4月1日，债券在2015年7月1日到期，计算公司债的全价和净价。假设市场的折现率是8%。

【解析】对于这种不是利息支付日的交易债券定价通常有两个步骤：第一步，把未来所有现金流先贴现到下一个利息支付日，也就是2005年的7月1日，利息都是固定的，PMT=100/2=50，I/Y=8/2=4，FV=1000，N=20，CPT得出PV=-1135.90.表示从2006年的1月1日开始，未来每一期现金流都贴现到2005年的7月1日。

第二步，从2005年7月1日的现金流贴现到2005年4月1日，贴现时要加上2005年7月1日本身自有的一笔现金流50，$(1135.90+50)/(1+0.04)^{0.5}=1162.87$，从7月1日到4月1日是3个月，贴现率是8%，半年为4%，所以用1.04来贴现，算出结果是1162.87，这就是债券全价，它包含了未来所有的利息。累计利息 =50×90/180=25，净价 = 全价 - 应计利息 =1162.87-25=1137.87。除了2005年4月1日的价格，还可以计算出2月、3月一直到7月1日的债券价格，经过整理得到下表38-1：

表38-1 债券全价净价对应表

时间	2月1号	3月1号	4月1号	5月1号	6月1号	7月1号
全价	1147.77	1155.30	1162.87	1170.50	1178.18	1185.90
净价	1139.44	1138.63	1137.87	1137.17	1136.51	1135.90

从上面的表格可以看出，从2月1日到7月1日这半年的时间，净价从1139.44下降到1135.90，下降4块钱左右。本题中该债券的票面利率是大于市场利率的，也就是说这是一个溢价债券，随着到期时间的临近，债券的价格会慢慢趋向于面值，所以净价呈下降趋势。而全价上涨的幅度是非常大的，原因是累积了应计利息，7月1日是利息支付日，债券要支付50元的利息，所以减掉50元之后全价等于净价。

将价格变化画到一张图中（如下图38-2），实线代表净价，虚线代表全价。债券的价格和期限之间变化是比较稳定的，这是净价。全价由于会计算应计利息，随着期限的增加，应计利息越来越多。到了利息支付日那天，支付利息，全价等于净价，然后开始继续累积利息，到下一个利息支付日再降回来，形成锯齿形的变化。

— 考试小技巧 —

给未在利息支付日交易的债券定价，要分两个步骤，第一步，先把未来所有的现金流都贴现到下一个利息支付日；第二步，再贴现到0时刻。

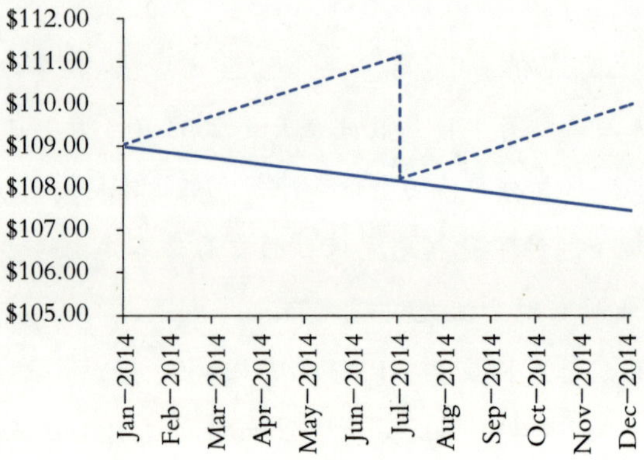

图 38-2　债券全价 / 净价对应图

第三节　债券的复制

一、一价定律

债券复制（Bond Replication）是指用债券复制出新的债券，前提是保证新旧两个债券的未来现金流一致。债券的复制涉及的是如何用债券做套利，套利的原理叫做**一价定律**（Law of One Price）。在不考虑融资、流动性、信用风险、税收等问题的前提下，一价定律可以简单的表述为：同样的货物无论在何地销售，其货物价格都应相同。假设现在有两种资产，未来现金流大小方向一致，理论上这两种产品的价格就应该相同。

名师解惑

比如麦当劳的汉堡，由两片面包，一块鸡腿加一片生菜组成，那在市场上买两片面包，一块鸡腿，一片生菜的价格和一个汉堡应该是相同的。这就是一价定律。

二、债券复制

债券复制有两个前提条件：（1）金额相同；（2）期限匹配。

举个例子

假设现在有三张1年期债券，每年付息一次，付息日相同，第一张债券的利息是2.875，价格是98.4。第二张债券的利息是4.5，价格未知；第三张债券的利息是6.25，价格是101.3，如表38-2所示。

表38-2 三张债券信息表

利息	价格
$2\frac{7}{8}$	\$98.40
$4\frac{1}{2}$	?
$6\frac{1}{4}$	\$101.30

【解析】三张债券的期限是匹配的。根据一价定律，如果资产未来的现金流是相同的，那价格也应该相同，所以接下来就应该构造相同的现金流，假设持有 w_1 份的债券1，w_2 份的债券3，二者的权重之和为1。于是可以列式：

$w_1\times2.875+(1-w_1)\times6.25=4.25\Rightarrow w_1=0.5185$，也就是说要持有51.85%的债券1，再持有（1-51.85%）的债券3可以构造出和债券2相同的现金流，既然现金流相同，那么债券的价格也应该相同，$w_1\times98.4+(1-w_1)\times101.3=P_2$，代入 w_1，求解 P_2，这个过程叫做通过一价定律给债券定价。如果债券3的理论价格和市场上的价格不一致，就可以根据低买高卖的原则实现套利。

在美国市场上都是**做市商**（Market Maker）交易，从做市商处买入债券，或将债券卖给做市商。做市商会在中间赚差价，这个差价叫做**买卖差价**（Bid-Ask Spread）。所以债券并不是只有一个价格，要考虑价差的变动。有些债券还有特定的风险，这些特殊风险也可能导致这些债券价格和理论不一致，一旦出现这种情况，套利也可能没有办法实行。

举个例子

假设市场上有三张债券，收益率和债券价格关系如表38-3所示，1年期零息债券价格是95.238，收益率是5%；2年期零息债券价格是89，收益率是6%，；3年期付息债券价格是100，票面利率和收益率都是6%，2年期的市场利率是6.03%，以下这三张债券是否存在套利的机会，如何去套利？

表 38-3　三张债券收益率与价格关系表

	期限	收益率	息票率	价格
1	1 年	5%	0%	95.238
2	2 年	6%	0%	89.00
3	2 年	6%	6%	100

【解析】市场上的即期利率是 6.03%，而债券 2 的 YTM 是 6%，所以债券 2 的价格有可能高估，所以可以初步判断债券 2 的定价是不合理的。

根据一价定律，可以用债券 1 和债券 2 去复制与债券 3 相同的现金流，所以要让第一年末的现金流相等，债券 3 有 6 元的现金流，债券 1 有 100 元的现金流，所以张要持有 0.06 份的债券 1 就可以匹配在 1 年末的现金流。在两年末的时点，债券 2 可以拿到 100 元的现金流，债券 3 可以拿到 106 元的现金流，要让二者相等，只要持有 1.06 份的债券 2 即可。所以张要持有 0.06 份的债券 1,1.06 份的债券 2 就可以复制出一份和债券 3 相同的现金流（如图 38-3 所示）。

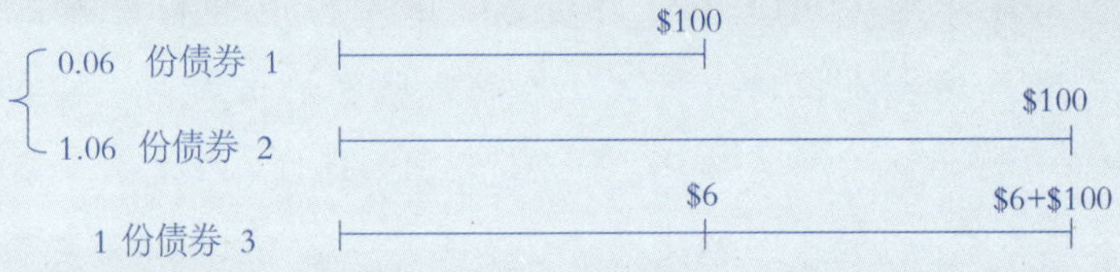

图 38-3　三张债券的现金流量图

根据一价定律，现金流相同，价格应该相等。$0.06\times95.238+1.06\times89=100$，但是左边结果是 100.0543>100，也就是说未来的现金流相同，但是价格不同，所以产生套利机会。套利永远都是低买高卖，所以可以买入 1 份债券 3，卖出 0.06 份的债券 1 和 1.06 份的债券 2，通过这样的方式，就可以获得一个无风险的收益。那么投资者去卖出债券 1 和 2，买进债券 3，最终价格会趋于平衡。假设不能买入 0.06 份债券，可以扩大买入份额至 100 万份，表 38-4 第一行表示买入 100 万的债券 3，第一年后拿到 6% 的利息，两年时 6% 的利息和本金都收回来。卖出 6 万份的债券 1，获得收益 57142.8 元，同时卖出 106 万份的债券 2，获得收益 106542.8。这样，在不考虑交易成本的情况下，初始时刻可以获得无风险的收益，收到的现金流高于支付出去的现金流。由于卖出债券未来是要支付现金流的，付出的现金流与收到的现金流相互抵消，初始时刻拿到无风险收益。

表 38-4 债券价格变化表

0 时刻		1 年后		2 年后	
−1,000,000.0	（买入）2 年期，6% 息票率的债券	+60,000	利息	+1,060,000	利息
+57,142.80	（卖出）1 年期，零息债券	−60,000	到期		
+943,396.20	（卖出）2 年期，零息债券			−1,060,000	
+539.06	净收益	0		0	到期

第四节 不同的利率

一、折现因子

折现因子（Discount Factor），表示未来的 1 块钱今天值多少钱。表达式为 d（t），比如 d（0.5）=0.97557，表示 0.5 年后的 1 块钱今天值 0.97557 元，折现因子可以直接给债券定价。比如现在有债券 A，3 个月后要支付 105 元，那么债券 A 现在的价值为 105× 三个月期的折现因子。

二、即期利率

即期利率（Spot Rate）是在产品交易过程中所关注到的最常见的利率水平，从 0 时刻到未来的某一时点的利率水平叫做即期利率。这个市场利率是 0 时刻得到的，未来 1 年、2 年的市场利率都是一个已知的数字，假设一个 3 年期的即期利率是 8%，8% 表示投资 3 年每一年的投资利率都是 8%，8% 就是即期利率。

即期利率也可以表示对应期限的零息债券收益率，因此即期利率也叫做**零息利率（Zero Rate）**。零息利率通常都理解为一种无风险的利率水平。比如半年期的市场利率是 5%，市场上的 5% 的利率指的是年化利率，那么半年后的 100 元今天值多少钱，可以直接折现：$P=\frac{100}{(1+Z_{0.5}/2)}$。债券的价格也可以用 100×d（0.5）来计算，所以折现因子和即期利率之间有一个互为倒数的关系。即 $d(0.5)=\frac{1}{(1+Z_{0.5}/2)}$。用公式表示就是 $(1+\frac{z(t)}{2})^{2t}=\frac{1}{d(t)}$。

如下图 38-4 所示，现有一个直角坐标系，横轴是期限，纵轴是即期利率，构成的图形叫做利率期限结构，这个图反映出不同期限的市场利率水平是多少（利率都是年化的）。利率期限结构有三种类型，第一种，正常的市场水平都是期限越长，利率越高，是**向上倾斜**（Upward-sloping）的利率曲线结构。第二种是长期和短期的即期利率都是相同的，叫做**水平的**（Flat）利率曲线结构，第三种叫做**向下倾斜**（Downward-sloping）的利率曲线结构，这种情况通常出现在一些极端的情况下，短期利率比长期利率更大，这种情况不常见。

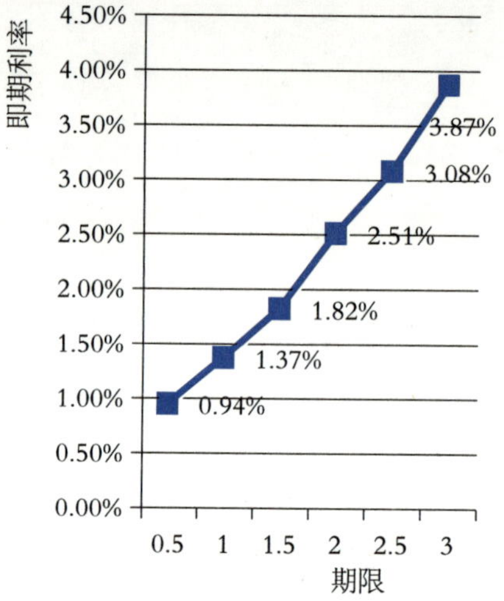

图 38-4 利率期限结构图

举个例子

0.5 年到 3 年的折现因子如表 38-5：

表 38-5 零息债券价格和折现因子

期限	零息债券价格	折现因子	即期利率
0.5	99.5322	0.995322	0.94%
1	98.6439	0.986439	1.37%
1.5	97.3189	0.973189	1.82%
2	95.1336	0.951336	2.51%
2.5	92.6433	0.926433	3.08%
3	89.1374	0.891374	3.87%

计算 1.5 年的即期利率。

【解析】根据 $d(1.5)=0.9809=1/(1+\frac{Z_{1.5}}{2})^3 \Rightarrow Z_{1.5}=1.290\%$。

三、远期利率

远期利率（Forward Rate）是从未来的某一时点到另一时点的利率水平。远期利率有一定风险，因为对于处于0时刻的投资者来讲是未知的利率。投资者站在0时刻能观察到0到T_1时刻的市场利率是R_1，0到T_2的市场利率是R_2，假设在T_1时刻要去做一笔投资，此时此时投资者关心的是T_1到T_2期间的市场利率是多少，即远期利率，但由于在0时刻无法得知远期利率，所以只能做一个理论推测：假设市场定价是合理的，没有套利机会，那么投资者把钱从0存到T_1，再从T_1存到T_2，和直接从0时刻就存到T_2得到的收益应该是相同的，否则就会产生套利。基于这样的假设条件下，将远期利率$F_{1,2}$计算出来，$(1+R_1)^{T_1}(1+F_{1,2})^{(T_2-T_1)}=(1+R_2)^{T_2}$，远期利率$F_{1,2}$是基于即期利率$R_1$和$R_2$反算出来的理论水平。至于未来的远期利率究竟是多少，只能到了T_1时刻才会知道。远期利率和即期利率满足这样的无套利关系，对于一般复利是这样去计算。如果是连续复利，则用公式：

$e^{R_1T_1}\times e^{F_{1,2}(T_2-T_1)}=e^{R_2T_2}\Rightarrow F_{1,2}=\dfrac{R_2T_2-R_1T_1}{T_2-T_1}$，所以$R_1T_1+F_{1,2}(T_2-T_2)=R_2T_2$。

举个例子

6个月的零息债券价格是99.9，一年期的零息债券价格是98.56。计算6个月期的远期利率，假设每半年付一次息。

【解析】$99.9\times\left(1+\dfrac{Z_{0.5}}{2}\right)=100$，$98.56\times(1+\dfrac{Z_1}{2})^2=100$，算出$Z_{0.5}$和$Z_1$后，再算远期利率。

$$\left(1+\frac{Z_{0.5}}{2}\right)\left(1+\frac{F_{0.5,1}}{2}\right)=(1+\frac{Z_1}{2})^2\Rightarrow F=2.73\%$$

名师解惑

折现因子和即期利率互为倒数且可以互推，$(1+\dfrac{z(t)}{2})^{2t}=\dfrac{1}{d(t)}$。即期利率和远期利率之间也有固定的关系且可以互相推导，$R_1T_1+F_{1,2}(T_2\text{-}T_1)=R_2T_2$，所以三者之间有一个互相推导的关系，已知即期利率可以算折现因子、远期利率；已知折现因子可以算即期利率、远期利率。

四、平价利率

假设有上市公司A要发行债券，息票利率为**平价利率**（Par Rate），平价利率指的是债券的价格等于面值时的利率，此时债券的息票率等于收益率。

（一）即期利率和平价利率之间的关系

假设距离到期还有 0.5 年的债券，面值是 100 元，平价利率是 5%，求 0.5 年的即期利率。根据债券的价格等于未来现金流的贴现求和，未来的现金流由本金和利息构成，这里 par 表示本金，c 表示利息，$p=\frac{c+par}{1+z_{0.5}}=\frac{2.5+par}{1+z_{0.5}}$，得出 $z_{0.5}$=5%。

假设现在债券还有 1 年到期，平价利率是 6%，面值是 100 元，求 1 年的即期利率。根据债券的价格等于未来现金流的贴现求和：

$$p=\frac{c}{1+z_{0.5}}+\frac{c+par}{(1+\frac{z_1}{2})^2}=\frac{3}{1+\frac{5\%}{2}}+\frac{3+par}{(1+\frac{z_1}{2})^2}\Rightarrow z_1=6.015\%$$。

通过上述两个例子可以看出，当利率曲线向上倾斜时，平价利率曲线是在即期利率曲线下方的（$z_{0.5}=par_{0.5}$=5%；par_1=6%，z_1=6.015%）。

（二）互换利率和平价利率之间的关系：

假设有 3 年期的收固定付浮的利率互换，互换利率指的是互换的固定利率，互换的价值 $V_{swap}=V_{fixed}-V_{floating}$，在 0 时刻，互换的价值应该为 0，双方不赚不亏，$V_{swap}=V_{fixed}-V_{floating}=0$，$V_{fixed}=V_{floating}$ ①，固定利率债券的价格 $V_{fixed}=\frac{c}{1+z_1}+\frac{c}{(1+z_2)^2}+\frac{c+par}{(1+z_3)^3}$②，这里的 C 就是固定利率；在利息支付日，浮动利率债券的价格就等于面值，所以 $V_{floating}$=par ③。

联立①②③式，可以推出 C=fixed rate × par=par rate × par，可证互换利率等于平价利率。

举个例子

假设一个 1 年期的国债，支付 8% 的利息，每半年付息一次，求这只债券的价格，用 3 种不同的定价方式，债券信息见表 38-6。

表 38-6 不同期限债券信息表

期限	即期利率 (%)	折现因子	6 个月的远期利率 (%)
0.50	0.94	0.995322	0.94
1.00	1.37	0.986439	1.80
1.50	1.82	0.973189	2.72
2.00	2.51	0.951336	4.59
2.50	3.08	0.926433	5.38

【解析】第一种，用折现因子求解：(\$4×0.995322) + (\$104×0.986439) = \$106.57

第二种，用即期利率求解：$\frac{\$4}{(1+\frac{0.94\%}{2})}+\frac{\$104}{(1+\frac{1.37\%}{2})^2}=\$106.57$

第三种，用远期利率求解：

$$\frac{\$4}{(1+0.94\%/2)}+\frac{\$104}{(1+0.94\%/2)\times(1+1.80\%/2)}=\$106.57$$

假定现在1年期的市场利率是4.5%，1年后的1年期远期利率是5.3%，现在有一张面值是1000元的2年期债券，息票率6%，每年付息一次，求这张债券的价格。

【解析】$\frac{60}{1+4.5\%}+\frac{1000+60}{(1+4.5\%)(1+5.3\%)}=1020.72$

五、LIBOR

伦敦银行同业拆借利率（LIBOR）是银行间无担保借款利率。LIBOR是为几种不同的货币和从一天到一年不等的借款期报价的。它们被用作全球数万亿美元交易的参考利率。

AA评级的全球银行每天都要估计他们在上午11点之前（英国时间）可以从其他银行贷款的利率。对于每一个货币和每一类借款时长，报价中的最高25%和最低25%将被丢弃，其余的报价进行平均，以产生一天的LIBOR。假设在某一天，3个月美元的LIBOR报价为2.3%，这表明，2.3%是对当日美国3个月银行间拆借利率的估计。

本章小结

♣ 债券的四个要素

◢ 发行人、面值、息票率、期限。

- 按发行人划分：国债、市政债券、企业债、金融债。
- 按面值划分：溢价债券、折价债券、平价债券。
- 按息票率划分：固定利息债券、浮动利息债券、零息债券。
- 按期限划分：短期国债（<1 年）、中期国债（2 ~ 10 年）、长期国债（>10 年）。

♣ 国债市场

◢ 本息剥离债券、全价、净价、应计利息。

- 本息剥离债券：把债券的利息和本金进行拆分，依据各笔现金流形成对应期限和面值的零息债券。
- 全价与净价：全价等于净价加上应计利息。
- 应计利息：应计利息是债券自上一次付息后累计未付的利息。

♣ 债券的复制

◢ 一价定律：无论在何地销售的同一商品，用同一货币来表示的价格是相同的。

◢ 债券复制：核心思想是复制未来相同的现金流，对应价格也是相同的。

♣ 不同的利率

折现因子、即期利率、远期利率、平价利率、LIBOR。

◢ 折现因子：表示未来的 1 块钱今天值多少钱。

◢ 即期利率：衡量的是零息债券的收益率水平。

- 即期利率和折现因子之间的关系：$(1+\frac{z(t)}{2})^{2t}=\frac{1}{d(t)}$
- 即期利率和远期利率之间的关系：$e^{R_1T_1}\times e^{F_{1,2}(t_2-t_1)}=e^{R_2T_2}$，$(1+R_1)^{T_1}(1+F_{1,2})^{(T_2-T_1)}=(1+R_2)^{T_2}$

- 远期利率：从未来的某一时点到另一时点的利率水平。
- 平价利率：债券的价格等于面值时的利率。
  - 即期利率和平价利率之间的关系：当利率曲线向上倾斜时，平价利率曲线是在即期利率曲线下方的。
  - 互换利率和平价利率之间的关系：在期初，互换利率等于平价利率。
- 利率的期限结构：横轴是时间，纵轴是利率水平。分为向上倾斜、向下倾斜、水平的利率期限结构三种。
- LIBOR：伦敦银行间无担保借款利率。

章节练习

◇ Consider a 7.75% semiannual coupon bond with a par value of $100 and four remaining coupons, which is trading at a yield of 8.375%. There are 74 days remaining in the current period that has a total of 182 days. The accrued coupon of this bond is closest to：

A. 1.59

B. 2.30

C. 3.18

D. 4.57

答案解析：B

$$100\times\frac{7.75\%}{2}\times\frac{182-174}{182}=2.2995$$

◇ Which of the following statements about STRIPS is correct ?

I.SIRIPS ave less interest rate sensitivity than coupon bonds.

II.Tend to be highly liquid.

A. Ⅰ only

B. Ⅱ only

C. Both Ⅰ and Ⅱ

D. Neither Ⅰ nor Ⅱ

答案解析：D

本息剥离债券的流动性相对较差，对利率的敏感度也高于票面债券。

◇ A 5-year corporate bond paying an annual coupon of 8% is sold at a price reflecting a yield-to-maturity of 6% per year. One year passes and the interest rates remain unchanged. Assuming a flat term structure and holding all other factors constant, the bond's price during this period will have：

A. Increased.

B. Decreased.

C. Remained constant.

D. Cannot be determined with the data given.

答案解析：B

由于 YTM< 息票率，所以该债券是溢价出售。随着时间的推移，债券价格会向面值靠拢，因此价格会下降。

◇ The price of a $1,000 par value Treasury bond (T-Bond) with a 3% coupon that matures in 1.5 years is closest to:

Maturity (Years)	Strip Price
0.5	99.2556
1.0	98.2240
1.5	96.7713
2.0	95.1524

A. $1,010.02

B. $1,011.85

C. $1,013.68

D. $1,015.51

答案解析：B

$$15 \times 0.992556+15 \times 0.982240+1015 \times 0.967713=1,011.85$$

◇ Assume the prices are for settlement on June 1, 2005, today's date. Assume semiannual coupon payments:

Coupon	Maturity	Price
7.500%	12/1/2005	102-9
12.375%	6/1/2006	107-15
6.750%	12/1/2006	104-15
5.000%	6/1/2007	102-9+

The discount factor associated with the bonds maturing in December 2005 and June 2006, are closest to:

A. 0.9696/0.9858

B. 0.9858/0.9546

C. 0.9546/0.9696

D. 0.9778/0.9696

答案解析：B

$$100\times(1+\frac{7.5\%}{2})\times d_1=102+\frac{9}{32}\Rightarrow d_1=0.9858$$

$$100\times(\frac{12.375\%}{2})\times d_1+100\times(1+\frac{12.375\%}{2})\times d_2=107+\frac{15}{32}\Rightarrow d_2=0.9546$$

扫码获取更多题目

第三十九章 债券估值
Bond Valuation

一、年金介绍	1. 普通年金	★
	2. 永续年金	★
二、收益率水平	1. 回报率	★★
	2. 到期收益率	★★★
三、债券的风险因素	1. 再投资风险	★★★
	2. 利率风险	★★★
	3. 价差 / 利差	★★★
四、债券的损益分解	1. 时间变动因素	★★
	2. 利率变动因素	★★
	3. 价差变动因素	★★
五、单因素风险度量与对冲	1. 麦考利久期、修正久期、凸性、美元久期、DV01	★★★
	2. 有效久期和有效凸性	★★★
	3. 可赎回债券	★★★
	4. 可回售债券	★★★
	5. 组合的久期和凸性	★★★
六、多因素风险度量与对冲	1. 主成分分析	★★
	2. 关键利率久期和基点价值	★★
	3. 组合波动率	★★
	4. 偏基点价值和局部远期基点价值	★

学习目的

本章介绍了衡量债券收益和风险度量的一些指标，以及它们之间复杂的关系。在债券的风险度量中利率风险的度量，分为单因素和多因素风险度量两个维度。此外大家还应重点掌握可赎回债券和可回售债券的相关知识点。

考点分析

本章体系庞大，是 FRM 考试中历史悠久的重点、难点，曾经考过的定性、定量的题目比比皆是。考生需要明确掌握每一个考纲知识点，尽量做到万无一失。

◢ 本章入门

本章从债券的收益、风险两个角度展开，全面系统介绍了债券独具特色的收益计算机制，以及独树一帜的风险测度方法。

第一节 年金介绍

一、普通年金

年金（Annuity）是指在一定期限内，时间间隔相同、不间断、金额相等、方向相同的系列现金流。年金类似于普通债券，但和债券不同的是年金没有本金支付，FV=0。年金的现值是一定期间内每期期末收到或支付相等款项的现值之和，在计算年金价格时直接用计算器就可以。

— 考纲要求 —
计算普通年金与永续年金的价格。

举个例子

现有一个固定收益债券，每年支付现金流是100元，支付4年，贴现率是12%，计算债券的价格。

【解析】PMT=100，I/Y=12，N=4，FV=0，可求得PV=-303.73，负号表示现金流出303.73元。

名师解惑

年金按付款时点不同，可分为后付年金和先付年金。后付年金也称为普通年金，它是在每期期末等额的系列收款、付款的年金；先付年金也称预付年金，它是在每期期初等额的系列收款、付款的年金。通常不加说明即指后付年金。

假设一个到期期限是N年的后付年金，每年的现金流是C，求该年金的价格。

$$p=\frac{c}{1+y}+\frac{c}{(1+y)^2}+\cdots+\frac{c}{(1+y)^{n-1}}+\frac{c}{(1+y)^n} \quad ①$$

在①式两边同时乘上(1+y)：

$$(1+y)P=c+\frac{c}{1+y}+\frac{c}{(1+y)^2}+\cdots+\frac{c}{(1+y)^{n-2}}+\frac{c}{(1+y)^{n-1}} \quad ②$$

②-①：$yp=c-\frac{c}{(1+y)^n}$ 得出 $p=\frac{c}{y}\left[1-\frac{1}{(1+y)^n}\right]$，后付年金价格公式不要求记住，了解即可。

二、永续年金

永续年金（Perpetuity）是指在无限期内，时间间隔相同、不间断、金额相等、方向相同的一系列现金流。永续年金和普通债券类似，不同的是永续年金没有到期日，FV=0，张有利息支付。永续年金的价格 P=c/y，其中 c 表示每次支付的利息，y 表示永续年金的收益率水平。

现有一个固定收益债券，每年支付现金流是 100 元，贴现率是 12%，计算债券的价格。

PMT=100，I/Y=12，FV=0，N=10000 或 1000（这里可任意取一个很大的数字），求得 PV=833.33，此题也可以直接用公式 P=c/y=100/12%=833.33 元得出。也就是说在接下来的 1000 年当中，投资者每年要想获得 100 元，在利率是 12% 的情况下，投资者现在需要投资 833.33 元即可。

名师解惑

永续年金的价格的推导过程如下：

$$p=\frac{c}{1+y}+\frac{c}{(1+y)^2}+\cdots \quad ①$$

左右两边同时除以 1+y，得到 $\frac{p}{1+y}+\frac{c}{(1+y)^2}+\cdots$ ②

①式 - ②式，化简可得：P=c/y

第二节　收益率水平

一、回报率

回报率也叫**实现的收益率**（Return），指的是投资债券能够得到的真实的收益率。

$$R_{t,t+1}=\frac{P_{t+1}+c-P_t}{P_t}$$

举个例子

假设投资者 2010 年 6 月 1 日以 105.856 买入一张债券，2010 年 11 月 30 日以 105 元卖出，期间获得利息收益 2.25 元，面值 100 元，计算持有该债券实际的收益率。

【解析】（105-105.856+2.25）/105.856=1.317%。

此例题中没有考虑交易成本，算出来的就是**毛收益率**（Gross Realized Return），如果考虑交易成本叫做**净收益率**（Net Realized Return）。

考纲要求：区分毛收益率与净收益率，计算持有期内的实现收益率。

假设投资者买债券的 105.856 是借来的，赚了钱之后要将利息还给银行，银行的借款利息年化利率是 0.2%，所以到期投资者要还给银行 105.856×0.2%/2 的利息。

所以净收益率 =（105−105.856+2.25−105.856×0.2%/2）/105.856=1.217%

这两种收益率水平都没有考虑货币的时间价值，只能计算一期的收益，二者之间的主要区别就是净收益率考虑了成本而毛收益率没有。

举个例子

投资组合经理 A 投资 2,000 万到按面值发行的债券上，期限是 30 年，利率水平是 9%，每年付息一次，收到的利息要以 8% 的利率做再投资，第一笔付款是在 1 年后，这笔投资的年化实现的收益率是多少？

A.8.185%　　B.8.285%　　C.8.385%　　D.8.415%

考试小技巧：债券的投资收益来自于 3 个部分：利息、利息的再投资收入，债券买卖价差。

【解析】债券是按面值发行的，也就是说 YTM 是等于息票率 9% 的，收到的利息以 8% 再投资。

每笔现金流是 180 万，再投资收益率是 8%，期限是 30 年，通过金融计算器：

PMT=1.8，I/Y=8，N=30，PV=0，求得 FV=20,391 万，加上 2000 万的本金，即 22,391 万。

$2000(1+r)^{30}=22391 \Rightarrow r=8.385\%$,，所以此题的正确答案是 C 选项。

这道题考的是实现收益率，真实的收益率 8.385% 是小于债券发行时承诺的收益率 9% 的，因为再投资时收益率下降了，导致实现收益率小于债券发行时的收益率水平。

二、到期收益率

— 考纲要求 —
计算债券的 YTM。

到期收益率（Yield to Maturity/YTM）表示的是债券持有至到期的平均收益率，顾名思义，这张债券在持有期内不会发生买卖，在期末获得的收益率水平叫做到期收益率。

举个例子

假设债券 A 每期要支付 40 元的利息，每 6 个月付息一次，期限是 4 年，本金是1000 元，当前的市场价格是850 元，计算这张债券真实实现的收益率。假设所有的现金流都以到期收益率做再投资。

【解析】PMT=40，PV=-850，FV=1000，N=8，求出 I/Y=6.4597，因为是每半年付息一次，所以利率是 6.4597%×2=12.92%，12.92% 叫做实现的收益率。

名师解惑

若要真实实现的收益率等于 YTM，就要满足三条假设：(1) 债券持有至到期；(2) 收到的利息以 YTM 进行再投资；(3) 债券发行人不发生违约。如果不满足这三条假设，可能会出现再投资风险或利率风险。如果债券没有持有至到期，可能会产生利率风险，卖债券时的市场利率会影响债券价格进而影响收益；如果中间现金流不是以 YTM 再投资，可能产生再投资风险。但是在现实生活中，利率水平永远都是在发生变动的，所以回报率通常也是小于 YTM 的，YTM 通常可以通过金融计算器直接算出。

第三节　债券的风险因素

一、再投资风险

现实生活中，投资者拿到利息要做再投资时，市场利率很有可能下降，此时的收益率水平就会发生改变。例如，两年期的债券价格是 98.2167，并且持有债券至到期，但得到 1 年后的利息 7 元再投资时，市场利率下降到 7% 的水平，所以 7

元的利息张能以 7% 的利率再投资，即 $7\times1.07+107=98.2167\times(1+r)^2$，这个收益率水平 r 算出来肯定是小于 8% 的，也就是说在现实生活中，得到利息后，如果市场利率下降会导致投资收益不如预期，这种风险叫做**再投资风险**（Reinvestment Risk）。一般来说，息票率越大，债券的再投资风险越高；如果市场利率下降，下降的越多，再投资风险越大；到期期限越长，再投资风险越大。如果是零息债券，由于中间没有任何现金流，不需要做再投资，所以零息债券没有再投资风险。还有一种特殊的债券叫做可赎回债券，因为发行人有权利在中间的某个时间点把本金给投资者，把债券赎回去，投资者拿到的本金和利息相比是要大很多的，此时投资者面临的再投资风险是比较大的。

举个例子

再投资风险在以下哪些情况下会出现：

I. 买了一个零息债

II. 平价发行的债券

III. 债券持有期间的利率水平是不变的

A.I　　B.I 和 II　　C.II　　D. 以上都是对的

【解析】第一个，零息债券是没有任何现金流的，所以不会有再投资风险，它只有利率风险。第二个，平价发行和再投资风险没有必然关系，发行了之后市场利率发生变动，利息去做再投资的利率都有可能发生变动，是有再投资风险的。第三个，每一期的现金流是以相同利率去投资的，所以没有再投资风险。所以此题的正确答案是 C 选项。

二、利率风险

利率风险（Interest Rate Risk）指的是市场利率上升导致债券价格下跌的风险，接上例，持有该债券过了 1 年的时间，到 1 年末投资者将债券卖出，此时市场利率是 9%，债券价格为 $107/1.09=98.1651$，收益率 $=(98.1651-98.2167+7)/98.2167=7.07\%<8\%$，这种风险叫做利率风险。由于市场利率上涨导致债券价格下跌，交易时产生亏损，这是债券风险的另一个来源。

举个例子

一个面值100元，息票率是4%，每年付息一次，1年期、2年期、3年期的即期利率分别是4.5%、5%、5.5%，计算这张债券的YTM。

【解析】YTM就是到期收益率，根据市场利率水平还有这张债券的利息情况，可求出这张债券的价格，$P=\frac{4}{1.045}+\frac{4}{1.050^2}+\frac{104}{1.055^3}=96.0237$，现在花96.0237元买入这张债券一直持有至到期收益率会是多少？PMT=4，FV=100，N=3，PV=-96.0237，求出I/Y=5.47，YTM=5.47%，YTM是一个平均数的概念，假设1年、2年、3年都以一个相同的收益率水平去做投资，YTM是持有至到期的回报率，一旦没有持有至到期，回报率会发生变化。如下所示，图中描述的是即期利率、远期利率以及YTM的关系。图39-1描述的是一个上升的利率期限结构，即期利率随着时间的增加是上涨的，远期利率也是上涨的，而且会高于即期利率。YTM和即期利率会非常接近，但是会低于即期利率，即期利率是在中间的。图39-2描述的是向下倾斜的利率期限结构，这是比较罕见的，即期利率还是在中间，远期利率会低于即期利率，YTM会接近于即期利率并且高一些。即期利率曲线通常也叫Par曲线。

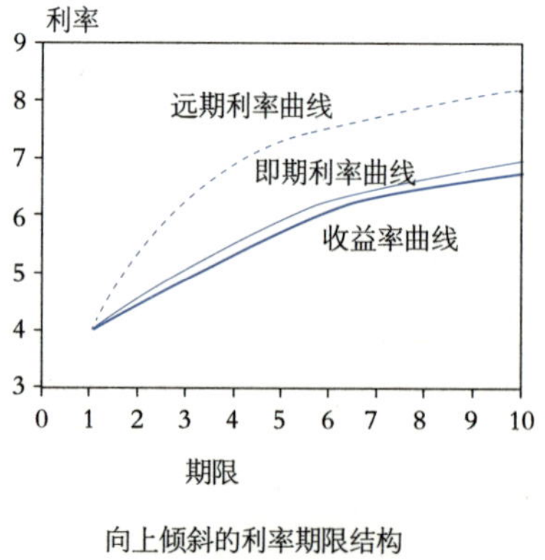

图 39-1 向上的倾斜的利率期限结构

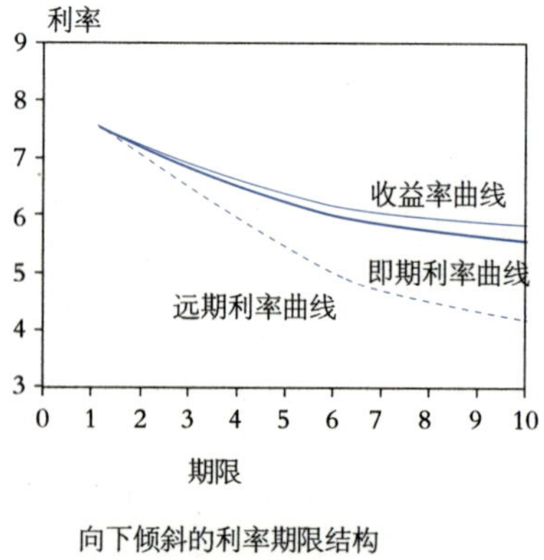

图 39-2 向下倾斜的利率期限结构

名师解惑

预期理论拓展：假设1年期的利率是r_1，2年期的利率是r_2，1年至2年期的远期利率是$f_{1,2}$，可以得出$(1+r_1)(1+f_{1,2})=(1+r_2)^2$，将这个式子展开：$1+r_1+f_{1,2}+r_1\times f_{1,2}=1+2r_2+r_2^2$，由于$r_1\times f_{1,2}$，$r_2^2$这两项都是一个很小的数字，

可以忽略不计，于是可以得到 $r_1+f_{1,2}=2r_2$，$r_2\approx\frac{r_1+f_{1,2}}{2}$，表明长期的利率是短期的利率水平的平均数，如果把期限扩展到 n 年，则$r_n\approx\frac{r_1+f_{1,2}+f_{1,2}+\ldots f_{n-1,n}}{n}$，如果收益率曲线向上倾斜，远期利率都是高于即期利率的。r_n 必然大于 r_1。

巧妙的记忆方法：可以帮助考生记住收益率曲线和即期利率曲线、远期利率曲线的图形关系。

(1) 即期利率和远期利率曲线的排布：有表达式：

$(1+Z_1)^{T_1}\times(1+F_{1,2})^{T_2-T_1}=(1+Z_2)^{T_1}\times(1+Z_2)^{T_2-T_1}$，如果 $Z_1<Z_2$，要想等式成立，则 $F_{1,2}>Z_2$，此时即期利率曲线是向上倾斜的，远期利率曲线在即期利率曲线上面；如果 $Z_1>Z_2$，要想等式成立，则 $F_{1,2}<Z_2$，此时即期利率曲线是向下倾斜的，远期利率曲线在即期利率曲线下面。

(2) 即期利率和收益率曲线的排布：有表达式：

$\frac{CF_1}{1+YTM}+\frac{CF_2}{(1+YTM)^2}=\frac{CF_1}{1+Z_1}+\frac{CF_2}{(1+Z_2)^2}$，如果 $Z_1<Z_2$，因为收益率可以看作是即期利率的平均数，则 $YTM<Z_2$，此时即期利率曲线是向上倾斜的，收益率曲线在即期利率曲线下面；如果 $Z_1>Z_2$，同理可知 $YTM>Z_2$，此时即期利率曲线是向下倾斜的，收益率曲线在即期利率曲线上面。

三、价差 / 利差

价差（Spread）或利差可以表示债券的信用风险状况，指的是国债和公司债之间收益率水平的差异，差异是投资者多承担的信用风险和流动性风险。价格和收益率是反向变动关系，计算国债的价格用的是无风险利率贴现，公司债的贴现率应该要高于无风险利率。两个贴现率之间的差异就是价差。如果公司的违约风险越高，价差就越大，贴现率越高。价差的大小体现了公司的风险状况，价差 $=y_C-y_G$。

> 考纲要求
> 定义和解释利差。

举个例子

假设国债还有 1 年到期，远期利率水平 f（0.5）=2.5%，f（1）=2.8%，票面利率是 3%，每半年付息一次，计算相似的公司债的价差是多少，假设公司债的价格是 100 元。

【解析】国债价格 $P=\frac{1.5}{1+2.5\%/2}+\frac{101.5}{(1+2.5\%/2)(1+2.8\%/2)}=100.3443$，高于公

司债的价格 100 元，意味着公司债在贴现时必然会有价差，假设 1 年期和 2 年期的价差都是相同的，给国债的收益率水平同时都加上一个价差 s，表达式为：

$$100=\frac{1.5}{1+\frac{2.5\%+s}{2}}+\frac{101.5}{\left(1+\frac{2.5\%+s}{2}\right)\left(1+\frac{2.8\%+s}{2}\right)}$$，求出 s=35.1bp，也就是说公司债比国债的收益率高 0.351%。

名师解惑

在计算公司债价格时通常要在国债收益率曲线上面加价差再贴现，为了简化问题，假设每个期限的价差都相同，这叫平行价差，但是在现实生活中，1 年、2 年、3 年的价差大多数情况都是不同的。

$$P=\frac{c}{1+f(1)+s}+\frac{c}{[1+f(1)+s][1+f(2)+s]}+\dots+\frac{c+F}{[1+f(1)+s][1+f(2)+s]\dots[1+f(T)+s]}$$

$$P=\frac{c}{1+f(1)+s(1)}+\frac{c}{[1+f(1)+s(1)][1+f(2)+s(2)]}+\dots+\frac{c+F}{[1+f(1)+s(1)][1+f(2)+s(2)]\dots[1+f(T)+s(T)]}$$

考试关于价差 / 利差的灵巧解题法：价差 / 利差的计算比较复杂，通常采用“试错法”，即在计算利差时先列出计算公式，然后将 A、B、C、D 4 个选项代入公式看等式是否成立，以此选择正确答案。

第四节　债券的损益分解

一、时间变动因素

假设现有一个 3 年期的公司债券 A，发行日每年付息 1 元，已知远期利率期限结构分别是 2%、3%、4%，对应的价差都是 0.5%，由此可以计算出债券 A 的价格是 93.0229，这张债券的损益分解见表 39−1。

$$P=\frac{1}{1+2.5\%}+\frac{1}{(1+2.5\%)(1+3.5\%)}+\frac{101}{(1+2.5\%)(1+3.5\%)(1+4.5\%)}=93.0229$$

一年后，债券 A 的价格变成了 95.2577，上涨了 2 元多，原因有三：其一，时间变动，是指市场利率和价差都不发生变化，仅由于期限变动造成的价格变动。后面两期的远期利率水平保持不变，价差也不变。此时计算出债券的价格94.3485，1.3256 的上涨幅度完全是由于期限变短造成的。

$$P=\frac{1}{1+3.5\%}+\frac{101}{(1+3.5\%)(1+4.5\%)}=94.3485$$

表 39-1 债券损益分解表

	开始时期	2010-1-1	2011-1-1	2012-1-1	价格	损益
定价日：2010-1-1；每年支付利息 =$1						
起始价格	利率期限结构	2%	3%	4%	93.0229	
	价差	0.5%	0.5%	0.5%		
定价日：2011-1-1；每年支付利息 =$1						
时间变动	利率期限结构		3%	4%	94.3485	+1 +1.3256
	价差		0.5%	0.5%		
利率变动	利率期限结构		2%	3%	96.1800	+1.8315
	价差		0.5%	0.5%		
价差变动	利率期限结构		3%	4%	95.2577	−0.9223
	价差		1%	1%		

– 考试小技巧 –

时间的变化是不可控的，利率的变动也是不可控的，但投资者可以通过对冲的方式进行风险管理，比如投资其他的企业债券等。债券的损益分解是在实务操作中经常用到的，考试中并不是重点，了解即可。

二、利率变动因素

其二，由于利率的变动对债券价格造成的影响，价差保持不变，此时的债券价格是 96.18，涨了 1.8315 是由于时间和利率变动一起导致的，因为利率下降，债券价格上升：

$$P=\frac{1}{1+2.5\%}+\frac{101}{(1+2.5\%)(1+3.5\%)}=96.18$$

三、价差变动因素

其三，由于价差的变动，市场利率保持不变，价差变成了 1%，此时债券的价格变成了 95.2577，下跌了 0.9223 是由于时间和价差一起变动导致的。

$$P=\frac{1}{1+3\%}+\frac{101}{(1+3\%)(1+4\%)}=95.2577$$

第五节 单因素风险度量和对冲

一、麦考利久期、修正久期、凸性、美元久期、DV01

— 考纲要求 —
单因素的风险因子模型是考试中最难的，也是最重要的风险度量维度。

假设债券价格只受到一个风险因子即收益率的影响，收益率的变动幅度都是相同的，这种研究债券价格变动的方法叫做单因素模型。在单因素模型中，收益率曲线是平行移动的。

（一）麦考利久期

麦考利久期基于未来现金流的平均回收期限来衡量债券的风险。比如 A 借出 200 元给 B，第一种还款方式，B 和 A 约定两年后还 200 元给 A，这两年内若 B 出现信用风险违约，A 就要承担 200 元的损失。第二种还款方式，B 第一年还 100 元，第二年还 100 元，在这种情况下，A 所面临的风险就降低了，即使 B 一年后违约了，A 还是可以收回一半的现金流。麦考利久期认为未来的现金流平均回收期限越长，风险越大。第一种情况现金流的平均回收期就是 2 年，第二种情况的回收期限通过计算平均数，$\frac{100}{200}\times 1+\frac{100}{200}\times 2=1.5$ 年。由于货币是有时间价值的，不同时间点的货币不能直接相加减，麦考利久期考虑了现金流的时间价值，把 100 元都贴现到 0 时刻，假设市场利率是 10%，第一笔现金流的现值 $PV_{(CF_1)}=\frac{100}{(1+10\%)}=90.9$，在 1 年末收到的 100 元就相当于在 0 时刻收到 90.9 元；第二笔现金流的现值 $PV_{(CF_2)}=\frac{100}{(1+10\%)^2}=82.6$，在第二年末收到 100 元就相当于在 0 时刻收到 82.6 元。麦考利久期就是$\frac{90.9}{90.9+82.6}\times 1+\frac{82.6}{90.9+82.6}\times 2\approx 1.48$ 年，所以在第二种还款方式下，A 收回所有的现金流需要 1.48 年。麦考利久期是以折现现金流为权重，对时间加权平均，衡量的是全部现金流回流的平均时间。用公式表示：

$$\text{Mac.D}=\frac{\sum_{t=1}^{T}\left[\frac{C_t}{(1+y)^t}\times t\right]}{\sum_{t=1}^{T}\frac{C_t}{(1+y)^t}}=\frac{\sum_{t=1}^{T}\left[PV(C_t)\times t\right]}{P}=\sum_{t=1}^{T}\left[\frac{PV(C_t)}{P}\times t\right]=\sum_{t=1}^{T}(\omega_t\times t)$$

表 39-2　不同期限债券信息表

期限	息票	本金	折现因子	现金流的现值	权重	时间 × 权重
0.5	5.00		0.942	4.71	0.050	0.025
1.0	5.00		0.887	4.44	0.047	0.047
1.5	5.00		0.835	4.18	0.044	0.066
2.0	5.00		0.787	3.94	0.042	0.084
2.5	5.00		0.741	3.71	0.039	0.098
3.0	5.00	100.00	0.698	73.29	0.778	2.333
				94.25		2.653
						久期

如表 39-2 所示，这是一个 3 年期的债券，每半年付息一次，每一期的利息是 5 元，本金 100 元，根据信息可以计算债券的麦考利久期。

息票率乘以折现因子为未来利息的现值，债券价格是每一笔现值的加总，对应可以算出每一笔现金流的权重，表格最后一列是对时间做加权平均。最后计算结果为 2.653，即该债券现金流回流的平均时间是 2.653 年。

综合起来，麦考利的计算可分为 3 步：

（1）计算每一期现金流的现值 PV（CF_t）；

（2）计算债券价格 $P=PV_{(CF_1)}+PV_{(CF_2)}+\cdots\cdots PV_{(CF_t)}$；

（3）根据计算公式，计算麦考利久期。

（二）修正久期

修正久期衡量的是债券价格和收益率之间的关系，现有一个不含权的债券，债券未来的现金流是确定的，债券价格和收益率之间的函数关系如下：

$$P=f(y)=\sum_{t=1}^{T}\frac{CF_t}{(1+y)^t}$$

等号两边对 y 求导，则：

$$\frac{\Delta P}{\Delta y}=\frac{dP}{dy}=-\sum_{t=1}^{T}\left[t\times\frac{CF_t}{(1+y)^{t+1}}\right]=-\frac{1}{1+y}\sum_{t=1}^{T}\left[t\times\frac{CF_t}{(1+y)^t}/P\right]\times P=-\frac{D_{Macaulay}}{1+y}\times P=-MD\times P$$

$$MD=-\frac{\Delta P}{\Delta y}\times\frac{1}{P}=\frac{D_{Macaulay}}{1+y}$$

修正久期的定义式为$\frac{D_{Macaulay}}{1+y}$，通常用 D* 表示，麦考利久期经过收益率调整后就是修正久期，修正久期的经济含义为收益率每变动一个单位，债券价格变动多少百分比。将债券价格乘到右边，$\frac{\Delta P}{\Delta y}=-MD\times P$，$\frac{\Delta P}{\Delta y}$叫做美元久期，表示经济含义为收益率变动一个单位，债券价格变动多少钱。它是债券价格对收益率求一阶导数，在图形（如图 39-3）上就是切线斜率即 $-MD\times P$，债券价格变动公式为 $\Delta P=-MD\times P\times \Delta y$，如果已知债券价格和修正久期，那么就可以计算收益率每变动一个小的幅度债券价格变动多少钱。

名师解惑

连续复利情况下的久期

修正久期与麦考利久期之间满足这样的的关系：$MD=\frac{D_{Macaulay}}{1+y/m}$，通常没有特别说明，默认 m 为 2。

如果是半年付息一次，修正久期公式为$\frac{D_{Macaulay}}{1+y/2}$，如果是每季度付息一次，修正久期公式为$\frac{D_{Macaulay}}{1+y/4}$。当收益率呈现连续复利时，此时 m 趋向于正无穷，那么 1+y/m 整体趋向于 1，此时 $MD=D_{Macaulay}$。

在产品分析中，通常说的久期是修正久期，因为修正久期是目前债券市场上最重要的债券度量维度。修正久期主要有两个应用：

（1）风险预测，根据公式 $dP=-MD\times P\times dy$，若已知修正久期，就能推出美元久期，然后以此推出债券价格变动幅度，其中“-”表示价格和利率的反向变动关系，通常情况下，普通债权的久期是大于 0 的。

（2）对冲，大多数固定收益类产品都需要对冲利率风险，投资者希望达到的效果是久期中性，即 D=0，表示当利率小幅变动时，不会对产品价值带来影响，以此达到风险控制的目的。

（三）凸性

债券价格与利率的变动是反向非线性关系，斜率只是线性估计，线性估计只适用利

率变动幅度较小时。当利率变动幅度较大时，线性估计误差较大，为了更好的分析债券的利率风险，所以引入了二阶项的考量，即凸性，凸性衡量的是非线性的因素，即斜率的变化。

不管是久期还是凸性，同样都受到息票率、期限、利率的影响。久期和凸性对时间是同向影响，对利率和息票率是反向影响。有了凸性，对于债券价格变动

的估计会更加准确。假设收益率发生很小幅度的变动，此时用久期估计债券价格变动比真实的债券价格变动要低一些。当 dy 较小时，直接用久期估计会比较准确，当 dy 较大时，误差会很大。所以要考虑二阶导数，此时债券价格变动公式为：

$$dp=-MD\times P\times dy+\frac{1}{2}\times C\times P\times dy^2$$

C 叫做债券的凸性，表示的是债券价格和收益率之间的凸凹性程度，久期是用一阶导数去估计债券价格的变动，不管收益率水平是上涨还是下跌，用久期法估计债券价格的变动都会低估债券的真实价格。

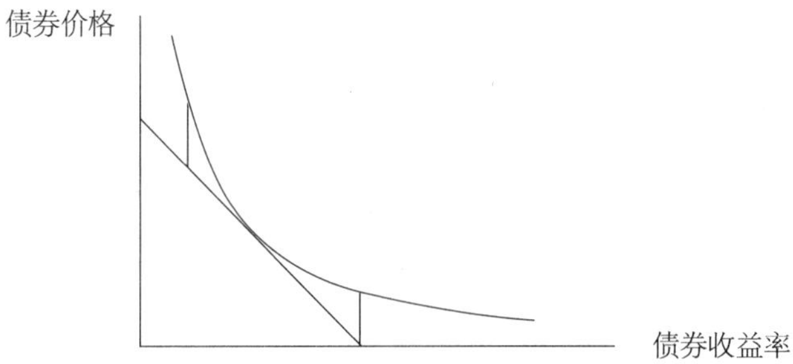

图 39-3　债券价格与收益率关系图

凸性与久期可以一一类比，麦考利久期对应凸性，修正久期对应修正凸性，区别在于久期是一阶导数，而凸性是二阶导数，定义式如下：

$$\text{连续复利形式下：Convexity}=\sum_{t=1}^{T}\left(w_t\times t^2\right)$$

$$\text{Modified Convexity}=\frac{\text{Convexity}}{\left(1+\frac{y}{m}\right)^2}$$

（四）美元久期

美元久期表示收益率每变动 1，债券价格变动多少钱。美元久期是修正久期与债券价格的乘积。

（五）DV01

DV01 表示收益率每变化 1 个基点，债券价格变动多少。在部分金融产品的对冲中，用的工具不是修正久期而是 DV01，比如欧洲美元期货的 DV01=25，投资者知道被对冲头寸的 DV01 是多少，就可以计算出需要多少份欧洲美元期货做对冲。

举个例子

现有 15 年期的债券 A，每半年付息一次，DV01=0.15316；10 年期的债券 B 用来做对冲工具，DV01=0.101341，计算对冲比率。

【解析】计算对冲比率，分子是被对冲产品的 DV01，分母是对冲工具的 DV01。所以对冲比率（HR）=0.15316/0.101341=1.511，即 1 份 15 年期债券，需要 1.511 份 10 年期债券来对冲风险。

现有 10 年期的零息债券价格为 55.37，收益率是 6%，每半年付息一次，凸性是 98.97，计算该零息债券的久期。

【解析】零息债券麦考利久期就是 10 年，根据修正久期和麦考利久期之间的关系，$MD=\frac{10}{1+6\%/2}=9.71$，所以修正久期是 9.71，美元久期 $=MD\times P=9.71\times 55.37=537.55$。

DV01 的另一作用是估计债券价格的变动。以上述为例，15 年期债券，收益率每变动 1 个单位，债券价格变动 0.15316，假设市场上收益率上升了 3 个基点，债券价格会下跌 0.15316*3 个单位。当收益率发生小的幅度时，用 DV01 估计比较准确，但当收益率发生大的变化时，用 DV01 估计债券价格就会有较大误差。

名师解惑

- 麦考利久期，对时间的加权平均。
- 修正久期，表示收益率每变化 1 单位，债券价格变动多少百分比。
- 麦考利久期经过收益率的调整就是修正久期。
- 美元久期等于修正久期乘以债券价格。表示收益率每变化 1，债券价格变动多少钱。
- DV01，收益率每变化 1 个基点，债券价格变动多少钱，DV01=MD×P×0.0001。
- 凸性，表示的是凸凹性程度，凸性越大意味着曲线越弯曲，价格上涨时涨的更多，价格下跌时跌的更少，投资者一般更倾向于凸性大的债券。

二、有效久期和有效凸性

麦考利久期、修正久期和美元久期的适用前提都是债券未来的现金流是确定的，若现金流不确定，比如含权债有提前偿付风险，现金流不确定，此时就不能通过一般的久期来分析债券的利率风险，对于含权债的分析可以采用**有效久期**（Effective Duration）。有效久期是修正久期的近似估计，它相当于是对修正久期的一种变形，二者在数值上十分接近。有效久期既可以用在含权债券中，也可以用于普通不含权债券中。

有效久期是根据修正久期做出的调整，修正久期表示利率变动 1 单位，债券价格的变动百分比，有效久期是根据利率变动对应债券价格的变化计算出来的。假设初始的利率为 y_0，此时债券价格为 P_0，当利率上升 Δy 时，此时利率变为 $y_0+\Delta y$，对应债券价格为 P_+；当利率下降 Δy 时，此时利率变为 $y_0-\Delta y$，对应债券价格为 P_-，将 P_+ 与 P_- 连线，当利率变动幅度较小时，P_+ 与 P_- 连线的斜率与利率引起债券价格变动的曲线所对应的切线的真实斜率十分近似，所以可以用 P_+ 与 P_- 连线的斜率代替切线的斜率，即 $\frac{(P_- - P_+)/p_0}{2\Delta y}$ 为切线斜率的估计。

则，有效久期 $D^E = \frac{P_- - P_+}{2P_0\Delta y}$，

有效久期之后，又引入了有效凸性，

有效凸性（Effective Convexity）为 $C^E = \frac{D_- - D_+}{\Delta y} = \frac{P_- + P_+ - 2P_0}{P_0\Delta y^2}$。

举个例子

已知十年期的债券，息票率为 6%，每年付息一次。计算当利率上升或者下降 40 基点时，对应的有效久期和有效凸性。

【解析】当利率上升 40 基点时，N=10；PMT=6；FV=100；I/Y=6.4；CPT → PV=-97.11；

当利率下降 40 基点时，N=10；PMT=6；FV=100；I/Y=5.6；CPT → PV=-103

$$D^E = \frac{103-97.11}{2\times100\times0.004} = 7.3625$$

$$C^E = \frac{103+97.11-2\times100}{100\times0.004^2} = 68.75$$

有效久期的对冲

假设一项投资的有效久期为 D_V，投资的价值是 V，对冲债券的久期为 D_P，债券的价值是 P，如果我们要对冲小幅的平行移动，那么需要对冲的债券的价值应该是：$P = \frac{V\times D_V}{D_P}$。

举个例子

一项A债券投资的有效久期为10，投资的价值是100，对冲债券B的有效久期为5，债券B的价值是P，则需要对冲的债券B的价值$P=\frac{VD_V}{D_P}=\frac{100\times10}{5}=200$。

为了对冲上述A债券投资的风险，需要卖空价值为200的对冲债券B。

三、可赎回债券

可赎回债券（Callable Bond）赋予债券发行人未来可以以约定价格将债券买回的权力。

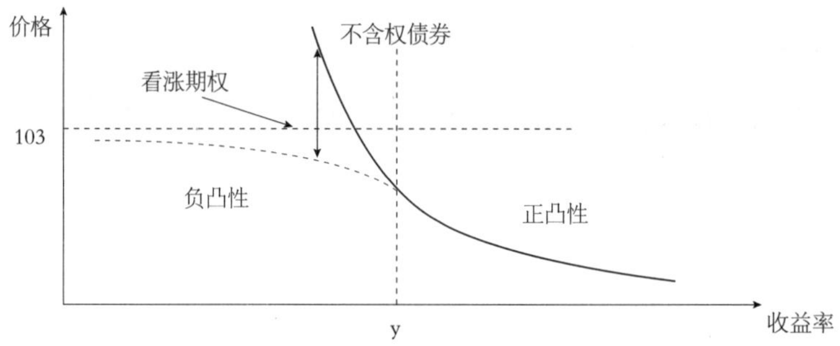

图 39-4　可赎回债券的价格 - 收益对应图

如图 39–4 所示，对于普通债券，利率和债券价格是图中的黑色曲线。而对于可赎回债券来说，当利率下降时，债券发行人会行使赎回债券的权力，因为市场利率下降时，公司发行新债券所支付的利率较低，此时可以降低公司的融资成本。随着利率下降，债券价格会趋近于赎回价格。

可赎回债券的持有人相当于持有普通债券再卖出看涨期权，此时利率下降无法给债券持有人带来债券价格上涨的好处，所以在利率下降时会出现负凸性的状态。

当利率下降时，可赎回债券的价格和普通债券价格的差异为看涨期权的价值。假设普通债券的价格为 102 美元，可赎回债券的价格为 97 美元，二者之间的差额 5 美元即为看涨期权的价值。

四、可回售债券

可回售债券（Putable Bond）赋予债券持有人未来可以以约定价格将债券卖回给发行人的权力。

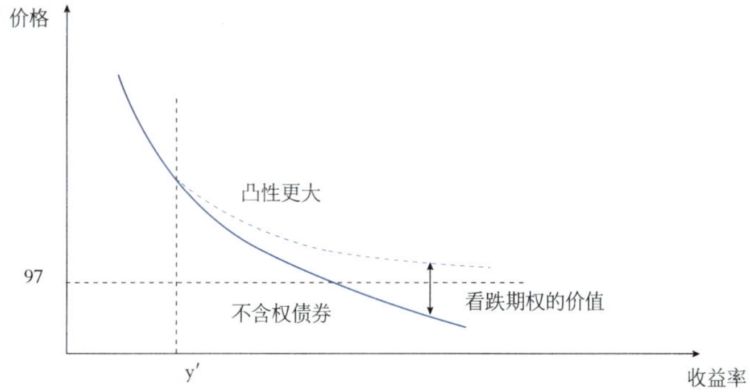

图 39-5 可回售债券价格 - 收益率对应图

可回售债券的持有人相当于持有普通债券再买入看跌期权。

如图 39-5 所示，当市场利率上升时，债券持有人会行使回售权，即将债券以约定的价格卖回给发行人。当利率上升时，可回售债券价格为上图中虚线，此时对于债券持有人来说，曲线的凸性是更大的。可回售债券的价格和普通债券价格的差异即为看跌期权的价值。

五、组合的久期和凸性

债券组合的久期（或凸性）是各个债券以市值为权重的久期（或凸性）的总和。

子弹式债券投资组合（Bullet Portfolio）称为一次性偿还债券投资组合，其凸性是均匀的。

哑铃式债券投资组合（Barbell Portfolio），其现金流分布在债券的期初和期末两端。

举个例子

表 39-3　不同债券信息表

债券	利息	期限	价格	收益率	久期	凸性
A	2	5	95.3889	3%	4.7060	25.16
B	4	10	100.0000	4%	8.1755	79.00
C	6	30	115.4543	5%	14.9120	331.73

如表 39-3 所示，某投资者买了 100，000，000 美元的 B 债券，此债券每半年付息一次。此投资者想用 A 债券和 C 债券构造与 B 债券同样成本和久期的投资组合。那么请问他该如何构造？

【解析】首先要构成与 B 债券相同的成本：$V_A+A_C=100{,}000{,}000$

然后要构成与 B 债券相同的久期：$\frac{V_A}{100{,}000{,}000}\times 4.7060+\frac{V_C}{100{,}000{,}000}\times 14.9120=8.1755$。

可得 A 债券的权重 $W_A=66\%$；C 债券的权重 $W_C=34\%$。

此时 A 债券和 C 债券构造的组合的凸性为 $66\%\times 25.16+34\%\times 331.73=129.4$。

因此单独的 B 债券的凸性为 79，A 债券和 C 债券构造的组合的凸性为 129.4。

当利率上升时，凸性大的债券组合价格下降的幅度相对较小；当利率下降时，凸性大的债券组合价格上升的幅度相对更多。所以当利率波动率较大时，哑铃式债券投资组合表现更好；当利率稳定时，子弹式债券投资组合表现更好。

第六节　多因素风险度量和对冲

多因素模型假设收益率曲线非平行移动。前面所讲的平行移动指的是无论什么期限，收益率曲线的变动幅度都是相同的，而非平行移动指的是在不同的期限利率移动的幅度不同。如图 39-6 所示，一年期的市场利率上升了 1 个基点，五年期的市场利率上升了 5 个基点，十年期市场利率上升了 7 个基点，根据时间的不同，需要分别判断利率变动对债券价格的影响，这种风险度量方式称为多因素风险模型。

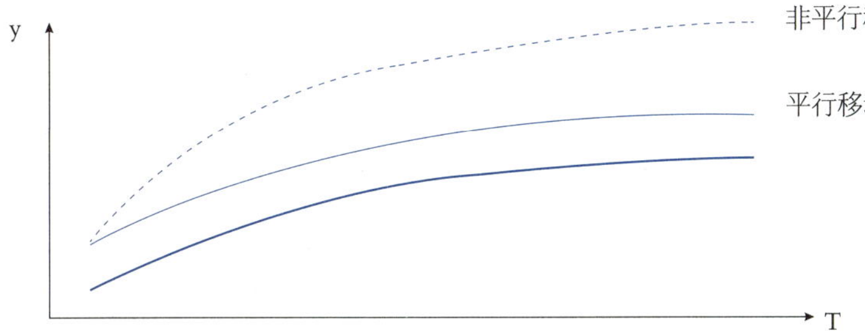

图 39-6 利率期限结构图

一、主成分分析

主成分分析（Principal Components Analysis，PCA）是一种强大的统计工具，可以用来了解历史数据中的期限结构变化。主成分分析可以分析多个因素的影响，并估计它们在描述期限结构波动中的相对重要性。

— 考纲要求 —
主成分分析以了解为主。

考虑一组从 1 年到 30 年的以整年为期限的互换利率。描述这些利率的时间序列波动的一种方法是看它们的方差和协方差。另一种方法是创建 30 个利率因子（成分），每个因子描述所有（每一个）利率的变化。比如一个因子可能代表一年期利率变化 5 bp，2 年期利率变动 4.9 bp，3 年期利率变动 4.8 bp，等等。主成分分析所建立的 30 个这样的因子具有如下的性质：

（1）主成分之间互不相关。

（2）利率的变动由一系列因子的线性组合所构成。

（3）第一个主成分解释了利率的方差和的最大部分，第二个解释了第二大的部分。前两个或三个主成分可以用来解释利率的绝大多数变动的原因。我们只需要简单地描述三个主成分的结构和波动率，而不需要用所有利率的方差和协方差来描述利率的变动情况。

主成分分析比较抽象，需要线性代数的知识才能彻底理解，这方面不是考试的重点。

二、关键利率久期和基点价值

在多因素风险模型中，使用的风险度量工具是**关键利率（Key Rate）**。

关键利率是指当前金融市场中公认的常用的重要利率水平，如 Wind 数据库所公布的国债利率等，并不指定某种利率特定为关键利率。

FRM 考试中，题干会明确说明哪些利率是关键利率。使用关键利率进行风险度量，核心思想即为当关键利率变动，引起债券价格变动多少。

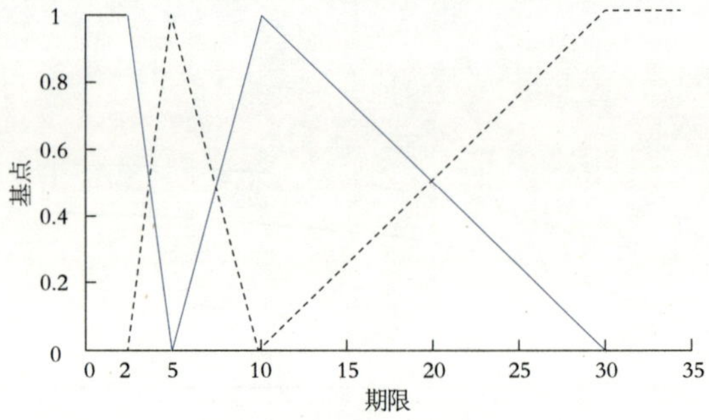

图 39-7　关键利率图

如图 39–7，此图为利率期限结构图，横轴表示时间，纵轴表示利率，首先已知 2 年期、5 年期、10 年期和 30 年期的利率的为关键利率。假设此时 5 年期利率上升了 1 个基点，那么利率期限结构将发生如下变化，首先 2 年期和 10 年期的利率无变动，2 至 5 年利率上升，直至上升到 1 个基点至第 5 年，然后下降，一直下降至第 10 年。即关键利率发生变动之后，其他的非关键利率，如 3 年期、4 年期的利率要使用线性差值发求解。例如，5 年期的利率上升 1 个基点，3 年期的利率会上升 1/3 个基点，4 年期的利率会上升 2/3 个基点，此变动过程了解即可。

$$DV01_{key} = -0.0001 \times \frac{\Delta P}{\Delta y}$$

$$D_{key} = -\frac{1}{P} \times \frac{\Delta P}{\Delta y}$$

举个例子

以初始利率曲线为基础，2 年期、5 年期、10 年期和 30 年期为关键利率，现在上述关键利率都发生 1 个基点的变动，关键利率的相关信息见表 39-4，请计算 5 年期的 key rate 01 和关键利率久期。

表 39–4　关键利率变动对债券价值的影响

	初始利率曲线	2 年期利率变动	5 年期利率变动	10 年期利率变动	30 年期利率变动
债券价值	26.22311	26.22411	26.22664	26.25763	26.10121

【解析】Key Rate 01_5=26.22664-26.22311=0.003530，类似于 DV01，表示 5 年期利率上升 1 个基点，债券价格上升 0.00353。

$$\text{Key Rate Duration}_5=\frac{(26.22664-26.22311)}{26.22311\times0.0001}=1.3461$$，类似于修正久期，表示5年利率变动一个单位，债券价格变动了百分之多少。

三、组合波动率

监管机构要求银行在分析其投资组合的风险时考虑10种不同的kR01，包括3个月、6个月、1年、2年、3年、5年、10年、15年、20年和30年的即期利率。银行不需要使所有KR01都为零，但它们需要使用关键利率敞口和10个关键利率的标准差来估计一些风险测度指标，如VaR或ES。对于整体的组合而言，组合的标准差满足下面的表达式：

$$\sigma_P=\sqrt{\left(\sum_{i=10}^{10}\sum_{j=1}^{10}\rho_{ij}\sigma_i\sigma_j\times KR01_i\times KR01_j\right)}$$

其中，σ_i是利率i的标准差，ρ_{ij}是利率i和利率j之间的相关系数。

四、偏基点价值和局部远期基点价值

互换利率期限结构曲线不仅适用于互换交易者进行利率风险控制，还适用于债券和互换组合投资经理进行风控。当互换利率作为基准利率时，利率曲线的风险通常用**偏基点价值**（Partial '01）来衡量。

互换市场的参与者每天都拟合互换利率曲线，偏基点价值用于利率互换合约中，在其他拟合利率不变的前提下，当特定拟合利率下降1个基点后，重新拟合互换利率曲线，引起债券价格变动多少。

局部远期基点价值（Forward-Bucket '01s）指的是局部远期利率变动1个基点引起债券价格变动多少。例如将远期利率期限结构划分为五个局部区间：0~2年、2~5年、5~10年、10~15年和20~30年。那么当2~5年的区间利率变动1个基点，所引起的债券价格变动称为2~5年局部远期基点价值。

本章小结

♣ 年金

◢ 普通年金：每期期末有等额的收付款项，没有本金支付。

◢ 永续年金：张有利息支付，没有到期日。

♣ 收益率水平

◢ 回报率：投入成本后所得到的收益与成本的比值即为回报率。

◢ 到期收益率：债券持有到期所获得的收益率。

♣ 债券的风险因素

◢ 再投资风险：市场利率下降的风险。

◢ 利率风险：市场利率上升导致债券价格下跌的风险。

◢ 价差 / 利差：表示债券的信用风险状况。

♣ 债券的损益分解

◢ 时间变动因素：价格变动仅仅是由于期限变动造成的。

◢ 利率变动因素：由于利率水平的变化对债券价格造成的影响。

◢ 价差变动因素：由于价差的变动对债券价格造成的影响。

♣ 单因素风险度量和对冲

◢ 有效久期和有效凸性：修正久期和凸性的近似估计。

◢ 可赎回债券：赋予债券发行人未来可以以约定价格将债券买回的权力。

◢ 可回售债券：赋予债券持有人未来可以以约定价格将债券卖回给发行人的权力。

♣ 多因素风险度量和对冲

◢ 关键利率久期和基点价值：当关键利率变动，引起债券价格变动多少。

◢ 偏基点价值：当特定拟合利率下降 1 个基点后，重新拟合互换利率曲线，引起债券价格变动多少。

◢ 局部远期基点价值：局部远期利率变动 1 个基点引起债券价格变动多少。

章节练习

◇ You have been asked to check for arbitrage opportunities in the Treasury bond market by comparing the cash flows of selected bonds with the cash flows of combinations of other bonds. If a 1-year zero-coupon bond is priced at USD 96.12 and a 1-year bond paying a 10% coupon semiannually is priced at USD 106.20, what should be the price of a 1-year Treasury bond that pays a coupon of 8% semiannually？

A. USD98.10

B. USD101.23

C. USD103.35

D. USD104.18

答案解析：D

本题的解题思路是用其他的两个国债来复制 1 年期的 8% 的息票的债券，如表 39-5。

表 39-5 三张债券现金流量表

	价格	现金 (t = 0.5)	现金流 (t = 1)	复制的权重
债券 1	96.12	0	100	0.2
债券 2	106.20	5	105	0.8
债券 3		4	104	

因此，8% 的息票的债券的价格是 $0.2\times96.12+0.8\times106.20=104.184$。

◇ Using key rates of 2-year, 5-year, 7-year, and 20-year exposures assumes all of the following except that the：

A. 2-year rate will affect the 5-year rate.

B. 7-year rate will affect the 20-year rate.

C. 5-year rate will affect the 7-year rate.

D. 2-year rate will affect the 20-year rate.

答案解析：D

一个关键利率的移动，只会影响相邻的两个关键利率之间的利率变动，而 2 年期关键利率和 20 年期关键利率是不相邻的，所以 2 年期关键利率不会影响 20 年期关键利率。

◇ The following table provides the initial price of a C−STRIP and its present value after application of a one basis point shift in four key rates.

	Value
Initial value	25.11584
2−year shift	25.11681
5−year shift	25.11984
10−year shift	25.13984
30−year shift	25.01254

What is the key rate’01 and key rate duration for a 30−year shift？

	key rate’01	key rate duration
A.	0.024	38.60
B.	0.024	41.13
C.	0.103	15.80
D.	0.103	41.13

答案解析：D

$$\text{keyrate'01}=-\frac{1}{10000}\times\frac{25.01254-25.11584}{0.01\%}=0.103$$

$$\text{key rate duration}=0.103\times\frac{10000}{25.11584}=41.13$$

◇ A portfolio manager has a bond position worth USD 100 million. The position has a modified duration of eight years and a convexity of 150 years. Assume that the term structure is flat. By how much does the value of the position change if interest rates increase by 25 basis points？

A. USD −2,046,875

B. USD −2,187,500

C. USD −1,953,125

D. USD −1,906,250

答案解析：C

$$\Delta P=-MD\times P\times \Delta y+\frac{1}{2}\times C\times P\times (\Delta y)^2$$
$$=-8\times 100\times 0.0025+\frac{1}{2}\times 150\times 0.0025^2=-1.953125$$
$$-1.953125\times \frac{100{,}000{,}000}{100}=-1{,}953{,}125$$

◇ Assume the coupon curve of prices for Ginnie Maes in June 2001 is as follows: 6 percent at 92; 7 percent at 94, and 8 percent at 96.5. What is the effective duration of this MBS ?

A. 2.45

B. 2.40

C. 2.33

D. 2.25

答案解析：B

$$D^E=\frac{(P_- - P_+)}{2P_0\Delta y}=\frac{(96.5-92)}{2\times 94\times 0.01}=2.40$$

扫码获取更多题目

第四十章　市场风险测量与管理
Market Risk Measurement and Management

一、均值和方差度量框架	1. 均值和方差度量框架	★
二、VaR 模型简介	1.VaR 模型的参数选择	★★
	2.VaR 模型的优点和缺点	★★★
	3. 正态分布下 VaR 的计算	★★★
	4. 平方根法则	★★★
	5. 条件 VaR	★★★
	6. 谱风险度量	★
三、金融风险的度量工具	1. 风险度量工具的一致性	★★
	2. 为什么 VaR 模型不满足次可加性?	★★
四、VaR 的应用	1. 局部定价法	★★★
	2. 全局定价法	★★★
	3. 最差情景的分析	★★
五、测量及监控波动率	1. 资产回报率的真实分布	★
	2. 体制变更的波动率模型	★★
	3. 估计波动率的方法	★★★

◢ 学习目的

现代市场风险管理主要建立在数量分析的基石上，大量运用数量工具来对市场风险进行测算、监控、对冲、消除。发明于 1993 年的 VaR 在风险管理现代化历程中扮演了不可或缺的作用。本章将初步介绍 VaR 的定义、计算、类型、优缺点，并且介绍旨在进一步提升 VaR 的性能的其他风控工具。

◢ 考点分析

VaR 堪称金融风险管理的代名词，本章主要围绕 VaR 以及其参数的设定展开。与 VaR 有关的知识点历来是 FRM 重点考察对象。

本章入门

前面章节所讲内容是单一金融产品的市场风险管理，比如债券、期货和期权等。但在一些大型的金融机构中，不仅只持有一种资产，而是持有不同种类资产的组合，所以本章节主要讲解在大型金融机构中如何进行资产组合的市场风险管理。

第一节　均值和方差度量框架

均值和方差度量框架

> - 考试小技巧 -
> 在组合市场风险管理中，重点内容是 VaR（value at risk）模型。包括 VaR 模型含义、计算和应用等。以及与市场风险密切相关的因素——波动率的估计模型与方法。

以“均值和方差”为基础的风险度量工具，是基于一阶矩和二阶矩来分析风险的，通常情况下遵循资产的损益服从正态分布的假设，利用均值来度量收益，利用方差（或标准差）来度量风险。

但现实市场中的资产损益很难服从正态分布，大多数是呈现左偏的状态，即三阶矩小于 0，损失的概率会大于收益的概率；以及呈现出肥尾的状态，即四阶矩大于 3。对未服从正态分布的资产进行风险管理时，马科维茨的组合理论就不太适用了，此时需要更完善的风险管理工具——VaR 来进行衡量，如图 40-1 所示。

“均值和方差”度量框架不满足单调性和平移不变性。这一系列特性在后续章节我们会学到。

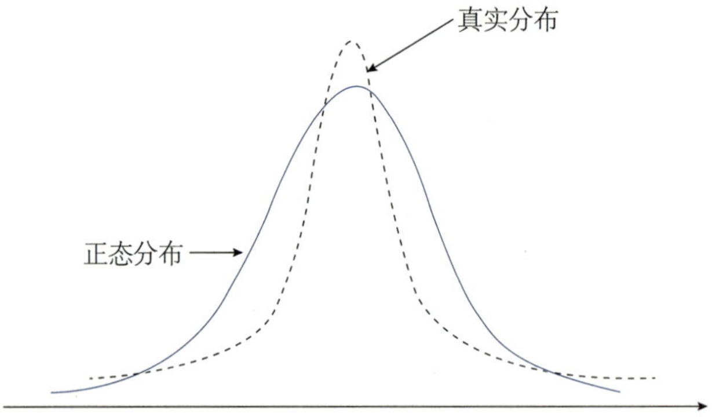

图 40-1　标准正态分布与肥尾正态分布的比较

第二节　VaR 模型简介

VaR (Value at Risk) 即在险价值，表示在市场正常波动的前提下，给定持有期和置信水平，资产可能出现的最大损失是多少。

例如，观察资产 A 过去 100 天的损益情况：−50，−49，−48，−47，−46，−45，……，−1，1，2，……，49，50，计量单位可以是 $ 这种绝对损失，或者是 % 这种相对损失。计算此资产的 VaR 值。当置信水平为 95% 时，此资产的最大损失不会超过 45。VaR 类似于分位数的分界线含义，分界线左边是小概率事件，右边是大概率事件。

假设要计算中国A股市场的VaR值，首先要进行数据收集，若搜集了1990-1999年10年间的数据，统计每天收益和损失的情况，然后将每日损益拟合为分布，分布的横轴为损益，纵轴为发生的频率，然后根据置信水平在分布中找到分位点。在给定的置信水平下，最大损失不会超过其所对应的分位点，只有（1-置信水平）的可能性，损失会超过分位点。

综上所述，VaR值非常简单明确地指出了在一定置信水平下的最大损失是多少。即给定概率水平，找分位数。VaR值不仅适用于市场风险管理，同时也可以应用于信用风险管理和操作风险管理。

一、VaR模型的参数选择

（一）期限

监管机构要求市场风险的期限为1天；信用风险和操作风险，期限为1年。

（二）置信水平

市场风险的置信水平是99%，信用风险和操作风险的置信水平是99.9%。置信水平不是越高越好，置信水平与样本数量有关，假设样本数量是1000，99.9%和99.99%置信水平所得到的VaR值并无差别。但当样本量足够大时，提高置信水平可以增加模型的精确度。

（三）数据观测期限

观测期限越长，可以获得的样本量自然就越大。

二、VaR模型的优点和缺点

（一）VaR模型的优点

（1）便于风险控制和投资业绩评价。

（2）易于理解。

（3）是较为先进的方法。

（4）既适用于单一资产风险度量，也适用于投资组合风险度量，可以把不同种类的资产风险直接加总，计量组合整体的风险。

（二）VaR模型的缺点

（1）未描述尾部损失。即无法关注尾部损失，而尾部损失是风险管理人员必须关注的情况。

（2）不满足次可加性。

（3）对于流动性差的资产，VaR模型的风险衡量表现较差。比如计算房地产等非流动性资产的 VaR 值，由于房地产流动性差，所计算出的 VaR 值对风险的代表性也较差。

三、正态分布下 VaR 的计算

首先假设资产的损益服从正态分布。

在正态分布的假设前提下，置信水平所对应的分位点的具体值要利用《数量分析》中有关正态分布分位数的内容求解。VaR 考虑的是单尾正态分布，主要涉及以下置信水平所对应的分位点：

表 40-1 分位点表

置信水平	分位点
99%	−2.33
95%	−1.65
90%	−1.28

表 40-1 右列表示给定置信水平下，VaR 值距离总体均值有几倍标准差，应用到图形上如图 40-2 所示。

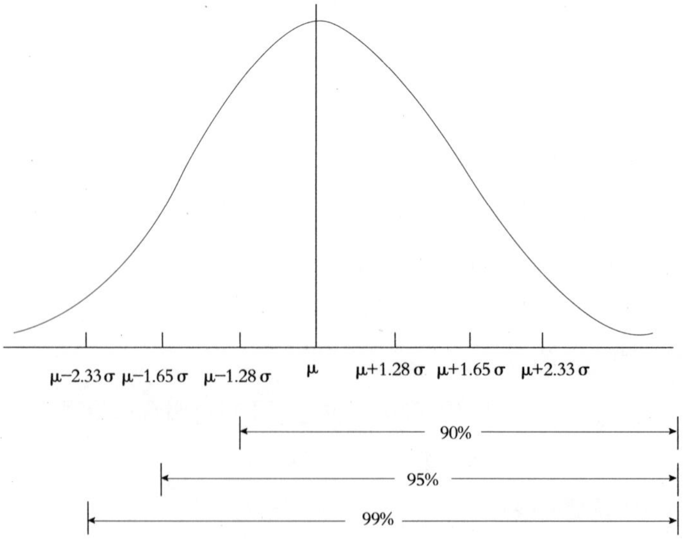

图 40-2 置信区间图

正态分布下 VaR 的计算方法有两种分类，一种分类是百分比 VaR 值和价值 VaR 值；另一种分类是绝对 VaR 值和相对 VaR 值。

（一）百分比 VaR 值

在损益分布图中，横坐标是百分比的形式，找到置信水平所对应的分位点，即为所求的 VaR。假设资产的标准差为 20%，99% 的置信水平下，此资产的 VaR 为 2.33 倍的标准差，这种计量 VaR 的方法是百分比形式的 VaR 值，同时也是相对的 VaR 值。

（二）价值 VaR 值

在损益分布图中，横坐标是股票价格的形式，找到置信水平所对应的分位点，即为所求的 VaR 值。或者将百分比的 VaR 整体乘以资产的价值也可求得价值 VaR。

> — 考试小技巧 —
> 当题目中选项是百分比的形式，即百分比 VaR 值为所求；
> 当题目中选项是金额的形式，即价值 VaR 值为所求；
> 当题目当中已知均值 μ，即绝对 VaR 为所求；
> 当题目中并未给定均值 μ，即相对 VaR 值为所求。

（三）绝对 VaR 值

绝对 VaR 值是和 0 比较，其 VaR 值为 $|\mu-z_{\alpha}\sigma|$。资产的均值有时在 0 的左边，有时在 0 的右边。当资产均值在 0 的左边时，那么 VaR 值是和 0 比较，此时的 VaR 值为 $|\mu-2.33\sigma|$；当资产均值在 0 的右边时，那么 VaR 依然是与 0 比较，此时的 VaR 值为 $|\mu-2.33\sigma|$。

（四）相对 VaR 值

相对 VaR 是和均值 μ 相比较。其 VaR 值为分位数乘以标准差，即 $z_{\alpha}\times\sigma$。99% 的置信水平下，资产的 VaR 为 2.33 倍的标准差；95% 的置信水平下，资产的 VaR 为 1.65 倍的标准差。若想求价值 VaR，将百分比的 VaR 整体乘以资产的价值：即 $|\mu-z_{\alpha}\sigma|\times V$ 或 $z_{\alpha}\times\sigma\times V$。

举个例子

已知组合的价值为 1,000,000 美元，一年的预期收益率为 0.00124，标准差为 0.0321，计算 1% 的显著性水平下该组合的 VaR 值为多少？

【解析】此题已知该组合的价值、均值和标准差，因此金额形式的绝对 VaR 为所求。

$$VaR=|\mu-z_{\alpha}\sigma|\times V=|0.00124-2.33\times0.0321|\times1{,}000{,}000=73{,}533\text{（美元）}$$

四、平方根法则

现实金融市场中资产的波动率会呈现出一些性质，其中包括均值回归性和趋势性。均值回归指的是资产的波动率不会一直随着时间无限上升，也不会一直随着时间无限下降，而是围绕着长期均值上下波动。趋势性指的是资产以特定的增长率上升或者下降。

如果给定某资产 1 天的相对 VaR 为 $z_\alpha \times \sigma$，即 $VaR_{1-day}=z_\alpha\sigma$，那么求此资产 2 天的 VaR 为多少？

假设第 1 天的资产波动率为 σ_1，第 2 天的资产波动率为 σ_2，两天资产波动率的相关性为 ρ，那么两天整体的波动率 $\sigma_{2-day}=\sqrt{\sigma_1^2+\sigma_2^2+2\rho\sigma_1\sigma_2}$，

则两天的 VaR 值为 $VaR_{2-day}=z_\alpha R_{2-day}=z_\alpha\sqrt{\sigma_1^2+\sigma_2^2+2\rho\sigma_1\sigma_2}$，

那么进一步假设第 1 天和第 2 的波动率相等，即都为 σ，

则两天的 VaR 值为 $VaR_{2-day}=z_\alpha\sigma_{2-day}=z_\alpha\sqrt{2\sigma^2+2\rho\sigma^2}=z_\alpha\sigma\sqrt{2(1+\rho)}$。

当 $\rho>0$ 时，表示第 1 天波动率和第 2 天波动率是正相关的，此时市场呈现趋势性；

当 $\rho<0$ 时，表示第 1 天波动率和第 2 天波动率是负相关的，此时市场呈现均值回归。

将上式推广到求 n 天的 VaR 值：$VaR_{n-day}=z_\alpha\sigma\sqrt{n(1+\rho)}$。

如果再附加一条假设，即每个交易日的收益都是独立同分布的，那么此时 $\rho=0$，则 n 天的 VaR 值为 $C_3^2(0.5\%)^2(99.5\%)=0.00007463$，即为平方根法则（square root rule）。

例如已知市场 1 天的波动率为 2%，计算 95% 的置信水平下 1 年的 VaR 值为多少？

$$VaR_{1年}=VaR_{1天}\times\sqrt{250}=1.65\times2\%\times\sqrt{250}。$$

五、条件 VaR

条件 VaR 是 VaR 模型的补充，VaR 模型无法度量尾部极端风险，如图 40-3 所示：

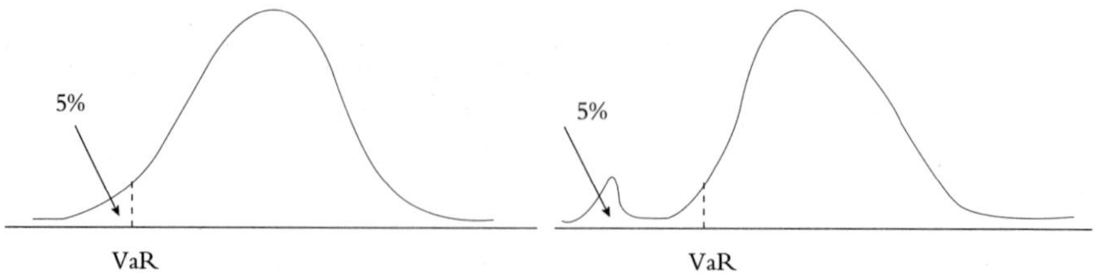

图 40-3 VaR 图

虽然左右两个分布在 5% 的置信水平下 VaR 值是相等的，但从图中可以很明显看出右侧分布的风险更大，而 VaR 模型并不能度量出这种尾部极端风险，所以

此时引入条件 VaR 模型来对 VaR 模型进行改良。

条件 VaR 值的别称有很多，例如 ES（Expected Shortfall）、条件损失和预期尾部损失等。条件 VaR 值指的是损失超过 VaR 值的所有极端损失的平均数。那么右侧分布的 ES 必然会大于左侧分布的 ES，所以条件 VaR 是对基本 VaR 模型的补充。

举个例子

某资产 30 天的收益情况为（以 % 计）：-16，-14，-10，-7，-7，-5，-4，-4，-3，-1，-1，0，0，0，1，2，2，4，6，7，8，9，11，12，12，14，18，21，23。计算 90% 置信水平下的 VaR 和 ES。

【解析】30×10%=3，所以将收益从小到大排列后，选取左边第 3 个数值，即 90% 置信水平下的 VaR 为 10，即 90% 的概率下此资产的损失不超过 10。ES 为所有超过 VaR 的损失的平均数，即为（16+14）/2=15。

条件 VaR 满足风险管理工具的四条特性准则，即单调性、次可加性、正齐次性和平移不变性。这四条特性准则，我们在下一章会详细解释。

六、谱风险度量

谱风险度量是指给极端损失分布赋予一定的权重，用此方式度量某资产的风险。

VaR 模型和 ES 都是谱风险度量范畴中的特例。其中 ES 是以 1/(1−α) 为权重，将尾部的损失进行加权平均。其中 VaR 值赋予分位点处损失 100% 的权重，尾部其他损失是没有权重的。

第三节　金融风险的度量工具

一、风险度量工具的一致性

风险度量工具的一致性是衡量风险度量工具是否为好工具的准则。主要有以下四条特性准则：

（一）单调性（Monotonicity）

风险管理模型模拟的损失越大，风险越高。例如用某模型评估出资产 A 的收益是 10 美元，资产 B 的收益是 5 美元，根据单调性准则，可以判断资产 A 的风险小于资产 B。表达式为：$R_1 \geqslant R_2$，then$\rho(R_1) \leqslant \rho(R_2)$，即收益高的资产风险小，或损失大的资产风险大。

（二）次可加性（Subadditivity）

当同时投资于多种资产时，风险会被分散。表达式 $(R_1+R_2) \leqslant \rho(R_1)+\rho(R_1)$，即投资资产 A 和资产 B 的组合所产生的风险小于单独投资于资产 A 和资产 B 所产生风险的加总，意味着投资组合会分散风险。

（三）正齐次性（Positive Homogeneity）

投资 1 份资产 A 和投资 10 份资产 A 所产生的风险是正齐次的关系，即投资 10 份资产 A 的风险是投资 1 份资产 A 风险的 10 倍。表达式为：$\beta>0$，$\rho(\beta R)=\beta\rho(R)$，即投资 β 份资产的风险是单份资产风险的 β 倍。

（四）平移不变性（Translation Invariance）

以上四个特性在 FRM 考试中，掌握其含义即可。

在资产配置中，若投资者除了持有风险资产组合，还持有了一笔现金，此时现金的作用是风险缓释。所以现金的风险要在资产组合整体风险中减掉，因为持有现金可以抵消资产组合的风险损失。表达式为：$\rho(R+c)=\rho(R)-c$。

二、为什么 VaR 模型不满足次可加性?

假设投资者投资了 A、B 和 C 三种债券，三者有相同的特性但有独立的损益情况。每种债券的面值是 100，000 美元，并且违约概率为 0.5%，第一种投资方式是单独投资于 A、B 和 C 三种债券，第二种投资方式是同时投资 A、B 和 C 三种债券组合，请计算两种投资方式下的 99% 的置信水平下 VaR 值分别为多少?

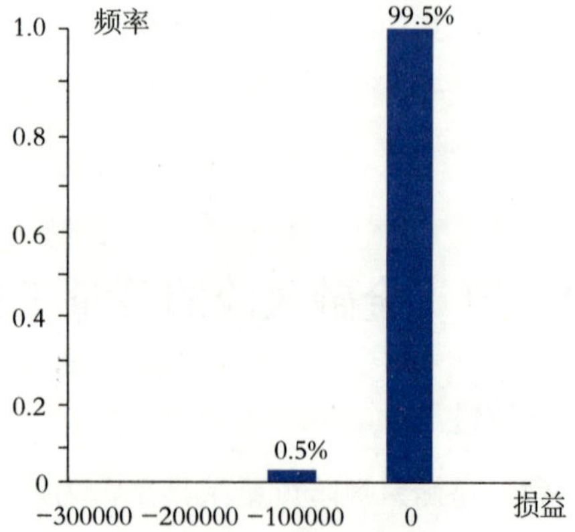

图 40-4 债券损益图

如上图 40-4 所示，以第一种方式进行投资，从左边极端损失开始向右边累积，可以发现有损失的概率小于1%，可得单个债券99%的置信水平下的VaR为0，因为在99.5%的置信水平下损失都不会超过0，显然，认为99%的置信水平下损失不会超过0。所以单个债券A、B和C在99%的置信水平下VaR都为0，那么分别投资于A、B和C三种债券加总的VaR也是0。

如下表40-2和图40-5所示，若以第二种方式进行投资，当所有债券都不违约时，对应的损失为0，发生的概率为$(99.5\%)^3=0.98507488$；当有1个债券违约时，损失100,000美元，发生的概率为$C_3^1(0.5\%)(99.5\%)^2=0.01485038$；当有2个债券违约时，损失200,000美元，发生概率为$C_3^2(0.5\%)^2(99.5\%)=0.00007463$；当所有债券都违约时，损失300，000美元，发生概率为$(0.5\%)^3=0.000000125$。从左边极端损失累积，可以得到99%的置信水平下组合的VaR为100,000，所以同时投资A、B和C三种债券组合的VaR为100,000。

显然，在此例题中，VaR是不满足次可加性的。

考试小技巧

上述例题的数据太过于离散，在现实市场中，其实遇到的大多数的VaR是满足次可加性的，也就是损益服从椭圆分布，椭圆分布包括正态分布，t分布和卡方分布等。在损益满足椭圆分布假设下，VaR满足次可加性。

表40-2　债券违约概率损失表

违约的债券数量	损失金额	概率
0	0	$(99.5\%)^3=0.98507488$
1	100,000	$C_3^1(0.5\%)(99.5\%)^2=0.01485038$
2	200,000	$C_3^2(0.5\%)^2(99.5\%)=0.00007463$
3	300,000	$(0.5\%)^3=0.000000125$

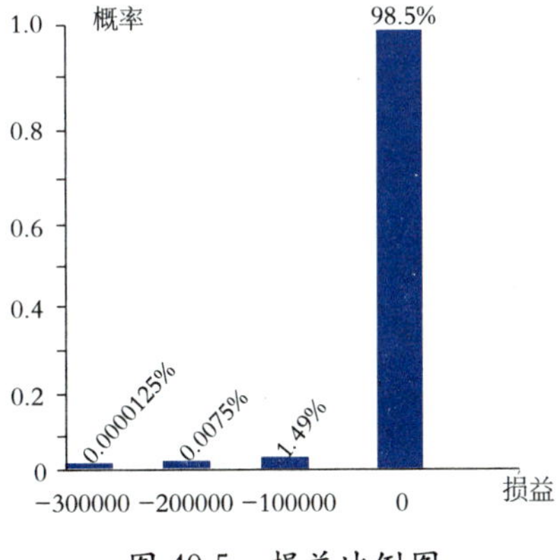

图40-5　损益比例图

第四节 VaR 的应用

一、局部定价法

局部定价（Local Valuation）指的是当标的资产价格波动很小时，可以利用切线对衍生品进行定价，即认为衍生品和标的资产价格变动呈现线性关系。与债券的风险度量维度同理，当收益率变动很小时，对应债券价格的变动可以利用美元久期来衡量。资产价格变动在局部就可以看作是线性关系，但涉及大范围波动时，则需要进行非线性关系处理。

（一）Δ-N 方法

Δ−N 方法为局部定价常用方法之一，其基本思路是通过风险因子的波动研究所持有标的资产的变动，例如通过股票价格变动推演出期权价格变动，通过收益率水平的波动推演出债券价格的变动。

$$dc=\Delta\times dS$$

假设此时为小范围变动，那么期权和标的资产价格变动为线性关系，则

$$\sigma_c^2=\Delta^2\times\sigma_s^2$$

$$\sigma_c=|\Delta|\times\sigma_s$$

假设期权和标的资产的损益服从正态分布，那么此时 VaR 值为：

$$z_a\sigma_c=|\Delta|\times z_\alpha\sigma_s$$

$$VaR_{option}=|\Delta|\times VaR_s$$

即已知股票的 VaR 值和 Δ，就可以求出期权的 VaR。

同理，对于债券来说，

$$dP=-D^*\times P\times dy$$

$$z_\alpha\sigma_p=|-D^*\times P|\times z_\alpha\sigma_y$$

$$VaR_p=|-D^*\times P|\times VaR_y$$

上述过程为利用 Δ−N 法求 VaR，首先计算风险因子的 VaR 值，此处的风险因子指的是股票价格变动或者利率的变动，然后将风险因子的 VaR 值乘以一阶导数，也就是切线斜率，那么就可以计算出期权或者债券的 VaR 值。

（二）Δ-Γ 方法

Δ−N 法求 VaR 是一种近似的估计，并且只适用于小范围的变动情况。对于非线性关系很强时，比如 MBS 或者含权的债券，此时 Δ−N 法求 VaR 的误差较大，应采取第二种求 VaR 的方法，即 Δ−Γ 方法，考虑了二阶导数求 VaR。

$$VaR(dp)=|-D^{*}\times P|\times VaR(dy)-\frac{1}{2}\times C\times P\times VaR(dy)^{2}$$

$$VaR(df)=|\Delta|\times VaR(dS)-\frac{1}{2}\times \Gamma\times VaR(dS)^{2}$$

名师解惑

二阶项前面系数有负号的原因：

二阶项大于0是有利于投资者的，因为可以使得期权或者债券呈现“涨多跌少”的状态，这种状态对于投资者来说相当于收益，所以在计算极端损失时，要把此部分由二阶项产生的收益扣除。

如果投资者持有的是MBS或者可赎回债券，那么此时用方法计算的VaR值会小于真实的VaR值。因为MBS或者可赎回债券当利率下降时，其凸性是小于0的，不会呈现“涨多跌少”的状态。

如果投资者持有的是深度实值或者深度虚值期权，那么此时用Δ-N方法和Δ-Γ方法求出的VaR值是近似的，因为当期权处于深度实值或者深度虚值状态时，是趋近于0的，即二阶项对于VaR值的大小几乎没有影响。

但如果投资者持有的是平值期权，那么此时用Δ-N方法和Δ-Γ方法求出的VaR值会相差较大，因为当期权处于平值状态时，Γ是处于最大值的，此时二阶项对于VaR值影响很大。

举个例子

已知大制药厂的股价为23美元，日波动率为1.5%，利用Δ−N的方法求出95%的置信水平下买入平值看跌期权（Δ=−0.5）1天的VaR是多少？

【解析】$VaR=|\Delta|\times 1.645\times\sigma\times S_0=0.5\times 1.645\times 1.5\%\times 23=0.28$

如果此题的设问为利用Δ-N的方法求出95%的置信水平下买入平值看跌期权（Δ=−0.5）的10天的VaR，则$VaR_{10\text{-}day}=VaR_{1\text{-}day}\times\sqrt{10}=0.28\times\sqrt{10}=0.8854$。

二、全局定价法

全局定价法分为：历史模拟法、蒙特卡洛模拟法。

（一）历史模拟法

历史模拟法（Historical Simulation）是全局定价中最常用的方法，首先在无任何分布假设的前提下收集某资产的 10 年或者 20 年的真实历史数据，没有假设此数据服从正态分布或 t 分布，它假设历史会重演，找到给定置信水平所对应的分位点，作为对 VaR 值的估计。

历史模拟法的优点是历史模拟法利用的都是真实数据，真实数据是考虑了数据之间的相关性的，考虑到价格同时发生变动所产生的相互影响，即考虑了损失呈现肥尾的情况；历史模拟法的缺点是历史不一定会完全重演，过去的历史数据可能不能适合地代表未来。

（二）蒙特卡洛模拟法

蒙特卡洛模拟法（Monte Carlo Simulation）是很“暴力”的方法，假设一个分布，然后模拟成千上万次，模拟的结果形成一个新的分布。

蒙特卡洛模拟法优点是可以通过增加模拟次数来提高模拟的准确度，并且以统计分布为基础考虑了情景之间的相关性，所建立的模型可以包含多种风险因素；蒙特卡洛模拟法缺点是存在模型风险，比如输入的参数有误，那么模拟出的结果是有误的，以及所设定的情景可能与未来发展无关。

名师解惑

全局定价法的实际应用比较复杂，FRM 考试要求考生掌握的是全局定价法的优缺点。

情景分析法在应用时有一些值得注意的问题：

首先，在金融危机时期，资产的相关性会发生大幅上升。比如在次贷危机发生前，墨西哥比索的汇率与英镑的汇率之间的相关性很低，但当次贷危机发生时，二者汇率的相关性可以达到 0.8 甚至 0.9 左右的水平。所以只要金融危机发生，资产之间的相关性就十分不稳定。

其次，不同资产在做投资组合时会有风险分散化的效果，但当金融危机发生时，投资组合分散风险的效果也会大打折扣。

考试小技巧

当前金融市场主要有三种风险度量模型作为 VaR 模型的补充，分别是：ES、最差情景分析和压力测试。上述三种方法都是关注尾部损失分布情况，而 VaR 模型只是对分位点的损失情况进行度量。

三、最差情景的分析

最差情景的分析（Worst Case Scenario Measure）是对 VaR 模型的一种补充，研究资产表现最差时期的损失情况。VaR 研究的是给定时间段和置信水平下所发生的损失情况，而最差情景关注此损益分布的最大损失情况。

第五节 测量及监控波动率

一、资产回报率的真实分布

现实金融市场中资产回报率的分布并不完全符合正态分布，其分布可能存在一些偏离，一般有以下三种情况：

肥尾（Fat Tailed）：极端损失的概率高于正态分布。

有偏（Skewed）：比如说左偏（Left-Skewed），指的是资产价格下降的程度要比上涨的程度严重得多，导致极端损失会超过极端收益。

不稳定（Unstable）：一些参数，包括均值、波动率，会随着时间的变化增大或者减小，其分布形态如图 40-6 所示。

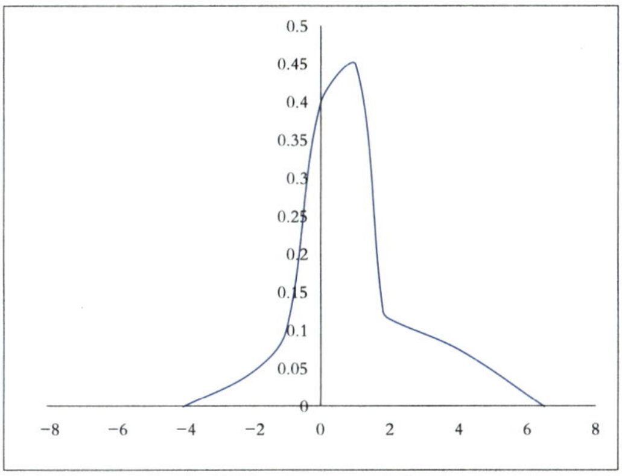

图 40-6 均值、标准差不稳定时所呈现的分布形态

二、体制变更的波动率模型

由于资产收益波动率的真实情况是时高时低的。国家每更换一届领导集体，市场预期的波动率都会发生变动。在一定范围内，波动率依然服从正态分布，但在整个资产存续期范围内，资产的收益率则是有偏的。

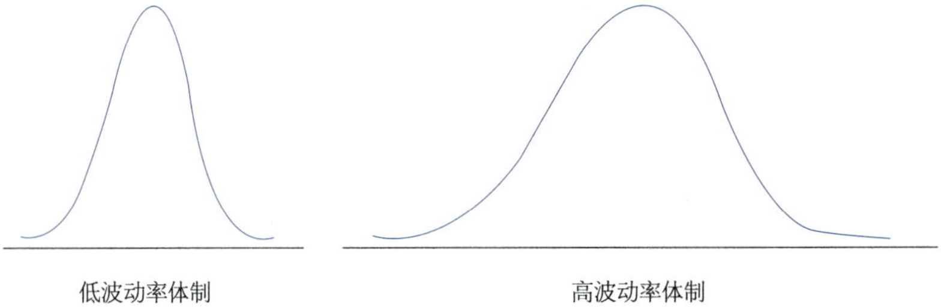

图 40-7 低 / 高波动率体制

图 40-7 的左图资产损益分布距离均值很近，方差很小，为低波动率体制；图 40-7 的右图资产损益分布距离均值很远，方差很大，为高波动率体制。

三、估计波动率的方法

（一）波动率的估计

若某资产在 i 天末的价格为 S_i，变量 μ_i 定义为在第 i 天的连续复利收益率，即第 i - 1 天末到第 i 天末的收益；那么连续复利收益率可以通过如下公式来进行计算：

$$u_i = \ln\frac{S_i}{S_{i-1}}$$

对于多个收益率数据 μ_i，收益率的均值为：

$$\overline{u} = \frac{1}{m}\sum_{i=1}^{m} u_{n-i}$$

其中：m 表示到目前为止的观测值数量。利用 μ_i 在最近 m 天的观察数据计算出的第 n 天方差 σ_n^2 的无偏估计为：

$$\sigma_n^2 = \frac{1}{m-1}\sum_{i=1}^{m}(u_{n-i} - \overline{u})^2$$

对上述公式进行如下调整：

（1）定义 μ_i 为第 i−1 天末到第 i 天末价格的百分比变动，即：

$$u_i = \frac{S_i - S_{i-1}}{S_{i-1}}$$

（2）令 $\overline{u}=0$；

（3）采用 m 替代 m−1：

$$\sigma_n^2 = \frac{1}{m}\sum_{i=1}^{m} u_{n-i}^2$$

公式赋予每期收益率相同的权重。因为近期的收益率数据更能反映当前的情况，所以应该赋予其更高的权重。所以就有了后续的 EWMA 和 GARCH 模型。

（1）EWMA 模型

– 考纲要求 –
会使用 EWMA 模型 和 GARCH 模型计算波动率。

EWMA 模型的全称是指数加权移动平均模型（Exponentially Weighted Moving Average，EWMA），在 EWMA 模型中，权重随着时间的流逝呈现指数递减，模型表达式为：

$$\sigma_n^2 = \lambda\sigma_{n-1}^2 + (1-\lambda)u_{n-1}^2$$

其中：λ 为衰减因子，通常 λ 的取值范围是（0，1）。

名师解惑

由 J.P. Morgan 提出的 RiskMetrics 方法采用 EWMA 模型来估计每日的波动率水平。根据实际数据测算，$\lambda = 0.94$ 时，EWMA 模型估计误差最小。

举个例子

目前估计的日波动率为 1%，收益率是 2%。试用 EWMA 模型（其中：$\lambda = 0.9$）估计最新的波动率。

$$\sigma_{n-1}^2=0.01^2=0.0001$$

$$\mu_{n-1}^2=0.02^2=0.0004$$

$$\sigma_{n-1}^2=0.9\times0.0001+0.1\times0.0004=0.00013$$

（2）GARCH 模型

GARCH 模型的全称是广义自回归条件异方差模型（Generalized Auto Regressive Conditional Heteroskedasticity，GARCH）。以 GARCH（1，1）模型为例，其表达式如下：

$$\sigma_n^2=\omega+\alpha\mu_{n-1}^2+\beta\sigma_{n-1}^2$$

其中：$\omega=\gamma V_L$，$\alpha+\beta+\gamma=1$，$V_L=\dfrac{\omega}{1-\alpha-\beta}$，$\gamma$ 是长期均方差 V_L 的权重，α 是最近一期收益率平方 μ_{n-1}^2 的权重，β 是最近一期波动率平方 σ_{n-1}^2 的权重。如果 GARCH（1，1）要保持稳定，则 $\alpha+\beta<1$ 必须恒成立，这样 γ 就不会为负值。$\alpha+\beta$ 也被称为持续性因子，持续性（Persistence）越高（必须小于 1），均值回归于长期均方差 V_L 的速度就越慢，当持续性等于 1 时，不存在均值回归效应。

（3）GARCH 与 EWMA 模型对比

1.EWMA 模型实际上是 GARCH 模型的特例，当 GARCH 模型中长期平均方差水平的权重为 0，前一期方差平方的权重为 λ，而收益率平方的权重为 $1-\lambda$ 时，GARCH 模型与 EWMA 模型一致。

2.GARCH（1，1）模型中具有均值回归的特征，但 EWMA 模型没有。

（二）相关性估计

上文介绍了波动率估计的方法，其实协方差和相关系数也可以采用类似的方式进行估计。采用 EWMA 模型估计协方差的表达式为：

$$Cov_n=\lambda Cov_{n-1}+(1-\lambda)x_{n-1}y_{n-1}$$

采用 GARCH 估计协方差的表达式为：

$$Cov_n=\omega+\alpha x_{n-1}y_{n-1}+\beta Cov_{n-1}$$

其中，X_i，Y_i 为 X 和 Y 在第 i － 1 天末到第 i 天末的收益率。整体来看，协方差的估计基本与一般方差估计的方法一致。而相关系数的估计，只需将估计的协方差与波动率代入相关系数公式即可：

$$\hat{\rho}_{XY}=\frac{Cov_n}{\sigma_{x,n}\sigma_{y,n}}$$

其中，$\sigma_{x,n}$ 与 $\sigma_{y,n}$ 为第 n 天 X 和 Y 的波动率，Cov_n 为第 n 天 X 与 Y 的协方差。

本章小结

♣ 金融风险的度量工具

- 单调性。
- 次可加性。
- 正齐次性。
- 平移不变性。

♣ VaR 模型简介

- VaR 模型的优点：可用于风险控制和投资业绩评价、易于理解、是较为先进的方法、单一资产和投资组合的风险皆可度量。
- VaR 模型的缺点：没有包含最差的情况、不满足次可加性、对于流动性差的资产，VaR 模型对其风险衡量表现较差。
- 正态分布下 VaR 的计算：$VaR_{(X\%)}=|\mu-z_{(X\%)}\times\sigma|$ 。
- 平方根法则：$VaR(X\%)_{T-days}=VaR(X\%)_{1-days}\times\sqrt{T}$ 。

♣ VaR 的应用

- 局部定价法：$VaR(dP)=MD\times P\times VaR(dy)$；$VaR(df)=|\Delta|\times VaR(dS)$ 。
- 全局定价法：历史模拟法、蒙特卡洛模拟法。

章节练习

◇ $R_1 \geq R_2$，then $\rho(R_1) \leq \rho(R_2)$ is the mathematical equation for which property of a coherent risk measure ?

A. Positive homogeneity.

B. Translation invariance.

C. Monotonicity.

D. Subadditivity.

答案解析：C

单调性：风险管理模型损失越大，风险越高。

◇ Consider a portfolio with a one-day VaR of $1 million. Assume that the market is trending with an autocorrelation of 0.1. Under this scenario, what would you expect the two-day VaR to be ?

A. $2 million

B. $1.414 million

C. $1.483 million

D. $1.449 million

答案解析：C

$VaR_{2-day}=VaR_{1-day}\times\sqrt{2(1+\rho)}=1{,}000{,}000\times\sqrt{2(1+0.1)}=1{,}483{,}000$

◇ A portfolio manager bought 1,000 call options on a non-dividend-paying stock, with a strike price of USD 100, for USD 6 each. The current stock price is USD 104 with a daily stock return volatility of 1.89%, and the delta of the option is 0.6. Using the delta-normal approach to calculate VaR, what is an approximation of the 1-day 95% VaR of this position ?

A. USD 1,120

B. USD 1,946

C. USD 3,243

D. USD 5,406

答案解析：B

$$\text{Underlying: } 95\%\text{VaR}_{1\text{-day}}=104\times1.65\times1.89\%=3.24$$

$$\text{Option: } 95\%\text{VaR}_{1\text{-day}}=1000\times0.6\times3.24=1{,}946$$

◇ A commodity-trading firm has an options portfolio with a two-day Value-at-Risk (VaR) of $2.5 million. What would be an appropriate translation of this VaR to a ten-day horizon under normal conditions ?

A. $3.713 million

B. $4.792 million

C. $5.590 million

D. Cannot be determined

答案解析：C

使用平方根法则：$\text{VaR}_{10\text{-day}}=\text{VaR}_{2\text{-day}}\times\frac{\sqrt{10}}{\sqrt{2}}=5.59$

◇ Consider the following single stock portfolio: Stock ABC has a market position of $200,000 and an annualized volatility of 30%. Calculate the linear VaR with 99% confidence level for a 10 business day holding period. Assume normal distribution and round to the nearest dollar.

A. $11,952

B. $27,849

C. $60,000

D. $88,066

答案解析：B

$$\text{VaR}=200{,}000\times2.33\times30\%\times\sqrt{\frac{10}{252}}=27{,}849$$

扫码获取更多题目

第四十一章　信用风险测量与管理

Credit Risk Measurement and Management

一、外部评级和内部评级	1. 外部评级符号和含义	★★
	2. 外部评级的过程	★
	3. 外部评级的评价	★★★
	4. 内部信用评级	★★
	5. 对结构化产品的评级	★
二、信用风险管理测量模型	1.KMV 模型	★★
	2.Hazard Rates	★★★
	3. 贷款的均值和标准差	★★
	4. 信用风险资本金建模	★★★
三、国家风险	1. 国家风险的成因	★★
	2. 国家风险的度量	★★
	3. 主权违约风险	★★
	4. 国家违约的影响	★
	5. 主权国家评级	★★★
	6. 信用违约互换	★★

◢ 学习目的

金融风险管理主要在银行领域，信用风险是银行极为重要的风险之一，因此信用风险是目前金融风险管理研究最悠久、最透彻的风险。本章节的内容较多，涉及了信用评级、商业银行的信用风险管理以及国家风险。

◢ 考点分析

本章节常考的题型包括定性题与定量题，其中评级转移矩阵、期望损失都属于常考的定量范畴，而国家风险、外部评级、内部评级则属于定性范畴。

◢ 学习目的

传统银行的信用风险多是单边风险、敞口固定，而现代银行面临的信用风险则转变成了双边风险，也称为对手风险。FRM立足于后一种信用风险的识别、计算、测度、控制。一级学习者需要初步掌握这些模型的大体思想，二级学习者则需要深入掌握模型细节。

第一节　外部评级和内部评级

一、外部评级符号和含义

— 考纲要求 —
掌握外部评级对于投资级和投机级的划分以及信用评级变化的影响。

金融市场上的三大评级机构为标普、穆迪和惠誉。评级机构的评级属于外部信用评级，评级的对象主要为主权国家和公司。信用评级以 BBB/Baa 级为界主要分为两大类别，分别是投资级债券（如表 41-1）和投机级债券（如表 41-2），BBB/Baa 级及以上为投资级债券。

表 41-1　评级表一

投资级			
说明	标普	穆迪	说明
最佳：偿债能力极强，基本不受不利经济环境的影响，违约风险极低。	AAA	Aaa	最佳：最高质量，信用风险极低。
优秀：偿债能力很强，受不利经济环境的影响较小，违约风险很低。	AA+	Aa1	优秀：高质量，信用风险很低。
	AA	Aa2	
	AA−	Aa3	
良好：偿债能力较强，较易受不利经济环境的影响，违约风险较低。	A+	A1	良好：中高评级，信用风险较低。
	A	A2	
	A−	A3	
较好：偿债能力一般，受不利经济环境的影响较大，违约风险极一般。	BBB+	Baa1	信用风险一般
	BBB	Baa2	
	BBB−	Baa3	

表 41-2　评级表二

投机级			
说明	标普	穆迪	说明
一般：比其他投机级主体偿付能力强一些，但面临主要的不确定性。	BB+	Ba1	一般：含有投机成分并且面临持续的信用风险。
	BB	Ba2	
	BB−	Ba3	
尚可接受：比 BB 级别的偿债能力弱，但是当前的经营情况尚可满足债务偿付。	B+	B1	尚可接受：投机并且有较高的信用风险。

续表

投机级			
说明	标普	穆迪	说明
尚可接受：比 BB 级别的偿债能力弱，但是当前的经营情况尚可满足债务偿付。	B	B2	尚可接受：投机并且有较高的信用风险。
	B−	B3	
关注：偿债能力较大的依赖于环境，偿债能力较弱。	CCC+	Caa1	关注：偿债能力较弱。
	CCC	Caa2	
	CCC−	Caa3	
预警：偿债能力极度的依赖于环境，偿债能力极弱。	CC/C	Ca	预警：强投机性，容易违约。
违约：偿付违约。	D	C	违约：最低等级债券——特指无法回收的违约债券。

二、外部评级的过程

首先分析债券持有人对公司未来的展望，然后做一些定量和定性方面的调研，定量调研包括分析公司的财务报表及相关指标，如资产负债率，利润增长率，偿债能力和盈利能力等。定性调研包括对公司经理的评价，包括业务能力和从业年限等。

公司要向评级机构支付一定费用才可获得评级，与此同时，此行为会存在一定的利益冲突。

通常情况，所评定公司或国家的信用等级在短期内是较为稳定的，但在长期可能会发生变化。所以此处引入评级转移矩阵（如表 41-3 所示），左边列表示被评级对象初始信用等级。第一行表示期末或者一年后的评级。表格中的概率表示某评级对象在一年内评级变为横坐标对应的信用等级的概率。

举个例子

已知某公司一年的信用转移矩阵如表 41-3 所示。

表 41-3 评级转移矩阵

初始评级	一年后的评级			
	A	B	C	D
A	97%	3%	0%	0%
B	2%	93%	2%	3%
C	1%	12%	64%	23%
D	0%	0%	0%	100%

评级为 B 级的公司两年内违约的概率为多少?

【解析】分别考虑 B 级公司两年内违约的 4 种路径:

B-D：3%

B-A-D：2%×0

B-B-D：93%×3%

B-C-D：2%×23%

三、外部评级的评价

外部评级主要受到评级期限、经济周期、行业和地理位置的影响。

（一）评级期限

跨周期评级（Through-the-Cycle），这是外部评级的一种方式。此种方式评级期限长，但缺少评级的精确性。

（二）经济周期

外部评级会出现**顺周期性（Pro-Cyclicality）**，当经济繁荣时，所有机构的评级都较好；当经济衰退时，所有机构的评级都较差，同时评级的波动性也会增加。

（三）行业和地理位置

由于评级体系最初起源于美国，所以美国公司和非美国公司之间存在信用评级偏差。

评级机构对金融机构的评级通常会低于公司评级，根据目前评级结果显示，银行违约率高于其他公司。这种结果与金融机构的经营不透明性有密切关系，因此不同行业之间的经营透明度差异会导致评级的差异化。

四、内部信用评级

内部信用评级主要通过内部评级系统和基于评分的评级。

根据评级时间跨度不同，有以下两种评级方式：

时点评级（Point-in-Time）：时点评级变动较为频繁，随时根据公司财报和经营情况的变化调整评级，所以此方法的波动很大，如图 41-1 所示。

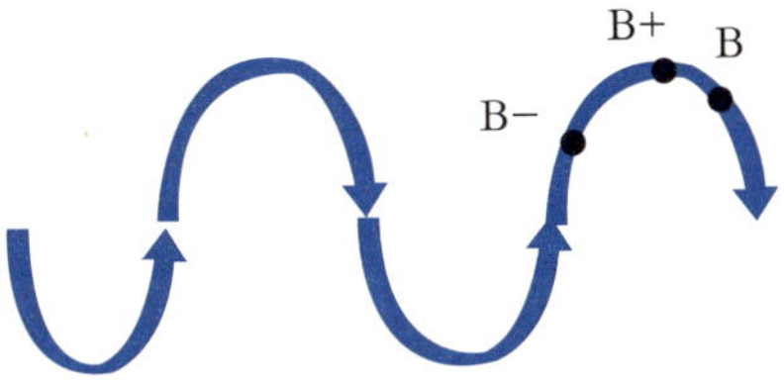

图 41-1 时点评级图

跨周期评级（Through-the-Cycle）：主要看长期的信用评级情况，忽略短期的波动，将市场上不确定的波动都过滤掉，如图 41−2 所示。

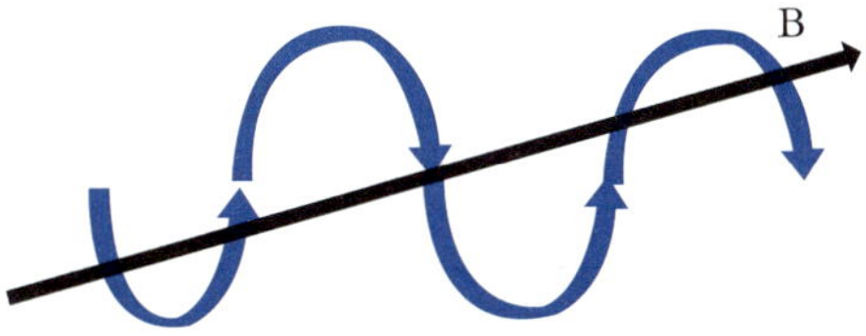

图 41-2 跨周期评级图

五、对结构化产品的评级

在 2007~2008 年危机爆发之前，评级机构非常频繁地参与了次级抵押贷款组合所创造的结构性产品的评级。评级结构性产品与评级机构的传统业务（即评级普通债券和货币市场工具）之间的一个关键区别是：对结构性产品的评级几乎完全取决于一个模型。评级机构对他们使用的模型持相当开放的态度；标准普尔和惠誉的评级基于结构性产品遭受损失的可能性，而穆迪的评级则基于预期损失占本金的百分比。不幸的是，对他们模型的输入（特别是不同抵押贷款违约之间的相关性）被证明是过于乐观了，他们的评级也被证明是有问题的。

一旦结构产品的创造者理解了评级机构使用的模型，他们就会发现，他们可以设计出能够达到他们期望评级的结构产品。事实上，他们会向评级机构提交结构性产品的计划，并获得有关评级的裁决意见。未获得期望评级的产品在获得评级之前会进行调整。

第二节 信用风险测量模型

一、KMV 模型

KMV 模型是对莫顿模型的拓充，莫顿模型依据资产和债务估计公司违约的情况。企业的资本结构以资产负债表为基础划分，资产负债表左边是资产，右边是负债和所有者权益。资产等于债务加所有者权益，根据这三大因素来估计违约概率。资产是创造收益的部分，债务和所有者权益是资金的来源部分。

对于股东来说，到期时如果 V>K，也就是到期时企业价值大于债券面值，此时股东可以获得 V−K；到期时如果 V<K，也就是到期时企业价值大于债券面值，此时股东是无法获得资金的，也就是到期收益是 0。因此股东到期的获利为 Max（V−K，0）。而看涨期权的到期价值为 Max（S_T−K，0），股东到期获利可以当作标的为公司价值且执行价格是债券的面值的看涨期权。

看涨期权的价值等于 $c=SN(d_1)-Ke^{-rT}N(d_2)$，则权益的价值为：

$$股东权益=VN(d_1)-Ke^{-rT}N(d_2)$$

$$d_{1,2}=\frac{\ln\left(\frac{V}{Ke^{-rt}}\right)}{\sigma\sqrt{T}}\pm\frac{1}{2}\sigma\sqrt{T}$$

当看涨期权行权的时候，股东能获取收益，此时公司不会违约，因为看涨期权行权的概率是 N（d_2），也就是公司不违约的概率为 N（d_2），则公司违约的概率为 1−N（d_2），即 N（−d_2）。

名师解惑

KMV 模型是二级考试的重点，在一级了解即可。

二、Hazard Rates

利用 Hazard Rates 计算违约概率，其实就是用指数分布计算违约概率，在讲解指数分布计算违约概率之前，我们首先要先复习泊松分布的相关知识点。

研究违约可以通过伯努利分布建模。当上升到研究 n 次的伯努利实验时，便可利用二项式分布进行分析。

如果实验次数非常多，二项式分布又可以转变为泊松分布进行建模。泊松分布是建模次数的分布。已知单位时间内平均的发生次数，求实际发生特定次数的概率。假设单位时间内平均的发生次数为，计算实际发生 K 次的概率是多少。

$$P(K)=\frac{\lambda^K}{K!}\Big/\sum\frac{\lambda^K}{K!}=\frac{\lambda^K}{K!}\Big/e^{\lambda}=\frac{\lambda^K}{K!}e^{-\lambda}$$

指数分布是建模时间的分布。指数分布用于求解某事件在一段事件内发生的概率。

如果想求解 0 至 t 时刻的违约概率，可以利用 1 减去 0 至 t 时刻一次都不违约的概率进行求解。

$$P(K=0)=\frac{\lambda t^K}{K!}e^{-\lambda t}=e^{-\lambda t}$$

所以 0 至 t 时刻的违约概率为 $1-P(K-0)=1-e^{-\lambda t}$。

> — 考纲要求 —
> 使用 Hazard Rates 计算违约概率。

三、贷款的均值和标准差

假设一家银行有 n 笔贷款，并且给定以下这些与贷款风险度量相关的指标：

L_i：第 i 笔贷款所对应的本金（假设在存续期内恒定不变）；

p_i：第 i 笔贷款的违约概率；

R_i：第 i 笔贷款在违约时的回收率；

$\rho_{i,j}$：第 i 笔贷款与第 j 笔贷款之间的相关系数；

σ_i：第 i 笔贷款损失的标准差；

σ_P：组合损失的标准差；

α：组合损失的标准差在组合规模中的占比。

如第 i 笔贷款违约，损失可以描述为 $L_i(1-R_i)$。因此，第 i 笔贷款损失的概率分布包含两个部分：在违约概率 p_i 的情况下损失为 $L_i(1-R_i)$；在不违约时，概率为 $(1-p_i)$，损失为 0。这就是个典型的二项式分布。因此，损失的均值可以通过以下公式进行估计：

$$p_i\times L_i(1-R_i)+(1-p_i)\times 0=p_iL_i(1-R_i)$$

在估计损失波动率时，回顾一下随机变量的波动率可以用以下公式进行计算：

$$\sqrt{E(X^2)-(E(X))^2}$$

其中 E 代表的时期望值。根据这项公式我们可以得出损失波动率的估计为：

$$\sigma_i^2=E(Loss^2)-(E(Loss))^2$$

根据之前的分析，E（Loss）为 $p_iL_i(1-R_i)$，在概率的情况下损失的平方为 $(L_i(1-R_i))^2$，在概率 $(1-p_i)$ 的情况下损失的平方为 0。由此可得：

$$E(Loss^2)=p_i(L_i(1-R_i))^2$$

因此，损失的波动率可以估计如下：

$$\sigma_i^2=p_i(L_i(1-R_i))^2-(p_iL_i(1-R_i))^2=(p_i-p_i^2)(L_i(1-R_i))^2$$

并且：

$$\sigma_i=\sqrt{p_i-p_i^2}(L_i(1-R_i))$$

— 考纲要求 —
会计算贷款的均值和标准差。

我们可以根据单个贷款损失的标准差计算贷款组合的损失标准差。计算方式如下所示：

$$\sigma_p^2=\sum_{i=1}^{N}\sum_{j=1}^{N}\rho_{ij}\sigma_i\sigma_j$$

组合损失的标准差在组合规模中的占比为：

$$\alpha=\frac{\sqrt{\sum_{i=1}^{N}\sum_{j=1}^{N}\rho_{ij}\sigma_i\sigma_j}}{\sum_{i=1}^{N}L_i}$$

我们现在将问题进行简化，假设所有的贷款具有同样的本金 L，所有的回收率相同并且等于 R，所有违约概率相同并且等于 p，并且：

$$\rho_{i,j}=\begin{cases}1 & \text{when} \ i=j\\ \rho & \text{when} \ i\neq j\end{cases}$$

其中 ρ 恒定不变。在这些假设下，第 i 个贷款的损失波动率在所有 i 的取值下均相等。假设这些波动率均为 σ，我们可以获得：

$$\sigma=\sqrt{p-p^2}\left(L(1-R)\right)$$

根据以上的假设，贷款组合损失标准差可以计算为：

$$\sigma_p^2=n\sigma^2+n(n-1)\rho\sigma^2$$

组合损失的标准差在组合规模中的占比为：

$$\alpha=\frac{\sigma_p}{nL}=\frac{\sigma\sqrt{1+(n-1)\rho}}{L\sqrt{n}}$$

举个例子

假设一家银行持有一个贷款组合包含 100,000 个贷款，并且每个贷款面值均为 1,000,000，一年的违约概率均为 1%；回收率为 40%，违约相关性为 0.1，计算单笔贷款的损失标准差及组合损失标准差在组合规模中的占比。

$$\sigma=\sqrt{0.01-0.0001}\times1\times0.6=0.0597$$

$$\alpha=\frac{0.0597\sqrt{1+(99,999\times0.1)}}{\sqrt{100,000}\times1}=0.0189$$

四、信用风险资本金建模

我们知道银行的资本金用来覆盖贷款的非预期损失，即实际损失超过预期损失的部分。针对资本金的计算方法通常有两种：监管资本要求和经济资本要求。其中，监管资本设置 99.9% 的置信水平，而经济资本的置信水平取决于银行的外部评级所对应的违约率（比如：标普 AA- 评级的历史违约率是 0.02%，即对应的置信水平为 99.98%）。

（一）高斯连接模型

在讨论监管资本和经济资本模型之前，我们先介绍一个在这两种资本模型中都用到的基础模型——高斯卷积模型。

在风险分析中我们经常会面对多个随机变量的联合分布问题，比如两个随机变量 X 和 Y，如果它们服从联合正态分布的话，那么它们的分布即为如下的联合概率密度函数：

$$p(x, y)=\frac{1}{2\pi\sigma_1\sigma_2\sqrt{1-\rho^2}}\exp\left\{-\frac{1}{2(1-\rho^2)}\left[\frac{(x-\mu_1)^2}{\sigma_1^2}-2\rho\frac{(x-\mu_1)(y-\mu_2)}{\sigma_1\sigma_2}+\frac{(y-\mu_2)^2}{\sigma_2^2}\right]\right\}$$

其中，μ_1 和 μ_2 分别是 X 和 Y 的均值，σ_1^2 和 σ_2^2 分别是 X 和 Y 的方差，ρ 是 X 和 Y 的相关系数。

当然，这其中最简单的是标准正态分布，即 $\mu_1=\mu_2=0$，$\sigma_1^2=\sigma_2^2=1$。

对于两个不是正态分布的随机变量 V_1 和 V_2，那么一般的做法是通过函数的变换将其转换为两个服从标准正态分布的随机变量 U_1 和 U_2，即：

$$U_1=g_1(V_1, V_2)$$

$$U_2=g_2(V_1, V_2)$$

这种变换方法成为高斯连接模型，通过这种变换函数的反函数，我们可以很容易地知道 V_1 和 V_2 的分布和分位点值，因为它们和 U_1 和 U_2 的分位点是一一对应的。

（2）单因素模型

当一系列随机变量 V_i 都被转换为标准正态随机变量 U_i 后，我们接下来就要重点研究 U_i 的相关性问题。最简单的假设是用单因素模型做近似估计。

单因素模型即假设影响所有的随机变量 U_i 的共有因子只有一个——F（系统性风险），除此以外每个 U_i 有各自独特的影响因子 Z_i（非系统性风险），这些 Z_i 之间以及和 F 都是互相不相关的。因此，单因素模型可以将 U_i 表达为如下形式：

$$U_i=a_iF+\sqrt{1-a_i^2}Z_i$$

这里要求 F 和 Z_i 都服从标准正态分布，那么根据期望和方差的性质，可知 U_i 都是服从标准正态分布的，并且 U_i 和 U_j 之间的相关系数为 a_ia_j。推导如下：

$$E(U_i)=E[(a_iF+\sqrt{1-a_i^2}Z_i)=E(a_iF)+E(\sqrt{1-a_i^2}Z_i)=0+0=0$$

$$V(U_i)=V[(a_iF+\sqrt{1-a_i^2}Z_i)=V(a_iF)+V(\sqrt{1-a_i^2}Z_i)=a_i^2+1-a_i^2=1$$

$$COV(U_i,U_j)=E(U_iU_j)-E(U_i)E(U_j)=E[(a_iF+\sqrt{1-a_i^2}Z_i)(a_jF+\sqrt{1-a_j^2}Z_j)]$$

因为 Z_i 之间以及和 F 都是互相不相关的，即 $E(Z_iF)=E(a_jF)=E(Z_iZ_j)=0$，所以上式化简为：

$$COV(U_i, U_j)=E(a_ia_jF^2)a_ia_j$$

$$\rho_{ij}=\frac{COV(U_i,U_j)}{\sqrt{V(U_i)V(U_j)}}=a_ia_j$$

单因素模型的典型例子就是之前讲的 CAPM 模型。该模型中假设的共有因子就是市场组合的超额收益率。在之后的章节中，我们将介绍如何把单因素模型用到违约概率的估计上，共有因子是影响违约率的宏观经济因素。

值得强调的是，高斯连接模型并非是定义随机变量联合分布的唯一方法。事实上，2007~2009 的次贷危机证明了正态分布对于损失尾部的估计是低谷的，即实际的尾部分布显然要比正态分布估计的更“厚”。所以，有时候也用尾部的相关性来估计实际的肥尾现象。

（三）Vasicek 模型

巴塞尔协议中对于信用风险内评法下的监管资本要求采用了 Vasicek 模型，当然理论基础还是高斯连接模型方法。

标准普尔从 1981 年到 2018 年对所有有评级的公司违约率做了统计，如下表 41-4 所示：

表 41-4　1981 年到 2018 年所有有评级的公司违约率

年份	违约率	年份	违约率	年份	违约率
1981	0.14	1994	0.63	2007	0.37
1982	1.19	1995	1.05	2008	1.80
1983	0.76	1996	0.51	2009	4.19
1984	0.91	1997	0.63	2010	1.21
1985	1.11	1998	1.28	2011	0.80
1986	1.72	1999	2.14	2012	1.14
1987	0.94	2000	2.48	2013	1.06
1988	1.38	2001	3.79	2014	0.69

续表

年份	违约率	年份	违约率	年份	违约率
1989	1.78	2002	3.60	2015	1.36
1990	2.73	2003	1.93	2016	2.08
1991	3.25	2004	0.78	2017	1.20
1992	1.49	2005	0.60	2018	1.03
1993	0.60	2006	0.48		

我们可以用对数正态分布去拟合这批历史数据，作为对违约率分布的估计，如图 41−3 所示。

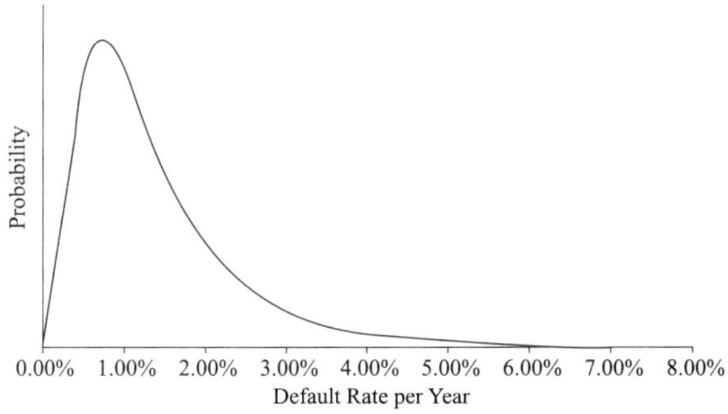

图 41-3 违约率的分布图

从数据可以计算出违约率均值为 1.443%，标准差是 0.984%。从图 41−3 也可以看出，1% 左右的违约率年份是出现概率最多的。

从上面的高斯连接模型可以知道，我们可以将上述分布转换成标准正态分布，假定在一个很大的资产组合里，每一笔贷款的违约率都相同（实际上这个假设是可以实现的，比如对于外部评级为 AA− 的所有贷款，违约率都是 0.02%），那么对每一笔贷款的违约率分布可以用标准正态分布随机变量 U 来刻画，在分布图上，PD 对于的分位点左边是违约区域，右边是不违约区域，如图 41−4 所示。

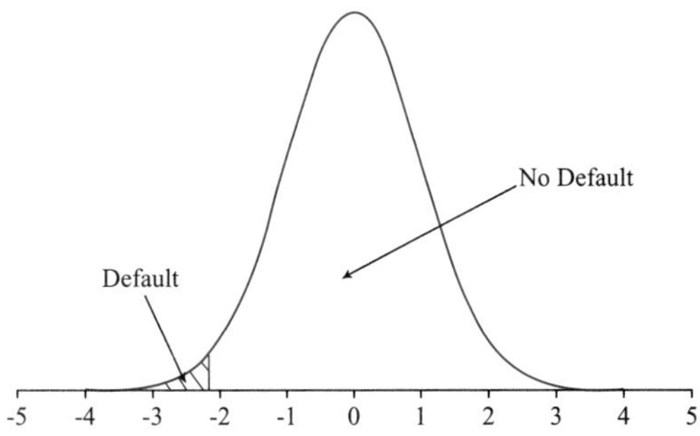

图 41-4 贷款对应的标准正态分布图

当给定一个违约概率 PD 值时，分位点值可以从正态分布的反函数得到：

$$U=N^{-1}(PD)$$

例如，PD=1%，则 N=−2.326。

我们刚才假设了每一笔贷款的违约率分布都服从相同的标准正态分布，那么如果用单因素模型来估计贷款之间的相关性的话，则公式可以简化为：

$$U_i=aF+\sqrt{1-a^2}\,Z_i$$

也就是说这里我们假设所有的贷款的相关性是一样的，即：$\rho_{i,j}=a_ia_j=a^2$。

这里的 F 代表了宏观经济状况，F 和 U_i 之间是一一对应的，所以对于给定的 F，

$$U_i=aF+\sqrt{1-a^2}\,Z_i=N^{-1}(PD)$$

$$Z_i=\frac{N^{-1}(PD)-aF}{\sqrt{1-a^2}}$$

注意到 Z_i 代表的是每笔贷款特有的非系统风险，它也服从标准正态分布，那么每个 Z_i 对应的违约概率就可以从正态分布计算得到：

$$P(Z_i\le z_i)=N\left(\frac{N^{-1}(PD)-aF}{\sqrt{1-a^2}}\right)$$

对于 F，我们可以基于谨慎原则设定一个非常小的概率，确保资本能覆盖极端宏观情况下的信贷损失。在巴塞尔协议中，将此概率设定为 0.1%，即 $F=N^{-1}(0.1\%)$。

同时，由于 $\rho=a^2$，那么上面的公式可以改写为：

$$P(Z_i\le z_i)=N\left(\frac{N^{-1}(PD)-\sqrt{\rho}N^{-1}(0.1\%)}{\sqrt{1-\rho}}\right)$$

当然，考虑到正态分布的对称性，$N^{-1}(0.1\%)=-N^{-1}(99.9\%)$，所以公式也可以写为：

$$P(Z_i\le z_i)=N\left(\frac{N^{-1}(PD)+\sqrt{\rho}N^{-1}(99.9\%)}{\sqrt{1-\rho}}\right)$$

在我们假设组合中所有贷款的违约率 PD 一样的情况下，上面这个公式实际上将平均违约率（比如 AA− 的 0.02%）转化为了在千年一遇的情况下极端的违约概率。请注意，如果相关系数 ρ =0，则上面的公式就等于 PD，即和平均违约率是一样的。也就是说如果贷款人之间不相关，那么宏观环境的变化不会使得资产组合发生大规模违约的极端情况，反之，相关系数越高，则资产组合越容易收到宏观经济的影响，极端违约率越高。表 41−5 测试了几个不同的相关系数对于组合极端违约率的影响。

表 41-5 不同的相关系数对于组合极端违约率的影响

	PD=0.1%	PD=0.5%	PD=1%	PD=1.5%	PD=2%
ρ=0.0	0.1%	0.5%	1.0%	1.5%	2.0%
ρ=0.2	2.8%	9.1%	14.6%	18.9%	22.6%
ρ=0.4	7.1%	21.1%	31.6%	39.0%	44.9%
ρ=0.6	13.5%	38.7%	54.2%	63.8%	70.5%
ρ=0.8	23.3%	66.3%	83.6%	90.8%	94.4%

我们把这个极端情况下的违约率记为 WCDR，那么它和违约率平均值 PD 之间的差异就是监管资本所要覆盖的部分，这就是巴塞尔协议中对于信用风险内部评级法下银行覆盖损失所需要的最低资本要求数量：（WCDR−PD）×LGD×EAD，这里我们假设组合中所有贷款的 PD、LGD 和 EAD 都是一样的，即同一组合中的贷款具有风险同质化。

在巴塞尔协议中，按照主权、金融机构、公司类（区分一般公司和房地产）、零售和股权类等设定了不同的相关系数 ρ，并且银行一般按照评级级别来区分每一笔贷款的违约率 PD、LGD，而 EAD 按照实际敞口与折扣系数的乘积来计算，这样每一笔贷款都可以按照：

$$(\mathrm{WCDR}-\mathrm{PD})\times\mathrm{LGD}\times\mathrm{EAD}=\left(\mathrm{N}\left(\frac{\mathrm{N}^{-1}(\mathrm{PD})+\sqrt{\rho}\,\mathrm{N}^{-1}(99.9\%)}{\sqrt{1-\rho}}\right)-\mathrm{PD}\right)\times\mathrm{LGD}\times\mathrm{EAD}$$

来计算监管资本要求 K，最后将所有贷款的监管资本要求简单相加即可得到全部监管资本要求总量。

（四）CreditMetrics 模型

下面我们来讨论银行用来计量经济资本的模型——CreditMetrics 模型。在这个模型中，每个借款人被赋予一个初始的评级（外部评级或内部评级），同时用一个一年期的转移矩阵来刻画评级从上一年到下一年的变化情况。

该方法会在一年期的初始点对某个资产组合进行估值。然后基于转移矩阵，用蒙特卡洛模拟法对组合中的每一笔贷款在年末时的评级状态进行模拟，每一次模拟就可以确定所有贷款在年末的一个状态，因此可以知道整个组合在这次模拟下年末的总价值。将年初的价值减去年末的价值得到的差就是信贷的损失金额。反复进行多次模拟后，就可以得到许多个信贷损失金额，从而得到信贷损失金额的分布，取这些金额的平均值就可以当做是信贷损失金额的估计。

例如，一个银行的评级级别为五个级别：A、B、C、D、E（违约级别），根据历史数据的估计可以得到转移矩阵表，如表 41-6 所示。

表 41-6 转移矩阵

评级变动	概率
“B”变化至“A”	0.05
维持在 B 评级	0.80
“B”变化至“C”	0.13
违约	0.02

对于上述转移矩阵表，为了要进行蒙特卡洛模拟，我们要将它转换为标准正态分布分位点的值。上表中的概率从上自下的累计概率为 5%、85%、98% 和 100%，那么对应标准正态分布的分位点分别为：−1.645、1.036、2.054，因此各种转移状态和正态分布分位点的对应表如表 41-7 所示：

表 41-7 不同转移状态和正态分布分位点的对应表

正态分布分位点区间	评级变动
小于 −1.645	“B”变化至“A”
介于 −1.645 和 1.036 之间	维持在 B 评级
介于 1.036 和 2.054 之间	“B”变化至“C”
超过 2.054	违约

另外，我们还要注意，借款人之间的相关性并不为零，所以我们要使用高斯连接模型将上述转移矩阵分布转换为标准正态分布，并反映贷款之间的相关性。如果借款人公司有公开交易的股票，可以观察到相应的交易数据，那么相关性的估计可以用莫顿模型来测算，该模型假设当公司的资产价值低于负债的价值时，公司即为违约（我们称之为技术性违约）。

CreditMetrics 模型相比之前的单因素模型来说，对于信用风险的刻画更为细致。单因素模型仅将借款人状态分为违约和非违约两种状态，而 CreditMetrics 模型还考虑借款人评级的变化，当借款人被降级时，更高的违约概率会导致较高的风险溢价（即折扣率），那么贷款的现值就会降低，差额部分即为银行的信贷损失。

巴塞尔协议最新的第三版最终方案中对于这种评级下降所导致的信贷损失风险要求计算“信用估值调整，CVA”。

第三节 国家风险

> 考纲要求
> 识别国家风险的成因，并解释各因素对国家风险敞口的影响。

国家风险（Country Risk）在考试中不是很重要，国家风险与政治和经济的因素相关性比较强。

当公司从国内市场拓展到国外市场时，要关注以下三个问题：

在不同国家的投资是否会暴露不同规模的风险敞口？

（1）全球化的资产配置是否有分散化效果？

（2）在特定国家投资，是否应当有更高的收益需求？

一、国家风险的成因

（一）GDP 增长率

评估国家风险的一个重要考虑因素是一个国家如何应对经济周期。例如，在经济衰退期间，发展中国家的 GDP 往往比发达国家的下降幅度更大。这是因为发展中国家往往更严重地依赖某些商品。这意味着在全球经济衰退期间，他们会受到较低价格和需求的挤压。一方面，一些发展中国家在 2007~2009 年的经济衰退中幸免于难。例如，中国 2009 年的实际 GDP 增长率就在 6% 以上。

（二）政治风险

投资者和公司在对国家稳定性进行估值时倾向于选择专制国家，因为强硬的政府可以实施长期政策和推动改革，但民主的政府无法做到。民主政体的混乱会产生更多连续性的风险（政策会随着政府的变更而改变），而专制政体更多的产生非连续性的风险。专制政体提供的更稳定的政策可能伴随着其他成本（政治腐败和无效的法律制度），这些成本压制了政策稳定的好处。

因此可以推断出民主和专制这两种政体中，哪种更有利于经济增长。

如果那些实施政策的人在他们的判断中反复无常、效率低下或腐败，那么在此系统下的所有相关人员都要付出代价。

如果利润可以被企业没收（随便征收特定税）或者企业可以被国有化（即获得的补偿远低于公允价值），投资者就不太可能投资。

（三）法律风险

投资者和企业依赖于尊重其产权并及时实施这些权利的法律制度。

不同国家的法律标准也各不相同。比如内幕交易在中国是违法的，在印度是合法的。

（四）经济结构

一些国家依赖于特定的商品、产品或服务来获得经济上的成功。这种依赖可能给投资者和企业带来额外的风险，因为商品价格或对产品及服务的需求下降会造成严重的经济损伤。

对依赖于某种特定经济结构的国家来说，其国家风险较大。例如菲律宾依赖于中国大量的香蕉进口，一旦中国不进口菲律宾的香蕉，那么菲律宾的国家风险就显著提高。东南亚国家的经济结构都是十分相似的，一旦爆发金融危机的冲击，危机造成影响的传染性会非常高。

另一个考虑因素是，一个国家可能面临短期增长和长期增长之间的权衡。短期内，通过专注于商品的制造和出口，可以使经济增长最大化。但要实现可持续的长期增长，最好发展其他行业。

二、国家风险的度量

（一）风险服务公司（Risk Services）

政治风险服务公司（Political Risk Services，PRS）只提供给付费的用户，主要用政治、金融和经济三个维度来刻画风险。

（二）风险服务公司的缺陷

（1）度量模型 / 方法：企业风险度量可以依据企业的财务报表进行分析，但国家并没有财务报表作为合理依据，并且信用评分模型中包含了可能与业务无关的风险。

（2）没有标准的模型方法：信用评分并不标准化，每个风险服务公司使用自己的协议标准。

（3）更关注排名：与测量相对风险比较，国家风险分数对国家信用排名更有帮助。

三、主权违约风险

（一）外币违约

外币违约（Foreign Currency Defaults）是指由于借款国发现其缺乏外币来履行偿付义务。大部分主权债务违约都与外币违约有关。外币违约通常出现在拉丁美洲国家，比如委内瑞拉在过去的五十年发生了多次债务违约；玻利维亚向美国借款，然后到期无法归还，这些都是典型的外币违约。

— 考纲要求 —
比较外币违约和本币违约的主权违约情况，并解释主权违约的常见原因。

发生外币违约的原因包括缺少国内存款、自然资源缺乏、借贷严重和军事冲突等。

（二）本币违约

本币违约（Local Currency Defaults）即自己国家的货币发生违约。

本币违约发生的原因：

（1）金本位制：1971 年金本位制体系崩溃，二战之后全球经济几乎被美国所掌控，美元以固定的汇率兑换黄金，35 美元 =1 盎司黄金，美元与黄金之间是固定汇率，其他国家货币和美元之间是固定汇率。在二战结束初期，这种金本位制体系（也称为布雷顿森林体系）是有利于全球经济金融的稳定性。但到了 20 世纪 70 年代，随着欧洲国家的经济的蓬勃发展，这些国家集聚了大量的货币要兑换成为美元再兑换为黄金。所以此时美国面临着“进退两难”的境地，如果增发美元，那么就无法保证美元与黄金之间的固定汇率；如果不增发美元，则又无法满足这些欧洲国家的美元需求。1971 年，金本位制崩溃，导致了全球经济的混乱。直到目前，全球的汇率都遵循牙买加体系，即浮动汇率体系。

（2）共同货币：欧元区共用货币。

四、国家违约的影响

（一）声誉受损（Reputation Loss）

违约的政府在未来的融资将变得困难。

（二）资本市场混乱（Capital Market Turmoil）

投资者从股票和债券市场撤出，使违约国家的私营企业融资更加困难。

（三）实际产出受损（Real Output）

主权债务违约之后是经济衰退，导致消费者抑制支出，企业不愿进行长期投资。

（四）影响政权的稳定性（Political Instability）

主权违约会影响国民心态，而反过来又会使得国家的统治阶层陷入危险。

五、主权国家评级

（一）衡量国家风险的指标：

（1）借债程度。

（2）养老金规模和社会福利承诺：对养老金规模和社会福利承诺有较大承诺的国家通常具有更高的违约风险。

（3）政府的收入情况：获得更大的税收基础应该增加潜在的税收，这些税收可以用于履行债务义务。

（4）收入的稳定性：收入稳定且经济多样化的国家面临较少的违约风险。

（5）政治风险。

（6）与其他机构的隐形支持：信用风险来自于隐形支持而不是显性支持。

评级机构能对主权国家的信用风险进行度量，优势在于机构评估公司违约风险有一百年之久，可以将经验应用于评估主权风险上。熟悉评级方法的债券投资者也能很容易将投资公司债券的经验应用于投资主权债券。

债券评级机构对主权国家评级的限制在于，没有对针对国家风险的变动情况迅速做出评级调整，以提醒投资者迫在眉睫的危险。

主要有两种评级方法，一种是盯住外币法（Notch Up Approach），盯住其他国家货币为本国进行信用评级；另一种是盯住本币法（Notch Down Approach），以本国货币作为基准，与其他国家作对比。

主权国家评级有助于甄别国家风险，被评为投资级的主权债券违约率远低于被评为投机级的主权债券。但对主权国家评级的这种区分信用质量的方式一直存在争议，原因如下：

（1）评级呈上升趋势，可能被高估。

（2）羊群效应：预期某国货币将要贬值，投资者集体抛售。

（3）评级机构花太长时间来改变评级，但变化过于迟缓，无法保护投资者免受危机的影响。

（4）恶性循环：贬值带来抛售，抛售引发新一轮贬值。

（5）当评级机构在短时间内多次改变主权国家的评级时，那么意味着其初始评级评估失败。

（二）主权评级失败的原因

（1）信息问题：评级机构用来为主权国家评级的数据大多数来源于政府，有些数据可能有问题。

（2）资源限制：评级机构资源有限，无法雇佣太多的分析师。

（3）收入偏差

（4）其他的激励问题：标准普尔和穆迪工作的分析师可能会寻求与他们所评级的政府合作。

六、信用违约互换

信用违约互换（Credit Default Swaps，CDS）与购买保险类似。假设预计对某国的投资会违约，那么投资者买了信用保险，支付的保费相当于信用价差，一旦国家违约，投资者会得到赔付。

某国债券的利率可以与无风险利率进行比较，以获得该国**违约价差**（Default

Spread）的市场衡量标准，从而对国家风险进行度量。

使用违约价差度量风险可以从更细致的层面衡量国家风险，并且违约价差会由于在市场上进行交易，因此违约价差会比信用评级更加动态的反映信用风险情况。但是违约价差的波动高于评级，并且违约价差的波动有时与信用风险情况关系较弱，比如对手方风险和流动性风险的变动会导致信用违约互换价差的变化，以及信用违约互换市场的狭隘性会导致流动性不足等问题。

信用违约互换的交割方式通常分为**实物交割**（Physical Settlement）和**现金交割**（Cash Settlement）两种，其中实物交割是指一旦国家发生违约，保险公司赔付给投资者的是此国家的债券；现金交割是指赔付为保费和赔偿金的差额。

信用违约互换的首要作用是当信用事件触发时，给予买方一定的保护。如果信用违约互换的卖方违约，那么这种保护将失效。市场的狭隘性使得信用违约互换的效用变弱，因为一个或多个大公司的失败可能使市场陷入混乱，从而使得信用违约互换失效。

本章小结

♣ 外部评级和内部评级

- 外部评级：BBB/Baa 级及以上为投资级债券。
- 内部评级：跨时点评级和跨周期评级。

♣ 信用风险预期损失

- KMV 模型：股东权益 $=VN(d_1)-Ke^{-rT}N(d_2)$
- Hazard Rates：$P(K=0)=\frac{\lambda t^K}{K!}e^{-\lambda t}=e^{-\lambda t}$
- 贷款标准差：

$$\sigma=\sqrt{p-p^2}\,(L(1-R))$$

$$\sigma_P^2=n\sigma^2+n(n-1)\rho\sigma^2$$

$$\alpha=\frac{\sigma_p}{nL}=\frac{\sigma\sqrt{1+(n-1)\rho}}{L\sqrt{n}}$$

♣ 国家风险的成因

- 生命周期。
- 政治风险。
- 法律风险。
- 经济结构。

章节练习

◇ Which of the following is not a true statement about internal credit ratings?

A. The "point-in-time" approach makes heavy use of econometric modeling that relates current financial variables to estimated default risk.

B. The "through-the-cycle" approach is forward-looking and attempts to incorporate future economic scenarios into current default risk estimates.

C. The "point-in-time" credit scores volatility is much higher than "through-the-cycle" score volatility.

D. A sound internal system uses at-the-point-in-time scoring for small-to-medium-sized companies and private firms and through-the-cycle scoring for large firms.

答案解析：D

有效的内部评级体系要求所有公司采用同种评级方式，要么都是时点评级法，要么都是跨周期评级法。

◇ The following table from Fitch Ratings shows the number of rated issuers migrating between two ratings categories during one year.

Year 0	Year 1					
	AAA	AA	A	BBB	Default	Total
AAA	45	4	2	0	0	51
AA	3	30	4	3	2	42
A	2	5	40	2	3	52
BBB	0	1	2	30	1	34
Default	0	0	0	0	0	0

◇ Based on this information, what is the probability that an issue with a rating of A at the beginning of the year will be downgraded by the end of the year?

A. 13.46%

B. 13.44%

C. 9.62%

D. 3.85%

答案解析：C

Downgrade case: A → BBB, A → Default Probability(A → BBB)=2/52

Probability（A → Default）= 3/52 The total probability = 5/52 = 9.62%

◇ Tip-Top, Inc., (Tip-Top) has a commitment with Super Size Bank for $10 million. The terms of the loan are fixed and cannot be changed over its life. Tip-Top experiences an unexpected change in its credit rating from Ba to Baa. Explain the most likely effect on expected loss and actual loss.

A. Super Size Bank will increase the estimate of expected loss but not actual loss.

B. Super Size Bank will increase the estimate of expected loss and increase its estimate of actual loss.

C. Super Size Bank will decrease the estimate of expected loss but not actual loss.

D. Super Size Bank will decrease the estimate of expected loss and increase its estimate of actual loss.

答案解析：C

Ba到Baa属于信用评级上调，这将将降低违约的可能性，降低预期损失。预期损失是对未来平均损失的估计。因此根据定义，在信用事件发生之前，实际损失为零。

◇ Given the effort by ratings agencies to incorporate the effect of an average cycle in external ratings, the ratings tend to：

A. Underestimate the probability of default in an economic expansion.

B. Overestimate the probability of default in an economic recession.

C. Underestimate the probability of default in an economic recession.

D. Be unbiased in all phases of the business cycle.

答案解析：C

因为评级机构给出的评级往往反映了一个平均商业周期，而且在整个周期中总体上是稳定的，因此基于给定的评级，企业在严重衰退期间违约的可能性可能被低估了。

◇ With respect to the effect on the price of a bond, the effect of a bond upgrade will:

A. Be positive and stronger than the downward effect of a bond downgrade.

B. Be positive and weaker than the downward effect of a bond downgrade.

C. Have about the same negative effect, in absolute value terms, as a bond downgrade.

D. Be negative and about equal to that of a bond downgrade.

答案解析：B

债券评级上调将对债券价格产生积极影响，但债券评级下调的负面影响通常会更大。

扫码获取更多题目

第四十二章　操作风险测量与管理

Operational Risk Measurement and Management

一、操作风险概述	1. 操作风险的定义	★★★
	2. 操作风险的分类	★★
二、操作风险监管资本的度量	1. 基本指标法	★★★
	2. 标准法	★★★
	3. 高级计量法	★
	4. 标准化计量方法	★
三、操作风险数据处理	1. 操作风险数据的收集	★★
	2. 操作风险数据的损失分布	★★★
	3. 经济资本的分配	★
四、操作风险定性管理	1. 风险控制与自评估	★★
	2. 关键风险指标	★★
	3. 购买保险缓释操作风险	★★

◢ 学习目的

操作风险是防不胜防的，在《风险管理基础》里面学过的案例中，由于个别交易员的违约操作，就会导致整个银行的倒闭，例如巴林银行和大华银行。在以前的银行风险管理体系中，只是关注市场风险和信用风险，但巴林银行和大华银行的事件发生后，巴塞尔委员会要求银行将操作风险纳入风险管理体系中。

◢ 考点分析

在 FRM 一级的考试中，操作风险并不是传统的难点。考生只需要能够区分哪些属于操作风险、知道简单的资本金计算、了解操作风险保险相关事宜即可。

◢ 本章入门

首先，在本章开头部分，我们介绍了操作风险的定义，以及操作风险与其他风险的区别。随后我们引入了计算操作风险资本金的四种主流方法，特别强调了高级计量法的使用细节。接着，操作风险数据处理中常见的偏差也将与读者见面。最后，如何通过保险等手段缓解并尽可能避免操作风险，我们也简单做了介绍。

第一节 操作风险概述

一、操作风险的定义

操作风险（Operational Risk）是指由于不充分或者无效的内部流程、人和系统或者其他外部事件导致损失的风险。其中：

> — 考纲要求 —
> 描述操作风险的不同类别。

（1）内部流程：银行发放贷款时为了防止违规放贷，需要两个流程的审批，分别是审查人和审定人。如果没有设置这样的内控体系，就会由于内部流程问题导致操作风险。

（2）和人员相关的问题：只要有人员参与的，就会可能产生风险事件。比如日常工作中，很有可能出现统计数据时少加一个数字的情况，所有这些人为的主观错误或者客观不注意的错误所导致的损失也是操作风险事件。

（3）和系统相关的问题：比如系统崩溃或者数据流失了，这对于整个银行的影响是非常大的，所以很多银行都在其他地方设置了数据中心，就是为了防止系统崩溃造成损失的可能。

（4）外部事件：火山地震等不可预测、不可抗的事件也会引发操作风险。

名师解惑

操作风险包含法律风险，由于法律机制不健全所造成的损失也属于操作风险；操作风险不包括战略风险和声誉风险，其中战略风险属于商业风险范畴。

二、操作风险的分类

操作风险主要包括以下七大类：内部欺诈、外部欺诈、就业政策及工作场所的安全性、员工、产品和商业运营有关的风险、实体资产的损坏、系统的崩溃和执行、交割和流程管理的风险。

金融机构面临的三种主要操作风险类型：

（一）网络风险

网络犯罪包括数据破坏、金钱盗窃、知识产权盗窃、个人和金融数据盗窃、侵占、欺诈等。

网络钓鱼是黑客攻击的一种常见形式。虽然网络钓鱼可以采取多种形式，但常见的情况是黑客以金融机构的客户为目标，发送电子邮件，要求他们确认账户信息。

举个例子

2016年3月孟加拉国央行遭受了黑客攻击。这些黑客发现了银行网络的多个入口，并计划通过一系列国际交易侵吞超过10亿美元。然而，据报道，由于一次数据输入错误，他们只获得了8000万美元（但这仍然是一笔相当大的金额）。

（二）合规风险

这种风险类型的特点是组织因有意或无意地未能按照行业法律法规、内部政策或规定的最佳实践采取行动而招致罚款或其他惩罚的风险。例如洗钱、恐怖主义融资和帮助客户逃税等等。

举个例子

金融合规风险的一个例子是汇丰银行在2012年支付的19亿美元罚款。在罚款之前的几年里，该行并没有对其墨西哥分行实施反洗钱计划。结果，墨西哥毒品贩子得以以现金的形式非法存放大笔资金。汇丰银行最终与美国司法部达成了一项暂缓起诉协议，美国司法部要求汇丰支付一大笔罚款，并保留一个独立的合规监督机构。

（三）流氓交易员风险

这种风险指的是，员工会实施一些未经授权的交易，最终造成巨大的损失。

举个例子

巴林银行（Barings）交易员尼克•里森（Nick Leeson），他的工作是在该公司新加坡办事处进行风险相对较低的交易。然而，由于巴林银行的系统存在缺陷，他找到了一个承担巨大风险的方法，并将损失隐藏在一个秘密账户中，他试图挽回损失却导致更多的损失（超过1亿美元）。里森最终被送回新加坡，受到起诉，并被判入狱。已有200年历史的巴林银行被迫破产。

第二节 操作风险监管资本的度量

操作风险监管资本的度量的方法包括：基本指标法、标准法、高级计量法和标准化计量方法。

> — 考纲要求 —
> 比较计量操作风险资本金的基本指标法、标准法、高级计量法、标准化计量方法。

基本指标法和标准法相对比较简单，是自上而下的计量方式，它们认为操作风险的产生只是和银行的规模有关，规模越大，操作风险越高。并不区分操作风险的产生是哪个业务条线、哪个部门的原因。而高级计量法是自下而上的计量方式，这种方法需要大量的数据支持，通过十分复杂的计量模型来度量操作风险。

一、基本指标法

在**基本指标法**（Basic Indicator Approach，BIA）中，操作风险资本设定为相当于过去三年年总收入的 15%。总收入定义为净利息收入加非利息收入。

$$\text{Capital}_{\text{BIA}}=\frac{\sum_{i=\text{last three years}}^{N} GI_i\times\alpha}{n}$$

当过去三年中有某年收入为负数时，将负数按 0 来计，分母 n 变为 n−1。

基本指标法计算操作风险资本金要求非常简单，只体现银行的整体业务规模。

二、标准法

标准法（Standardized Approach）将银行的所有业务分成八大业务条线，如表 42-1：

> – 考试小技巧 –
> 公交结算为 18% 的权重；
> 商行托管为 15% 的权重；
> 零售资产为 12% 的权重。

表 42-1 各业务条线权重表

业务条线	因子
公司金融	18%
交易和销售	18%
支付和结算	18%
商业银行	15%
托管业务	15%
零售业务	12%
资产管理	12%
零售经纪	12%

然后将每个业务条线的收入乘以对应的权重之后求和，将此调整权重之后的收入与 0 比较，选取调整权重之后的收入和 0 之间的较大值，即 $\max(\sum GI_{line\ 1-8}\times\beta_{line\ 1-8}, 0)$，然后把前 3 年的收入求和后除以 3。当过去三年中有某年收入负数时，将负数按 0 来计，分母依然为 3。

$$\text{Capital}_{SA}=\frac{\sum_{i=\text{last three years}}^{N}\max\left(\sum GI_{line\,1-8}\times\beta_{line\,1-8},0\right)}{3}$$

名师解惑

假设某银行主要是零售业务，那么用基本指标法计算出的资本要求会高于标准法。因为基本指标法下，所有业务的收入调整都是乘以 15% 的权重，而标准法下要根据不同业务条线乘以对应的权重调整，其中零售业务是 12% 的权重，所以用基本指标法计算出的资本要求会高于标准法。

三、高级计量法

高级计量法（Advanced Measurement Approach，AMA）将银行的业务分为 8 大业务条线、7 类损失事件，可以构成的损失表格来搜集损失数据。表格的行表示损失事件的类别，表格的列表示业务条线。每个单元格搜集每个业务条线对应每类损失事件的频率和损失金额，构成操作风险损失分布。共计 56 个单元格，即 56 个操作风险损失分布。在考虑不同业务条线间的相关性，不同损失事件间的分散化的基础上，将 56 个分布整合成为一个操作风险损失分布。在此分布中可以计算预期损失，给定置信水平下的 VaR 值，预期损失与 VaR 之间的损失用经济资本覆盖，超过 VaR 值的部分通过购买保险进行风险管理。

高级计量法的使用对于银行的风险管理系统要求十分高，首先要有足够的数据及数据分析能力，其次要有强大的计算机系统，以及高级的定量分析理论。

高级计量法要求对于操作风险的度量是 1 年持有期，99.9% 的置信水平。因为高级计量法是非常精确的方法，所以对模型的精确度要求也很高，如图 42-1 所示。

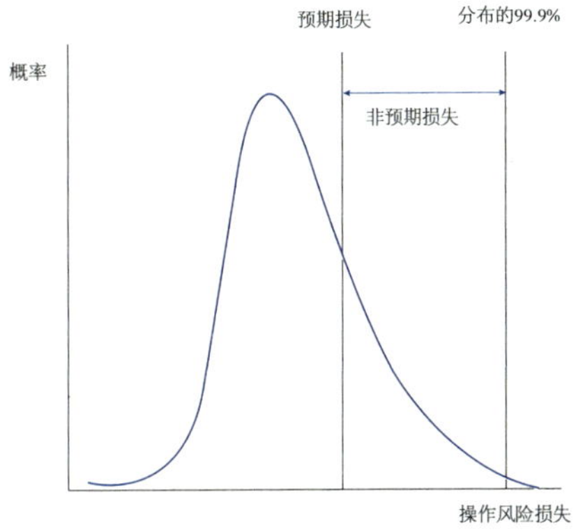

图 42-1　高级计量法模型示意图

高级计量法仅有定量的模型是远远不够的，还需要定性的管理。定性管理包括以下四大要素：

（四）内部数据（Internal Data）

内部数据是最契合银行的风险管理能力的，所以在测量操作风险时，要优先选择内部数据。

但是内部数据一般都是损失较小的，很难出现损失较大的。当内部数据量不够合理度量操作风险时，则需要引入外部数据。

高频低损类的操作风险，即发生频率很高，但损失的金额对于银行来说微不足道。内部数据通常为此类操作风险；低频高损类的操作风险，即发生频率很低，但一旦发生，损失极大。

（五）外部数据（External Data）

对于外部数据，要进行规模调整。并且能被统计的操作风险外部数据都是损失较大的情况，因为较小的操作风险损失会隐瞒，因此操作风险的外部数据损失整体上是偏大的。

（六）情景分析（Scenario Analysis）

情景分析的目的是将可能发生的低频高损的事件纳入操作风险的度量范畴。当数据有限时，往往采用情景分析的手段生成出足量符合预设分布的数据。

（七）运营环境和内部控制(Business Environment and Internal Control Factor)

尽量控制运营流程，避免操作风险事件的发生。

四、标准化计量方法

然而，银行监管机构发现，由于不同银行的计算结果差异很大，高级计量法并

— 重点单词 —
BI: Business Indicator

不令人满意。两个提供相同数据的银行可能会根据高级计量法提出完全不同的资本要求。2014 年，巴塞尔委员会正式提出用标准计量法（Standardised Measurement Approcach，SMA）逐渐替代 AMA 法，2018 年，巴塞尔委员会对 SMA 方法进一步更新，更新后的 SMA 法比基本指标法（Basic Indicator Approach）和标准法（Standardized Approach）有着更高的敏感度，但相较于 AMA 法却显得更为“死板”，所以 SMA 法更容易帮助监管层进行行业监管，减少因 AMA 法过度灵活带来的不确定性。

SMA 法采用了统一的监管模型，模型数据全部来源于银行自身的内部数据，SMA 法介于标准法和高级计量法之间，它既考虑到了银行内部数据的复杂性，也考虑到了风险因子的敏感性。它比高级计量法简单，但是又比标准法复杂，SMA 法是目前巴塞尔委员会提出的计量操作风险资本金的第四种计量方法，它取代了原先所有计量操作风险资本金的方法。

SMA 方法包含两个成分，业务指标成分和内部损失成分。业务指标是通过财务报表获得的，类似于基本指标法里的总收入，内部损失则是基于操作风险的内部数据来计算的。具体的计算步骤会在二级的操作风险课程中详细学习。

名师解惑

SMA 方法是二级的重点内容，一级以了解为主。

第三节　操作风险数据处理

一、操作风险数据的收集

对于操作风险损失的频数的数据尽量收集银行自己的数据。

对于操作风险损失的严重程度数据，监管机构鼓励银行不仅使用自己的数据，而且要与外部数据相结合，外部数据的来源有两个：通过银行之间的共享获得的数据和由第三方供应商收集的公开可用数据。

由于相关的历史数据很难获得，因此监管机构鼓励银行除使用内部和外部损失数据外，还可以使用情景分析获得数据。情景分析需要进行管理上的判断来收集大损失发生的情景。

二、操作风险数据的损失分布

从损失频数分布和损失严重度分布中得到损失分布。

损失频数，即操作风险事件发生的次数。操作风险与市场风险的差异很大，市场风险如果需要计算 VaR 值，其数据可以从每天的交易中获取。但操作风险事件并不是每天都发生的，所以需要关注操作风险事件发生的频数，研究发生频数最常用的数学分布是泊松分布。

损失严重程度分布是损失的大小的分布，通常假设损失严重性和损失频率是独立的。损失严重性分布，通常使用对数正态分布来度量。对数正态分布是右偏的，此时坐标系的右边表示损失。

最后利用蒙特卡罗仿真的方法将频数分布和损失金额分布整合在同一分布当中，从而得到操作风险损失分布。

三、经济资本的分配

总经济资本最后还要分配给银行各业务条线，以便计算资本回报率。操作风险资本的分配激励业务部门经理降低操作风险：如果业务部门经理能够证明他已经成功地降低了损失频率或损失严重程度，那么将为自己的业务部门分配更少的资本。然后，该部门的资本回报率将提高，经理也可以获得更高的奖金。

第四节　操作风险定性管理

一、风险控制与自评估

风**险控制与自评估**（Risk Control and Self-Assessment，RCSA）要求银行每季度都实施自评估，包括银行目前风险状况与监管要求的差距、整改措施、措施的实施时间表、措施负责人等。

二、关键风险指标

关键风险指标（Key Risk Indicators，KRIs）是操作风险管理的关键工具，该指标是前瞻性的，因为其提供了跟踪组织的操作风险水平的预警系统。关键风险指标主要包括：

（1）员工离职率：离职率过高说明此部门很有可能存在操作风险事件。

（2）失败交易数量：失败交易数量如果过高，那么可能存在交易员舞弊等操作风险事件。

三、购买保险缓释操作风险

— 考纲要求 —
解释使用保险缓释操作风险时的道德风险与逆向选择。

对于极端操作风险损失，银行通过买保险的措施来进行风险管理。但是这种使用保险来缓释操作风险的措施会导致道德风险和逆向选择。

道德风险是指银行买了操作风险极端损失的保险之后，可能更有冒险的倾向性。为了防止道德风险，主要有以下措施：

（1）免赔额：银行自行承担免赔额以内的损失。

（2）共保机制：保险公司的理赔额度并不覆盖 100% 的损失，未覆盖的损失由银行自行承担。

（3）政策限制：如果银行的资产负债率过高，保险公司可能不向银行提供保险。

逆向选择是指保险公司无法区分好的风险和差的风险，因此保险公司向每个投保客户收取相同的保费，那么此时会吸引更多差的风险，而好的风险会退出保险市场。

本章小结

♣ 操作风险的定义：由于不充分或者无效的内部流程、人和系统或者其他外部事件导致损失的风险。

♣ 操作风险监管资本的度量

- 基本指标法。
- 标准法。
- 高级计量法。
- 标准化计量方法。

♣ 操作风险监管资本的度量

- 风险控制与自评估。
- 关键风险指标。
- 购买保险缓释操作风险。

章节练习

◇ In constructing the operational risk capital requirement for a bank, risks are aggregated for:

A. Commercial and retail banking.

B. Investment banking and asset management.

C. Each of the seven risk types and eight business lines that are relevant.

D. Only those business lines that generate at least 20% of the gross evenue of the bank.

答案解析：C

银行操作风险资本的构建要求对与特定银行相关的七大风险类别和八大业务条线的每一种风险进行汇总。

◇ According to current Basel Committee proposals, banks using the advanced measurement approach must calculate the operational risk capital charge at a:

A. 99 percentile confidence level and a 1-year time horizon.

B. 99 percentile confidence level and a 5-year time horizon.

C. 99.9 percentile confidence level and a 1-year time horizon.

D. 99.9 percentile confidence level and a 5-year time horizon.

答案解析：C

巴塞尔委员会的规定，银行利用高级计量法计算操作风险资本要求必须满足 1 年 99.9% 的置信水平。

◇ The Basel definition of operational risk focuses on the risk of losses due to inadequate or failed processes, persons, and systems that cannot protect a company from outside events. The definition has been subject to criticism because it excludes:

A. Market and credit risks.

B. Indirect losses.

C. Failure of information technology operations.

D. Impacts of natural disasters.

答案解析：A

巴塞尔委员会对操作风险的定义不包括市场和信用风险。

◇ Which of the following measurement approaches for assessing operational risk would be most appropriate for small banks ?

A. Loss frequency approach.

B. Basic indicator approach.

C. Standardized approach.

D. Advanced measurement approach（AMA）.

答案解析：B

基本指标法在不太复杂、规模较小的银行中最为常见。

◇ One of the basic requirements of a risk control process that a risk control and self-assessment program（RCSA）fails in is the:

A. Expert opinion of managers.

B. Identification of expected losses.

C. Independent verification of risk identification and measurement.

D. Ongoing assessment of the effectiveness of risk management activities.

答案解析：C

在进行风险度量和识别时，风险控制与自评估（RCSA）不提供独立的验证。

扫码获取更多题目

第四十三章 压力测试
Stress Testing

一、压力测试概述	1. 压力测试的定义	★★
	2. 压力测试和 VaR 与 ES	★★
	3. 压力测试的情景	★★★
	4. 压力测试模型的建立	★★
	5. 反向压力测试	★
	6. 压力测试的监管要求	★
二、基于压力测试的风险治理结构	1. 治理结构	★
	2. 政策、程序和文件	★
	3. 验证和独立审查	★
	4. 内部审计	★
三、巴塞尔协议对压力测试的要求	监管机构对于银行实施压力测试的要求	★★

学习目的

压力测试指一些极端的可能会发生的情景，并且这些情景一旦发生会造成巨额损失，所以要提前设置应急预案。压力测试是对 VaR、ES 等传统模型的一种补充，在现代金融企业风险管理中发挥着日益重要的作用。

考点分析

压力测试属于非重点章节，近几年《估值与风险模型》的新增考点主要集中于压力测试部分。本章节为定性内容，需要进行策略备考，首先掌握重点内容并且要结合《风险管理基础》中公司治理的相关内容；对于非重点的内容了解即可，考察概率不大。

本章入门

本章第一部分介绍了压力测试的定义，将压力测试与 VaR/ES 计算做了比较，随后引入了压力测试情景选择方面的一系列考虑。第二部分主要涉及压力测试治理结构。第三部分是巴塞尔协议对压力测试的有关要求。

第一节 压力测试概述

一、压力测试的定义

压力测试（Stress Testing）指一些极端的可能会发生的情景，并且这些情景一旦发生会造成巨额损失，所以要提前设置应急预案。压力测试是对 VaR 模型的一种补充，压力测试也是衡量尾部极端损失的情况。

— 考纲要求 —
描述压力测试作为风险管理工具的基本原理。

压力测试主要包括以下三个步骤：

首先创建极端的但可能会发生的情景，通常基于实际过去的事件。如在考生在考试之前也会进行压力测试，例如考试如果没带笔、发生交通拥堵或者考试当天生病等情景。

然后对于每个场景，确定投资组合中单个工具的价格变化；对这些变化进行求和以确定投资组合价值的变化。

最后总结结果：包括每个压力情景下按市值计价的利得或损失的估计水平，损失将集中在哪里。

对于整个压力测试来说，银行要考虑自身资产市场价值下跌、融资危机和整个金融市场流动性减少的双重压力。如次贷危机时的雷曼兄弟，自身持有的资产下跌，其他相关的金融机构同时也向雷曼兄弟施压，致使雷曼兄弟无法通过融资度过流动性危机的难关，最终导致其倒闭。

— 考纲要求 —
会区分压力测试和 VAR 以及 ES 的不同点。

二、压力测试和 VAR 与 ES

（一）压力测试和 VaR/ES 度量的对比

压力测试和 VaR/ES 度量的对比如表 43-1。

表 43-1 压力测试与 VAR 和 ES 的对比

	压力测试	VaR 和 ES
分析方式	前瞻性的	向后看的
情景设置	情景数比较少（对组织都是不好的）	情景数比较多（既可以对组织不好，也可以对组织好）
期限	期限比较长	期限比较短

（二）压力 VaR 与压力 ES

— 考纲要求 —
确定压力测试治理的关键点，包括场景的选择、法规规范、模型构建以及反向压力测试。

为了弥合压力测试和 VaR/ES 度量之间的鸿沟，我们引进了压力 VaR 和压力 ES 这两种方法。

VaR 和 ES 传统上是使用过去一到五年的数据计算的。在此期间，风险因素的每日变动用来计算潜在的未来变动。然而，在压力 VaR 和压力 ES 中，这些数据是从某个特定的“压力时期”收集来的。

尽管压力 VaR/ES 和压力测试有着相似的目标，但它们之间有着重要的区别。假设使用 2008 年作为压力期，压力 VaR 将得出结论：如果 2008 年的市场环境再次出现，我们有 X% 可以肯定，T 天内的损失不会超过压力 VaR 水平。

压力 ES 将得出结论：如果 T 日内的损失确实超过了压力 VaR 水平，则平均损失等于压力 ES。

三、压力测试的情景

压力测试需要结合整个机构层面的风险和业务条线。银行需要基于整个机构层面的风险情况对压力测试活动进行整合。压力测试要包含预期性的情景等一系列情景，同时要考虑系统性的互联性和反馈影响。

（一）压力测试的情景设置要求

（1）对风险有前瞻性的预测。

（2）克服模型和历史数据的局限性。

（3）是对 VaR 模型的补充。

（4）内部和外部的交流机制。

（5）包括资本和流动性的计划流程。

（6）与银行的风险容忍度设置一致。

（7）在一系列压力条件下开发风险缓冲机制和应急计划。

压力测试要覆盖不同的严重性程度，包括基准情景和重度及轻度的压力情景。一旦发生极端损失，对信誉影响也要进行评估。同时压力测试要考虑未覆盖的隐藏损失以及风险之间的互联性。

（二）压力测试的情景分类

历史情景(Historical Scenarios)是指情景设置可以采用历史发生过的情景，比如利用次贷危机时的情景做压力测试。但历史的情景可能不会重演，所以利用历史情景做压力测试的必要性值得考量。

对**关键变量**（Key Variables）实施压力测试。此时构建情景的方法是假设在一个或多个关键变量中发生了重大变化，看看这样的变化对公司整体造成怎样的影响。可以考虑的变化包括：

（1）所有利率上调 200 个基点；

（2）所有波动性增加 100%；

（3）股价下跌 25%；

（4）失业率上升 4%；

（5）国内生产总值下降 2%。

特定情景的压力测试（Ad Hoc Stress Tests）是指情景设置可以使用预测的情景，可以包括一次性的意外情景，例如，重大银行倒闭或地域政治危机等。但预测的情景主观性较强。

四、压力测试模型的建立

在构建情景时，可以观察到大多数相关的风险因素在压力时期的表现。然后可以很直接地评估各种情景对公司绩效的影响。为了完成这些场景，我们需要构建一个模型来确定一系列变量之间是如何互相发生作用的。情景定义中指定的变量被称为核心变量，而其他变量称为外围变量。

一种方法是进行分析（如线性回归），将外围变量与核心变量联系起来。然而，重要的是关注到压力市场条件下（而不是正常市场条件）变量之间的关系。因此，那些曾经发生过的压力时期最有助于确定变量之间的相关关系。

分析师不仅应该考虑一个情景的直接后果，还应该考虑场景前后的连锁反应。连锁反应反映了企业如何应对不利情景的后续影响。在应对不利情况时，公司往往会不理智地采取加剧不利条件的行动。

五、反向压力测试

压力测试包括构建情景，然后评估其结果。反向压力测试采取了相反的方法。它提出一个问题："什么样的情况组合可能导致金融机构的失败？"

其中一种反向压力测试方法会涉及使用历史情景。在这种方法下，金融机构将审视过去的一系列不利情景，并确定金融机构应对每种情景的影响程度。

六、压力测试的监管要求

到目前为止，我们的讨论集中在金融机构自己设计的压力测试上。许多管辖区（包括美国、英国和欧盟）的监管机构也要求银行和保险公司进行特定的压力测试。例如，在美国，美联储对合并资产超过 500 亿美元的所有银行进行压力测试。这被称为综合资本分析与审查（Comprehensive Capital Analysis and Review）。

名师解惑

在美国，美联储对所有资产总额超过500亿美元的银行进行了压力测试，对应的指引文件是综合资本分析审查（CCAR）。

银行须考虑以下四种情景：

（1）基本情景；

（2）不良情景；

（3）糟糕情景；

（4）内部设定的情景。

银行必须提交一份资本计划，以证明其使用的模型的合理性的文件，以及压力测试的结果。如果它们因为资本金不足而未能通过压力测试，可能会被要求筹集更多资本金，并限制它们可以支付的股息，直到它们满足条件为止。

另外，合并资产在100亿美元到500亿美元之间的银行受到多德-弗兰克法案压力测试（DFAST）的约束。DFAST中的场景类似于CCAR中的场景。不过，银行并不需要提交资本计划。

第二节　基于压力测试的风险治理结构

一、压力测试和整体风险管理

压力测试应考虑公司整体层面，制定整体的风险治理机制，成为风险治理和文化的一部分。压力测试应当具有可操作性，压力测试分析的结果在合适的管理层级应对决策有影响。董事会和高管层应当积极参与压力测试。

银行要提高压力测试的风险识别度和风险控制度；对于其他风险管理工具要提供补充性风险的观点；提高资本和流动性管理；增强内外部的交流。

压力测试流程需要考虑整个组织层面并且需要包括一系列观点和技术。

银行需要先制定压力测试的政策和流程，并且将其书面化记录。

银行需要设立健全的基础设施，以便有效灵活的适应不同种类和可能持续变动的压力测试，达到分条线，分部门和分区域的压力测试要求。

银行需要定期维护和更新压力测试框架。压力测试的有效性和主要部分的稳定性需要定期独立地评估。

二、基于压力测试的公司治理

（一）治理结构

（1）董事会的职责

①对整个组织有最终责任；

②确定组织的风险管理文化；

③对机构的压力测试活动负责；

④不要依赖压力测试的结果做决策；

⑤基于压力测试的结果采取措施。

（2）高管层的职责

①确保压力测试以适当的方式实施；

②建立充足的压力测试政策和流程；

③合理分配资源和员工职责；

④必要情况下采取纠正措施；

⑤向董事会报告压力测试的进展和结果；

⑥确保压力测试合理调整。

— 考纲要求 —
为压力测试确定清晰而全面的政策、程序和文件的要素。

（二）政策、程序和文件

（1）制定书面的管理压力测试实施的政策

①以清晰的方式；

②经董事会批准并重新评估；

③有效和完整的文件，以便离职之后可以顺利交接；

④及时的。

（2）确保其压力测试的书面化记录。

（3）确保第三方的文档可用。

— 考纲要求 —
为压力测试确定需要注意的验证和独立评审领域。

（三）验证和独立审查

（1）确保压力测试过程和结果的完整性；

（2）持续性实施；

（3）在基准的情况下使用的模型可能需要不同的具体方法来估计压力结果；

（4）压力测试是否可以验证存在局限性；

（5）确保压力测试的基准与公司风险一致；

（6）合理使用专家判断，以确保测试结果直观、合乎逻辑；

（7）应当将压力测试的缺陷告知压力测试结果的使用者；

（8）修正压力测试计划以便完善压力测试。

— 考纲要求 —
描述内部审计在压力测试治理和控制中的重要作用。

（四）内部审计

（1）提供压力测试的独立评估；

（2）确保压力测试以良好的方式进行并持续更新；

（3）评估参与压力测试的员工；

（4）检查所有压力测试的重大变化是否有文件记录；

（5）评估压力测试的验证和评审；

（6）确保压力测试缺陷被识别、跟踪和纠正。

第三节　监管机构对于银行实施压力测试的要求

监管机构对于银行实施压力测试的要求

— 考纲要求 —
了解监管机构对于银行实施压力测试的要求。

在巴塞尔协议中，银行使用一种基于内部评级的方法来确定信用风险资本，必须进行压力测试，以评估其假设的稳健性。

首先，银行实施压力测试需要意识到下列问题：

（1）董事会和高级管理层的参与很重要。

（2）一些银行使用的压力测试并没有增加银行不同部门的风险敞口。

（3）在压力测试中选择的情景被证明太温和，持续时间太短。

（4）在以往的压力测试中没有对特定风险进行足够详细的讨论。例如，与结构化产品有关的风险、不完善的对冲和交易对手信用风险没有得到充分考虑。

其次，在实施压力测试的时候，银行需要做到：

（1）压力测试的框架应明确阐述并正式通过各项目标。

（2）压力测试的框架应该包括有效的治理结构。

（3）压力测试应该被用作风险管理工具，并为业务决策提供信息。

（4）框架应该捕捉重大的和相关的风险，并应用足够严重的压力情景。

（5）资源和组织结构应足以满足压力测试框架的目标。

（6）压力测试应该由准确和充分的数据以及可靠的 IT 系统来支持。

（7）压力测试使用的模型和方法应该是合适的。

（8）压力测试模型、结果和框架应该接受挑战并定期审查。

（9）压力测试的结果应该支持内外部的交流。

本章小结

♣ 压力测试的优点和缺点

- 压力测试的优点
  - 对 VaR 模型的补充。
  - 简单且直观。
  - 直接关注尾部损失。
- 压力测试的缺点
  - 情景设置主观性太强。
  - 存在错误的预警机制。
  - 忽视可能的情景。
  - 难以向高管层解释。

♣ 压力测试的作用

- 设置足量的经济资本来吸收极端损失；
- 购买保险；
- 调整组合结构；
- 重建投资组合结果以便增强分散化效果；
- 设置情景应急计划；
- 准备额外的融资渠道以应对流行性危机。

♣ 基于压力测试的公司治理

- 治理结构
  - 董事会的职责
  - 高管层的职责
- 政策、程序和文件
  - 制定书面的管理压力测试实施的政策。
  - 确保其压力测试的书面化记录。
  - 确保第三方的文档可用。
- 验证和独立审查
- 内部审计

章节练习

◇ Which of the following statements regarding stress testing and value at risk (VaR) methods is correct?

A. Cardinal probabilities are a key feature of stress testing.

B. Practically speaking, stress tests focus on many scenarios.

C. Both stress tests and VaR methods attempt to transform a scenario into a loss estimate.

D. For regulatory stress tests, generating hypothetical scenarios uses past history as a departure point.

答案解析：C

压力测试和 VaR 方法都试图将一个场景转换成损失估计。基数概率的方法是 VaR 方法的一个关键特征，而不是压力测试。压力测试通常关注几个场景，而 VaR 方法通常关注多个场景。在监管压力测试中，假设情景的出发点是当前时期，而不是过去的历史。

◇ Which of the following items is not required to be used as a result Iof the changes to the Basel market risk capital framework and changes outlined in Basel Ⅲ?

A. Stress tests.

B. Stressed inputs.

C. Stressed parameters.

D. Stressed simulations.

答案解析：D

巴塞尔市场风险资本框架中要求使用压力输入和压力测试。巴塞尔协议 3 中规定了压力参数的使用。

◇ Which of the following statements most likely describes an advantage of using stressed risk metrics?

A. The risk metric will be more realistic.

B. The risk metric will be more conservative.

C. The risk metric will mirror the portfolio returns.

D. The risk metric will respond to current market conditions.

答案解析：B

压力测试是保守的，因为在使用压力测试进行风险评估，用到的数据是偏多的。并且压力测试对于当前的市场条件是不敏感的，而是更依赖与投资组合中的投资。

◇　Which of the following statements related to conducting stress tests incorrect?

A. Basel Ⅱ requires banks to undertake stress tests for assessing capital adequacy at least once a month.

B. Results of stress testing should be used for strategic business planning purposes.

C. Stress testing can use sensitivity analysis to assess risk.

D. Stress testing should be used to identify risk concentrations.

答案解析：A

巴塞尔协议二对压力测试的月度评估并没有要求，这个仅做了解即可，相关知识在二级中会有更加深入的讲解。

◇　Stress testing for a bank's securitized exposures should primarily consider which of the following features?

A. Credit ratings of issuers' bonds.

B. Credit ratings of issuers' bonds and quality of underlying asset.

C. Quality of underlying asset pool， subordination level of tranches and systematic market conditions.

D. Credit ratings of issuers' bonds, quality of underlying asset pool, and systematic market conditions.

答案解析：C

银行在评估证券化产品的风险时犯了一个重大错误，那就是过度依赖于信用评级。证券化产品是复杂的，具有不同的特点和风险敞口。因此，非结构性产品的外部评级不应适用于这些产品。

扫码获取更多题目

后记 POSTSCRIPT

写书是一项系统工程，从书籍的策划到最终脱稿，从框架体系到具体内容，从第一稿到最后清样，许多人都为此投入大量精力。在整个编写过程中，老师们会对知识点进行反复讨论，不断打磨，最后达成意见统一，体现在书稿上，所有人不敢有一丝一毫的懈怠，担心任何疏漏会辜负大家对金程教育的期望。因为我们深知自己担负的是责任、是信任、是托付。

一套书的出版是众多人心血和智慧的结果。本书能成功面向大众，首先，要感谢那些孜孜不倦的师长以及对本书充满期待的读者，没有大家的期待和信任就没有本书的出版。

其次，我们要感谢活跃在教学第一线、专注热情和全心投入到金程教育的 FRM 教研团队。他们的全情投入、严谨治学，对培训事业一如既往的专注，是促成本书出版的关键要素，他们在教学过程中总结的方方面面，不断为本书注入新内容和更有价值的元素。

再次，我们要感谢在本书编撰过程中金程教育金融研究院的所有研究员和团结出版社，正是因为他们默默付出，加班加点，忍受孤独，互相包容，困难时彼此鼓励，才确保了本书的正确性和可读性；作为本书的“把关员”，他们尽职尽责地守护着读者的信任。

最后，我们要感谢汤震宇老师和洪波老师对于本书的支持和指导。感谢以“找茬”的态度，审阅书稿、提供批注并与我们讨论问题的学员，他们对本书的评论及建议是本书得以精进的原因。

总而言之，希望我们的努力能够回报社会，帮助读者，希望我们的不足能够得到大家的帮助，真诚欢迎每一位读者指出书中问题。

在此，送大家一个小礼物：

微信扫一扫，选择“FRM Part I”，开始刷题

祝所有 FRM 考生顺利通过考试；祝所有有志于金融行业的人们实现职业理想！

金程金融研究院

2021 年 12 月于上海

金程教育®
GOLDEN FUTURE

通关宝®系列

Financial Risk Manager

FRM一级中文精读

金程金融研究院 编著

上

团结出版社

图书在版编目（CIP）数据

FRM一级中文精读 / 金程金融研究院编著. -- 北京：团结出版社, 2020.3（2022.3重印）

ISBN 978-7-5126-7771-5

Ⅰ. ①F… Ⅱ. ①金… Ⅲ. ①金融风险—风险管理—资格考试—自学参考资料 Ⅳ. ①F830.9

中国版本图书馆CIP数据核字(2020)第033826号

出　版：团结出版社
（北京市东城区东皇城根南街84号 邮编：100006）
电　话：（010）65228880 65244790
网　址：http://www.tjpress.com
E-mail：zb65244790@vip.163.com
经　销：全国新华书店
印　刷：北京米乐印刷有限公司
装　订：北京米乐印刷有限公司

开　本：185mm × 260mm　16开
印　张：52.75
字　数：886千字
版　次：2020年3月　第1版
印　次：2022年3月　第2次印刷

书　号：978-7-5126-7771-5
定　价：299.00元（全二册）

（版权所属，盗版必究）

编 委 会

编　　著：金程金融研究院

总　　编：汤震宇　洪　波

编组成员：（按姓氏拼音）

高　云　耿万成　肖嘉奕　杨玲琪

么　峥　杨嘉妮　姚　奕　周　琪

FRM 一级中文精读　上册

编　　著：金程金融研究院

主　　编：姚奕　周琪

责任主编：《风险管理基础》责任主编：姚奕

《数量分析》责任主编：周琪

About the Author

作者简介

姚　奕

FRM持证人，上海交通大学数学系硕士研究生。曾就职于国有银行风险管理部、资产负债管理部等多部门，负责巴塞尔新资本协议体系在国内的实施落地工作，银监会新资本协议规划与研究小组原成员，参与《商业银行资本管理办法（试行）》的起草讨论工作。在风险管理实务领域从业超过16年，具备丰富的培训授课经验，在金融风险管理学术研究领域发表十多篇文章。FRM课程的讲授，清晰易懂，深入浅出，广受学员好评。

周　琪

金程教育资深培训师，FRM持证人，CFA持证人，毕业于中央财经大学。现为金程教育金融研究院副院长，兼任CFA/FRM双证培训师，负责CFA/FRM项目资料体系建设和学术研发工作，参与编写CFA/FRM中文精读系列资料。在连续六年的教学研究中，一直秉持“知变则胜，守常必败”的教研态度，不断探索和创新，积累了丰富的经验，授课风格轻松幽默、通俗易懂，善于将金融专业知识以生活化的语言和实例进行讲解，深得学生好评。

前言

PREFACE

金融是现代经济的核心，在经济全球化趋势下，金融市场在走向一体化的进程中面临着诸多错综复杂、瞬息万变、难以掌控的风险，当金融市场面临困境或发生危机时，如何有效管理风险往往是企业成功与否的关键。因而了解金融市场基础知识和基本原理，掌握金融风险管理工具的使用方法，是现代市场经济条件下所有正在从事或准备从事金融风险管理工作的人员必须具备的素质和能力。

FRM（Financial Risk Manager，金融风险管理师）作为全球金融风险管理领域的权威资格证书，由美国全球风险管理专业人士协会（GARP）设立。作为拥有来自超过 195 个国家 15 万名会员的世界最大金融协会组织之一，GARP 协会主要由风险管理方面的专业人员、从业人员和研究人员组成，旨在通过对金融市场中的市场风险、信用风险、操作风险、流动性风险、投资组合风险、行业监管等多个领域进行学术交流，实施教育计划，建立金融风险管理领域的行业标准。

FRM 考试目前在全球范围内都设有考点。自考试设立以来，不仅得到华尔街和其他欧美著名金融机构的认可，而且获得了中国银保监会和中华人民共和国人力资源和社会保障部的认证，并被用人单位广泛接受。随着国家金融监管机构以及各大金融机构对于金融风险管理专业人员的需求不断增加，很多机构会以是否为 FRM 持证人作为衡量金融风险管理从业人员专业形象和技能水平的标准。

秉承“胸怀天下、心系未来、服务社会、帮助他人、成就自己”的价值观，金程教育始终以“专业来自 101% 的投入”的理念，全心全意地为客户持续创造价值。经过十多年的实践和积累，金程教育自主开发了一系列针对 FRM 考试的辅导书籍，如《FRM 一级中文精读》《FRM 二级中文精读》《FRM 一级核心考点精要》等。

本书紧扣 GARP 协会官方 FRM 考试最新 2022 年考纲，基于 FRM 一级四个考试科目，及各科目对应的考点、考点剖析、题目等要素，梳理出 FRM 一级考试的知识脉络，以达到事半功倍的备考效果，实现通过考试和掌握知识的目的，真正做到学为所用。最后真诚地祝愿每位 FRM 考生都能顺利通过考试，走向更加辉煌的职业生涯!

金程金融研究院

2021 年 12 月

目录

CONTENTS

第一部分　风险管理基础

第二部分 定量分析

Part 01

第一部分　风险管理基础

模块导论

风险管理基础是 FRM 考试中的第一门科目，考试占比约 20%，风险管理基础知识点以基础理论为主，少量的应用计算为辅，是整个 FRM 学习的入门课程。

风险管理基础分为四大模块，共十二个章。

第一个模块“风险管理框架”以理论概述为主，包括风险管理的理念、框架、工具和作用等。本模块着重于从定性角度，对风险管理的公司治理进行了大篇幅的阐述，借此让考生对风险管理有基本的认识和感觉，同时还对主要的风险管理计量和管理工具进行了介绍，并引入了企业风险管理（ERM）的相关内容。

在 FRM 考试中，风险被定义为不确定性，风险管理就是以此为基础，度量当前风险的实际水平，通过风险管理工具使得风险水平不断趋于期望值。在企业风险管理的实际运用中，董事会、高管层以及风险管理部门各自扮演着不同的角色。在此模块的学习过程中，可以将自己想象成一个企业的首席风险官（CRO），以此视角来审视公司生存发展过程中的风险。

第二个模块“投资组合理论”主要介绍对金融理论具有里程碑意义的资本资产定价模型（CAPM）以及套利定价理论（APT）。资本资产定价模型是现代金融学的基石，是对资产进行定价的理论基础，CAPM 模型从理论上确定投资组合的合理定价水平，并以数学的形式确定了预期收益率与系统风险之间的关系。套利定价模型的诞生，将资本资产定价模型从单一风险推广到了多系统风险的应用。在此模块的学习过程中，应着重掌握该部分的理论假设、计算以及应用，考试将在这部分中进行重点考察。

第三个模块“金融风险经典案例与金融危机”主要介绍一系列经典金融风险案例与 2008 年全球金融危机，这些风险管理失败案例都按照风险的类型进行了归类整理，包括利率风险、流动性风险、对冲策略风险、模型风险、流氓交易和误导性报告、金融工程和复杂衍生品、声誉风险、公司治理以及网络风险，共计 15 个案例。同时，本模块还着重分析了 2008 年全球金融危机的成因、过程及影响。

第四个模块是“行为准则”，包括 GARP 协会所颁布的会员应该遵守的一系列最高标准的行为准则。考生需要进行一些记忆。

第一章　风险管理初探

Basic Sense of Risks and Risk Management

一、风险的基本概念	风险的基本概念	★★
二、风险的分类	1. 信用风险	★★
	2. 市场风险	★★
	3. 操作风险	★★
	4. 流动性风险	★
	5. 其它风险	★
三、风险的重要性	1. 为什么我们需要风险管理	★
	2. 风险管理所面临的挑战	★

◢ 学习目的

金融是现代经济的核心，而金融本身具有高风险性及金融危机的多米诺骨牌效应，因此金融体系的安全、高效、稳健运行对经济全局的稳定和发展有重要影响。

确保金融体系稳定运行的重要手段是实施有效的风险管理。作为入门，本章将带领读者了解风险的最基本概念、风险的类型以及风险管理的重要性。

◢ 考点分析

本章所有的基本概念和知识点都是为后续章节的深入讲解做铺垫，因此很少有单独的考点，考生对相关内容做大致掌握即可。

◢ 本章入门

让我们以银行为示例，来看看风险管理。

银行和常见的工商业企业很不同，它没有实物产品销售给客户从而取得收入，银行售卖的从直观来看是钱，即把它手里的钱作为商品借给需要的客户，在未来约定时间收回更多的钱，这就是所谓的钱生钱。那么专业的角度来看，银行售卖的就是风险，即银行通过承担借出钱的风险，从而获得收益。这个例子告诉我们，风险是有价值的，是可以定量衡量的，通过承担风险可以获得收益，风险越高收益越高。

如何管理好这些风险，已经发展成为一门专业的学科——风险管理，并催生大量专业风险管理人才从事于此。风险管理日益成为金融机构的核心竞争力。

第一节 风险的基本概念

风险的基本概念

我们可以把**风险（Risk）**直观地理解为：不利事件发生的可能性。

考纲要求
解释风险的概念。

举个例子

银行售卖一个产品：邀请客户来掷一个骰子，扔出的点数为1、2或3，就能拿走1元，如果点数是4、5、6，就要在银行存100元无息存款，给银行免费用一年。

这当然是个虚拟的例子，但从这个例子可以看出，银行有可能占客户便宜，但也有可能白白付出1元，这种损失的可能性是50%，但谁也无法预料某一次掷出的结果是什么，这就是不确定性。这种不确定性就会使得金融机构有时候获利，有时候带来损失。

风险无时无刻不在，并且各行各业都有。我们接下来关于风险的讨论都将集中在金融领域里。

当然，风险本身并不一定是坏事。有些风险我们称之为好的风险（Good Risk），比如信用风险、市场风险，这类风险具有正的期望回报，金融机构就是通过承担这类风险，获取相应的利润。而另一些风险称为坏的风险（Bad Risk），比如操作风险，其本身不会对应相应的收益，因此，金融机构需要通过各种管理手段缓解甚至消除这类风险。

当然，金融机构不能承担过多的风险。因为，第一，金融行业是一个特殊的行业，受到监管当局的严格限制，特别是要防范风险聚集导致金融系统整体出问题的可能性，金融的相关法律法规也有相应的约束；第二，风险过大会降低客户对其的信任度，阻碍负债业务的发展；第三，信用衍生品市场容量是有限的，过大的风险可能导致无法完全进行对冲和缓释。

因此，金融机构需要对风险有清晰的认识和定位。风险管理的主要目的是：

（1）一个金融机构对于风险的胃口有多大（风险偏好和风险容忍度）；

（2）识别清楚企业内面临着多少风险（风险识别）；

（3）对识别出的风险要进行准确的计量，知道它到底有多可怕（风险计量）；

（4）将可计量的风险大小与自己的胃口相比较，能不能吃下（承担）？吃不下的话就要想办法把皮球踢给别人（风险转移）；

（5）对于承担的风险到底能带来多大好处需要综合评估（风险与收益的匹配）；

（6）吃下了那么多风险，到底整体吃了多少？有什么影响？（风险的整体加总）；

（7）站在整个企业集团角度，审视风险整体大小，并做出正确的决策。

如下表 1-1 所示，有一些风险管理领域的里程碑时间可供补充了解。

表 1-1　风险管理领域的里程碑事件及其评论

扩展阅读 风险管理领域的里程碑事件及其评论		
1650s	法国数学家帕斯卡和费马构建了概率论基础理论体系	概率论的诞生为风险量化管理奠定了坚实的理论基础
Late 1600s ~ early 1700s	伯努利发明了大数定律和统计推断方法	由此，我们可以对不确定的风险进行反复观察，发现其一般规律，并对参数进行估计
1730	世界上第一张期货——大米期货在日本大阪正式推出交易	期货的推出对于实体企业锁定价格风险起到了至关重要的作用，因此成为管理市场风险的重要手段
1952	马科维茨提出划时代的现代组合管理理论	马科维茨的理论让我们第一次用期望和标准差来衡量投资的收益和风险，将风险量化和绩效考核带入到一个全新的境界
1961-1966	夏普和林特纳推出资本资产定价模型（CAPM）	CAPM 用一个指标 beta 来衡量投资的业绩，大大简化了马科维茨理论的计算复杂度，成为投资界普遍采用的方法
1973	芝加哥期权交易所正式设立股票的期权交易产品	从此，我们又多了一种全新的金融保值对冲手段，并且这种产品产生了不对等的权利和义务，因此有着更为复杂的产品定价模型
1973	Black-Scholes 基于随机过程理论推导出了期权定价公式	这个偏微分方程公式成为了期权定价理论的经典，并由此衍生出了各种期权定价的改进，大大促进了期权市场的繁荣和发展
1988	巴塞尔协议第一版正式公布	巴塞尔协议奠定了以资本为约束的基本监管原则，成为了全世界银行业监管标准的圣经
1994	JP Morgan 发表了 Value-at-Risk 方法的研究文章（后来成为了具有独立知识产权的产品 RiskMetrics）	VaR 方法成为了绝大部分金融机构测算风险不确定性及汇总风险大小的不二选择
2017	巴塞尔协议第三版正式公布	应对次贷危机的影响和教训，巴塞尔协议做了大幅度改动，对监管标准进行了进一步补缺和完善

第二节　风险的分类

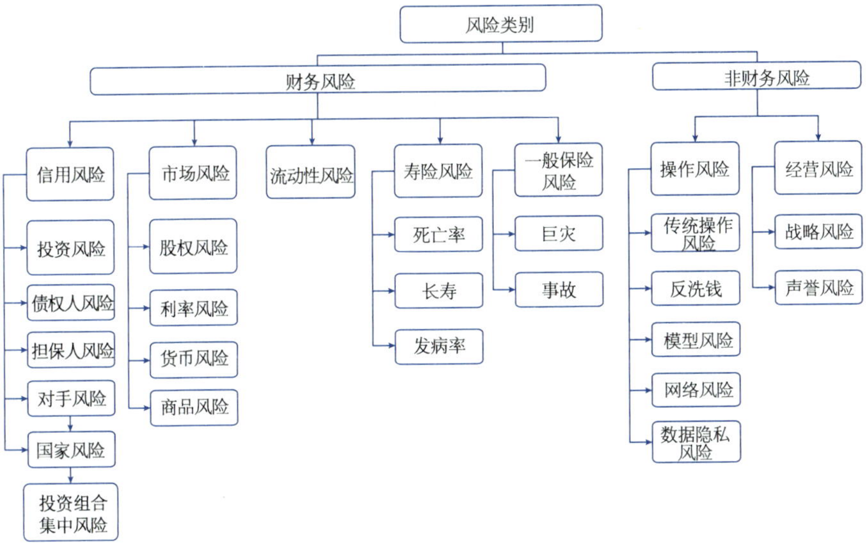

图 1-1　风险分类图

针对于风险的分类，有不同的标准，但主要还是依据风险的成因来分。如图 1-1 所示，从大的层面来看，风险主要分为财务风险和非财务风险。

财务风险主要是指这类风险发生后，通常会直接导致金融机构在财务上的损失，主要可以分为市场风险、信用风险、流动性风险、人寿保险风险和一般保险风险五大类，其中前三类是银行、证券等金融机构面临的最主要风险，而后两类主要是保险公司面临的风险。FRM 的学习将主要集中在前三类风险上。

另一类是非财务风险，主要是指那些不一定会直接导致财务上发生损失的风险类型，主要包括操作风险和经营风险。

一、信用风险

信用风险源于一方未能履行其对另一方的财务义务。信用风险包括：

- 债务人未能支付贷款利息或本金（破产风险或违约风险）；
- 债务人或交易对手被降级（降级风险）。表明风险增加，可能导致信贷挂钩证券价值立即损失；
- 市场交易的交易对手未能履行（交易对手风险），包括结算或 Herstatt 风险。

信用风险的分类有两种，按照交易对手的类型来分，可以分为：

投资风险（Investment Risk）：对外的股权投资可以看作是一个特殊的近似于永续的债务，因此，同样面临标的资产经营不善破产而导致投资损失的风险。

债务人风险（Debtor Risk）：这是最传统的信用风险类型，即债务人无法履行还款义务的风险。

担保人风险（Guarantor Risk）：替债务人共同承担债务承诺的人称为担保人，其在法律上具有和债务人同等法律效力的还款义务，因此也有信用风险。特别是在一些大企业为子公司或小企业的债务进行担保的情况下，担保人的风险比债务人更重要。

交易对手风险（Counterparty Risk）：在大量的交易业务中，交易是在交易双方之间展开的，双方彼此互为对手。任何一方不履行交易合约的义务都有可能导致对方的损失，因此，交易对手风险虽然是一种信用风险，但却成为市场风险的重要组成部分。

以及，资产集中度风险（Portfolio Concentration Risk）：以上四类风险都是针对单个主体而言的风险，金融机构需要同时考虑在资产组合层面，信用风险的集中程度，比如是否过度集中于某个行业（房地产、能源等）、某个地区、某类群体，等等，一旦发生集中性的违约事件，就会对金融机构造成致命的后果。

信用风险按照事件的严重程度，主要分为以下四个等级：

（1）违约风险（Default Risk）

违约风险是指交易中由于交易一方的违约，使得交易的另一方的预期现金流量现值减少而遭受损失的风险。这往往是最严重、最直接的信用风险事件。

（2）破产风险（Bankruptcy Risk）

破产风险是指经济主体的资产（包括抵押物）价值不足以偿还其负债所带来的风险。破产风险往往伴随着违约风险一起出现，当债务人出现违约后，一旦其资产价值不足以覆盖负债价值，就会出现破产风险。破产风险也是比较严重的风险事件。

（3）降级风险（Downgrade Risk）

降级风险是指经济主体评级机构降低信用评级的风险。信用评级的降低会使得市场上的投资者对该主体的履约能力产生怀疑，从而引起可能的连锁反应，给投资者带来风险。

（4）结算风险（Settlement Risk）

结算风险是指交易结束后，交易对手在清算过程中不能按照交易结果进行损益金额结算的风险（比如我们在后续的案例中会讲到的雷曼兄弟公司的破产，导致其对所有交易对手的清算协议全部暂停），大多出现在衍生产品交易中。

当前，业界比较通行的信用风险计量方法是用以下三个风险参数来进行评价：

违约概率（Probability of Default， PD），估算某一类主体在未来一段时期（通常是一年）内发生信用风险事件（主要是违约）的概率，比如 1%，意思就是 100 个某类主体的借款，预计会有一个发生违约。

违约损失率（Loss Given Default， LGD），对于一个已经违约的贷款，我们要进一步估算贷款还能挽回多少？最后损失多少？损失的比例就叫做 LGD。比如 LGD=50%，意即该笔贷款违约后会损失 50%，而收回 50%。

违约时风险暴露（Exposure at Default， EAD），是指金融机构需要提前估算借款人在发生违约时的总金额是多少。我们以信用卡业务为例，当银行发卡给客户后，客户可能并没有使用该卡，但这并不代表银行没有信用风险。一旦客户刷卡形成欠款后，银行就会出现实质性的信用风险，且该金额是随着客户刷卡、还款等动作的重复而发生持续的变化。因此，有必要提前对违约时的总金额进行预估。

二、市场风险

市场风险（Market Risk）是指由于金融市场上金融资产价格的波动所可能带来的损失。在巴塞尔协议中，市场风险包括以下四大类：

（1）**股票价格风险**（Equity Price Risk）；

（2）**利率风险**（Interest Rate Risk）；

（3）**外汇风险**（Foreign Exchange Risk）；

（4）**大宗商品价格风险**（Commodity Price Risk）。

此外，还有基于这些标的资产所构建的期权产品，其有特殊的期权风险（Option Risk），其中利率风险是 FRM 的考察重点，利率风险主要表现为利率的大幅度波动往往会带动债券、股票以及大宗商品价格的变动，引发市场风险。

三、操作风险

操作风险（Operational Risk）是指由于不完善或有问题的内部操作过程、人员、系统或外部事件而导致的直接或间接损失的风险。

操作风险是一个非常繁杂的风险，包括了众多类型的风险，从其成因来看分为七大类型，如下表 1-2 所示。

表 1-2　操作风险分类

新协议定义的事件类型	事件类型包括的范围
内部欺诈	● 盗窃和欺诈 ● 未经授权的活动（如违规交易）
外部欺诈	● 盗窃和欺诈（包括客户 / 供应商 / 第三方等） ● 系统安全（如黑客入侵、网上银行诈骗）
客户、产品及业务操作	● 适当性、披露及信托责任（如销售时未告知客户重要信息、违反信托责任） ● 不正当的业务 / 市场操作（如违规、操纵市场、违反投资指令） ● 产品瑕疵（模型误差或者产品结构的缺陷）
执行、交割及流程管理	● 交易认定、执行及维护 ● 客户管理（客户接收、记录及管理） ● 交易对手方的不良表现和失误 ● 外部销售商和供应商的失误或者外包失败 ● 业务重组失误（如兼并、出售、投资等失误）
业务中断和系统失败	● 硬件 / 软件故障（如系统瘫痪） ● 新的 IT 项目失误 / 中断 ● 业务中断（如经营场所故障导致无法营业）
就业政策和工作场所安全性	● 劳资关系（如不公平解聘、薪酬争议） ● 安全性环境（如事故） ● 其它各种歧视（如种族歧视）
实体资产损坏	● 自然灾害或恐怖活动

FRM 关于操作风险的定义包含模型风险、人员风险、法律风险，但并不包含战略风险和声誉风险，这也是巴塞尔协议的规定。

四、流动性风险

流动性风险（Liquidity Risk）是指交易主体无法及时获得充足资金或无法以合理成本及时获得充足资金以应对资产流失或支付到期债务的风险。主要包括：

（1）融资流动性风险（Funding-Liquidity Risk）

融资流动性风险是指交易主体无法在短时间内筹措足够的资金以履行合约义务或清偿债务。通常这与金融机构的资产负债表结构有关，如果一个金融机构大部分都是短期负债，而资产结构是中长期的话，就会面临较大的融资流动性风险。

（2）交易流动性风险（Trading-Liquidity Risk）

交易流动性风险是指交易主体为了满足流动性需求，在变卖资产的时候不能找到合适的交易对手以市场价格进行买卖，而不得不以低于市场的价格将资产变现的风险。

当金融危机发生时，各大交易所纷纷提高交易保证金比率，此时投资者不得不抛售资产以缴纳保证金，并且此时大部分投资者抱着保住本金的保守心态而不愿入市交易，市场上的集中抛售行为导致资产价格的进一步下跌，使变卖资产方蒙受巨额的损失。

五、其它风险

除上述四大类风险之外，还有一些次要的风险类型，包括：法律风险、经营风险、战略风险和声誉风险等。

（1）法律风险（Legal Risk）：通常指企业在经营过程中因为产生的各种纠纷以法律途径解决而导致的损失。

（2）经营风险（Business Risk）：是指公司产品需求的不确定性、产品价格的变化以及产品的销售过程等这些环节中的风险。

（3）商业与战略风险（Business and Strategic Risk）：商业风险是任何业务的核心，包括公司的所有常见担忧，例如客户需求，定价决策，供应商谈判和管理产品创新。战略风险不同于商业风险。战略风险涉及对公司的方向做出大型的长期决策，通常伴随着大量的资本，人力资源和管理声誉投资。在非金融公司中，商业和战略风险引起了管理层的极大关注，这显然也是金融公司的主要关注点。但是，它们与我们讨论或适合每个公司的风险管理框架的其他风险之间的关系如何尚不明确。

商业和战略风险是非金融企业管理层关注的焦点，也是金融企业的一个重要问题。然而，我们并不清楚这些风险与我们讨论的其他风险之间的关系，也不清楚它们是否适合于每个公司的风险管理框架。例如，如今银行和其他金融机构正面临着来自所谓金融科技（Fin-Tech）公司的竞争。银行管理层必须决定是在内部开发这些服务，收购这些公司，还是与金融科技公司合作。

如果在客户需求的突然下降的情况下，公司未能适时地推出合适的新产品，或者重大资本投资的错位，都可能威胁到公司的生存。这些风险都是由公司总经理负责的。那么风险经理的角色是什么？

首先，公司需要以全面的方式定义其风险偏好，包括重大业务和战略决策的风险。企业在信用风险上可以非常保守。

第二，首席风险官和支持团队在量化业务风险和战略风险方面可能具有他们可以承担的具体技能。例如，信贷专家经常参与管理供应链风险。正如我们在后面一章中讨论的，可以采用宏观经济情景分析等新技术来改进业务和战略决策。

第三，业务决策会在其他风险管理领域产生大量风险，如信贷和商品价格风险。因此，财务风险经理必须在业务规划开始时参与其中。例如，如果没有某种形式的能源价格风险管理战略，就不可能为电站的建设提供资金。与此同时，在金融业，扩大信贷业务将增加信贷风险，可能需要刻意降低信贷标准。未能协调业务、战略和风险管理目标的银行不会存活太久。

（4）声誉风险（Reputation Risk）：声誉风险是指一家公司的市场地位或品牌突然下降而产生经济损失（例如失去客户）的风险。声誉风险通常是通过在风险管理的另一个领域的失败而产生的，这种失败会损害投资者对公司财务稳健或公平交易的信心。例如，信贷风险管理的一次重大失误可能会导致有关银行财务稳健问题的不利传闻。谣言是致命的，投资者可能会因为谣言开始撤回资金，从而产生羊群效应。

所以银行需要制定计划，让市场放心，巩固自己的声誉。如果一家公司歪曲了产品的风险，那么它可能会失去重要的客户。监管机构对金融机构的声誉尤为重要，失去监管机构信任的银行会发现其业务活动会受到限制。

名师解惑

风险与不确定性之间的区别：

自 20 世纪 20 年代初以来，经济学家就一直在争论风险和不确定性之间的区别。这一区别最早是由两位经济学家 Frank Knight 和 John Maynard Keynes 于 1921 年提出的。Frank Knight 解释了风险和不确定性之间的区别，他称风险为“可测量的风险”或“适当的风险”。Frank Knight 认为，这种方法适用于决策结果未知时的决策，但决策者可以相当准确地量化与该决策可能产生的每个结果相关的概率。Frank Knight 认为不确定性，他称之为“不可测量的不确定性”或“真正的不确定性”，适用于决策者无法知道为获得与结果相关的所有概率与所需的信息时的决策。正如凯恩斯在 1921 年对风险和不确定性做出了类似的区分。他认为，有一种风险是可以计算出来的，另一种风险他称之为“不可测量的不确定性”。他认为某些是无法计算出来的。

最后，我们还要特别关注**系统性风险（Systemic Risk）**。在一个金融体系中运行着众多的金融机构和投资者，一旦市场有风吹草动，极易引起跟风行为，从而导致大家朝着相同预期去行动（比如全都卖出股票，导致股市暴跌），这个时候就会引发威胁到整个金融体系稳定性的整体风险，称之为系统性风险。

在金融危机发生时，大家都有强烈的避险情绪，因此都会选择抛售高风险资产而把资金投入到无风险资产中去，这种一致性的撤离行为在英文里有一个专业名词叫“Flight to Quality”，这种投资行为是指投资者将其资本从风险较高的投资品转移到现有的最安全的投资工具。

名师解惑

FRM 考试会着重考察对各种风险的正确判断以及相应的风险管理手段，尤其是市场风险和信用风险等。另外在风险管理失败的经典案例中很多是由不同的风险共同叠加和传染所造成的巨大损失，FRM 考试会重点考察风险案例的起因和教训。

同时，一些新型的风险类型，如模型风险、网络风险等，特地增加了的案例，也会是必考内容。

第三节 风险管理的重要性

企业通过承担风险来获取相应的回报，这个过程叫做**风险承担**（Risk Taking）。当然，企业能够承担多少风险，这取决于企业的风险偏好和自身经济实力，风险管理的目的就是使得企业的风险承担能力尽可能提高，并使得风险和回报之间能够有效匹配。

一、为什么我们需要风险管理

在我们的现实世界里：存在着各种风险和约束，同时交易也是有成本的 **MM 理论（Modigliani-Miller Theorem）在不考虑税收情况下**认为公司的价值与资本结构没有任何关系，即在 MM 理论下公司没有必要做风控。但是在现实金融市场中 MM 理论的前提假设是有问题的，比如说交易无税收，无成本等）；如果出现严重的风险事件，会导致财务上的巨额损失，甚至威胁到金融机构的存亡；严重的亏损必然导致企业无法完成既定的战略目标和业务计划。

因此，我们需要通过有效的风险管理手段，来消除和缓解业务过程中可能出现的不确定性，为完成企业的战略目标保驾护航。

我们把风险管理定义为：企业主动选择最适合自身承担能力的风险类型和整体大小的过程。由这个定义我们看到，风险管理的目的不是消除风险，而是帮助企业选择最适合的风险水平来承担，因此，风险管理和风险承担就是硬币的两个面，它们共同组成了企业盈利的有效手段。

银行的经营必须不停地在风险和收益之间进行平衡，使得承担一单位风险的成本小于其带来的收益。同时，银行在评估风险时，不能单独仅考虑单一风险，而要考虑整体风险，关于这一点会在企业风险管理一章中做进一步阐述。本质上银行也是一个企业，符合现代公司制度，因此企业风险管理的理念和做法对于银行同样适用。

名师解惑

记住，风险管理最主要是要实现以下三个目标：

1. 确定能使得企业价值最大化的最优风险水平；
2. 满足监管、法律和其它相关利益方的限制和诉求；
3. 在风险和收益之间取得平衡，找到最佳配比关系。

在银行进行风险管理的过程中，如果未能适当地将风险水平限制在一定范围内或者未能将风险和收益进行有效匹配，那么风险管理不仅不能增加银行的价值，反而会损害银行的价值。因此银行的风险管理要保持限制性和灵活性的平衡。

另外，我们还要知道，风险管理本质和会计审计是不同的。会计记录价值，审计检验价值，即审计只负责做检验，而不去主动创造什么东西。而风险管理则通过主动的选择和管理，改变银行所面临的风险类型和水平，并优化风险所带来的收益水平，从而可以增加企业的价值。

二、风险管理所面临的挑战

风险管理过程中主要面临四大挑战：

（1）第一个挑战：金融市场上有意愿且有能力的参与者数量太少，以至于风险无法被合理分散。

（2）第二个挑战：风险管理不能阻止市场混乱（如羊群效应）或财务造假等不当行为。例如美国安然公司在 2001 年被爆出财务造假而最终倒闭。在 2008 年次贷危机中，雷曼兄弟（Lehman Brothers）、贝尔斯登（Bear Stearns）等美国大型投资银行，纷纷遭遇了资产证券化产品的集中挤兑，一旦出现投资者集中兑付的情况后，市场上的其他参与者也会跟风申请兑付，从而造成系统性风险。

（3）第三个挑战：使用金融衍生工具进行风险对冲时，可能会加剧企业所面临的风险。衍生产品及其相关交易策略的复杂性可能导致更严重的风险损失，并且在对复杂产品做定价的过程中，可能存在模型风险，最终对风险管理造成不利影响。

（4）第四个挑战：风险管理只能做到转移风险而不能完全消除风险，即风险管理是一个零和过程。一旦金融体系中某个环节所承担的风险超过其自身所能承担的极限时，可能引发大范围的金融危机。

名师解惑

考试中经常会提及一个概念：消除（Eliminate）风险，因为风险管理的目标并不是要完全消除风险，那样做只会使得企业也挣不到钱，合理的做法是使得风险与收益能够相匹配，并且也不是所有的风险都可以被完全消除的，有些风险只能通过上述方法进行缓释，考生在考试中应予以注意和辨别。

本章小结

♣ 风险的基本概念

- 风险被定义为不利事件发生的可能性（Uncertainty）。

♣ 风险的分类

- 市场风险。
- 信用风险。
- 流动性风险。
- 操作风险。
- 其它风险。

♣ 风险管理的重要性

- 风险管理的定义。
- 风险管理可以降低企业完成战略目标的不确定性，从而增加公司价值。
- 风险管理面临着一系列的挑战。

章节练习

◇ Jennifer Durant is evaluating the existing risk management system of Silverman Asset Management. She is asked to match the following events to the corresponding type of risk. Identify each numbered event as a market risk, credit risk, operational risk, or legal risk event.

1. Insufficient training leads to misuse of order management system.

2. Credit spreads widen following recent bankruptcies.

3. Option writer does not have the resources required to honor a contract.

4. Credit swaps with counterparty cannot be netted because they originated in multiple jurisdictions.

A. 1: legal risk, 2: credit risk, 3: operational risk, 4: credit risk

B. 1: operational risk, 2: credit risk, 3: operational risk, 4: legal risk

C. 1: operational risk, 2: market risk, 3: credit risk, 4: legal risk

D. 1: operational risk, 2: market risk, 3: operational risk, 4: legal risk

答案解析：C

1. 由于人的操作带来的风险是典型的操作风险。

2. 市场上企业纷纷倒闭导致整体经济环境恶化，这是市场风险而不是信用风险。

3. 期权的卖方没有足够的资产去履行义务而违约属于信用风险。

4. 由于法律限制而产生的风险属于法律风险。

◇ Which of the following statements regarding market， credit， and operational risk is correct?

A. People risk relates to the risk associated with incompetence and lack of suitable training of internal employees and/or external individuals.

B. Between two counterparties， presettlement risk is always higher than settlement risk.

C. Options are examples of financial instruments with non-directional risks.

D. Funding liquidity risk results from a large position size forcing transactions to influence the price of securities.

答案解析：C

人员风险指的是内部员工和 / 或外部人员进行欺诈相关的风险。它与人员的无能和缺乏适当的培训无关。预先结算风险低于结算风险，因为前者允许抵消付款，而后者则要求结算全部付款。非指向性风险对经济或金融变量的变化具有非线性风险，这对期权而言尤为明显。资产流动性风险（不是资金流动性风险）是由于头寸规模过大而迫使交易影响证券价格而造成的。

◇ John Diamond is evaluating the existing risk management system of Rome Asset Management and identified the following two risks.

I. Rome Asset Management's derivative pricing model consistently undervalues call options.

II. Swaps with counterparties exceed counterparty credit limit.

These two risks are most likely to be classified as:

A. Market risk

B. Credit risk

C. Liquidity risk

D. Operational risk

答案解析：D

I 是模型失效，II 是内部操作的失败。这些都是操作风险的类型。

扫码获取更多题目

第二章　公司治理与风险管理

The Governance of Risk Management

一、公司治理架构	公司治理的最佳方案	★
二、有关公司治理的主要法规	1. 次贷危机之后对于银行业公司治理方面问题的讨论	★★
	2. 塞班斯法案	★
	3. 巴塞尔协议	★★★
	4. 多德－弗兰克法案	★★
三、风险治理架构最佳方案	1. 风险治理架构基本原则	★★★
	2. 董事会	★★★
	3. 薪酬委员会	★★
	4. 审计委员会	★
	5. 风险管理委员会	★★
	6. 首席风险官	★★★
四、风险偏好及限额管理	1. 风险偏好	★★★
	2. 限额设置及监测	★★★
五、风险文化	风险文化	★

◢ 学习目的

一个企业的良好运转有赖于合理高效的管理架构发挥作用，通过本章学习，需要知道公司管理架构方面的业界最佳实践经验总结，并了解风险管理与公司治理架构的关系。

◢ 考点分析

本章的学习过程中，需要重点掌握公司管理的最佳方案、董事会及下属各部门委员会在公司风险管理中的职责与机制。

◢ 本章入门

我们来看看宇宙第一大行——中国工商银行的例子。

截止 2021 年 6 月 30 日，工商银行总资产 35.13 万亿元，员工人数超过 43 万人，控股参股了 27 家公司。如此庞大规模的企业，需要有一个设计精密的管理架构让这台庞大的机器正常高效地运转，这个管理架构我们一般称为公司治理架构，它定义了公司与股东及其它各个利益相关方的关系，并详细规定了公司内部各层级的职责，在这个框架下，大家各司其职，让这家庞然大物公司完美地运行起来，并且持续产生挣钱的能力。

这就是公司治理的魅力。

第一节　公司治理架构

公司治理的最佳方案

公司治理（Corporate Governance）是指由董事会牵头，建立公司内部控制管理体系，设定一些职责和工作框架以提高公司运营效率，使得公司相关利益者之间的利益冲突最小化。

公司治理架构是一个顶层设计问题，风险管理框架是公司治理架构的组成部分，一个好的公司治理架构可以协调平衡各方利益，并使得风险管理发挥实质性作用。

一个常见的公司治理最佳方案如下图 2-1 所示。

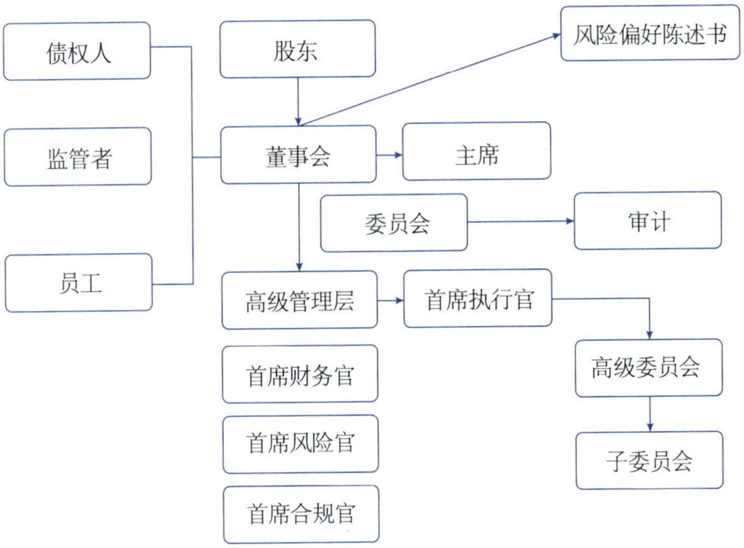

图 2-1　公司治理架构图

在这个架构中，我们从纵向看，公司治理架构中自上而下主要包括了股东、董事会和高级管理层。

董事会是股东利益的代表者和保护者，在董事会下可以设置一系列专业委员会，代表董事会行使相关专业方面的决策权。

高级管理层由董事会任命，在董事会的监督下具体开展公司的经营活动，以达到股东的回报要求。高级管理层主要由首席执行官（CEO）、首席财务官（CFO）、首席风险官（CRO）、首席合规官（CCO）等组成，在高级管理层下也可以设置相应的专业委员会，对相关方面的具体落实进行指导和日常决策。

从横向来看，公司有一些相关的利益方，主要包括债权人、监管当局和雇员。债权人（对银行来说也包括存款人）、监管当局和雇员都是风险厌恶者，从他们的角度来看，倾向于公司尽可能少承担风险，从而保护他们的利益。

一般来说，董事会是股东诉求的最主要表达渠道，并考虑各相关利益方的诉求，以达到平衡。因此，在公司治理架构中扮演了至关重要的作用。

一般来说，公司治理的最佳方案设计上要关注到以下五个方面：

（1）董事会所有成员必须了解公司基本业务和公司所在的行业。大部分的董事会成员之间必须保持相对独立，以便保持足够的客观性。

（2）董事会应顾及所有的利益相关者的利益，比如股东的利益和债权人的利益，将利益冲突最小化。

（3）董事会应警惕**代理人风险（Agency Risk）**，部分管理层可能为了使自己的绩效最大化而冒更大的风险，从而损害公司的利益相关者的长期利益。因此公司的**薪酬委员会（Compensation Committee）**所设计的薪酬体系要确保薪酬与公司的风险目标相对应，从而减少或者消除代理人风险。

（4）董事会应保持与管理层之间的独立性，其中重要的一点就是公司的首席执行官不能再兼任董事会主席，以避免权力过于集中。

（5）董事会应设立**首席风险官（Chief Risk Officer，CRO）**，CRO隶属于管理层，但是要参与董事会的会议，CRO的主要责任是将公司风险管理和公司治理目标相结合。

第二节　有关公司治理的主要法规

一、次贷危机之后对于银行业公司治理方面问题的讨论

对2007年次贷危机的调查发现，人们往往很少去关注控制尾部风险（即那些很少发生但却具有很严重后果的事件），并提前考虑最坏的结果是什么？

所以就引发了一场大讨论，公司的治理架构实践在这次次贷危机中表现的问题和不足有哪些？主要分为以下五个方面：

（一）相关利益方的优先权问题

除了股权，银行还有大量的存款、债务和政府隐性支持。储户、债权人和纳税人往往倾向于最大限度地降低银行倒闭的风险。而大部分股东则更看重短期利益。因此，这就存在着一个很大的矛盾，即以往我们认为股东的授权可以解决公

司治理中的弊病，但实际上这是远远不够的，因为其它利益方的诉求没有被充分考虑。

（二）董事会的组成

危机再次引发争论和思考：如何确保董事会在独立性、参与度和金融知识专业度方面取得平衡。

对破产的银行进行分析后也表明，银行的成败与否与董事会是由内部人士占主导地位还是外部人士占主导地位并没有明显联系。比如说，北岩银行的董事会中就有几位资深的银行专家（详见后面的案例分析）。

（三）董事会的风险监督功能

董事会要积极主动地去监督风险状况，这一点显得越来越重要。所以要对董事会成员进行风险教育，确保他们能够与银行风险管理组织保持直接有效的联系（比如：允许 CRO 越级直接向董事会汇报重大事项）。

（四）风险偏好

银行要制定明确的风险偏好，并且要求经过董事会批准。它明确了一家银行承担风险的意愿，以及对偿付能力的容忍度。风险偏好可以为全企业范围内的风险限额设置提供指导意见。

让董事会参与到限额设置过程中有助于董事会确认它已清楚地考虑了风险承担水平，及其对日常决策的影响。

（五）薪酬

董事会决定风险行为的一个关键手段是控制薪酬方案。董事会负责审查薪酬结构如何影响风险承担的行为，以及风险调整的机制是否已经反映了银行的长期风险。

银行业现在普遍改革了薪酬体系，比如：递延制奖金、追偿条款的设立等。

二、塞班斯方案（Sarbanes-Oxley Act）

在美国安然公司爆出财务造假丑闻，并于 2001 年破产倒闭之后，作为亡羊补牢之举，美国证监会于 2003 年出台了塞班斯法案。该法案旨在对上市公司进行全面规范和约束，特别是财务真实性和透明度方面。

塞班斯法案对于公司的董事会、高管层和内外部审计的职责给予了非常严格限制和要求。

比如该法案规定，上市公司需要：

（1）CEO 和 CRO 确保向证监会报送的报告信息准确无误；

（2）CEO 和 CRO 确保公开披露的公司财务数据充分而准确；

（3）CEO 和 CRO 对内控体系负责，包括设计和维持该体系的运转；

（4）每年审核公司报告程序和内控的有效性；

（5）披露所有审计委员会的人员姓名。

三、巴塞尔协议第三版（Basel III）

巴塞尔委员会在修订巴塞尔协议，形成第三版的过程中也对银行业进行了大量的调查和经验总结，对于银行的公司治理要求也提出了专门的规定，形成如下十三条基本原则（见表 2-1）。

表 2-1 银行公司治理十三条基本原则

董事会的整体责任	董事会对银行负有全面责任，包括，批准和监督管理执行本行的战略目标，处理构架和企业文化。
董事会的资质和组成	董事会成员应具备合格的任职资格，他们应当了解自己在监督和公司治理方面的作用，能够对银行的事务作出正确、客观的判断。
董事会的结构和做法	董事会应为自己的工作制定恰当的治理结构和做法，并为这些做法制定可遵循的手段，并定期审查其持续的有效性。
高级管理层	在董事会的指导和监督下，高级管理层应按照董事会批准的业务战略、风险偏好、薪酬和其他政策开展和管理本行的活动。
集团结构的治理	在集团结构中，母公司董事会对集团负有全面责任，并负责确保建立和运行一个与集团及其实体的结构、业务和风险相适应的清晰的治理框架。董事会和高管层应了解和理解银行集团的组织结构及其带来的风险。
风险管理功能	银行应在 CRO 的领导下，拥有独立、有效的风险管理功能，具有足够的地位、独立性、资源和向董事会汇报的途径。
风险识别、监控和控制	应在全银行和单个实体基础上对风险进行持续的识别、监控和控制、银行风险管理和内部控制的框架的复杂程度应与银行风险状况、外部风险环境和行业实践的变化保持一致。
风险的沟通	一个有效的风险治理框架需要在银行内部进行充分的沟通，包括在整个组织内，并且向董事会和高管层报告。
合规	本行董事会负责监督本行合规风险的管理。董事会应建立一个合规职能部门，并批准银行识别、评估、监控、报告和建议的政策和流程。
内部审计	内部审计职能应具备向董事会汇报的独立渠道，并应支持董事会和高管层促进有效的治理过程和银行的长期稳健。
薪酬	银行的薪酬结构应支持健全的公司治理和风险管理。
披露和透明性	银行的治理应当对股东、存款人、其它利益相关方和市场参与者充分透明。
监管的角色	监管应当通过综合评估、定期与董事会、高管层交流的方式，对银行的公司治理进行指导和监督；必要时应当要求银行有改进和补救的措施；应当与其它监管当局分享公司治理等信息。

四、多德－弗兰克法案（Dodd-Frank Act）

多德－弗兰克法案是奥巴马政府时代的产物。在 2007 年次贷危机发生之后，奥巴马政府试图从监管角度解决金融机构过度追求利益，超额承担风险，引发系统性风险的问题。

多德－弗兰克法案的主要内容包括：

（1）扩大美联储的权力范围，赋予其对系统性风险的监管职责，保障整个金融体系安全。

（2）设立新的破产清算机制，使得金融机构不再“大而不倒”。

（3）清理计划，即：大型金融机构必须有生前遗嘱，提前留足拨备，并禁止用纳税人的钱来救助。

（4）将场外衍生品交易纳入场内来交易，交付保证金，并受到监管。

（5）沃克尔条款：主要是限制银行自营交易及高风险的衍生品交易规模，比如：

① 一级资本≥银行投资对冲基金和私募的规模的 3%；

② 复杂的衍生品交易分拆到子公司去做等等。

（6）对金融机构的高管进行限薪。

第三节 风险治理架构的最佳方案

一、风险治理架构基本原则

风险管理作为公司治理架构下的重要组成部分，起到为企业保驾护航、业务可持续发展的重要作用。一个良好的风险治理框架包含如下七个方面的原则：

（1）风险管理应遵循实质大于形式的原则。风险管理要发挥真正的作用，而不是绣花枕头走过场，比如：对于一笔贷款的申请要做出独立的风险判断，并在审批通过与否环节发挥决定性作用；又比如：风险管理的策略不能只看会计账面上挣了多少钱，还要看承担了多少风险，两者要匹配。

（2）应该在公司发展战略中包含风险偏好，并设定稳健的风险管理目标。

（3）董事会层面要有伦理委员会，并形成一套规范的道德标准，以此标准来衡量公司的经营是否合规。

（4）为了避免代理人风险，董事会应确保公司员工的薪酬和激励不仅基于账面业绩，也考虑风险承担的调整业绩（Risk-Adjusted Performance），并符合股东的利益。

（5）董事会不应干涉管理层的具体业务策略制定和执行，只要符合风险偏好要求，满足公司整体经营战略，就应当批准管理层的业务计划。

（6）在董事会层面应建立**风险管理委员会**(Risk Management Committee)，所有的风险管理委员会的成员应具备一定的风险管理能力。至少有一名董事会成员同时参与风险管理委员会和审计委员会，即**风险咨询顾问**（Risk Advisory Director）。

（7）除风险管理委员会之外，还应建立**审计委员会**（Audit Committee），与风险管理委员会保持独立。所有的审计委员会成员必须掌握足够的财务金融知识。

扩展阅读

风险管理要发挥有效的作用，就必须坚持独立性原则，即前线业务部门和风险管理部门必须是互不相干的两个团队，彼此独立做出决策，从而保证企业可以从收益和风险两个角度客观全面评估每一项业务。

企业要从制度上保证这种独立性，必须坚持避免利益冲突（Interest Conflict）。比如：

- 业务部门的提成依据应当兼顾企业短期收益和长期收益的平衡；
- 风险管理条线的考核指标不能以业务规模作为主要标准；
- 业务部门不能影响风险管理部门对风险的独立评估和判断。

下面我们来详细介绍风险管理体系的组织架构，主要包括董事会、薪酬委员会、审计委员会、风险管理委员会（和风险咨询顾问）、高级管理层和首席风险官等角色。每个角色在这个组织体系中扮演了不同的角色，共同为风险管理体系的有效运转贡献力量。

二、董事会

（1）**董事会**（Board of Directors）应设定**风险偏好**（Risk Appetite），风险偏好对公司未来投资的行为设定了标准，其中包含了定性标准和定量标准。

（2）董事会应权衡**债权人**（Debt-Holders）和**股东**（Shareholders）之间的利益。债权人的收益是相对确定的，因此债权人希望公司可以稳定持续经营。但是股东希望其手中股权价值最大化，希望公司主动承担一定风险，从而获得更高的回报。债权人和股东两者之间存在矛盾，需要董事会进行权衡。

（3）监督和评估高级管理层的工作，以确保他们没有做出与股东利益相冲突的事情。

（4）董事会应保持风险和收益之间的平衡。这既包括在经济利益和会计利益之间做出抉择，也包括在短期利益和长期利益之间做出抉择。

（5）定期评估银行的风险管理体系的有效性，并确保所有的业务都在可控的风险范围内开展。

（6）设置一系列专业委员会，并给予他们授权，让他们在授权范围内，履行专业的决策权。

三、薪酬委员会

薪酬委员会（Compensation Committee）负责建立薪酬激励制度，薪酬制度应该与企业长远利益相一致。薪酬委员会要与公司管理层保持独立，且要获得董事会的授权。

薪酬的设计既要体现对前线人员的激励，又要确保薪酬充分反映出风险爆发的滞后性，避免短期利益对于企业长远价值的损害。

举个例子

比较常见的薪酬激励设计是将股权作为激励的一部分和现金收入组合起来（Stock-based Compensation），这能使得管理层和股东利益实现捆绑，趋于一致。

当然，股权激励计划往往会使管理层存在赌博心理，做出对股价刺激最有利的决策，可能会使企业承担较大的风险。

因此，现在比较常见的薪酬做法是采用递延制奖金，将奖金的发放分成若干年逐步实线，同时还增加追偿制度，对给企业造成致命损失的，有权向高管层追偿已发放的奖金。

四、审计委员会

审计委员会（Audit Committee）负责审计各项报告是否准确，是否符合规章制度并且监管相关的财务报告、合规内控以及风险管理的系统。所有的审计委员会成员必须掌握足够的财务金融知识，审计委员会是董事会的一部分，直接向董事会汇报，是公司的第三双眼睛（或者叫第三道防线）。

审计委员会可以与公司管理层（如首席财务官 CFO 等）合作，但要保持相对独立性。

五、风险管理委员会

风险管理委员会（Risk Management Committee）代表董事会履行专业的风险管理决策事项，一般由专业人士组成。风险管理委员会负责：

（1）对年度风险偏好进行设定；

（2）将风险偏好分解为一系列限额将以落实；

（3）区分、计量和监督企业日常经营中面临的风险，独立审查信用、市场和流动性风险；

（4）风险管理委员会定期向董事会报告工作。

风险咨询顾问（Risk Advisory Director）是董事会的一员，同时隶属于董事会和风险管理委员会，需要参加风险委员会和审计委员会的会议，不仅要为企业风险管理提出合理建议，同时也要定期与高级管理层沟通。因此风险咨询顾问是董事会与管理层之间沟通的桥梁。

六、首席风险官

首席风险官（CRO）是公司高级管理层，也是风险管理委员会的最高领导。首席风险官应执行双线汇报制度，除了向 CEO 汇报工作之外，还应定期向董事会汇报工作并且参与董事会的会议。首席风险官负责全面评估和监控企业的风险整体状况，并将其与董事会确定的风险偏好进行比较，确保其在目标范围内。

首席风险官的主要职责包括：

（1）担任企业风险管理的领导角色；

（2）对所有的风险建立起一体化的风险管理框架；

（3）将经济资本资源分配到各业务条线，覆盖相应的风险；

（4）与主要的利益相关方沟通企业风险的整体状况；

（5）制定企业风险管理的政策、方法和计量手段；

（6）在授权范围内做出每日的风险管理决策（比如对超限额情况采取的措施）。

举个例子

首席风险官管理风险的最常见做法是授权，即把对风险审批的权力根据金额、行业等维度的考虑逐层授权给相应能力的审批官，达到高效而可控的目的。

名师解惑

本章节在FRM一级考试中至关重要，董事会成员，高级管理层CRO及各级委员会的职责都是FRM一级考试的重点考察内容。

第四节　风险偏好及限额管理

一、风险偏好

风险管理目标不是为了消除风险，而是在符合法律监管和各方利益诉求的限制下确定一个合适的风险水平，在此风险水平下使得银行的价值最大化，这个风险水平就叫做**风险偏好**（Risk Appetite）。

风险偏好是指银行愿意承受的风险水平和类型，以实现股东提出的愿景，达到监管当局、债权人和其他利益相关方提出的限制要求。

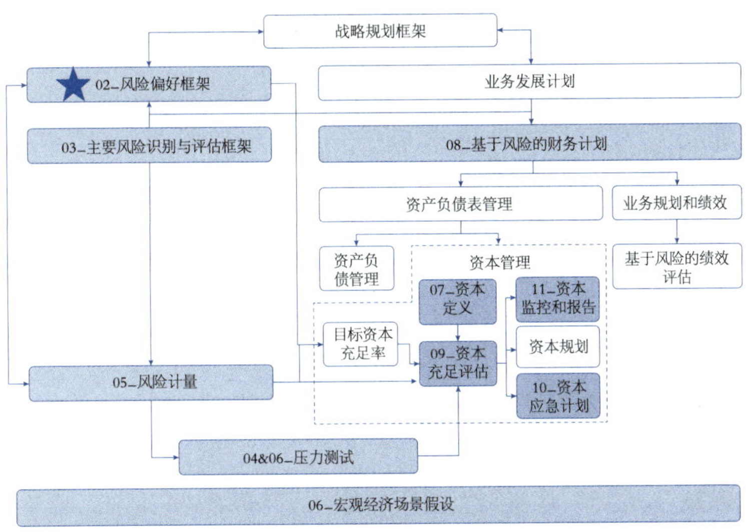

图2-2　公司战略规划架构图

从图2−2可以看出风险偏好是银行整体战略规划架构中的重要组成部分，也是整个计划制定的起点。

银行的风险偏好要与其运营业务相匹配，在符合法律法规监管的前提下设定适当的风险偏好。银行的风险偏好如果不适当，会限制银行吸收存款的能力，影响银行相关交易业务并且难以雇佣员工。

银行风险偏好的设定应满足以下条件：

（1）银行应使用最优的评级方法，以一定的信用评级为目标，通常银行的最佳评级不是最高评级，因为评级越高，代表银行的信用质量越好，违约容忍度越低，则需要更高的资本来覆盖。不同策略或不同负债资产结构的银行，信用评级和风险偏好可能大不相同，例如在其他条件相同的前提下，以存贷款业务为主的银行可能比以交易业务为主的银行的信用评级更高。

（2）银行在设定风险偏好时要考虑社会责任和潜在的系统性影响。

（3）银行在设定风险偏好时要满足外部监管的要求。监管通常会通过设定一些指标来监控银行的表现，比如，存贷比不超过75%等。所以银行在设定风险偏好时，需要确保与监管的要求不冲突，这是刚性需求。

举个例子

以下是一个银行的风险偏好具体案例。

定性描述：积极、稳健、平衡，坚持稳健经营和改革创新并重。

定量标准：四个维度的目标设定。

- 收益目标——净资产收益率（ROE）
- 风险承受能力——资本充足率（CAR）
- 内部限制——股利支付率。
- 外部限制——外部评级、监管核心指标。

二、限额设置及监测

风险偏好通过限额的设置分解到各业务条线和各类风险，确保各类业务的发展和风险偏好目标相吻合。

风险限额（Limit）是指某类业务发展的最大金额控制标准。限额的种类有很多，这与各类风险的属性、企业的市场竞争地位以及业务领域的范围等都有关系。在应用时，要选择最恰当的限额指标来进行控制，或者同时使用多种限额指标组合达到控制的效果。

限额的设置体系可以分层，第一层限额（Tier1 Limits）一般是在全企业层面设置的最高限额，在第一层限额之下可以按照评级、行业、地区、期限等维度设置二级限额（Tier2 Limits）。

常见的限额类型有以下八种（见表2-2）：

表 2-2 风险限额类型

限额类型	定义及属性	主要缺陷
止损限额（Stop Loss Limit）	规定了损失的最大值（比如 100 万元），并且有预设的行动方案（比如平仓、减持等）	止损限额是事后的，即针对已经发生的损失，而无法防范未来的风险。
名义限额（Notional Limit）	规定了交易的名义本金大小	名义本金与风险大小没有关系，特别是对于期权类产品来说，名义限额更没有指导作用。
风险专属限额（Risk Specific Limit）	针对某些风险的特性所设定的监控指标，比如：流动性比率	这类限额指标是针对某些风险所专属的，因此不仅需要较高的专业知识去解释，并且难以与其它限额进行汇总相加。
期限 / 缺口限额（Maturity/Gap Limit）	对交易和持有产品的到期日给予限制和约束，并确保资产方和负债方的平均期限差异在一个合理范围内	虽然这类限额可以有效降低集中到期的兑付风险，并且降低流动性风险，但这类指标无法对交易引起的市场价格波动风险进行管理。
集中度限额（Concentration Limit）	对多种维度的集中度进行限制（比如：地区集中度、行业集中度、对单一客户的集中度）	这类限额的设置前提条件是对相关性有准确的测算，并且可能无法反应在压力状态下的集中度问题。
希腊字母限额（Greek Limit）	对于期权风险的控制往往基于其定价公式中特定的风险参数（一般用希腊字母表示，详见产品与估值模块的内容）	这些参数因为都来自于期权的定价公式，因此其完全取决于模型是否准确，即模型风险较高。
在险价值（Value-at-Risk, VaR）	汇总层面的风险最大损失限额常用指标	在次贷危机中，VaR 已经被证明往往会存在严重的风险低估，因为其主要基于过去数年的历史数据，因此无法考虑到压力状态下的风险急剧放大情况。
压力测试、敏感性和情景分析	这些限额指标用来评估在极端情况下金融机构存活的可能性： 压力测试主要测试极端情况下损失大小； 敏感性主要分析金融机构资产对于某些关键宏观指标的敏感度； 情景分析要求将过去发生过的实际危机场景作为分析的主要依据	方法复杂度较高，需要很高的专业知识要求，并且这些模型的结论很难在短期内被验证，也无法评估评估的全面性。

对于设置的限额，需要进行持续定期的监控，以确保限额不被突破，所有的风险在可控范围内。

当然，不同的风险类型，其发生的频率各有差异，因此监控的频率也千差万别。

由于市场交易是非常频繁的，因此市场风险的变化频率是最快的，基本上每天都在产生损益数据，因此对于市场风险的各类限额需要执行持续的、高频的监控。

（1）每日要对市场交易头寸进行估值，计算损益，并和各类限额进行比较；

（2）对模型的所有假设要同步进行验证；

（3）做出及时快速的汇报；

（4）用于监控和验证的数据必须来自于后台清算部门，与交易部门保持独立。

一般监控会发现一些业务中的问题，最主要的是限额被突破。一般的做法是预先设置预警线，比如限额的 80%，一旦触发预警线，风险部门就会介入提前采取措施。

一旦限额真的被突破，对于第一层限额，必须马上予以纠正，因为这种突破代表着比较严重的风险上升，需要及时采取措施；对于二级限额，相对的严重程度就要小一些，允许在几天或一周时间内予以恢复或纠正。

第五节　风险文化

风险文化

风险文化可以定义为组织内个人和群体的行为准则和传统，这些准则和传统决定了他们识别、理解、讨论和应对组织面临的风险和承担的风险的方式。

企业的风险管理文化应与企业文化相适应，如前所述，良好的风险管理文化是企业风险管理体系发挥成效的基本保证。

风险管理文化的重要体现是企业的激励机制。激励机制的设计应与风险管理文化相适应，不适当的激励计划可能造成难以量化的风险。 在设计激励机制时重点要考虑如下原则：

激励机制要充分体现员工对公司整体的贡献，而不是对一个部门的贡献，这可以有效避免损害公司整体利益的情况发生，这与企业风险管理的理念是一致的。

激励机制的设计必须基于风险的调整，即承担高风险，则消耗较多资本资源，那么就必须以更高的回报来弥补，从而提高激励的门槛。

本章小结

- 公司治理架构
- 有关公司治理的主要法规——了解三个主要的法案：塞班斯法案、巴塞尔协议第三版和多德－弗兰克法案
- 风险治理架构的最佳方案
  - 风险治理架构基本原则。
  - 董事会。
  - 薪酬委员会。
  - 审计委员会。
  - 风险管理委员会。
  - 首席风险官。
- 风险偏好及限额管理
  - 风险偏好的定义及意义。
  - 主要限额类型及其监测。
- 风险文化

章节练习

◇ Which of the following statements regarding the role of the firm's audit committee is most accurate?

A. At least one member of the audit committee must possess sufficient financial knowledge.

B. The audit committee may consist of some members of the management team.

C. The audit committee is only responsible for the accuracy of the financial statements.

D. The audit committee is meant to work dependently with management.

答案解析：B

审计委员会所有的成员都必须掌握相关的金融财务知识，A 错误。审计委员会可以包含一些管理层的成员，但要保持相对的独立性，B 正确，D 错误。审计委员会负责审计各项报告是否准确，是否符合规章制度并且监管相关的财务报告、合规内控以及风险管理的系统，C 选项太过片面因此错误。

◇ Which of the following statements regarding corporate risk governance is correct?

A. Management of the organization is ultimately responsible for risk oversight.

B. A risk committee is useful for enforcing the firm's risk governance principles.

C. Effective risk governance requires multiple levels of accountability and authority.

D. The point of risk governance is to minimize the amount of risk taken by the organization.

答案解析：B

董事会最终负责风险监督。有效的风险治理仅要求明确的问责制，权限和沟通方法；不必具有多个级别。风险治理的重点是考虑允许、优化和监督接受风险的方法；不一定要最大程度地降低风险承担。风险治理的真正意义是从股东和 / 或利益相关者的角度来增加组织的价值。

◇ Which of the following statements regarding risk and risk management is correct?

A. Risk management is more concerned with unexpected losses versus expected losses.

B. There is a relationship between the amount of risk taken and the size of the potential loss.

C. The final step of the risk management process involves developing a risk mitigation strategy.

D. If executed properly， the risk management process may allow for risk elimination within an economy.

答案解析：A

风险管理更关注损失的可变性，尤其是那些可能上升到意外高水平的损失或突然发生的不能被提前预见的损失（意外损失）。

扫码获取更多题目

第三章　银行的风险管理流程

The Process of Bank's Risk Management

一、风险管理的流程	风险管理的流程	★★★
二、风险的识别	风险的识别	★★★
三、风险的计量	1. 定量分析法	★★★
	2. 定性分析法	★★
四、风险的评估	风险的评估	★
五、主要的风险管理（缓释）工具	1. 风险管理主要手段	★★
	2. 风险缓释和转移工具	★★★
	3. 资产证券化	★★★
六、银行风险管理的局限性	银行风险管理的局限性	★★

学习目的

通过本章学习，可以初步了解银行风险管理的具体流程和所使用的工具手段等，并知道风险管理的一些重要组成内容，同时也知道它的不足和局限性，并建立起审慎的风险管理文化的理念。

考点分析

重点掌握风险管理的流程，主要的计量工具，主要的管理（转移）手段，并知道其不足。

本章入门

银行作为金融行业最重要的金融机构，其风险管理意义不言而喻。

从一个角度来看，银行本身就是一个现代化的企业，因此企业风险管理的理念和做法也适用于银行，并不例外。

但另一方面，银行又是一个非常特殊的企业群体，不仅因为其所提供产品的虚拟性特点，更重要的是银行起到了稳定金融市场甚至是整个社会安定的重要作用。银行的审慎经营至关重要，也就因此需要承担更多的社会责任和相关成本。

银行的风险管理就是基于银行审慎经营、长久发展的思路来开展的。

在上百年的发展历程上，银行的风险管理建立起了一套规范的流程，并有较为成熟的工具用以计量和管理。

第一节　风险管理的流程

风险管理的流程

考纲要求

描述风险管理的流程。

风险管理是一个完整的体系，不仅需要清晰的流程，同时需要全企业内全员的参与，共同组成风险管理的三道防线。

第一道防线：企业内的业务条线是风险管理的第一道防线，他们不仅产生风险，而且承担第一责任人的角色，并管理风险。

第二道防线：风险管理部门是第二道防线，风险经理作为专业人员，设计风险管理架构和政策体系、选择恰当的风险计量工具，做出相应的日常决策，并对业务部门的风险管理提供必要的支持。

第三道防线：企业内审部门作为第三道防线，提供独立的审核，验证风险管理体系的有效性，并协助风险管理部门发现流程中的不足和问题。

值得注意的是，三道防线之间应当保持完整的独立性，各自有不相关的考核标准和薪酬体系，并且相互之间独立做出各自的决策，互不干扰。

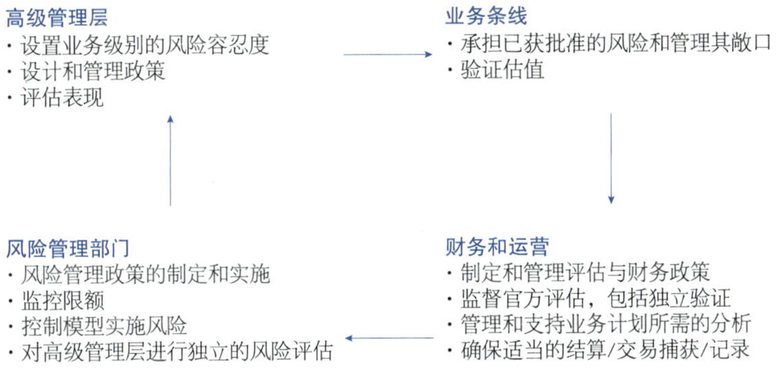

图 3-1　企业业务和风险管理相互独立运转示例图

风险管理的流程主要有以下五个步骤（见图 3-2）。

（1）识别（Identity）。风险管理首先要做到识别在业务开展中可能会面临的各种风险。例如：

①银行信贷部门在发放贷款后客户无力偿付本息的风险属于信用风险；

②银行交易部门手中的债券头寸价格因市场利率上升而下跌的风险属于市场风险；

③银行柜员在营运过程中因现金长短款等出纳问题产生的风险属于操作风险。

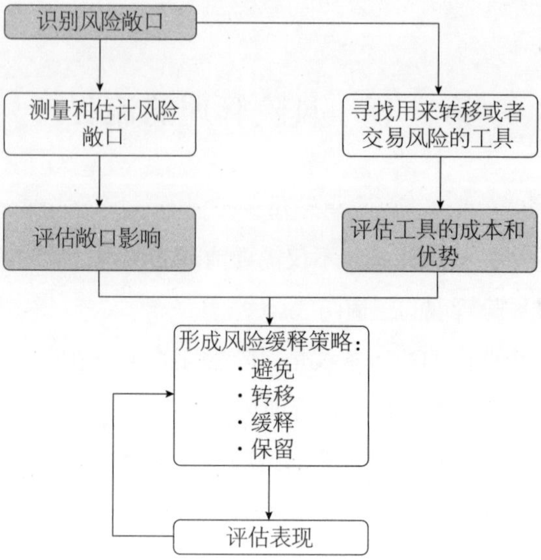

图 3-2　风险管理流程图

（2）**计量（Measure）**。对于识别到的风险，我们需要运用各种科学手段量化估计风险敞口。例如：

一笔贷款要借出去，客户的违约率是多少？如果违约具体会造成多少损失，都需要通过对应的历史数据与方法进行计量。

注意，并非所有风险类型都可以量化，比如由于企业管理层决策失误导致的损失，就很难定量估算。

（3）**评估（Assess）**。评估金融机构自身是否能够承受这些风险？并相应能获得多少收益？这种风险承担和收益获得是否匹配？

在这个环节，不仅取决于金融机构自身的风险偏好和经济实力，也取决于对具体业务的判断，直观来说就是能多挣钱、少风险的就是好业务，反之则是不好的业务。

（4）**管理（Manage）**。经过评估后，好的业务要予以保留，对于另外一些业务，机构需要通过采取适当的方式进行风险管理。管理手段包括如下四种：

① 避免风险（Avoid Risk）—在遇到这种业务请求时，直接拒绝；

② 转移风险（Transfer Risk）—对于一些已经发生的业务，通过某些方式转移给别的愿意承担的金融机构（比如保险公司）或采用资产证券化方式卖给资本市场投资者；

③ 缓释风险（Mitigate Risk）—缓释是指通过某些手段降低现有业务的风险，但该机构仍然持有着该业务，而不是简单地转移给了其它机构，通常手段如：通

过在市场上买入一些衍生产品做对冲，要求客户提供资产作为抵押，或寻找担保人进行担保，等；

④ 保留风险（Keep Risk）—对于评估认为最好的业务，则可以采取保留的策略一直持有。

（5）审核（Review）。风险审核是指将风险管理的表现反馈至一个独立部门进行评估，并根据具体情况及时修正和调整风险管理策略。

举个例子

银行对于小微企业的贷款，由于无法以合适的成本获得小微企业真实的风险状况，因此银行无法简单采取保留风险的策略，所以大量采用要求小微企业提供足额抵押的模式，所以大量采用要求小微企业提供足额抵押的模式缓释银行的风险。

另一种常见的方式是通过对贷款进行批量打包后，设计成标准化的债券产品（ABS）转卖给市场上的投资者，这个过程叫做贷款的证券化。

第二节　风险的识别

风险的识别

人们对于风险的认识和识别是逐步提高的，我们在第一章第二节关于风险的分类中介绍了截止到目前为止，人们已经认识到的风险类型。风险的识别工作其实就是持续去发现未知的风险类型的过程。

对于已知的风险，我们可以把它分为预期损失和非预期损失。

对于前者，是完全确定、可估计的，比如，银行可以基于历史数据的分析，找到信贷损失的平均水平，这对于银行来说就是一个相对确定的金额，银行一般会通过计提拨备来覆盖这部分确定的风险。

但同时，每年有哪些贷款发生违约，违约实际金额多少，这又是不能提前预知的。有些年份，实际损失会少于预期损失水平，有些年份又会高于预期损失水平，总体在这个平均水平上下波动。这种距离预期损失的偏差，我们称之为非预期损失。非预期损失是一种不确定性，但这种不确定性我们还是能够有些估算的办法的。比如，我们虽然无法知道确切的违约发生时间和金额，但我们通过历史数据的观察，可以得出损失的分布形状，从而估算损失的最大边界（在很高的把握下，比如 99%）。这是我们理解和处理非预期损失的办法。

在非预期损失之外，就是一些未知的风险了。这类风险我们也可以把它分为两种情况，一种是我们已知的“未知风险”，另一种是我们未知的“未知风险”。

比如，自从美国发明原子弹之后，全球就开始笼罩在核战争的威胁之下，但未来是否会发生核战争？这种风险谁也无法评估，这就是一种对我们来说已知的，但却又是未知的风险。又比如，在网络上非常流行的一张关于海面下的冰山照片（见图 3-3）。

图 3-3　海面下的冰山

这张照片让我们生活在海平面之上的人无法想象海平面下的冰山体量究竟有多大，这种不确定性就是我们已知的“未知风险”。

当然，这种风险也不是完全无法管理的，比如世界各国通过签订无核条约和限制核武器发展达到降低核战争风险的目的。

最后一类是真正我们完全未知的“未知风险”。这是人类对于风险认识的真正盲区，我们对此一无所知，风险管理专业人员的作用就是要通过不停地调查和探索，去发现这些未知的风险。

第三节　风险的计量

风险计量是整个风险管理过程中一个重要的环节，对于识别出来的风险，首先要做的就是尽可能对它进行相对准确的度量。

风险的计量工具分为三大类：一类是用来计量单个风险大小的测量工具（比如违约概率模型），另一类是在组合层面测量整体风险大小的组合管理工具（比如 VaR、经济资本），第三类是综合考量风险和收益匹配的考核工具（比如 RAROC）。

风险计量的方法主要有两种：定量分析法和定性分析法。

我们都知道风险管理需要大量的历史数据做基础，如果数据量大且质量好，那么就可以采用定量分析法，以数理模型为基础来分析历史数据，并以此预测未来可能遭受的损失。

在没有太多历史数据甚至有时候面临的就是一个全新产品的情况下，我们只能采用定性分析法，通过情景分析、压力测试甚至是专家经验等方法来预测损失的严重程度。

名师解惑

重要概念：金融风险损失可以分为预期损失（Expected Loss）和非预期损失（Unexpected Loss）。

一、定量分析法

因为风险的不确定性，因此所有的定量分析工作的目的是得到风险损失的统计分布图。

损失虽然具有不确定性，但如果业务量很大，那么把所有业务汇总起来后观察就能看出一些规律，比如：可以看到每年从平均来看，贷款违约损失有个相对稳定的水平，这个水平我们就称为**预期损失（Expected Loss）**。**预期损失**是指企业日常经营中可能会遭受的损失的平均水平，是可以被有效预期的。

由于预期损失是可提前估算的，因此通常被企业提前计量并视为业务成本的一部分，最终体现在向消费者提供的商品和服务的定价中。例如对于银行来说，每年都会有贷款客户发生违约从而引发坏账，银行可以基于历史违约数据事先预估未来可能发生坏账的数值，通过预先计提损失准备金来防范，并将这部分准备金以更高的贷款利息方式转嫁给贷款客户。

既然预期损失指的是平均水平，因此实际情况远非如此，有的时候运气好，实际损失小于平均水平，有的时候实际损失会超过平均水平，这种偏离程度我们就称为**非预期损失（Unexpected Loss）**。这种预料不到而突然发生的天灾人祸才是真正的风险。

顾名思义，非预期损失是难以被预测和管理的。在经济大环境稳定的情况下，银行正常业务中，单个客户的违约概率是可以通过历史数据被提前预测的。但在金融危机发生时，贷款违约率会显著上升，此时实际贷款的违约率和损失金额就会远远超过正常的平均水平。

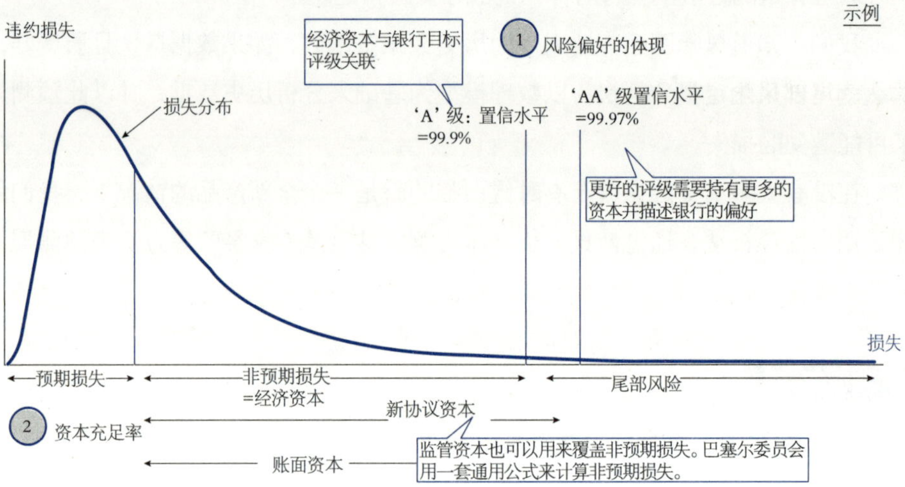

图 3-4 信用风险损失分布图

我们以信用风险为例，图 3-4 是一个风险损失的分布图，图中对于蓝色的分布曲线，我们可以计算该分布的期望 EL 和标准差 δ。

对于信用风险来说，如我们在前面第一章第二节信用风险的介绍中讲到的三个主要计量指标：PD、LGD 和 EAD。损失分布的 EL 就等于这三者相乘，即：

$$EL=PD\times LGD\times EAD。$$

对于市场风险和操作风险来说，直接从分布函数就可以来计算 EL。

而从图 3-4 可以看出，非预期损失（UL）是分布上距离预期损失的偏差，因此从统计学角度来讲，UL 就是标准差 δ 的若干倍，这个倍数是由银行对于自身破产概率的预估而确定的。

在险价值（VaR，Value at Risk）也是度量风险的一个重要工具，VaR 模型通过研究损失数据的分布，在一定的置信水平下预测未来某段时间内企业可能遭受的最大的损失，继而对企业的经济资本提出相关要求。

名师解惑

实际上我们可以得出以下一些转换公式关系：

UL= 经济资本

EL= 拨备

VaR=EL+UL= 经济资本 + 拨备

经济资本（Economic Capital）是指银行要实现稳定、安全的经营所要保存的最低的资本金。在 FRM 一级的《估值与风险模型》课程中，我们会更加深入地学习银行经济资本与监管资本的相关知识。

我们再来看分布图上 VaR 的右侧区域部分，这部分在图上很小的尾巴，我们称之为**尾部风险**（Tail Risk）。

VaR 并不能告诉我们尾部的任何信息，因此我们需要引入一套新的计量方法来对尾部风险进行计量，这套方法叫做**极值理论**（Extreme Value Theory）。

简单来说，就是我们针对尾部的形状去寻找一些特殊的分布函数来拟合它们，并同样去计算这**尾部分布的均值 ES**（Expected Shortfall）。

另外，对于风险的计量除了对于单个资产的风险计量外，我们还需要关注到风险的相关性计量，并估算资产的集中度大小。这个计量对于资产组合管理来说非常重要，组合中资产的相关性越低，在组合层面所需要的全部经济资本数量就越少，这就是所谓的**分散化效应**，用数学公式直观地来形容就是 $1+1<2$。

举个例子

在 2008 年的全球金融危机中，美国的多家知名金融机构相继破产，相关性风险急剧上升，相关性风险会与市场风险、信用风险产生协同效应，产生难以估量的非预期损失。

最后，计量体系还包括对风险和收益的匹配度量，即对每一笔业务，我们既要用前面的这些计量手段去估算风险，也要知道这笔业务所能带来的收益，还要将这两者相比较以确定这笔业务是否值得一做。方法是将两者相除，用一个比值来衡量：

$$\text{RAROC}=\text{收益}/\text{风险}=\frac{\text{收入}-\text{资金成本}-\text{运营成本}-\text{风险成本（EL）}}{\text{经济资本（UL）}}$$

RAROC 称为经过风险调整后的资本收益率。

二、定性分析法

在现实的金融环境中，许多潜在风险因素是没有办法通过具体模型进行量化评估的，因此在风险管理中，引用**情景分析**（Scenario Analysis）和**压力测试**（Stress Testing）两种主要定性分析法。

这两种方法都通过模拟历史情景或假设情景预估资产价格在特定环境下可能

发生的变化来估算损失，不同之处在于，压力测试更关注于各种恶劣情景下的损失大小，比如 1997 年金融风暴，2008 年的次贷危机等。

在我国，银保监会每年都要求各银行进行压力测试，银行要考虑到市场环境的剧烈变化对整个银行的组合产生的影响，其中一个步骤就是情景设定，通过主观模拟这些极端但可能会发生的情景，并将其传导到银行组合的结构中用以评估这些情景的影响，最后根据这些影响采取一些措施去避免这些损失。但是在压力测试的过程中，由于情景预测主观性较强，所以金融机构通过压力测试计算出来的结果能否直接应用于风险管理过程中，需要金融机构根据自身情况进一步考量。

名师解惑

预期损失是可预测的，因此经常被视为业务成本的一部分，而非预期损失是难以被计量的，尤其在自然灾害、金融危机等极端事件爆发时，损失往往更加难以被提前预测。在风险管理实务中，公司会更多关注非预期损失，因为预期损失是可以被提前预测的并能通过销售定价转移这部分风险，而非预期损失是无法进行准确估计的，甚至在极端情况下能够毁灭一家公司。

数据科学会彻底改变风险分析吗?

数据科学包括大数据、人工智能和机器学习。数据科学可以使得风险管理者以一种新的方式识别风险变量并分离出更多的风险因素，在更高的复杂程度上理解它们之间的关系。例如，在保险领域，分析师可以通过搜集公共数据、社会数据、信用评级数据和非结构化数据来了解个人层面的风险。在风控行业，强大的计算能力可以帮助风险管理者更快地发现数据中的联系。

第四节　风险的评估

对于可以计量的风险，金融机构应当进一步进行评估。下图 3–5 描述了企业的风险容量，可以以此对风险进行评估。评估的主要的考虑因素包括如下一些方面：

（1）这类风险是否和我们的风险容忍度和风险偏好相符合?

（2）这样的风险大小我们有没有能力承担?

（3）承担了这样的风险容量是否有利可图（相应的收益有多少，成本多少）?

（4）承担了这样的风险对我们现有业务会有什么影响（与其它业务 / 资产的相关性，是否会引起风险的传染）？

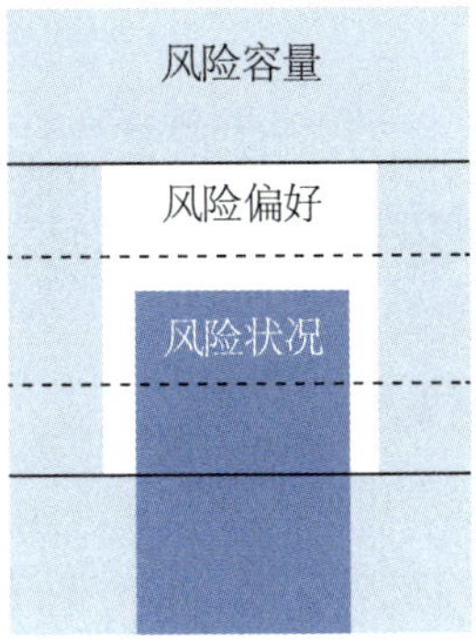

图 3-5　风险容量图

（5）极端情况下的风险会放大到什么程度?

基于评估的结果，金融机构就会采取相应的风险管理手段来应对。

第五节　主要的风险管理（转移）工具

一、风险管理主要手段

根据评估的结果，金融机构一般采用如下四种管理策略来应对风险：

（1）避免（Avoid）风险——直接拒绝该类业务，从而将相应的风险在源头上就排除在企业承担的范围之外；

（2）接受（Accept）风险——接受相应的业务申请，承担对应的风险，并获取相应的收益；

（3）缓释（Mitigate）风险——金融机构在接受某类业务申请的同时，可能会觉得该类业务风险过大，超过自身可接受范围，因此会要求提供一些对风险进行缓解和弥补的措施，我们称之为风险缓释，常见的包括：要求借款人追加担保人、提供抵押物等；

（4）转移（Transfer）风险——当金融机构在整体评估某类资产的风险后，会将超额的风险部分（或者是整个组合）通过某些方式转移给别的金融机构，以达到自身风险可控，风险分散化的效果。常见的转移方式包括：购买保险、签订信用衍生产品协议、资产证券化等。

二、风险缓释和转移工具

对于信用风险而言，传统的风险缓释和转移工具包括：

（1）落实抵押品；

（2）从第三方购买保险；

（3）与交易对手进行净额结算；

（4）盯市策略 / 保证金制度；

（5）设置由某些事件可触发的终止条款；

（6）对信用风险敞口进行重组。

自从 1730 年日本大阪开始交易世界上第一份期货——大米期货起，企业就有了一种新的信用风险转移手段——购买信用衍生产品。信用衍生产品自上世纪七十年代以来得到了快速的发展，成为了主要的信用风险转移手段。

当然，衍生产品市场除了对冲信用风险之外，也是市场风险的有效对冲手段。比如，对于商品价格的对冲有天然气、原油、金属、粮食等的期货和互换产品，对于利率和外汇风险也有相应的互换产品可供选择。

下面我们介绍一下常见的信用转移工具（见表 3-1）。

表 3-1　信用转移工具类型表

产品类型	产品特征
远期（Forward）	双方约定在未来某些时点上以约定的价格来交易某一项资产。比如：一个面粉厂可能和大农场约定在未来 3 年内，每年以 3 元 / 斤的价格购入 1000 吨大米（也许现在市场上的大米价格是 2.8 元 / 斤，可谁知道未来的大米价格会不会涨呢？不管怎么说，面粉厂锁定了未来三年的原材料成本，而农场找到了一个稳定的客源，这笔协议对双方来说都是不错的选择）。到交付日时，双方可以选择进行真实的实物交割，也可以选择将约定价格和当时市价的差价进行现金结算，而面粉厂就去市场上以市价再买大米。 请注意，这种远期合约面临着很大的交易对手违约风险，即在到期日，巨亏的交易对手很有可能选择不履约甚至是破产来逃避履约责任。
期货（Futures）	这是一个在交易所内交易的标准化的远期合约，包括每张合约对应的商品类型、采购数量、未来交割日期等都是标准化的。同时，在场内进行期货交易需要交付一定比例的保证金，用以确保双方都会履行交割义务。 相比远期合约，期货合约的履约风险大大降低。但问题在于，期货合约是标准化的，很有可能无法满足某些需要锁定成本的参与方的需求，因此在套期保值后依然会存在剩余的价格风险。
互换（Swap）	互换和远期一样，是一种双方私下签订的场外交易。互换双方约定对于各自持有的某项资产产生的现金流（比如利息）进行相互交换。举例来说，在一份利率互换协议中，一方同意将自己持有的 100 万国债每季度获取的固定利息支付给对方，作为交换，该方可以收到对方手中持有的 100 万资产每季度所产生的浮动利息收入。

（续表）

产品类型	产品特征
互换（Swap）	互换双方的目的是为了将资产产生的收益现金流更好地去匹配其负债所需要支付的现金流的特征。
看涨期权（Call Option）	看涨期权的买入方支付给卖出方一笔期权费，作为对等条件，买入方有权在未来约定的时间点以期权中约定的价格向卖出方购买某一项标的资产，当然，买入方有权放弃这项权力而无需承担违约责任。但卖出方的义务在到期日之前是无法撤销的，因此卖出方需要递交保证金。 如果该期权只能在到期日履行合约，我们称该期权为欧式期权，如果在到期日之前的任何时间均可以履行，就称为美式期权，这两种期权的价格是不同的。
看跌期权（Put Option）	与看涨期权相仿，看跌期权的买入方在未来有权（但可以放弃）以约定价格向卖出方出售某一项标的资产。
奇异期权（Exotic Option）	如果期权的一些约定条件发生该变，就会产生一些新的期权品种，包括：亚式期权（以平均价格作为交易价格），一篮子期权（以若干个标的资产的价格为基础）。
互换期权（Swaption）	互换期权的买入方支付给卖出方一笔期权费，作为对等条件，买入方有权在未来约定的时间点以约定条件与卖出方签订一个互换协议。

在 FRM 一级的后续课程“金融市场和产品”还会对上述产品进行详细的介绍，因此我们在此处有一个基本概念的了解即可。

三、资产证券化

证券化是指将贷款或其他资产重新包装成新的证券，然后在证券市场上出售。新证券的抵押品是贷款或其他资产的组合。新证券的收益情况取决于抵押品的质量。

证券化为金融机构和非金融公司提供了重要的融资工具，因为在当今世界中，各地的银行自身没有足够的资本来满足企业、消费者和政府的需求。此外，证券化为金融机构和非金融公司提供了风险管理的工具。

例如，银行利用证券化将抵押贷款、公司银行贷款、信用卡应收款和汽车贷款从资产负债表中剥离，这些资产的证券化形成了抵押贷款证券、贷款抵押债券、信用卡担保证券和汽车担保证券，后两种证券化产品被称为资产支持证券（ABS）。

在证券化之前，发放贷款的实体（比如，银行）只是将贷款作为投资持有在其投资组合中。这被称为传统的“买入并持有”策略。此时，发起实体面临的主要风险是信用风险、价格风险和流动性风险。

相反，证券化是指发起实体集合一个类似贷款池，并将该池用作新证券的抵押品。这种策略被称为“发端分销”策略。与原始持有策略相比，它降低了发起实体的风险。首先，发起实体不拥有抵押品，因此它不会面临信用风险。第二，发起实体不存在价格风险，因为它不拥有池中的个别资产。最后，通过使用非流动贷款或应收账款作为证券化的抵押品，发起实体不再持有非流动资产，因此不会面临流动性风险。

证券化的关键要素是由发起实体（称为特殊目的载体）建立的法律实体。特殊目的机构从发起实体（“发起人”）购买贷款池，并取得这些贷款的所有权。特殊目的机构通过出售新证券获得资金，从发起实体购买贷款池。这些新证券的持有人根据利息和本金的分配规则以及违约的处理方式收取利息和本金。

通常，特殊目的机构发行高级债券、次级债券和股票。高级债券类别具有最高级别的信用风险保护，通常具有 AAA 级的信用评级。信用评级低于 AAA 的次级债券可以有多种。权益类，也称为剩余类，只在所有债务类别收到付款后才收到收益，因此面临最大的信用风险。

必须强调的是，使用证券化的不仅仅是银行。例如，制造业企业将证券化作为一种风险管理工具和筹资机制。

美国从 90 年代以来资产证券化产品的发明，为银行提供了另一种快速彻底转移信用风险的途径，从而受到银行的普遍欢迎。资产证券化产品蓬勃地发展起来，到了 2006 年末，资产证券化发行规模已经达到了 5 万亿美元规模。下面就让我们来看看证券化。

下图 3-6 描述了资产证券化的过程。对于拟发行资产证券化的银行，会专门成立一个独立实体，叫做 SPV（Special Purpose Vehicle）。银行会挑出资产表上的一个资产包（比如数千笔住房按揭贷款，总额为 10 个亿），将这个资产包交给 SPV，SPV 会将这个资产包进行重新切割组合，做成一个标准化的债券产品，这个债券的发行规模同样是十个亿，面向市场投资者发售。债券可支付的利息来自于其背靠的贷款资产收到的贷款利息，扣除相关管理费和银行留存的利差外，全额支付给债券的投资者。

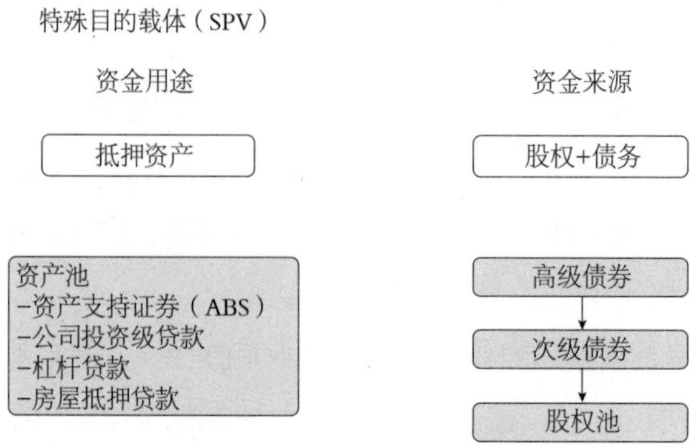

图 3-6　资产证券化示例图

为了使得这种债券更好地满足市场上不同风险偏好的投资人的需求，SPV 会将债券进行分级，一般至少会分为三个级别：高级别债券（Senior Bonds）、次级别债券（Junior Bonds）和股权池（Equity Tranche），比如，将上述 10 个亿的债券按照 30%、60% 和 10% 的比例分为这三个等级的债券。当债券对应的贷款池中的贷款发生违约而出现本金损失后，这部分损失会首先由股权池的资金来承担，只有当该池中的本金全部损失后，才开始由次级别债券来承担进一步的贷款损失，而高级别债券是最后才被损失到的。由于一般来说，股权池和次级别债券的比例已经相对比较高，所以高级别债券的本金相对来说是具有相当安全性的。因此，这种级别的债券的外部评级往往很高，能达到 AAA 级别，对于一些保守型的投资者（比如寿险投资资金）就具备了投资价值，而次级别债券和股权池对于一些风险偏好型的投资者是有吸引力的。当然这三种级别的债券的投资利率是不同的。

通过这种资产证券化的发行，我们看到，这 10 个亿的资产已经让银行提前收回了本金，并将这个资产包从银行的资产负债表上转移了出去。该资产包的本金和未来的所有利息收入所有权都已经归购买这些债券的投资人所有。银行转变成了这个资产包的管理者角色，帮助这些投资人去收回利息和本金，并按照投资比例和债券等级分配给这些投资人。

在此之前，银行的做法是放出贷款，然后持有该贷款（在资产表上），一直到借款人按时归还贷款为止，这个过程我们称之为“购买并持有（Buy and Hold）”，持有的过程也许会很长（比如：住房按揭贷款），因此银行为此而准备的资本就需要锁死很长时间，周转效率很低。

银行通过资产证券化将原本固定在资产表上的资产转移了出去，从而释放了针对这个资产包所需要配置的资本，由此，银行的模式转变成生成而后分发（Originate–to–distribute）。银行可以将释放出来的资本用于新的放贷业务，当然对于新生成的贷款，还可以继续通过资产证券化的方式出表，从而大大提高了资本的使用效率。

而对于投资者来说，提供了他们多样化的投资渠道和产品，不仅可以提高投资收益率，并且还优化了资产组合的分散化效果。

实际上，在这个资产证券化过程中有很多的参与方，包括：借款人、产生资产的银行、证券化安排人（SPV）、外部评级机构、证券化的管理人和相关服务人等，如下图 3–7 所示。

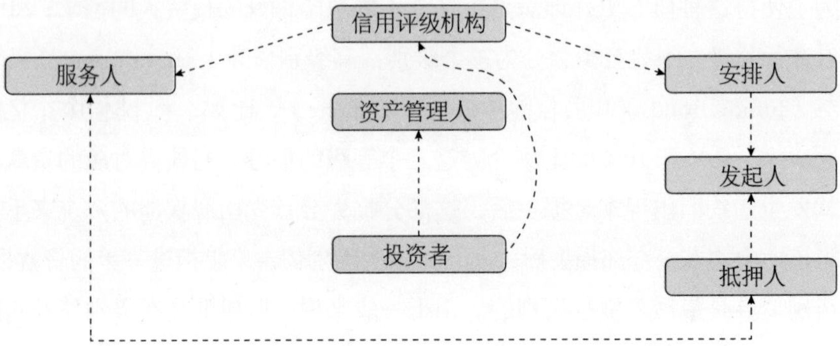

图 3-7　资产证券化参与方关系图

当然，随着资产证券化的发展也带来一些新的问题，一个是基础的贷款质量好坏很大程度上决定了所发行债券的级别和价格稳定性；另一个是过大的资产证券化规模会使得贷款的质量好坏迅速传染到资本市场，从而导致系统性风险发生。我们在后续关于美国 2007~2009 次贷危机的分析中会就这两个问题进行详细阐述。

事实上，无论是采用衍生工具来对冲风险还是用资产证券化来转移风险，本身都有一定的局限性，甚至会带来新的风险。比如，银行可能对现有风险估计不足，选择了不恰当的转移工具，没有真正做到风险的对冲，甚至在交易过程中存在着人为的操作风险，等等。

所以银行要对风险管理的工具有清晰的认识，并尽可能简化转移工具和过程，做到透明可追溯，同时，还要提前评估转移可能的影响，并对交易市场的流动性有充分预期。信用风险转移机制工具如表 3–2 所示。

表 3–2　不同信用风险转移机制工具概述

工具	定义
资产抵押支持证券（ABS）	通过证券化过程产生的结构化产品。 例如：信用卡资产负债表，学生贷款资产负债表，汽车和资产负债表。
资产抵押支持商业票据（ABCP）	商业票据被特殊目的机构（SPV）用来为长期票据应收款池融资．
担保债务凭证（CDO）	由一组债务工具（如通过证券化过程产生的债券）支持的结构性产品。
CDO 平方	特殊目的机构通过证券化程序发行的由部分有抵押债务支持的投资工具。
商业抵押担保证券	以证券化过程中产生的商业抵押贷款池为担保的结构性产品。
信用违约互换（CDS）	最受欢迎的信用衍生工具。在信用违约互换（CDS）中，保护（CDS）的买方向保护的卖方支付一笔费用，作为回报，保护的卖方有权在收取一笔款项（保护费）。如果发生违约事件，保护的卖方必须赔付给保护买方一笔钱（赔付额）。

（续表）

工具	定义
信用衍生品	将信用风险从一方转移到另一方的工具。例子包括信用违约互换、信用联结票据等。
信贷票据（CLO）	证券化过程中产生的商业银行贷款池为担保的结构性产品。
抵押担保证券（MBS）	以住房按揭贷款支持的通过证券化过程产生的结构化产品。有政府支持的住房抵押贷款（即由房利美和房迪美支持的住房抵押贷款）和私人实体发行的住房抵押贷款（包括次级住房抵押贷款）
结构化投资工具（SIV）	一组投资资产，旨在从短期利率与资产支持证券和抵押贷款支持证券等长期结构性金融产品之间的信贷息差中产生回报。

第六节 银行风险管理的局限性

银行风险管理的局限性

考纲要求
描述银行风险管理实施中的限制。

虽然银行都在努力建立相对完善的风险管理制度与体系，并为此而投入大量的人力和财力，但是在实际应用中，风险管理体系还是存在较多的局限性，主要问题有：

（1）实时的风险管理工具在现实中并不存在，银行面临的风险敞口几乎每时每刻都在发生着变化，并且市场环境和政策因素都会直接改变银行面临的风险，所以尽管很多银行建立了完善的风险管理体系，但是依然存在时滞性。

（2）银行利用金融产品进行对冲的过程中存在缺陷，因为并不是所有的风险都是可以被对冲的，比如战争导致的债务违约等，虽然这类事件发生的概率极低，但并不意味着不可能发生。

（3）银行的风险管理模型本身存在着误差甚至是致命的缺陷，这叫做**模型风险（Model Risk）**，在 FRM 二级中会进行详细介绍。

（4）银行的风险管理模型并不能合理解释行为金融学所带来的现象，这一点在银行做流动性风险管理中体现的特别明显，因为客户的存款流出实际上是受到客户行为的影响的，去预测存款的稳定性问题首先要进行客户行为的预测，但事实上这又是一个及其复杂的问题。

（5）银行在自身经营中的存在问题，部分银行急功近利，一味追求业务发展，风险意识淡薄。如最近的包商银行、恒丰银行和锦州银行等案例，这也告诉我们一个银行的风险管理体系能否发挥作用，其风险文化是否审慎起到很大的作用。

本章小结

♣ 风险管理的流程

◢ 风险管理流程可以概括为五个环节：识别、计量、评估、管理、审核。

◢ 管理环节的手段主要有四种：避免、承担、缓释、转移。

♣ 风险的识别

◢ 风险识别的核心是持续去发现那些我们未知的风险。

♣ 风险的计量

◢ 风险的计量工具分为三大类：一类是用来计量单个风险大小的测量工具，另一类是在组合层面测量整体风险大小的组合管理工具，第三类是综合考量风险和收益匹配的考核工具。

◢ 风险的计量方法可以分为定量分析法和定性分析法。

♣ 风险的评估

♣ 主要的风险管理工具

◢ 对于风险的缓释和转移有两种办法，一种是保持风险继续在资产表上，而选择一种产品与其风险进行对冲；另一种办法是直接将资产打包证券化，将风险彻底转移给第三方。

◢ 风险的缓释和转移会导致一种新的风险：交易对手的履约风险。

♣ 风险管理的局限性

章节练习

◇ Under which circumstance, setting an independent risk management department will increase a bank's value?

A. When the risk taken by the bank increases, the corresponding cost produced by the risk is low.

B. There are different business lines within the bank, and each line manages its risk independently.

C. The existing risk management process of the bank is very flexible and convenient, and the risk is always controlled well within the bank's limit.

D. When the cost of setting the risk management department is more than the gains produced by it.

答案解析：B

当银行因为风险增加所相应承担的费用很大的时候，设立独立的风险管理部门才会增加银行的价值，B 正确。风险管理部门可以整合银行的全部业务条线，降低银行经营成本，尤其在各个业务条线进行独立运作时。

◇ Which technique below does not contribute to credit risk mitigation?

A. Bond insurance

B. Buy-and-hold

C. Netting

D. Collateralization

答案解析：B

买入并持有是一种资产收购策略，这种策略会导致信用风险敞口的增加。

扫码获取更多题目

第四章　企业（全面）风险管理
Enterprise Risk Management

一、企业风险管理的定义与特点	企业风险管理的定义与特点	★★
二、企业风险管理的组成	企业风险管理的组成	★★
三、首席风险官的职责	首席风险官的职责	★★

◢ 学习目的

通过本章学习，要知道一个企业的风险管理需要站在全企业角度整体去看，了解企业风险管理的益处，掌握企业风险管理的职责和首席风险官的职责。

◢ 考点分析

本章的学习过程中，需要重点掌握 ERM 的特点、组成和首席风险官在企业风险管理的职责。

◢ 本章入门

对于一个大型的企业来说，业务是多元化的，面临的风险也多种多样。也许每个业务条线都能自己管好自己的风险，但站在企业管理层的角度看，这个企业就没问题了吗？

董事会、高管层需要从一个企业整体的角度来看待这个问题，我这个企业面临的风险整体状况如何？哪些器官是健康的？哪些不太理想？相互之间会不会传染？如果有问题，该找谁看病？能治好吗？……

企业风险管理（Enterprise Risk Management，ERM）就是由董事会、管理层和其他人员共同负责，全面整合公司各个业务条线，在企业风险偏好的范围内对风险进行整体把握和管理的过程。所以，在金融领域，企业风险管理也叫全面风险管理（Integrated Risk Management）。

第一节 企业风险管理的定义与意义

企业风险管理的定义与特点

企业传统的做法上往往将风险管理职责分解到各个业务条线各司其职管理，虽然在效率和磨合上这是比较好的，但往往会产生一些致命的问题，包括：

各条线的风险管理没有考虑其他部门的利益，也往往忽略企业的整体利益，从而可能做出相互矛盾的决策，导致企业的整体利益受损；

举个例子

银行和一个企业之间有多种方式可以合作融资业务，比如：信贷部门会努力争取让客户来贷款，投行部门会说服客户去发债融资，银行的融资租赁公司会动员客户以融资租赁方式解决资金问题。对于银行整体而言，究竟提供什么样的整体方案给客户才是最佳的？这是任何一个单独的部门或子公司所无法解决的。

目前银行普遍采用的统一授信模式就是为了解决上述问题而采用的基于整体角度服务的模式。

割裂的风险管理没有考虑到风险之间的关联和传染性，从而导致在企业层面上面临致命的威胁。

举个例子

银行最害怕的并不是信贷资产违约或市场交易的损失，而是挤兑！这会让银行在极短时间内迅速丧失流动性，从而走向破产。

但挤兑并不是凭空发生的，往往是由于银行在某些业务条线上发生了比较严重的损失，比如巨额交易损失，或有一些不利的谣言传闻（常见的是行长失联跑路了），对民众心理造成极大的负面影响，从而引发挤兑事件。

2019 年银保监会果断接管包商银行，就是看到了该银行在信贷方面出现的严重问题，为了避免可能出现的挤兑或其他流动性事件，从而采取的措施，相当于直接注入了国家信用背书，避免了恶性事件的发生。

由于ERM是一个相对较新且不断进化的概念，国际上暂时还没对ERM有一个确切的定义，ERM经常被定义为一种管理风险的过程或者行为，以下是常见的两种定义：

（1）COSO（美国反虚假财务报告委员会）定义：企业风险管理是指董事会、管理层和其他人员在制定企业整体战略时，对潜在的可能影响到企业的风险事件进行甄别并且在风险偏好的框架内对企业主体目标的实现提供合理的保障。

（2）ISO3000（国际标准化组织）定义：风险会对目标的完成产生不确定性的影响，而企业风险管理指的是针对风险协调指导机构的相关活动。

相较于传统的比较分散风险管理方式，企业风险管理最大的特点是整合（Integration），要求企业的风险管理有一个完整统一的策略和牵头组织，主要有如下三种整合方式：

第一种方式是依据业务部门进行整合，比如将不同业务部门所面对的信用、市场等不同风险一起整合计量；

第二种方式是对风险策略进行整合，即从公司整体策略的角度出发，例如有的部门需要持有期货头寸，而有的部门需要抛售期货头寸，通过策略整合可以避免同时对两个期货交易策略单独进行管理；

第三种方式是对整个的业务流程进行整合，企业将整个业务流程中所需的风险管理进行整合，包括但不限于事前的风险评定，事中的风险控制，事后的风险缓释。

通过企业风险管理（ERM）进行风险的整合管理，有三大益处：

（1）更高效的组织（Increased Organizational Effectiveness）

企业风险管理要求任命首席风险官（具体职责见第三节），通过他来统一协调企业的风险管理功能，从而确保各业务条线能够和谐统一地管理风险，并符合企业整体利益。

（2）更优质的风险报告（Better Risk Reporting）

企业风险管理会明确定义风险报告的路径和各级别的汇报范围及内容，通过明确的界定，使得在整个企业范围内，对于风险数据、事件和管理成效的汇报变得及时、高效和统一。

（3）更好的业绩表现（Improved Business Performance）

通过企业风险管理不仅有效降低了整体风险程度，还有效改善了风险与收益的匹配关系，从而提升企业的业绩表现，增加股东价值。

名师解惑

在考试中，往往会考察ERM整合的三大益处，读者需要仔细去甄别每种益处带来的特征。

第二节 企业风险管理的目标和组成要素

企业风险管理的组成

企业风险管理主要关注如下目标：

（1）确定整个企业（集团）的整体风险偏好；

（2）关注对企业存亡最致命的风险；

（3）识别全企业范围的风险；

（4）对全企业层面的风险集中度进行管理；

（5）管理新兴的风险类型；

（6）支持监管的合规和相关利益方的诉求；

（7）关注企业层面的风险相关性及跨风险之间的传染性；

（8）在企业层面基于规模效应和内部对冲效应优化风险转移成本；

（9）将压力测试结果传导到企业的资本需求层面，并指导业务决策；

（10）将风险整合到业务选择和战略决策中去。

企业风险管理主要由如下七个部分组成：

（1）**公司治理（Corporate Governance）**。公司治理是指董事会与管理层需要建立合适的管理架构和控制流程，风险管理是其中的重要组成部分。

（2）**业务条线管理（Line Management）**。业务条线管理是指将风险管理与业务条线相互整合，来确保各个业务部门在拓展新业务时控制相应的风险。

（3）**投资组合管理（Portfolio Management）**。投资组合管理是指在制定好公司业务条线管理框架后，公司需要对各个条线的风险敞口进行整合，比如投资一些负相关的行业，可以降低整个组合的风险，达到分散化的效果（Diversification Effects）。

此外，对于某个行业的投资不能够太集中，要避免集中度风险（Concentration Risk）。

（4）**风险转移**（Risk Transfer）。风险转移是指公司可以通过诸如期权、期货等金融衍生品将一些风险敞口、控制成本较高的业务风险转移给第三方机构。

（5）**风险分析**（Risk Analytics）。风险分析是指公司在风险管理中需要提供风险测量，分析，报告等工具来测算公司的风险敞口以及外部的影响因素。

（6）**数据和技术资源**（Data And Technology Resources）。在风险分析和报告中需要提高技术和数据资源的支持。

（7）**利益相关者管理**（Stakeholder）。在风险管理中要及时与公司的利益相关者进行沟通和汇报。

第三节　首席风险官的职责

首席风险官的职责

— 考纲要求 —
描述首席风险官的职责。

首席风险官是一个企业风险管理的最高负责人，对企业的整体风险状况进行把握和管理，因此他是企业执行 ERM 战略的最高指挥官，其主要职责如下：

（1）首席风险官要有把握全局的领导能力，并能够对企业风险管理提出指引。

（2）首席风险官能够统筹公司面对的所有的风险并且建立一个完整的风险管理框架。

（3）首席风险官要负责制定风险管理规章制度，通过定量评估设置一定的风险限制。

（4）首席风险官要负责设定一定的风险预警指标，比如公司的资本充足率、交易对手的负面信息、舆情等，并且对这些风险预警指标进行跟踪。

— 考试小技巧 —
首席风险官的职责是 FRM 考察的重点，重点记忆首席风险官的职责关键词。

（5）首席风险官要负责分配公司的经济资本。

（6）首席风险官要负责与利益相关者沟通风险控制的相关细则。

（7）首席风险官要建立数据管理体系来支持企业的风险管理。

本章小结

♣ 企业风险管理的定义

- 企业风险管理带来的益处
  - 更高效的组织（Better Organization Effectiveness）。
  - 更优质的风险报告（Better Risk Reporting）。
  - 更好的业绩表现（Better Business Performance）。

♣ 企业风险管理的目标和组成要素

♣ 首席风险官的职责

章节练习

◇ Which of the following statements regarding the responsibilities of the chief risk officer（CRO）is least accurate?

A.The CRO should provide the vision for the organization's risk management.

B.In addition to providing overall leadership for risk, the CRO should communicate the organization's risk profile to stakeholders.

C.Although the CRO is responsible for top-level risk management, he is not responsible for the analytical or systems capabilities for risk management.

D.The CRO may have a solid line reporting to the CEO or a dotted line reporting to the CEO and the board.

答案解析：C

首席风险官是风险管理的最高层领导，要对风险管理系统的分析能力进行负责。

◇ A board of directors is evaluating the implementation of a new ERM program at an asset management company. Which statement below is consistent across the various current definitions of an ERM program and most appropriate to be included in the company's ERM definition and goals?

A.The ERM program should reduce costs by transferring or insuring most of the company's major risk exposures.

B.The major goal of the new ERM program should be to reduce earnings volatility.

C.The ERM program should be managed separately from the operational side of the company.

D.The ERM program should provide an integrated strategy to manage risk across the company as a whole.

答案解析：D

一个有效的 ERM 项目应该在集成在多个层级，作为整体贯穿全公司并和公司的操作方集成在一起。

◇ The board of directors of a growing asset management company has recommended that the firm establish an ERM framework. Which of the following represents a key benefit that the firm will likely attain after establishing an ERM framework?

A.Allowing the company to determine and make use of a higher risk appetite.

B.Finding the optimal reporting methodology for each risk function.

C.Improving the top-down communication and coordination in the company.

D.Taking advantage of the new opportunities that create value on a standalone basis.

答案解析：C

ERM 的实施需要集成。任命 CRO 并建立集中的、集成的风险管理团队可以更好地解决公司面临的各个风险之间的相互依赖性，从而提高效率。

A 是不正确的，因为 ERM 并不一定要允许公司确定和采用较高的风险偏好。

B 是不正确的，因为 ERM 在风险管理中不建议采取零散的方法。

D 是不正确的，因为 ERM 通过对所有风险进行全局概览而不是独立对待来提高业务绩效。

扫码获取更多题目

第五章 风险数据整合与风险报告

Risk Data Aggregation and Risk Report

一、风险数据整合的定义与优势	风险数据整合的定义与优势	★★
二、风险数据整合的原则	1. 风险数据基础设施与信息系统架构	★★
	2. 风险数据整合能力	★★★
	3. 风险报告	★★★
	4. 监督、审查与合作	★★

◢ 学习目的

通过本章学习，要了解数据对于银行风险管理的重要意义，并且基于整合的数据，可以持续通过风险报告及时了解风险状况及风险管理的有效性。

◢ 考点分析

本章非考纲重点，重点掌握风险数据整合的概念、风险报告的原则即可。

◢ 本章入门

2008 年，全球金融危机暴露了许多银行的信息技术与数据处理系统不足的问题，这一缺陷使得银行自身与整个金融体系都承受了严重的后果。因此巴塞尔委员会对银行风险数据的整合能力以及信息管理系统提出了更高的要求，从而提高银行风险决策判断的能力进而提高银行整体运作效率，减少损失。

第一节 风险数据整合的定义与优势

风险数据整合的定义与优势

风险数据整合（Risk Data Aggregation）是指根据银行风险的监管要求来定义、收集和处理风险数据，确保数据的完整性、一致性，从而使得银行能够在既定的风险偏好下衡量自身的风险管理效果。

当今很多银行与公司都引入人工智能、大数据等技术，通过开发自动化评估系统分析数据，预测未来交易对手违约概率等信息。在开发这些系统时，首要任务就是需要收集大量的数据，整合不同业务条线的数据，使得银行更好地预测风险，确保财务健康，做出更好的决策，从而提高银行运营效率，减少损失，实现价值最大化。

风险数据整合的好处在于：

（1）有助于更好地预测和预防问题。

（2）有助于银行和监管者等相关利益方更清晰地看到银行的整体情况，发现可能的漏洞，并协助银行加以改善。

（3）有助于银行提高应对危机的能力。

（4）有助于银行提升运营效率，降低损失的可能性，从而提升业绩和公司价值。

第二节 风险数据整合的原则

一、风险数据基础设施与信息系统架构

（一）准则 1：治理能力（Governance）

银行风险数据聚合能力和风险报告的实践应当服从于强有力的治理规划并与巴塞尔委员会的其他准则和指导意见相一致。

> 考试小技巧
> 合的准则和相关准则在风险管理中的具体应用是 FRM 考察的重点内容。

（二）准则 2：数据基础设施和信息系统架构（Data Architecture and IT Infrastructure）

巴塞尔委员会要求每家银行建立**信息系统架构**（IT Infrastructure）和**数据基础设施**（Data Architecture），保证在不同业务部门之间的数据具有一致性和可验证性。此外，信息系统架构与数据基础设施在发生危机时也要能够有效地支持银行开展风险数据汇总和风险数据汇报，并满足其他相应的数据报告准则。

二、风险数据整合能力

（一）准则 3：准确性与真实性（Accuracy and Integrity）

银行在对风险数据加总时，应满足数据的准确性和全面性的要求，以确保风险报告无论在正常情况下还是在危机时候都准确可靠。风险数据加总的过程要高度自动化，降低人工犯错的可能性。

名师解惑

尽管银行在对风险数据加总的过程中要保证高度的自动化，但是这并不意味着要完全放弃人工干预（Manual Intervention），有些风险数据是无法通过系统进行获得的，也有些数据可能在当初录入系统时就发生了录入错误，因此适度的人工干预是需要的。

（二）准则 4：完整性（Completeness）

银行在进行数据整合时应收集整个银行系统的所有风险数据。数据应该来源于业务条线、法人、资产类型、行业、地区以及其他机构团体，以便识别和报告风险敞口、风险集中度和正在显露的风险。

（三）准则 5：及时性（Timeliness）

除了准确性、完整性、真实性等要求外，数据的及时性也是银行风险数据整合的重要原则，银行的风险数据要实时更新（Up-to-date），满足银行在正常或危机时期下的风险报告频率的要求。

（四）准则 6：适用性（Adaptability）

银行的风险数据应满足查询和风险报告的需求，包括在危机情况下风险报告的要求、内部需求不断发生变化时的要求以及监管机构对于风险数据的要求。

名师解惑

银行风险数据要有足够的适用性来满足内部需求的调整，比如国际最新会计准则 IFRS9 的出台对银行资产分类进行了重新划分，风险数据也要相应进行调整以满足后续的监管要求。如果这些数据不能进行灵活调整并且适用于新的业务准则，那么这些数据的意义就会大打折扣。

三、风险报告

（一）准则 7：准确性（Accuracy）

银行的风险报告应该准确地呈现风险数据并且确切地反映风险，这些风险报告都是应该经过校对和验证的。比如风险报告提及今年信用卡审批流程完全合规，没有出现任何差错。但与此同时，信用卡团队报告了一笔消费逾期，经查，这笔逾期来自于一名 75 岁的老人且这张卡是当年新发的信用卡。很显然，这份风险报告是经不起验证的，因为审批人员忽视了 70 岁以上老人不能办卡这一原则，错误地审批发行了一张信用卡。

（二）准则 8：综合性（Comprehensiveness）

银行风险管理报告应该包含组织内所有的重大风险领域，银行风险管理报告的深度与广度也应该与银行的业务范围、复杂性、风险框架以及风险报告使用者的要求相一致。

（三）准则 9：清晰性与实用性（Clarity and Usefulness）

银行的风险报告应当清晰明了，在报告完整综合的前提下易于理解，以便于做出更好的决策。此外，风险报告应该根据使用者的个性化需求来提供有意义的信息。

（四）准则 10：频率（Frequency）

董事会、高级管理层和其他风险报告的使用人应制定风险报告的频率，根据市场环境进行频率调整，尤其在危机的时候要增加风险报告的频率。

（五）准则 11：报送（Distribution）

根据监管机构的要求，银行的风险数据需要定期进行报送，除了报送数据准确性、完整性，银行在报送数据时候还应该注意报送数据的**保密性**（confidentiality）。

四、监督、审查与合作

（一）准则 12：回顾检查（Review）

监管层应该定期审查和评价银行是否遵循以上 11 条准则并将此项监管工作常态化，可以就涉及单一问题或选定的问题的银行展开专题审查。此外，监管机构可以不定时地要求相关银行在短时间内提供某些风险问题的信息（例如特定风险因子的敞口），以此检测银行是否遵循准则，进而测试银行迅速汇总风险数据并编制相应风险报告的能力。

监管层应有效利用内部或外部审计员进行的审查，监管层可以以内部审计人员或独立专家的身份开展工作。监管层必须有权限查阅所有适当性文件，例如内部验证和审计报告，并应适时与外部审计员或独立于银行的专家进行会谈，评估银行风险数据整合能力。

监管层应测试银行在压力、危机和稳定环境下积累数据和生成报告的能力。

（二）准则 13：风险补救计划和监管度量 (Remedial Actions and Supervisory Measures)

监管机构应当使用合适的监管工具与资源针对银行在风险数据整合和风险管理过程中产生的缺陷进行及时有效的指导。

监管机构应要求银行采取有效和及时的补救计划，以解决其风险数据汇总能力、风险报告审查和内部控制方面的缺陷。

监管机构还应该采取一系列方法以解决银行风险数据汇总和报告能力方面的重大缺陷。这些方法包括但不限于要求银行采取补救行动、加大监督力度、引入第三方（如外部审计员）对银行进行独立审查。

在正式开展新业务之前，监管层要求银行提前施行相关的计划以确保风险数据的收集整合。

当监管机构要求银行采取补救措施时，应制定相应的时间表。监管机构应该逐步提高监管的严格程度，以便在银行未能充分解决已查明的缺陷时，或在监管机构认为有必要采取进一步行动的情况下，采取更有力或更迅速的补救行动。

（三）准则 14：监管机构的合作（Home/Host Cooperation）

同一国家内不同地区的监管机构之间应该相互合作，除了确保金融机构符合相关监管要求外，还需要审查其是否符合相关风险数据汇总的原则，必要情况下银行补救计划的实施情况。

银行注册地与所在地监管当局之间的有效合作和适当的信息共享能够有助于加强银行在多个司法管辖区的风险管理实践。监管机构应尽可能避免与风险数据汇总和风险报告相关的多余的和信息不一致的审查。

监管机构的合作形式包括：在适用法律范围内资料共享和在双边或多边基础上进行讨论，讨论形式主要有定期会议、电话会议和电子邮件等形式。

名师解惑

监管机构在风险数据整合与风险报告中起到的监管作用是 2019 年 FRM 考纲开始新增加的一个考点，考生应加强回顾检查、风险补救计划、监管度量和监管机构之间合作的相关内容的学习。

本章小结

♣ 风险数据整合的定义与优势

- 风险数据整合（Risk Data Aggregation）是指根据银行风险的监管要求来定义、收集和处理风险数据，使得银行能够在既定的风险偏好下衡量自身的风险管理效果。

♣ 风险数据基础设施与信息系统架构

- 准则1：治理能力（Governance）。
- 准则2：数据基础设施和信息系统架构（Data Architecture and IT Infrastructure）。

♣ 风险数据整合能力

- 准则3：准确性与真实性（Accuracy and Integrity）。
- 准则4：完整性（Completeness）。
- 准则5：及时性（Timeliness）。
- 准则6：适用性（Adaptability）。

♣ 风险报告

- 准则7：准确性（Accuracy）。
- 准则8：综合性（Comprehensiveness）。
- 准则9：清晰性与实用性（Clarity and Usefulness）。
- 准则10：频率（Frequency）。
- 准则11：报送（Distribution）。

♣ 监督、审查与合作

- 准则12：回顾检查（Review）。
- 准则13：风险补救计划和监管度量（Remedial Actions and Supervisory Measures）。
- 准则14：监管机构的合作（Home/Host Cooperation）。

章节练习

◇ In characterizing various dimensions of a bank's data, the Basel Committee has suggested several principles to promote strong and effective risk data aggregation capabilities. Which statement correctly describes a recommendation that the bank should follow in accordance with the given principle?

A.The integrity principle recommends that data aggregation should be completely automated without any manual intervention.

B.The completeness principle recommends that a financial institution should capture data on its entire universe of material risk exposures.

C.The adaptability principle recommends that a bank should frequently update its risk reporting systems to incorporate changes in best practices.

D.The accuracy principle recommends that the risk data be reconciled with management's estimates of risk exposure prior to aggregation.

答案解析：B

银行在做风险数据加总的时候并不能完全依赖机器，比如一些特殊事项调整是需要人工进行干预的，A 错误。银行在进行数据整合时候要能够收集有关整个银行系统的所有风险数据。数据应该来源于业务条线、法人、资产类型、行业、地区以及其他机构团体，这些旨在识别和报告风险敞口、风险集中度和正在显露的风险，B 正确。

◇ The risk aggregation process includes breaking down, sorting, and merging data and datasets. Several benefits accrue to banks that have effective risk data aggregation and reporting systems in place. Which of the following statements do not describe a benefit of effective risk data aggregation?

A.Improved resolvability in the event of bank stress or failure.

B.The bank is better able to increase efficiency, reduce the chance of loss, and ultimately increase profitability.

C.It is easier to see problems on the horizon when risks are viewed individually rather than as a whole.

D.The bank is better able to make strategic decisions.

答案解析：C

拥有有效的风险数据汇总和报告系统的银行可获得许多好处。 这些好处包括：

1. 提高了预测问题的能力。 汇总数据使风险管理人员能够全面了解风险。从整体上而不是孤立地看待风险，就更容易看到即将出现的问题。

2. 在出现财务压力时，有效的风险数据汇总可以增强银行识别出重回财务健康状况的途径的能力。

3. 在银行出现压力或破产的情况下提高了可解决性。

4. 通过增强银行的风险功能，银行可以更好地制定战略决策，提高效率，减少亏损机会并最终提高盈利能力。

◇ A risk analyst is reconciling customer account data held in two separate databases and wants to ensure the account number for each customer is the same in each database. Which dimension of data quality would she be most concerned with in making this comparison?

A.Completeness.

B.Accuracy.

C.Consistency.

D.Currency.

答案解析：C

一致性是指在两个或多个不同数据库中比较数据的某种成分或性质。

扫码获取更多题目

第六章 资本资产定价模型
Capital Asset Pricing Model

一、资产组合预期收益的度量	1. 单一风险资产的预期收益与风险	★★
	2. 资产组合的预期收益与风险	★★
二、马科维茨资产组合理论	1. 风险厌恶与无差异曲线	★★★
	2. 有效前沿与最小方差前沿	★★★
三、资本市场线	1. 资本配置线	★★★
	2. 资本市场线	★★★
四、资本资产定价模型	1. 系统性风险与非系统性风险	★★★
	2. 风险因子与证券市场线	★★★

学习目的

本章的内容相对前五章来说难度最大，通过学习要让考生掌握现代主流的资产组合分析理论，包括马科维茨的资产组合理论（收益——方差），夏普的CAPM 模型等。

建议考生先学习定量分析的相关基础知识之后再回过头来看本章的相关公式。

考点分析

本章为重要章节，考点较多，重点包括马科维茨的分散化投资数学解释，CAPM 模型的基本假设和公式内容等。

本章入门

1952 年，马科维茨（Markowitz）在他的学术论文《资产选择：有效的多样化》中，首次应用资产组合报酬的均值和方差这两个数学概念，从数学上明确地定义了投资者偏好。第一次将边际分析原理运用于资产组合的分析研究，以数学的方式诠释了为什么要分散化投资，这一研究成果教会了投资者怎样根据自身风险偏好构建投资组合，并在风险一定时取得最大收益。

资本资产定价模型（Capital Asset Pricing Model 简称 CAPM）是由美国学者夏普（William Sharpe）、林特尔（John Lintner）、特里诺（Jack Treynor）和莫

辛（Jan Mossin）等人于 1964 年在资产组合理论和资本市场理论的基础上发展起来的，CAPM 模型对投资组合的收益与其风险之间的关系给予了明确的定义，投资者所承担的系统性风险越大，其所要求的投资收益回报也应该越大，由此根据收益率对资产价格进行估价。CAPM 模型是现代金融市场价格理论的支柱，广泛应用于投资决策和财务管理领域。

第一节 资产组合预期收益的度量

一、现代投资组合理论

（一）背景假设

1952年Harry Markowitz博士论文提出了现代风险分析的基础。马科维茨提出的理论，被称为现代投资组合理论（MPT），基于对投资者行为的某些假设以及资本市场的特性，说明投资者应该如何构建投资组合，投资者应如何选择投资组合中的投资资产。

“寻求最大化的风险和收益分配”是指投资组合的合理分配。如果两项投资的预期回报率相同（以回报率的平均值衡量），风险厌恶型投资者会选择风险最低的投资（以方差衡量）。马科维茨的理论还作出了以下假设：

（1）资本市场是完美的；

（2）无税收或交易成本；

（3）所有贸易商都可以免费获得所有可用信息；

（4）所有市场参与者之间存在完美竞争；

（5）收益是正态分布的。

假设投资组合的收益是服从正态分布可以使得投资者简单地使用均值（即收益）和方差（即风险）来进行表述。在其他条件相同的情况下，投资者更喜欢较高的平均回报率和较低的方差。

通过分散化来降低投资组合的风险。分散化是通过投资一个资产组合来实现的，这些资产的组成部分之间的价值变化不相关（即它们之间没有完全的关联）。具体而言，分散化会使得构成整个投资组合的各个资产之间可以相互抵消一些特定风险敞口。

（二）实际应用时面临的问题

虽然马科维茨现代投资组合理论是构建投资组合时可以提供理论支持的重要突破，但人们对理论背后的不合理假设以及理论在实践中应用的相关问题表示了关注。

例如，假设收益率正态分布是一个比较严重的问题。不同资产类别与特点，使得资产收益率服从正态分布的假设较难达到。通过对于金融市场上各类金融产品的收益率分析研究，得到的结论是大多数金融产品的收益率分布具有肥尾的情况（即在分布的尾部比正态分布有更多的观察值），并且是不对称的。另一个被严重质疑的假设是，投资者在选择资产时只考虑收益和风险，即只考虑均值和方差，却忽略了偏度，如果不考虑收益分布的偏度，整体估计的组合收益均值和方差大概率上都是不正确的。Campbell-Harvey 和 Bekaert-Harvey 的研究表明收益分布的偏度在资产定价中很重要。

当估计应用模型所需的参数时，主要的现实问题就出现了（即，回报的平均值和方差，以及投资组合中每个资产之间的相关性）。这些参数通常都是使用特定时间段内的历史数据进行估计计算。然而，马科维茨现代投资组合理论并没有明确说明应该使用哪个时段来估计这些参数对于未来资产收益率与方差的预测会更加精准。所以根据使用的历史数据，得到的组合配置可能会与预期的收益风险之间有很大差异。当然近年来出现了一些方法可以处理这些参数的不确定性问题，比如近年来一种流行的方法称为稳健投资组合优化的技术，它可以将估计误差直接纳入投资组合优化过程之中。

1952 年，马科维茨首次提出了用资产组合过去收益的平均数 M 定义资产或者投资组合的预期收益率。风险是指收益的不确定性，马科维茨用过去投资表现的方差 σ^2 定义投资组合的风险，即用过去的投资组合的波动率来预估未来投资收益的不确定性。

二、单一风险资产的预期收益与风险

预期收益率也称为**期望收益率**（Expected Return），是指在不确定的条件下，某资产未来可实现的收益率，即未来可能发生的收益率 R_i 与发生概率 P_i 的乘积的总和。表达式如下：

$$E(R)=\sum_{i=1}^{n} P_iR_i=P_1R_1+P_2R_2+\ldots+P_nR_n$$

方差（Variance）是未来可能发生的收益率 R_i 与其数学期望 E(R) 之差的平方值的期望。反映了投资收益率的不确定性。在研究投资收益不确定性时，方差有着重要的经济意义。

$$VAR=\sigma^2=\sum_{i=1}^{n}[R_i-E(R)]^2P_i$$

在实际应用中，我们可以把过去已经发生的收益率看作是当前收益率的样本，将每一个样本值定义为 X_i，样本全体均值为 μ，而且这些收益率发生的概率是相等的。我们可以将上述公式改写成如下形式：

$$VAR=\sigma^2=\frac{\sum_{i=1}^{n}[X_i-\mu]^2}{n}$$

方差是**标准差**（Standard Deviation）的平方，标准差 σ 反映了样本值的离散程度，我们有时候也用标准差作为度量风险的指标，其公式如下：

$$\sigma=\sqrt{\frac{\sum_{i=1}^{n}[X_i-\mu]^2}{n}}$$

举个例子

一项资产价值 100 元，在未来一年内的投资收益有三种可能性：10% 的概率挣 20 元，40% 的概率不挣钱，50% 的概率亏 1 元。那么预期收益率计算如下：

E(R)=[20×10%+0×50%+（-1）×50%]/100=1.5

即，从平均水平来看，这笔投资的回报率是 1.5%（注意，不代表实际的收益率就是 1.5%）。

投资收益率的方差计算如下：

$$VAR=\left(\frac{20}{100}-1.5\%\right)^2\times10\%+\left(\frac{0}{100}-1.5\%\right)^2\times40\%+\left(-\frac{1}{100}-1.5\%\right)^2\times50\%$$

$$=0.003825$$

标准差 $=\sqrt{0.003825}=6.18\%$

从结果来看，这是一项风险非常高的投资，预期收益率只有 1.5%，但标准差却高达 6.18%，是预期收益率的 4 倍之多。

名师解惑

在评价投资业绩时不只是从收益率这一层面进行分析，收益率的波动情况也是需要进行考虑的。尽管马科维茨提出了用过去收益的算术平均数来计量预期收益与方差，但这是基于未来的收益率与过去的收益率同分布这一前提假设的。现实金融市场中，过去的波动率与收益率并不能代表未来，只能做一个参考，因此在估计未来收益率的时候更多的是指计算未来收益率的期望。

三、资产组合的预期收益与风险

资产组合包含了两种甚至更多的资产时，就需要计算整个资产组合的平均收益率和波动率。在实际投资中，组合中的资产之间往往存在一定的相互关系，因此，把这种相关性计量清楚，对于资产组合的研究更有价值。

我们首先以两个资产 X 和 Y 的收益率为例，引入协方差与相关系数的概念。

协方差（Covariance）是两个变量 X，Y 分别与自身期望 E(X)，E(Y) 之差的乘积的期望，在统计学中用于衡量两个变量之间的总体误差与变化趋势。

其中方差是两个变量相等的协方差的特殊情况。

如果两个变量的变化趋势一致，即其中一个大于自身的期望值，另外一个也大于自身的期望值，那么两个变量之间的协方差就是正值；如果两个变量的变化趋势相反，即其中一个大于自身的期望值，另外一个却小于自身的期望值，那么两个变量之间的协方差就是负值。协方差公式如下：

$COV(X,Y)=E[X-E(X)(Y-E(Y))]$

当 X=Y 时

$COV(X,Y)=E[X-E(X)(X-E(X))]=\sigma_X^2$

相关系数（Correlation）是反映不同资产收益率之间的相关性密切程度的统计指标，取值在 −1 到 1 之间，一般用字母 ρ_{XY} 表示。在 FRM 考试中我们着重研究资产收益率之间线性的相关性。其公式如下：

$$\rho_{XY}=\frac{COV(X,Y)}{\sigma_X\sigma_Y}$$

当相关系数 ρ_{XY} 大于 0 时，我们可以说资产 X 与资产 Y 的收益率之间是线性正相关的，他们的收益率更趋于同向变动，比如银行股之间。反之，当 ρ_{XY} 小于 0 时，我们可以说资产 X 与资产 Y 的收益率之间是线性负相关的，他们的收益率更趋于反向变动，比如航空股和石油股之间。当相关系数 $\rho_{XY}=0$ 时，我们可以得出资产 X 与资产 Y 的收益率之间不存在线性相关性（但不能说 X 和 Y 的收益率是相互独立的）。

假定 A 资产初始的投资权重为 W_A，B 资产初始投资的权重为 W_B。另外再分别用 R_A 和 R_B 来代表资产 A 和资产 B 的收益率，则投资组合的预期收益率 R_P 为：

$$R_P=W_AR_A+W_BR_B$$

其中 $W_A+W_B=1$。

通过上式可以直观看到投资组合的收益率是各个资产收益率的加权平均，权重也对投资结果产生了直接影响。

举个例子

市场上每天都存在产生剧烈波动的股票或板块，但是这些个股或个别板块的剧烈波动基本不会对估值造成很大的影响，原因之一就在于它们的市值相较于整个市场来说是微乎其微的，过小的市值权重不足以影响整个市场。

接下来，我们来看投资组合的方差，其表达式相对复杂，如下：

$$\sigma_P^2=W_A^2\sigma_A^2+W_B^2\sigma_B^2+2\rho W_A W_B\sigma_A\sigma_B \tag{6.1}$$

其中，ρ 代表了资产 A 与资产 B 收益率之间的相关系数，即 ρ_{AB}。

（1）当相关系数 $\rho_{AB}=1$ 时，资产 A 和资产 B 的收益率完全线性正相关，对上式左右两边开根号即得投资组合的标准差：

$$\sigma_P=\sqrt{W_A^2\sigma_A^2+W_B^2\sigma_B^2+2W_A W_B\sigma_A\sigma_B}=W_A\sigma_A+W_B\sigma_B \tag{6.2}$$

当资产 A 与资产 B 收益率完全线性正相关时，投资组合的标准差等于各资产的标准差的加权平均。

（2）当相关系数 $-1<\rho_{AB}<1$ 时，由（6.1）式可得：

$$\sigma_P=\sqrt{W_A^2\sigma_A^2+W_B^2\sigma_B^2+2\rho W_A W_B\sigma_A\sigma_B}<\sigma_P=\sqrt{W_A^2\sigma_A^2+W_B^2\sigma_B^2+2W_A W_B\sigma_A\sigma_B}$$

即：$\sigma_P < W_A\sigma_A + W_B\sigma_B$ （6.3）

由上式（6.3）可以得出，当相关系数 $-1<\rho_{AB}<1$ 时，资产 A 与资产 B 的收益率不完全线性相关时，投资组合的标准差（波动率）小于各个风险资产标准差的加权平均。也就是说在投资组合中增加非完全相关的资产后，可以降低整个投资组合的方差，并且 ρ_{AB} 越小，投资组合的方差也就降低得越多。

这也从数学上诠释了“不要将鸡蛋放在一个篮子里”这一家喻户晓的名言。

（3）当相关系数 $\rho_{AB}=-1$ 时，资产 A 与资产 B 的收益率完全线性负相关，由（6.1）式可以得出：

$$\sigma_P=\sqrt{W_A^2\sigma_A^2+W_B^2\sigma_B^2-2W_A W_B\sigma_A\sigma_B}=\left|W_A\sigma_A-W_B\sigma_B\right| \tag{6.4}$$

此时这个投资组合的风险可以被最大化降低甚至消除，由此可见投资组合中资产相关性越低，投资组合的整体风险也越低。

（4）将投资组合从两种资产引申到 n 种资产：

定义 $\overline{\sigma^2}$ 为投资组合中所有资产的平均方差，$\overline{COV}$ 为组合中所有资产之间协方差的均值。如果所有的资产权重均相等，$W_i=W_j=\frac{1}{n}$，i=1,2...,n，j=1,2...,n。n

种资产组成的投资组合方差如下：

$$\sigma_P^2 = \sum_{i=1}^{n}\sum_{j=1}^{n} W_i W_j COV\left(R_i, R_j\right) = \frac{1}{n^2}\sum_{i=1}^{n}\sum_{j=1}^{n} COV\left(R_i, R_j\right)$$

展开得：$\sigma_P^2 = n \times W^2\overline{\sigma^2} \times C_n^2 W_i W_j \overline{COV}$

化简即得：$\sigma_P^2 = \frac{1}{n}\overline{\sigma^2} + \frac{n-1}{n}\overline{COV} = \sigma^2\left(\frac{1-\rho}{n} + \rho\right)$ （6.5）

从上式（6.5）可得：n 种资产的投资组合方差 σ_P^2 是资产的平均方差 $\overline{\sigma^2}$ 与资产平均协方差 $\overline{COV}$ 的加权平均，并且当 n>2 时候，资产组合之间协方差对组合总体方差的影响更大。

当资产数量 n 足够大，换言之，投资足够分散化且资产权重相等的时候，$\frac{1}{n}\overline{\sigma^2}$ 在理论上会越来越小甚至趋近于 0，而 $\frac{n-1}{n}\overline{COV}$ 会趋向于资产平均协方差 $\overline{COV}$，从而使得投资组合总方差 σ_ρ^2 趋近于资产平均协方差 $\overline{COV}$。

当投资组合资产之间的相关性足够小的时候，投资组合 σ_ρ^2 也会越小，投资分散化的效果也越好。

名师解惑

相关系数 $\rho_{XY}=0$ 时，我们只能说明变量之间不存在线性相关性，但不能说变量之间是相互独立的。比如在关系式 $Y=X^2$ 中，X 与 Y 的相关系数是 0，但是很显然 X 与 Y 构成了一条抛物线，两者之间不是独立的。当相关系数 $\rho_{XY}=-1$ 的时候，由（6.4）可知理论上存在一个投资组合，可以使得组合的总风险为 0。

举个例子

假设明年的经济形式可能有三种情况，分别是经济繁荣、经济平稳和经济萧条。根据分析师预测明年经济繁荣的概率是 30%，明年经济平稳的概率是 50%，明年经济萧条的概率是 20%。现在市场上有两只股票 A 和 B，在不同经济环境下可能产生的收益率如下表 6-1 所示，求股票 A 和股票 B 收益率之间的协方差。

表 6-1 不同环境收益率表

	事件发生概率 P	R_A	R_B
经济繁荣	0.3	0.2	0.3
经济平稳	0.5	0.12	0.1
经济萧条	0.2	0.05	0.00

【解析】首先计算股票 A 和 B 的预期收益率：

$$E(R_A)=\sum_{i=1}^{3}R_{Ai}P_i=0.3\times0.2+0.5\times0.12+0.2\times0.05=0.13$$

$$E(R_B)=\sum_{i=1}^{3}R_{bi}P_i=0.3\times0.3+0.5\times0.1+0.2\times0.00=0.14$$

在已知股票 A 和股票 B 的收益率后，用协方差公式代入计算即可，结果如下：

$$COV(R_A,R_B)=\sum_{i=1}^{3}P_i\times[R_{Ai}-E(R_A)]\times[R_{Bi}-E(R_B)]=0.0058$$

第二节　马科维茨资产组合理论

古典的定价理论中关于投资者单一预期做了假设，即期望最大化假设，因为该假设要求投资者只投资所有证券中期望收益最大的证券或者证券组合，这与现实中投资者需要进行分散化投资组合相违背。

马科维茨资产组合理论否定了这种理论的假设，资产组合理论在现实的基础上，提出了组合均值——方差理论。用证券组合的均值代表期望收益，用方差代表组合的风险，投资者理性的投资方式只有两种：

（1）在风险不变的情况下，选择收益最大化的策略；

（2）在预期收益不变的情况下，选择风险最小化的策略。

一、风险厌恶与无差异曲线

马科维茨在研究时将**理性人（Rational Person）**作为研究对象，并且假定理性人只关心资产收益和风险的情况，只要存在套利机会就会进行套利，使得自己的利益最大化。

马科维茨把理性人分为三类，分别是：

- **风险厌恶者**（Risk Aversion）。
- **风险中性者**（Risk Neutral）。
- **风险偏好者**（Risk Perference）。

市场上大部分的投资者都是风险厌恶型的。

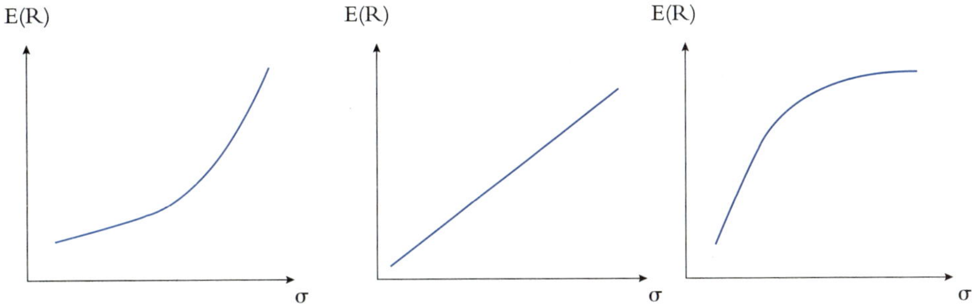

图 6-1　风险偏好曲线

如图 6-1 所示，坐标系横轴代表了投资风险，纵轴代表了投资预期收益。

最左边的投资者是典型的风险厌恶型，其收益——标准差曲线呈现凸性，不难看出，当投资风险增加的时候，投资者对预期收益的要求增加得更多，他们厌恶风险，在相同预期收益情况下追求风险最小，在相同风险水平下追求收益最大化，只有给予更多的回报他们才愿意去承担风险。

中间的图反应的是风险中性的投资者，他们对每单位风险的增加都要求相同的回报。

最右边的图代表的则是风险偏好者，当风险增加时，投资者对收益要求的补偿反而在减少。

在市场上，每个投资者都可以根据自己的风险偏好选择合适自己的投资组合，这些组合构成了一条曲线，我们将这些曲线称为**无差异曲线**（Indifferent Curve）。

如图 6-2 所示，在这条曲线上，投资者获得效用都是一样的。即无差异曲线上的任意一点所构成的收益——风险组合回报给投资者的满足程度是一样的。无差异曲线越靠近左上方，带给投资者的效用和满足感也越高，比如无差异曲线 I_3 在相同风险 σ 下带来的效用大于 I_2。

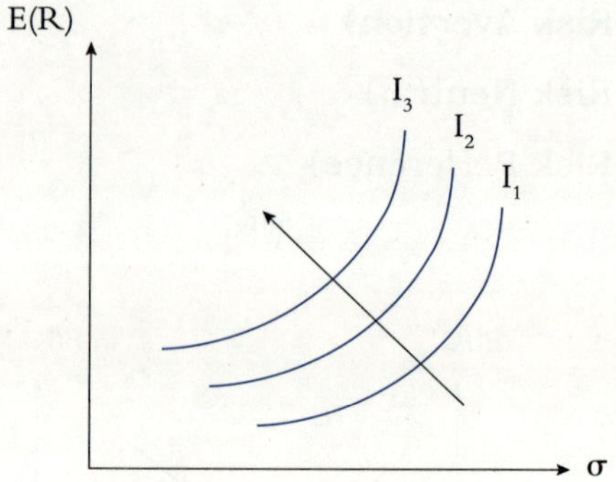

图 6-2　无差异曲线

在确定了无差异曲线之后，投资者再确定选择哪一类的资产去做投资。马科维茨在提出资产组合理论时，提出了如下假设：

考纲要求
描述资产组合理论的假设。

（1）投资者都是理性人，只关心投资的收益和风险；

（2）投资者都是风险厌恶的；

（3）投资者追求的是效益最大化；

（4）市场上没有交易成本，没有税收；

（5）资产是可以无限细分的；

（6）投资者借贷不受限制；

（7）单个投资者的行为不会影响整个市场。

名师解惑

每个投资者可以根据自身效用函数来决定各自特有的无差异曲线，无差异曲线上的资产组合都可以给投资者带来相同的效用，大家一定要记住无差异曲线有无数条，而且是不相交的。

二、有效前沿与最小方差前沿

为了更加直观地理解资产相关性对投资组合的影响，我们建立一个直角坐标系，横轴用标准差代表资产组合的风险（σ_P），纵轴表示预期收益率 $E(R_P)$。

于是每一个风险资产组合的预期收益率与风险都能体现在坐标系中，在给定相关系数的情况下，由 $R_P = W_A R_A + W_B R_B$ 和（6.1）式可以确定在不同资产权重（W_A，W_B）下对应的投资组合的预期收益率和标准差也不同，这些由投资权重所确定的预期收益率标准差集合（σ_{Pi}, $E(R_{Pi})$）构成了资产组合**可行集**（Fessible Class），如图 6-3 所示。

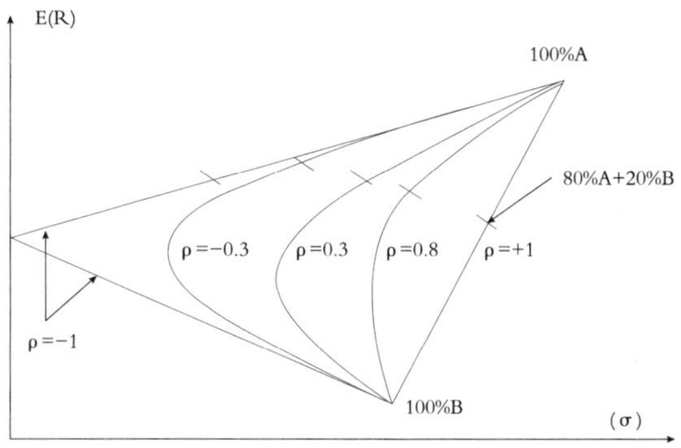

图 6-3 资产组合预期收益率和标准差

A、B 两点分别代表了将全部资金配置于资产 A 和资产 B 带来的预期收益率和标准差。在给定资产相关系数的情况下，不同权重所构造的资产组合对应的期望收益率和标准差都落在图中的线上。

当资产相关系数 $\rho_{AB}=1$ 时，由（6.2）式可知，投资组合的标准差 σ_P 就是资产 A 与资产 B 的标准差的加权平均，即 $\sigma_P=W_A\sigma_A+W_B\sigma_B$，再结合资产预期收益率 $R_P=W_AR_A+W_BR_B$，联立得出由权重（W_A，W_B）所确定的资产组合的均值—标准差点都落在斜率 $\frac{R_A-R_B}{\sigma_A-\sigma_B}$ 为直线 AB 上，即资产组合的可行集为一条直线。

当资产相关系数 $-1<\rho_{AB}<1$ 时，由（6.3）式可知分散化投资可以降低投资组合的总风险，且资产相关系数越接近负 1，分散化效果越好。如图 6-3 中 $\rho_{AB}=0.3$ 这一条向左上方倾斜的可行集曲线，在同样预期收益率的情况下，这条曲线上的资产组合承担的风险要明显小于 AB 这一条可行集直线。

当相关系数 $\rho_{AB}=-1$ 时，资产 A 和资产 B 完全线性负相关，由（6.4）式可知投资组合的标准差 $\sigma_P=|W_A\sigma_A-W_B\sigma_B|$，此时资产的可行集是两条直线，在两条直线的交点处，投资组合的标准差为 0，组合的风险在理论上能够被最大化降低甚至完全消除。

在实际中，投资组合通常是由很多种风险资产组合而成的，假定这些风险资产数量为 n，那么此时由这 n 种风险资产组成的可行集就不再是一条直线或者曲线了，而是由（σ_{Pi}，$E(R_{Pi})$）点集而构成的一个伞形区域。

如果做一条和横轴平行的直线，这条直线和此伞形可行集的边界交于 A、B 两点（如图 6-4 所示），可以发现 A，B 两点的预期收益率是完全相同的，即 $E(R_{PA})=E(R_{PB})$，但是他们的风险不同，A 点在左边，他对应的风险相比 B 点更小一些。

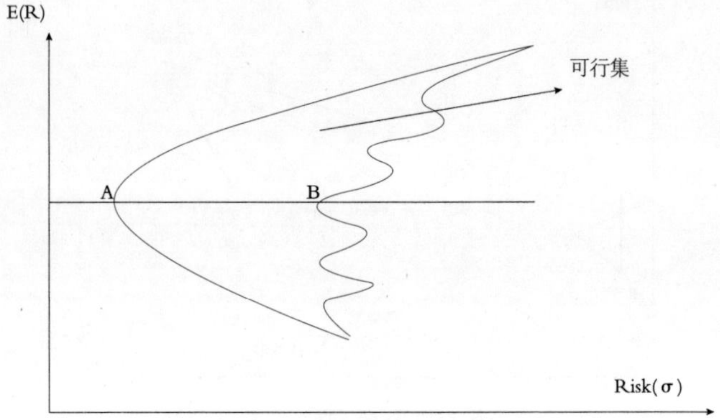

图 6-4　可行集与直线 AB

我们把所有具有相同预期收益率的组合进行比较，会发现位于可行集最左边的风险资产组合有更低的风险。在预期收益率一定的情况下，投资者都会追求最小的风险，投资于那些风险更小的组合。因此只有可行集最左边的点是有效的，右边所有的点都是无效的。

把最左边的点都连在一起形成一条曲线 ACB（如图 6−4 所示），这条曲线为最小方差前沿。最小方差前沿是最左边的一条曲线，它上面的点代表所有风险资产的组合，在相同收益率水平下，这条曲线上的组合具有最小方差，因此称为最小方差组合。

最小方差前沿上每个点都是所有风险资产的组合，各个点的区别仅在于权重不同，如图 6−5。

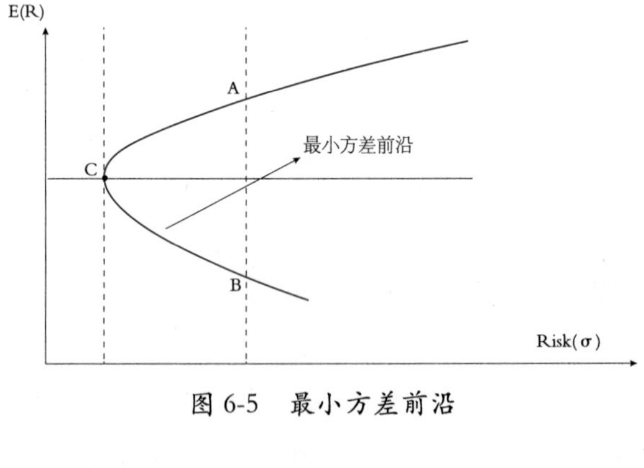

图 6-5　最小方差前沿

前面已经分析过，投资者应该投资于那些最小方差前沿上的点，因为对于相同收益率水平，最小方差前沿上的组合的风险最小。

但是，是否最小方差前沿上的每个点都值得投资呢？显然，最小方差前沿的下半部分并不值得投资，因为对于相同风险水平下，最小方差前沿的上半部分的组合的收益率都比下半部分的更高。比如 A 点与 B 点风险相同，但是 A 点对应资产组合的收益明显大于 B 点，因此最小方差前沿只有上半部分才是有效的。

之后做无数条与纵轴平行的直线，让它们都与最小方差前沿相交，会发现在最小方差前沿的最左边的拐点处会有一条直线和最小方差前沿相切，且只有一个交点（即切点 C），这个切点叫做**最小方差组合**（Minimum Variance Portfolio）。

最小方差组合是所有资产组合中风险最小的一个组合，因为它在曲线的最左边，这一点就是上半部分与下半部分的分界点。我们将切点 C 上半部分的曲线称作是上凹的（Concave），下半部分的曲线称作是下凸的（Convex），上半部分的点在风险水平一定的情况下，具有更高的期望收益率。

最小方差前沿的上半部分就是著名的马科维茨有效前沿，简称**有效前沿**（Efficient Frontier）。有效前沿是能够达到的最优投资组合的集合，它位于所有资产和资产组合的左上方，如图 6-6 所示。

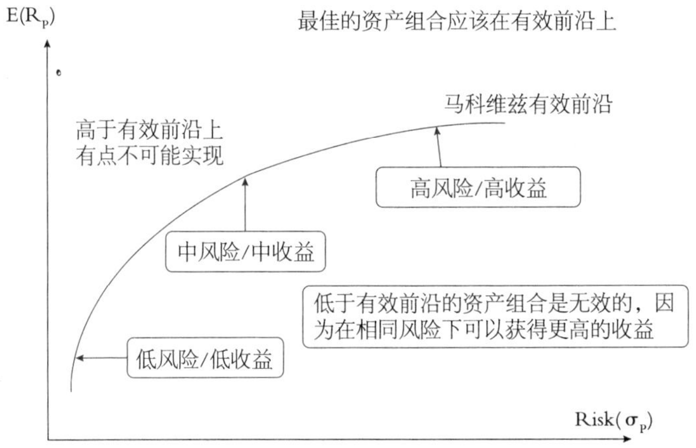

图 6-6　马科维茨有效前沿

所有的单个资产都位于有效前沿的右下方，有效前沿的左上方无法利用现有市场上的风险资产来获得。在一定的期望收益率 E（R）水平下，有效前沿上的投资组合风险最小；在一定的风险水平下，有效前沿上的投资组合期望收益率水平最大。

有效前沿上的投资组合称为**有效组合**（Efficient Portfolio），其特点是包含了所有风险资产，所以称有效组合是**完全分散化**（Well-diversified）的投资组合。理性的投资者都会在有效前沿上进行资产配置，当改变资产之间相关性时，有效前沿也会一起改变。如果要想扩大有效前沿使得有效前沿向左上方移动，则只能通过增加杠杆等方式才可以达到更高的有效前沿。

有效前沿是证券市场的客观实际，而投资者的效用函数是投资者的主观愿望。将投资者的效用函数（无差异曲线）与有效前沿结合起来，其切点就是使得投资者效用最大的投资组合，称为**最优组合**（Optimal Portfolio），如图 6–7 所示。

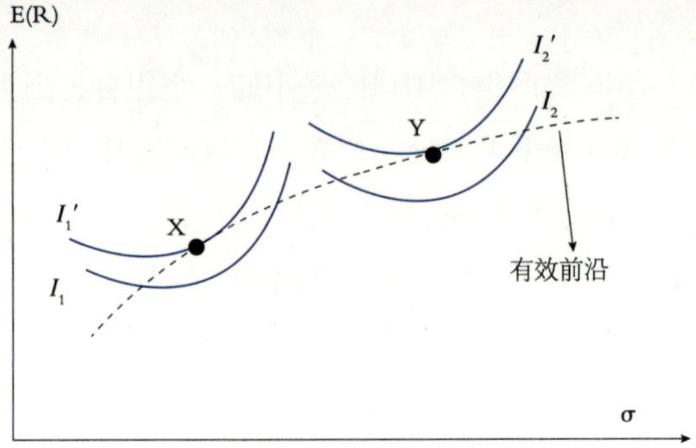

图 6-7　最优投资组合

前面已经讲过，理性人包括风险厌恶者与风险偏好者。风险厌恶是指投资者不喜欢风险，对于两个收益率相同的资产，投资者会投资于风险较小的资产。

从图中不难看出，x 是典型的风险厌恶者，他的无差异曲线 I_1' 相较于 y 的无差异曲线 I_2' 更陡峭，对于每单位的风险所要求的预期收益补偿也更高，因此 x 的最优投资组合在 y 的下方。同理可知投资者 y 是风险偏好型的投资者。

名师解惑

马科维茨投资组合理论告诉了投资者应该怎么样构建一个投资组合。投资分散程度越高，资产相关性越低，投资组合预期收益也越大。最小方差前沿上半部分的那一段曲线就是有效前沿，其中最靠近纵轴的点叫做最小方差组合。

第三节　资本市场线

1952 年，马科维茨提出的资产组合理论引起了金融界的巨大轰动，但是后来经济学家发现通过资产组合原理构造可行集，再找到有效前沿的过程过于复杂，实用性不强。

一、资本配置线

马科维茨有效前沿上的投资组合仅包含所有风险资产，但是在实际投资中投资者往往会配置一部分现金或诸如国债等的无风险资产，威廉夏普对马科维茨有效前沿作了改进，引入无风险资产。无风险资产位于纵轴上，其标准差为 0，收益率为无风险收益率 R_f。在引入无风险资产后，投资组合的变成了由无风险资产和风险资产组合按照一定权重构成的一个新的投资组合 P。

假定风险资产 X 的权重为 W_x，那么无风险资产的权重为 $1-W_x$。可以计算组合的期望收益率为：

$$E(R_P)=(1-W_x)R_f+W_xE(R_x)=R_f+W_x(R_x-R_f) \tag{6.6}$$

由式（6.1）可计算组合的方差：

$$\sigma_P^2=W_x^2\sigma_x^2+(1-W_x^2)\sigma_f^2+2\rho W_x(1-W_x)\sigma_f\sigma_x \tag{6.7}$$

由于无风险资产的标准差为 0（$\sigma_f=0$），所以式（6.7）第二项和第三项都等于 0，所以有：

$$\sigma_P^2=W_x^2\sigma_x^2$$

两边开方求标准差，得：

$$\sigma_P=W_x\sigma_x$$

移项得到：$W_x=\frac{\sigma_p}{\sigma_x}$，代入到式（6.6），得：

$$E(R_p)=R_f+(\frac{E(R_x)-R_f}{\sigma_x})\times\sigma_p \tag{6.8}$$

由式（6.8）中可得，无风险资产与任一风险资产 X 组合后得到一条直线，这一条直线被称为**资本配置线**（Capital Allocation Line，CAL）。资本配置线上的点表示无风险资产与风险资产 X 的线性组合，其截距是无风险收益率 R_f，斜率是 $\frac{E(R_x)-R_f}{\sigma_x}$（如，图 6-8 所示）。值得注意的是：此时投资者不再在没有无风险资产的马科维茨的有效前沿上进行资产配置，而是在资本配置线上按照无风险资产与风险资产的不同权重来进行资产配置。投资组合的预期收益率与风险呈现的也不再是曲线关系，而是线性关系。将斜率 $\frac{E(R_x)-R_f}{\sigma_x}$ 称作新的资产组合 P 的**夏普比率**（Sharpe Ratio），即这条 CAL 线上任一点的夏普比率。

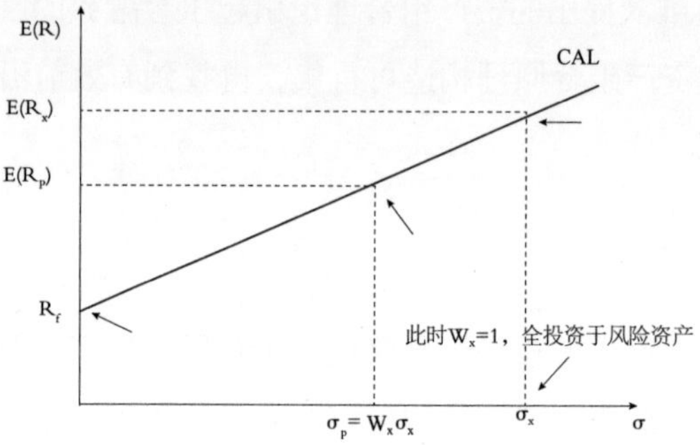

图 6-8 资本配置线

每一个投资者对于收益和风险都有不同的预期和偏好，因此，每一个投资者都有不同的最优投资组合，以及不同的 CAL 线（如 6-9 图所示）。有效前沿上的点表示所有投资者最优的风险资产组合，无风险资产与有效前沿上的点相连，可以得到无数条 CAL 线。

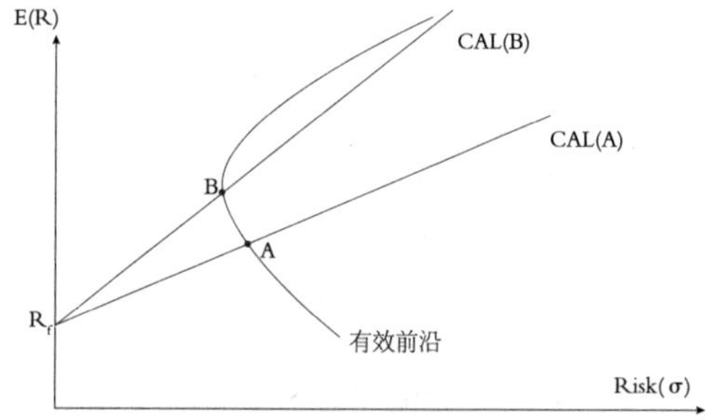

图 6-9 不同资本配置线

在这无数条 CAL 线中，在风险水平一定的时候，位于上方的 CAL 线 B 比下方的 CAL 线 A 所带来的组合预期收益率更高。对于厌恶风险的投资者，一定选择更高的 CAL 线进行资产配置。在这些 CAL 线中，最优是与有效前沿相切的那条 CAL 线。因为，在相同的风险水平下，最高的 CAL 线期望收益率最高（即在相同的风险水平下，收益率最高），此为最优的资本配置线，如图 6-10 所示。

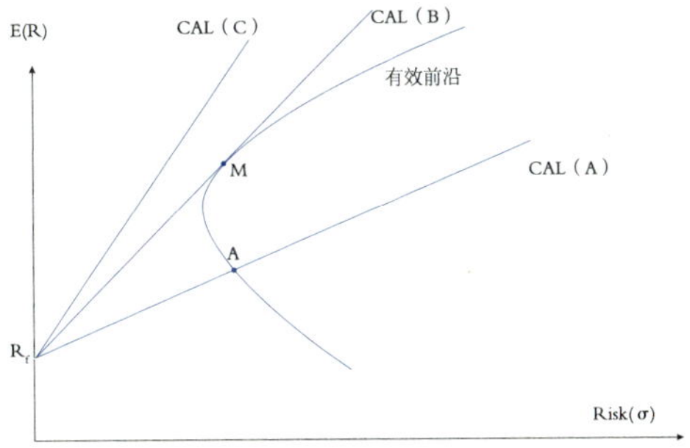

图 6-10 最优资本配置线

由图 6-10 可知，风险厌恶的投资者在选择资本配置线时，会更加倾向于夏普比率，即斜率更大的资本配置线，但是这并不意味着投资者可以选择的资本配置线的斜率可以无限大。受制于资产组合的可行集，资本配置线的斜率不可能无限大。所以上图中的资本配置线 C 是不可行的，尽管 C 有着更高的斜率。最优资本配置线将在与有效前沿相切时获得，即上图中的资本配置线 B，这是因为斜率大于 B 的投资组合都在可行集外，并不存在。而斜率小于 B 的资本配置线的投资组合又不是有效的，比如 CAL（A）。

— 考纲要求 —
解释资本市场线。

二、资本市场线

对于投资者来说，最佳的资本配置线是与有效前沿相切的一条直线，这条直线在任一资本配置线的左上方，也在有效前沿的左上方，因此它效用最高。假设最佳资本配置线与马科维茨有效前沿的切点为 M，如图 6-11 所示，将切点 M 称为**市场组合**（Market Portfolio），市场组合 M 是由市场上所有的风险资产根据各自的市值权重所组成的。在美国市场通常用标准普尔 500 指数替代市场组合。

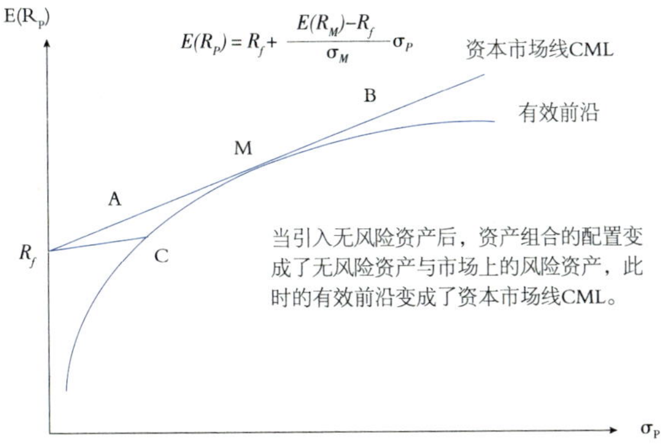

图 6-11 资本市场线

- 考试小技巧 -
资本市场线的公式及其含义是重点内容。

如图 6-11 所示，当所有的投资者对于收益的期望、方差以及风险资产之间的相关性具有相同的预期时，对于所有的投资者来说将有一条相同的最佳资本配置线，这条特殊的最佳资本配置线被称为**资本市场线**（Capital Market Line，CML）。它的表达式为：

$$E(R_p) = R_f + \frac{E(R_M) - R_f}{\sigma_M} \times \sigma_p \qquad (6.9)$$

从公式中可以看出，CML 线的截距是无风险收益率 R_f，斜率是 $\frac{E(R_M)-R_f}{\sigma_M}$，它即为市场组合的夏普比率，CML 线上任一个组合的夏普比率都等于市场组合的夏普比率，夏普比率的分子是市场组合的预期收益率减去无风险收益率，$E(R_M)-R_f$，称为**市场风险溢价**（Market Risk Premium）。分母是市场风险资产组合 M 的风险。再结合式（6.9），不难看出，夏普比率表示投资者在承担单位风险下所要求的超额收益率的补偿，因此也将夏普比率叫做风险的价格。

因为 CML 线取代了马科维茨有效前沿成为了新的有效边界，因此 CML 线上所有的组合都是有效组合，即所有的组合都是完全分散化的资产组合。资本市场线上的每一个点都是有效的投资组合，唯一的区别就在于无风险资产与风险资产的配置权重不同。无论投资者风险厌恶程度如何，他们永远会在这条线上选择不同的资产权重进行投资。

名师解惑

资本市场线 CML 的提出解决了如何有效寻找有效前沿这一难题，从式（6.9）可以看出，只要确定了无风险收益率、市场组合预期收益率及其标准差，就可以在坐标系画出相应的有效前沿（CML）。

由式（6.9）可知，当投资组合的标准差 σ_P 等于市场组合标准差 σ_M 时，即投资者将所有的钱全部投入了市场组合时，此时的投资组合预期收益率就是市场组合的预期收益率 $E(R_M)$，此时风险资产的权重 $W_x=1$。

但是在实际投资中，投资者往往可以通过借钱融资来进行更多的投资从而谋求更高的收益，因此威廉夏普在研究时候依然沿用了马科维茨的假设条件之一：投资者可以以无风险的利率无限借贷。

如图 6-12 所示，在 M 点右侧的预期投资收益明显高于 M，这是因为投资者通过借款的方式将更多的钱投入到了市场组合上，此时市场风险资产的权重 $W_x>1$。在 M 点左侧的预期收益率介于无风险收益率 R_f 和市场组合 M 之间，此时投资组合的配置是无风险资产与市场风险资产的组合。

风险厌恶的投资者往往会在 M 点左边构造投资组合，对风险越厌恶，投资者抛售的风险资产越多，其组合预期收益率越靠近无风险收益率。

而风险偏好者往往会选择在 M 点右边构造资产组合，以无风险收益率借款，将借来的资金配置于市场风险资产，谋求更高的预期收益率。同理，风险厌恶投资者的无差异曲线会与 CML 曲线相切在 M 点左边，风险偏好投资者的无差异曲线会与 CML 线相切在右边。

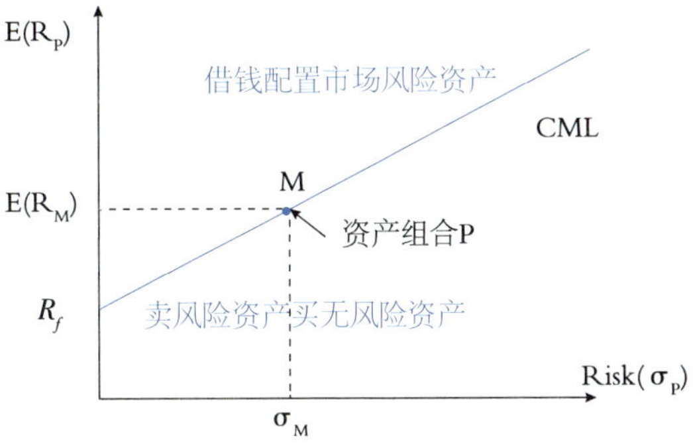

图 6-12 资产组合的配置策略

名师解惑

马科维茨有效前沿只考虑风险资产，而没有考虑无风险资产，因此在引入无风险资产后，有效前沿从一条弯曲的线变成了一条从无风险收益率出发与马科维茨有效前沿相切的一条射线。投资者的投资组合也从单纯的市场风险资产转为风险资产与无风险资产的结合。

CAL 线和 CML 线之间既有联系又有区别。他们的区别在于：CAL 线是由无风险资产与任意最优的风险资产组成的，即无风险资产与有效前沿上的任何一点的连线；而 CML 线是由无风险资产和市场组合所构成的，其假设前提是所有的投资者都有相同的预期。CAL 线和 CML 线也有很多联系，因此 CML 线是一条特殊的 CAL 线，具体表现在它是 CAL 线和有效前沿相切时得到的。

第四节 资本资产定价模型

一、系统性风险与非系统性风险

马科维茨在资产组合理论中提出资产是无限可分的这一假设，并且论证了分散化投资可以有效降低组合投资的风险。尽管分散化投资可以降低投资组合的风险，但是并不能彻底消除风险，投资组合依然存在着系统性风险，如图 6–13。

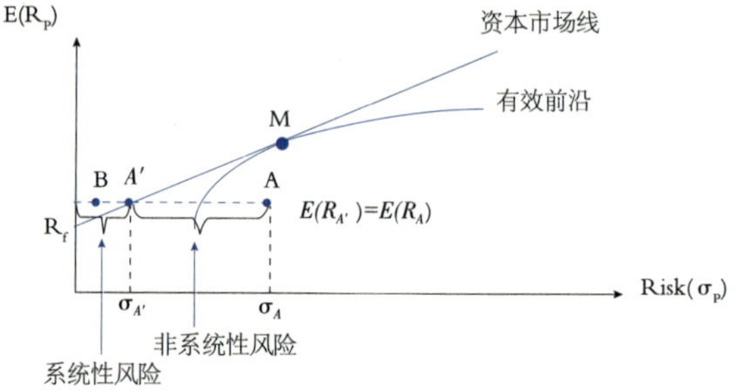

图 6-13 系统性风险与非系统性风险

由图 6–13 可知，市场上存在着两个不同的投资组合 A' 和 A（其中点 A' 在 CML 线上），它们有着相同的预期收益率，通过 CML 公式（6.9）计算可以得到投资组合 A' 和 A 分别对应的风险 $\sigma_{A'}$ 和 σ_A，从图 6–13 不难看出，投资组合 A' 明显优于投资组合 A，在相同的收益下投资组合 A' 的风险更小。显然，投资组合 A 中的风险资产并没有被完全分散。

我们将风险 $\sigma_{A'}$ 和 σ_A 之间的差值叫做**非系统性风险（Unsystematic Risk）**，非系统性风险可以通过构造资产组合分散掉，是可以避免的风险，承担非系统性风险不能得到风险补偿，投资组合 σ_A 承担了更多的非系统性风险，但是并没有得到预期收益率的补偿。

对于投资组合 A'，尽管组合 A' 的风险资产被完全分散化了，但是其组合风险 $\sigma_{A'}$ 依旧大于 0，在同样的预期收益率水平下要想构建更低的投资组合风险是不可能的，因为例如 B 这样的投资组合并不在新的有效前沿 CML 线上。将原点到 $\sigma_{A'}$ 称为**系统性风险（Systematic Risk）**，系统性风险又被成为不可分散风险，这是由整个市场受外部因素的冲击或者内部因素的牵连所引发的风险，比如国际局势、自然灾害、宏观政策等影响。

风险补偿只能是对于不可避免的风险的补偿，即承担系统性风险的补偿。当组合中资产的数目逐渐增多的时候，非系统性风险就会被逐步分散，但是无论资产数目有多少，系统性风险都是固定不变的。

名师解惑

以中国股市为例，2015 年下半年，受各类利空消息的影响，中国 A 股市场发生了千股跌停这一前所未有的灾难现象。这种风险可以看成是系统性风险。

比如著名的獐子岛，其公司主营业务为海产品养殖，当海水温度升高或遭遇洋流时，养殖的海产品会发生大面积死亡，即使在市场平稳的环境下，獐子岛的股价也连日暴跌。这是这只股票所特有的非系统性风险。

一般而言，当投资组合资产数量增加到 30 个的时候，非系统性风险已经被很大幅度降低了。随着资产数量的增加，总风险会无限接近于系统性风险。如图 6-14 所示。

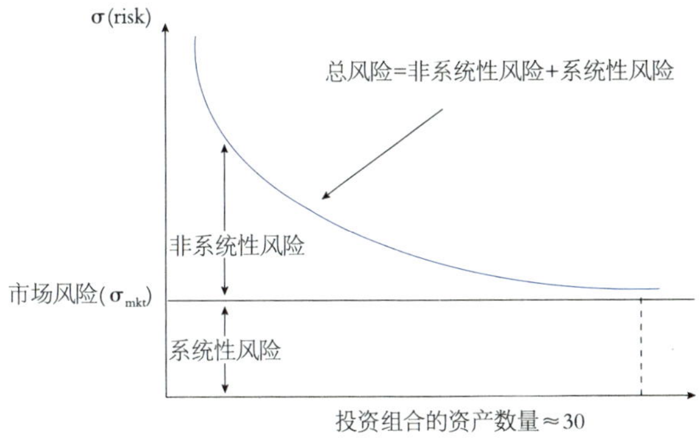

图 6-14　资产数量与非系统性风险

名师解惑

前面讲过的资本市场线（CML）线是在均值 - 方差的模型中讨论的，用方差来衡量总风险。但是 CML 线上的市场组合是一个完全分散化的资产组合，其非系统性风险都被分散了，只有系统性风险。CML 线上的任一组合都是对无风险资产和市场组合进行权重分配后得到的，因为无风险资产是没有风险的，市场组合只有系统风险，所以由这两者构成的组合也只有系统性风险. 综上，CML 线上的任一组合只有系统性风险，没有非系统性风险。

二、风险因子与证券市场线

通过资产组合原理构造可行集，再找到有效前沿的过程过于复杂，在实践中无法实现，随着资产数量的增加（假设投资组合包含了 n 个资产），各个资产总风险之间的两两相关性的研究数量将会达到 C_n^2 组，这极大增加了研究的工作量与复杂性，并且风险补偿只能是对于不可避免的风险的补偿，即承担系统性风险的补偿，承担非系统性风险并不能得到风险补偿。

因此，威廉夏普在接下来的理论研究中，继续沿用了马科维茨的资产是无限可分的这一假设，即非系统性风险是可以被完全分散的，在投资时只需要考虑系统性风险即可。

尽管如此，各个资产之间系统性风险的两两相关性的研究数量依旧十分庞大，为了便于研究，减少系统性风险的相关性带来的影响，威廉夏普提出了用一个共同的风险因子 β 来衡量个别股票或投资组合相对于整个市场的价格波动情况。

威廉夏普提出了如下假设：

（1）所有的投资者都是马科维茨投资者。

（2）市场是无摩擦的，不存在交易费用与税收。

（3）资产是无限可分的，可以以任意单位持有资产。

（4）市场是完全竞争的，投资者都是价格的接受者，他们的交易行为不会对市场产生影响。

（5）投资者可以无限地卖空，哪怕投资者手中并不持有资产，也可以进行空头交易。

（6）投资者可以以无风险的利率无限制地借贷。

（7）投资者有着相同的收益与风险的期望。

（8）市场上所有的资产都是可以交易的，包括人力资源。

假设构造一个投资组合，其中包含 a 份任意资产或资产组合 P，还有（1−a）份有效资产 M，其中 M 在资本市场线 CML 上，令 μ_a，σ_a 分别代表投资组合的预期收益率和方差，μ_M 和 σ_M 分别代表资产 M 的预期收益和方差，那么这个组合的期望的收益与方差分别为：

$$\mu_\alpha=\alpha\mu_p+(1-\alpha)\mu_M$$

$$\sigma_a=\sqrt{a^2\sigma_p^2+(1-a)^2\sigma_M^2+2a(1-a)COV(P,M)}$$

当 a=0 时，即投资组合全部投资于有效资产，根据均值——方差模型，此时的投资组合曲线必然与资产 M 所在的 CML 线相切，此时投资组合在 a=0 点的斜率等于所在的 CML 线斜率。即：

$$\left.\frac{d\mu_a}{d\sigma_a}\right|_{a=0} = \frac{\mu_M - R_f}{\sigma_x}$$

$$\left.\frac{d\mu_a}{d\sigma_a}\right|_{a=o} = \frac{\left.\frac{d\mu_a}{da}\right|_{a=o}}{\left.\frac{d\sigma_a}{da}\right|_{a=o}} = \frac{(\mu_P - \mu_M)\sigma_M}{COV(P,M) - \sigma_M^2}$$

将以上两式联立得：

$$\mu_P = R_f + (\mu_M - R_f)\frac{COV(P,M)}{\sigma_M^2}$$

令：

$$\frac{COV(P,M)}{\sigma_M^2} = \beta \qquad (6.10)$$

可得证券市场线 SML 的表达式：

$$E(R_P) = R_f + (E(R_M) - R_f)\beta \qquad (6.11)$$

名师解惑

以上的推导公式适合数学基础好的学有余力的读者进行研读，对于基础一般的读者只需记住结论公式式（6.11）即可。

我们将式（6.11）称为**证券市场线**（Security Market Line，SML），证券市场线是资本资产定价模型（CAPM）的图示形式，可以反映投资组合报酬率与系统风险程度系数 β 之间的关系以及市场上所有风险性资产的均衡期望收益率与风险之间的关系。

式（6.10）中的 β 也被称为 β 系数，是一种风险指数，用于度量一种证券或一个投资证券组合相对市场的波动性，从而评估系统性风险。

β 绝对值越大，显示其收益变化幅度相对于大盘的变化幅度越大；绝对值越小，显示其变化幅度相对于大盘越小。如果是负值，则表示其变化的方向与大盘的变化方向相反，大盘上涨，证券或组合价格下跌。反之亦然。

单个资产系统风险用 β 系数来计量，通过以整个市场作为参照物，用单个资产的风险收益率与整个市场的平均风险收益率作比较，即：

$$\beta_i = \frac{COV(i,M)}{\sigma_M^2} = \rho_{i,M}\frac{\sigma_i}{\sigma_M}$$

其中，β_i 是单个资产的贝塔值，COV(i,M) 是单个资产和市场组合之间的协方差，σ_M^2 是市场组合的方差，σ_i 是单个资产的标准差，$\rho_{i,M}$ 是单个资产和市场组合之间的相关系数。

以 1 为分界点，当 β 取不同的值的时候，具有不同的含义：

（1）β=1，表示该单个资产的风险收益率与市场组合平均风险收益率呈同比例变化，其风险情况与市场投资组合的风险情况一致；

（2）β>1，表示该单个资产的风险收益率高于市场组合平均风险收益率，则该单个资产的风险大于整个市场投资组合的风险；

（3）β<1，表示该单个资产的风险收益率小于市场组合平均风险收益率，则该单个资产的风险程度小于整个市场投资组合的风险。

如图 6-15 所示，证券市场线（SML）是一条以无风险利率 R_f 为截距，市场风险溢价 $E(R_M)-R_f$ 为斜率的直线，$(E(R_M)-R_f)\beta$ 代表相较于市场组合承担系统性风险所带来的预期收益率的补偿。此时坐标系的纵轴依旧代表的是预期收益率，这个收益率适用于单个资产或资产组合。而横坐标不再是总风险 σ_P，而是系统性风险 β。

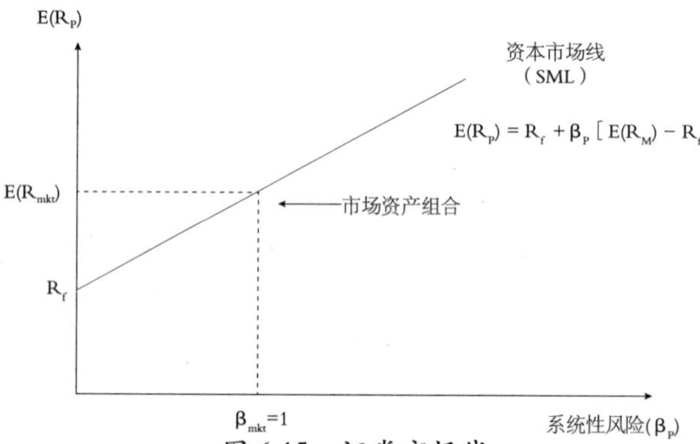

图 6-15　证券市场线

我们将图 6-15 的模型称为**资本资产定价模型（Capital Asset Pricing Model，CAPM）**，这个模型刻画了投资者在分散化投资等前提下对单位系统性风险所要求的预期收益率的补偿，对风险与收益之间关系给与了明确的定义，威廉夏普也由此获得了 1990 年的诺贝尔经济学奖。

证券市场线（SML）则是 CAPM 模型的数学表达式，这一表达式通过风险系数 β 也再一次从数学上证明了“高风险高收益”。

证券市场线为投资业绩的评价提供了标准，当市场是有效的时候，资产或资产组合的实际价格应该与证券市场线得到的理论价格相等，这些资产或其组合都会落在 SML 线上。

处于 SML 以下的任何资产或投资组合其实际的市场价格相较于 CAPM 模型得到的理论价格来说都是高估的；处于 SML 以上的任何资产或投资组合其实际的市场价格相较于 CAPM 模型得到的理论价格来说都是低估的。

资本市场线和证券市场线虽然存在着密不可分的联系，但是还是存在本质性的区别。具体区别如表 6–2 所示。

表 6–2 证券市场线和资本市场线的区别

	SML	CML
风险的衡量	系统性风险（用 β 值衡量）	总风险（用标准差衡量）
应用	决定资产最合理的预期收益率（定价）	决定最合适的资产配置点（资产配置）
定义	资本资产定价模型的曲线	有效前沿
斜率	市场组合的风险溢价	市场组合的夏普比率

名师解惑

在考试中，各位读者请务必熟练掌握如下知识点：

- CAPM 的前提假设与利用 SML 公式即式（6.11）来计算资产预期收益率。
- 夏普比率与相关系数 $\rho_{i,M}$ 的计算，式（6.10）是考试中最常考察的公式。
- 风险因子 β 的计算。可能会同时用到式（6.10）与式（6.11）求解。
- 资本市场线与证券市场线的联系与区别。

本章小结

♣ 资产组合预期收益的度量

- 单一风险资产的预期收益与风险。
  - 期望收益率的计算：$E(R)=\sum_{i=1}^{n} P_iR_i = P_1R_1 + P_2R_2 + ... + P_nR_n$。
  - 方差的计算：$VAR=\sigma^2=\frac{\sum_{i=1}^{n}[X_i-\mu]^2}{n}$。
- 资产组合的预期收益与风险。
  - 资产组合的预期收益：$R_P = W_AR_A + W_BR_B$，其中 $W_A + W_B= 1$。
  - 资产组合（2 个资产）的方差：$\sigma_P^2 = W_A^2\sigma_A^2 + W_B^2\sigma_B^2 + 2\rho W_AW_B\sigma_A\sigma_B$。
  - 协方差公式：$COV(X,Y) = E[(X-E(X))(Y-E(Y))]$。
  - 相关系数计算公式：$\rho_{XY}=\frac{COV(X,Y)}{\sigma_X\sigma_Y}$。

♣ 马科维茨资产组合理论

- 马科维茨理论前提假设。
- 马科维茨有效前沿。

♣ 资本市场线

- 资本市场线表达式：$E(R_p)=R_f+\frac{E(R_M)-R_f}{\sigma_M}\times\sigma_p$，其斜率 $\frac{E(R_M)-R_f}{\sigma_M}$就是夏普比率。

♣ 资本资产定价模型

- 系统性风险与非系统性风险。
- 证券市场线（SML）。
  - SML 计算公式：$E(R_P) = R_f + (E(R_M)-R_f)\beta$。
- SML 与 CML 的区别。

	SML	CML
风险的衡量	系统性风险（用 β 值衡量）	总风险（用标准差衡量）
应用	决定资产最合理的预期收益率（定价）	决定最合适的资产配置点（资产配置）
定义	资本资产定价模型的曲线	有效前沿
斜率	市场组合的风险溢价	市场组合的夏普比率

章节练习

◇ According to the Capital Asset Pricing Model（CAPM）, over a single time period, investors seek to maximize their:

A. Wealth and are concerned about the tails of return distributions.

B. Wealth and are not concerned about the tails of return distributions.

C. Expected utility and are concerned about the tails of return distributions.

D. Expected utility and are not concerned about the tails of return distributions.

答案解析：D

资本资产定价模型 CAPM 假定了投资者都是为了追求个人效用的最大化，并且在投资的时候只考虑投资组合的预期收益率与方差，因此 D 选项正确。

◇ Suppose that the correlation of the return of a portfolio with the return of its benchmark is 0.8, the volatility of the return of the portfolio is 5%, and the volatility of the return of the benchmark is 4%. What is the beta of the portfolio?

A. 1.00

B. 0.80

C. 0.64

D. −1.00

答案解析：A

$$\beta=\rho\times\frac{\sigma_P}{\sigma_B}=0.8\times\frac{0.05}{0.04}=1.00$$

◇ Which of the following statements concerning the capital asset pricing model（CAPM）and the security market line（SML）is correct?

A. Beta identifies the appropriate level of risk for which an investor should be compensated.

B. Unsystematic risk is not diversifiable， so there is no reward for taking on such risk.

C. Assets with equivalent betas will always earn different returns.

D. The market risk premium is calculated by multiplying beta by the difference between the expected return on the market and the risk-free rate of return.

答案解析：A

Beta 确定了应补偿投资者的适当风险等级。 非系统风险是针对特定资产的，因此是可分散的风险。市场风险溢价的计算方法是预期市场收益率减去无风险收益率。 Beta 值相等的资产应获得相同的回报，因为套利可以防止具有相同风险的资产获得不同的回报。

◇ Suppose the S&P 500 has an expected annual return of 7.6% and volatility of 10.8%. Suppose the Atlantis Fund has an expected annual return of 8.3% and volatility of 8.8% and is benchmarked against the S&P 500. If the risk free rate is 2.0% per year， what is the beta of the Atlantis Fund according to the Capital Asset Pricing Model?

A. 0.81

B. 0.89

C. 1.13

D. 1.23

答案解析：C

$$R_i = R_f + \beta_i \times (R_M - R_f)$$

$$8.3\% = 2.0\% + \beta_i \times (7.6\% - 2.0\%)$$

$$\beta_i = \frac{8.3\% - 2.0\%}{7.6\% - 2.0\%} = 1.13$$

扫码获取更多题目

第七章 绩效评价指标
Performance Measurement

一、夏普比率	夏普比率	★★★
二、特雷诺比率	特雷诺比率	★★★
三、索提诺比率	索提诺比率	★★★
四、詹森阿尔法	詹森阿尔法	★★★
五、信息比率	信息比率	★★★

学习目的

在本章的学习过程中，重点掌握度量基金经理的业绩的主要指标的含义和表达式以及各个指标之间的辨析。

考点分析

掌握每个指标的定义、公式组成和使用范围，并知道每个指标的值高低所代表的绩效好坏。

本章入门

我们在上一章引入了预期收益和方差分析方法，并建立了 CAPM 模型。进一步将该模型应用到绩效考核上，可以通过一些考核指标的构建，从不同的角度去考察投资绩效的优劣。请记住，不同的指标关注不同的维度，考量的侧重点不同，但所有指标都同时考虑了收益率和风险两个因素，加以综合，因此是一种经过风险调整的收益率概念。

第一节　夏普比率（Sharpe Ratio）

夏普比率

夏普比率的表达式为：

$$SR=\frac{E\ (R_p)-R_f}{\sigma_p}$$

夏普比率是资本配置线 CAL 的斜率，夏普比率的分子 $E(R_p)-R_f$ 是某个投资组合的超额回报，分母是投资组合的波动率或者标准差，这个公式表示的是投资组合每承担一单位的风险，所获得的超额回报是多少。因此这个指标越高，在承担相同风险情况下获得的收益也越大，基金经理的绩效就越好。

夏普比率的分母是投资组合的波动率或者标准差，衡量的是投资组合的总风险（Total Risk）。

考试小技巧

夏普比率关注投资组合的总风险。

举个例子

一项投资组合的收益率数据如下：

组合的预期收益率 6%，

组合收益的波动率 10%，

无风险利率 2%，

则，该投资的夏普比率为（6%-2%）/10%=0.4。

总风险包括了系统性风险与非系统性风险，换言之，如果投资组合在没有充分分散化的情况下，同时承担着市场上的总风险，那么此时就用夏普比率去比较它们的表现就比较合理，这是总风险之间的对比。

目前，夏普比率在业内使用得非常广泛，很多基金都使用该指标来评判业绩的高低。

名师解惑

资本市场线章节中的式（6.8）可知，资本配置线的斜率是$\frac{E(R_x)-R_f}{\sigma_x}$，其中x代表的是市场上任意风险资产的组合。当市场处于均衡时，风险资产组合x的夏普比率与市场组合M的夏普比率相等，即$\frac{E(R_x)-R_f}{\sigma_x}=\frac{E(R_M)-R_f}{\sigma_M}$，此时风险资产组合x也可以被称为是完全分散化的。

第二节　特雷诺比率（Treynor Ratio）

特雷诺比率

特雷诺比率的表达式为：

$$TR=\frac{E(R_P)-R_f}{\beta_P}$$

特雷诺比率的分子依旧是资产组合的超额收益，分母变成了系统性风险 β_P，它的经济含义就是每承担一单位系统性风险，投资组合所能得到的超额回报。与夏普比率一样，这个指标数值越大，基金经理的能力也越强。

> – 考试小技巧 –
> 特雷诺比率关注投资组合的系统性风险。

特雷诺比率适用于充分分散化的投资组合，此时非系统性风险都已经被完全分散了，只考虑市场上的系统性风险。

所以，务必记住，特雷诺比率只适合于衡量已充分分散化投资的资产组合业绩，这点是和夏普比率最大的区别。

名师解惑

特雷诺比率其实可以从CAPM模型数学表达式SML曲线得到，通过对式（6.11）移项可以得到如下形式：

$$\frac{E(R_P)-R_f}{\beta_P}=E(R_M)-R_f$$

此时等式的左边就是投资组合的特雷诺比率，右边则代表市场组合的特雷诺比率（市场组合的风险因子 β_M=1）。我们可以通过等式左右是否相等来判断投资组合是否获得了合理的收益。

第三节 索提诺比率（Sortino Ratio）

索提诺比率

索提诺比率和夏普比率很相似，但索提诺比率研究的是在市场下跌环境下基金经理投资的业绩表现。

索提诺比率中的分子还是一个超额回报，与之前夏普比率和特雷诺比率不同之处在于比较的对象从无风险收益率 R_f 变成了**最小可接受回报率**（Minimum Acceptable Return，MAR），MAR 反映了投资者的风险偏好，对于企业来说，MAR 主要是由董事会决定从而再进行资产的合理分配。

一般来说 MAR 与无风险收益率 R_f 相等，也就是说如果进行一笔投资，投资的最低收益率至少应该与无风险利率相等。当然也存在部分投资主体设置的 MAR 大于无风险收益率 R_f 的情况，这些人更偏好冒险。

> 考试小技巧
> 关注投资组合的下行风险。

索提诺比率的分母表达式比较复杂，叫做下半方差，它的研究对象是所有的市场回报率小于 MAR 的部分。在计算方差的时候，只考虑那些小于 MAR 的部分，大于 MAR 的部分则不考虑。下半方差刻画的是低于 MAR 的投资收益率与 MAR 的距离，T 代表了投资收益率低于 MAR 的天数。

索提诺比率的表达式为：

$$Sortino\ Ratio = \frac{E(R_p) - MAR}{\sqrt{\frac{1}{T}\sum_{0}^{T}(R_{pt} - MAR)^2}} (R_{pt} < MAR)$$

结合整个表达式来看，索提诺比率研究的是下行风险，这一比率越高，表明投资组合在承担相同单位下行风险情况下，所能获得的超额回报也越高，基金经理在逆势中的表现也越好。这个指标在市场为左偏分布时比较适用，此时市场下跌以及极端损失发生的概率都远远高于正态分布。一般而言，金融市场往往都是满足左偏分布的。所以，在市场下跌的情况下，使用索提诺比率分析更为合理。

举个例子

如果最小可接受回报率为 3%，而一个投资组合在过去 8 个季度中的年华收益率分别为 1%、3%、5%、4.1%、6%、-0.2%、-1%、2.5%。那么，在计算索提诺比率时，分母只考虑小于 3% 的收益率数值与 3% 的偏差平方和。即：$(1\%-3\%)^2+(-0.2\%-3\%)^2+(-1\%-3\%)^2+(2.5\%-3\%)^2$

名师解惑

考试中下半方差的具体数值并不需要考生进行计算，考试会直接提供数值。因此，读者在备考时只需要了解索提诺比率的含义以及分子分母分别代表的含义即可。

第四节 詹森阿尔法（Jensen's Alpha）

詹森阿尔法

考试小技巧
关注投资组合的超额回报率。

詹森阿尔法反映了投资组合超过 CAPM 理论预期收益率的**超额回报率（Excess Return）**，通常用字母 α_P 来表示。由投资组合的预期回报率 $E(R_P)$ 减去资本资产定价模型 CAPM 所计算出的利率回报率 $R_f+\beta_P(E(R_M)-R_f)$ 所得，表达式为：

$$\alpha_P=E(R_P)-\{R_f+\beta_P[E(R_M)-R_f]\}$$

比如某投资组合的预期收益率是 8%，而 CAPM 计算出来的理论收益率是 5%，那么超出的 3% 就是投资组合的超额收益率—阿尔法 α_P。因此，詹森阿尔法越高，所做的投资越优于理论预期，投资者的投资能力也越强。

当市场上的投资者都有着相同的风险系数 β_P 的时候，可以使用詹森阿尔法来进行比较，此时投资者面对的系统性风险都是相同的，基金经理的回报越好，詹森阿尔法也越大。

名师解惑

由于不同种类的基金投资标的受法律影响各不相同，比如中国市场的股票型的基金必须要将 80% 的资产投资于股票市场，而债券型基金必须将 80% 的资产投资于债券市场。因此，这两种基金的业绩没法放在一起进行比较。投资者往往会单独把股票型基金归类进行比较，在投资标的所面对的系统性风险相同时，指标詹森阿尔法能更好地反映基金经理的能力。

第五节 信息比率（Information Ratio）

信息比率

我们先引入另一个概念——**追踪误差**（Tracking Error Volatility，TEV），追踪误差是基金经理主动投资组合的收益率与**基准组合的收益率**（Benchmark）之差的标准差，通过一个基准指标反映了投资组合的风险。

> - 考试小技巧 -
> 追踪误差。

追踪误差的表达式如下：

$$TE=\sigma(R_P-R_B)$$

举个例子

对于A股市场的投资基金，通常会把自己的基金投资业绩表现和上证指数来进行比较，比如每周比较自己的基金投资业绩表现和上证指数收益率之间的标准差，这就是追踪误差，该指标并非越大越好，要看该基金的目标和具体风格而定，比如指数化投资基金，本身就需要和指数保持高度一致，那么该基金的追踪误差必须被控制在一个相对小的范围内才合适。

信息比率是从主动管理的角度描述风险调整后收益，它不同于夏普比率从绝对收益和总风险角度来描述。信息比率的分子是投资组合的超额回报，分母是追踪误差。

> - 考试小技巧 -
> 信息比率关注投资组合的主动风险。

其中 R_P 反映了主动投资组合 P 的收益率，R_B 反映了基准组合的收益率，追踪误差 TEV 越小，说明主动投资组合的风险水平越接近基准组合。

信息比率越大，说明基金经理在能获得相同公开信息的条件下，单位跟踪误差所获得的超额收益越高。因此，信息比率较大的基金的表现要优于信息比率较低的基金。

信息比率表达式如下：

$$IR=\frac{E(R_P)-E(R_B)}{\sigma(R_P-R_B)}=\frac{\alpha_P}{\sigma(\alpha_P)}$$

一般而言，R_B 可以是股指，某个板块的平均收益率甚至是无风险收益率。

当 R_B 为主动投资组合 P 在 CAPM 模型中的理论收益率时，分子 $E(R_P)-E(R_B)$ 就变成了投资组合 P 的詹森阿尔法 α_P。

如果基金经理采用被动管理的模式，直接投资于市场组合并以此为基准，那么投资组合的信息比率会接近于 0，信息比率的差异体现了基金经理主动管理投资的能力。**信息比率**是从主动管理的角度描述风险调整后收益，它不同于夏普比率从绝对收益和总风险角度来描述。信息比率的分子是投资组合的超额回报，分母是追踪误差。

名师解惑

让我们把这些指标再来做一个完整的回顾和比较，如表 7-1。

表 7-1　绩度量指标的比较

业绩度量指标	表达式	适用范围
夏普比率	$SR=\frac{E(R_P)-R_f}{\sigma_P}$	适用于所有的投资组合；更适合衡量历史业绩
特雷诺比率	$TR=\frac{E(R_P)-R_f}{\beta_P}$	适用于完全分散化的投资组合，具有前瞻性
索提诺比率	$\text{Sortino Ratio}=\frac{E(R_P)-MAR}{\sqrt{\frac{1}{T}\sum_0^T(R_{pt}-MAR)^2}}(R_{pt}<MAR)$	适用于研究投资组合的下行风险
信息比率	$IR=\frac{E(R_P)-E(R_B)}{\sigma(R_P-R_B)}=\frac{\alpha_P}{\sigma(\alpha_P)}$	更适用于比较基金经理主动管理资产的能力
詹森阿尔法	$E(R_P)-R_F=\alpha_P+\beta_P[E(R_M)-R_F]$	适用于比较系统性风险 β 相同的投资组合

本章小结

♣ 绩效评价指标

- 夏普比率。
- 特雷诺比率。
- 索提诺比率。
- 詹森阿尔法。
- 信息比率。

章节练习

◇ Assume that you are only concerned with systematic risk. Which of the following would be the best measure to use to rank order funds with different betas based on their risk–return relationship with the market portfolio?

A. Treynor ratio

B. Sharpe ratio

C. Jensen's alpha

D. Sortino ratio

答案解析：A

特雷诺比率只考虑系统性风险，适用于充分分散化的资产，此时非系统性风险都通过分散化消除了，因此 A 正确。夏普比率同时考虑了系统性风险与非系统性风险，考察的是总风险。詹森阿尔法适用于比较具有相同 β 值的资产组合，因此在本题中不适合。索提诺比率考察的是资产的下行风险，而不是系统性风险。

◇ A portfolio manager received a report on his fund's performance. According to the report, the portfolio return was 2.5% with a standard deviation of 21% and a beta of 1.2. The risk–free rate over this period was 3.5%, the semi–standard deviation of the portfolio was 16%, and the tracking error of the fund was 2%. What is the difference between the value of the fund's Sortino ratio (assuming the risk–free rate is the minimum acceptable return) and its Sharpe ratio?

A. 0.563

B. 0.347

C. −0.053

D. −0.015

答案解析：D

$$\text{Sharpe Ratio} = \frac{E(R_P) - R_F}{\sigma(R_P)} = \frac{2.5\% - 3.5\%}{21\%} = -0.0476$$

$$\text{Sortino Ratio} = \frac{E(R_P) - MAR}{\sqrt{\frac{1}{T}\sum_{t=0}^{T}(R_{Pt} - MAR)^2}} = \frac{2.5\% - 3.5\%}{16\%} = -0.0625$$

所以它们之间的差值是 -0.0625-（-0.0476）=-0.0149。

◇ Portfolio A has an expected return of 8%, volatility of 20%, and beta of 0.5. Assume that the market has an expected return of 10% and volatility of 25%. Also assume a risk-free rate of 5%. What is Jensen's alpha for portfolio A?

A. 0.5%

B. 1.0%

C. 10%

D. 15%

答案解析：A

$\alpha_p = E(R_P) - R_f - \beta \times [E(R_M) - R_f] = 8\% - 5\% - 0.5\% \times (10\% - 5\%) = 0.5\%$

◇ A high net worth investor is monitoring the performance of an index tracking fund in which she has invested. The performance figures of the fund and the benchmark portfolio are summarized in the table below:

Year	Benchmark Return	Fund Return
2015	9.00%	1.00%
2016	7.00%	3.00%
2017	7.00%	5.00%
2018	5.00%	4.00%
2019	2.00%	1.50%

What is the tracking error volatility of the fund over this period?

A. 0.09%

B. 1.10%

C. 3.05%

D. 4.09%

答案解析：C

相对风险衡量相对于基准指数的风险，并根据跟踪误差或相对于指数的偏差方式对其进行衡量。

我们需要计算序列的标准差（方差的平方根）：

{0.08，0.04，0.02，0.01，0.005}

先计算每个数据点与平均值的差，再对结果求平方，取这些平方后结果的平均值，然后再取平方根，我们得到最后结果为 3.05%。

扫码获取更多题目

第八章 因素模型与套利定价理论

Factor Models of Risk and Arbitrage Pricing Theory

一、因素模型	1. 单因素模型	★★★
	2. 多因素模型	★★★★
二、套利定价理论	1. 一价定律与套利理论	★★★
	2. 套利定价理论	★★★
三、Fama-French 三因子模型	Fama-French 三因子模型	★★★

◢ 学习目的

通过学习，了解西方学术界对于 CAPM 模型的持续改进和扩展研究，从而掌握 APT 模型和多因素风险模型等内容。

◢ 考点分析

本章亦为考试重点章节，考生要能够应用单因素和多因素模型计算资产的预期收益率；了解 APT 模型的原理和结构，掌握充分分散组合的特点以及多样化投资对组合残值风险的影响；会应用 Fama-French 模型预测资产的收益率。

◢ 本章入门

除了相对于市场的系统性风险之外，投资组合收益率的通常是与整个经济体系的各个因素（economy-wide risk factors）有关。1976 年，罗斯在其论文《资本资产定价的套利理论》中提出了套利定价理论（Arbitrage Pricing Theory）。这一理论在 CAPM 的基础上进行了拓展，考虑非市场风险因素对投资收益的影响。本章的学习过程中应重点掌握 APT 模型和 Fama-French 三因子模型。

第一节 因素模型

一、单因素模型

一般来说，资产收益率的不确定性主要来源于两个方面：

一种是受公共因素或宏观经济因素的影响，比如国内生产总值（GDP）的波动、物价指数（CPI）的上涨，这些都会对资产的收益率产生影响；

另一种是受公司特有事件的影响，比如国内上市公司獐子岛，他们养殖的海产品受气候影响而发生了大量死亡，从而引发股价大跌。

— 考纲要求 —
利用单因素模型计算资产收益率。

单因素模型（Single-factor Model）认为收益率的不确定性仅仅是由于某一个风险因素而导致的，即：是资产 i 实际的收益率 R_i 由初始已经确定的预期收益率 $E(R_i)$ 和某一特定宏观因素、公司特有事件组成的不确定因素所决定的。其表达式如下：

$$R_i = E(R_i) + \beta_i F + e_i \tag{8.1}$$

F 代表了某一宏观因素的实际数值距离其期望值的离差。

β_i 代表了资产 i 收益率对宏观因素的敏感程度。

e_i 代表了公司特有事件对资产（股票）价格的影响。

非系统性风险 e_i 与系统性风险 F 的期望值都为 0。

非系统性风险 e_i 之间互不相关，且与系统性风险 F 也互不相关。

通过分散化的投资可以将非系统风险降低甚至完全消除。因此对于充分分散化的投资组合来说，公司特定事件对资产价格的影响 e_i 的期望值为 0。此时单因素模型就变为如下形式：

$$R_i = E(R_i) + \beta_i F \tag{8.2}$$

由式 8.2 可得，当资产 i 的初始预期收益率 $E(R_i)$ 与市场组合初始预期收益率 R_M 都等于无风险收益率 R_f 且资产 i 实际收益率 R_i 仅受 R_M 这一宏观因素影响时，F 就代表了宏观因素 R_M 与其期望 R_f 的离差，即 $F=E(R_M)-R_f$。进而上式也可以改写为：$R_i = R_f + \beta_i[E(R_M)-R_f]$，这正是资本资产定价模型 CAPM 的数学表达式，因此**资本资产定价模型 CAPM 是单因素模型的一种特殊形式**。

二、多因素模型

单因素模型在分析资产收益率时只考虑单个宏观因素，比如 CAPM 模型中将引起单个资产或组合收益率波动的因素归结于市场组合 M 的收益，但是在现实金融体系中仅仅依赖市场组合的表现来预测资产的收益率是远远不够的，也是不严谨的，因为市场组合的表现并不能涵盖并解释所有对投资收益率会产生影响的风险因子。

多因素模型（Multi-factor Model）在单因素模型的基础上，将所有可能会影响投资收益率的经济因素都纳入考虑，从而更好预测未来的投资收益率。

— 考纲要求 —
利用多因素模型计算资产收益率。

现假设资产 i 收益率受国内生产总值（GDP）和市场利率（IR）这两个宏观因素的影响，构造多因素模型如下：

$$R_i=E(R_i)+\beta_{i,GDP}GDP+\beta_{i,IR}IR+e_i \quad (8.3)$$

R_i 代表投资组合 i 的收益率。

$E(R_i)$ 代表投资组合 i 的预期收益率。

$\beta_{i,GDP}$ 代表资产 i 收益率对 GDP 变化的敏感程度。

GDP 代表了 GDP 的实际数值距离其期望值的离差。

$\beta_{i,IR}$ 代表资产 i 收益率对 IR 变化的敏感程度。

IR 代表了 IR 的实际数值距离其期望值的离差。

e_i 代表了公司特有事件对收益率的影响。

在多因素模型当中，如果资产收益率对某一个风险因子敏感程度 β 为 1，而对其余所有风险因子敏感程度 β 为 0 时，我们称这个投资组合是一个因素投资组合（Factor Portfolios），此时资产 i 的收益率仅受单一风险因素的影响。

因素投资组合也为对冲风险提供了一种思路：我们可以通过构造相反的交易来对冲某些我们不愿承担的风险因子从而进行套利。

比如一个投资组合 i 收益率会受到 GDP 和 IR 两种风险因子影响，已知 $\beta_{i,GDP}=0.5$，$\beta_{i,IR}=0.3$，现投资者想要对冲 GDP 因素所带来的风险，我们可以卖出（short）占资产 i 权重 50% 的 GDP 因素资产组合，在做空情况下资产 i 对应的 $\beta_{i,GDP}$ 是 −0.5，这刚好对冲了原资产组合中的风险因子 GDP。

名师解惑

在实际中，因素投资组合是很难找到的，如果存在这样的因素组合的话，那么市场风险因素所带来的风险都可以通过方向交易来进行对冲，显然这是不可能的。

在 FRM 考试中，考生需要掌握如下知识点：

- 利用式（8.3）计算投资组合收益率。
- 如何利用因素投资组合来对冲投资组合中相应的风险因子。
- 对公式（8.3）进行扩展，推广到任意多个风险因素的多因素模型。

第二节 套利定价理论

一、一价定律与套利理论

首先我们引入一个概念：一价定律（The Law of One Price）。

一价定律是由货币学派的代表人物弗里德曼（1953）提出的。一价定律可简单地表述为：当交易开放且交易费用为零时，同样的货物无论在何地销售，用同一货币来表示的货物价格都相同。比如通用电气同时在纽约证券交易所与纳斯达克交易所进行报价，如果通用电气在 NYSE 的报价为 58 元 / 股，而在纳斯达克报价是 60 元 / 股，那么投资者就会在 NYSE 买入通用电气并以纳斯达克 60 元 / 股的报价卖出，这个过程会一直持续，直到两个报价系统的价格趋于一致。

具体到金融工具上，如果两种金融工具在未来的预期现金流是一样的，那么这两种金融工具的当前价格就应该是相同的。

在上例中投资者在价格偏低的市场中买入资产并同时在定价较高的市场卖出的这一行为称为**套利（Arbitrage）**，套利的行为使得资产价格在报价较低的市场上升，在报价较高的市场下降，直到套利机会完全消失，此时市场回归到均衡状态。特别注意的是，整个套利的过程是无风险的，套利的过程中投资者并不需要实际持有相关资产，从而达到“空手套白狼”的效果。

二、套利定价理论

套利定价理论（Arbitrage Pricing Theory，APT）是 CAPM 的拓展，由 APT 给出的定价模型与 CAPM 一样，都是市场均衡状态下的模型，不同的是 APT 的基础是因素模型，而 CAPM 的基础是资本市场线。

套利定价理论认为，套利行为是有效市场（即市场均衡价格）形成的一个决定因素。如果市场未达到均衡状态的话，市场上就会存在无风险套利机会。通过因素模型来解释资产收益，并根据无套利原则，得到风险资产均衡收益与多个风险因素之间存在着近似的线性关系。当 APT 模型为单因子模型时，CAPM 模型是 APT 模型的一个特例。

在推演套利定价模型时，首先要满足如下假设：

（1）证券收益率能够通过因素模型进行反应。

（2）市场上有足够的证券来分散非系统性风险。

（3）完善的证券市场不允许存在套利的机会。

（4）市场是充分竞争的，投资者没有办法发现套利的机会。

（5）无限制的买入与卖空使得套利机会转瞬即逝。

套利定价模型反映了资产的均衡收益率与市场上风险因子之间存在着线性关系，假设已确定存在 K 个市场风险因子会影响资产收益率，可得：

$$E(R_i)=R_F+\beta_{i1}R_{P1}+\beta_{i2}R_{P2}+\cdots+\beta_{ik}R_{Pk} \quad (8.4)$$

R_{Pk} 代表的是第 K 个风险因素的风险溢价。

之后构建**因素资产组合（Factor Portfolios）**，每一个因素资产组合都是充分分散化的，即非系统性风险等于 0，因素资产组合对市场上某一个风险因子的敏感程度 β 为 1，而对其余所有风险因子敏感程度 β 为 0。

以 $\beta_{ik}=1$ 时为例，此时 $\beta_{ik}(K\neq 1)=0$，可得：

$$E(R_i)=R_F+1\times R_{P1}\rightarrow R_{P1}=E(R_i)-R_F$$

$E(R_i)$ 就是因素资产组合 R_1 的预期收益率，结合先前资本市场线章节的知识点，我们可以发现 $R_{P1}=E(R_1)-R_F$ 就是对第一个风险因素的定价，也称为风险溢价（Risk Premium）。将这个过程重复 K 次，即可得到 K 个因素资产组合各自的风险溢价 $R_{PK}=E(R_K)-R$。

经过以上步骤，式（8.4）可以写成如下形式：

$$E(R_i)=R_F+\beta_{i1}[E(R_1)-R_F]+\beta_{i2}[E(R_2)-R_F]\cdots+\beta_{ik}[E(R_K)-R_F] \quad (8.5)$$

即为 APT 模型的最终形式。其中 β_{ik} 是资产收益率对风险因子 K 的波动的敏感程度。

名师解惑

CAPM 模型与 APT 模型的区别：

◢ CAPM 模型是 APT 模型的一种特殊形式。

◢ CAPM 模型统筹地考虑了系统性风险对资产收益率产生的影响，而 APT 模型则对系统性风险中所有对资产收益率产生影响的风险因子进行了解释。

◢ CAPM 模型是对风险——收益的一个权衡，而 APT 模型基于无套利理论。

第三节 Fama-French 三因子模型

一、Fama-French 三因子模型

尽管多因素模型考虑了经济体系内所有可能的风险因子，但是在实际运用中如何去寻找这些因子，如何确定风险溢价是一个很困难的过程。经过大量的实证分析和研究，Fama 和 French 两位经济学家认为公司股票的收益率 R_i 是和三个因素相关的，这三个因素分别是市场风险溢价、公司规模和账面——市值比值。

考纲要求
描述和应用Fama-French 三因子模型估计资产的收益率。

Fama-French 三因子模型如下：

$$R_{it}-R_f=\alpha_i+\beta_{iM}[E(R_M)-R_f]+\beta_{i,SMB}SMB_t+\beta_{i,HML}HML_t+e_{it}$$

其中，截距项 α_i 代表了在对市场风险溢价、公司规模和账面——市值比值三因子进行风险调整后投资组合的风险溢价与以上三因子风险溢价加总的差额部分。

当 Fama-French 提出的三个风险因子能够完全地涵盖并解释所有的系统性风险时，此差额部分即截距项 α_i 应该等于 0。

第一个因素是市场风险溢价，用 $E(R_M)-R_f$ 来表示；

第二个因素为 SMB（Small Minus Big，小减大），表示用小盘股的投资组合收益减去大盘股投资组合的收益；

第三个因素为 HML（High Minus Low，高减低），表示用高账面——市值比股票的投资组合收益率减去低账面——市值比股票的投资组合收益。账面——市值比（Book to Market Ratio）是用一家公司的资产减去负债，再除以这家公司的市场价值，分子是**账面价值**（Book Value），分母是**市场价值**（Market Value）。

账面——市值比越高，就说明这家公司的市场价值越低于公司的账面价值，价格也越会被低估，因此是一个价值股从而会产生更高的收益率。

名师解惑

本章节在考试中主要以计算考察为主，三因子的定义与含义请牢记。

二、统计因子模型

在统计因子模型中，模型中使用了股票收益的历史数据和横截面数据，利用主成分分析的统计技术，与线性回归组合和相互不相关的“因子”来解释观察到

的股票收益。例如，假设计算了 2000 家公司 10 年的月收益率，主成分分析的目标是得到能够最好解释股票收益率中观察到的方差的因素，如果假设有五个因素解释了 2000 只股票在 10 年期间收益率的大部分变化，那么这些因素是统计伪影，接下来的任务就是确定这些因素的经济意义。

本章小结

♣ 因素模型

- 单因素模型。
- 多因素模型。

♣ 套利定价理论

- 一价定律与套利理论。
- 套利定价理论。
  - APT 是 CAPM 的推广与发展，它们既有联系又有区别，APT 与 CAPM 的本质区别在于 CAPM 是一种均衡资产定价模型，而 APT 不是均衡定价模型。尽管两者表达式基本相同，但建模思想不同，CAPM 模型以马科维茨有效前沿为理论基础，而 APT 模型则建立在无套利理论基础上，无套利理论认为市场参与者会充分利用市场上的套利机会进行套利，从而迫使市场重建均衡，最终使得套利机会彻底消失。
- Fama-French 三因子模型。
  - $R_{it} - R_f = \alpha_i + \beta_{iM}[E(R_M) - R_f] + \beta_{i,SMB}SMB_t + \beta_{i,HML}HML_t + e_{it}$

章节练习

◇ Which of the following is least likely to be one of the inputs to a multifactor model?

A. The mean-variance efficient market portfolio

B. Factor betas

C. Deviation of factor values from their expected values

D. Firm-specific returns

答案解析：A

均值——方差有效的市场投资组合对于资本资产定价模型至关重要，但在多因素模型中则不是必需的。

◇ Suppose an analyst examines expected return for the Broad Band Company（BBC）base on a 2-factor model. Initially，the expected return for BBC equals 10%. The analyst identifies GDP and 10-year interest rates as the two factors for the factor model. Assume the following data is used:

GDP growth consensus forecast = 6%

Interest rate consensus forecast = 3%

GDP factor beta for BBC = 1.5

Interest rate factor beta for BBC = −1.00

Suppose GDP ends up growing 5% and the 10-year interest rate ends up equaling 4%. Also assume that during the period，the Broad Band Company unexpectedly experiences shortage of key inputs，causing its revenues to be less than originally expected. Consequently，the firm-specific return is −2% during the period. Using the 2-factor model with the revised data，which of the following updated expected returns next year for BBC is correct?

A. 1.5%

B. 3.5%

C. 5.5%

D. 6.5%

答案解析：C

R_{BBC}=0.10+1.5×（5%−6%）−1×（4%−3%）−2%=5.5%

◇ Which of the following statements is least likely a requirement for an arbitrage opportunity? The arbitrage situation leads to a:

A. Risk-free opportunity

B. Zero net investment opportunity

C. Profitable opportunity

D. Return in excess of the risk-free rate opportunity

答案解析：D

如果可以创建无风险、净投资为零的头寸并能产生正利润，则存在套利情况。套利收益不需要超过无风险利率。

◇ An analyst is estimating the sensitivity of the return of stock A to different macroeconomic factors. He prepares the following estimates for the factor betas:

$\beta_{\text{Industrial production}}=1.3$ $\beta_{\text{Interest rate}}=-0.75$

Under baseline expectations, with industrial production growth of 3% and an interest rate of 1.5%, the expected return for Stock A is estimated to be 5%.

The economic research department is forecasting an acceleration of economic activity for the following year, with GDP forecast to grow 4.2% and interest rates increasing 25 basis points to 1.75%.

What return of Stock A can be expected for next year according to this forecast?

A. 4.8%

B. 6.4%

C. 6.8%

D. 7.8%

答案解析：B

股票 A 的预期收益等于基准情景下股票的预期收益，加上两个因素的“冲击”或超额收益的影响。由于基准情景包含了 3%的工业生产增长率和 1.5%的利率，因此“冲击”是 GDP 因子的 1.2%，和利率因子的 0.25%。

因此，新方案的预期收益 =5%+(1.3×1.2%)+(−0.75×0.25%)=6.37%。

扫码获取更多题目

第九章　金融风险经典案例
Learning from Financial Disasters

一、利率风险	1980 年代美国存贷款机构破产危机	★★
二、融资流动性风险	1. 雷曼兄弟公司	★★★
	2. 伊利诺瓦州大陆银行	★★
	3. 英国北岩银行	★★
三、执行对冲策略	德国金属公司	★★★
四、模型风险	1. 尼德霍夫（Niederhoffer）	★★
	2. 长期资本管理基金	★★★
	3. 伦敦鲸事件	★★
五、流氓交易和误导性陈述	1. 巴林银行	★★★
	2. 法国兴业银行	★★
六、金融工程和复杂衍生品	1. 信孚银行	★★★
	2. 奥兰治县	★★
	3. 萨克森州立银行	★★
七、声誉风险	大众汽车排放丑闻	★
八、公司治理	安然公司	★★★
九、网络风险	SWIFT 系统	★★

学习目的

本章节将介绍一系列的金融风险经典案例，通过这些案例的学习学员应当会分析导致这些灾难发生的主要原因，并起到引以为戒的作用和意义。

考点分析

在此章节的学习过程中，应着重掌握巴林银行（Barings）、德国金属公司（Metallgesellchaft）和长期资本管理公司（LTCM）和流动性风险相关的金融风险经典案例发生的原因以及教训。

本章入门

金融领域总是每隔五到十年就会出现一些大型的风险案例，这些案例往往导致巨额的损失，并使得金融机构的名誉收到极大损害，更有甚者直接使得当事人机构破产倒闭。

回顾和学习这些案例，我们发现绝大部分案例或多或少是与操作风险的成因有很大关系的，比如误导性的陈述报告（像巴林银行的尼克里森一直以来向总部进行了虚假信息的汇报，导致总部轻易相信他而做出错误的支持决策），又比如把不恰当的产品推销给客户（信孚银行把一款衍生产品卖给宝洁，导致其亏损而招致诉讼，并最终败诉）。

另有一部分是与市场风险有关，市场环境所发生的剧烈波动导致了原有的投资组合假设发生了根本性转变，从而导致巨额亏损。

最后，流动性风险往往是压垮金融机构的最后一根稻草，成为了金融机构谈虎色变的风险，并让监管机构针对此类风险高度关注金融体系稳定性问题。

第一节 利率风险

1980 年代美国存贷款机构破产危机

案例简介

70 年代的石油危机导致美国通货膨胀高居不下，CPI 一度上涨到 14%。美联储为了抑制通胀，只能持续提高基准利率，存款利率的攀升导致大量中小型存贷款机构经营困难（我们知道对于存贷机构来说，负债方大多是短期的甚至是活期的，基准利率上升很快就能在负债表上反映出来，导致负债成本的上升，而资产表上的贷款大多是中长期的，贷款利率随着基准利率的调整往往有很大的滞后性，因此存贷款机构的成本和收入发生倒挂）。

为了解决中小机构的经营困局，80 年代初开始监管政策不断放松。当时的监管思路认为中小存贷款机构的经营困局主要来自监管过于严格。因此，监管部门在 1980 年和 1982 年先后放宽了中小存贷款机构的经营范围。同时，针对出现经营问题的储贷银行还采取了一系列措施延缓其破产的进程（见表 9-1）。

表 9-1 美国金融监管放松政策

美国金融监管放松政策		
时间	名称	主要内容和目的
1980 年 3 月	《放松监管和货币控制法案》	允许存款机构投资的领域和贷款规模扩大，消除不同存款机构之间的区别
1982 年 12 月	《加恩 & 圣杰曼存款机构法案》	进一步扩大存款机构的经营业务范围，1986 年 4 月，存款储蓄账户的利率上限被取消
1980 年 11 月	联邦住房贷款银行委员会（FHLBB）针对储贷协会出台一系列政策	净资产要求占存款比重从 5% 减少到 4%
1981 年 9 月		允许陷入困境的储贷协会发行收入资本凭证，优化资本结构
1982 年 1 月		净资产要求占存款比重从 4% 减少到 3%
1982 年 4 月		取消了储贷协会最小股东人数的限制

监管政策的放松和刻意倾向，导致中小型存贷款机构规模快速扩张。比如，1984 年信用社和储贷机构的资产同比增速一度接近 30% 和 15%。

但中小机构的资产扩张存在诸多问题。首先，由于小型存款机构吸引储蓄的能力不够，当时很多中小银行依靠大额存单和银行间贷款扩表，导致金融体系内部系统性风险增加。其次，小银行快速扩张时期专业风控人才紧缺，整体风险控制能力较弱。因此，信用风险爆发的隐患在逐步积累。

更要命的是，中小存贷款机构的主要资金投向是当时处于繁荣期的房地产领域和能源行业。到 80 年代中后期，地产和能源行业步入调整周期后，中小存贷款机构的贷款违约率开始一路攀升，最高达到了 7%。1986 年，需要救助和倒闭的银行超过 200 家，到了 1989 年达到 534 家。整个银行业最终的损失额高达 1600 亿美元。

经验教训总结

◆ 业务规模快速的扩展需要有专业的风控能力匹配；

◆ 银行应当高度关注资产负债管理工作，确保基准利率的波动对于资产的影响与负债的影响能保持同步，并使得影响的缺口保持在适当范围内；

◆ 要用久期、缺口和限额等工具来对资产负债表的利率风险进行有效管理。

第二节　融资流动性风险

一、雷曼兄弟公司

案例简介

2008 年 9 月 15 日，雷曼兄弟公司向法院申请破产保护。雷曼兄弟公司是一家风险偏好非常激进的公司，在之前的几年中，他们将宝压在房地产市场，大量发放次级按揭贷款业务，并将发放的贷款打包通过证券化手段卖给投资者，利用杠杆和资本的高速周转，从中赚取差价。

为了支持业务的迅猛发展，他们通过在同业市场借入短期资金来支持期限很长的次级按揭贷款，这种短借长贷的业务模式让雷曼兄弟公司处在巨大的融资流动性风险之下。

实际上，当美国房地产市场开始步入新一轮调整期，这些金融机构所发放的次级住房按揭贷款的违约率就随之上升，这导致所对应的债券外部评级下降、债券价格下跌、投资者抛售、贷款银行的融资出现困难等一系列后果。

当与雷曼兄弟公司业务类似的贝尔斯登宣布破产倒闭之后，市场上对于雷曼兄弟公司的倒闭预期也变得越来越高，因此不再有资金方愿意给雷曼兄弟公司借钱，导致后者无法再筹措资金应付支出，最终不得不申请破产保护。

二、伊利诺瓦州大陆银行

案例简介

伊利诺伊州（Illinois）位于美国中西部，以印第安人伊利诺伊部落之名命名，该州工业主要集中在芝加哥。而伊利诺瓦大陆银行是芝加哥最大的银行，排名全美第七，截止 1981 年底总资产规模为 450 亿美元。

大陆银行的大部分资金都是向其他银行拆借来的，或是通过控股公司发行商业票据，再转给大陆银行。该行 300 亿美元存款中，有 90% 以上是没有存款保险的外国人存款，以及远超过 10 万美元保障上限的存款（联邦存款保险公司不对超过 10 万美元的存款提供保险）。1982 年以后，大陆银行固定每天晚上都要拆借 80 亿美元的联邦资金。

同时，大陆银行又是一家风险偏好相对比较激进的银行，所以把拆借来的资金以较高利息进行放贷，一方面它直接放贷，另一方面，它也把钱再借给规模较小的银行，支持他们的贷款业务。俄荷拉马州宾州广场银行就是其中之一，这是一家主要从事能源行业贷款的银行。不幸的是，1982 年宾州银行破产倒闭，此时大陆银行仍然持有其超过 10 亿美元的贷款，因此而受到波及。特别是市场传闻对大陆银行非常不利，因此其出现融资困难，各家银行都不再愿意借钱给它。

1984 年 5 月，在一些市场谣言的影响下，大陆银行发生了存款挤兑！10 天之内大陆银行流失了 60 亿美元的资金，而大陆银行在美国中西部大约有 2000 家资金联行，如果它倒闭，将会引发金融系统的巨大灾难。

为了挽救大陆银行，芝加哥储备银行和联邦存款保险公司先后介入，为其提供流动性，后者还最终为其承担了巨额债务，应对其存款人的提款需求。

三、英国北岩银行

北岩银行是英国第五大银行，是主要的住房按揭银行之一，其业务模式是向客户提供各种各样的贷款。同样，银行通过吸引存款、同业拆借、抵押资产证券化等短融方式来融资，并且北岩银行也投资于欧洲之外的债券市场，美国次级债就是其重要的投资品种之一。

北岩银行 2006 年末向消费者发放的贷款占比为 85.498%，加上无形资产、固定资产，全部非流动性资产占比高达 85.867%，而流动性资产仅占总资产的 14.137%，特别是其中安全性最高的现金及中央银行存款仅占 0.946%。在负债方，北岩银行最主要的两个融资渠道为消费者账户以及发行债务工具，特别是债务工具的发行占比高达 63.651%，而北岩银行的资金来源只有 5% 是存款。

在美国发生次贷危机之后，北岩银行的投资出现较大损失，也就没有银行再愿意向北岩银行提供资金，北岩银行只能向英格兰银行求助，消息传出后导致北岩银行即将破产的传闻迅速蔓延整个市场的投资者与储户丧失信心，股价在短短几个交易日内下跌近 80%，2007 年 9 月 14-17 日，出现了英国 140 年来首次挤兑，4 天之内资金流出 30 多亿英镑。最后英国财政部、英格兰银行与金管局联合出手注资救助，并提供 550 亿英镑紧急信贷额度，才使得挤兑风波平息下来。

经验教训总结

- 银行应当将其资产的平均期限控制在适当范围内，以此缓解其流动性风险；
- 银行应当有紧急情况下的流动性缓冲，确保他们能应付债务的支出；
- 流动性的压力测试对于银行来说非常重要；
- 银行应当认真做好资产负债管理工作，对其资产负债表的期限结构进行匹配，做好一体化管理。

第三节　执行对冲策略

一、德国金属公司

案例简介

德国金属公司（Metallgesellschaft）（MG）是一家已有 114 年历史的老牌工业集团，经营范围包括金属冶炼、矿山开采、机械制造、工程设计及承包等，在德国工业集团中排位约在第十三、四名。德国金属公司以经营稳健著称。由于德国金属公司具有很强的实业背景，本身就是金属、能源等产品的生产和消费大户，它在世界商品交易市场上相当活跃。德国金属公司介入各商品交易所的现货、期货和期权交易，除为本工业集团服务外，还向其它投资（或投机）和套期保值的企业提供经纪服务。

德国金属公司下属的一家美国子公司名叫德国金属精炼及市场公司（MG REFINING AND MARKETING，以下简称“MGRM”），专门从事石油产品交易。1993 年时世界原油价格处于低点，MGRM 为了建立长期的客户关系便推出一种远期合约， MGRM 向客户承诺在未来 5 到 10 年中以固定价格向客户出售石油，该固定价格是当时现价上浮 3~5 美元。许多客户看到当时石油价格较低，认为这样的合约有利于他们在未来较长时期锁定较低的原油成本，便纷纷与 MGRM 签约。MGRM 陆续签约了 1.6 亿桶规模的供货量。

为了防止未来石油价格上涨而导致远期合约的亏损，MGRM 通过在组约商业交易所买入石油标准期货合同进行套期保值以对冲远期合约带来的的价格风险。如果油价上涨的话，MG 在远期合约上的亏损可以通过期货价格上涨带来的盈利进行抵消。但当时市场上最长的期货合约只有三年，此类期货合约流动性往往很差、交易量很小、且与签订的远期合约时间不匹配。因此 MG 不得不购买短期的期货合约来对冲长期的远期合约。MG 先集中买入一系列具有相同到期日的短期期货合约，在短期期货合约到期平仓后，MG 又会和先前一样集中购买在未来某一天同时到期的短期期货合约，周而复始直至远期合约到期，这样的过程称为滚动对冲（Stack and Roll）。MGRM 建立的期货合约多头头寸 5500 万桶，互换合约 1.1 亿桶。

在期货价格不断上涨的情况下，MG 滚动对冲的策略是没有太大问题的。但是事与愿违，石油价格在 1993 年第四季度继续大跌，一度跌至 15 美元左右。MGRM 面临着期货和互换上的巨额亏损。尽管 MGRM 在与客户签订的远期合约上因油价下跌产生盈利，但是这些收益并不能及时反映到账面上，因为这些收益只有在未来远期合约交割时才会落实。但期货合约盈亏所带来的影响并不存在时滞性，**逐日盯市**（Marking to Market）制度使得期货合约双方每天都需进行保证金清算，现有期货头寸的亏损以及新合约的签订迫使 MG 需要缴纳大量的保证金，继而由现货期货价差波动产生的**基差风险**（Basis Risk）引发了融资流动性风险。

该情况被汇报到德国母公司后，母公司监事会经过讨论决定即刻将巨额头寸进行平仓，并要求 MGRM 与所有客户解除远期供货合同，并支付违约金。最终导致近 15 亿美元的损失。

经验教训总结

- 公司在市场交易时应该重视流动性风险控制。
- 公司在使用对冲工具时需要选择期限合适的产品。
- 公司在利用短期衍生品对冲长期合约的时候，一定要兼顾收益与风险。

名师解惑

德国金属公司的案例是最为重要的案例之一，FRM 考试几乎每年都会考察。德国金属公司面对的主要风险是由市场风险引发的流动性风险，并不存在操作风险。油价下跌，市场出现期货溢价直接导致了其子公司在期货市场上的巨额亏损，而德国的会计制度又使得财务报表很难看，进而引发了信用评级的下调。逐日盯市制度下保证金的催缴使得德国金属公司流动性风险进一步恶化，最终不得不强制平仓所有的期货合约。

第四节　模型风险

一、尼德霍夫（Niederhoffer）

尼德霍夫是华尔街的一个明星交易员，是大名鼎鼎的索罗斯曾经的战友、操盘手和顾问。成名之后，自己创办了一个非常成功的私募对冲基金，是世界著名的衍生品投机大师。

1997 年，尼德霍夫在泰铢上进行了投机，没想到亏了 5000 万美元，几乎是他管理基金的一半。这时候尼德霍夫开始变本加厉，寄希望于更高风险的投资能够带来足够的利润，弥补这个亏损。到了 9 月，他已经补上了部分泰铢亏损，但是当年的投资业绩仍然下跌了 35%。进入 10 月，尼德霍夫开始胆大妄为，大量卖出标准普尔 500 指数期货的看跌期权，执行期为一个月。也就是说，尼德霍夫只要熬过 10 月底，标准普尔 500 指数下跌幅度不超过 5%，他就能稳稳地赚到期权费。

时间来到 10 月 25~26 日的周末，市场依然平稳无事。尼德霍夫似乎已经看到他在四天后赚到期权费的情景了。没想到，1997 年 10 月 27 日，星期一，美国股市暴跌 554 点，大约 7%，这给了尼德霍夫致命一击，最终他的基金在周三被清盘。尼德霍夫在人生 60 岁时走向了破产的命运。

> **考试小技巧**
> 长期资本基金也是几个重点案例之一，LTCM 是由于市场风险引发的流动性风险而濒临倒闭的，他们的模型不仅忽略了诸如俄罗斯主权债券违约等黑天鹅事件，还忽略了在危机发生时，灾难事件发生的相关性会急剧上升，尽管 LTCM 有着相应的风控制度与分控报告，但是在灾难发生时，管理层并不能知晓手中的头寸与交易策略，最后手中头寸被交易所强制平仓，这也加剧了长期资本公司的陨落。

二、长期资本管理基金

案例简介

长期资本管理基金（Long-Term Capital Management，LTCM）成立于 1994 年，其创始人是被誉为能“点石成金”的华尔街莫里斯等。这样一支号称“每平方英寸智商密度高于地球上任何其他地方”的天皇巨星团队足以使得他们在基金成立伊始就募集到 12.5 亿美元初始资本。

长期资本管理基金的核心团队大多是技术派，深信市场是有效的，同一资产在不同市场间的定价应该是一致的，如果存在偏差，那么市场一定会进行自我调节最终使这些套利机会消失。基于这一理念，斯科尔斯和默顿将金融市场历史交易资料，已有的市场理论、学术研究报告和市场信息有机结合在一起，形成了一套较完整的电脑数学自动投资模型。他们利用计算机处理大量历史数据，通过连续而精密的计算得到两种不同金融工具间的正常历史价格差，然后结合市场信息分析它们之间的最新价格差。如果两者出现偏差，并且该偏差正在放大，电脑立即建立起庞大的债券和衍生工具组合，大举套利入市投资；经过市场一段时间调节，放大的偏差会自动恢复到正常轨迹上，此时平仓离场，获取套利收益。长期资本基金寻找套利机会的方法主要有如下三种：

第一种方法是相对价值策略：随着时间的推移，相似证券之间的价差将会趋于一个历史平均水平。在相似证券价差变大时，可以通过卖出定价偏高的股票并同时买入定价偏低的股票构造套利组合，当这两个相似证券价差趋于长期均值时便可获得收益。

第二种方法是信用价差策略：公司债券与国债之间因收益率的不同而导致定价不同，公司债与国债收益率之间的差异代表了投资者对公司未来信用风险、流动性风险等不确定风险的补偿，债券信用价差越大意味着未来的信用风险也越大，投资者基于信用风险所要求的预期收益率补偿也越高。同样的道理，不同国家发行的债券收益率也各不相同，基于国家风险的不同，投资者对各个国家发行的国债的所要求的收益补偿也不尽相同。一般而言，发达国家违约概率较小，国家风险较低，更受投资者的追捧，故而其国债的市场价格会更高，信用价差也相对更低。比如，在1996年，LTCM大量持有意大利、丹麦、希腊政府债券，而沽空德国债券。LTCM的模型预测，随着欧元的启动，上述国家的债券与德国债券的息差将缩减。最终，由于市场表现与LTCM的预测惊人的一致，LTCM因此获得巨大收益。

第三种方法是股票波动率策略：这是一个和波动率相关的策略，LTCM认为股票期权的波动率从长远来看也会收敛于一个历史平均水平，当期权的隐含波动率偏离历史平均水平时，LTCM会通过卖出期权、波动率互换等手段来“卖出波动率”进行套利。

以上的这些策略都是依据市场短期价差进行套利，再通过杠杆的方式放大收益，这一套利过程在前几年的确带来了很大的收益，也创下了一个又一个辉煌。1994～1997年，年投资回报率分别为：28.5%、42.8%、40.8%和17%。到1997年末，LTCM的净资产已上升至48亿美元，净增长2.84倍。

1997年最后一个季度，LTCM宣布了令人震惊的减资决定，其理由是好的投资机会变得越来越难找，相对于投资机会而言，基金的资金实在太多了，当时掌握的资金接近70亿美元，几乎和美林证券持平。减资的计划是1997年底，将1994年开业之前投入的原始投资在该年度所获得的全部利润，以及以后投入的全部资本金及其应分配的利润，一次性全部退还给投资者，但LTCM及公司员工的投资并不在此列，此外，还不包括那些比较大的战略投资者。

计划一公布就激起了很大的争议，即使在内部也有反对声音，比如两位学术大师就都是持反对意见者。而投资者更是极度愤怒，纷纷指责 LTCM 无视投资者的利益，一心只为自己打算。他们要求将钱留下来，但都被拒绝。

退股之后，LTCM 变成少数几个合伙人和公司员工自己的游戏，他们进一步利用其它金融机构的借贷，放大杠杆，增加投资规模，在 1997 年末达到了惊人的 12500 亿美元。

1997 年 7 月，亚洲金融危机爆发后，美国、德国等发达国家所发行的国债受到全世界投资者的青睐，LTCM 的模型发现：发展中国家与美国的国债信用价差过大，美国国债价值被市场过度高估，这一“不合理”的价差终将会趋于历史平均水平。因此 LTCM 通过场外市场大量做空美国国债与德国国债并持有发展中国家的国债，LTCM 在合约签订之初利用自身的名望与出色的历史业绩成功说服了交易所允许其缴纳少量的保证金以提高其经营杠杆，这一系列的操作在放大收益同时也为其日后的覆灭埋下了祸根。

但是在 1998 年，黑天鹅事件发生了，俄罗斯宣布本国国债违约，全球市场再度动荡，恐慌的投资者将资产配置转向质量更高、安全性更高的资产，这其中就包含了德国国债。而 LTCM 恰好在场外交易市场做多俄罗斯国债并同时做空了德国国债，原本设想趋于收敛的信用价差反而更加发散了，致使其在场外市场的多头与空头头寸同时发生了亏损。

然而事情发生到这里却只是一个开始，继债市上俄罗斯宣布主权债务违约后，汇市上巴西货币也发生了大幅贬值，给 LTCM 的股权波动率策略也带来了损失，巴西货币贬值导致市场波动率的增加，这又一次与 LTCM 模型所预测的波动率下降相反。这两件事件的相继发生导致 LTCM 发生了巨额亏损，资产大幅下跌，而期货合约的逐日盯市制度又使 LTCM 不得不因为期货头寸的损失而补缴保证金。同时面对市场风险与流动性风险的 LTCM 不得不四处融资，大部分的金融机构并没有伸出援手，它们反而迫使 LTCM 透露资产持仓情况并提前做空相关资产，这使得 LTCM 再一次发生亏损。在短短的 150 天内，LTCM 资产净值下降 90%，亏损 43 亿美元，濒临破产。最后美联储不得不出面召集以美林、摩根为首的 14 家银行组成的银团注资 36.5 亿美元收购了 LTCM 的 90% 股权，避免了其破产的命运。

经过其他投资机构注资后，市场恐慌稍退，LTCM 得以继续经营，解困后的第一年获利 10%。在 2000 年初，所有头寸被解除后，该基金被清算解散。

LTCM 的整个轨迹犹如一部过山车，从一路辉煌走向败亡，而在期间，最大的受益者就是那批在 1997 年底被强迫撤资的外部投资者，想当初，他们苦苦哀求留在 LTCM 没有成功，没承想，正是这一强制行为挽救了他们。另外，在 1998 年危机发生之前，还有大约 30 多位投资者将他们在 LTCM 中的投资全额套了现，他们的收益更加可观。在减资行动中，一些待遇比较优惠、获准保留较多投资的幸运者，最后都亏了钱。

LTCM 自身总的损失是非常惊人的。到了救助行动开始的时候（仅仅只过了 5 个月时间），最初投入长期资本管理公司的每 1 美元投资就只剩下区区 33 美分了。

由于 LTCM 员工大都将这部分奖金作为投资，投进了自己的公司之中，最后都落了个血本无归。不少员工都说“我们亏掉了自己所有的钱，最后落了个一场空”。

经验教训总结

◆ 模型风险：LTCM 的模型运用历史的数据来预测未来资产价格的走势，这一方法在经济平稳的时候是不存在问题的，但是在市场动荡的时候，危机事件之间的相关性会急剧上升，因此 LTCM 采用的 VAR 模型会低估尾部损失。

◆ 市场风险：LTCM 通过全球化资产配置，多样化套利策略进行套利，但是这都是基于未来的信用价差与市场波动率会趋于历史均值这一假设，因此看似“分散化”的投资组合在市场波动时都产生了损失。

◆ 流动性风险：LTCM 低估了高杠杆对其期货头寸价格的影响，危机事件发生后，LTCM 陷入流动风险，无力补缴保证金。在交易所对其头寸进行强制平仓时，交易流动性风险使得期货头寸价格进一步下跌。

◆ 在衍生品交易中一定要预留足够的保证金，防止流动性风险。

◆ 在投资决策时需要考虑在逆向市场中交易流动性风险所带来的损失。

◆ 在评估信用风险的时候，需要进行压力测试，尤其要考虑在危机发生时所产生的相关性风险。

◆ 银行内部的公司治理和风险文化是保证模型能被正确使用的重要保障。

三、伦敦鲸事件

案例简介

摩根大通是美国最大的金融集团，总资产规模高达 2.4 万亿美元。它也是世界上最大衍生品交易商。摩根大通位于伦敦的首席投资办公室（Chief Investment Office，CIO），主要从事债券衍生品指数的投资。

2006 年开始，首席投资办公室开始一项名为合成信贷组合（SCP）的衍生品交易策略。三年后的 2011 年，SCP 的净名义规模从 40 亿美元跃升至 510 亿美元，增长了 10 倍多。2011 年末，首席投资办公室押注超过 10 亿美元的 SCP 交易，并创造了大约 4 亿美元的收益。

2011 年 12 月，摩根大通总部要求首席投资办公室降低其风险加权资产（RWA），以使该行作为一个整体降低其监管资本要求。于是，2012 年 1 月，首席投资办公室修改了它的交易策略，它并没有直接削减 SCP 的头寸规模，而是为 SCP 购买额外的长期信用衍生品，以抵消其短期衍生品头寸，并以这种方式降低了首席投资办公室表面上的风险加权资产规模。事实上，这种交易策略不仅增加了投资组合的规模和风险加权资产，而且通过使投资组合处于净多头头寸，反而减弱了 SCP 原本应该提供的对冲保护。

很不幸，2012 年开始，首席投资办公室的投资组合开始亏损。1 月、2 月和 3 月，报告亏损的天数远远超过报告利润的天数。为了将报告的损失降到最低，首席投资办公室居然开始修改信用衍生品定价时使用的估值方法。比如，之前首席投资办公室采用中间价来对持有的头寸进行估值，但到了一季度末，他们将估值的价格参考改为更为有利的价格，而不是中间价。事后的计算表明，截至 2012 年 3 月 16 日，SCP 报告了 1.61 亿美元的亏损，但如果采用中间价，这些亏损将至少再扩大 4.32 亿美元，共计 5.93 亿美元。

并且基于该估值方法，首席投资办公室以老 VaR 模型过于审慎夸大了风险为由，匆忙替换了另一种方法，使得持有的 SCP 头寸 VaR 下降了 50%，从而极大地隐瞒了实际风险（如下图 9-1 所示）。直到 5 月 10 日，总行才在回溯检验中发现首席投资办公室新的 VaR 模型不准确，撤销了该模型，恢复到原先的模型。这使得 SCP 投资的真正损失被暴露出来。摩根大通的首席执行官最后对外披露的损失金额为 62 亿美元。

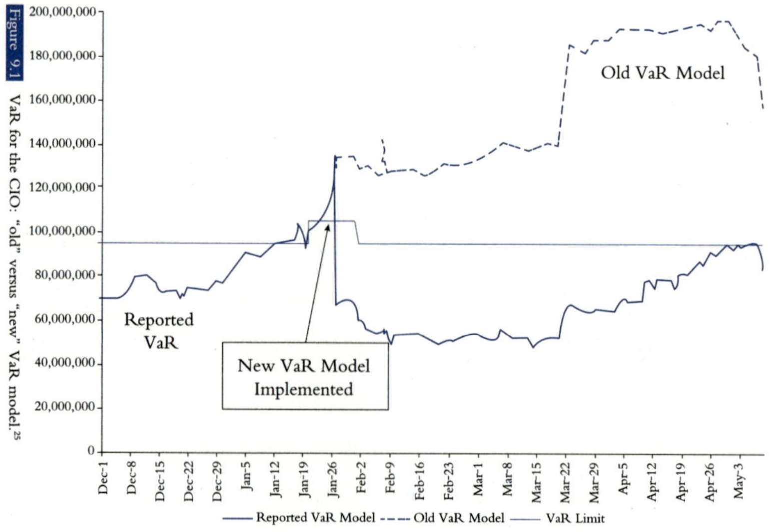

图 9-1 摩根大通 CIO 新旧 VaR 模型对比

第五节 流氓交易和误导性陈述

一、巴林银行

案例简介

巴林银行成立于1762年，是一家老牌的英国银行。有别于普通的商业银行，它不开发普通客户存款业务，故其资金来源比较有限，只能靠自身的力量来谋求生存和发展。20世纪初，巴林银行荣幸地获得了一个特殊客户：英国王室。由于巴林银行的卓越贡献，巴林家族先后获得了五个世袭的爵位。

> – 考试小技巧 –
> 巴林银行是协会重点考察的案例之一，读者们需要了解尼克里森身兼前后台部门的主管为其日后监守自盗提供了先天的条件，巴林银行内部管理的混乱也使得尼克里森可以一次次满天过海，进行着一笔又一笔的风险极大的交易。

巴林银行集团的业务专长是企业融资和投资管理。尽管是一家老牌银行，但巴林一直积极进取，在20世纪初进一步拓展公司财务业务，获利甚丰。90年代开始向海外发展，在新兴市场开展广泛的投资活动，仅1994年就先后在中国、印度、巴基斯坦、南非等地开设办事处，业务网络点主要在亚洲及拉美新兴国家和地区。截止1993年底，巴林银行的全部资产总额为59亿英镑，1994年税前利润高达15亿美元。其核心资本在全球1000家大银行中排名第489位。

1993至1995年间，巴林银行（Barings Bank）驻新加坡分行的初级交易员尼克里森（Nick Leeson）为了弥补先前发生的交易损失，违规操作，大量做多日经225指数期货合约与看涨期权并且利用错误账户隐瞒损失，谎报利润，从而造成了巨大的亏损，这次事件一共造成12.5亿美元的的损失。最终，历史显赫的巴林银行不得不宣告破产。这家拥有233年历史的银行以1英镑的象征性价格被荷兰国际集团收购。这意味着巴林银行的彻底倒闭。

尼克里森一共采取了两种交易策略，第一个策略是**做空跨式期权**（Sell Straddle），**跨式期权**（Straddle）是由一个具有相同执行价格的**看涨期权**（Call Option）和**看跌期权**（Put Option）所构成的，尼克里森通过同时卖出一个具有相同执行价格的看涨期权与看跌期权，构造出了空头跨式期权，如图9-2所示。这个策略能否盈利取决于市场未来的波动率大小，如果未来日经225指数波动较小，那么卖出看涨期权与看跌期权都可以拿到一笔期权费，获得收益。但是，一旦日经指数发生大幅度的下跌或者上涨，就会引发亏损。

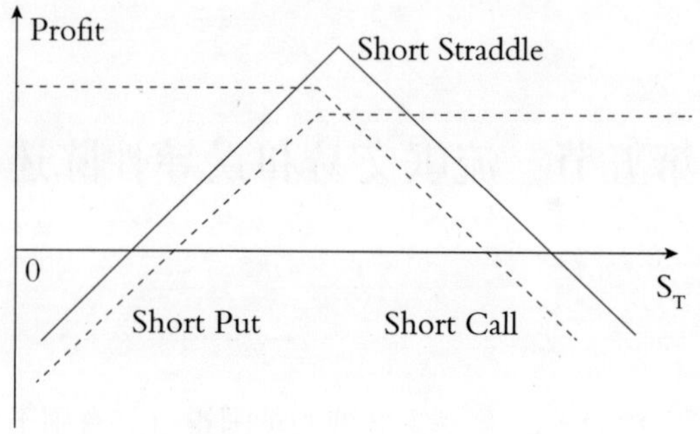

图 9-2 空头跨式期权收益

此时日经指数持续走低，尼克里森的第一个策略遭受了损失。但若只有这一种投资策略，即使存在亏损也不会使得巴林银行遭受灭顶之灾。可正是尼克里森的第二个策略将巴林银行陷入了万劫不复的境地。

1994 年下半年，尼克里森认为日经指数被严重低估，日本的经济形势已经走出衰退，加之其自身急于弥补先前交易产生的亏损。因此，在日经 225 股指期货上，他放弃原有的利用日经 225 指数在不同交易所报价不同进行套利的策略，转而采取了在不同交易市场上同时做多日经 225 股指期货的投机策略。这一改变使得原本稳健的套利策略瞬间变得凶险万分，如果日经指数依旧持续下跌，那么尼克里森的境遇将会雪上加霜。但是人算不如天算，1995 年日本关西发生了大地震，日经 225 指数遭受重创，尼克里森的两个策略同时发生了亏损，由于尼克里森在不同市场同时做多期货合约，其损失也是成倍增加。正是这些损失使具有 233 年显赫历史的巴林银行走向灭亡。

巴林银行的覆灭不免让人唏嘘，但是究竟是什么原因使得一名交易员就可以毁了整个巴林银行呢？尼克里森除了负责主管期权与期权交易部门之外，他还是后台结算部门的主管。他利用自身的职责权限将这些损失都隐藏在了一个名为“88888”虚拟账户内并且屡次规避了上级的监管。起初这个虚拟账户是用于新加坡分行自行处理一些损失较小的交易，后来由于伦敦总部系统升级 ，这个虚拟账户被下令停止使用，所有的交易损失依旧由伦敦总部进行处理。令人遗憾的是，伦敦总部忽视并且忘记关闭了这个“88888”账户，致使其成为了真正的“虚拟账户”在系统中留存进而被尼克里森利用瞒报损失。仅在 1994 年，尼克里森的交易损失就高达 2.96 亿美元，但他不但成功地隐瞒了损失，还虚报了 4600 万美元的利润，并在当年拿到了 72 万美元的奖金。尤其具有讽刺意味的是，在巴林破产的 2 个月前，即 1994 年 12 月在纽约举行的一个巴林金融成果会议上，250 名在世界各地的巴林银行工作者还将里森当成巴林的英雄，对其报以长时间热烈的掌声。

巴林银行内部监管上的漏洞也是造成悲剧的原因之一，尼克里森如果确实采取的是稳健的套利策略的话，是不能产生如此高额的“利润”甚至向伦敦总部申请高达 3.54 亿美元的交易保证金的。显然伦敦总部并没有重视到这个问题，他们对尼克里森所述之词没有一丝一毫的怀疑，对大额利润与相关损失的查证流于形式。

经验教训总结

◆ 尼克里森在巴林银行身兼两职，同时担任一线交易部门与二线清算部门的主管，这使得其可以任意妄为，将利润在标准交易账簿中体现进行上报，而将损失神不知鬼不觉地隐藏在了错误的账户里。

◆ 巴林银行的管理层在日常管理中流于形式，对于银行的资产负债表并不予以重视。对尼克里森的“低风险策略”产生的“巨额利润”丝毫不产生怀疑，甚至不加审查地继续为其转入高达 3.54 亿美元的交易保证金。

◆ 公司必须保证前后台的分离，尤其是交易部门与结算部门必须保持独立。

◆ 公司必须拥有完善的信息报告与监管机制，对于异常的大额利润，公司应该做到严格审查，以确保这些利润来源的真实性。

◆ 公司对异常的现金流流出必须要采取审慎的态度，必须在了解交易背景后再进行决断。

名师解惑

巴林银行中的主人公尼克里森身兼前台交易部门与后台清算部门主管，因此他并不需要通过构造虚假交易来隐瞒他的真实交易行为，他可以直接利用职务便利粉饰其交易行为。而爱尔兰联合银行案例中的主人公鲁斯纳克则是依靠着强大的智慧与情商，威胁后台人员对其违规交易行为视若不见，他并没有尼克里森得天独厚的优势，考试中经常会考察这两个案例的区别。

二、法国兴业银行

案例简介

2008 年 1 月，法兴银行（Société Générale）爆出了 71 亿美元的损失，造成如此巨大损失的是一名叫做科威尔（Kerviel）的交易员，科威尔在未授权的情况下大量购买欧洲股指期货合约，并且通过虚假的交易隐瞒损失。在他的行为被揭

— 考纲要求 —
法兴银行也是属于协会常考的一个重点案列，科威尔个人的操作风险引发的损失已经远远超过了巴林银行。读者们需要牢记法兴银行失败的原因，其中违反强制休假制度，交易助手的置若罔闻等失败原因都是其余案列中所没有的。

露之前，他所做虚假交易的笔数达 947 笔之多。事实上，比较法兴银行案例和巴林银行的案例，会发现有诸多相同之处。

由于科威尔引发的操作风险，使得当时原本有复苏迹象的经济又出现了新一波的下跌，与爱尔兰联合银行中的交易员鲁斯纳克相类似，科威尔也是利用虚假交易来掩盖之前的亏损，但是他的手段甚至比鲁斯纳克更高明。为了隐瞒未被授权交易的头寸的规模与风险，他构造了大量虚假的对冲交易，这些虚假的对冲交易也是在未来某一天才生效的，在未来的合约确认生效之前，他同样也是用取消原交易再构造新的对冲交易的方式来蒙混过关，直到事情败露，科威尔总共做了 947 笔这样虚假的对冲交易，这 947 笔交易全是在 2005 年 ~ 2008 年三年之内发生的，几乎每天都要执行一笔虚假的交易，可见科威尔心理素质之强大。相较于鲁斯纳克利用个人能力威胁后台人员，科威尔直接破解了银行内部系统的 5 道密码并成功地掌握了前后台的交易系统。在 2005 年 ~2007 年，科威尔一直利用后台的系统构造虚假交易产生利润并且取消尚未确认的交易。恰逢 2007 上半年，科威尔的直属领导辞职，新领导对业务并不熟悉，这使得他可以变本加厉地违规操作，制造更多的虚假交易。在这一系列的过程中，科威尔的助手对其违规行为视而不见，纵容科威尔一次次地违规。2005 年 ~ 2008 年这三年的时间内，科威尔违背了每年连续两周的强制休假制度，每天坚持到岗工作。因为一旦休假顶替科威尔的交易员就会发现这些问题。此外，法兴银行的系统只统计交易员的净头寸而并没有监控科威尔交易的总头寸。这些“净头寸”产生的高额的交易费用与保证金高管层也没有怀疑。并且法兴银行的报告机制存在巨大的缺陷，如果对科威尔反常的利润以及交易所需的保证金和费用进行验证核实的话，也许就可以避免后续的大额亏损以及名誉上的损失。

经验教训总结

◆ 法兴银行对于取消的交易并没有做到核实确认。

◆ 在新旧领导交接的过程中并没有对交易员形成有效的监管。

◆ 科威尔的交易助手对他的违规行为熟视无睹。

◆ 科威尔违反公司强制休假制度，坚持到岗工作从而继续隐瞒真相。

◆ 法兴银行对交易员的总头寸没有进行有效监管，只监管净头寸。

◆ 科威尔交易头寸所产生的高额手续费与保证金没有引起监管层的重视。

◆ 法兴银行交易抵押品与现金流的报告制度存在缺陷。

◆ 科威尔申报的交易利润远远超过他名义头寸所产生的利润，但管理层未能调查核实。

◆ 当交易员多次取消交易的时，管理层要予以重视并且要与交易对手进行交易取消的确认。

◆ 当领导层发生人员变更时更要加强监管，防止操作风险发生。

◆ 银行应该加强对总头寸与净头寸比例的监控，防止投机行为。

◆ 交易助手应该与交易员保持客观独立，相互配合同时也相互制约。

◆ 强制休假的制度必须严格落实，避免风险被持续隐藏。

◆ 对于交易抵押品与现金的监管需要落实到具体的交易员个人。

◆ 对于超过预期的收益或者损失，监管部门要进行调查核实，确保了解损益的来源。

第六节 金融工程和复杂衍生品

一、信孚银行

案例简介

美国信孚银行（Bankers Trust）为宝洁公司（P&G）和吉布森公司（Gibson Greetings）设计了一个融资的方案用以降低二者的融资成本，这个融资方案在大部分情况下可以帮助这两家公司降低融资成本，但是在小概率情况下会出现巨大的损失。

> 考试小技巧
> 信孚银行是一个由员工职业操守引发的灾难案例，在以往的考试中考察较少，请广大读者记得事情来龙去脉即可，无需额外拓展。

1994 年宝洁与吉布森公司一起起诉美国信孚银行，他们认为正是信孚银行在融资方案中存在误导性陈述，使得他们在衍生品交易中遭受了巨大的损失。很显然，信孚银行设计的融资方案并没有达到这两家公司的预期。此外信孚银行为这两家公司提供的合约十分复杂，市场上缺乏类似的产品进行比较，并且还在诉讼中坚称已经向宝洁与吉布森公司明确告知了合约可以带来的预期收益以及相关风险。

在法院上，信孚银行提供了交易员的通话录音用以自证清白，但是在录音中，银行交易员却吹嘘自己是如何利用复杂的产品合约来愚弄客户并且还声称客户根本不了解这些合约的真实风险。最终，信孚银行因为自身的“道德”问题而败诉，名誉扫地，其首席执行官 CEO 被迫引咎辞职。1999 年，信孚银行被德意志银行收购。

经验教训总结

◆ 信孚银行并没有真实告知客户其所签订合约的收益与风险，而且设计的产品过于复杂，对客户存在误导性。

◆ 信孚银行交易员职业操守存在问题，在电话里嘲笑客户致使其在法院上败诉。

◆ 公司与客户签订合约时一定要做到信息透明公开，充分告知其权利与义务。

◆ 公司的交易人员务必要保持严格的职业操守，不可利用职务便利戏弄客户。

二、奥兰治县

案例简介

上世纪 90 年代初，加州奥兰治县财政部长罗伯特·西特龙（Robert Citron）通过回购市场成功借款 129 亿美元，这使得他的债券投资规模达到大约 200 亿美元，尽管他管理的基金只有 77 亿美元的资产。

西特龙利用借来的资金购买了复杂的逆浮动利率票据，当利率上升时，这些票据的息票付款会下降（而传统的浮动利率票据在这种情况下付款会增加）。在 1994 年以前，西特龙利用杠杆能够将基金的回报率提高 2%。然而，在 1994 年期间，美联储将利率提高了 250 个基点。随着利率上升，他的头寸市值大幅度下降，最终造成 15 亿美元的损失。

与此同时，原先的回购协议资金方停止向他借款，结果，奥兰治县被迫申请破产。

经验教训总结

◆ 这场崩溃是由过度的杠杆和基金购买高风险（可能是错误的）利率产品的赌徒心理共同造成的；

◆ 企业需要了解其商业模式中固有的风险；

◆ 高级管理层需要部署强有力的政策和风险措施，将风险管理（尤其是衍生品的使用）与风险偏好和总体业务战略联系起来；

◆ 管理层和董事会应始终询问风险在哪里，在什么情况下会造成损失。

三、萨克森州立银行

案例简介

在 2007 ~ 2009 年金融危机之前，美国次级证券的一些最大买家是欧洲银行。其中一个例子是位于莱比锡的萨克森州立银行。该银行以往以服务区域性中小企业见长。然而，在经济繁荣时期，该银行开始开设海外分行，发展投资银行业务。萨克森州立银行在都柏林开设了一个部门，负责设立实体，以持有大量高评级的美国抵押贷款支持证券。虽然这项业务利润很高，但与萨克森州立银行的资产负债表规模相比，它实在太大了。

当次贷危机在2007年爆发时，投资的损失让萨克森州立银行的资本消耗殆尽，银行不得不出售给德国的巴登符腾堡银行。

经验教训总结

◆ 虽然这些次级证券工具提供有吸引力的风险溢价，但购买它们也需要了解相应的衍生工具专业知识。

第七节 声誉风险

大众汽车排放丑闻

案例简介

德国汽车制造商大众汽车（Volkswagen）的一个重大丑闻涉及到美国市场的监管测试。2015年9月，美国环境保护署（EPA）宣布，大众汽车对其柴油发动机的某些排放控制进行了编程，仅在常规测试期间激活，而不是在实际驾驶期间激活。因此，虽然氮氧化物水平符合美国标准的监管测试，但汽车实际上在道路上行驶时的排放远超该标准。从2009年到2015年，大众汽车在全球超过1000万辆汽车上（仅美国就有50万辆）设置了该程序。

大众汽车在德国和美国的高管在9月份与美国环保署和加利福尼亚州官员的电话会议上正式承认了这一骗局。全球最大汽车制造商大众汽车（Volkswagen）遭受的损失是巨大的。随着丑闻的曝光，公司股价下跌了三分之一以上，公司面临数十亿美元的潜在罚款和处罚，并被提起了多项诉讼。它的声誉，特别是在重要的美国市场上，受到了严重的打击。德国政府官员甚至表示 “德国制造”的价值也将因为大众的行动而受损。

第八节 公司治理

安然公司

案例简介

安然公司（Enron）曾经是世界上最大的能源、商品和服务公司之一，名列《财富》杂志“美国500强”的第七名，2000年披露的营业额达1010亿美元之巨。

- 考试小技巧 -
信孚银行与安然事件都是由于职业道德所引发的灾难案例，这两个案列在以往的考试中考察较少，读者们对此做一个基本了解即可。

公司连续六年被《财富》杂志评选为“美国最具创新精神公司”。然而，2001 年 12 月 2 日，安然公司突然向纽约破产法院申请破产保护，该案成为美国历史上企业第二大破产案。

安然为了粉饰自己的财务报表，吸引市场投资，通过虚假的石油期货合约来进行变相借贷。这些石油期货合约并不存在真实的交割，盈亏也不受市场油价影响，安然公司以未来的期货价格卖出石油获得套现，并且承诺再以固定的价格买回那些石油。这其中的交易对手都是 JP 摩根注册的空壳公司 Mahonia，安然利用空壳公司 Mahonia 从 JP 摩根（JPMorgan）进行融资，Mahonia 将融资所得的资金以石油期货合约多头的身份将贷款本金支付给安然公司，这笔资金在安然的财务报表上以利润的形式被记入。随后，安然公司在合约到期日之前又向 JP 摩根注册的空壳公司 Stoneville Aegean 买入石油，并向 Stoneville Aegean 支付融资所得的本金和相应的利息作为购买石油的货款。最后，Stoneville Aegean 将收到的款项再返还给 JP 摩根，通过这一些列巧妙的运作，安然达到了在不影响财务报表的前提下进行融资的目的。

安然公司利用相似的手法通过花旗集团（Citigroup）进行融资，2001 年，安然财务丑闻被曝光，同年 12 月 2 日，安然正式向破产法院申请破产保护，破产清单中所列资产高达 498 亿美元，成为美国历史上企业第二大破产案。尽管上述事件的参与者摩根大通与花旗集团宣称并不了解安然进行财务造假，但最终这两家公司被判支付 2.86 亿美元的罚金，并进行相应的整改，确保与投资者之间衍生品交易方式的透明度。

经验教训总结

- 公司激进的薪酬激励制度导致高级管理层的行为只关注自身利益（绩效），与股东利益相冲突；
- 董事会未能履行对股东负责的义务；
- 安然还利用欺诈性会计做法来掩盖其实际财务业绩中的缺陷。

第九节 网络风险

SWIFT 系统

案例简介

近年来，网络风险已成为一个非常重要的考虑因素。银行的系统可以被黑客入侵，他们的自动柜员机可以用来窃取资金和客户信息，客户身份可以被窃取和滥用，等等。金融机构每年都在其系统上花费数十亿美元，以持续提升其安全性，保护这些系统不受外部非法入侵和内部滥用的影响。网络攻击对银行系统的威胁也是国际监管机构，如国际清算银行（BIS）和国际货币基金组织（IMF）关注的一个主要问题。

SWIFT 是全球领先的银行间电子转账系统，每天处理数十亿美元的交易。事实上，SWIFT 一直被认为是可靠的，通常需要几天（为了防止欺诈）的交易在 SWIFT 上都是在几秒钟内完成的。但 2016 年 4 月，《纽约时报》发表的一篇文章披露，黑客利用 SWIFT 网络从孟加拉国银行（孟加拉国中央银行）在纽约联邦储备银行的账户中窃取了 8100 万美元。这次抢劫是通过恶意软件发送未经授权的SWIFT指令，指示资金转移到黑客控制的账户。然后，恶意软件删除了交易记录，这使得与此相关的交易记录都消失了。

本章小结

♣ 利率风险

- 1980 年代美国存贷款机构破产危机。

♣ 融资流动性风险

- 雷曼兄弟公司。
- 伊利诺瓦大陆银行。
- 英国北岩银行。

♣ 执行对冲策略

- 德国金属公司。

♣ 模型风险

- 尼德霍夫。
- 长期资本管理基金。
- 伦敦鲸。

♣ 流氓交易和误导性陈述

- 巴林银行。
- 法国兴业银行。

♣ 金融工程和复杂衍生品

- 信孚银行。
- 奥兰治县。
- 萨克斯州立银行。

♣ 声誉风险

- 大众汽车排放丑闻。

♣ 公司治理

- 安然公司。

♣ 网络风险

- SWIFT 系统。

章节练习

◇ The collapse of Long Term Capital Management（LTCM） is a classic risk management case study. Which of the following statements about risk management at LTCM is correct?

A. LTCM had no active risk reporting.

B. At LTCM， stress testing became a risk management department exercise that had little influence on the firm's strategy.

C. LTCM's use of high leverage is evidence of poor risk management.

D. LTCM failed to account properly for the illiquidity of its largest positions in its risk calculations.

答案解析：D

长期资本基金未能合理预计流动性的不足，不得不抛售手中大量的头寸用以缴纳保证金，而市场上的交易对手知道他们的持仓情况并抢先一步进行抛售，致使长期资本基金雪上加霜蒙受巨大的损失。

◇ Which of the following is a common attribute of the collapse at both Metallgesellschaft and Long-Term Capital Management（LTCM）?

A. Cash flow problems caused by large mark to market losses.

B. High leverage.

C. Fraud.

D. There are no similarities between the causes of the collapse at Metallgesellschaft and LTCM.

答案解析：A

德国金属公司和长期资本管理公司（LTCM）在衍生品市场进行了大量交易，由于经济条件的变化，都经历了现金流危机。这导致了按市值计价的巨大损失和追加保证金。

◇ Barings was forced to declare bankruptcy after reporting over USD 1 billion in unauthorized trading losses by a single trader， Nick Leeson. Which of the following statements concerning the collapse of Barings is correct?

A. Leeson avoided reporting the unauthorized trades by convincing the head of his back office that they did not need to be reported.

B. Management failed to investigate high levels of reported profits even though they were associated with a low-risk trading strategy.

C. Leeson traded primarily in OTC foreign currency swaps which allowed Barings to delay cash payments on losing trades until the first payment was due.

D. The loss at Barings was detected when several customers complained of losses on trades that were booked to their accounts.

答案解析：B

B是正确的。里森本来应该在新加坡办公室经营低风险、有限收益的套利业务，但实际上他投资持有了日本股票、利率期货和期权组合的大型投机性头寸。当里森欺诈性地宣布他的头寸产生了可观的利润时，管理层没有调查低风险策略产生的巨额利润流。

A不正确。里森是后台办公室的负责人，因此他不需要说服他们。

C不正确。里森交易的主要产品是期货和期权。

D不正确。财务和结算的工作人员前往新加坡解决一些问题时发现了亏损，原因是缺乏有关提交给伦敦的增加保证金要求的充分支持信息。

◇　The S&L crisis of the 80s was mainly due to ?

A. S&Ls failing to manage their interest rate risk.

B. Increased competition among S&Ls.

C. Increased competition from commercial banks.

D. Economic recession.

答案解析：A

储蓄和贷款无法管理其利率风险。

利率风险导致了1980年代中期的美国储蓄和贷款（S & L）危机。

扫码获取更多题目

第十章 对 2007~2008 年流动性与次贷危机的解读

Deciphering the Liquidity and Credit Crunch 2007–2008

一、次贷危机的背景	1. 房地产市场泡沫的形成	★★
	2. 资产证券化与影子银行	★★★
二、次贷危机发生的过程	1. 资产证券化产品与结构化产品的泛滥	★★★
	2. 次贷危机爆发与大型金融机构的倒闭	★★★
三、次贷危机的传导机制	1. 融资流动性风险与市场流动性风险	★★★
	2. 损失螺旋与保证金螺旋	★★★
	3. 道德风险与预防性储备	★★★
	4. 挤兑风险	★★★
	5. 网络效应	★★★

◢ 学习目的

每一次的金融危机都是一次以血和泪的代价留下的宝贵经验教训，因此对于危机的解读和学习可以帮助我们去理解次贷危机发生的过程以及传导机制，从而有所借鉴，在未来的风险管理中加以弥补和防范。

◢ 考点分析

次贷危机是 21 世纪以来全球最大的金融危机，因此是 FRM 考试的重点考察内容，在本章的学习过程中，应重点关注次贷危机发生的过程以及传导机制。

◢ 本章入门

2007 年 8 月美国房地产泡沫破灭，次贷危机全面爆发，对国际金融秩序造成了极大的冲击和破坏，使金融市场产生了强烈的信贷紧缩效应，国际金融体系长期积累的系统性金融风险得以暴露。次贷危机引发的金融危机是美国 20 世纪 30 年代“大萧条”以来最为严重的一次金融危机。金融工具过度创新、信用评级机构利益扭曲、货币政策监管放松是导致美国次贷危机的主要原因。美国政府采取的大幅注资、连续降息和直接干预等应对措施虽已取得一定的成效，但未从根本上解决问题。

第一节 次贷危机的背景

一、房地产市场泡沫的形成

导致美国房地产泡沫的形成主要是低利率的市场环境和信贷门槛的降低。

自2001年互联网泡沫破灭以来，为担心市场流动性紧缩，美联储长期执行宽松的利率政策用以刺激经济。经过13次降息，到2003年6月25日，美联储将联邦基金利率下调至1%，创45年来最低水平。此外，在1998年亚洲金融危机爆发之后，海外尤其是亚洲的资金大量流入美国，这些资本金被大量用以购买美国国债与房地产等相关资产，这一投资行为同时推高了房地产价格与国债价格，从而进一步地压低了市场的利率。也由此，地产开发商可以以更低的市场利率融资建房，美国民众也可以以更低的利率贷款买房。宽松的货币政策是导致房地产市场的繁荣的原因之一。

不仅如此，金融工具的盲目创新所引发的信贷门槛降低同样导致了房地产市场的泡沫，银行传统的借贷模式转为证券化的贷后管理模式。在这个模式下，银行将所发行的贷款组成了一个贷款资产池并且通过**特殊目的机构**（Special Purpose Vehicle，SPV）将这些贷款打包并以**证券化**（Securitization）的形式出售给投资者，将贷款人未来偿付的本息用以支付相关证券的偿付。证券化的贷后管理模式使得银行不仅可以将贷款违约风险转移给投资者，还可以通过这种短期金融工具来进行融资，扩大经营杠杆，因此银行贷款审核的标准不断降低，银行及一些贷款中介向购房人提供优惠汇率贷款、无收入证明的抵押贷款、甚至一些“三无”（无收入、无工作、无资产）人员都可以从银行借到钱，进一步刺激了房地产市场的繁荣。

二、证券化的过程与影子银行

证券化（Asset Securitization）是指以基础资产未来所产生的现金流为偿付支持，通过结构化设计进行信用增级，在此基础上发行资产证券化产品的过程。次贷危机爆发之前美国的银行业通过特殊目的机构SPV大量发行**抵押贷款支持债券**（Mortgage-Backed Security，MBS）。MBS主要由美国住房专业银行及储蓄机构利用其贷出的住房抵押贷款，发行的一种资产证券化商品。其基本结构是：将符合一定条件的住房抵押贷款（包括次级抵押贷款）集中起来，形成一个抵押贷款资产池，通过SPV发行证券，并由政府机构或金融机构对该证券进行担保。因此，美国的 MBS 实际上是一种具有浓厚的公共金融政策色彩的证券化商品，银行通过 MBS 将买房人信用违约风险转嫁给投资者并以此作为融资的工具。

名师解惑

次级抵押贷款（Subprime Mortgage Loans）是指一些贷款机构向信用程度较差（美国的信用评级公司 FICO 评分 660 分以下）和收入不高的借款人提供的贷款。这类人群往往是低收入、少数族群、受教育水平低、金融知识匮乏的家庭和个人。在 MBS 的资产池中，大部分的抵押贷款都是次级贷款。

次贷危机之前，美国信贷过度泛滥，在资产业务端，美国银行除了发行大量的次级抵押贷款之外，还发行了大量无抵押的信用贷款和购买了大量的市场流通债券，为防止借款人信用违约，这些银行以应收账款作为支持，将包括但不限于次级抵押贷款在内的次级资产全部打包交给特殊目的机构 SPV 并由其在市场上发行资产证券化产品从而将风险转嫁给投资者。

为了满足不同风险偏好投资者的需求，特殊目的机构 SPV 对包括 MBS 在内的资产证券化产品进行了分层，推出了**结构化产品**（Structured Products），其中最为有名的就是**担保债务凭证**（Collateralized Debt Obligation，CDO），其标的资产通常是信贷资产或债券，并且衍生出了按资产分类的重要的两个分支：**信贷资产的证券化**（Collateralized Loan Obligation，CLO）和**市场流通债券的证券化**（Collateralized Bond Obligation，CBO），它们都统称为 CDO。CDO 是一种固定收益证券，在资产证券化的基础上将其分成**优先层**（Senior Tranche）、**中间层**（Mezzanine Tranche）和**最低层**（Equity Tranche）。其中，优先层风险最低，提供的收益率也是最低的，信用评级一般为 AAA；最低层的投资者有最高预期收益率，同时也承担者最大的风险；中间层介于优先层与最低层之间。一般来说，最低层风险较大，一旦购房人发生违约，最低层优先承担相应的损失以确保中间层与优先层的收益不受到任何影响，因此最低层债券往往是由特殊目的机构 SPV 自行购买。2004 年 CDO 总共发行 1570 亿美元，2005 年 ~ 2720 亿，而 2006 年 2007 年发行额分别达到了 5520 亿和 5030 亿，这一数字甚至超过了市场上美国国债的总额。CDO 不仅提供投资人多元的投资管道以及增加投资收益，更提高了金融机构的资金运用效率，移转了信用违约风险。

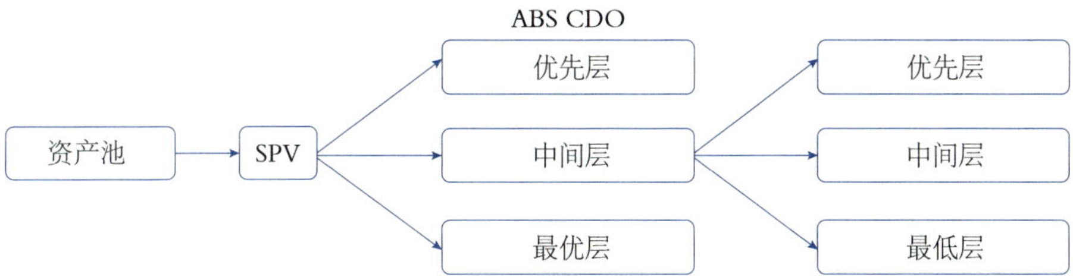

图 10-1 资产支持证券现金流

从图 10-1 中可以看到，特殊目的机构 SPV 将银行的不良资产池以证券化与结构化分层的形式(ABS CDO)出售给了投资者,迎合了市场上不同投资者的需求。为了扩大发行规模，SPV 还将风险适中的中间层债券打包组成一个资产池，再次通过结构化分层法从评级 BBB 的中间层债券中剥离出评级为 AAA 的优先级债券。不难发现，正是这些贪婪的特殊目的机构利用反复分层的方法大肆发行 ABS CDO，导致了证券化与结构化产品的泛滥，从而为日后的金融风暴埋下了伏笔。

影子银行(Shadow Bank)是美国次贷危机爆发之后出现的一个金融学概念，它是通过银行资产证券化进行信用无限扩张的一种方式。这种方式的核心是把传统的银行信贷关系演变为隐藏在证券化中的信贷关系。这种运作方式看上去像传统银行但仅是行使传统银行的功能而没有传统银行的组织机构且游离于银行监管体系之外，即类似“银行的影子”般存在。

影子银行引发系统性风险主要有四个方面原因：期限错配、流动性紧缺（Liquidity Squeeze）、信用转换和高杠杆。在次贷危机爆发前，银行通过短期资产证券化产品进行融资，在负债端面临短期兑付压力；而银行资产端的业务往往时间跨度较长，尤其房屋贷款的时间跨度通常从几年到十几年甚至更久，引发了由**资产负债期限错配**(Asset-Liability Maturity Mismatch)所致的流动性问题;此外，银行主要通过短期的资产支持证券和回购协议进行融资，一旦房价发生大幅下跌，买房人大量违约，投资者也必然会停止购买以次级抵押贷款为标的的商业票据，银行的“借短收长”模式可能会令其陷入流动性危机。

名师解惑

在 FRM 考试中，次贷危机发生背景考点主要如下：

导致美国房地产市场泡沫的原因。

传统银行业务的转型所引发的流动性风险与危机。

第二节　次贷危机发生的过程

一、资产证券化产品与结构化产品的泛滥

> — 考纲要求 —
> 从不同的主体描述和解释资产证券化产品和结构化产品的泛滥。

同时具有证券化与结构化特性的担保债务凭证助长了信贷的泛滥，并且市场参与者认为风险都是可以被转移的，这种侥幸心理最终酿成了次贷危机的爆发，下面从不同市场参与者的角度分析资产证券化产品与结构化产品泛滥的原因：

（一）从发行银行角度回顾

结构化产品迎合了不同风险偏好的投资者的需求，从而进一步压低了市场利率，降低了融资成本。

不仅如此，银行可以通过监管和评级进行套利。发行结构化产品可以使得银行可以降低监管资本要求，根据《巴塞尔协议》，银行针对资产负债表中贷款违约的损失所要求的资本充足率至少在 8% 以上，通过发行证券化产品，银行可以将部分资产剥离出资产负债表，将风险转嫁投资者的同时减少资本金需求，但是这并没有实际减少银行所承担的风险。

（二）从机构投资者角度回顾

结构化产品的发行使得机构投资者可以间接持有其监管要求所不允许持有的资产，比如养老金只能投资于 AAA 级的固定收益产品、货币基金或其余无风险资产等，但通过结构化分层，这些受到行业监管的资产可以投资于披着 AAA 外壳的但与之相比有着更高预期收益和风险的资产。

（三）从评级机构的角度回顾

评级机构可以对结构化产品收取评级费用，甚至与发行银行相互勾结，故意调高部分证券化产品的评级。过于乐观（Over-Optimism）的评级进一步加剧了证券化与结构化产品的泛滥。

（四）从投资人的角度回顾

为了对冲购买 CDO 所带来的信用违约风险，投资者会再购买**信用违约互换（Credit Default Swap，CDS）**进行风险转移，CDS 是在一定期限内，买卖双方就指定的信用事件进行风险转换的一个合约。信用风险保护的买方（投资者）在合约期限内或在信用事件（如 CDO 发生违约）发生前定期向信用风险保护的卖方就某个信用事件支付费用，以换取信用事件发生后的赔付。一方面，评级机构给予 CDO 较高的评级，另一方面，CDS 也给投资者提供了信用保险，对于投资者来说，购买 CDO 既能获得高于市场平均的收益率又只需承担较小的风险，

过高的需求同样刺激了 CDO 的发行。

CDO 的繁荣无论对发行银行、机构投资者、评级机构还是市场投资者来说，都是一个共赢的局面，正当整个市场所有的参与者沉浸于房价永远上涨的幻想中时，美国房地产市场发生了恐慌性崩盘，次贷的全面爆发也为这些贪婪的投资者与金融机构敲响了丧钟。

> 考试小技巧
> 对于次贷危爆发机的过程，了解即可。

二、次贷危机爆发与大型金融机构的倒闭

美国次贷危机自 2007 年 2 月初露端倪，此次次贷危机也被认为是全球金融风暴的导火索。由于信贷过度泛滥，住房抵押贷款的贷款人违约的事件不断发生，房价开始下跌，信用违约互换的价格显著上升。由于在次级抵押债券上的巨额亏损， 2007 年 6 月，美国第五大投行贝尔斯登（Bear Stearns）宣布名下两支对冲基金面临流动性困难，无法追加保证金。同年 7 月，全美住宅建筑商协会宣布新房销售量下降 6.6%，美国最大的房屋建筑公司也于当季遭受了亏损。在这两个月间，三大信用评级机构（穆迪、标普和惠誉）纷纷下调包括优先级债券在内的资产证券化产品，次级抵押贷款的危机也由此达到了顶峰。自此至 2008 年年末，美国住房价格与销量持续下降，市场出现恐慌性抛售房产现象，房产泡沫破灭，次贷危机全面爆发。

2007 年 7 月，市场对结构化产品定价以及评级的可靠性产生质疑，**短期资产支持商业票据**（short-term Asset Backed Commercial Paper，ABCP）发行量大幅萎缩，此前过度依赖短期商业票据进行融资的金融机构遭遇了偿付挤兑，陷入了流动性风险。

同月，德国工业银行宣布由于无法通过短期 ABCP 进行融资，因而无力兑现承诺的信贷额度，德国工业银行也由此成为了第一家受次贷危机影响的欧洲金融机构。

2007 年 8 月 6 日，美国房地产投资信托公司因无力支付债权人的补充保证金而申请破产。

2007 年 8 月 9 日，法国巴黎银行冻结了三支投资基金的赎回权，宣布卷入美国次级债。全球大部分股指下跌，金属原油期货和现货黄金价格大幅跳水，这也暗示了市场流动性持续枯竭，金融机构也不愿意相互拆借，LIBOR 利率飙升。

在 2007 年 8 月初，大量的量化对冲基金受次贷危机影响蒙受了巨大的损失并且陷入流动性风险，为了应对这一困境，欧洲央行在 8 月 19 日向隔夜回购市场释放 950 亿欧元的流动性，美联储也随即向市场注资 240 亿美元。为了进一步缓和流动性危机，美联储在 2007 年 8 月 17 日将贴现率下调 0.5%、扩大了抵押品的种

类并且延长了贷款期限，然而大部分银行因为不愿意透露自身财务状况而拒绝向美联贴现借钱。鉴于此，美联储又于同年12月12日创造了**期限拍卖融资便利**(Term Auction Facility，TAF)，期限拍卖融资便利 TAF 是一种通过匿名招标拍卖方式向合格的存款类金融机构提供贷款融资的政策工具。它的融资额度固定，利率由拍卖过程决定，资金期限可长达 28 天，从而可为金融机构提供较长期限的资金。尽管政府采取了大量的救市措施，但是收效甚微。

在这场金融海啸中，美国第五大投行贝尔斯登也没能独善其身，由于两房债券（美国住房抵押贷款机构**"房地美"**（Freddie Mac）和**"房利美"**（Fannie Mae）发行的住房抵押债券）与美国国债之间信用价差的扩大，对冲基金凯雷资本公司在两房债券的头寸上遭受了巨大的损失，无力追加保证金，抵押品赎回权丧失。

2008 年 3 月 11 日，美联储再次联合其它四大央行宣布继续为市场注入流动性，缓解全球货币市场压力，这一救市举措却被误解为美联储已经知道部分投资银行正处于危机之中，其中经营杠杆率最高、持有担保债务凭证 CDO 最多的贝尔斯登瞬间成为了众矢之的。不久之后，市场再次误解了高盛与贝尔斯登的业务合约，媒体的误导性宣传加剧了对冲基金的与其余交易对手的撤资，以至于贝尔斯登流动性继续恶化甚至不能通过回购市场进行融资。此外，贝尔斯登与各类交易对手之间累计含有约 1.5 亿笔交易，如果贝尔斯登破产，那么对于整个市场的相互影响将是巨大的，为了将交易对手风险降至最低，在美联储的促成下，摩根大通最终于 2008 年 3 月 16 日以 2.36 亿美元收购了贝尔斯登。

2008 年 9 月 15 日，次贷危机迎来了至暗时刻，拥有 158 年历史的美国第四大投行**雷曼兄弟**（Lehman Brothers）宣布申请 11 号破产保护法案，雷曼超越了 1990 年德崇证券（Drexel Burnham Lambert）的破产规模，成为美国史上规模最大的投资银行破产案。以至于 10 年之后，人们还用"雷曼时刻"这个词来代表金融海啸中关键性事件。对担保债务凭证 CDO 和商业地产与住宅市场的深度参与，是雷曼倒塌的直接原因之一，房价下跌后，高杠杆经营的雷曼兄弟陷入了巨大的流动困境。

2008 年 9 月 12 日，雷曼破产前三天，美国财长保尔森宣称美联储不会援助雷曼兄弟公司，雷曼兄弟股价也因此下跌 13.5%，收于 3.65 美元，下跌至 14 年来的新低。9 月 13 日，最后的救命稻草——代表美联储意志的美国银行（Bank of America）拒绝了雷曼的并购意向转而收购了同样处在崩溃边缘的美林证券（Merrill Lynch）。

2008 年 9 月 14 日，国际互换和衍生产品协会（International Swaps and

Derivatives Association，ISDA）宣布允许投资者冲销与雷曼相关联的信用衍生品以避免卷入雷曼破产后引发的巨大漩涡中。

2008年9月15日凌晨一点，穷途末路的雷曼兄弟宣布申请11号破产保护法案，随后引发了一系列的危机。

继雷曼兄弟破产之后，**单一业务保险公司**（Monoline Insurers）也随之加速陷入困境。在次贷危机中，单一业务保险公司大量地为含有证券化与结构化特点的担保债务凭证CDO进行担保，出售信用违约互换CDS以换取相应担保产品的AAA评级。在房价下跌，CDO出现大量违约后，三大评级公司同时下调了这类以出售信用违约互换为主营业务的保险公司的评级，其中最为有名的就是美国国际集团（American International Group，AIG），在评级被下调后，市场上纷纷抛售AIG的股份。自美国次贷危机爆发以来，AIG连续三个季度出现净亏损。其中，2008年第二季度的信贷违约互换业务累计亏损已高达250亿美元，在其他业务上的亏损也累计达到150亿美元。2008年年初至当年9月，AIG股价累计缩水超90%。最终，美联储于2008年9月16日晚宣布授权纽约联邦准备银行以850亿美元收购其80%的股权这一救助计划。

在贝尔斯登的破产案例中，两房债券是导致这家美国第五大投行陨落的原因之一，房地美和房利美是带有政府性质的、两个联邦住房贷款抵押融资公司，成立初衷是为了解决公民的住房问题而组织的两个住房贷款公司。在次贷危机中，美国大部分的资产证券化产品都由这两家机构进行证券化再发行。2008年6月中旬，两房债券与美国国债信用价差持续扩大，两房累计未清偿债务规模高达1.5万亿美元，尽管时任财长鲍尔森在在7月13日明确表态由政府担保两房债务问题，但这一表态并没有起到实质性的作用，两房股价在接下的几周内持续下跌，最终美国政府不得不在同年9月全面接管房地美和房利美，此外，美国第三大资产证券化产品发行机构**吉利美**（Ginnie Mae）也被政府完全接管。

第三节 次贷危机的传导机制

在次贷危机中，美国各大金融机构如多米诺骨牌式接连发生流动性危机甚至破产，次贷危机的传导机制使得危机波及全球市场，对整个金融体系造成了巨大的冲击。

> – 考试小技巧 –
> FRM考试中曾考过融资流动性和市场流行性的表现。

一、融资流动性与市场流动性

（一）融资流动性

融资流动性 (Funding Liquidity) 是指一家公司及时履行清偿义务的能力，如果一家公司不能及时履行清偿义务，那么我们可以认为这家公司的流动性是很差的。**融资流动性风险**（Funding Liquidity Risk）是指一家公司因无法及时获得充足资金或无法以合理成本及时获得充足资金以应对资产增长或支付到期债务的风险。在市场流动性充足的情况下，投资者可以很轻松地进行融资，而当市场流动性恶化的时候，投资者可能会被迫贱卖资产以追缴保证金、履行清偿义务。融资流动性风险主要有如下三种形式：

（1）**保证金**（Margin）**或抵押品折扣**（Haircut）**增加**。当交易保证金增加或抵押品价值折扣增加的时候，需要额外增加资产投入，此时会引发流动性风险，在次贷危机中，许多金融机构无力追缴保证金，以商业地产为主的抵押品大幅贬值，抵押品折扣增加，从而引发了融资流动性危机。

（2）**展期风险**（Rollover Risk）。展期风险是指投资者无法通过短期的负债对冲长期的资产。在次贷危机中，金融机构过度依赖短期证券化商业票据和回购协议进行融资，在对短期商业票据的定价与评级产生质疑后，市场陷入了恐慌，短期商业票据发行量大幅萎缩，回购协议市场陷入紧缩，大量投资于包括 MBS 在内的资产证券化产品的对冲基金与**结构投资载体**（Structured Investment Vehicle，SIV）再也无法通过抵押这些证券化产品来进行融资或清偿长期债务，从而引发了融资流动性风险。

（3）**赎回风险**（Redemption Risk）。赎回风险是指面对诸如银行储户集中取现，基金投资者集中赎回其投资份额时，相关的金融机构没有足够融资能力而引发的融资流动性风险。

（二）市场流动性

市场流动性（Market Liquidity）是指一家公司通过出售资产进行融资的难易程度，当市场流动较高的时候，公司可以很容易地找到一家交易对手并平价出售相关资产。当市场流动性较差时，市场上交易对手减少，公司不得不折价出售资产以吸引交易对手。市场流动性风险主要体现在如下三个方面：

（1）**买卖价差**（Bid-Ask Spread）。买卖价差是指交易者在市场上同时买入和卖出同样资产的差价，这个买卖价差越大，说明市场的流动性也越差，投资者也更愿意持有资产，反之亦然。

（2）**市场深度**（Market Depth）。市场深度是指交易者在现有买卖价格的情况下，能够买进或卖出相应资产的数量，数量越大，说明市场深度越深。

（3）**市场弹性**（Market Resiliency）。市场弹性是指标的资产价格暂时下调后，重新回归到原有价值的时间，回归时间越短，说明市场的弹性越好。

（三）融资流动性与市场流动性的相互作用

公司融资通常有两种方式，一种是出售相应的资产，另一种是通过抵押资产进行融资，前者的融资方式更容易受市场流动性影响，市场流动越高，出售资产变现也更容易。后者通过抵押资产进行融资的方式则更容易受融资流动性影响，当交易保证金、市场赎回行为上升时，融资流动性风险也相应变大。

在次贷危机中，资产支持商业票据遭遇市场挤兑，为了偿付债务银行不得不抛售房屋抵押品，进一步造成了其价值大幅缩水，融资流动性风险与市场流动性风险交互作用，从而导致了整个市场出现了流动性枯竭。

二、损失螺旋与保证金螺旋

（一）损失螺旋

考纲要求

描述损失螺旋与保证金螺旋的表现。

在危机发生时，投资者为了在资产价值缩水、借款能力下降的情况下维持交易保证金（杠杆率），不得不出售相应的资产进行变现，而这一行为加剧了资产价值的缩水，进而迫使你抛售更多的资产，承受更多的损失。资产的集中抛售引发的价格下跌反作用于资产抛售的份额，我们把这一循环现象称为**损失螺旋**（Loss Spiral）。

损失螺旋是市场流动性恶化的体现，在这个环境下资产价值大幅缩水，市场参与者交易意愿低下，而偿债压力又迫使相关机构不得不以更低的价格出售资产，加速了市场流动性的枯竭。

（二）保证金螺旋

保证金螺旋（Margin Spiral）是指由于保证金或抵押品价值折扣增加而引发的加速损失的过程，当保证金或抵押品折扣增加的时候，投资者必须抛售更多的资产来降低杠杆率（在损失螺旋中，杠杆率是保持不变的），在这样的环境下，信贷会趋于收紧，保证金的要求也会越来越高，从而加速了资产损失。换言之，保证金螺旋加速了损失螺旋的发生。

假设某投资者投资于价值 100 元的资产，这 100 元中有 10 元投资者自身的资本，另外 90 元是借来的，那么这个投资者现在的杠杆率是 10。如果资产价值缩水至 95 元，投资者的自身资本只剩下了 5 元，为了维持 10 倍的杠杆率，必须卖出等值 95−50=45 元的资产；如果这时交易所要求投资者将杠杆率降低到 5 倍，那么该投资者则必须卖出等值 95−25=70 元的资产。当市场上卖出的资产越来越多时，资产价格就会下降，信贷也会趋于收紧。相较于损失螺旋效应，保证金螺旋使资产整体规模下降得更严重，可用于融资的资金也大幅减少，进一步放大了损失螺旋的效应。

三、道德风险与预防性储备

大部分的贷款都是由银行充当中介的，银行在监管贷款用途与资金流向上更具有专业性。在次贷危机中银行为了利益疏于监管甚至完全放弃监管，造成了**道德风险**（Moral Hazard）。

预防性储备（Precaution Hoarding）是指当贷款中介和机构担心他们可能会因市场波动遭受损失时，减少信贷规模增加资产储备的过程。尤其在外部信贷环境从紧的情况下，预防性储备会增加。

四、挤兑效应

挤兑效应（Run On）是指当银行出现经营危机或破产传闻时，每个储户都急于从出问题的银行中取出自己的钱，越早取钱的人越有可能拿回所有的本金，而越晚取钱的人越有可能发生损失。一般而言，挤兑效应主要由两种情况导致，第一个是银行选择了错误的投资标的；第二种是银行为了满足流动性需求不得不将资产以低于公允价值的价格出售，造成资产损失。在这两种情况下，投资者都会争先提兑，造成市场恐慌。

五、网络效应

在现实中，大部分的金融机构既是借款方又是贷款方，现代金融架构源于这些由债权债务关系组成的关系网。次贷危机中，个别交易对手的信用违约对整个关系网的其余所有交易对手都造成了冲击，所有的交易对手不得不准备额外的资金以应对风险，单个交易对手违约造成的影响通过关系网被放大，进一步造成了潜在的系统性风险，这一放大机制称为**网络效应**（Network Effects）。

名师解惑

本节在考试中主要考点如下：

◆ 融资流动性与市场流动性对次贷危机影响放大的机制：融资流动性与市场流动性交互作用，最终导致了整个市场的流动性枯竭。

◆ 交易对手信用风险通过网络效应的扩大机制使得其余交易对手需要准备额外的资金且有可能造成系统性风险。

本章小结

♣ 次贷危机的背景

- 房地产市场泡沫的形成。
  - 美联储长期执行宽松的利率政策。
  - 亚洲资本大量流入美国。
  - 银行信贷门槛降低。
- 资产证券化与影子银行。
  - 证券化（Asset Securitization）是指以基础资产未来所产生的现金流为偿付支持，通过结构化设计进行信用增级，在此基础上发行资产证券化产品的过程。
  - 影子银行（Shadow Bank）是美国次贷危机爆发之后出现的一个金融学概念，它是通过银行资产证券化进行信用无限扩张的一种方式。这种方式的核心是把传统的银行信贷关系演变为隐藏在证券化中的信贷关系。这种运作方式看上去像传统银行但仅是行使传统银行的功能而没有传统银行的组织机构且游离于银行监管体系之外，即类似 “银行的影子”般存在。

♣ 次贷危机的发生过程

- 证券化与结构化产品的泛滥。
- 次贷危机爆发与大型金融机构的倒闭。

♣ 次贷危机的传导机制

- 融资流动性与市场流动性。
- 损失螺旋与保证金螺旋。
- 道德风险与预防性储备。
- 挤兑效应。
- 网络效应。

章节练习

◇ The CDS protection buyer makes periodic payments to the protection seller over the life of the contract. Which of the following statements is not a consequence of the securitization?

A. Securitization makes originating banks approve and monitor loans carefully.

B. Securitization transfers the default risk of the underlying assets to investors.

C. Securitization enabled the originating institutions offer lower interest rates on mortgages.

D. Securitization may allow institutional investors to indirectly hold assets that they are prevented from holding directly.

答案解析：A

证券化将借款人的违约风险转移给了投资者，因此发起机构没有动力对借款人的信用状况进行尽职调查。通过分拆，证券化可以为更多承担风险的投资者提供较低的抵押贷款利率。证券化可以帮助银行进行监管套利。

◇ Which of the following statements correctly describes the Asset-liability mismatch phenomenon during the credit crisis of 2007~2008?

A. Asset-liability maturity mismatch refers to the purchase of short-term assets through short-term financing

B. Banks use commercial paper and long-term bonds to finance the purchase of long-term assets.

C. Use short-term repurchase agreements， or commercial paper for financing long-term assets.

D. Management of asset-liability maturity mismatch does not face funding liquidity risk.

答案解析：C

资产负债不匹配是指通过短期融资购买长期资产。银行使用商业票据和回购协议为购买长期资产提供资金，因此他们不得不面对资金流动性风险。

◇ Investors frequently raise money to finance an investment purchase by using leverage and part of their equity to finance the purchase. During the 2007~2009 credit crisis, however, these investors were often forced to sell these investments or other assets due to a decline in their value while maintaining a constant leverage ratio. Raising money to finance investments and the forced sale of assets due to a decline in their value while maintaining a constant leverage ratio, respectively, refer to:

Raising money to finance investments	Forced sale of assets
A. Market liquidity	Loss spiral
B. Market liquidity	Margin spiral
C. Funding liquidity	Loss spiral
D. Funding liquidity	Margin spiral

答案解析：C

资金流动性指的是杠杆投资者募资进行投资的难易程度。市场流动性是指出售资产以筹集资金的难易程度。损失螺旋是指杠杆投资人由于资产价值下降而被迫出售资产，而投资者却保持恒定的杠杆比率。保证金螺旋是指由于保证金增加而被迫出售资产。

扫码获取更多题目

第十一章　金融危机加速的过程
Getting Up to Speed On the Financial Crisis

一、金融危机的形成	1. 金融危机的历史背景	★★
	2. 金融危机的形成	★★
二、金融危机引发的恐慌	1.ABCP 价格下跌引发的恐慌	★★
	2. 雷曼兄弟倒闭引发的恐慌	★★★
三、政府的救助措施	1. 削减利率与流动性支持	★★★
	2. 资产重组	★★★
	3. 负债担保与资产购置	★★
四、金融危机的影响	1. 金融危机对公司信贷的影响	★
	2. 金融危机对消费信贷的影响	★
	3. 金融危机对非金融机构的影响	★

学习目的

掌握 2007~2009 金融危机的整体情况和历史背景。

掌握导致金融危机加速的主要因素。

了解雷曼兄弟倒闭对全球金融市场的影响。

会区分金融危机的两个阶段，并了解在每个阶段金融市场的状况。

了解政府对于金融危机所采取的措施以及这些措施的影响效果。

了解金融危机对于全球实体经济的影响。

考点分析

次贷危机是 FRM 考试的重点考察内容，在本章的学习过程中，应重点关注次贷危机在发生过程中，由于风险的传染、流动性的危机而使得金融危机加速加深的原因。

本章入门

2007 到 2009 年的金融危机对全球经济产生了深远的影响，本章将结合相关学术研究报告回顾美国金融危机发生的原因、大型金融机构的倒闭事件、政府的救助措施以及后续对全球经济造成的影响。

第一节 金融危机的形成

一、金融危机的历史背景

2007 年到 2009 年爆发的次贷危机被认为是自 1930 年大萧条以来最大的金融危机，信贷的过度增长是发生金融危机的一个强烈信号，在 1930 年大萧条之前，信贷规模与 GDP 的比值达到了历史顶峰，而在大萧条过去后，这一比值迅速回落至正常水平。有学术研究发现，在金融危机到来之前，一个国家的外债与国内地方债的规模往往会达到一个很高的水平，高杠杆下的国家运作会对国内金融体系造成巨大的压力，从而引发银行危机和主权债务危机。

> 考试小技巧
> 在这个章节中，协会主要考察最近一次金融危机的历史背景，信贷规模的膨胀，房屋价格的增速，债务的提高往往都是金融危机发生的前兆。

证券化产品的诞生使得银行降低信贷门槛，从而使得信贷市场泛滥；而影子银行又通过发行资产证券化产品，加速了信贷规模的膨胀，直至次贷危机爆发的前一年，这些资产证券化产品的规模已经超过了 20 万亿（见图 11-1）。不仅如此，危机爆发前美国的信贷规模与其 GDP 的比值、房屋价格的增速、公共债务的规模都达到了高峰，与相关研究报告得出的推论完全吻合。

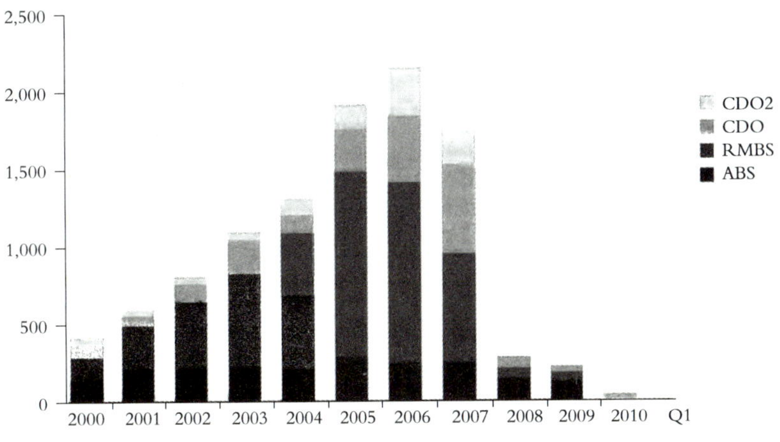

图 11-1 美国证券化产品类型（以十亿美元为单位）

二、金融危机的形成

在金融危机爆发之前，美国出现了信贷泛滥、房价飙升、公共债务上升等现象，房地产市场崩盘引发的次级抵押贷款损失是引发金融危机的主要导火索，但是金融体系的缺陷引发的连锁反应机制加剧了金融危机的爆发。

在 2007 年金融危机发生之前，境外热钱大量涌入美国购买美国国债，国债市场一度供不应求，为了向市场共同基金、非金融机构、大型集团等机构投资者提供投资渠道，以投行、对冲基金、特殊目的机构为代表的影子银行大量发行了国债的替代品——回购协议与资产支持商业票据。其中资产支持商业票据（ABCP）是金融中介机构在商业票据基础上，将各种应收账款、分期付款、房屋抵押贷款等资产作抵押发行的一种商业票据，是各类资产证券化产品的集合。正如前美联储主席伯南克所说，次级抵押贷款的损失触发了金融危机的爆发。2007 年之前，美国的房价一直处于增长阶段，直到 2007 年上半年，房价开始下跌，数家次级抵押贷款机构因此破产。而这些由次级抵押贷款造成的损失却因 ABCP 市场和回购市场流动性枯竭等一系列的连锁反应被不断放大，也正是这些金融体系中的缺陷，导致了金融危机的全面爆发（见图 11-2）。

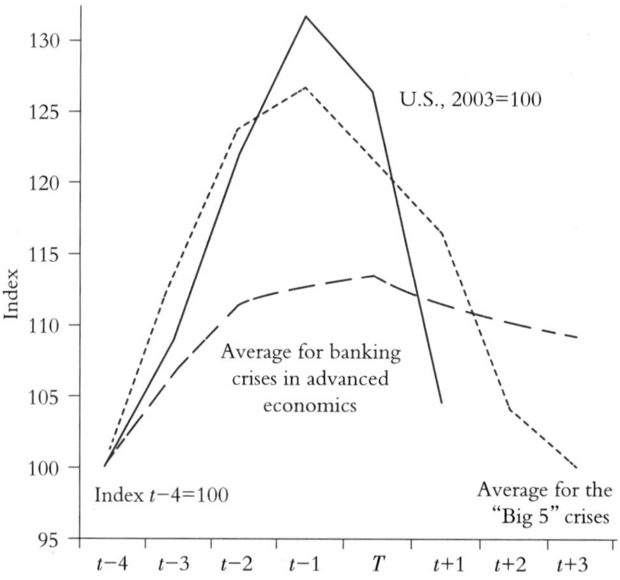

图 11-2　真实房价与银行危机

2007 年初，美国房价开始下跌、房屋持有人违约事件不断增加，以住房抵押贷款为主要支撑的 ABCP 价格开始下跌，当这些短期商业票据到期时，机构投资者不再愿意继续购买这些票据，转而要求发行这些票据的影子银行兑现票据本息，引发了流动性危机。不仅如此，ABCP 价格的下跌同样引发了市场共同基金的大量赎回，机构投资者的大量赎回进一步恶化了市场流动性。

随着流动性的不断恶化，流动性危机进一步蔓延到了回购市场，**抵押品价值折扣（Haircut）**从 2007 年初的近乎于 0 上升至 2008 年 9 月的 25%，每增加一个百分点的抵押品折扣就意味着 100 亿美元流动性的蒸发，ABCP 与回购市场的流动性危机共同导致了整个金融体系的流动性枯竭，也正是 ABCP 与回购市场的脆弱性，加速了金融危机的爆发。

名师解惑

次级抵押贷款造成的损失是本次金融危机的触发点，但是这些损失并不能解释金融危机为什么会爆发。而正是回购市场与 ABCP 票据市场的脆弱性导致了市场流动性的枯竭，催生了金融危机的全面爆发。

所以无论什么时候，流动性枯竭都是加速金融危机的罪魁祸首。

第二节 金融危机引发的恐慌

金融危机所引发的市场恐慌主要经历了两个阶段：

◆ 第一阶段发生于 2007 年 8 月，是由 ABCP 价格下跌引发的影子银行挤兑恐慌。

◆ 第二阶段发生于 2008 年 9 月至 10 月，是由雷曼兄弟倒闭引发的恐慌。

一、ABCP 价格下跌引发的恐慌

正如前文所述，资产支持商业票据是金融中介机构（影子银行）在商业票据基础上，将各种应收账款、分期付款、房屋抵押贷款等资产作抵押发行的一种商业票据，也可以说是各类资产证券化产品 ABS 的集合。自 2007 年初房屋价格下降、购房人违约率增加后，ABCP 的价格开始下跌，其主要投资人市场共同基金也相应地遭受了损失。

> **考试小技巧**
> 正是回购市场与 ABCP 票据市场的脆弱性导致了市场流动性的枯竭，催生了金融危机的全面爆发。

2007 年 8 月，ABCP 迎来了第一轮的**挤兑（Run On）**（见图 11-3），在商业票据到期后，遭受亏损的机构投资者不再愿意继续融资，ABCP 的发行量大幅萎缩，至 2007 年底，将近 40% 的由影子银行发行的 ABCP 受到了挤兑并且无法通过 ABCP 的再发行进行融资。在 2007 年的后半年里，ABCP 的发行量降低了 3500 亿美元，对诸如投行、特殊目的机构等影子银行的资产负债表造成了巨大的影响。

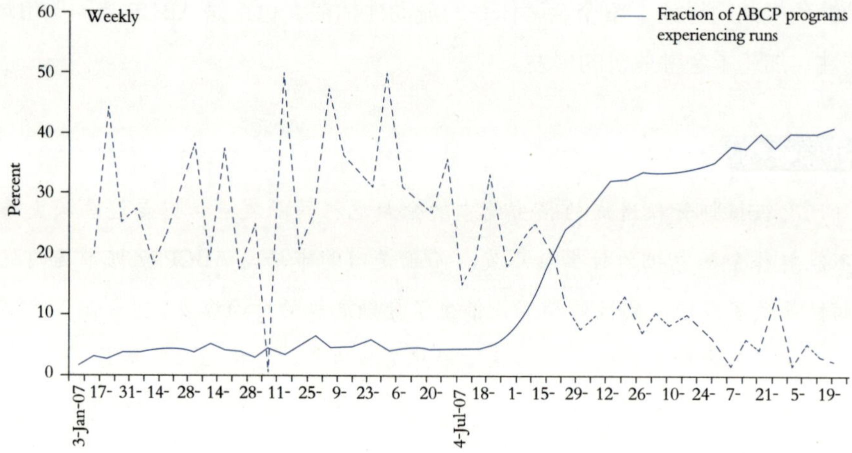

图 11-3 ABCP 的挤兑

二、雷曼兄弟倒闭引发的恐慌

金融危机中引发的第二阶段恐慌发生在 2008 年 9 月至 10 月之间，雷曼兄弟的倒闭对市场共同基金造成了巨大的冲击，作为 MBS 的重要发行机构之一，抵押折扣率的上升迫使雷曼兄弟需要缴纳更多的保证金，但 MBS 评级的下降，次级抵押贷款放款机构遭受的损失使得雷曼兄弟再也无法进行融资。最终美国第四大投行雷曼兄弟不得不于 2008 年 9 月 15 日申请破产保护。

雷曼兄弟的破产导致了此前大量持有其发行的商业票据的市场共同基金 Reserve Primary 出现了挤兑效应。自 2007 年初以来，抵押品折扣一路升至 25%，伴随着抵押品折扣的增加，挤兑效应逐渐蔓延至了其余的市场共同基金、同业市场甚至欧洲市场（见图 11-4）。

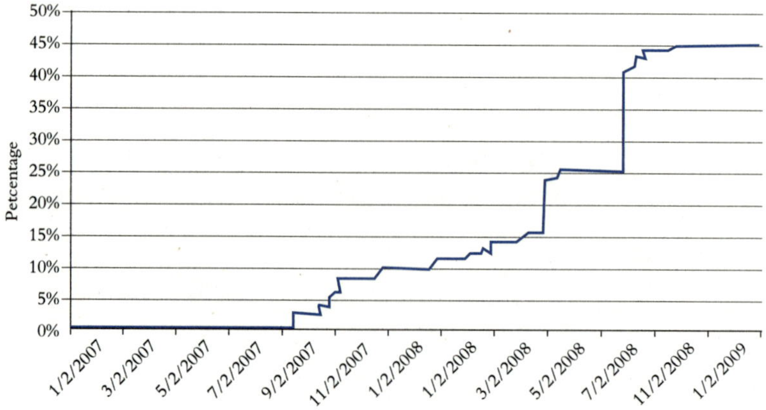

图 11-4 结构性债务平均回购折扣率（九资产等权重）

第三节　政府的救助措施

国际货币基金组织将危机分成了三个阶段：

- 第一阶段：2007 年 6 月 1 日至 2008 年 9 月 15 日（雷曼兄弟事件前）。
- 第二阶段：2008 年 9 月 15 日至 2008 年 12 月 31 日（全球金融危机第一阶段）。
- 第三阶段：2009 年 1 月 1 日至 2009 年 6 月 30 日（全球金融危机第二阶段）。

在这三个阶段中，国际货币基金组织联合各国政府运用了五种不同的政策来缓解金融危机，包括削减利率、流动性支持、资产重组、债务担保与资产购置（见表 11-1）。

表 11-1　救助事件分类表

事件分类
中央银行—货币政策和流动性支持
利率变化 减少利率
流动性支持 保证金要求，更长期限的提供资金条款，更多的竞卖和 / 或更高的信用额度
政府—金融部门稳定措施
资本重组 资本注入（普通股 / 优先股） 资本注入（次级债务）
债务担保 加强存款人保护 债务担保（所有债务） 债务担保（新债） 政府向独立机构借款
资产购买 资产购买（独立资产，银行购买银行） 资产购买（独立坏账银行） 不良资产购买 / 剥离流动性条款 银行内部表内不良资产绝缘防范 移入坏账银行的表外不良资产绝缘防范 资产担保

一、削减利率与流动性支持

金融危机爆发后，各国政府相继执行了**削减利率**（Interest Rate Cuts），**流动性支持**（Liquidity Support）等政策用以活跃市场，为了验证相关政策的有效性，国际货币基金组织 IMF 引入了**经济压力指数**（Economic Stress Index，ESI）和**金融压力指数**（Financial Stress Index，FSI）两大指数。ESI 是由商业、消费者、非金融公司股价以及信用价差所构成的一个置信衡量指标。FSI 是由股价、信用价差以及银行信贷所构成的一个置信衡量指标。

在各国政府执行削减利率政策后，短期的 ESI 指数并没有受到其相关影响，FSI 指数只受到有限的正面影响，由此可见，这一政策早已被市场所预测，成效甚微。

流动性支持的效果可以用 FSI 指数和银行同业利差这两个指数来进行衡量，在雷曼事件前，流动性支持政策对这两个指数都产生了显著的正面影响。而在后一阶段中，流动性支持政策对这两个指数的影响并不明显，一种可能是该政策已经被市场提前预期，另一种可能是在雷曼兄弟事件后，市场更多关注的是清偿能力而不再是流动性问题。

二、资产重组

在金融危机的第二与第三个阶段中，由政府引导的**资产重组**（Recapitalization）对市场起到了非常好的改善效果，几乎所有国家的信用违约互换价差都在缩小。不过使用 FSI 对资产重组效果进行衡量时，效果并不明显。

三、负债担保与资产购置

除了 2009 年 1 月宣布的英国资产保护计划和瑞士政府购买 UBS 资产之外，**债务担保**（Liability Guarantees）和**资产购置**（Asset Purchase）对市场的短期影响较小，在使用 FSI 指数和 CDS 指数进行衡量时，效果并不显著。

名师解惑

国际货币基金组织 IMF 将这次金融危机分成了三个阶段，各国政府也分别在这三个阶段采取了相应的政策来抵消金融危机带来的负面影响。在雷曼事件发生前的第一阶段，流动性支持起到的效果是最好的。而在雷曼事件发生后的两个阶段，资产重组（包括政府注资）被认为是改善市场环境最有效的方法。

第四节 金融危机的影响

全球金融危机对公司信贷、消费信贷和非金融机构都造成了严重影响，这三个角度都表明了随着全球经济衰退不断加深，市场对信贷的需求也会不断降低，因此相关学术报告提出了一个合理的假设：当金融危机发生时，整个市场对于信贷的供求都会发生下降的情况。

> 考试小技巧
>
> 金融危机的爆发对于公司信贷、消费信贷、非金融机构信贷都造成了巨大的影响，在备考复习中广大读者对上文金融危机对全球的影响有个大致了解即可。

一、金融危机对公司信贷的影响

在金融危机发生之前，银团贷款（Syndicated Loans）是大型企业的主要融资渠道。银团贷款参与者除了传统的商业银行之外，还包括了投行、共同基金、保险公司、养老基金、对冲基金以及其他机构投资者。相关研究表明，银团贷款自 2007 年中旬开始下降并在 2008 年第四季度的银行业恐慌中加速下降。2008 年第四季度的贷款总量相较于上一季度下降了 47%，相较于 2007 年第二季度信贷巅峰时下降了 79%。

二、金融危机对消费信贷的影响

相关研究通过对德国的银行的研究分析了金融危机对消费信贷的影响，发现银行受美国次级贷款损失影响越大，消费信贷规模下降也越多。与消费信贷相比，房屋贷款的申请更容易被银行拒绝。也由此可以看出金融危机来临时，银行会降低信贷的发放。

三、金融危机对非金融机构的影响

相关报告研究了 2008 年金融危机对北美、欧洲以及亚洲的 39 个国家的非金融机构的影响，并向 1050 名 CFO 进行相关咨询。报告根据受信贷市场影响的严重程度将这些公司分为受限制的公司和非受限制的公司，其中信贷受限制的公司在裁员人数上、授信额度上、远高于信贷不受限制或受轻微限制的公司；在金融危机爆发后，银行减少了信贷规模，非金融机构对于信贷的需求也同样下降，而信贷受限制的公司受到的影响也越大。

本章小结

♣ 金融危机的形成

- 金融危机的历史背景。
- 金融危机的形成。

♣ 金融危机引发的恐慌

- ABCP 价格下跌引发的挤兑。
- 雷曼兄弟倒闭引发的恐慌。

♣ 政府的救助措施

- 削减利率与流动性支持。
- 资产重组。
- 负债担保与资产购置。

♣ 金融危机的影响

- 金融危机对公司信贷的影响。
- 金融危机对消费信贷的影响。
- 金融危机对非金融机构的影响。

章节练习

◇ Which of the following governmental policy responses to the financial crisis was most effective in the short term?

A. Liquidity support and recapitalization.

B. Capital injections and debt guarantees.

C. Interst rate cuts and asset repurchases.

D. Liability guarantees and asset repurchases.

答案解析：A

事实证明，前雷曼时期的流动性支持和雷曼兄弟破产后的资本重组是短期内最有效的救助政策。

◇ Which of the following factors do not contribute to the housing bubble?

A. Tight monetary policy.

B. Financial securitization.

C. Increasing demand from foreign investors for US securities.

D. Originate-to-distribute banking model.

答案解析：A

房地产泡沫可以看作是两个主要因素的产物：

1. 低利率。美联储采取宽松的利率政策以及外国投资者对美国证券的需求增加，是主要的低利率原因。

2. 降低贷款标准。证券化和从发起－分配模式可以将借款人的违约风险转移给投资者，因此发起机构几乎没有去进行信用评估的意愿，导致贷款标准大幅下降。

◇ Which of the following statements best describes a result of the financial crisis on firms and the economy?

A. Reduced supply of credit by syndicated lenders and an increase in borrowing from regulated banks.

B. Increased supply of credit by syndicated lenders and a decrease in borrowing from regulated banks.

C. Reduced supply of credit by syndicated lenders and a decrease in borrowing from regulated banks.

D. Increased supply of credit by syndicated lenders and an increase in borrowing from regulated banks.

答案解析：A

金融危机对公司和经济的影响既包括银团贷款人的信贷供应减少，又包括受管制银行的借贷增加。像受管制的银行和其他金融中介机构（例如投资银行、对冲基金和私募基金）之类的银团贷款人减少了信贷供应，因此在危机期间向企业发放的贷款减少了。当商业和工业借贷者从银行获得信贷额度时，借贷增加了，这是在危机开始之前商定好的。

扫码获取更多题目

第十二章 GARP 行为准则

GARP Code of Conduct

一、职业操守与道德准则	职业操守与道德准则	★★
二、利益冲突	利益冲突	★★
三、保密性原则	保密性原则	★★
四、共同遵守的准则	共同遵守的准则	★★
五、职业与道德准则的最佳实践	职业与道德准则的最佳实践	★★
六、违反行为准则的处罚	违反行为准则的处罚	★★

学习目的

GARP 行为准则是由全球风险管理专业人士协会提出旨在规范协会成员职业操守与个人行为的准则，在这个章节的学习中，我们将从职业准则和行为规范两个角度为大家详细剖析协会的行为准则。

考点分析

GARP 行为准则是由全球风险管理专业人士协会提出旨在规范协会成员职业操守与个人行为的准则，在这个章节的学习中，我们将从职业准则和行为规范两个角度为大家详细剖析协会的行为准则。

本章入门

GARP 行为准则是由全球风险管理专业人士协会提出旨在规范协会成员职业操守与个人行为的准则，在这个章节的学习中，我们将从职业准则和行为规范两个角度为大家详细剖析协会的行为准则。

第一节 职业操守与道德准则

职业操守与道德准则

- 考试小技巧 -
FRM考试主要通过案例描述题考察GARP行为准则，包括职业操守与道德准则、利益冲突、保密性原则、共同遵守的准则以及最佳实践等。

所有的GARP成员都必须遵守如下准则：

（1）对雇主、现有客户、潜在客户、公众和其他金融服务人员做到诚实、正直。

（2）在提供风险管理技术服务时给出合理的判断并保持客观独立性，不得提供、收取、索要任何礼品或接受其余能够影响其客观独立性的酬劳。

（3）确保自身提供的金融服务不被用于欺诈等违法行为。

（4）不得误导性陈述分析结果、研究报告和其他与专业相关的活动。

（5）不得参与任何不诚信、欺诈等对其风险管理专业能力产生负面影响的行为。

（6）不得参与任何损害协会、FRM头衔声誉的相关行为，不得参与损害协会颁发证书、授予FRM头衔的有效性与真实性的行为。

（7）在客户经营过程中区分道德准则与文化差异，并根据当地的文化避免出现不道德的行为，如果道德准则与当地文化产生冲突时，应该遵循更高的标准。

第二节 利益冲突

利益冲突

所有的GARP成员都必须遵守如下准则：

（1）在任何情况下保持客观公正，向所有到受影响的机构充分披露实际的与潜在的冲突。

（2）充分并且公正地披露所有可能被合理认为会损害其客观性、独立性或妨碍其对雇主、客户、潜在客户尽职尽责的事项。

第三节 保密性原则

保密性原则

所有的 GARP 成员都必须遵守如下准则：

（1）必须保持其工作、雇主与客户信息的保密性，不得将这些机密信息用于不正当的用途，除非事先得到同意。

（2）不得利用机密信息谋取个人利益。

第四节 共同遵守的准则

共同遵守的准则

所有的 GARP 成员都必须遵守如下准则：

（1）遵守所有相关的法律、行业规则和准则，不得在知情的情况下参与或者协助参与违法违规的事项。

（2）从职业操守上尽职尽责，不得将自己的本职工作外包他人执行。

（3）了解客户与雇主的需求并提供合适的风险管理服务与建议。

（4）勤勉尽责，不夸大风险管理结果的准确性与真实性。

（5）充分披露在风险管理方面认知与经验的局限性，以及受相关法律与规则的制约性。

第五节 职业与道德准则的最佳实践

职业与道德准则的最佳实践

所有的 GARP 成员都必须遵守如下准则：

（1）以勤勉尽责的态度独立地执行所有的工作，GARP 成员应该收集、分析和发布具有最高专业客观水准的风险信息。

（2）熟练掌握现有被行业普遍认可接受的风险管理方法，并且对违背这些方法的因素要详细列明。

（3）确保沟通的信息都是真实有效的数据，不含有任何虚假的信息。

（4）在陈述风险分析与建议时做一个事实与观点之间的区分。

第六节　违反 GARP 行为准则的处罚

违反行为准则的处罚

— 考纲要求 —
描述违反 GARP 行为准则的潜在后果。

所有的 GARP 成员都应该遵守协会的行为准则以及所在地的法律法规，如果当协会的行为准则与当地的法律发生冲突时，应当优先遵守当地的法律法规。

倘若违反了协会的相关准则，一经官方正式核实，协会可能会暂时或永久取消其 GARP 协会会员的资格，也可能会暂时或永久取消其使用 FRM 头衔的资格。

名师解惑

在此章节中，FRM 考试主要考察 GARP 成员所需遵守的职业与行为准则，以及违反准则会遭受哪些处罚？

本章小结

- 职业操守与道德准则
- 利益冲突
- 保密性原则
- 共同遵守的准则
- 职业与道德准则的最佳实践
- 违反 GARP 行为准则的处罚

章节练习

◇ Which of the following are potential consequences of violating the GARP Code of Conduct once a formal determination that such a violation has occurred is made?

I. Suspension of the GARP Member from GARP's Membership roles.

II. Suspension of the GARP Member's right to work in the risk management profession.

III. Removal of the GARP Member's right to use the FRM designation or any other GARP granted designation.

IV. Required participation in ethical training.

A. I and II only

B. I and III only

C. II and IV only

D. III and IV only

答案解析：B

根据 GARP 行为准则，在正式确定发生了此类违反之后，违反准则可能会导致 GARP 成员资格暂时中止或永久取消，还可能包括暂时或永久取消违反者的 FRM 或其他 GARP 协会资格称号使用权。

◇ Isabelle Burns， FRM， is an investment advisor for a firm whose client base is composed of high net worth individuals， in her personal portfolio, Burns has an investment in Torex， a company that has developed software to speed up Internet browsing. Burns has thoroughly researched Torex and believes the company is financially strong yet currently significantly undervalued. According to the GARP Code of Conduct， Burns may:

A. Not recommend Torex as long as she has a personal investment in the stock.

B. Not recommend Torex to a client unless her employer gives written consent to do so.

C. Recommend Torex to a client, but she must disclose her investment in Torex to the client.

D. Recommend Torex to a client without disclosure as long as it is a suitable investment for the client.

答案解析：C

根据标准 2.1 和 2.2——利益冲突，成员和候选人必须在任何情况下都公平行事，必须向所有受影响的当事方充分披露任何实际或潜在的利益冲突。卖方成员和候选人应向其客户披露他们推荐的证券的任何所有权。

◇ Beth Anderson, FRM, is a portfolio manager for several wealthy clients including Reuben Carlyle. Anderson manages Carlyle's personal portfolio of stock and bond investments. Carlyle recently told Anderson that he is under investigation by the IRS for tax evasion related to his business, Carlyle Concrete (CC). After learning about the investigation, Anderson proceeds to inform a friend at a local investment bank so that they may withdraw their proposal to take CC public. Which of the following is most likely correct? Anderson:

A. Violated the Code by failing to immediately terminate the client relationship with Carlyle.

B. Violated the Code by failing to maintain the confidentiality of her client's information.

C. Violated the Code by failing to detect and report the tax evasion to the proper authorities.

D. Did not violate the Code since the information she conveyed pertained to illegal activities on the part of her client.

答案解析：B

安德森必须根据标准 3.1 来维护客户信息的机密性。在涉及客户非法活动的情况下，机密性可能被破坏，但是客户的信息只能转发给适当的机构。安德森无权将其客户的调查通知给投资银行。

扫码获取更多题目

Part 02

第二部分　定量分析

模块导论

定量分析是 FRM 中的第二门基础学科，在一级考试中占比 20%。定量分析是金融分析以及后续科目学习的基础，因此在 FRM 一级中非常重要。该科目的主要知识在 FRM 的中的考试要求都是理解、计算和应用，定性的题目为辅，所以这个科目对于逻辑能力的要求较高。

定量分析一共分为十三个章节，合计四大模块。

第一个模块为“概率论与随机变量的特征”，这个模块中一共包含了第十三至第十六章的内容。从最基础的概率和随机事件开始，该模块主要讲解了随机变量产生的原因，常见的随机变量的特征并学会用这些特征解释常见金融现象。当然，该模块也在其中引入了多元随机变量的特征，理解多元随机的特征将帮助风险管理者更好的理解投资组合的风险特点。

第二个模块为“样本描述与推断”，这个模块一共包含了第十七章和第十八章两个章节的内容，是统计学的入门章节。一般而言，统计学分为描述性统计和推断性统计学，分别对应了一个合格的统计学家从抽取样本，研究样本，描述样本到做出推断的研究过程。第十七章的《样本的矩》将会带领读者进入描述性统计学，并深入了解其中最著名的四个描述样本特点的指标，分别是样本均值、样本方差、样本偏度和样本峰度。第十八章则带领读者进入推断性统计的学习范畴，了解如何做统计推断，并数量掌握假设检验的流程和逻辑。

第三个模块是“回归分析”， 这个模块一共包含了第十九至二十一章的内容。从这个模块开始进入到真正的模型建立阶段。“回归分析”从最基础的《单元线性回归》分析开始，讨论了回归分析目的和假设前提，回归分析的参数设置和估计，回归模型整体解释力度的评估和最终结果的预测。然后再从单个变量向多个变量延伸出去，模型复杂程度的提升自然增加了模型的整体解释力度，但是由此也带来了更多的问题，这个模块最后的一个章节《回归诊断》则将带领读者研究这些问题并给出合适的解决方案。

第四个模块是“时间序列分析”， 这个模块包含了两个章节的内容。这块内容是定量分析中的难点内容。如果说回归分析侧重于用一个随机变量来解释另外一个随机变量。那么时间序列分析则侧重于用过去的数据解释未来的数据。根据时间序列数据的特点，本书将时间序列模型分为两大类。第一类侧重于解决平稳的时间序列数据，常见的模型诸如自回归模型，移动平均模型和自回归 - 移动平均模型，这部分的知识将在第二十二章《平稳的时间序列》中向读者介绍；第二类侧重于解决非平稳的时间序列数据，比如带有趋势的数据，季节性周期的数据，当然也包含了带有随机游走特征的数据，这一类数据在实际金融问题中也更加常见，这一部分这是将在第二十三章《非平稳时间序列》中向读者介绍。

本书的最后一个模块是“定量分析在金融中的应用”， 这个模块一共包含了两个章节的内容，是风险模型建立的一些数学知识铺垫。第二十四章《测量收益率、波动率和相关系数》 会铺垫在金融数据中常见的三个指标（如章节名）的计算；第二十五章《模拟》则向读者介绍了蒙特卡洛模拟法和重抽样模拟法，是金融数据模拟的两大类方法。这个模块的知识建议所有在学习第四门《风险估值与建模》之前再重温一遍，可以更好得帮助读者进入下阶段学习。

第十三章　概率论基础
Basics of Probability

一、概率论基本准则	1. 样本空间和事件	★★
	2. 概率的三个基本准则	★★
二、条件概率	1. 联合概率、条件概率和非条件概率	★★★
	2. 全概率公式的应用	★★★
三、独立性	独立与条件独立	★★
四、贝叶斯准则	利用贝叶斯准则计算概率	★★★

◢ 学习目的

在金融中的数学不同于很多人在素质教育中学到的数学知识。在传统的素质教育中，数学这个科目学习所背负的使命更多是逻辑思维培养，而风险管理学习中的定量分析则更侧重于实际应用。

所以，各位在初中、高中和大学中学习到的概率学、《概率论与数理统计》和其他衍生的科目很多都侧重于如何将一个事件的概率计算出来。但是，在金融的世界里，概率的应用则广泛了很多：小到如何利用概率的知识去赌博、买彩票，大到如何利用概率进行投资组合风险管理，了解资产组合风险分散化等等。在金融学的世界中，首先一个认知便是资产价格变化的随机性。

本章将带领读者从简单的概率开始，首先了解概率的分类和计算法则，在这些概念里，本章着重了条件概率与非条件概率，这是一个重要的概念，它研究了在特定条件发生后事件的发生概率。在此之后，利用条件概率的性质，本章继续讨论了独立性和条件独立性。最后，通过贝叶斯准则的应用，为将新的信息或数据合并到概率模型中提供了一个简单而有力的研究方法。

◢ 考点分析

通过本章的学习，主要需要掌握三大部分知识来应对金融风险管理师的考试。第一部分知识的核心是事件，读者需要学会描述事件和样本空间，了解独立事件和互斥事件并学会区别两者的关系。第二个部分是概率的计算，读者需要利用计算离散概率函数计算一些简单的事件概率，同时掌握条件概率和非条件概率在计算上的区别。最后一个知识是贝叶斯准则，读者需要学会应用贝叶斯准则对常见的概率进行更新，以此来反映最新的消息。

本章入门

自然界与生活中存在着多种多样的现象。而有一类现象，在一定条件下是必然发生的。例如，向天空抛出的石头必然落下，同性电荷必然互斥，等等。这类现象被称为确定现象。

在自然界与生活中还同时存在着另一类现象。例如，在相同条件下抛掷同一枚硬币，其结果可能是正面朝上，也可能是反面朝上，人们永远无法在抛掷之前就确定最终的结果；再比如，炮兵用同一门炮向同一目标射击，每次射击的弹着点都不尽相同，炮兵也无法在射击之前就预测弹着点的确切位置，这类现象被称为随机现象。

诚然，诸如抛掷硬币，炮兵射击这类的事件在不同的实验中会呈现出不同的结果，尽管这些结果无法在实验之前被预测，但却是呈现出某种规律：

◆ 比如虽然硬币可能正面朝上也可能反面朝上，但是这两件事情却不可能同时发生；

◆ 比如经过训练的炮兵命中目标的概率和没有经过系统的相比，命中率会高很多。

这些在日常生活中广为人知的规律，便是概率论想要阐述的理论。

第一节　概率论基本准则

一、样本空间和事件

概率论是统计学、计量经济学和风险管理的基础，它衡量了某一事件发生的可能性。在大多数概率的金融应用中，事件与数值紧密结合。虽然概率论的发展和衍生内容很多，但是究其基本准则，其实也就只有三个：

（1）任何事件的概率都是非负的。

（2）所有结果的概率之和是 1。

（3）如果两个事件是互斥的，那么这两个事件中至少有一个发生的概率为两个事件概率之和。

> 重点单词
> random experiment
> 随机试验

为了说明这三个基本原则，我们先介绍三个概率中的基本概念。

第一个概念叫做**随机试验**（Random Experiment）。随机试验具有以下特点：

（1）在试验前不能确定试验结果，但可明确指出或说明试验的全部可能结果是什么。

（2）在相同的条件下，试验可大量地重复（比如从 100 层的高楼跳下去就不具有可重复性）。

（3）重复试验的结果是以随机方式或偶然方式出现的。

举个例子

- 比如抛掷一颗骰子并观察出现的点数，这就是一个随机试验。这个事件满足随机试验的基本特点：
- 在试验前不能确定骰子的结果，但一定只有 1 点 ~6 点这 6 种可能性。
- 在相同的条件下，掷骰子可大量地重复进行。
- 掷骰子重复进行之后，最终的点数出现的方式是随机或偶然的。

第二个需要掌握的名词叫做**样本空间**（Sample Space），也叫做所有试验的结果。它指的是我们随机试验所有可能出现的情况。从集合的角度来讲，样本空间其实就是一个全集。

> 重点单词
> sample space
> 样本空间

所谓全集，指的是一个集合中包含了我们所要研究的全部元素，全集通常用 Ω 表示。

举个例子

> 掷一枚骰子得到的点数可能有 6 种情况，抛一枚硬币也有可能会出现正反两面，这些随机试验可能会出现的所有情况共同构成了随机试验的样本空间。只有确定了随机试验可能出现的所有情况，才能最终确定随机试验的样本空间。

第三个需要掌握的名词叫做**事件（Event）**，事件是样本空间中的部分或者全部结果的集合。从集合的角度讲，事件是样本空间的子集。子集是一个数学概念，如果集合 A 的任意一个元素都是集合 B 的元素，那么集合 A 称为集合 B 的子集。因此，**事件是样本空间的子集**。

— 考纲要求 —
描述事件和事件空间。

举个例子

> 掷一枚骰子得到的点数为奇数就是一个事件。这个事件包含了三种可能出现的结果，也就是点数为 1 点、3 点或 5 点。这三种结果都是样本空间的组成部分。
>
> 当然，掷一枚骰子得到的点数是自然数也是一个事件。这个事件包含了六种可能出现的结果，也就是点数为 1 点、2 点、3 点、4 点、5 点或 6 点。**这六种结果已经涵盖了样本空间的所有元素**。
>
> 不仅如此，掷一枚骰子得到的点数大于 6 点也是一个事件。这个事件虽然没有包含任何结果，但是也可以称之为一个事件。从集合的角度讲，这个事件是一个空集，而空集也是样本空间的一个子集。

扩展阅读

什么是空集?

空集是指不含任何元素的集合。空集是任何集合的子集。空集不是无，它是内部没有元素的集合。通常用符号∅来表示。大家可以将集合想象成一个装有元素的袋子，而空集的袋子是空的，但袋子本身确实是存在的。

除了上文介绍的名词之外，我们还需要掌握的名词叫做事件空间（Event Space），即所有事件的全部集合，并且这样的集合发生与否的概率是可以用数值进行表示的。与样本空间不同的是，事件空间是由单个或多个事件组成的集合，而事件本身则是所有试验的结果所构成的集合。一言以蔽之，事件是由试验结果或样本空间所构造的集合，而事件空间则是由事件构造的集合。

在金融研究分析中，主要研究的是多个事件发生的概率。比如在一件事情发生时另外一件事情发生的概率，又比如两件事情至少有一件事情发生的概率，等等。

为了分析此类问题，我们现在为大家引入韦恩图的学习工具。其实，韦恩图的学习方法在高中时代我们已经接触过了。当时主要是以图示的方法来表示不同集合之间的关系，这些关系为交集、并集、空集和补集。

集合论中，设 A，B 是两个集合，由所有属于集合 A 且属于集合 B 的元素所组成的集合，叫做集合 A 与集合 B 的**交集**（Intersection），记作 A ∩ B。下图 13-1 中的阴影部分所表示的集合指的就是交集。同时这个图中的 Ω 符号表示的是全集，也就是所有的元素构成的集合。

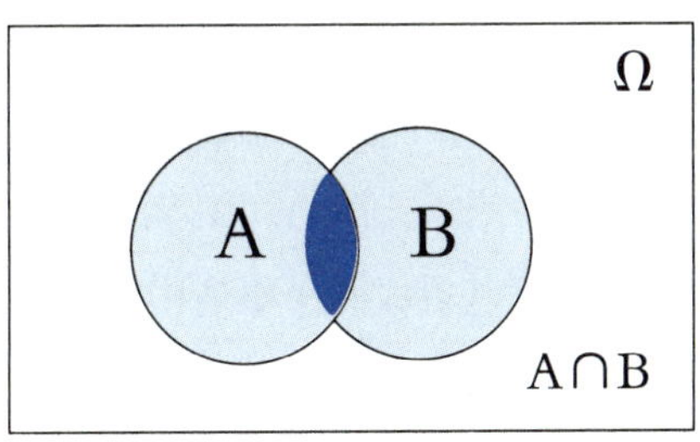

图 13-1　交集韦恩图

还是给定两个集合 A，B，把他们所有的元素合并在一起组成的集合，叫做集合 A 与集合 B 的并集（Union），记作 A ∪ B。下图 13-2 的阴影部分表示的集合就是并集。

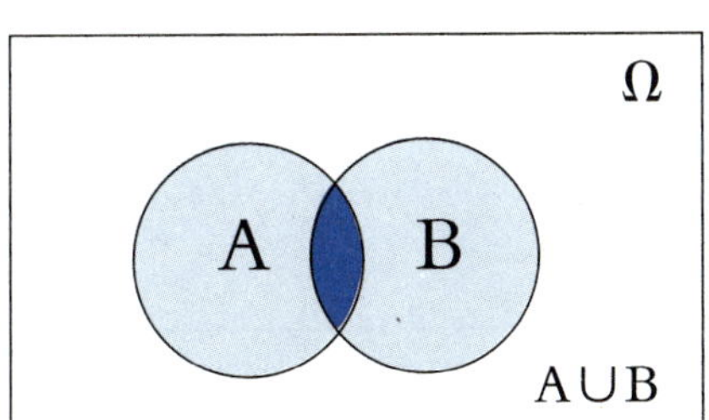

图 13-2　并集韦恩图

最后一个概念是补集（Complement）。设是一个集合，A 是 Ω 的一个子集，由中所有不属于 A 的元素组成的集合，叫做子集 A 在 Ω 中的补集，记做 A^c。下图 13-3 中圆圈之外矩形之内的部分就是 A 的补集。

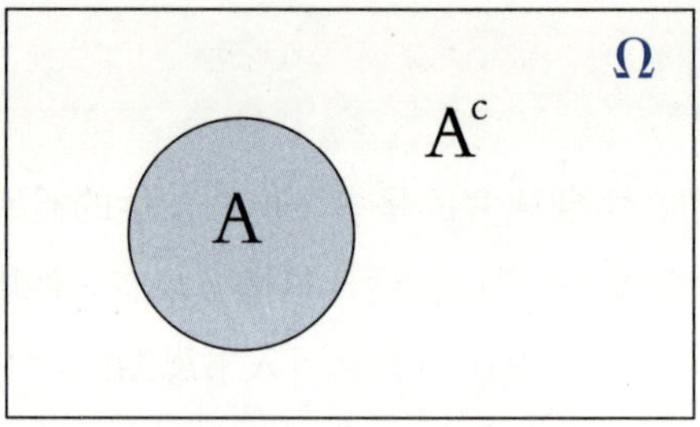

图 13-3 补集韦恩图

当然，通过之前的学习，读者们会发现其实事件和集合之间有着密不可分的关系，韦恩图的方法也是如此。韦恩图不仅能够表示不同的集合之间的关系，也能够表示不同事件概率这之间的关系。如果我们将事件 A 和事件 B 看成两个事件发生的概率，那么：

事件 A 和事件 B 的交集就可以看成是两个事情共同发生的概率，记做 P（A ∩ B），也称为事件 A 和事件 B 的**联合概率**，关于联合概率的应用会在下一节为读者详细介绍。

— 重点单词 —
mutually exclusive event
互斥事件

事件 A 和事件 B 的并集就可以看成两个事情中至少有一件事情发生的概率，记做 P（A ∪ B）。

事件 A 的补集就可以看成是 A 不发生的概率，记做 P（A^c）。

以此延伸，我们还可以利用韦恩图定义互斥事件。所谓**互斥事件**（Mutually Exclusive Event），指的是两个或多个事件不可能同时发生。比如说，掷骰子同时掷到 1 点和 2 点就是一组互斥事件。比如图 13-4 的事件 A 和事件 B。

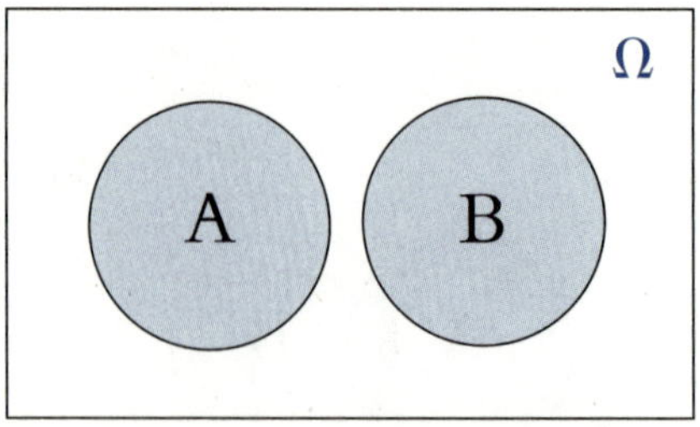

图 13-4 互斥事件韦恩图

在学习完了集合的基本概念之后，再来看一下本节一开始提到的概率论的三个基本原则，就简单很多了。

二、概率的三个基本准则

准则第一条：任何事件的概率都是非负的。

值得注意的是这里的非负，说明一个事件发生的概率可以等于 0，其实这和我们前面提到的空集的概念是相符合的，我们也将这种事情称之为是不可能事件。

准则第二条：所有结果的概率之和是 1。

概率反映了随机事件出现的可能性大小，概率的计算定义式如下：

$$A\text{时间发生的概率}=\frac{\text{事件 A 发生的所有结果}}{\text{所有可能发生的结果}}$$

让我们回到先前掷骰子的例子，定义事件 A 为正面朝上的点数为 1 点的概率。在掷骰子这一随机试验中，一共会有 1 点、2 点、3 点、4 点、5 点和 6 点这 6 种不同的结果，因此事件 A 发生的概率就是 1/6。不仅如此，正面朝上的点数为 i 的概率都是 1/6，只要 i 的取值范围为 1~6 的整数。所以，所有结果发生的概率之和等于 100%。

扩展阅读

准则二的内容还可以进一步进行拓展。拓展为，完备事件组的概率之和等于 1。

那么什么是完备事件组呢？它需要满足两个条件：第 1 个条件，事件与事件之间必须要两两互斥；第 2 个条件，每一个事件所构成的元素，共同组成了全集，也就是样本空间。

如果我们将掷骰子得到奇数点记为事件 A，掷骰子得到偶数点记为事件 B，此时事件 A 与事件 B 依旧是互斥事件，不仅如此，事件 A 与事件 B 的所有结果构成了样本空间，因为掷一枚骰子所得到的点数只有奇数（1，3，5）和偶数（2，4，6）这两种情况。因此，事件 A 与事件 B 构成了完备事件组，或者说，这两个事件发生的概率之和等于 1。

再进一步思考，事件 A 与事件 A^c 也是完备事件组。首先，事件 A 与事件 A^c 是互斥的，同时事件 A 与事件 A^c 一定覆盖了整个样本空间。所以，我们可以得到：

$$P(A\cap A^c)=P(A)+P(A^c)=1$$

准则第三条：如果两个事件是互斥的，那么这两个事件中至少有一个发生的

概率为两个事件概率之和。

两个事件中至少有一个发生的概率，其实就是我们前面提到的并集，因此，通过前文并集韦恩图（图 13–2）就可以非常好的来解决这个问题。

如前图（13–2）所示，如果要去计算 A 和 B 的并集，可以先将集合 A 和集合 B 直接加和，但是这样一来，A 和 B 的交集就计算了两次，那么只要剔除 A 和 B 的交集，就可以得到对应的并集了。如果将集合的思想映射到概率的话，可以得到 $P(A \cap B)=P(A)+P(B)-P(A \cap B)$。

特别地，如果 A 和 B 两个事件为互斥事件时，那么 A 和 B 的交集为空集，这样一来，A 或 B 事件发生的概率就正好是 A 和 B 各自的概率之和。

第二节　条件概率

一、联合概率、条件概率和非条件概率

— 重点单词 —
joint probability
联合概率
conditional probability
条件概率

在概率论的学习中，最基本需要掌握的概率类型主要有三类：联合概率、条件概率和非条件概率。

联合概率（Joint Probability），指的是两个事件同时发生的概率，其实和前面提到的交集是一个概念；

条件概率（Conditional Probability），是指在另外一个事件 A 已经发生条件下，事件 B 的发生概率；

— 考纲要求 —
区分条件概率和非条件概率。

非条件概率（Unconditional Probability），是指在没有任何限制的条件下，某一事件发生的概率。条件概率与非条件概率之间不具备可比性，直接将这两个概率相比可能会得到错误的结论。

举个例子

金融风险管理师二级的考试通过概率其实就是一个条件概率。二级的考试通过概率其实一个简称，它的全称应该是，在一级考试通过的情况下，二级考试通过的概率。所以，一级的考试的通过概率和二级是没有相比性的，也没有任何意义。

— 考纲要求 —
定义并计算条件概率。

条件概率的表达形式是 $P(B|A)$，其中 A 表示的是条件事件，B 表示的是待计量的事件。

在概率的运算中，联合概率，条件概率与非条件概率之间是存在着勾稽关系的，而这一勾稽关系则是通过乘法法则来实现的。以条件概率为例，其计算公式如下：

$$P(B|A)=\frac{P(A\cap B)}{P(A)}$$

其中，等式右边分子部分 P（A ∩ B）是一个联合概率，代表了事件 A 与事件 B 同时发生的概率。如果等式两边同时乘以 P（A），则等式就变成了：

$$P(A\cap B)=P(B|A)\times P(A)$$

这个等式的含义就是事件 A 发生的概率，乘以在事件 A 发生情况下事件 B 发生的概率，等于事件 A 与事件 B 同时发生的概率，这就是乘法原理最直观的表达形式。

名师解惑

所谓乘法原理，指的是做一件事，完成它需要分成 n 个步骤。做第一步有 m_1 种不同的方法，做第二步有 m_2 种不同的方法，……，做第 n 步有 m_n 种不同的方法。那么完成这件事共有 $N=m_1\times m_2\times m_3\times\cdots\times m_n$ 种不同的方法。

其实条件概率的公式也可以按照乘法原理思想去理解，比如事件 A 和事件 B 共同发生可以分为两步进行，第 1 步先让 A 事件发生，第 2 步在 A 事件已经发生的情况下，再让 B 事件发生。所以便得到了 $P(A\cap B)=P(A)\times P(B|A)$。

二、全概率公式的应用

利用条件概率可以对任意一个事件发生的概率进行拆分，进而帮助我们研究怎样从一些较简单事件概率的计算来推算较复杂事件的概率，**全概率公式**（Total Probability Formula）便应运而生。

假设在一个班级中存在着三种类型截然不同的学生，第一种类型的学生天资聪慧且勤奋好学，这类学生的考试通过率是 90%；第二类学生天赋一般但刻苦努力，这一类学生的考试通过率是 60%；最后一类的学生天资愚钝但又不懂笨鸟先飞，考试全凭运气，这类学生的考试通过率仅为 25%。

通过调查研究发现，第一类学生在班中的比重是 50%，第二类学生在班中的比重是 30%，第三类学生在班中的比重是 20%。此时，这个班级的平均考试通过率就应该是：

$$50\% \times 90\%+30\% \times 60\%+20\% \times 25\%=68\%$$

68% 是这个班级的通过率水平，但是这个数字有的时候是很难直接获得的。通过条件概率，我们将 68% 这个概率分解为了三类学生的通过概率之和，不仅帮助我们成功将概率计算了出来，同时也更好理解了这个概率的构成。

当然，全概率公式的完整表达如下：

$$P(A)=P(A_1)P(A|A_1)+P(A_2)P(A|A_2)+\cdots+P(A_n)P(A|A_n)$$

其中，A_i 表示了一个完备事件组。

因为最常见的完备事件组就是事件 A 和 A 的补集，所以，使用最频繁的全概率公式可以表达为：

$$P(B)=P(A)P(B|A)+P(A^c)P(B|A^c)$$

全概率公式将复杂事件的概率计算转化成简单事件的概率计算，这也是在金融领域常用到的思想，这一公式在考试中往往会结合贝叶斯准则合并考察，读者需要熟练掌握并辅以习题练习。

第三节　独立性

独立与条件独立

— 重点单词 —
independent
独立

如果一个事件的发生不受到另一件事件是否发生的影响，我们称这两个事件**相互独立（Independent）**。例如，将一枚骰子连续抛掷 2 次，把第一次抛掷得到点数 1 记为事件 A，把第二次抛掷得到点数 1 记为事件 B，这两个事件就是相互独立事件，因为第一次抛掷的结果是不会影响第二次抛掷的结果的。

根据独立事件的数学定义，如果事件 A 与事件 B 相互独立，那么条件概率则不再受到条件事件的影响，即：

$$P(B|A)=P(B) \text{ 或 } P(A|B)=P(A)$$

— 考纲要求 —
掌握如何区分独立事件与互斥事件。

在事件相互独立的前提下，根据乘法法则，联合概率的计算公式还可以进一步被改写为：

$$P(A \cap B)=P(A) \times P(B)$$

这也是被用于判断两个事件是否独立的最常用的公式。

名师解惑

互斥事件是否就是独立事件?

首先，互斥事件一定不是独立事件，它们的含义不同。如果事件 A 与事件 B 互为互斥事件的话，就说明在事件 A 发生的情况下，事件 B 一定不会发生。换言之，事件 A 的发生与否会直接影响事件 B 是否发生，而独立事件则要求一个事件的发生不受到另一个事件的影响。所以，这时事件 A 和事件 B 肯定不是独立事件。一言以蔽之，如果两个事件是互斥的，那它们一定不是独立的。

在结合条件概率的情况下，两个事件的独立性还可以通过一定的条件触发，这个概念称之为**条件独立**（Conditional Independence）。

其实在日常生活中条件独立的事例屡见不鲜。比如如果允许 A 区域和 B 区域的居民可以互相购置 A、B 区域的房产。此时 A 区域房产的购置率和 B 区域房产的购置率就会有互相联系，不存在独立关系。但是，如果不允许互相购置房产，只能各自区域的居民购置本区域的房产，那么 A 区域房产的购置率和 B 区域房产的购置率就互不影响，或者互相独立。这就是条件独立的一个实际场景。

当然，两个事件的独立性也可以因为其他条件的出现而消失。

比如，乘坐火车上班迟到和乘坐飞机上班迟到这两个事情发生的概率本来是互相独立的。因为火车走的铁轨而飞机则是在空中飞行，这两者的路线不会互相干扰。但是如果现在增加了今天天气雾霾这个条件，那么这两个事件便不再独立了。雾霾天气不仅会影响火车的准点率，更会影响飞机的准点率，可以说，在雾霾天气的情况下，如果火车的误点率增加了，那么飞机的误点率有更大的概率增加了。

— 考纲要求 —
解释独立事件和条件独立事件的区别。

名师解惑

独立性（非条件独立）与条件独立的区别？其实总结起来就是两句话：

(1) 任何两个事件可以非条件独立的同时条件依赖。

(2) 任何两个事件可以非条件依赖，但是条件独立。

第四节 贝叶斯准则

利用贝叶斯准则计算概率

统计学中有一个基本的工具叫**贝叶斯准则**，其中心思想是指当分析样本数量接近总体数时，样本中事件发生的概率将接近于总体中事件发生的概率。比如你看到一个人总是在图书馆学习，那么这个人多半是一个勤奋向上的人。用数学语言表达就是：支持某项属性的事件发生得愈多，则该属性成立的可能性就愈大。当然，反对某项属性的事件发生得愈多，则该属性成立的可能性就愈小。

— 考纲要求 —
解释并应用贝叶斯准则。

所以，贝叶斯准则描述的是对概率的更新。

相较于全概率公式，贝叶斯公式更偏重于概率推理，即利用过往的经验来推断当某一事件当下发生的概率。

为了更直观地进行解释，我们假设某化工产每 10 个工人就有一个人是亚健康的，现在有一台机器，在人确实是亚健康的情况下，这台机器成功确诊的概率是 99%，在人健康的情况下，这台机器误诊为亚健康的概率是 5%，问当机器诊断为亚健康时，该工人确实是亚健康的概率是多少?

我们可以把工人是亚健康的记为事件 A，把机器诊断为亚健康记为事件 B，这个问题的本质其实就是对于概率的更新。在没有机器参与的情况下，工人亚健康的概率是 10%（$P(A)=10\%$），这就是我们在前面提到的非条件概率。而题目需要求解的便是在新的信息（机器诊断为亚健康）出现的情况下，工人亚健康的概率（也就是 $P(A|B)$）。

在条件概率的学习中，我们已知 A 与 B 两个事件同时发生的可能性有两种：第一种是 A 事件发生，然后在 A 事件发生的基础上，再让 B 事件发生；另一种情况是 B 事件先发生，然后在 B 事件发生的基础上，再让 A 事件发生。因此，这两个过程在严格意义上来讲产生的结果是相等的，即：

$$P(A|B) \times P(B) = P(B|A) \times P(A) = P(A \cap B)$$

将上式进行移项，得如下形式：

$$P(A|B) = P(A) \times \frac{P(B|A)}{P(B)}$$

这就是贝叶斯准则的最终呈现形式，经过条件概率公式的简单变换之后，上式的经济学意义就展现出来了。

等式左边部分表示的是条件概率，我们把条件 B 称之为新信息，$P(A|B)$

表示在已知新信息 B 的情况下，事件 A 可能发生的概率，因此，我们也将 P（A|B）称为**后验概率**。

从等式的右边看。P（A）则是根据经验对事件 A 发生概率的过往估计，所以人们也将 P（A）称为**先验概率**。在上面的例子里，P（A）=10%。

而$\frac{P(B|A)}{P(B)}$更像一个调整项，B 的信息和人们的检验尝试越背离，那么和的值也相差更远。在实际应用中，调整因子的大小往往取决于数据的准确性，当数据准确度越高，调整因子也更可信，其中，调整因子中的分母 P（B）可以利用全概率公式计算得到的。

> 考试小技巧
> 全概率公式往往会与贝叶斯公式结合在一起进行考察，因此对这两相关性很高的知识点需要务必掌握。

$$P(B)=P(A)P(B|A)+P(A^c)P(B|A^c)=10\%\times 99\%+90\%\times 5\%=14.4\%$$

$$\frac{P(B|A)}{P(B)}=\frac{99\%}{14.4\%}=6.875$$

而贝叶斯准则的完整经济学意义，则可以表示为在事件 B 发生下事件 A 发生的概率，取决于事件 A 发生的先验概率于条件 B 的信息调整因子的乘积。

$$P(A|B)=P(A)\times\frac{P(B|A)}{P(B)}=10\%\times 6.875=68.75\%$$

可以发现，如果机器的诊断是亚健康的话，那么这个工人亚健康的概率就从 10% 上升到了 68.75%，这可不是一个让人开心的数字。

名师解惑

在处理此类问题时，光从这几个数字分析上是无法快速得出结论的。但是贝叶斯准则的计算又比较复杂。在这里为读者介绍一种相对简单的数形结合的方法。首先，我们将所有事件发生的可能性通过图形表示出来（见图 13-5）：

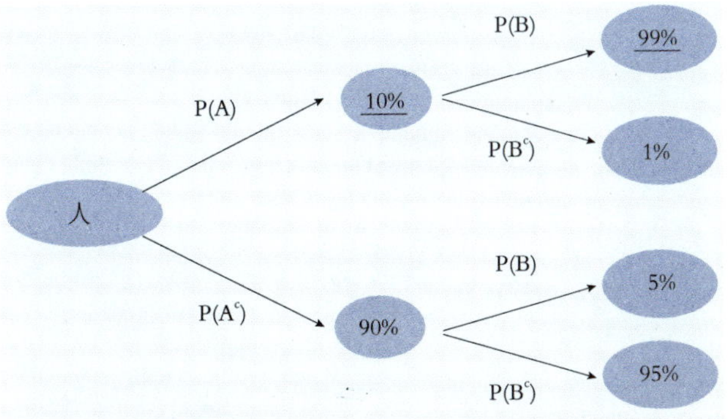

图 13-5 工人健康与机器诊断概率分布图

图 13-5 又被称为二叉树图，读者在第四门科目学习到期权产品定价的时候会更加深入学习这个建模方法。二叉树每一个节点都有可能衍生出两种不同的结果，这也是二叉树命名的由来。

从图中二叉树的上半段分析，化工厂工人亚健康的概率是 10%（10% 是一个非条件概率）。在工人亚健康的情况下，机器成功确诊亚健康的概率是 99%（99% 是一个条件概率），误诊为健康的概率是 1%。

从二叉树的下半段分析来看，化工厂工人健康的概率是 90%，在工人健康的情况下机器误诊为亚健康的概率是 5%，确诊为健康的概率是 95%。

通过这张图，原本复杂的题干信息与相应问题都会变得一目了然，只有两种可能会导致机器诊断出亚健康：

- 第一种是工人确实亚健康且机器没有误诊，发生的概率是 10%×99%；
- 另一种则是工人是健康的但机器误诊了，发生的概率是 90%×5%。

因此我们只需要计算第一种情况占所有可能导致机器诊断为亚健康的情况的百分比就可以得到最终问题的答案。也就是：

$$\frac{10\%\times 99\%}{10\%\times 99\%+90\%\times 5\%}=68.75\%$$

本章小结

♣ 概率论的基本准则

- 任何事件的概率都是非负的。
- 所有结果的概率之和是1。
- 如果两个事件是互斥的，那么这两个事件中至少有一个发生的概率为两个事件概率之和。

♣ 条件概率的计算

$$P(B|A)=\frac{P(A\cap B)}{P(A)}$$

♣ 独立与互斥的关系

- 互斥事件（如果一组事件是互斥的，那么他们一定不是独立的）。
- 独立事件（两件事情的发生是互不影响的）。

$$P(A\cap B)=P(A)\times P(B)$$

♣ 非条件独立与条件独立之间的关系

- 任何两个事件可以非条件独立的同时条件依赖。
- 任何两个事件可以非条件依赖，但是条件独立。

♣ 全概率公式与贝叶斯准则

- 这两个公式通常会结合在一起进行考察，读者需熟练掌握这两个概率的计算。

$$P(A|B)=\frac{P(B|A)}{P(B)}\times P(A)$$

$$P(B)=P(A)P(B|A)+P(A^c)P(B|A^c)$$

章节练习

◇ Suppose there is a portfolio of 10 debtors. It is known that their defaults are independent of each other, and the probability of each debtor defaulting is 5%. What is the probability that no default event will occur next year?

A. 5.0%

B. 50.0%

C. 60.0%

D. 95.0%

答案解析：C

每一个债务人都不违约的概率是 $P_1 \times P_2 \times \cdots \times P_{10}$，P 代表的是不违约的概率，所以 P=1 违约概率。下一年没有违约事件就意味着下一年每一个债务人都不发生违约，即（1−0.05）^{10} ≈ 60%。

◇ Calculate the following probabilities according to the information provided below.

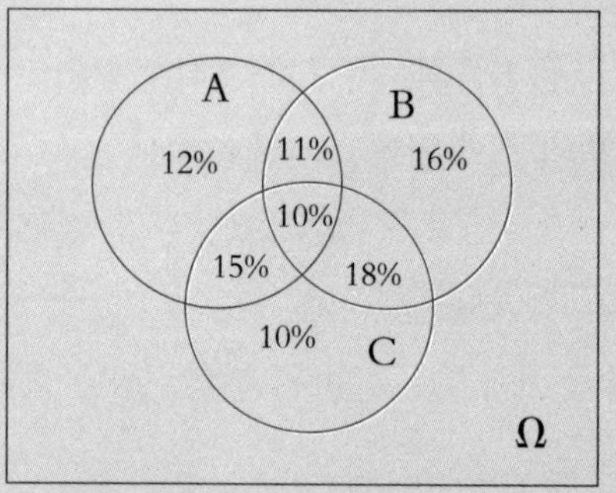

（1）Pr（A）

（2）Pr（A | B）

（3）Pr（B | A）

（4）Pr（A ∩ B ∩ C）

（5）Pr（B | A ∩ C）

（6）Pr（A ∩ B | C）

（7）Pr（A ∪ B ｜ C）

答案解析

（1）$Pr(A)=12\%+11\%+15\%+10\%=48\%$

（2）$Pr(A|B)=\frac{Pr(A\cap B)}{Pr(B)}=\frac{(11\%+10\%)}{(11\%+10\%+16\%+18\%)}=38.2\%$

（3）$Pr(B|A)=\frac{Pr(A\cap B)}{Pr(A)}=\frac{(11\%+10\%)}{48\%}=43.8\%$

（4）$Pr(A\cap B\cap C)=10\%$

（5）$Pr(B|A\cap C)=\frac{Pr(B\cap A\cap C)}{Pr(A\cap C)}=\frac{10\%}{(15\%+10\%)}=40\%$

（6）$Pr(A\cap B|C)=\frac{Pr(A\cap B\cap C)}{Pr(C)}=\frac{10\%}{(15\%+10\%+18\%+10\%)}=18.9\%$

（7）$Pr(A\cup B|C)=\frac{Pr((A\cup B)\cap C)}{Pr(C)}=\frac{(15\%+10\%+18\%)}{53\%}=81.1\%$

扫码获取更多题目

第十四章　随机变量
Random Variables

一、随机变量	离散型和连续型随机变量	★
二、离散型随机变量	概率质量函数和累积概率函数	★★
三、期望和矩	1. 随机变量的期望、方差、偏度、峰度	★★★
	2. 中心距和非中心矩	★★★
四、连续型随机变量	概率密度函数	★★
五、分位点和众数	1. 分位点和中位数	★★
	2. 众数	★★

学习目的

概率可以用来描述具有不确定性的任何情况。但是，随机变量将注意力集中在可以用数值描述的不确定现象上。 这样一来，标准的数学工具就可以应用于随机现象的分析。例如，股票投资组合的收益是可量化的，因此可以使用随机变量来描述其不确定性。可以使用数值类似地描述公司债券的违约情况，方法是：将公司违约设置为 1，将不违约设置为 0。

本章首先定义一个随机变量，并将其定义与上一章介绍的概念联系起来。最初的重点是离散的随机变量，这些变量具有不同的值但是样本空间是有限的。

通常使用两个函数来描述随机变量的观察值：概率质量函数（PMF）和累积分布函数（CDF）。这些公式密切相关，并且每个公式都可以相互推导。 PMF 在定义随机变量的期望值时特别有用，该期望值是一个加权平均值，它取决于随机变量的结果以及与每个结果相关的概率。

矩（Moment）则用于总结随机变量的关键特征。财务分析和风险管理中通常使用四个矩：平均值（用于度量随机变量的平均值），方差（用于度量离散程度），偏度（用于度量不对称性）和峰度（用于度量极端值的出现情况）。

随机变量的另一组重要度量包括那些依赖于分位数函数的度量，它定义了两个类似于矩的度量：中位数和四分位数范围。

本章以检查连续随机变量作为结束，这些随机变量产生的值在连续范围内并且取值是无限的。离散随机变量取决于概率质量函数，而连续随机变量取决于概率密度函数（PDF）。但是，这种差异在实践中几乎可以忽略，并且为离散随机变量引入的概念也可以全部扩展到连续随机变量上。

考点分析

通过本章的学习，主要需要掌握三大部分知识来应对金融风险管理师的考试。第一部分是使用概率质量函数、累积分布函数和概率密度函数来描述计算离散型以及连续性随机变量；第二部分知识是了解并应用几个常见的描述随机变量特征的指标，也称之为矩何分位数；最后一个是解释随机变量线性变换对均值，方差，标准差，偏度，峰度，中位数和四分位数范围的影响。

本章入门

不同的学科会有不同的学科语言。比如说当一个人从高楼跳下去的时候，哲学家们会认为：这是对生命的不尊重。如果说这个人是因为爱情而轻生，他们可能会发自感慨的来一句：生命诚可贵，爱情价更高。但是对物理学家看来，他们首先想到的可能是一个的抛体运动。从数学家看来则是在平面直角坐标系上的抛物线。

又比如说，在我们正常人看来一个非常常见的食用盐，但是在化学家看来，它叫做氯化钠；在文学家看来，它可以比作雪花。刘义庆先生在《咏雪》中写道：

公欣然曰："白雪纷纷何所似？" 兄子胡儿曰："撒盐空中差可拟。" 兄女曰："未若柳絮因风起。"

其实，同样的事情用不同的语言描述出来，是一件非常美妙的事情。

在上一章的学习中，我们知道了概率可以描述事件发生的不确定性，但是要对概率做一个深入的研究，我们必须要通过量化的工具，或者说，我们必须要通过数学的语言来实现对于事件概率的描述。

第一节 随机变量

离散型和连续型随机变量

概率论的基本准则足以描述许多形式的随机性（例如抛硬币，21 点游戏最终的点数或标准普尔 500 指数的未来回报）。但是，直接应用这些准则是困难的，因为它是在事件（抽象概念）上定义的。随机变量将注意力集中在可以用数值描述的随机现象上，大大简化了我们的计算和表达的过程。

重点单词
random variable
随机变量

为此，我们首先定义一个事件发生的结果叫做**随机变量**（Random Variable）。比如说我们要描述一颗骰子正面朝上的点数为一点的概率，如果我们定义一个随机变量为正面朝上的点数，那么这个概率就可以表示为随机变量等于 1 的概率，记作：

$$f_x(1)=P(X=1)$$

那么如何来表示所有骰子的结果呢，这个表示方法主要有三种。

第一种方法我们称之为列表法，相关形式如下：

表 14-1 结果——概率对应表

结果	1	2	3	4	5	6
概率	1/6	1/6	1/6	1/6	1/6	1/6

第二种方法我们称之为图示法。一般而言，我们可以用频数分布直方图展现概率的大小（见图 14-1）。

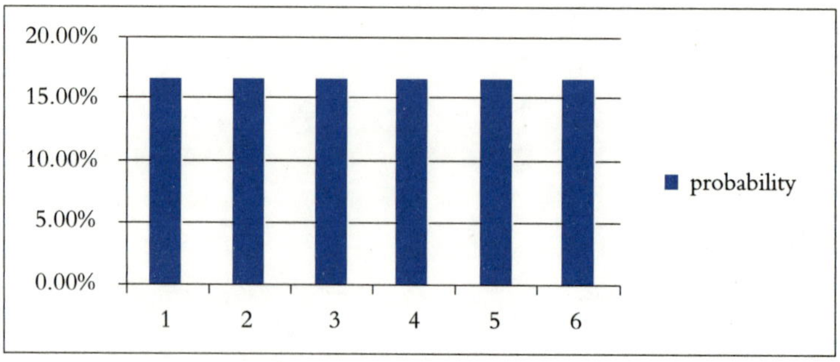

图 14-1 频数直方图

第三种方法也是三种方法中最复杂的方法：函数。这也是本章重点介绍的内容。在掷骰子的试验中，试验结果的函数表达形式如下式所示：

$$P(X)=\frac{1}{6}(X=1,2,3,4,5,6)$$

在这个试验中，获得试验结果 X 中每一个取值对应的的概率都是 1/6，上式就是概率的函数表达形式。表格，图像和函数都可以描述这种概率和随机变量的一一对应的关系，这种一一对应的关系，我们称之为**分布**（Distribution）。

— 考纲要求 —
描述并区分连续型随机变量和离散型随机变量。

在本章的学习中，我们首先会将随机变量分为两类：一类是**连续型随机变量**（Continuous Random Variable），一类是**离散型随机变量**（Discrete Random Variable），所以分布也会根据随机变量的类别分为两类，一类是连续型的分布，一类是离散型的分布。

在掷骰子的试验中，骰子的点数就是一个离散的随机变量，在这个试验中，所有可能出现的试验情况是可以被枚举的。但是对于某些试验来说，人们是无法通过枚举法来例举试验的情况的，或者说，时间发生的结果是无穷的，这样一来，对于单个结果发生的概率就会很难估计。

举个例子

比如某一地区的降雨量大小不均，当发生大暴雨时降雨量可能达到 100-250 毫米，在测量的过程中，降雨量的精确数值可能是 100.1 毫米，也可能是 100.11 毫米，只要测量手段足够精确，就可以在 [100，250] 这一区间内获得无穷多的测量结果，在这种情况下，任意数值降雨量发生的概率 $P(X=x)=1/\infty=0$。

相比掷骰子的例子，测量降雨量所得到的结果就不再与概率一一对应了，在统计学上，如果随机变量的所有可能取值不能被逐个列举，而是取某个区间内的任一实数，即变量的取值是连续的，我们把这样的随机变量称为**连续型随机变量**。

当某地区发生大暴雨时，降雨量的具体数值可以取 100 毫米至 250 毫米范围内的任何一个数，尽管在这个区间内任意数值（比如 150.00 毫米）降雨量发生的概率等于 0，但是这并不意味着这一数值（150.00 毫米）不可能发生。由于连续型随机变量的取值是连续且无穷的，因此它们无法与概率形成一一对应的关系，为了解决这一问题，数学家们引入了其他的分析工具，我们会在第四节和大家详细介绍。

名师解惑

关于离散型随机变量的定义，正确的描述方式是可以被枚举的。在很多地方的描述中，这种关系也被称之为是有穷尽的。

这种说法只能在一般的意义上适用，有一些特殊情况依然是无法解释的。比如说，自然数就是一个离散型随机变量，我们会发现自然数的每一个数字都是可以被枚举的，但是它是无穷的，这就是一个特例。

第二节　离散型随机变量

概率质量函数和累积概率函数

— 考纲要求 —
描述并区分概率质量函数和累积分布函数，并解释这两者之间的关系。

在对随机变量的实际研究中，不仅需要观察随机变量的取值，更重要的是了解它取各种值的概率如何，其中离散型随机变量的研究工具叫做**概率质量函数**（Probability mass function，PMF），即用函数形式来描述概率数学表达式式如下：

$P(x_i)=P(X=x_i)$，$(i=1,2,3...n)$

其中，$P(x_i)$ 代表了当随机变量 X 取值 x_i 时对应的概率

概率函数性质一共有如下三点：

（1）概率函数的研究对象是离散型随机变量。

（2）$P(x_i)$ 的取值范围是介于 0 到 1 之间的。

（3）所有的概率 $P(x_i)$ 之和等于 1，$\sum_{i=1}^{n}P(x_i)=1$。

除了概率质量函数，**累积分布函数**（Cumulative Distribution Function，CDF）也可以用来描述离散型随机变量的特点。

— 重点单词 —
Cumulative Distribution Function
累积概率分布函数

累积分布函数代表的是“累积”的概率，数学表达式记为 $F(x)=P(X\leqslant x)$，即随机变量小于特定值 x 的概率，累积分布函数图像的纵坐标代表的是概率。由于随机变量所有可能取值的概率之和等于 1，因此累积分布函数 F（X）的最大值就是 1，最小值就是 0。

累积概率分布函数的性质主要有以下四个。

（1）累积分布函数最小值等于 0，最大值等于 1。$F(-\infty)=P(X<-\infty)=0$，$F(+\infty)=P(X<+\infty)=1$。

（2）累计分布函数是一个非递减的函数。读者需要尤其注意的是：非递减函

数并不等同于递增函数，即当 $x_2 > x_1$ 时，$F(x_2) \geqslant F(x_1)$。

（3）$P(X > k) = 1-F(k)$，随机变量取值大于特定值的概率就等于 1 减去随机变量取值小于特定值 K 的概率。

（4）$P(x_1 < X \leqslant x_2) = F(x_2) - F(x_1)$。

举个例子

假设 X 定义为一个骰子的正面朝上点数的随机变量，而 x 表示单次掷骰的结果。请表示 X 的概率质量函数和累积分布函数。

概率质量函数的表达如下：

$$f_X(X)=f(X)=\begin{cases} 1/6, & X \in [1,2,\ldots,6] \\ 0, & X \notin [1,2,\ldots,6] \end{cases}$$

累计概率函数的表达如下：

$$f_X(X)=\begin{cases} \dfrac{X}{6}, & X \in [1,2,\ldots,6] \\ 0, & X \notin [1,2,\ldots,6] \end{cases}$$

当然，也可以直接画出他们的图像，具体如下，见图 14-2，图 14-3。

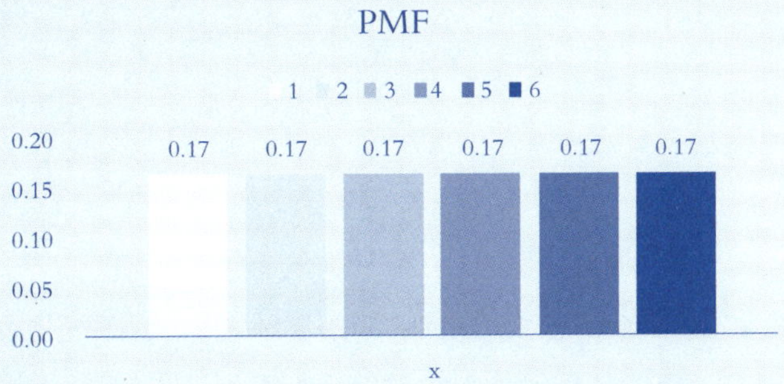

图 14-2　概率质量函数

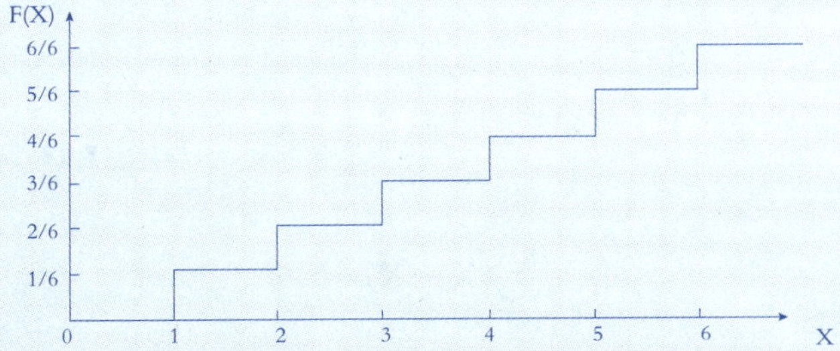

图 14-3　累计概率函数

第三节 期望和矩

— 重点单词 —
expectation
期望

— 重点单词 —
moment
矩

在对随机变量观察的过程中，会产生很多样本观察值，样本观测值的数量越大，就越难判断随机变量的具体分布。因此人们希望通过相关数据以描述随机变量的特征，随机变量的特征很多，但是在所有研究中最受关注的指标便是随机变量的**期望**（Expectation），期望描述了随机变量的中心趋势，也就是随机变量的观测值会集中落在哪个具体值的附近。当然，除了期望之外，随机变量还有很多特征也是我们比较关心的，比如离散程度、对称性、极端值出现概率等等，这些指标在本章的学习中我们都称之为**矩**（Moment）。

一、期望

在统计学上存在着许多参数用以描述随机变量的中心趋势，其中平均数就是最直观有效的一种参数。平均数主要被分为算术平均数（Arithmetic Mean）与加权平均数（Weighted Mean）两种。

算术平均数的定义式如下：

$$\overline{X}=\frac{\sum_{i=1}^{N}X_i}{N}$$

举个例子

例如某支股票在最近五个月内的月度收益率为10%，12%，14%，16%，18%，则该股票收最近五个月内收益率的算术平均值为：

$$\overline{X}=\frac{10\%+12\%+14\%+16\%+18\%}{5}=14\%$$

算术平均值还有一个十分重要的性质：所有数据偏离算术平均值的数值之和等于0：

$$\sum_{i=1}^{N}(X_i-\overline{X})=0$$

在上述的例子中，可以计算出所有数据偏离算术平均值的数值之和为：

$$(10\%-14\%)+(12\%-14\%)+(14\%-14\%)+(16\%-14\%)+(18\%-14\%)=0$$

对于任何一个有限数据集来说，算术平均值是可以被唯一确定的，而且其大小与数据集中每一个数据的大小都有关系，当数据集中存在**极端值**（相对数据集均值而言特别大或者特别小的数据值）时，数据集的算术平均值将会发生较大的变化。

如果上例中股票的收益率数据为 10%，12%，14%，16%，50%，则该股票收益率的算术平均值为：

$$\overline{X}=\frac{10\%+12\%+14\%+16\%+50\%}{5}=20.4\%$$

为了解决极端值的问题，我们为每一个随机变量的结果赋予一个权重。权重越大的数字在计算平均数时发挥更大作用，权重越小的数字（比如极端值）在计算平均数时发挥更小作用，这样一来，这个问题就可以被显著解决。通过这个方法计算出来的平均数称之为加权平均数。

加权平均数的定义为：

$$\overline{X}_{\omega}=\sum_{i=1}^{N}\omega_{i}X_{i}$$

其中 $\sum_{i=1}^{N}\omega_{i}=1$。

从上式中可以看出，算术平均值是加权平均值的一种特殊形式，此时所有样本的权重都等于 1/N。加权平均值在计算的过程中对每一个样本都赋予了权重，这个权重可以是相同的（例如 1/N），也可以是不同的，通过计算样本与其对应其权重的乘积之和便可以获得最终的加权平均结果。

— 考纲要求 —
掌握随机变量数学期望的计算。

当样本观测值涵盖了随机变量所有可能的取值，且每一取值的权重等于其发生的概率时，加权平均值也被称为随机变量的数学期望，记为：

$$E(X)=\sum_{i=1}^{N}X_{i}P_{X_{i}}=X_{1}P_{X_{1}}+X_{2}P_{X_{2}}+\ldots+X_{N}P_{X_{N}}$$

举个例子

一个年级有四个班级，在一次考试中这四个班级的平均成绩分别为 70，80，75，90 分，此外，这四个班级学生的数量占全年级所有学生数量的权重分别为 20%，25%，25%，30%，那么这个年级在这次考试中的加权平均分为：

$$\overline{X}=70\times20\%+80\times25\%+75\times25\%+90\times30\%=79.75$$

在金融学中，加权平均思想常被应用于计量金融资产的平均收益率，也称期望收益率。

举个例子

某分析师经过研究，预测股票 A 在下一个交易日的收益率情况，分析结果如下表所示：

表 14-2　股票 A 收益率的可能结果与对应概率

发生的概率	30%	30%	40%
股票 A 下一个交易日的收益率	10%	0%	−20%

则该股票在下一个交易日的收益率的数学期望等于：

$$E(R)=30\%\times 10\%+30\%\times 0\%+40\%\times(-20\%)=-5\%$$

在《风险管理基础》马科维茨理论章节中我们已经介绍过资产组合预期收益率的相关概念与计算，在计算资产组合的预期收益率时，常常会运用数学期望的思想，而数学期望正是通过加权平均法求得的，这也是数理统计中最基础的概念，请各位读者务必熟练掌握。

当然，随机变量期望值的良好性质也为后期研究随机变量的性质提供了很大帮助。

（1）常数的期望还是常数本身，表示为：

$$E[b]=b，E[E[X]]=E[X]$$

（2）一个随机变量乘以常数的期望等于随机变量的期望乘以这个常数。

$$E[aX]=aE[X]$$

（3）两个随机变量之和的期望等于两个随机变量和的期望。

$$E[X+Y]=E[X]+E[Y]$$

$$E[aX+bY+c]=aE[X]+bE[Y]+c$$

二、矩

在随机变量的研究中，**矩（Moment）**是对变量分布和形态特点的度量，描述了随机变量的特点。矩有很多形态，在文献中用不同的阶来区别不同的矩，k 阶矩通常用符号 μ_K 表示。

使用不同的随机变量计算出来的矩也会略有不同，在数学分析中，一般使用到的是原始数据或者是提出均值后的随机变量。

（1）若是直接使用变量计算的矩被称为**非中心距**或**原始矩**（Non-Central Moment，or Raw Moment），写作：

$$\mu_C^{KN}=E[X^K],\ (k\geq 1)$$

比如，我们在前面提到的期望值，其实就是一阶非中心矩。

（2）若是移除均值后计算的矩被称为**中心矩**（Central Moment）。写作：

$$\mu_K=E[(X-E[X])^K],\ (k\geq 2)$$

— 考纲要求 —
描述四个常见的总体趋势。

这里需要注意的是，如果按照定义式来定义一阶中心矩，那么这个指标对于任何随机变量而言都是一个常数 0，这将没有任何意义。所以一般不讨论一阶中心矩，或者，在有些文献中也直接将一阶中心矩定义为期望值。那就是说 $\mu_1=\mu_1^{NC}$。

当然，这两个矩之间还有很多奇妙的关系，这里我们举例其中一条最有名的关系，感兴趣的读者还可以去发现更多。

$$E[(X-E[X])^2]=E[X]^2=\mu_2^{NC}-(\mu_1^{NC})^2$$

在风险管理中，对于随机变量的特征的把握至关重要，随机变量的矩很多，但是在金融风险管理领域中常用到的还是其中四个指标。

（1）一阶矩称之为期望，求解的是随机变量的均值。这个在前面已经介绍了，就不在赘述，写作：

$$\mu(X)=E[X]$$

不同的期望值在随机变量的中的表现非常直白——中心趋势不同，均值越小，随机变量越趋向左侧。如图 14-4 表示了均值为 0 和均值为 1 的两个随机变量。

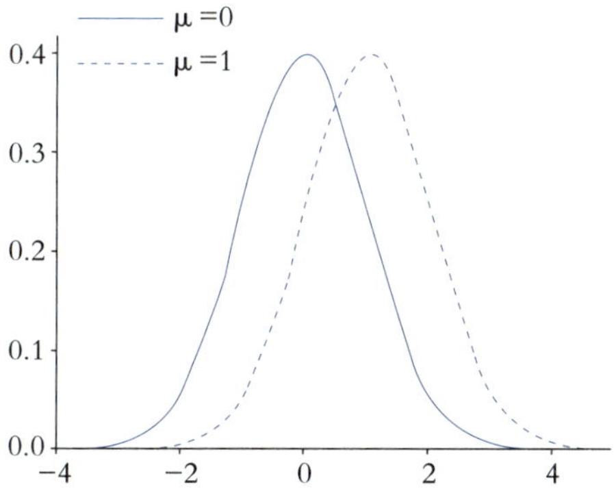

图 14-4 不同期望值对应的中心趋势

— 考纲要求 —
解释随机变量线性变换对均值，方差，标准差，偏度，峰度，中位数和四分位数范围的影响。

（2）二阶矩称之为**方差**（Variance），描述的是随机变量的离散程度。

$$\sigma^2(X)=E[(X-\mu)^2]$$

从表达上很容易看出其实方差也是在求期望，所以，方差也有和期望相似的形式，比如：

$$\sigma^2(\alpha X)=E[(\alpha X-\alpha\mu)^2]=\alpha^2\sigma^2(X)$$

和期望不同的是，期望的系数是可以直接提取出来的，方差的系数在提取出来之后需要平方。

方差在金融风险管理中，也被认为是度量风险的好指标。在进行投资时，投资者不仅要考虑投资标的的预期收益率，更要考虑到金融产品的相关风险，正所谓“天下没有免费的午餐”，高额收益率的背后可能隐藏着无尽的风险。那么，什么是风险，我们又如何来度量风险呢？

扩展阅读

在《风险管理基础》中，我们将未来收益率的不确定性定义为风险，在投资的过程中，投资者最为担心也最想进行管理的就是资产组合未来收益率的不确定性。1952 年，马科维茨（Markowitz）在他的学术论文《资产选择：有效的多样化》中，首次应用资产组合报酬的均值和方差这两个数学概念，马科维茨用资产组合过往表现的方差 σ^2 来定义投资组合的风险，这一方法经久不衰，沿用至今。

假设一个随机变量的每一个可能的结果出现的概率都相等。那么此时随机变量的方差是个体数据与总体均值距离平方的算术平均值。此时的方差定义式为：

$$Var(R)=\sigma^2=\frac{\sum_{i=1}^{N}(X_i-\mu)^2}{N}$$

其中，$\mu=\frac{\sum_{i=1}^{N}X_i}{N}$，代表了样本总体的均值，N 代表了样本总体的个数或容量。

举个例子

例如某支成立刚满五年的基金在过往五年中所有的历史业绩（以年化收益率呈现）分别为：10%，15%，20%，-15%，0%，可以得知该基金年化收益率的均值为：

$$\mu_R=\frac{\sum_{i=1}^{5}R_i}{5}=\frac{10\%+15\%+20\%-15\%+0\%}{5}=6\%$$

方差为：

$$\sigma^2=\frac{\sum_{i=1}^{5}(R_i-\mu_R)^2}{5}$$

$$=\frac{(10\%-6\%)^2+(15\%-6\%)^2+(20\%-6\%)^2+(-15\%-6\%)^2+(0\%-6\%)^2}{5}$$

$$=1.54\%$$

标准差是方差的算术平方根，用希腊字母 σ 表示。标准差能反映一个数据集的离散程度。平均数相同的两组数据，标准差未必相同。其中，总体标准差的定义式如下：

$$\sigma=\sqrt{\sigma^2}=\sqrt{\frac{\sum_{i=1}^{N}(X_i-\mu)^2}{N}}$$

相比于方差，标准差的表达方式更加自然。很明显，标准差的单位和期望值是相同的，这样一来也方便和期望值直接做比较。在金融学中，**波动率** (Volatility) 的指标通常都是标准差。

不同的标准差在随机变量中的表现为离散程度的差异。离散程度越小，随机变量越向中心集中。如图 14-5 表示了标准差为 0.5 和标准差为 1 的两个随机变量。

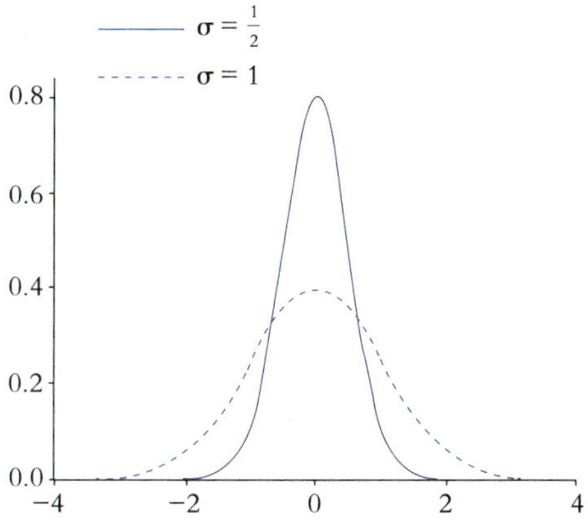

图 14-5　不同标准差所体现的离散程度

扩展阅读

切比雪夫不等式

19 世纪俄国数学家切比雪夫研究统计规律中发现，对于任意一组样本观测值，无论其分布如何，样本观察值落在样本均值左右 K 个标准差范围之间的概率不小于$1-\frac{1}{K^2}$，即：

$$P(|X-\mu|\leq K\sigma)\geq 1-\frac{1}{K^2}$$

在切比雪夫不等式中，μ 代表了样本总体均值，σ 代表了样本总体的标准差，从公式上不难得出随机变量观察值落在 [μ-Kσ, μ+Kσ] 这一区间内的概率不小于$1-\frac{1}{K^2}$，或者说落在 [μ-Kσ, μ+Kσ] 区间内的概率至少大于等于$1-\frac{1}{K^2}$。例如随机变量观察值落在 [μ-2σ, μ+2σ] 区间的概率至少是$1-\frac{1}{2^2}$，即 75%。

切比雪夫不等式提供了一种非常直观的度量离散程度的方式，当然，从精确度上来讲比方差会稍差一些。

随机变量的前两个矩在风险管理的很多地方都有应用，但是受制于单位不同，很多时候随机变量的矩之间是无法进行比较的。随着矩的阶上升，单位的放大效应越来越大，比较常用的一个处理办法是先将随机变量进行标准化。具体的方法为：对于任何一个随机变量，减去随机变量的均值，再除以标准差，得到的新的随机变量成为标准随机变量，写作：

$$\frac{X-\mu}{\sigma}$$

标准随机有很多特点，在标准化之后，新的随机变量的均值为 0，方差等于 1。这两个性质为后续简化问题提供了很大帮助。在三阶矩和四阶矩的设计中，便考虑到了标准化。

$$E\left[\frac{X-\mu}{\sigma}\right]=0$$

$$V\left[\frac{X-\mu}{\sigma}\right]=1$$

— 重点单词 —
skewness
偏度

（3）三阶矩称之为偏度（Skewness），描述的是随机变量的对称性，写作：

$$skew(X)=\frac{E[(X-\mu)^3]}{\sigma^3}=E[(\frac{X-\mu}{\sigma})^3]$$

偏度是对统计分布偏斜方向和程度的度量，是统计数据分布非对称程度的数字特征。所谓的“偏”就是相较于对称分布而言的。如果分布不是对称的，则可以认为分布是有偏的。

偏度又被分为三种情况，第一种是左右对称，第二种叫做**左偏**（Negatively Skewed），最后一种叫做**右偏**（Positively Skewed）。

从具体数值来讲，如果随机变量计算出来的偏度大于零，则称该分布右偏；如果小于零，则称该分布左偏；如果偏度等于零，则是左右对称。下图 14-6 为读者呈现了一个左右对称和左偏的形态。

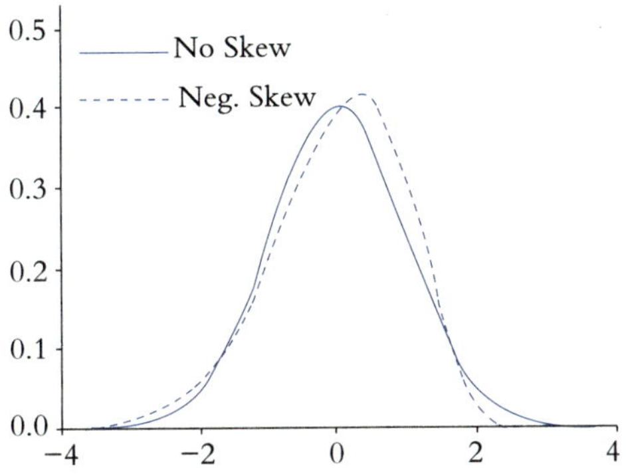

图 14-6 无偏分布与左偏分布

当一个分布呈现出右偏的情况时，会有更多的异常值落在分布的右边，因而产生“右尾”的情况。同理，当分布呈现出左偏的情况时，会有更多的异常值落在分布的左边，因而产生“左尾”的情况。对于投资者而言，在选择投资标的资产时会更倾向于选择收益率呈现右偏分布的资产，因为该资产在收益率为正时会产生更多的正数异常值，投资者也因此更有可能获得“异常高”的投资回报，从而赚取更高的平均收益率。

（4）四阶矩称之为**峰度**（Kurtosis），描述的是随机变量的极端值分布，写作：

— 重点单词 —
kurtosis
峰度

$$kurtosis(X)=\frac{E[(X-\mu)^4]}{\sigma^4}=E[(\frac{X-\mu}{\sigma})^4]$$

峰度反映了分布的陡峭程度以及尾部极端值的分布情况。和前面三个矩不同的是，峰度的陡峭程度的确定需要首先定义标准峰，也称为常峰态。

（1）常峰态的峰度等于 3，此类随机变量中最典型的就是正态分布。

（2）当随机变量的峰度大于 3 时，样本分布的峰部会比正态分布的峰部更加陡峭，这样的峰部也被称为**尖峰态**（Leptokurtic）。

（3）当随机变量的峰度小于 3 时，样本分布的峰部相较于正态分布峰部而言更加平坦，这样的峰部也被称为**矮峰态**（Platykurtic）。

随机变量峰度与常峰态峰度的差值被定义为**超额峰度**（Excess Kurtosis）。在数值上，超额峰度等于 K−3，其中 K 代表了随机变量的峰度。如果超额峰度大于 0，就意味着样本分布是尖峰的；如果超额峰度小于 0，就意味着样本分布是矮峰的，如下表 14−3 所示：

表 14-3 峰度与超额峰度

	尖峰态	常峰态	矮峰态
样本峰度	>3	=3	<3
超额峰度	>0	=0	<0

但是，从本质来讲，峰度描述的是随机变量的极端值分布情况。在统计学上，高峰度往往意味着由位于分布尾端低频率的极端值引起的离散程度的越大。

在均值保持一致的前提下，尖峰态相比常峰态，会有更多的异常值，体现出“肥尾”。为了保持样本均值不变，尖峰态会有更多的结果靠近均值，同时也会有更多样本的远离均值。在样本远离均值的情况下，就有可能出现极端的情况，产生非常大的收益或者引发非常大的损失，样本的离散程度也会随之上升，这也是在风险控制当中是要尤为注意的问题。因此，如果样本分布是尖峰的话，那么该分布必然是一个肥尾分布。下图 14-7 为大家展示了一个常峰态和尖峰态的区别。

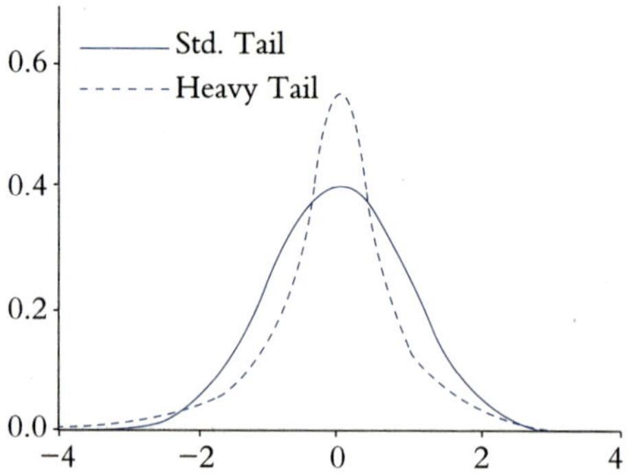

图 14-7 肥尾分布

第四节 连续型随机变量

概率密度函数

描述连续型随机变量在某个确定的取值点附近的可能性所用到的研究工具叫**概率密度函数**（Probability Density Function）。

> 考纲要求
> 解释概率质量函数和概率密度函数的差异。

密度在物理学上反应了质量与体积之间的关系，只要知道物质的质量与密度，就可以算出物体的体积，这个思想在概率的计算上同样可以得到应用，当我们确定随机变量在某一个区间内的概率密度时，就可以算出其取值落在这一区间之内的概率。

一言以蔽之，概率密度函数是一个描述随机变量落在某个区间或落在某个确定的取值点附近的可能性的函数。

从图像上看，概率密度函数的纵坐标代表的不是概率而是概率密度，只有通过概率密度函数，才能计算连续型随机变量在某一区间内发生的概率，而这个概率就是概率密度函数与 X 轴围成的面积。

连续型随机变量在某个区间的发生概率的计算公式如下：

$$P(X_1<X<X_2)=\int_{X_1}^{X_2} f(x)dx$$

其中 $P(X_1<X<X_2)$ 代表了随机变量落在 $[X_1, X_2]$ 区间范围内的概率，$\int_{X_1}^{X_2} f(x)dx$ 代表了概率密度函数 F(X) 在 $[X_1, X_2]$ 区间内与 X 轴围成的面积。

名师解惑

在高等数学中，该面积是通过微积分的方法进行计算的，但是风险管理师考试侧重于对知识的应用而非演绎，所以其中并没有涉及微积分知识的考察，因此对于没有学习过微积分或者已经遗忘微积分知识的读者来说，只需要掌握随机变量在某一区间取值的概率就是概率密度函数与 X 轴围成的面积这一概念即可。

概率密度函数的性质主要有以下三个：

（1）概率密度函数与 X 周围成的面积之和是 1，$\int_{-\infty}^{+\infty} f(x)dx=1$。

因为面积表示的就是概率，所以所有的概率之和就等于 1。

（2）$P(X_1<X<X_2)$ 表示的是概率密度函数与区间 $[X_1, X_2]$ 围成的面积，即：

$$P(X_1<X<X_2)=\int_{X_1}^{X_2} f(x)dx$$

（3）$P(X_1 \leqslant X \leqslant X_2)=P(X_1 < X \leqslant X_2)=P(X_1 \leqslant X < X_2)=P(X_1 < X < X_2)$

对于连续型随机变量来说，取值为单个具体数值的概率是等于 0 的，因此上式成立。

和离散型的随机变量一样，累积概率分布函数依然可以作用在连续型随机变量上，它们之间的关系如图 14-8 所示：

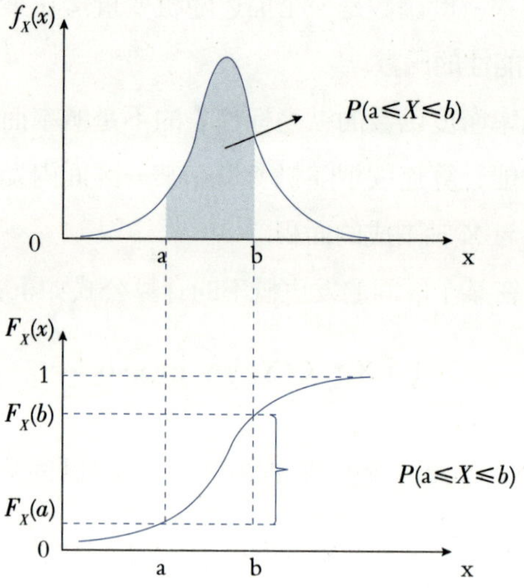

图 14-8 累积概率分布函数

第五节 分位点和众数

一、分位点（Quantile）

> 考纲要求
> 表述分位数函数和基于分位数的估计量。

分位数也是随机变量的一个特征指标，但是这几个指标不属于任何一个矩。

对于连续或离散随机变量 X，α- 分位数指的是找到一个最小的数 q，使得 P（X<q）= α。

所以，计算 α- 分位数的方法需要首先找到累积分布函数的逆函数。

举个例子

给定一个连续性随机变量的累积概率函数等于：

$$F(x)=\frac{x^2}{100}，0 \leqslant x \leqslant 10$$

求解 25% 的分位数。

这个问题想要表达的其实就是找一个数字 q，使得 $F(q)=\frac{q^2}{100}=25\%$。当然可以直接解方程将 q 的值求解出来（q=5）。不过更加严谨的方式是先找到累积概率函数的反函数，记作：

$$F^{-1}(X)=10\sqrt{x}$$

然后将 x=25% 代入反函数中，直接求解出 $F^{-1}(x)=5$。

在所有分位数中最有名的莫过于中位数了。中位数起到了将可数观察值集合分为相等的上下两部分的作用。也就是 50%- 分位数。对于有限的数集，可以通过把所有观察值高低排序后找出正中间的一个作为中位数。

举个例子

求观测值 5，6，8，1，3，7，4 的中位数。

先将观测值进行排序，得到 1，3，4，5，6，7，8，因此中位数就是中间的数字 5。

那么如果观察值有偶数个呢，关于这个部分读者可以先思考，具体的讲解我们会在《样本的矩》中为大家讲解。

二、众数（Mode）

众数是在随机变量的观测值中出现的次数（频率）最多（高）的那个观测值。如果所有的观测值都不相同，那么众数就不存在。此外，众数不是唯一的，在一组观测值中可能会有很多个众数，这是众数和平均值的一个重要的区别。

举个例子

例如在一组随机变量观测值 1，2，3，4，5，6，7，6，5，4，5，2，5 中，5 一共出现了 4 次，因此这组随机变量观察值的众数是 5。

众数对于偏度和峰度的敏感程度是最小的。如图 14-9 所示，分布最高处所对应横轴的点就是众数，众数是所有随机变量观察值中取值最多的一个数，因此也会有更多的样本观察值聚集在众数周围。

在右尾分布中，由于异常值会拉高整体数据的均值和中位数，所以均值和中位数会落在众数的右边。

同理，对于左偏分布来说，分布左边的异常值会拉低整体数据的均值和中位数，因此可以得到均值和中位数落在众数的左侧。

这说明了极端值的出现会影响偏度和峰度，但是对于众数的影响有限。

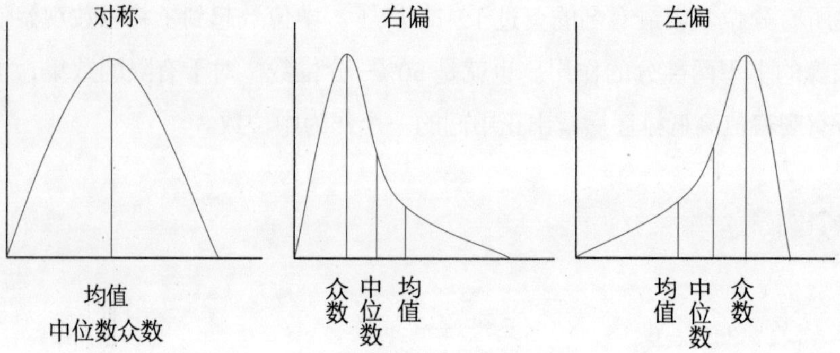

图 14-9 偏度

本章小结

♣ 随机变量的分类

- 离散型随机变量。
  - 概率质量函数，计算的是点概率：

$$P(x_i)=P(X=x_i)$$

  - 累计概率函数：

$$F(x)=P(X\leqslant x)$$

- 连续型随机变量。
  - 概率密度函数，计算的是区间概率：

$$P(X_1<X<X_2)=\int_{X_1}^{X_2} f(x)dx$$

  - 累计概率函数。

♣ 矩的基本定义

- 非中心矩：

$$\mu_\kappa^{Nn}=E[X^K],(K\geqslant 1)$$

- 中心矩：

$$\mu_\kappa=E[(X-E[X])^K],(K\geqslant 2)$$

♣ 常见的随机变量的矩

- 一阶矩：均值。

$$E(X)=\sum_{i=1}^{N}X_iP_{X_i}=X_1P_{X_1}+X_2P_{X_2}+\ldots+X_NP_{X_N}$$

- 二阶矩：方差。

$$\sigma^2(X)=E[(X-\mu)^2]$$

  - 标准差：方差的平方根，和均值有相同的单位，更好比较。
  - 标准化：$Z=\dfrac{X-\mu}{\sigma}$。

- 三阶矩：偏度。

$$skew(X)=\frac{E[(X-\mu)^3]}{\sigma^3}=E[(\frac{X-\mu}{\sigma})^3]$$

- 四阶矩：峰度。

$$kurtosis(X)=\frac{E[(X-\mu)^4]}{\sigma^4}=E[(\frac{X-\mu}{\sigma})^4]$$

  - 峰度值大小和峰态的判断。

	尖峰态	常峰态	矮峰态
样本峰度	>3	=3	<3
超额峰度	>0	=0	<0

♣ 分位数

- 对于连续或离散随机变量 X，α- 分位数指的是找到一个最小的数 q，使得 P（X<q）= α。
- 中位数也就是 50% - 分位数。

♣ 众数

- 出现次数最多的数，受极端值的影响最小。

章节练习

◇ An analyst is working on a stock that currently sells for \$35. Analysts expect that one year from now, the stock will sell for \$50 with a 33% probability, \$42 with a 20% probability and \$20 with a 47% probability. What is the volatility of the stock's expected return?

A. 13%

B. 24%

C. 31%

D. 39%

答案解析：D

第一步，计算三种情形分别对应的预期回报率：

42.857% = (50−35)/35；20% = (42−35) / 35；−42.857% = (20−35) / 35

第二步，计算收益率的期望：

33%×42.875%+20%×20%+47%×（−42.875%）=−2%

第三步，计算方差：

σ_P^2=33%×{42.857%−(−2%)^2+20%×[20%−(−2%)]^2+47%×[−42.857%−(−2%)]^2=0.154538

第四步，计算波动率 σ_P（即标准差）= 39.31%。

◇ Consider the following data on a discrete random variable X：

	X		X		X
1	−2.456	6	−1.254	11	−0.979
2	−3.388	7	−1.164	12	−4.259
3	−6.816	8	1.532	13	2.810
4	1.531	9	2.550	14	−1.608
5	1.737	10	0.296	15	−0.575

（1）Calculate the mean and variance of X.

（2）Standardize X and check the mean and variance，respectively.

（3）What is the median of this distribution?

答案：

（1）均值等于 −0.803，方差等于 6.762。

（2）经过标准化后，X 的分布如下：

	X	X Standardized		X	X Standardized		X	X Standardized
1	−2.456	−0.636	7	−1.164	−0.139	13	2.810	1.389
2	−3.388	−0.994	8	1.532	0.898	14	−1.608	−0.310
3	−6.816	−2.312	9	2.550	1.289	15	−0.575	0.88
4	1.531	0.897	10	0.296	0.423	Mean	−0.803	0.000
5	1.737	0.977	11	−0.979	−0.068	Variance	6.762	1.000
6	−1.254	−0.173	12	−4.259	−1.329	Standard Deviation	2.600	1.000

（3）将 X 的数值从小到大进行排列，可得如下数列：

−6.816 −4.259 −3.388 −2.456 −1.608 −1.254 −1.164 −0.979 −0.575 0.296 1.531 1.532 1.737 2.550 2.810

选取中间的数值 −0.979 即为中位数。

扫码获取更多题目

第十五章　常见的单元随机变量
Common unit random variables

一、离散型随机变量	1. 伯努利分布	★★★
	2. 二项分布	
	3. 泊松分布	
二、连续型随机变量	1. 均匀分布	★★★
	2. 正态分布	
	3. 对数正态分布的	
	4.t 分布	
	5. 卡方分布	
	6.F 分布	
三、混合分布	混合分布的特点	★

学习目的

在现在有的数学分析中，有超过 200 种有命名的随机变量分布。这些分布中的每一个都已被开发用来解释现实世界中随机现象的关键特征。本章主要的学习在风险管理领域主要研究和使用的分布。

风险管理者以多种形式对不确定性进行建模，该集合包括离散和连续随机变量。

对于离散型随机变量，共有三种常见的分布：伯努利分布，二项式分布和泊松分布。伯努利通常用于对于只有两种结果的事件进行建模（比如违约还是不违约）。二项式分布描述了 N 个独立的伯努利随机变量的总和。泊松分布则通常研究在固定时间单位内发生的事件的个数（例如，下一季度违约的公司数）。

风险管理人员使用的连续分布范围更广。最基本的是均匀分布，它是所有随机变量的基础。使用最广泛的分布是正态分布，这个分布也是后续章节的学习的基础。许多其他常用的分布都与正态关系密切，这些包括学生 t，卡方和 F。

本章最后为读者引入了混合分布，该混合物分布是使用两个或多个不同的分布来组合构建的，以此来改变随机变量的数字特征。例如，将两个具有不同方差的正态随机变量混合会产生一个峰度更大的随机变量。

考点分析

通过本章的学习，主要需要掌握两大部分知识来应对金融风险管理师的考试。第一个部分是区分并识别均匀分布，伯努利分布，二项分布，泊松分布，正态分布，对数正态分布，卡方分布，学生 t 分布和 F 分布。对于离散型随机变量，需要掌握概率质量函数；对于连续性随机变量，则更加侧重于累积概率函数的掌握。不仅如此，结合第二章的知识，还需要了解并区别不同分布的均值，方差。第二个知识点需要描述混合分布的构成方式，并说明混合分布的特征。

本章入门

众所周知，在金融风险管理师一级的考试中，一共有 100 道单项选择题，这 100 题选择题每个题都会有 4 个选项。所以，如果随意的去猜测每一个题目的答案，那么，每一道题被猜中的概率应该是 25%。

那么，对于任何一个考生而言，如果随机去猜这一整套试卷，那么平均能够猜对多少道题呢？又比如我们把提问的方式换一下，正好猜对 25 题的概率是多少呢？

在阅读以下章节之前，可以先思考一下这两个问题的答案。希望通过这个章节的学习，大家能够从定量分析的角度有一个更加深入的理解。

第一节　离散型随机变量

— 考纲要求 —
区分并识别均匀分布，伯努利分布，二项分布，泊松分布，正态分布，对数正态分布，卡方分布，学生t分布和F分布。

一、伯努利分布

伯努利分布（Bernulli Distribution）是建立二项分布的基础，它是以瑞士概率学家雅各布·伯努利（Jakob Bernoulli，1654~1704）的名字命名的。

如果一个随机变量只有两种结果，那就可以认为它是一个伯努利随机变量。

举个例子

比如抛硬币的结果就是一种伯努利随机变量，抛硬币只有两种结果，一种结果是硬币正面朝上，另一种结果则是硬币反面朝上。

所以在一次试验中，试验的结果有可能是成功的，也有可能是失败的，现在定义试验成功的概率是 p，不成功的概率就是 1−p。如果成功对应概率记为为 P；失败对应概率记为 1−P；那么这次试验的成功的次数都可以被定义为伯努利随机变量。

所以，伯努利随机变量的定义为：一个试验成功的次数只有两种结果。

（1）当试验成功时（概率为 p），此时随机变量的值 X=1，

（2）当试验失败时（概率为 1−p），此时随机变量的值 X=0。

这样的随机变量就称为伯努利随机变量，该试验也被称为伯努利试验。下图 15−1 为读者展示了 p=0.5 和 p=0.9 两种不同情况下伯努利分布的 PMF 和 CDF 图形。

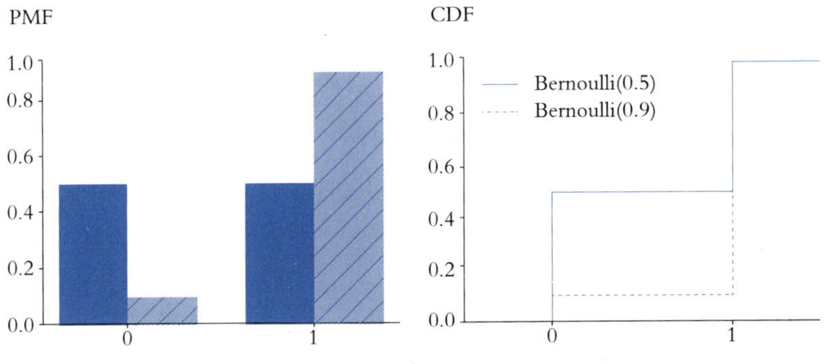

图 15-1　不同概率下的伯努利分布的 PMF 和 CDF

二、二项分布

— 重点单词 —
Binomial distribution
二项分布

那么在 n 次伯努利实验中，成功的次数正好为次的概率为多少？**二项分布（Binomial Distribution）**就是用以度量在 n 次伯努利试验中正好有次成功的概率，其概率质量函数为：

$$P(x)=P(X=x)=C_n^x P^x(1-P)^{n-x}=\frac{n!}{(n-x)!x!}P^x(1-P)^{n-x}$$

举个例子

例如在 100 次抛硬币的试验中，硬币正面朝上的次数是不确定的，有可能是 1 次，有可能是 2 次，也有可能是 100 次，既然它的取值不确定，那么它就是一个随机变量，而且这种随机变量是服从二项分布的。

如果单次试验中硬币正面朝上的概率是 p，那这 100 次试验中恰好有 60 次正面朝上的概率是多少呢？

首先，先要从 100 次实验中任选 60 次，这样的选法一共有 C_{100}^{60} 种。已知单硬币次正面朝上的概率是 p，且一共发生了 60 次，因此硬币恰好 60 次正面朝上的概率是 P^{60}。同理，单次实验中，硬币反面朝上发生的概率是 1-p，且一共发生了 40 次，因此硬币反面朝上的概率就是 $(1-P)^{40}$。综上，在这 100 次实验中硬币恰好 60 次正面朝上的概率就是：

$$P(X=60)=C_{100}^{60}P^{60}(1-P)^{40}$$

如果要求出具体的数值，只要借助计算器即可。

为了让读者更加直观的了解二项分布的特点，下图 15-2 为读者展示了两种不同的二项分布的 PMF 和 CDF 图形。在这里需要说明的是，在实操过程中，为了表示方便，二项随机变量通常写作 Binomial（n，p），后者简写为 B（n，p）。小括号里面的参数分别表示了试验的总次数和每一次试验成功的概率。

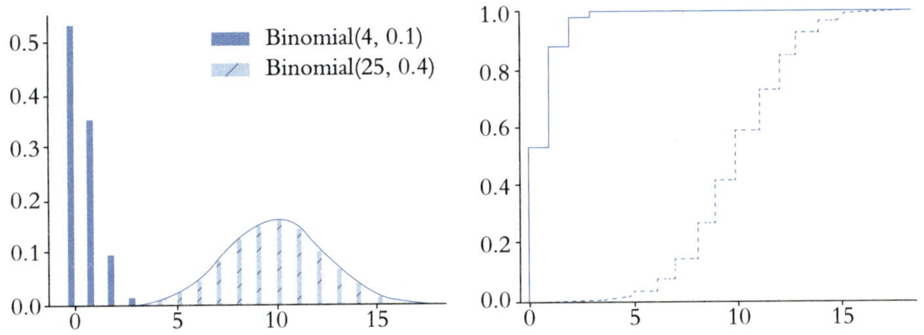

图 15-2　二项分布的 PMF 和 CDF

除了概率的计算，二项分布和伯努利分布的性质也是一个经常使用的结论。下表 15-1 罗列了伯努利分布随机变量与二项分布随机变量的期望和方差：

表 15-1　二项分布的期望和方差

	期望	方差
伯努利随机变量	p	p（1-p）
二项随机变量	np	np（1-p）

从表格中可以发现，伯努利随机变量表示在一次试验中的成功概率，而二项分布是基于 n 次独立的伯努利试验得到的成功次数，所以其期望和方差都为伯努利随机变量的 n 倍。

名师解惑

在本章引入中我们提到了风险管理考试中随便猜题的场景。其实这个随机猜题，猜中的题目个数这个事件本身就构成了一个二项随机变量。

根据二项随机变量的均值的公式，可以求出，平均猜测正确的数量应该是 25 题。同样的，正好猜对 25 题的概率应该是：

$$P(X=25)=C_{100}^{25}\,0.25^{25}(1\text{-}0.25)^{75}=9.18\%$$

怎么样，你算对了吗？

三、泊松分布

泊松分布（Poisson Distribution）是统计学与概率论中常见的离散型概率

— 重点单词 —
poisson distribution
泊松分布

分布，由法国数学家西莫恩·德尼·泊松（Siméon–Denis Poisson）在 1838 年时发表。泊松分布适合于描述单位时间（或空间）内随机事件发生的次数。如某一车站在一定时间内到站的人数，电话交换机接到呼叫的次数，机器出现故障的次数等等。泊松分布的概率分布表达式如下：

$$P(X=x)=\frac{\lambda^{x}e^{-\lambda}}{x!}$$

上式表明了在单位时间内某一事件成功 x 次的概率，在泊松分布中，某一事件成功或发生的次数就是随机变量 X。泊松分布的唯一参数 λ 是可以被唯一确定的，代表了单位时间内事件发生的平均次数，这个数字可以用公式 λ=np 来进行计算，n 代表了试验次数，p 代表了在一次试验中事件发生的概率（频率）。

为了让读者更加直观的了解泊松分布的特点，下图 15-3 为读者展示了两种不同的泊松分布的 PMF 和 CDF 图形。在实操过程中，由于泊松随机变量只有一个参数，λ，所以通常写作 Poisson（λ）。

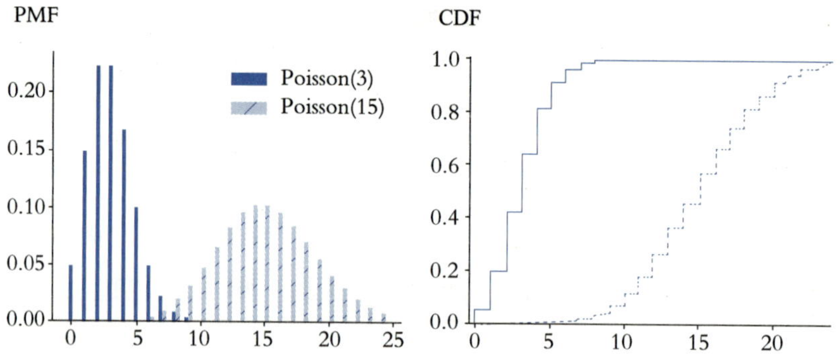

图 15-3 泊松分布的 PMF 和 CDF 图

最后，广大读者还需记住一个结论：泊松分布的随机变量 X 的均值与方差都等于 λ，即表 15-2。

表 15-2 泊松分布期望和方差

	期望	方差
泊松随机变量	λ	λ

第二节 连续型随机变量

一、连续型均匀分布

在概率论与统计学中，**均匀分布**（Continuous Uniform Distribution）也被叫做矩形分布，它是对称概率分布，在相同长度间隔的分布概率是相等的。均匀分布由 a，b 两个参数定义，它们是数轴上的最小值和最大值，通常缩写为 U（a，b）。均匀分布的密度函数为：

— 重点单词 —
continuous
uniform
distribution
均匀分布

$$f(x)=\begin{cases}\dfrac{1}{b-a}, a \le x \le b \\ 0, \quad otherwise\end{cases}$$

举个例子

例如，当 a=0，b=4 时，f（x）=1/4。当随机变量 x 的取值落在 a、b 之外时，则等于 0。

随机变量的累积概率分布函数为：

$$F(x)=\begin{cases}0, \quad x \le a \\ \dfrac{x-a}{b-a}, a<x<b \\ 1, \quad x \ge b\end{cases}$$

由于连续性随机变量的概率密度函数主要定义的是区间概率，而在概率密度函数上求区间概率的方法是求积分。在前面的学习中，我们也和读者提到过，风险管理师考试侧重的是对数学知识的应用。积分的方法固然可以帮助大家更好的去理解概率密度函数和区间概率之间的关系，但是在实践中对于区间概率的求解更多还是用到的累积概率函数。

举个例子

如果 a=2，b=9，那连续型随机变量 X 取值在 3 到 5 之间的概率 P（3 ⩽ x ⩽ 5）是多少呢？

如果要利用概率密度函数去进行求解，那么通过下面这张图就可以将求变量 x 取值在 3 到 5 之间的概率转化为计算中间阴影部分矩形的面积。

从图 15-4 中已知阴影部分矩形的底等于 2，但是它的高等于多少呢？

由于外部整个大矩形包含了随机变量 x 所有可能的取值，因此这个矩形的面积就等于其概率之和，即 1。又已知整个外部矩形的底等于 7，因此该矩形的高就等于 1/7。

最后，阴影部分矩形和整个大矩形是等高的，所以阴影部分的矩形的高也等于 1/7，进而可知其面积等于 2/7，即 $P(3 \leqslant X \leqslant 5)=\frac{2}{7}$。

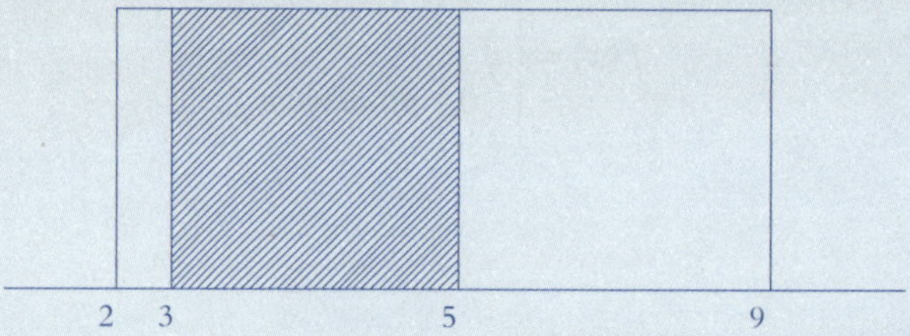

图 15-4 连续型均匀分布密度函数

我们还可以从另一个角度，也就是累积概率函数的角度进行思考，得到随机变量 X 取值落在在区间 [3，5] 内的概率为：

$$P(3 \leqslant X \leqslant 5)=F(5)-F(3)=\frac{2}{7}$$

均匀分布的期望和方差如表 15-3 下表所示。

表 15-3 均匀分布的期望和方差

	期望	方差
均匀随机变量	$(a+b)/2$	$(b-a)^2/12$

同样的，为了让读者更加直观的了解连续均匀分布的特点，下图为读者展示了两种不同的均匀分布的 PDF 和 CDF 图形。在实操过程中，由于连续均匀随机变量有两个参数，a 和 b，所以通常写作 Uniform（a，b）。

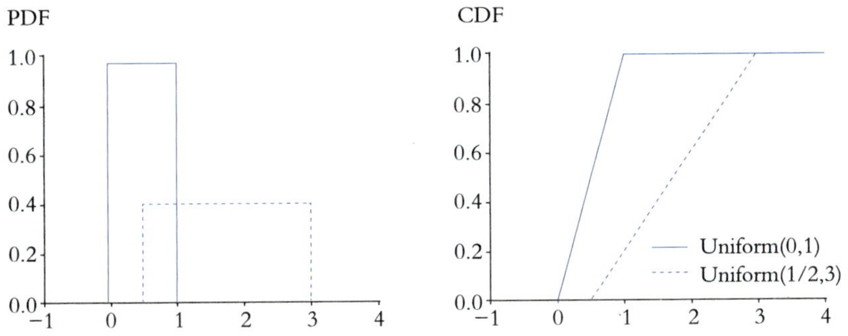

图 15-5 均匀分布的 PDF 和 CDF

扩展阅读

其实均匀分布不仅应用于连续的随机变量，也应用于离散的随机变量。

掷骰子试验中，所有可能取到的点数值是 1、2、3、4、5、6，同时该随机变量取到任一结果的概率是相同的（即它是均匀的）。由于该事件一共有 6 个结果，故骰子点数这一随机变量取到任一结果的概率为 P（x）=1/6（X=1，2，3，4，5，6）。

对于离散型均匀分布，随机变量的结果是有限个的，且每个结果发生的可能性是相等的。

二、正态分布

正态分布（Normal Distribution）是统计学中最重要的概率分布，由德国数学家高斯发现，因此又被称为**高斯分布**（Gaussian Distribution）。正态分布的概率密度函数图像如钟形，也有学者将之称为钟形分布，如图 15-6 所示。

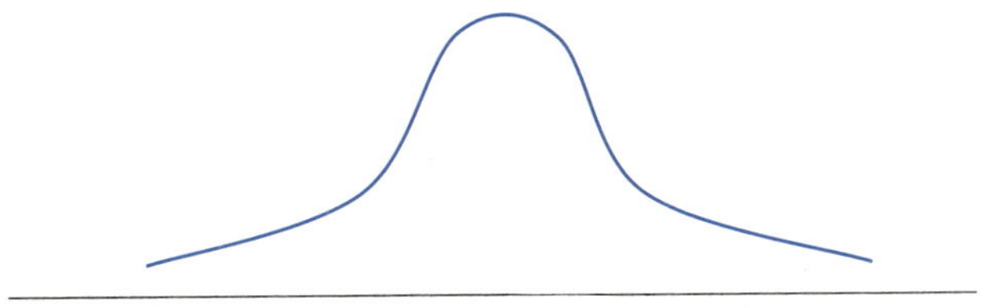

图 15-6 正态分布

为什么说正态分布是最常见的一种分布呢？看图 15-6 不难发现发现正态分布中间的面积是最大的，换言之大部分的数据都集中于均值附近。这与现实中很多事物是类似的，比如说大部分人都是普通人，天才和弱智的比例都是很低的，因此绝大多数的人的智力水平是处在平均水平附近的。

从图形上可知，正态分布是对称的分布，其均值、中位数、众数均相等。服从正态分布的随机变量的取值范围为（$-\infty$，$+\infty$），即正态分布的密度函数可以向左右两边无限延伸，无限接近X轴但永远在X轴上方。

正态分布有以下几点重要性质：

（1）正态分布可以由均值和方差唯一确定，记为：$X\sim N(\mu, \sigma^2)$，表示随机变量X服从均值为μ，方差为σ^2的正态分布；

（2）正态分布是对称的分布，其密度函数关于均值左右对称，随机变量落在均值两边的概率相等，其偏度为零，超额峰度也为零。

因为正态分布的应用非常广泛，所以在实操中的应用也非常多。本书主要为读者介绍在实际操作的四项应用。分别是：

（1）独立正态分布随机变量的总和也呈正态分布。

（2）正态分布标准化和标准正态分布表的应用。

（3）正态分布中的关键分位数。

（4）离散随机变量对正态分布的近似。

下面将为读者一一介绍这四个应用。

（一）独立正态分布随机变量的总和也呈正态分布

如果有两个随机变量$X\sim N(\mu_1, \sigma_1^2)$，$Y\sim N(\mu_2, \sigma_2^2)$而且两者之间互相独立，那么：

$$aX+bY\sim N(a\mu_1+b\mu_2,\ a^2\sigma_1^2+b^2\sigma_2^2)$$

也就是说，独立的随机变量的线性组合不会影响其独立性。这是一个非常棒的结论。在风险管理特别是投资组合风险管理中有着很大的作用。

比如，资产组合P中包含两个资产，分别是资产A和资产B，已知资产A的权重是40%，资产B的权重是60%，不仅如此，两个资产的收益率互相独立。由此可知，投资组合收益也将服从于正态分布。

（二）正态分布标准化和标准正态分布表的应用

如果一个正态分布的期望为0，标准差为1，则称其为**标准正态分布**(Standard normal distribution)，记为N~（0，1）或Z分布。

通过标准正态分布的概率分布表，可以快速地查出随机变量发生的概率。对于普通的正态随机变量，根据正态分布的性质，可以将其化成标准正态分布进行计算。

对于一般的正态分布$X\sim N(\mu, \sigma^2)$，怎样才能把它转换成一个标准的正态分布呢？

μ和σ分别代表了随机变量X的期望和标准差，将这个随机变量标准化之后的随机变量就是标准正态分布 Z。

$$Z=\frac{X-\mu}{\sigma}$$
$$E(\frac{X-\mu}{\sigma})=\frac{E(X)-\mu}{\sigma}=0$$
$$V(\frac{X-\mu}{\sigma})=\frac{Var(X)}{\sigma^2}=1$$

对于一般的正态随机变量 X 做变换后：$Z=\frac{X-\mu}{\sigma}$，可知 Z 为标准正态随机变量。标准正态分布表给出了标准正态随机变量 Z 小于某个正数的概率：F(Z)=P(Z<z)，其中 z ⩾ 0。

根据正态分布的对称性，可得：

$$F(-z)=P(Z<-z)=P(Z>z)=1-P(Z<z)=1-F(z)$$

举个例子

假设随机变量 X 服从 N（6,4），求 P（3.5<X<9.34）。

$$P(3.5<X<9.34)=P(\frac{3.5-6}{2}<\frac{X-6}{2}<\frac{9.34-6}{2})=P(-1.25<Z<1.67)$$
$$=F(1.67)-F(-1.25)=F(1.67)-(1-F(1.25))=0.8469$$

（三）正态分布中的关键分位数

通过正态分布的概率密度函数，就可以求得正态随机变量的关键分位数，这些关键分位数可以构成正态分布的置信区间，这为后续的统计推断，奠定了基础。

名师解惑

置信区间是指由样本统计量所构造的总体参数的估计区间。

在统计学中，一个概率样本的置信区间（Confidence Interval）是对这个样本的某个总体参数的区间估计。置信区间展现的是抽样结果在一定误差范围内以一定概率包含样本总体参数的真实值的情况。置信区间给出的是被测量参数的估计值的可信程度，即前面所要求的“一定概率”。这个概率被称为置信水平。例如在一次大选中某位候选人的支持率在 95% 置信水平上的置信区间是（50%，60%），由此可以判断该候选人的真实支持率有百分之九十五的可能性是介于百分之五十与百分之六十之间的，真实支持率不足一半的可能性小于 5% 的。置信区间的两端被称为置信极限。对一个给定情形的估计来说，置信水平越高，所对应的置信区间就会越大。

如果随机变量 X 服从于正态分布，则正态分布的概率密度函数如图 15−7 所示：

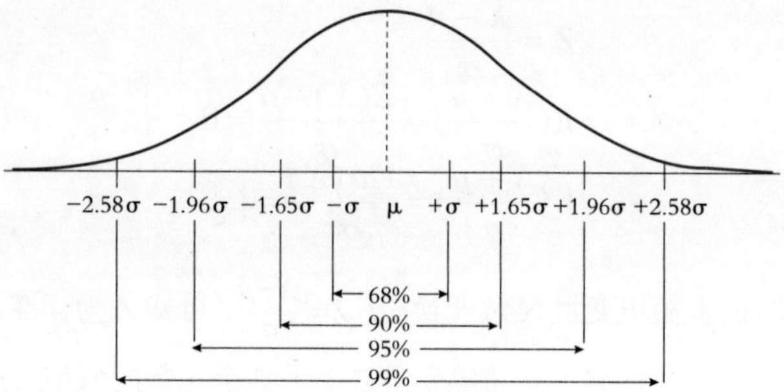

图 15-7 正态分布概率密度函数

从图中可以看出：

（1）服从正态分布的随机变量 X 落在均值周围正负 1 倍标准差范围内的概率为 0.68，称 X 的 68% 的置信区间为 [μ−σ，μ+σ]；

（2）服从正态分布的随机变量 X 落在均值周围正负 1.65 倍标准差范围内的概率为 0.9，称 X 的 90% 的置信区间为 [μ−1.65σ，μ+1.65σ]；

（3）服从正态分布的随机变量 X 落在均值周围正负 1.96 倍标准差范围内的概率为 0.95，称 X 的 95% 的置信区间为 [μ−1.96σ，μ+1.96σ]；

（4）服从正态分布的随机变量 X 落在均值周围正负 2.58 倍标准差范围内的概率为 0.99，称 X 的 99% 的置信区间为 [μ−2.58σ，μ+2.58σ]。

（四）离散随机变量对正态分布的近似

像前面提到的不管是二项分布还是泊松分布都可以近似拟合正态分布。这也使得离散分布和连续分布之间构成了一个桥梁。

对于二项分布而言，若同时满足以下两个条件，那么可以认为趋向于正态分布。

$$np \geqslant 10$$

$$n(1-p) \geqslant 10$$

对于泊松分布而言，如果满足以下条件，那么可以认为趋向于正态分布。

$$\lambda \geqslant 1000$$

下图 15−8，15−9，15−10 给出了一个二项分布大致的趋向路径，可以看出，条件越满足，那么最终的图像也会越接近于正态分布。

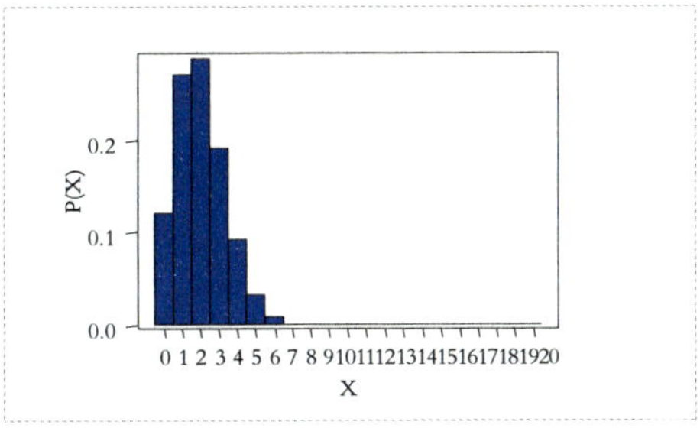

图 15-8　二项分布的概率密度函数（N=20，p=0.1）

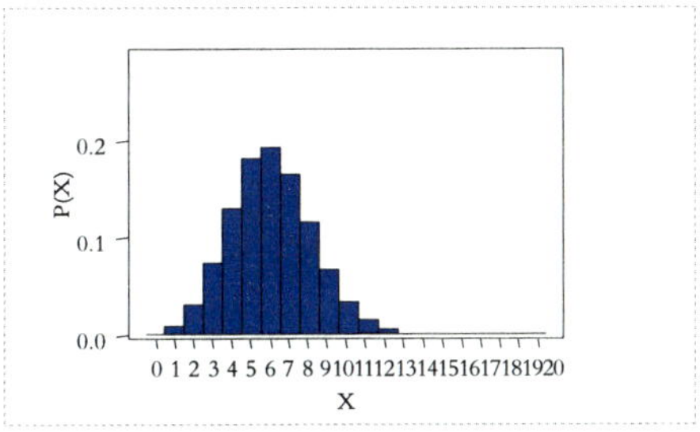

图 15-9　二项分布的概率密度函数（N=20，p=0.3）

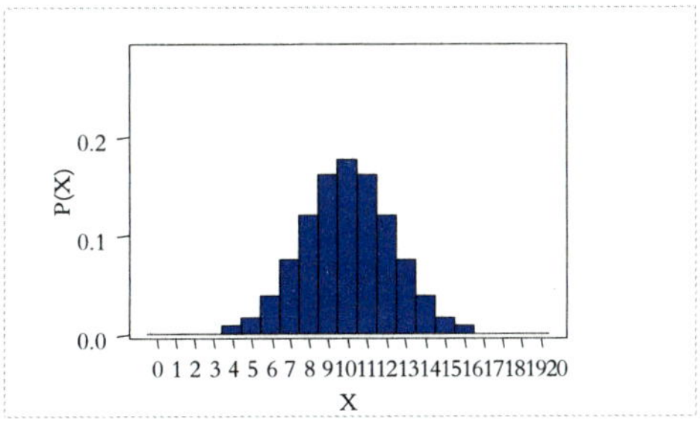

图 15-10　二项分布的概率密度函数（N=20，p=0.5）

举个例子

已知泊松分布的参数λ等于 2000，请问该泊松可以近似趋向于正态分布吗？如果可以趋向于正态分布，那么这个正态分布的均值和方差应该分别等于多少？

解答：首先该泊松分布的λ大于 1000，所以分布是可以近似趋向正态分布的。其次，如果该泊松分布可以趋向于正态分布，那么此时泊松分布和正态分布的均值和方差应该相等，所以该正态分布的均值和方差都等于λ，即 2000。该正态分布写作，N（2000，2000）。

三、对数正态分布

如果随机变量 X 的自然对数 ln(X) 服从正态分布，则 X 服从对数正态分布。对数正态分布的密度函数函数是右偏的，而且随机变量的取值恒大于零，由于对数正态分布是由正态分布衍生而来，所以，表述方法也比较类似，记为：X~LogN(μ, σ^2)，其图形如图 15-11 所示。

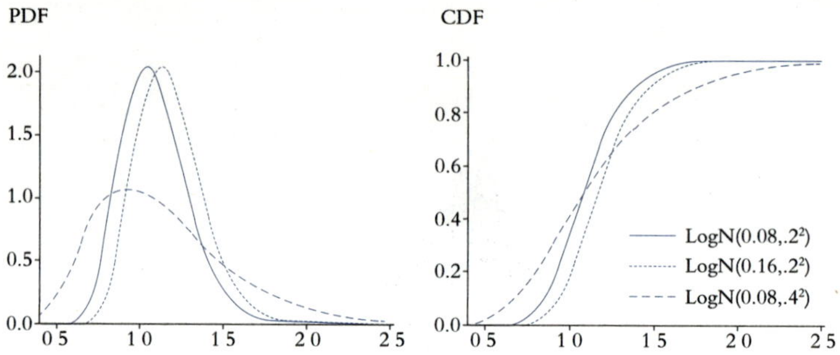

图 15-11　对数正态分布

需要注意的是，和正态分布不同，对数正态分布的两个参数不是表示它的均值的方法，对数正态分布的真正期望和方差为：

表 15-4　对数正态分布的期望和方差

	期望	方差
对数正态随机变量	$e^{\mu+\sigma^2/2}$	$(e^{\sigma^2}-1)e^{2\mu+\sigma^2}$

– 考试小技巧 –
对数正态分布的性质常常以定性题的形式出现，对于这类分布需务必熟练掌握其三大主要性质。

对于对数正态分布的期望和方差的计算不做要求，对于对数正态分布，只需要记住以下三点性质：

（1）如果随机变量 X 的自然对数 ln（X）服从正态分布，那么 X 服从对数正态分布；

（2）对数正态分布随机变量的取值范围大于零；

（3）对数正态分布是右偏的。

在实际应用中，对数正态分布常常被用于描述资产价格的变动，而用正态分布来描述资产收益率的变动。如果用正态分布来描述资产价格的变动，则有可能会出现资产价格小于 0 的情况。而使用对数正态分布的相对价格模型描述资产价格的变动可以避免这样的问题，资产的价格永远是非负值。

除了对数正态分布，还有三个分布也是从正态分布衍生出来的，他们分别是卡方分布，t 分布和 F 分布。但是和对数正态分布不同的是，这些分布的主要作用是为了统计推断，所以，关于这些分布的主要应用我们会在后续为读者介绍。

四、卡方分布

卡方分布（Chi Square Distribution）主要用于统计推断，和对数正态分布类似，卡方分布主要描述的依然是那些大于 0 的随机变量。

如果我们有 k 个独立的标准正态变量 Z_1，Z_2，... Z_n，则它们的平方和便服从卡方分布。记作：

$$\sum_{i=1}^{k} Z_i^2 = Z_1^2 + Z_2^2 + \ldots + Z_k^2 \sim X_{(k)}^2$$

卡方分布的均值和方差很好记(见表 15-5),但是千万不要和泊松分布混淆了。

表 15-5 卡方分布的期望和方差

	期望	方差
卡方随机变量	k	2k

虽然在描述的随机变量上和对数正态分布类似，但是在 k 比较小的时候，整体分布的形状和对数正态分布还是相差迥异的。下图为大家展示三种不同的卡方分布，对应的 k 值分别是 1，3，5。

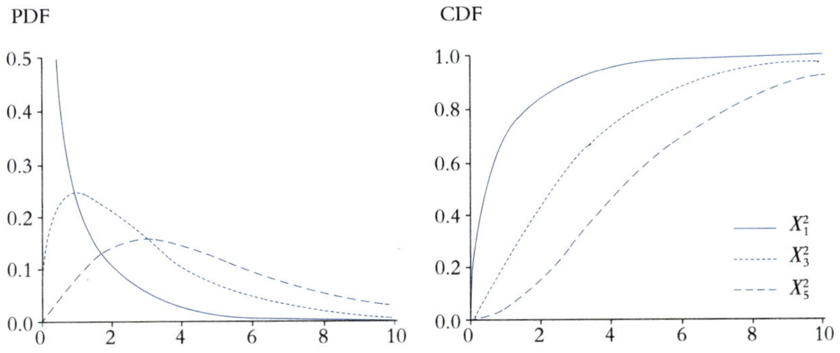

图 15-12 卡方分布在不同自由度中的 PDF 和 CDF

五、学生分布

学生分布（Student't Distribution），以下简称 t 分布，其实是正态分布的一个延伸，也可以被认为是正态分布的一般形式，换言之，正态分布是 t 分布

— 重点单词 —
degree of freedom
自由度

的一种特殊形式。

学生 t 分布是由威廉・戈塞于 1908 年首先发表，当时他还在都柏林的健力士酿酒厂工作。学生（Student）正是他当时的笔名。之后 t 检验以及相关理论由罗纳德・费雪发扬光大，也正是他将此分布称为学生分布。

在定义上，t 分布使用了标准正态分布和卡方分布。如果 Z 是标准正态变量，而 U 是具有 k 个自由度的卡方变量，则随机变量 X 遵循具有 k 个自由度的 t 分布。

$$X=\frac{Z}{\sqrt{\frac{U}{K}}}$$

与正态分布相类似，t 分布也是对称分布，但是其峰度小于正态分布，尽管正态分布的应用面十分广泛，但是对于小样本的分析往往会存在较大的误差，而 t 分布则有效地解决了这个问题。t 分布的概率密度函数是由其自由度（Degree of Freedom）决定的。当自由度增加时，t 分布将趋近于标准正态分布。除此之外，读者需了解 t 分布的以下四个性质：

（1）t 分布是对称的，对称中心轴也是它的均值；

（2）t 分布是有自由度的，它的自由度等于 k；

（3）t 分布和正态分布相比，数据更分散；

（4）当自由度增加时，t 分布会逼近标准正态分布。

下图 15-3 为大家展示了 t 分布（自由度等于 4）和标准正态分布相比较的区别，很明显，t 分布呈现出肥尾的特点，但是和标准正态分布非常接近。

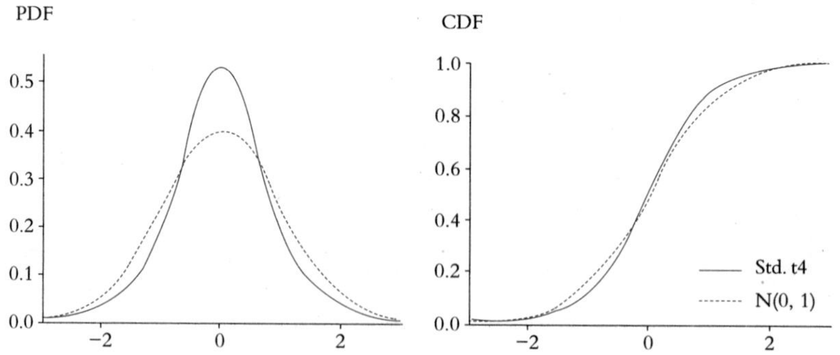

图 15-13　t 分布与正态分布

不仅如此，t 分布的均值和方差也可以帮助读者更好的了解这个分布的形状（见表 15-6）。

表 15-6 t 分布的四个阶矩

	期望	方差	偏度	峰度
t 分布随机变量	0	k/k−2	0	3（k−2）/（k−4）

在对 t 分布的三个关键矩的理解中，我们不难发现：

（1）t 分布的期望和偏度等于 0，说明该分布关于 y 轴左右对称；

（2）t 分布的方差必须要在 k 大于 2 的时候才能被定义，从这个角度而言，t 分布的方差大于 1，这样一来就可以说明为什么 t 分布比标准正态分布更加离散了；

（3）t 分布的峰度必须在 k 大于 4 的时候才能被定义，从这个角度而言，t 分布的峰度大于 3，这样一来，相比于正态分布，t 分布的尾部更肥。

六、F 分布

F 分布在定义上沿用了 t 分布的思路，也就是使用其他随机变量的组合。不同的是，F 分布使用了两个不同的卡方分布来进行定义。

如果 U_1 和 U_2 是分别具有 k_1 和 k_2 自由度的两个独立的 Chi-Squared 分布，则 F 分布可以这样被定义：

$$X = \frac{U_1 / k_1}{U_2 / k_2} \sim F(k_1, k_2)$$

从函数图像上看，其实 F 分布非常像对数正态分布，下图 15-4 为大家展示了三个不同的 F 分布的概率密度函数和累积概率函数。由于 F 分布有两个自由度，这三个分布可以分别写作 $F_{3,10}$，$F_{4,10}$，$F_{3,\infty}$。

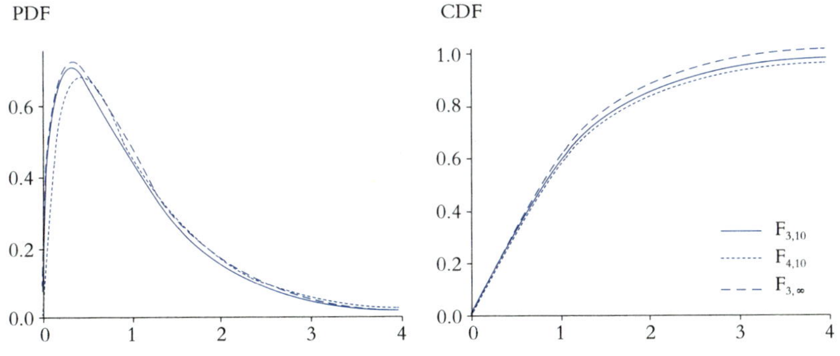

图 15-14 F 分布在不同自由度中的 PDF 和 CDF

由于 F 分布本身已经非常复杂了，所以对于 F 分布的期望和方差，读者只需要做一个简单的了解即可（见表 15-7）。

表 15-7 F 分布的期望与方差

	期望	方差
F 随机变量	$\frac{k_2}{k_2-2}$	$\frac{2k_2^2(k_1+k_2-2)}{k_1(k_2-2)^2(k_2-4)}$

第三节 混合分布

— 考纲要求 —
描述混合分布，并说明混合分布的特征。

所谓混合分布其实就是将前面所学到的分布进行一个混合，创造出一个新的分布。

不同于t分布和F分布，混合分布主要是由不同分布的线性组合来进行混合的。最直观的体现在于混合分布的密度函数是由其他组成分布的概率密度函数经由加权平均得到的。混合分布的概率密度函数写作：

$$f(x)=\sum_{i=1}^{n} w_i f_i(x) \text{ 其中 } \sum_{i=1}^{n} w_i = 1$$

在上述的概率密度函数表达中，w_i 表示的是混合权重，每一个 f_i（x）表示的都是混合分布的成分分布。这个线性关系不仅仅应用于概率密度函数，累积概率函数，概率质量函数和非中心矩都可以按照这种线性关系来进行计算。这也为研究混合分布奠定了基础。

在风险管理中，混合分布的主要作用是改变分布的一些特征，比如改变分布的均值、方差、偏度和峰度。

比如，现有两个混合权重分别为 0.5 和 0.5 的两个正态随机变量 N（0，1）和 N（−1，4），将其线性组合之后，新的分布可以产生偏度（偏度不等于 0），如下图 15-15 所示。

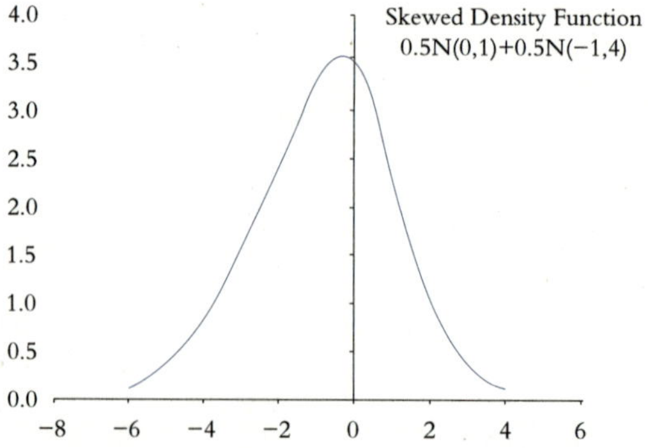

图 15-15 混合分布的概率密度函数

名师解惑

请各位读者千万不要和正态分布的的重要性质相混淆了。在正态分布的学习中我们提到，独立正态分布随机变量的总和也呈正态分布。这句话有一个重要的前提就是独立。而混合分布只需要将各个分布组合起来，对于独立是没有要求的，所以才会出现有偏这个情况。

本章小结

♣ 了解以下离散分布的概率质量函数，掌握均值和方差的计算

- 伯努利分布。
- 二项分布：

$$P(X=x)=C_n^x P^x(1-P)^{n-x}$$

- 泊松分布：

$$P(X=x)=\frac{\lambda^x e^{-\lambda}}{x!}$$

♣ 了解以下连续型分布的概率密度函数，掌握均值和方差

- 连续均匀分布。
- 正态分布。
  - 记为：$X \sim N(\mu,\sigma^2)$，表示随机变量 X 服从均值为 μ，方差为 σ^2 的正态分布；
  - 正态分布是对称的分布，其偏度为零，超额峰度也为零；
  - 四个重要应用：
    - 独立正态分布随机变量的总和也呈正态分布。
    - 正态分布标准化和标准正态分布表的应用。
    - 正态分布中的关键分位数。
    - 离散随机变量对正态分布的近似。

♣ 了解并区分以下连续型分布

- 对数正态分布，卡方分布，F 分布。
  - 随机变量大于 0。
- t 分布。
  - t 分布是对称的，对称中心轴也是它的均值。
  - t 分布和正态分布相比，数据更分散，尾巴更肥。

♣ 混合分布

- 主要作用是改变分布的矩。

章节练习

◇ Suppose that the probability of a certain stock rising is 40%. What is the probability of rising in 7 of the next 8 trading days?

A. 0.8%

B. 4.5%

C. 9.0%

D. 12.0%

答案解析：A

运用二项分布的计算公式：

$$P(X=7)=C_8^7 0.4^7(1-0.4)^{8-7}=\frac{8!}{(8-7)!7!}0.4^7(1-0.4)^{8-7}=0.7864\%$$

◇ On a multiple choice exam with four choices for each of six questions, what is the probability that a student gets less than two questions correct simply by guessing?

A. 0.46%

B. 23.73%

C. 35.60%

D. 53.40%

答案解析：D

这道题目的题干问的是在 6 道选择题中，仅仅靠猜测答对的题目数量小于两题的概率是多少，换言之，在这种情况下，答对题目的数量只有两种可能，一种是答对一题，另一种是一道题都没答对。所以，我们只需要分别计算出对应的概率再求和即可。

$$P(x=0)=(3/4)^6=17.80\%$$

$$P(x=1)=6\times(1/4)\times(3/4)^5=35.60\%$$

$$P(x=0)+P(x=1)=53.40\%$$

◇ A call center receives an average of two phone calls per hour. The probability that they will receive 20 calls in an 8–hour day is closest to：

A. 5.59%

B. 16.56%

C. 3.66%

D. 6.40%

答案解析：A

在考试中，泊松分布往往会以这样的形式进行考察，呼叫中心在一个小时内收到的平均呼叫次数是两次，那么在 8 小时内理论上应该是被呼叫了 16 次，所以可以先确定参数 λ 的数值，即 λ=2×8=16。又已知预计呼叫次数 K 的值为 20，因此可以通过泊松分布公式求解对应概率：

$$P(X=20)=\frac{16^{20}e^{-16}}{20!}=5.59\%$$

◇ Either using a Z table or the Excel function NORM.S.DIST，compute：

（1）$Pr(-1.5<Z<0)$，where$Z \sim N(0,1)$

（2）$Pr(Z<-1.5)$，where$Z \sim N(0,1)$

答案：

（1）$Pr(-1.5<Z<0)=\phi(0)-\phi(-1.5)=43.3\%$

（2）$Pr(Z<-1.5)=\phi(-1.5)=1-\phi(1.5)=6.7\%$

◇ If the return on a stock，R，is normally distributed with a daily mean of 8%/252 and a daily variance of $(20\%)^2/252$，find the values where $Pr(R<r)=0.001$.

答案：

这是一道问答题，尽管考试的时候不会出现主观题，但从学习和理解的意义出发，还是需要了解这个问题的解答思想和步骤。题干已经明确告知 R 股票的收益率是服从均值为 8%/252，方差为 $(20\%)^2/252$ 的正态分布，现在求出一个 r 值，使得 $Pr(R<r)=0.001$。

第一步：对 R 进行标准化，已知：

$$R \sim N(\frac{8\%}{252},(\frac{20\%}{\sqrt{252}})^2)$$

因此：

$$\frac{(R-\frac{8\%}{252})}{(\frac{20\%}{\sqrt{252}})} \sim N(0,1)$$

第二步：对 Pr（R<r）=0.001 进行变形：

$$\Pr（R<r）=\Pr\left(\frac{R-\frac{8\%}{252}}{\frac{20\%}{\sqrt{252}}}<\frac{r-\frac{8\%}{252}}{\frac{20\%}{\sqrt{252}}}\right)=0.001$$

第三步：求解 r。

通过第二步我们已经知道经过标准化后，$(R-\frac{8\%}{252})/(\frac{20\%}{\sqrt{252}})$ 是服从标准正态分布的，因此可以通过标准正态分布表查询到对应的分位点，已知 $\phi（-3.09）=1-\phi（3.09）=1-99.9\%=0.001$，即问题被转化为求解如下方程：

$$\frac{r-\frac{8\%}{252}}{\frac{20\%}{\sqrt{252}}}=-3.09$$

求解可得：

$$r=-3.09\times\frac{20\%}{\sqrt{252}}+\frac{8\%}{252}=-0.0386$$

扫码获取更多题目

第十六章　多元随机变量
Multivariate Random Variables

一、离散型多元随机变量	概率矩阵和相关概念计算	★★★
二、期望和条件期望	计算多元随机变量期望和条件期望	★
三、协方差和相关系数	1. 计算协方差，明确协方差的性质	★★★
	2. 计算相关系数，明确相关系数的性质	★★★
四、独立同分布	利用独立同分布加总的期望和方差计算	★★

学习目的

多元随机变量扩展了单个随机变量的概念，以包括两个或多个随机变量之间的相关性度量。

请各位读者注意，在《随机变量》这一章的所有结果都可直接用于此处，因为多元随机变量的每个组成部分都是单变量随机变量。本章重点介绍了多元随机变量所需的扩展，包括期望如何变化，新的矩将如何定义以及其他数字特征指标。尽管本章在单独的部分中只是讨论了离散多元随机变量，但实际上，连续多元随机变量的所有结果都可以通过理解离散随机变量得到。

最后，为了理解方便，本章主要关注二元随机变量以简化理解关键概念。二元随机变量的所有定义和结果都可以直接扩展到三元或更高阶随机变量中。

考点分析

通过本章的学习，主要需要掌握两大部分知识来应对金融风险管理师的考试。第一部分需要了解概率矩阵这一表达方法来表示二元随机变量的分布，并在这个分布中，学会计算边际分布和条件分布；第二部分是计算二元随机变量的矩，包含期望、条件期望、协方差、方差和相关系数；第三部分是掌握独立同分布随机变量的特点，并学会应用。

本章入门

通过《概率论基础》的学习，我们了解到条件概率表示的是，在一件事情已经发生的情况下，另外一件事情发生的概率。特别的，我们用条件概率定义了独立事件。

那么随机变量之间是不是也可以存在某种相关关系呢?

比如说，我们定义 A 债券是否违约为一个伯努利随机变量，因为 A 债券是否违约就只有两种可能性，要么违约要么不违约。同样的我们也可以定义债券 B 是否违约为一个伯努利随机变量。

那么这两个伯努利随机变量之间可能存在着某种关系，也可能不存在关系。所以，研究多元随机变量，其实就是研究随机变量之间的关系。

第一节　离散型多元随机变量

概率矩阵和相关概念计算

多元随机变量其实和单元随机变量一样，也会有离散型和连续型两种随机变量。唯一不同的是，多元随机变量增加了变量与变量之间的相关性，这一点在单元随机变量中是没有的。

在学习目的中已经给大家提到，本章的主要目的是为大家介绍多元随机变量的几个特征指标，所以，为了理解方便，本章主要关注二元随机变量的概念。

概率矩阵 (Probability Matrix) 是解决二元随机变量问题的一个重要工具，通过概率矩阵，可以找到随机变量的边际分布，条件分布，计算多元随机变量的期望，条件期望，也可以借助判断随机变量之间的独立性。可以说，这是研究多元随机变量的一个有力工具。下面，我们将通过一个案例来为大家解释这个工具的使用情况。

— 考纲要求 —
解释如何使用概率矩阵来表达概率质量函数。

案例表述：对于 X 的取值，我们可以从 1，2 中任取一个数，且每个数取到的概率是相同的，对于 Y 的取值，则是从 [X，1] 中选取，同样，取到 X 或 1 的概率也是一样的，于是我们可以把题干转换成概率矩阵的形式，见表 16-1。

表 16-1　概率矩阵

Y	X		
	1	2	总和
1	0.50	0.25	0.75
2	0.00	0.25	0.25
总和	0.50	0.50	1.00

首先，我们需要研究一下概率矩阵中各个数值所表示的含义。

深灰色区域是概率矩阵的主要区域，表示了二元随机变量（X，Y）的联合概率，也就是 X 和 Y 同时发生的概率，比如 0.5 就代表了 X=1，Y=1 这两个事件同时发生的概率，换言之，X=1，Y=1 这两个事件同时发生的联合概率等于 0.5。记作

$$P(X=1 \text{ 且 } Y=1) = 0.5$$

可以发现，所有联合概率的求和等于 100%，这也符合我们的常识，因为表格里面的四种情况已经枚举了所有的可能性。

举个例子

随机变量X，Y的联合概率质量函数为f(x, y) = kxy，其中x与y的取值范围都是1，2，3，现已知k是一个正数，求X+Y超过5的概率是多少？

A. 1/9

B. 1/4

C. 1/36

D. 无法确定

正确答案：B

这道题目可以使用概率矩阵进行求解（见表16-2）。

表16-2 X-Y概率矩阵

Y \ X	1	2	3
1	K	2K	3K
2	2K	4K	6K
3	3K	6K	9K

由于随机变量所有可能取值的概率之和等于1，因此该矩阵中所有的数字相加之和应该等于1，即36K=1。通过计算得出K=1/36，而题目中问X+Y大于5的概率是多少，在X，Y取值范围均为（1，2，3）的前提下，只有当X=3，Y=3时，X+Y才会大于5，通过矩阵易知，X=3且Y=3的联合概率P（X=3，Y=3）=9K，将K值代入即得答案B。

> 考纲要求
> 计算两个离散型随机变量的边际分布和条件分布。

浅灰色区域是概率矩阵的边缘区域，表示二元随机变量（X，Y）的**边际概率**（Marginal Probability）。所谓边际概率，其实可以理解为单元随机变量的每个结果所对应的概率。比如第一行的0.75就表示了Y=1的概率，这个概率和X无关，记作：

$$P(Y=1)=0.75$$

其实，边际概率和我们在前面章节学到的单元随机变量的概率本质上是一致的。所以，在多元随机变量中，我们可以看成是剔除了X的影响之后，Y随机变量的分布情况。由于剔除了X的影响，边际概率亦称为非条件概率。

既然也有了边际概率，那么将这些概率和随机变量一一对应起来，就形成了边际分布（Marginal Distribution）。比如，随机变量Y的边际分布就是（见表

16-3）。

表 16-3　随机变量 Y 的边际分布

Y	1	2
概率	0.75	0.25

如果说边际分布描述了单个随机变量在不受到其他随机变量影响下的分布，那么条件分布和由此发展的条件概率，就是针对边际分布的一个有效补充。

所谓条件概率，在前面的学习中也提到了，指的是在一个事件发生的情况下另外一个事件发生的概率。但是这个概率不能通过直接观察概率矩阵得到，必须要经过一个变换。比如现在要计算的概率大小，按照条件概率的定义：

$$P(Y=1|X=1)=\frac{P(X=1\cap Y=1)}{P(X=1)}=1$$

也就是说在 X=1 的情况下 Y 等于 1 是一个必然事件。

通过进一步观察概率矩阵可以发现，在 X=1 的情况下，Y 的取值只有 Y=1，所以这个条件概率的计算结果是可信的。

概率矩阵不仅可以计算条件概率，还可以直接计算**条件分布**（Conditional Distribution）。比如，在 X=1 的情况下，Y 的分布可以表示为（见表 16-4）。

表 16-4　Y 的条件分布

Y	1	2
概率	1	0

在前面章节的学习中，我们提到了条件概率和独立性之间的关系。如果一个事件对的发生不会影响另外一个事件的发生，则称两个事件互相独立。两个独立的事件 A 和 B 之间一定满足如下关系：

$$P(A\cap B)=P(A)\times P(B)$$

其实，这一个定理对于概率矩阵中的两个随机变量也是适用的。还是以案例中的数字为例。如果 X 和 Y 之间是独立，那么一定满足：

$$P(X\cap Y)=P(X)\times P(Y)$$

既然这个规律对于所有的 X 和 Y 的结果都应该满足，那么，任取 X=1，Y=1 来进行试验。我们发现：

$$P(X=1)=0.5$$

$$P(Y=1)=0.75$$

$$P(X=1 \text{ 且 } Y=1) = 0.5 \neq P(X=1) \times P(Y=1)$$

所以，X 与 Y 独立的假设不成立，也就是说 X 和 Y 是互相依赖的。这种先提出假设再推翻假设的方法称之为反证法，这个方法在统计领域的一个重大应用便是假设检验，在后续的章节里我们会就这个知识点再深入展开。

举个例子

在刚刚的案例中，我们通过验证第一个联合概率，就发现 X 与 Y 的独立的假设是站不住脚的，那么 X 和 Y 如果互相独立的话会是什么样子呢？下表 16-5 就为大家展示了一个互相独立的例子。

表 16-5 X-Y 概率矩阵

Y \ X	1	2	3	f(Y)
1	1/9	1/9	1/9	1/3
2	1/9	1/9	1/9	1/3
3	1/9	1/9	1/9	1/3
f(X)	1/3	1/3	1/3	1

同样的，读者可以利用概率矩阵来验证 $P(X \cap Y) = P(X) \times P(Y)$ 这一等式是否成立。

例如 X=1 且 Y=1 的联合概率 $P(X=1, Y=1) = 1/9$，且 $P(X=1) = 1/3$，$P(Y=1) = 1/3$，此时可以得出事件 X=1 与事件 Y=1 之间是相互独立的，但还不能急着下结论认为事件 X 与事件 Y 就是相互独立的。

只有一一验证了所有 9 种联合概率之后，我们才能判断 X 与 Y 之间是否是独立的。

$P(X=1, Y=1) = 1/9$，且 $P(X=1) = 1/3$，$P(Y=1) = 1/3$，满足。

$P(X=1, Y=2) = 1/9$，且 $P(X=1) = 1/3$，$P(Y=2) = 1/3$，满足。

……

$P(X=3, Y=3) = 1/9$，且 $P(X=3) = 1/3$，$P(Y=3) = 1/3$，满足。

最终得出结论，X 和 Y 之间是独立的。

第二节　期望和条件期望

计算多元随机变量期望和条件期望

多元随机变量的期望值与单元随机变量的期望值保持一致。依然是随机变量的所有取值与对应概率的加权平均数，不同的是：

（1）单元随机变量的权重是每一种结果所对应的概率，但是多元随机变量的权重是每一种结果对应的联合概率。

（2）单元随机变量的所有取值对应了整个样本空间，但是多元随机变量的取值取决于多元概率质量函数。

举个例子

还是使用在第一节中的案例数字，假设多元概率质量函数 f(x,y)=XY，求对应的概率期望？如果多元概率质量函数变为了 f(x,y)=X+Y，求对应的概率期望。

问题的解答如下：

若 f(x,y)=XY，那么见表 16-6。

表 16-6　f(x,y)=XY 情况下的数学期望

结果	X	Y	P(x,y)	f(x,y)= XY	P(x,y)×f(x,y)
1	1	1	0.5	1	0.5
2	1	2	0	2	0
3	2	1	0.25	2	0.5
4	2	2	0.25	4	1
期望值					2

若 f(x,y)=X+Y，那么见表 16-7。

表 16-7　f(x,y)=X+Y 情况下的数学期望

结果	X	Y	P(x,y)	f(x,y)=X+Y	P(x,y)×f(x,y)
1	1	1	0.5	2	1
2	1	2	0	3	0
3	2	1	0.25	3	0.75
4	2	2	0.25	4	1
期望值					2.75

概率矩阵不仅可以计算期望值，还可以计算**条件期望值**（Conditional Expectation）。比如，前面提到条件分布的时候讲到，当 X 等于 1 时，Y 的条件分布为表 16-8。

表 16-8　Y 的条件分布

Y	1	2
概率	1	0

那么也就可以得到，在 X 等于 1 时，Y 的条件期望为：

$$E[Y|X=1]=1\times 1+2\times 0=1$$

第三节　协方差和相关系数

一、协方差

如果说概率矩阵这个工具帮助我们很好理解了二元随机变量的边际分布、条件分布以及条件期望和条件概率等一系列概念，那么协方差这个指标就直接用一个数据定义了两个变量之间的关系。

— 考纲要求 —
定义协方差并解释其作用。

在前几章的学习中我们获知，方差描述的是变量的离散程度，具体的公式写作：

$$\sigma^2(X)=E[(X-\mu)^2]$$

如果我们将公式中的其中一个 X 替换为 Y，那么就得到了协方差的定义式：

$$Cov[X,Y]=E[(X-E[X])(Y-E[Y])]=E[XY]-E[X]E[Y]$$

所以，协方差衡量的两个随机变量的离散程度，协方差的“协”表示的意思是协同，也就是一个变量的变化是如何影响另外一个变量的变化的。通常来讲，协方差的取值有三种情况：

（1）大于 0，最大可以到正无穷。此时表示两个随机变量之间存在着正相关；

（2）等于 0。此时表示两个随机变量之间无显著关系；

（3）小于 0，最小可以到负无穷。此时表示两个随机变量之间存在着负相关。

协方差有诸多良好的性质，这些性质从学习的角度都不难理解，但是就像单词于英语一样，如何灵活的运用这些性质往往是数学学习的难点，我们会在 “回归分析”和“时间序列分析”模块和大家讨论具体的公式运用。

— 考纲要求 —
解释线性变换对两个随机变量之间的协方差和相关性的影响。

如果 X 和 Y 是互相独立的随机变量，那么他们的协方差等于 0。这个性质可以进一步进行拓展，当协方差等于 0，期望呈现出了可乘性。如下所示：

$$E[XY]=E[X]E[Y]$$

随机变量自己和自己的协方差等于其方差，说明了方差其实一个特殊的协方差。

$$Cov[X,Y]=E[(X-E(X))(X-E(X))]=\sigma^2(X)$$

按照这个定义，其实协方差也可以写成和方差类似的表达方差，这些方法在一些文献里面也很受学者喜欢：

$$Cov(X,X)=\sigma_{XX}$$

$$Cov(X,Y)=\sigma_{XY}$$

协方差具有良好的线性转换能力，如果 a，b 和 c 都是常数的话，那么：

$$Cov[a+bX,cY]=Cov(a,cY)+Cov(bX,cY)=b\times c\times Cov(X,Y)$$

方差与协方差之间的关系为：

$$\sigma^2_{X\pm Y}=\sigma^2_x+\sigma^2_y\pm 2Cov(X,\ Y)$$

$$\sigma^2_{aX\pm bY}=a^2\sigma^2_x+b^2\sigma^2_y\pm 2abCov(X,\ Y)$$

二、相关系数

相关系数的出现主要是为了解决协方差的一个大问题。其实这个问题在学习随机变量的矩的时候就提到过，因为单位的原因使得随机变量的矩很难再变量之间进行比较，所以引入了标准化这个概念，标准化的过程为：

— 考纲要求 —

解释两个随机变量的协方差和相关性之间的关系，以及它们与两个变量的独立性之间的关系。

$$\frac{X-\mu}{\sigma}$$

其实协方差也面临了这个问题。协方差的单位取决于两个随机变量单位的乘积。

举个例子

X 随机变量表示苹果股票（Apple.Inc）明天的股票价格，以美元计量，Y 表示的中国石油（601857）明天的股票价格，以人民币计量。那么 X 和 Y 的协方差的单位为“美元 × 人民币”。这个单位的存在使得协方差不具备可比较性。

相关系数便应运而生了，从表达式上：

— 考试小技巧 —

非线性相关性不能用线性相关系数公式进行计算。

$$\rho_{XY}=\frac{Cov(X,Y)}{\sigma_X\,\sigma_Y}$$

可以发现，随机变量 X 与随机变量 Y 之间的相关系数等于二者的协方差除以两者各自标准差的乘积。所以，相关系数在协方差的基础上，相关系数剔除了 X 和 Y 的标准差，这样一来成功将单位的影响去除。

最后总结一下相关系数的性质：

首先，相关系数描述的是变量之间的线性关系，相关系数等于 0 只能说明变量 X 与变量 Y 之间不存在线性相关性，并不一定说明变量 X 与变量 Y 完全没有关系，比如在 $Y=X^2$ 关系中，变量 X 与变量 Y 的线性相关系数也是 0，但这两者明显存在着类似于抛物线的非线性关系。

其次，相关系数的取值范围为 $-1 \le r \le 1$，越接近 −1 表示两个变量的线性负相关关系越强烈，越接近 +1 表示两个变量的线性正相关关系越强烈，而越接近 0 则表示两个变量的线性相关关系越弱。

用散点图描述变量相关性与相关系数之间的影响会更加直观（见图 16−1）。

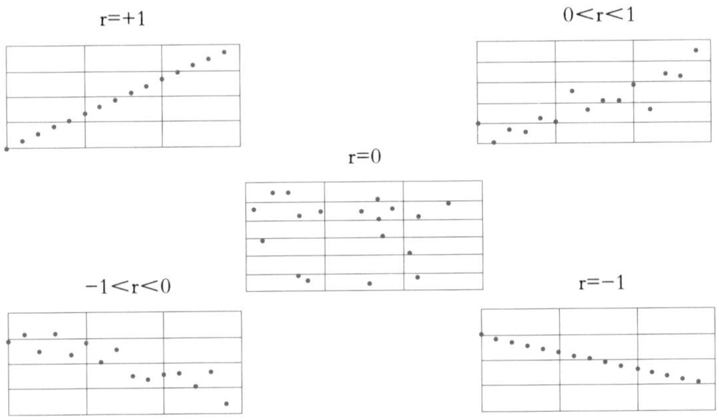

图 16-1　不同相关系数的散点图

在左上角的图像中，变量 X 与变量 Y 的单位变化幅度完相等且方向一致，呈现出明显的正向线性相关性，我们将这种相关性称为完全线性正相关（Perfectly Linear Positive Correlation）；

在右下角的图像中，变量 X 与变量 Y 的单位变化幅度也相等但方向完全相反，呈现出明显的负向线性相关性，我们将这种相关性称为完全线性负相关（Perfectly Linear Negative Correlation）；

右上角的图形也有正相关关系，但这种正向相关性相对较弱；

左下角的图像也有负相关关系，但这种负向相关性相对较弱；

正中间这张图中，我们无法通过变量的变化趋势判断其相关性，故称变量 X 与变量 Y 不相关。

名师解惑

细心的读者会发现，公式中相关系数使用希腊字母ρ来表示相关系数，但是在后面的散点图中使用的是英文字母r来表示相关系数。其实，虽然本质上大家都是相关系数，在细节定义上还是有区别的。希腊字母ρ表示的是总体相关系数，英文字母r表示的是样本相关系数，但是，针对于样本和总体之间的差别，我们会在下一章和大家重点介绍。

第四节　独立同分布

利用独立同分布加总的期望和方差计算

如果随机变量彼此不相关并且共享相同的分布，则称它们遵循独立且相同的分布，简称独立同分布。通常，它们是从相同总体中提取的样本，例如：

$$X_i \overset{iid}{\sim} N(\mu, \sigma^2)$$

考纲要求
描述独立且同分布的随机变量的特征。

在独立同分布的情况下，期望和方差都具备可加性。也就是说，一组独立同分布的样本之和，它的期望和方差满足：

$$E[\sum_{i=1}^{n} X_i]=n\mu$$

$$V[\sum_{i=1}^{n} X_i]=n\sigma^2$$

这些良好的性质不仅可以帮我们更好理解单元随机变量的一些知识，同时，也为独立的多元随机变量的方差和期望的计算提供了一个较好的办法。不仅如此，在后续中学到的大数定理，中心极限定理，以及包括大家在本书最后二个章节会学习到的平方根法则的运用。

回忆一下伯努利分布和二项分布。我们说二项分布其实是n次独立的伯努利试验，或者说，二项随机变量是n个独立的伯努利随机变量之和。那么，在二项分布中，每一个伯努利分布都是满足独立同分布的，见表16-9。

表16-9　二项分布的期望和方差

	期望	方差
伯努利随机变量	p	p(1−p)
二项随机变量	np	np(1−p)

当然，也需要提醒读者注意的是，独立同分布在使用的过程中有两个条件，一个是变量与变量之间必须独立，另外一个是必须是同分布。在现实生活中，不管是独立还是同分布都是非常难以保证的。

比如说今天的股票价格和明天的股票价格之间就不一定满足独立的关系，我们经常会发现在金融市场上前一天的股票价格上涨，对后面一天股票价格的上涨将产生正向的作用。这也是很多股民们心中追涨杀跌策略的缘由。所以从这个角度而言，独立性便不复存在。

当然我们也可以看到，不是每一天股票市场的波动率都是恒定不变的。有的时候股票市场风平浪静，而有的时候跌宕起伏。这就说明了在这两段时间里，股票市场所满足的分布的方差是不一样的。从这个角度而言，同分布的假设也就不存在了。

所以在大家利用独立同分布的时候，一定要明确我们提到的这两个假设前提是否同时满足。

本章小结

♣ 利用概率矩阵，找出

- 边际分布。
- 条件分布。
  - 条件期望。
- 二元随机变量期望。
- 联合概率。
- 判断独立性。

♣ 协方差和相关系数

- 计算具体指标。
- 了解各自性质。

♣ 独立同分布

- 利用独立同分布加总的期望和方差计算。

章节练习

◇ Suppose that the annual profit of two firms, Big Firm, X and Small Firm, Y, can be described with the following probability matrix:

		Small Firm Y			
Big Firm X		−USD 1M	USD 0	USD 2M	USD 4M
	−USD 50M	1.97%	3.90%	0.8%	0.1%
	USD 0	3.93%	23.5%	12.6%	2.99%
	USD 10M	0.8%	12.7%	14.2%	6.68%
	USD 100M	0%	3.09%	6.58%	6.16%

A. What are the marginal distributions of the profits of each firm? Are the returns on the two firms independent? What is the conditional distribution of Small Firm's profits if Big Firm has a $100 M profit year?

B. What are the covariance and correlations between the profits of these two firms?

C. If an investor owned 20% of Big Firm and 80% of Small Firm, what are the expected profits of the investor and the standard deviation of the investor's profits?

D. What are the conditional expected profit and conditional standard deviation of the profit of Big Firm when Small Firm either has no profit or loses money（$Y \leqslant 0$）?

答案解析:

（1）公司X和公司Y收益的边际分布（不考虑另一家公司影响下的分布）如下:

X和Y收益的边际分布

Big Firm（X）		Small Firm（Y）	
−USD 50M	6.77%	−USD 1M	6.7%
USD 0	43.02%	USD 0	43.19%
USD 10M	34.38%	USD 2M	34.18%
USD 100M	15.83%	USD 4M	15.93%

以 P（X=0,Y=0）=23.5% 为例，P（X=0）=43.02%，P（Y=0）=43.19%，P（X=0,Y=0）=23.5% ≠ P（X=0）×P（Y=0）=0.1858，显然 X 与 Y 之间不是独立的。

在 Big Firm X 的取值等于 100 的条件下，Small Firm Y 的取值分别为 - USD 1M（0%），USD 0(3.09%)，USD 2M(6.58%）和 USD 4M（6.16%），因此其条件概率分布如下表：

-USD 1M	USD 0	USD 2M	USD 4M
0%	19.5%	41.6%	38.9%

（2）公司 X 和公司 Y 的方差求解如下：

$$E[X^2]=1786.63;\ E[X]=15.88;\ V[X]=1534.36$$

$$E[Y]=1.25;\ E[Y^2]=3.98;\ V[Y]=2.41;\ E[XY]=43.22$$

公司 X 和公司 Y 的协方差和相关系数计算如下：

$$Cov(X,Y)=E[XY]-E[X]E[Y]=4.22-15.88\times1.25=23.37$$

$$\rho = Cov(X,Y)/\sqrt{V[X]V[Y]} = 23.37/\sqrt{1534.36\times 2.41} = 0.384$$

（3）根据题意，投资者持仓情况为 0.2X+0.8Y。

该持仓的预期收益率为：

$$E[P]=0.2\times15.88+0.8\times1.25=4.18$$

该持仓收益率的方差为：

$$V(P) = \sqrt{0.2^2\times V[X]+0.8^2\times V[Y]+2\times0.2\times0.8\times Cov[X,Y]} = 70.39$$

即标准差为：

$$\sigma_P = \sqrt{V[P]} = 8.39$$

（4）在 Y ≤ 0 的情况下，X 和 Y 的概率矩阵如下：

Y ≤ 0 的情况下，X 和 Y 的概率矩阵

X/Y	-USD 1M	USD 0
-USD 50M	1.97%	3.9%
USD 0	3.93%	23.5%
USD 10M	0.8%	12.7%
USD 100M	0%	3.09%

题目要求计算 X 的条件期望和条件标准差，因此上表可以转化为如下形式：

X（Y ≤ 0）	标准化前的概率之和	标准化后的条件概率
USD 50M	5.87%	11.77%
USD 0	27.43%	54.98%
USD 10M	13.5%	27.06%
USD 100M	3.09%	6.19%

由此可得：

$E[X^2 | Y \leq 0]=940.31$；$E[X | Y \leq 0]=3.011$；$V[X | Y \leq 0]=931.24$；

$\sigma_X = \sqrt{V[X | Y \leq 0]} = 30.52$

即公司 X 收益率的条件期望是 3.011M，条件标准差是 30.52M。

◇ Which one of the following statements about the correlation coefficient is false?

A. It always ranges from −1 to +1.

B. A correlation coefficient of zero means that two random variables are independent.

C. It is a measure of linear relationship between two random variables.

D. It can be calculated by scaling the covariance between two random variables.

答案解析：B

A 选项是正确的，相关系数的取值范围是 [−1，+1]。

B 选项是错误的，相关系数等于 0 并不意味着独立，反之独立可以推出相关系数等于 0 的结论。

C 选项是正确的，相关系数适用于测量两个随机变量之间的相关性。

D 选项是正确的，相关系数是可以通过两个随机变量的协方差除以各自标准差的乘积获得的。

扫码获取更多题目

第十七章　样本的矩
Sample Moments

一、总体和样本	样本统计量和总体参数	★★
二、样本的四个阶矩	1. 均值	★★★
	2. 方差	
	3. 偏度和峰度	
三、最佳线性、无偏估计量	最佳、线性和无偏三个性质	★★
四、大数定律和中心极限定理	1. 一致性	★★★
	2. 大数定律	
	3. 中心极限定理	
五、样本中位数和分位数	1. 中位数	★★
	2. 四分位区间	
六、多元随机变量的矩	1. 样本协方差	★
	2. 样本相关系数	
	3. 协偏度和协峰度	

学习目的

本章介绍了如何使用样本的矩来估计未知的总体的矩。比如当我们从独立同分布的总体中随机抽取样本，计算出来的样本均值具有多个理想的属性：

（1）样本均值等于总体平均值。

（2）随着观察次数的增加，样本均值变得任意接近总体均值。

（3）可以使用标准正态分布来近似估计样本均值的分布。

有一些属性是我们所认为理所应当的，比如第 2 条，但是也有一些让人感觉说得通但是真的要解释也说不上一个所以然，本章的学习目的就是帮助大家理解这些性质的由来和推演过程。

当然，样本数据还可以用于估计高阶矩，例如方差，偏度和峰度。这些估计量广泛用于金融风险管理中，以描述样本数据的关键特征。除了样本的矩，样本分位数也提供了描述样本数据分布的另一种方法。分位数度量在财务数据分析中特别有用，因为它们对极端异常值不敏感。

最后，本章说明单变量样本矩如何扩展到多元随机变量的矩。

点分析

通过本章的学习，主要需要掌握两大部分知识来应对金融风险管理师的考试。第一个部分是计算样本的矩和样本分位数，包含样本均值、方差、偏度、峰度和样本中位数，并比较样本和总体矩之间的差异；第二个部分是用样本的矩去估计总体的矩时需要满足的条件，在本章节中使用了最佳线性无偏估计量（BLUE）描述理论中的最好估计量；第三部分则将目光从理论转移到实践，在大样本的前提下，满足一致性的估计量在应用了大数定律和中心极限定理之后可以更好的估计总体均值，这个定理不仅适用于单元变量，也适用于多元变量；第四部分则涵盖了对于多元随机变量的矩的估计，包含了样本协方差，样本相关系数，样本协偏度和协峰度。

本章入门

我们经常听到这样的新闻，比如有一个保险公司又为一起灾难作出了理赔，那么，保险公司会因为这些理赔而破产吗？

如果是一般性的理赔，保险公司是完全能够扛住的。当然这离不开精算师对于保费的合理估计。一个合格的精算师，他的工作就是将一份保险合同中的合理保费估计出来。那么它是如何去操作的呢？

这里面我们就要提到一个关键的术语，叫做“大数定律”。所谓大数定律，指的是当一个样本足够大时，样本均值会趋向于总体均值。所以，当保险公司要对寿险去设置合理的保费时，只要参与这份保险的人足够多，持有保单的被保险人的平均的死亡率会趋向于总体平均死亡率，大大提高了对精算师对合理的保费的估计精度。

总体不仅仅可以帮助样本进行更准确的估计，样本也可以被用来估计总体。比如我们经常会看到现实生活中有很多抽样调查，其实他们的本质目的都是用样本去估计总体。就像我们国家在进行全国人口普查时，并不是每一年都调查全部人口的，有部分的年份也会采用抽样调查的方式。

在这个章节中，我们将为大家带来用样本的一些特征，去估计总体数字特征的一些方法，在统计学上来讲，我们称之为描述性统计。这也是学好统计学的第一步。

第一节 总体和样本

样本统计量和总体参数

> – 考试小技巧 –
> 读者在解题时需根据题干背景判断数据代表的是总体还是样本。

整体而言，统计学可以分为两个分支，一个是描述性统计，另外一个是推断性统计。

描述性统计量是用于描述数据关键特征的统计量，也是最基础最重要的统计量。例如均值、方差、中位数、峰度等都是描述性统计量。

推断性统计量是用于判断和预测的统计量。在后面一章《假设检验》中，我们会学习如何通过检验统计量判断原假设是否被拒绝，这就是推断性统计量的具体应用。

不管是描述性统计还是推断性统计，都强调用样本去推断总体，那我们为什么要从样本去推断总体呢，而不是直接计算总体的参数呢?

因为在现实中许多总体的特点是无法直接获得的，比如全中国人的平均身高这一总体参数就无法直接获取，因为这一数据不仅耗时耗力，还要投入很大的资金成本。所以，实际中往往会先通过抽样，计算样本身高的均值，而后再用样本身高的均值去近似估计总体身高的均值，这就是统计学的主要方法论。

> **扩展阅读**
>
> 有些时候，总体参数也是可能获得的，但是分析师依然会使用抽样的方法去推断总体。比如测算 1000 根火柴的着火率，但是我们依然会选择通过抽样的方式。很显然，把 1000 根火柴全部燃烧一遍毫无意义，这样一来虽然得到了结果，但是火柴也无法再使用了。主要的原因在于，抽样这个过程，可能具有破坏性。

> — 考纲要求 —
> 使用样本数据估算均值，方差和标准差。

数理统计学中把全体研究对象所组成的集合称为**总体**，如果中国人的身高状况是研究对象，那么所有中国人身高组成的集合就是总体。

为了研究总体的统计特性，必须从总体中任取一部分个体进行观察。总体中部分个体所组成的集合称为样本。样本中的每个个体称为样品。样本中个体的个数称为样本容量（或样本量，或样本大小）。

总体会有总体的特点，样本也会有样本的特点。

在统计学上，我们把描述总体特征的指标称为**总体参数**（Population

Parameter）。例如在研究中国人平均身高的过程中，并不需要测量每一个中国人的具体身高，因为统计的最终目的仅仅是想推测中国人的平均身高（描述全体中国人身高的总体参数）而已。总体参数是总体中个体数值的函数，例如总体均值、总体方差等。在这个例子中，如果想计算全体中国人身高的均值，有一种“傻办法”就是测量所有中国人的身高并加总，然后再除以人口数。

但是由于种种原因，统计过程中往往无法获得总体中所有个体的数值，因此不得不采用抽样的方式获得个体数值并通过**样本统计量（Sample Statistic）**来进一步推测总体参数（见图 17-1）。样本统计量是样本中个体数值的函数，常见的样本统计量有样本均值、样本方差等。例如对 100 个中国人进行抽样并计算他们的平均身高，这 100 个样本个体的身高均值就是样本均值的统计量。

重点单词
sample statistic
样本统计量

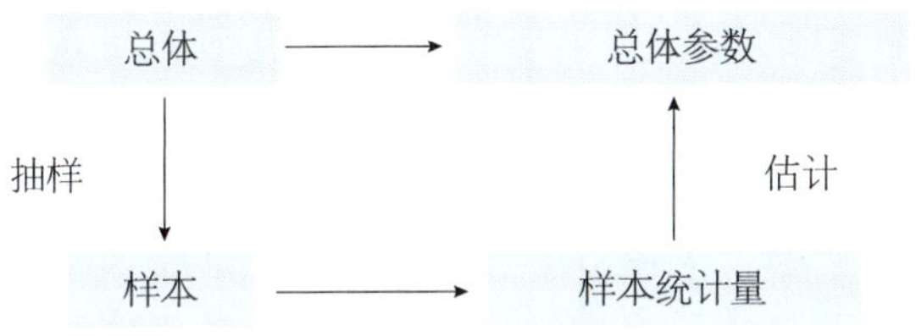

图 17-1　总体参数的估计

第二节　样本的四个矩

在前面的学习中我们提到随机变量的矩分为均值、方差、偏度和峰度。这些值的计算在前面都已经提到过，在本章中，主要是掌握如何通过一组样本数据计算样本的均值、方差、偏度和峰度，然后再利用样本的矩去估计总体的矩。

考纲要求
解释总体阶矩与样本阶矩之间的差异。

当然，需要注意的是，本章中所提到的样本数据，没有特别说明，都来源于独立同分布的总体，这个总体中的随机变量，每一个都满足均值为 μ，标准差为 σ。

一、均值

样本的均值在计算中其实就是直接计算整个样本的算术平均数（Arithmetic Mean）。算术平均数的定义式如下：

$$\overline{X}=\frac{\sum_{i=1}^{N}X_i}{N}$$

对于任何一个有限数据集来说，算术平均值是可以被唯一确定的，而且其大小与数据集中每一个数据的大小都有关系，当数据集中存在异常值（相对数据集

— 重点单词 —
Unbiasness
无偏性

均值而言特别大或者特别小的数据值）时，数据集的算术平均值将会发生较大的变化。

将算术平均数确认为样本的均值是有原因的。首要的原因是因为用于这种方法计算出的样本均值是总体均值的一个无偏估计量，或者说，此时的样本均值具有**无偏性**（Unbiasedness）。

所谓无偏性，是指样本统计量的期望值等于它所要估计的总体参数值，这样的样本统计量也被称作无偏估计量。

扩展阅读

如何证明样本均值的无偏性？

假设样本均值为 $\hat{\mu}$，以后无特别说明，在一个字母上方增加了一个^的符号就表示这是一个样本统计量，比如，$\hat{\mu}$就是样本均值的统计量，可以证明：

$$E[\hat{\mu}]=\sum_{i=1}^{n}\frac{1}{n}\times E[x_i]=\frac{1}{n}\times\sum_{i=1}^{n}E[x_i]=\mu$$

同样的，根据独立同分布的定义，可以计算样本均值的方差，等于：

$$V[\hat{\mu}]=\frac{1}{n^2}\times\sum_{i=1}^{n}V[x_i]=\sigma^2/n$$

从这个公式可以看出来，随着样本数量上升，样本均值的方差是减少的。或者说，样本均值这个统计量的波动性越小，整个数据越稳定。

如何得到样本均值的方差？

在独立同分布条件下，

$$Var(\hat{\mu})=Var(\frac{1}{n}\sum_{i=1}^{n}X_i)=\frac{1}{n^2}Var(\sum_{i=1}^{n}X_i)=\frac{1}{n^2}nVar(X)=\frac{1}{n}Var(X)$$

二、方差

— 考纲要求 —
描述估计量的偏差，并解释偏差的度量意义。

样本方差是个体数据与总体均值距离平方的算术平均值。在金融领域也可以被认为是资产组合收益率与其平均收益率差值平方的算术平均值。

首先来回顾一下总体方差的定义式：

$$\sigma^2=\frac{\sum_{i=1}^{N}(X_i-\mu)^2}{N}$$

其中，$\mu=\frac{\sum_{i}^{N}X_i}{N}$，代表了总体的均值，N代表了总体的数据量。

再来对比一下样本方差的定义式：

$$\hat{\sigma}^2=\frac{1}{n}\sum_{i=1}^{n}(x_i-\hat{\mu})^2$$

其中，$\hat{\mu}$ 代表了样本的均值，n 代表了总体的数据量。

从两个公式来看，无非是将总体均值替换为了样本均值，将总体个数替换为了样本个数，但是，和样本均值不同的是，样本方差是不具备无偏性的。

因为中间的证明过程较为复杂，后面的拓展阅读中将为大家带来简要证明的过程，在这里我们直接为读者带来证明的结果。

$$E[\hat{\sigma}^2]=\sigma^2-\frac{\sigma^2}{n}=\frac{n-1}{n}\sigma^2$$

可以发现，样本方差的期望和总体方差是不相等的，这样一来，无偏性就丧失了，可以发现，无论如何抽取样本，样本方差的估计总是偏小的。

为了解决这个问题，数学家们对样本方差的计算进行了调整，使之可以满足无偏性，经过调整之后的样本方差，我们称之为**无偏样本方差**（Unbiased Variance），写作：

$$S^2=\frac{1}{n-1}\sum_{i=1}^{n}\left(x_i-\hat{\mu}\right)^2=\frac{n}{n-1}\hat{\sigma}^2$$

其实，调整的思路也很简单，就是在原有样本的方差的基础上，在乘以一个系数$\frac{n}{n-1}$，这样一来，无偏性就又具备了，可以发现，无偏样本方差是估计总计的方差的一个无偏估计量，即：

$$E[S^2]=\sigma^2$$

扩展阅读

证明 S^2 的无偏性。

$$E(S^2)=E[\frac{1}{n-1}\sum_{i=1}^{n}(X_i-\overline{X})^2]=\frac{1}{n-1}E[\sum_{i=1}^{n}(X_i^2-2X_i\overline{X}+\overline{X}^2]$$

$$=\frac{1}{n-1}[E(\sum_{i=1}^{n}X_i^2)-2E(\sum_{i=1}^{n}X_i\overline{X})+E(\sum_{i=1}^{n}\overline{X}^2)$$

$$=\frac{1}{n-1}[nE(X^2)-2E(n\frac{1}{n}\sum_{i=1}^{n}X_i\overline{X})+nE(\overline{X}^2)]$$

$$=\frac{1}{n-1}\{n[Var(X)+E^2(X)]-2nE(\overline{X}^2)+nE(\overline{X}^2)\}$$

$$=\frac{1}{n-1}[n(\sigma^2+\mu^2)-nE(\overline{X}^2)]$$

$$=\frac{1}{n-1}\{n(\sigma^2+\mu^2)-n[Var(\overline{X})+E^2(\overline{X})]\}$$

$$=\frac{1}{n-1}[n(\sigma^2+\mu^2)-n(\frac{\sigma^2}{n}+\mu^2)$$

$$=\frac{1}{n-1}(n\sigma^2+n\mu^2-\sigma^2-n\mu^2)$$

$$=\frac{1}{n-1}[(n-1)\sigma^2]=\sigma^2$$

同时，我们还会发现这个调整系数 $\frac{n}{n-1}$ 还可以进一步进行研究。

首先是当 n 很大的时候，$\frac{n}{n-1}$ 趋向于 1，这样一来，其实这两种方法在实战中区别不大，关于这一点我们会在后续继续为大家讲解。

第二是，在计算 S^2 的时候，其实最重要的就是最后一步不要除以 n，而是要除以 n−1。我们将这里的 n−1 称之为自由度。回忆一下我们在学习 t 分布和卡方分布还有 F 分布的时候都是用到了自由度这个概念。有所不同的是，学习分布的时候，自由度是人为构建出来的（比如 k 个独立的标准正态随机变量平方和为卡方分布，这里的 k 表示的就是自由度），但是在在构建样本方差的时候，自由度是为了保证无偏性而引入调整的。

需要大家注意的是，没有特别说明，样本方差指的是就是 $\hat{\sigma}^2$，只有特别说明了要计算无偏样本方差的时候才会用到 S^2。

举个例子

例如某支基金在过往五年中所有的历史业绩（以年化收益率呈现）分别为：10%，15%，20%，-15%，0%，可以得知该基金年化收益率的均值为：

$$\hat{\mu}=\frac{\sum_{i}^{5}R_i}{5}=\frac{10\%+15\%+20\%-15\%+0\%}{5}=6\%$$

样本方差为：

$$\hat{\sigma}^2=\frac{\sum_{i=1}^{5}(R_i-\hat{\mu})^2}{5}$$

$$=\frac{(10\%-6\%)^2+(15\%-6\%)^2+(20\%-6\%)^2+(-15\%-6\%)^2+(0\%-6\%)^2}{5}$$

$$=1.54\%$$

无偏样本方差为：

$$S^2=\frac{\sum_{i=1}^{5}(X_i-\hat{\mu})^2}{n-1}$$

$$= \frac{(10\%-6\%)^2+(15\%-6\%)^2+(20\%-6\%)^2+(-15\%-6\%)^2+(0\%-6\%)^2}{4}$$

$=1.93\%$

名师解惑

什么叫做自由度？

所谓自由度就是指在一组数据中可以自由变化的数据的个数。

例如，已知样本容量是5且样本均值是10，那么这个样本的自由度就是4，因为在样本均值既定的情况下，无论前4个个体如何变化，总存在第五个个体使得这组样本的均值最终等于10，这样一来，其实第五个数据并不是可以自由变动的，所有自由度等于4。

自由度是统计学中的一个重要概念，因为统计学中的样本根据假设要满足独立同分布，所以独立性的程度就是自由度。很多时候，独立性是很难满足的。比如需要统计员工对于一个领导的评价，会发现很多员工的评价是拾人牙慧，人云亦云，这样一来，抽样统计也就失去了意义。著名电影《十二怒汉》中就描述了这样的一个场景。在现实生活中，大家一定主要抽样过程中的独立性。

样本标准差是方差的算术平方根，表示为S或 $\hat{\sigma}$。但是我们不会再区分样本标准差和无偏样本标准差。

主要的原因在于计算方差的过程中涉及到求期望，求期望的过程是一个线性过程，无偏性的性质在线性过程中可以传导但是在非线性过程则不可以，算术平方根不是一个线性过程，所以无偏性不能由无偏样本方差传递到样本标准差。

也就是说，不管是S还是 $\hat{\sigma}$，这两个指标都是有偏的。

三、偏度和峰度

样本偏度和样本峰度相比较于均值和方差来讲就简单很多了。

> 考纲要求
> 估计并解释随机变量的偏度和峰度。

$$\widehat{S(X)} = \frac{E(X-\hat{\mu})^3}{\hat{\sigma}^3}$$

$$\widehat{K(X)} = \frac{E(X-\hat{\mu})^4}{\hat{\sigma}^4}$$

唯一一点需要注意的是，在分母中用到的是 $\hat{\sigma}$，而非S。

第三节　最佳线性、无偏估计量

最佳、线性和无偏三个性质

— 考纲要求 —
解释当均值估计值为最佳线性无偏估计量（BLUE）时的意义。

在实际应用中，不同机构，不同人员对总体参数的估计往往各不相同，造成这种结果的原因可能是数据失真、样本量不足等客观原因，也有可能是统计方式、数据处理技术的差异导致的主观原因。要在众多的参数估计量中的做出选择确实不是一件容易的事。那么如何做出选择？由于参数估计量往往会被应用于企业决策甚至是国家政策，因此统计学家都希望它们具有一个或者多个良好的统计性质。

在统计学中，最好的估计量为 BLUE，全称为最佳线性无偏估计量。所以，在选择估计量的时候，重点看的就是其中的三个性质，分别为：

（1）**无偏性**。无偏性前面的计算样本均值和无偏样本方差的时候就提到过。所以，S^2 是无偏的，但是 $\hat{\sigma}^2$ 就不是。

（2）**线性**。线性的主要目的还是为了留存无偏性。因为无偏在线性转化中是不会消失的，但是在非线性（开方，平方，指数，对数等运算）转化中都会消失，所以线性指标也是一个好的估计指标的标准。像几何平均数就不满足线性。

（3）**最佳**。无偏估计量可能有许多个，其中方差最小的无偏估计量被称为最小方差无偏估计量，又称**有效估计量**。所以，有效性的定义是：对于同一个参数，当没有其他线性无偏估计量具有比该估计量更小的抽样误差时，则称该无偏估计量是有效的。有效性的定义也可以这样理解：无偏估计量的方差越小，代表了其离散程度越小，说明了该估计量会更集中于总体参数的周围。因此，该估计量最优。

就像我们前面提到的样本均值、无偏样本方差就是一个满足 BLUE 的估计量。

第四节　大数定律和中心极限定理

— 考纲要求 —
描述估计量的一致性，并解释此概念的实用性。

虽然偏估计量是所有估计量里面最好的一个，但是在现实生活中想要找的无偏估计量并不是一件容易的事情，比如无偏性的应用就很难在实际操作中实现。

所谓无偏性指的是估计量的期望值正好等于总体参数。但是这个应用过程异常艰难，因为估计量的期望值很难找到，除非我们进行无穷次的抽样。

此时我们就会发现进入了一个死循环，根据无偏性的定义，真正的总体参数是可以通过无穷次的抽样得到的，可这就违背了抽样统计的初衷。

一、一致性

那么在实际操作过程中，我们又该怎么去做呢？在这里我们为大家引入一个估计量的另外一项指标，我们称之为**一致性（Consistency）**。在实操过程中，一致性往往比 BLUE 指标更加有用。

— 重点单词 —
Consistency
一致性

一致性标准就是，当样本容量充分大时，样本统计量充分接近总体参数。换句话说，随着样本单位数量不断增加，样本统计量收敛于未知的总体参数。当然，当样本单位数等于总体单位数时，样本统计量就等于总体参数。

所以，样本方差不具备无偏性，因此不是最佳线性，无偏估计量，但是样本方差具有一致性。在样本量 n 充分大是，样本方差与无偏样本方差可以近似看成相等。

一致性在实际操作中有着非常广泛的应用，下面为大家介绍两个著名的定理，分别为大数定律（LLN）和中心极限定理（CLT）。

二、大数定律

1930 年，数学家科尔莫戈罗夫最终证明了强大数定律。所谓强大数定律，指的是在一个独立同分布的总体中，只要样本量足够大，样本均值就会收敛于总体均值，写作：

— 考纲要求 —
解释大数定律和中心极限定理。

$$\hat{\mu}_n=\frac{1}{n}\sum_{i=1}^{n}X_i\xrightarrow{a.s.}\mu$$

注：这里的符号 $\xrightarrow{a.s.}$ 表示绝对收敛，这是强大数定律的表现。

本书所探讨的大数定律指的是强大数定律，当然，若大数定律不强调绝对收敛，更强调依一定概率收敛，所以整个定律的应用有限。

扩展阅读

最早的大数定律的表述可以追溯到公元 1500 年左右的意大利数学家 Cardano。

1713 年，著名数学家 James （Jacob） Bernouli 正式提出并证明了最初的大数定律。不过当时现代概率论还没有建立起来，测度论、实分析的工具还没有出现，因此当时的大数定律是以“独立事件的概率”作为对象的。

后来，历代数学家如 Poisson（“大数定律”的名字来自于他）、Chebyshev、Markov、Khinchin（“强大数定律”的名字来自于他）、Borel、Cantelli 等都对大数定律的发展做出了贡献。

直到 1930 年，现代概率论奠基人、数学大师 Kolmogorov 才真正证明了最后的强大数定律。

可以看到，按照大数定律的要求，在样本量比较大的时候，样本均值的波动性必然会逐渐减少，才能符合收敛的的特点。这个性质便是前面提到的一致性。换言之，一个符合强大数定律的估计量一定是满足一致性的。

读者们可以回忆一下在一个独立同分布情况下，样本均值的方差。

$$V[\hat{\mu}_n]=\frac{\sigma^2}{n}\to 0$$

很明显，在样本量足够大，这里的足够大指的是可以让 $\frac{\sigma^2}{n}$ 趋向于 0 的时候，此时，样本均值的波动性足够小，越容易满足收敛的特征。

图 17-2 描述了不同的样本量所得到的样本均值的分布，可以看出来，当样本容量增加的时候，样本均值会越来越收敛于总体均值。

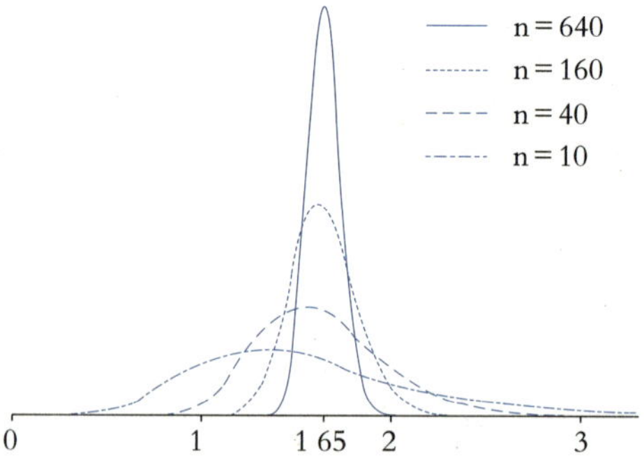

图 17-2　样本均值收敛于总体均值

名师解惑

大家要注意大数定律与无偏性的区别。

无偏性说的是样本均值的期望是等于总体均值的，也就是说，无论样本量是多大，这个结论都是满足的，从上图可以看出来，不管样本量等于 10，40，160 还是 640，这四个样本均值分布的期望值都是相等的（都在 1.65 左右）。

大数定律说的是单个样本均值收敛于总体均值。其实从图中可以很明确的看出来，当样本容量等于 640 时，基本上的值都分布在 1.65 左右，这就是收敛的作用。

三、中心极限定理

中心极限定律是对大数定律的延伸。大数定律研究的是样本均值这单个点的情况，我们认为会绝对收敛于总体均值，而中心极限定理说的是样本均值会服从的分布。中心极限定理指的是：

如果已知总体期望值为，方差为 σ^2，那么当样本量 n 很大（实践中，$n \geq 30$）时，样本均值 $\bar{X}$ 的抽样分布服从期望值为，方差为 σ^2/n 的正态分布，$\bar{X} \sim N(\mu, \sigma^2/n)$。写作：

$$\hat{\mu}_n = \bar{X} \xrightarrow{d} N(\mu, \frac{\sigma^2}{n})$$

当然，很多时候我们会将样本均值在进行一个标准化，得到，

$$(\frac{\hat{\mu} - \mu}{\sigma / \sqrt{n}}) \xrightarrow{d} N(0,1)$$

中心极限定理主要有以下三个结论：

（1）无论总体服从什么分布，只要样本量够大（$n \geq 30$），通过简单随机抽样获得的样本均值 $\bar{X}$ 就服从正态分布；

（2）样本均值的期望等于总体均值 $E(\bar{X}) = \mu$；

（3）样本均值的方差等于总体方差除以样本量 $Var\bar{X} = \sigma^2/n$。

中心极限定理是概率理论中最具有实践应用意义的理论之一，它为构造置信区间以及假设检验提供了理论支持。通过中心极限定理，我们可以用样本均值与其标准差构造服从任意分布的总体均值的置信区间，因为样本均值的分布会服从于正态分布。一般来说，当样本容量大于 30 时，就可以使用中心极限定理来解决相关问题。

第五节　样本中位数和分位数

一、中位数

在统计学上，中位数起到了将观察值集合分为相等的上下两部分的作用。在实际操作中，对于有限的数据，如果样本容量为奇数，那么可以通过把所有观察值高低排序后找出正中间的一个作为中位数。

> 考纲要求
> 使用样本数据估计分位数，包括中位数。

举个例子

求观测值5，6，8，1，3，5，4的中位数。

先将观测值进行排序，得到1，3，4，5，5，6，8，由于观测值的个数为奇数，因此中位数就是中间的数字5。

如果观察值有偶数个，通常取最中间的两个数值的平均数作为中位数。

举个例子

求观测值1，3，2，6，4，8，2，5的中位数。

先将观测值进行排序，得集合1，2，2，3，4，5，6，8，由于观测值个数为偶数，因此中位数为（3+40）/2=3.5。

二、分位数

除了中位数之外，常见的分位数指标还有一个叫做四分位间距（Inter-Quartile Range，IQR）。这个指标衡量了第一个四分位和第三个四分位之间的区间。

相比于中位数，四分位数的求解过程会稍微麻烦一些，一共分为以下三步：

（1）首先，将n个数据从最小到最大排序；

（2）其次，计算单位间隔 = 100% /（n−1）；

（3）使用线性插值法找到25%的分位数和75%分位数。

举个例子

求观测值5，6，1，3，5，4的四分位间距。

第一步，先将观测值进行排序，得到1，3，4，5，5，6。

第二步，计算出单位间隔等于1/5=20%。

第三步，第一个四分位数的位于1+25%/20%=2.25，对应的值是：

$$3\times0.75+4\times0.25=3.25$$

第三个四分位数位于1+75%/20%=4.75，对应的值是：

$$5\times0.75+5\times0.25=5$$

四分位间距为（3.25，5）。

第六节 多元随机变量的矩

多元随机变量的矩在第十六章已经为大家介绍了主要的种类，主要有协方差和相关系数。在本节中主要为读者展开的就是这两个。

一、样本协方差

和方差一样，样本协方差也有一般的版本和无偏的版本两种版本。

一般的版本如下：

$$\hat{\sigma}_{xy} = \frac{1}{n}\sum_{i=1}^{n}(X_i - \hat{\mu}_x)\times(Y_i - \hat{\mu}_Y)$$

无偏的版本如下：

$$\hat{S}_{xy} = \sum_{i=1}^{n}\frac{(X_i - \hat{\mu}_x)\times(Y_i - \hat{\mu}_Y)}{n-1}$$

二、样本相关系数

就像标准差是方差的非线性转换一样，相关系数也是协方差的非线性转换。所以相关系数没有所谓的两个版本。

$$\hat{\rho}_{XY} = \frac{\hat{\sigma}_{XY}}{\hat{\sigma}_X\hat{\sigma}_Y}$$

同时，在表达的时候，样本相关系数通常使用小写的英文字母 r 来代替 $\hat{\rho}_{XY}$表示，而总体的相关系数则使用希腊字母 ρ 来表示。

三、协偏度和协峰度

除此之外，既然方差有对应的协方差，那么偏度和峰度是不是也有对应的协偏度和协峰度呢？答案是肯定的，不过，在实际使用中用到的不多，主要是因为两者的定义比较冗杂 . 对于协偏度和协峰度的理解需要从协方差开始近似推理。

比如首先有方差的表达式：

$$\sigma^2(X)=E[(X-\mu)^2]$$

在方差的表达式中将一个 X 随机变量换成 Y，就得到了协方差。

$$Cov[X,Y]=E[(X-E[X])(Y-E[Y])]$$

那么对于偏度是不是适用呢？

比如偏度的表达式是：

$$skew(\mathrm{X})=\frac{\mathrm{E}[(\mathrm{X}-\mu)^3]}{\sigma^3}=\mathrm{E}[(\frac{\mathrm{X}-\mu}{\sigma})^3]$$

在偏度表达式中将一个 X 随机变量换成 Y，就得到了协偏度：

$$Co-skew(\mathrm{X})=\frac{\mathrm{E}[(\mathrm{X}-\mu(\mathrm{x}))^2(Y-\mu(\mathrm{y}))]}{\sigma(\mathrm{x})^2\sigma(\mathrm{y})}$$

同样的道理，在偏度表达式中将二个 X 随机变量换成 Y，也可以得到协偏度：

$$Co-skew(\mathrm{X})=\frac{\mathrm{E}[(Y-\mu(\mathrm{y}))^2(\mathrm{X}-\mu(\mathrm{x}))]}{\sigma(\mathrm{y})^2\sigma(\mathrm{x})}$$

所以，这边是协偏度冗杂的地方，协偏度有两个，分别记作 S(X，X，Y)和 S(X，Y，Y)。

同样的道理，协峰度有三个，分别是 K（X，X，X，Y），K（X，X，Y，Y）和 K（X，Y，Y，Y）。

当然，如果加以推广，协 n 阶矩应该有 n−1 种表达方法。

本章小结

♣ 总体和样本

- 总体参数。
- 样本统计量。

♣ 样本四阶矩

- 样本均值。
  - 明确样本均值的方差：$V[\hat{\mu}]=\frac{1}{n^2}\times\sum_{i=1}^{n}V[x_i]=\sigma^2/n$。

♣ 样本方差

- 有偏版本：$\hat{\sigma}^2=\frac{1}{n}\sum_{i=1}^{n}(x_i-\hat{\mu})^2$。
- 无偏版本：$S^2=\frac{1}{n-1}\sum_{i=1}^{n}(x_i-\hat{\mu})^2=\frac{n}{n-1}\hat{\sigma}^2$。

♣ 样本偏度和峰度

- 大样本规律。
  - 一致性。
  - 大数定律：$\hat{\mu}_n=\frac{1}{n}\sum_{i=1}^{n}X_i\xrightarrow{a.s.}\mu$。
  - 中心极限定律：$\hat{\mu}_n=\overline{X}\xrightarrow{d}N\left(\mu,\frac{\sigma^2}{n}\right)$。

♣ 样本分位数

- 样本中位数，奇数和偶数的处理办法。
- 四分位间距。

♣ 多元随机变量

- 样本协方差和样本相关系数。
- 协偏度和协峰度的个数。

章节练习

◇ An experiment yields the following data:

Trial Number	Value	Trial Number	Value	Trial Number	Value
1	0.00	6	0.23	11	0.6
2	0.07	7	0.25	12	0.66
3	0.13	8	0.27	13	0.76
4	0.13	9	0.34	14	0.77
5	0.20	10	0.41	15	0.96

It is hypothesized that the data comes from a uniform distribution, U (0, b).

(1) Calculate the sample mean and variance.

(2) What are the unbiased estimators of the mean and variance?

(3) Calculate the b in U (0, b) using the formula for the mean of a uniform distribution and the value of the unbiased sample mean found in part b.

(4) Calculate the b in U (0, b) using the formula for the variance of a uniform distribution and the value of the unbiased sample variance found in part b.

答案解析:

(1) 题目需要计算的是样本的均值和样本的方差，计算过程如下：

$$\hat{\mu}=\frac{1}{n}\sum_{i=1}^{n}X_i=0.385$$

$$\hat{\sigma}^2=\frac{1}{n}\sum_{i=1}^{n}(X_i-\hat{\mu})^2=0.08$$

(2) 显然在第 (1) 问的计算结果中，样本均值是无偏的，而用于估计总体参数的样本方差是有偏的，因此需要进行修偏，结果如下：

$$S^2=\frac{n}{n-1}\hat{\sigma}^2=\frac{15}{14}\times 0.08=0.086$$

(3) 此题考查的是均匀分布数学期望的计算方法，通过利用样本均值反求出均匀分布的具体分布，计算结果如下：

$$\hat{\mu}=0.385=\frac{a+b}{2}\rightarrow b=0.77$$

（4）类似于上一问，该问通过样本无偏方差的计算公式反求出均匀分布中的参数 b，计算结果如下：

$$\sigma^2=\frac{(b-a)^2}{12}\rightarrow b=1.016$$

◇　For the following data：

Observation	Value
1	0.38
2	0.28
3	0.27
4	0.99
5	0.26
6	0.43

（1）What is the median?

（2）What is the IQR?

答案解析：

（1）计算中位数之前首先可以对表格进行排：

Rank	Value
1	0.26
2	0.27
3	0.28
4	0.38
5	0.43
6	0.99

中位数是第三个数和第四个数中间的平均值，即 $\frac{(0.28+0.38)}{2}=0.33$。

（2）数据组一共有 6 个数，可以分成 5 个间隔为 20% 的区间，而 25% 分位点的位于 $1+\frac{25\%}{20\%}=2.25$，而 75% 分位点位于 $1+\frac{75\%}{20\%}=4.75$。由此可得：

$$q_{25\%}=0.75\times0.27+0.25\times0.28=0.2725$$

$$q_{75\%}=0.25\times0.38+0.75\times0.43=0.4175$$

所以，四分位间距等于（0.2725，0.4175）。

扫码获取更多题目

第十八章 假设检验
Hypothesis Testing

假设检验的要素	1. 假设	★★★
	2. 检验统计量	★★★
	3. 检验水平	★★
	4. 关键值	★★★
	5. 决策规则	★★★
	6. 检验的能力	★★
检验总体均值	1. 假设检验的流程	★★
	2.P 值和置信区间判断法	★★★
检验两个总体均值是否相等	了解检验统计量	★

学习目的

总体的真实值总是未知。但是，样本数据包含总体参数的信息。

先提出一个合理假设，再检查假设是否与样本数据一致的过程称为假设检验。在常识性推论中，假设检验可以简化为一个普遍的问题：如果假设成立，那么观察到的这组样本数据出现的概率有多大?

从这个角度看，假设检验属于推断性统计的研究范畴。

开展关于总体参数的假设检验，首先要设定原假设和备择假设。原假设是关于总体参数的假设，备择假设是关于拒绝原假设的假设。

在设定好了假设之后，会将样本的真实数据特征与若假设成立样本应该具有的数据特征进行比较，最终确认假设的可行度。

本章主要概述了检验假设的步骤和所需具备的要素，并深入了解反证法这种思想。

考点分析

通过本章的学习，主要需要掌握两大部分知识来应对金融风险管理师的考试。首先，熟悉假设检验的 6 个必备要素并且明确各个要素的意义。其次，学会将假设检验应用到检验一个总体均值和两个总体均值的实际问题中去。同时也了解在实操中假设检验的一些简便做法。

◢ 本章入门

假设检验是一个对总体参数提出假设，再抽样验证假设是否成立的过程。

在现实中，人们往往会根据生活经验以及相关理论对一些未知事物进行猜测。

假设某人口分析师根据研究分析判断中国人的平均身高等于 170cm，那这个假设是否正确呢？

由于客观条件的制约，我们无法对全国人口身高展开普查，因此采用了抽样的方式进行验证。在一次随机抽样中，我们发现在一份样本容量为 1000 人的样本中，样本均值居然高达 190cm。

根据这次抽样的结果，我们判断分析师的假设大概率是错误的。因为如果中国人的平均身高确实是 170cm 的话，那么在一次抽样中得到的样本的均值应该是接近 170cm 的，而抽到均值为 190cm 的样本应该是一个小概率事件。在统计学上，人们认为小概率事件在一次的试验中是不会发生的，一旦小概率事件发生的话，就意味着原假设存在错误。这种反证法的思想其实在很多其他的领域都有应用。

那么，这样的推演思路有没有问题呢？如果抽取的 1000 个人正好是各个地区的篮球运动员名单呢，或者说这个所谓的小概率事件真的发生了呢？

本章将详细地和读者来讨论这个问题。

第一节 假设检验的要素

— 考纲要求 —
构造原假设和备择假设，并区分两者关系。

一个完整的假设检验一共包含了六个元素：

（1）假设，其中包含了原假设与备择假设。

（2）检验统计量，指的是在原假设成立的情况下，样本反映的特征指标。

（3）检验水平，指的是在假设检验中可以忍受的最大错误率。

（4）关键值，主要用来和检验统计量进行比较，进而判断假设是否成立。

（5）决策规则，说明关键值和检验统计量比较的标准。

（6）检验的能力，评估假设检验模型通过反证得到结论的概率。

本章接下来的内容将会围绕假设检验的这六个关键要素详细展开。

一、假设

— 重点单词 —
null hypothesis
原假设

假设检验的第一步是提出假设，假设一共有两种，一种叫原假设，另一种叫备择假设。

原假设（Null Hypothesis）也被称为“待检验的假设”，通常将待检验的假设或怀疑的假设设为原假设，记为 H_0；备择假设（Alternative Hypothesis）又名“对立假设”，即当原假设被拒绝时而接受的假设，记为 H_1 或 H_a。假设是针对总体参数的，样本是不需要假设的，因为当样本被抽出时，就可以得知其具体的样本统计量。

在本章开篇的例子中，我们想要验证的或者说想要怀疑的是中国人平均身高是否等于 170，因此本例中原假设与备择假设可以用如下形式表示：

H_0：$\mu=170$，H_1：$\mu \neq 170$；

假设检验的主要思路是反证法。所以原假设在设置上主要的目有两个：

（1）和分析师希望拒绝的结论保持一致，这样一来通过反证法就可以得到希望得到的结论。

— 考纲要求 —
区分单尾检验和双尾检验，并掌握使用条件。

（2）为了验证模型的正确性，通常监管机构使用的多一些，核心思想就是“来找茬”，找到模型的问题，并修正它。

原假设决定了备择假设的设置。备择假设的选择也是多重多样的，除了可以验证中国人身高是否等于 170cm，我们还可以验证中国人的平均身高是否大于 170cm，或者小于 170cm。按照备择假设的设置，假设检验可以被分为单尾假设检验与双尾假设检验。

当备择假设的符号是不等号时，则称该假设是一个**双尾检验（Two-Sided Test）**；当备择假设的符号是小于号或者大于号时，则称该假设是一个**单尾检验（One-Sided Test）**。

单尾检验有如下两种形式。

H_0：$\mu \geqslant \mu_0$，H_1：$\mu<\mu_0$

H_0：$\mu \leqslant \mu_0$，H_1：$\mu > \mu_0$

名师解惑

在提出原假设的过程中，等号是约定俗成放在原假设的。

备择假设的符号直接决定了该假设是单尾检验还是双尾检验，当然，从数轴的角度，不等号代表的是数轴的两端，所以这是一个双尾的假设检验。单位的假设检验也可以按照这样的思路理解。

二、检验统计量

提出假设后，下一步要做的就是去检验假设。检验的方法就叫做检验统计量（Test Statistics）。检验统计量指的是在原假设成立的情况下，样本反映的特征指标，其数值是决定是否拒绝原假设的一个基础。

重点单词
test statistic
检验统计量

检验统计量有很多表现形式，不同的表现形式也会服从不同的分布。在本章的讲解中我们只要求读者掌握对于总体均值的假设检验。

由于样本均值根据中心极限定理服从正态分布的优良性质，将样本均值标准化，我们可以得到：

$$\left(\frac{\hat{\mu}-\mu}{\sigma/\sqrt{n}}\right)\xrightarrow{d}N(0,1)$$

当样本量大于 30 的时候，在实操过程中可以将这个随机变量直接看做标准正态分布。这样一来，若原假设对于总体均值等于的假设是正确的话，用样本均值构建的一个随机变量将服从正态分布。这个随机变量便是**检验统计量，简称** T。

$$T=\frac{\hat{\mu}-\mu_0}{\sqrt{\hat{\sigma}^2/n}}\sim N(0,1)$$

此外，检验统计量还有以下三个性质：

（1）检验统计量是根据样本统计量计算出来的，不是查表查出来的。

（2）检验统计量可以服从很多分布，比如正态分布、t 分布、卡方分布或 F 分布等等。

名师解惑

检验统计量是根据样本统计量计算出来的，而抽取的样本本身具有不确定性，比如说想估计一下全中国人的平均身高，抽出来的第一个样本的均值是168cm，第二个样本的均值是169cm，第三个样本的均值是170cm，抽样次数越多，得到的样本均值结果也越多，从而产生很多个样本统计量，所以样本统计量的取值是不确定的，是一个随机变量，那么根据样本统计量所计算出来的检验统计量的取值也是不确定的，也是一个随机变量。综上，检验统计量是有分布的。

三、检测水平

检验水平，又称为显著性水平α，指的是在假设检验中可以忍受的最大错误率。

在做假设检验的时候可能会犯两种错误：（1）原假设是正确的却判断为错误的；（2）原假设是错误的却判断为正确的。我们将第一个错误称为假设检验的一类错误，后者称之为二类错误。检验水平中指的错误率其实就是第一条出现的概率，也就是一类错误。

举个例子

各位读者可以回顾一下在本章引入时讲到的例子。原假设中国人的平均身高为170cm，但是因为样本的均值为190cm所以拒绝了原假设。但是如果这个样本是选自篮球爱好者的话，190cm就不难理解了，那么之前作出的拒绝策略很有可能就是错误的。

统计学家不喜欢犯错误，但是也不能完全不犯错。因为假设检验的过程本来就是统计推断，用样本的数据去推断总体，只要样本没有抽取到所有的总体数据，那么偏差总是会有的。所以有必要对这个错误规定上限。这个上限的值通常由希腊字母α表示，也就是前面提到的显著性水平α的由来。

统计学中常用的检测水平为5%，当然更严格一些的1%和0.1%也会使用到，这个值建模师可以挑选，但不会限制，比如4.9%这种检测水平就不存在。大家可以看成是考试的及格率，一般都是60分，不会搞个特殊来一个“59分以上算作及格”这样的说法。

当检测水平确认之后，还有一个提防的问题是重复检验（Repeated Test）。所谓重复检验，就是对同一个总体针对一个原假设重复检验。很大程度上，这反映了建模师的“固执”。

举个例子

建模师深信自己的判断没有错误，他认为中国人的平均身高应该不等于170cm。于是，他列出原假设：中国人的平均身高是170cm，紧接着，开始搜集数据并希望在5%的检验水平上进行假设检验。结果：

第一次没有能拒绝原假设，发生的概率为95%；

第二次没有能拒绝原假设，发生的概率为$95\%^2$；

……

第一百次没有能拒绝原假设，发生的概率为$95\%^{100}$。

倘若101次终于拒绝了原假设，我们认为这不是“终于等到了真理”，而是假设检验过于主观臆断。

很明显，这一百次每一次都没能拒绝原假设的概率为$95\%^{100}$，也就是说一百次中至少有一次拒绝原假设的概率为$100\% - (95\%)^{100}=99.41\%$。基本上可以说是必然发生了。所以，要真的一百次中一次都没有拒绝原假设，这才是一个千里挑一的事情。

四、关键值

关键值，主要用来和检验统计量进行比较，进而判断假设是否成立。

在前面的叙述中提到过，检验统计量在中心极限定理下满足正态分布。读者可以回顾一下，在正态分布的学习中，我们提到了几个关键的分位数。如果是标准正态分布的话，这些关键的分位数有：

（1）服从标准正态分布的随机变量X落在[−1.65，+1.65]的概率为0.9，或者称X的90%的置信区间为[−1.65，+1.65]；

（2）服从标准正态分布的随机变量X落在[−1.96，+1.96]的概率为0.95，称X的95%的置信区间为[−1.96，+1.96]；

（3）服从标准正态分布的随机变量X落在[−2.58，+2.58]的概率为0.99，称X的99%的置信区间为[−2.58，+2.58]。

其中，这里的1.65，1.96和2.58就是关键值。

以 2.58 为例，如果假设的总体均值是正确的，那么计算出的检验统计量应该服从标准正态分布，也就是有 99% 的值应该落在 [−2.58，+2.58] 这个区间，如果计算出来的检验统计量没有落在这个区间，那么我们就应该质疑假设的正确性，所以 2.58 很“关键”。

名师解惑

在一些参考文献中，习惯使用 2.57 作为 99% 的关键值，1.645 作为 90% 的关键值。这是不同作者的书写习惯，在最终判断的过程中影响也不大。在考试过程中，以题目给的关键值为准就行。如果考试中没有给出关键值水平，以教材中的为准。

在假设检验中，除了检验水平之外，关键值的确认还和以下两个因素有关。

（一）检验统计量服从的分布

一般而言，根据中心极限定理，检验统计量服从正态分布。但是，有以下两种情况，应该使用 t 分布来取代正态分布。t 分布的关键值需要查阅 t 分布表。

情况一：当无偏样本方差 S^2 已知，并取代有偏样本方差 $\hat{\sigma}^2$ 来计算 t 统计量时，此时检验统计量不再服从正态分布而是服从 t 分布，也就是：

$$T=\frac{\hat{\mu}-\mu_0}{\sqrt{s^2/n}}\sim t_{n-1}$$

需要注意的是，在抽样统计中，t 分布的自由度是 n−1。

情况二：当样本容量较小，不满足 30 个时，此时中心极限定理的条件拟合度差，用 t 分布比用标准正态分布更好拟合检验统计量。

名师解惑

注意，大家不要将 T 统计量（T 表示的是 test 检验的意思）写作 t 统计量，前者表示的是检验（Test）统计量，后者表示的服从 t 分布的检验统计量。

（二）单尾检验或双尾检验

在双尾的假设检验中，1% 和 5% 的检测水平对应的关键值为 2.58 和 1.96。所以，不管检验统计量是大于 +2.58，还是小于 −2.58，我们都可以怀疑原假设的正确性。但是在单位的假设检验中，和双尾相比，关键值有两点不同：

第一点，数值不同，单尾的假设检验的关键值为 1.65（5%）和 2.33（1%）；

第二点，需要确定正负号。正负号取决于备择假设的符号，如果备择假设是小于号，关键值就是负数，反之关键值就是正数。

五、决策规则

当检验统计量落入了拒绝域（Reject Region）时，拒绝原假设，得到备择假设。

所谓拒绝域，指的是关键值围成的一块区域，这块区域和原假设描述的结论相悖。

已知在正态分布双尾检验中，如果显著性水平 α 等于 5%，对应的关键值是 1.96（如图 18−1 所示）。这个双尾检验的拒绝域就位于分布的两边。

在判断的过程中，首先要确定假设是双尾检验还是单尾检验。如果备择假设的符号是不等号，那么这个假设检验是一个双尾的假设检验，拒绝域位于检验统计量分布的两边。以双尾的正态检验为例，首先画出检验统计量的分布（标准正态分布），在两边画出拒绝域，如图 18−1 所示。

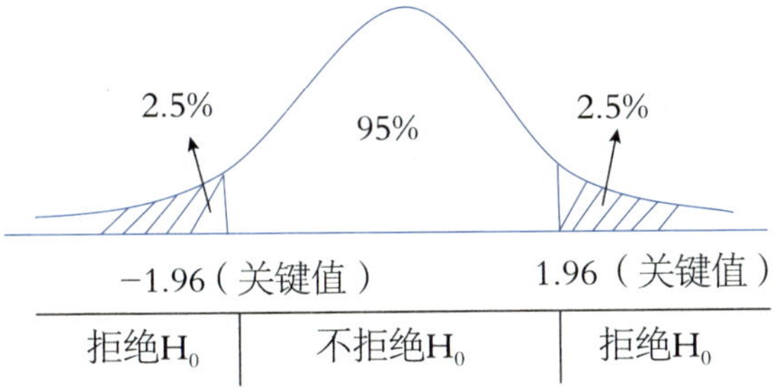

图 18-1 基于检验统计量的和关键值的判断规则（双尾）

在统计学中，显著性水平就等于小概率事件发生的概率，而当小概率事件发生时就可以推翻原假设，因此假设检验中拒绝域的面积就等于显著性水平 α。以 α=5% 为例，图 18−2 中分布左右两侧拒绝域的面积之和应等于 5%，查表可知交界处的分位数为 ±1.96，即关键值等于 1.96。

如果从样本数据中计算得出的检验统计量超过关键值时（小于 −1.96 或大于 1.96，这里比较的是距离大小，正负号代表的是拒绝域的方向），说明原假设中猜测的总体均值落在了拒绝域里，从而拒绝原假设；反之则不能拒绝原假设。

当原假设的符号不是等号时，假设检验是单尾的，此时拒绝域会位于检验统计量分布的一边。拒绝域在哪一边，取决于备择假设中的符号，如果备择假设中是大于号，那拒绝域就在分布的右边；如果备择假设中是小于号，那拒绝域就在分布的左边。以单尾的 z 检验为例，假如原假设设为 $H_0: \mu \leq \mu_0$，备择假设为 $H_1: \mu \leq \mu_0$，那么拒绝域在分布的右边，因为备择假设中是大于号（$\mu > \mu_0$）。首先画出 z 分布（标准正态分布），在右边画出拒绝域，如图 18−2 所示。

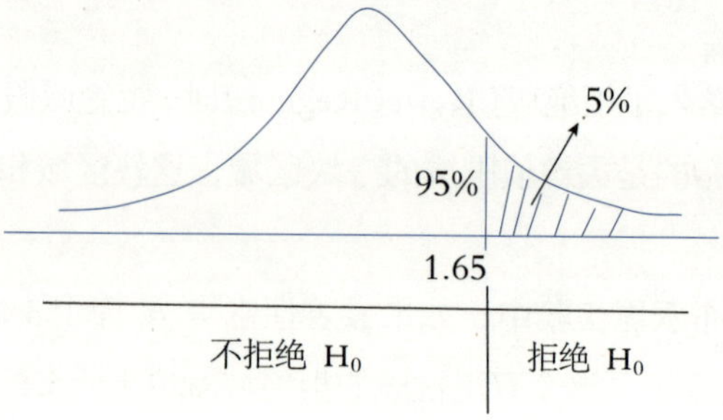

图 18-2 基于检验统计量的和关建值的判断规则（单尾）

单尾检验中，拒绝域的面积依然等于显著性水平 α。以 α=5% 为例，由于拒绝域只位于分布的右边，因此阴影面积应等于 5%，由标准正态分布性质可知交界处的分位点为 1.65，1.65 即为关键值。

如果由样本数据中计算而得的检验统计量大于 1.65，则拒绝原假设；如果检验统计量小于 1.65，则不能拒绝原假设。

六、检验的能力

前面提到，在做假设检验的时候可能会犯两种错误：（1）原假设是正确的却判断为错误的；（2）原假设是错误的却判断为正确的。分别称这两种错误为第一类错误和第二类错误。

如果一类错误的大小和检验水平相关，那么二类错误大小就和检验的能力相关了。

名师解惑

如何区别一类和二类错误？

可以把假设检验比作法庭判案，若想知道被告是好人还是坏人。设定原假设是“被告是好人”，备择假设是“被告是坏人”。法庭判案会犯两种错误：如果被告真的是好人没有犯罪，而判刑是此人有罪，这是第一类错误（错杀好人）；如果被告真是坏人，而判刑是此人无罪，这是第二类错误（放走坏人）。

读者有时会认为这两种错误类型比较难记，这里有两种记忆方法：可以把第一类错误记为“以真为假”，把第二类错误记为“以假为真”。同时，仍然可以讲第一类错误记为“错杀好人”，把第二类错误记为“放走坏人”。

在其他条件不变的情况下，如果要求犯第一类错误概率越小，那么犯第二类错误的概率就会越大。这个结论比较容易理解，当要求“错杀好人”的概率降低时，那么往往就会“放走坏人”。

在做假设检验的时候，会规定一个允许犯第一类错误的概率，比如5%，这就是所谓的显著性水平α。通常只规定犯第一类错误的概率，而不规定犯第二类错误的概率。

考纲要求
解释第一类错误和第二类错误之间的区别。

因为二类错误的大小是用来评价整个假设检验的能力的。**定义检验的势（Power of the Test）**为在原假设是错误的情况下正确拒绝原假设的概率。检验的势等于1减去犯第二类错误的概率：Power of the Test = 1−P（Type II error）。

所以，正确做出假设并最终拒绝它得到结论，这才是反证法的中心思想。

下表18-1可清楚地表示显著性水平和检验的势与第一类错误和第二类错误的关系。

表18-1 第一类错误和第二类错误

	原假设正确	原假设不正确
拒绝原假设	第一类错误 Significance level = α	判断正确
没有拒绝原假设	判断正确	第二类错误 Power of the test =1− P（Type II error）

第二节 检验总体均值

一、假设检验的流程

当全面理解了所有假设检验的要素之后，我来看一下整个检验总体均值的假设检验的过程，主要分为五大步。

第一步，列出原假设和备择假设。

第二步，计算检验统计量，并明确检验统计量的分布。在这里可以直接将分布图画出来，为后续的拒绝域的设定打下基础。当然，出现最多的分布就是正态分布。

第三步，确定检验水平，其实就是为了确定拒绝域的面积。拒绝域的面积就等于检验水平 α，1-α 就是非拒绝域的面积。

第四步，找到关键值。确定拒绝域与非拒绝域交界处的临界值。关键值与显著性水平 α、检验统计量服从的分布、单尾检验还是双尾检验有关。

第五步，画出拒绝域并得出结论。如果是双尾检验，拒绝域落在分布两边，如果是单尾检验，拒绝域在分布的一边，至于朝向则取决于备择假设的符号。

如果检验统计量落在拒绝域内，则拒绝原假设，反之则不能拒绝原假设。一定要注意，从来没有“接受原假设”这一说法，只能称之为“无法拒绝原假设”。

当然，在假设检验全部结束之后，还可以通过计算检验的势来说明假设检验的效果。

举个例子

根据以下数据（见表 18-2），使用 5% 的检测水平，判断在纽交所上市的上市公司的市盈率是否等于 18.5。

公司	市盈率	公司	市盈率
AA	27.96	INTC	36.02
AXP	22.90	IBM	22.94
T	8.30	JPM	12.10
BA	49.78	JNJ	22.43
CAT	24.88	MCD	22.13
C	14.55	MRK	16.48
KO	26.22	MSFT	33.75
DD	28.21	MMM	26.05
EK	34.71	MO	12.21
XOM	12.99	PG	24.49
GE	21.89	SBC	14.87
GM	9.86	UTX	14.87
HD	20.26	WMT	27.84
HON	23.36	DIS	37.10
$\mu = 23.25$	$S^2 = 90.13$	$S=9.49$	

具体解答如下：

第一步：列出假设。

$$H_0: \mu_X=18.5, \ H_1: \mu_X \neq 18.5$$

第二步：计算检验统计量。因为题目直接给了无偏样本方差，并且样本容量小于 30，此时 t 分布更加合适。

$$t=\frac{(\overline{X}-\mu_x)}{S_x/\sqrt{n}}=\frac{(23.25-18.5)}{9.49/\sqrt{28}}=2.65\sim t_{(n-1)}$$

第三步：确认检测水平。题目已知，等于5%。

第四步：找到关键值。双尾的自由度为27的t分布的关键值为2.052（需要查t分布表）。

第五步：找到拒绝域（见图18-3），确认决策规则（检验统计量落入拒绝域便拒绝原假设）。因为2.65大于2.052，所以拒绝原假设，得到纽交所的上市公式市盈率是显著不等于18.5的。

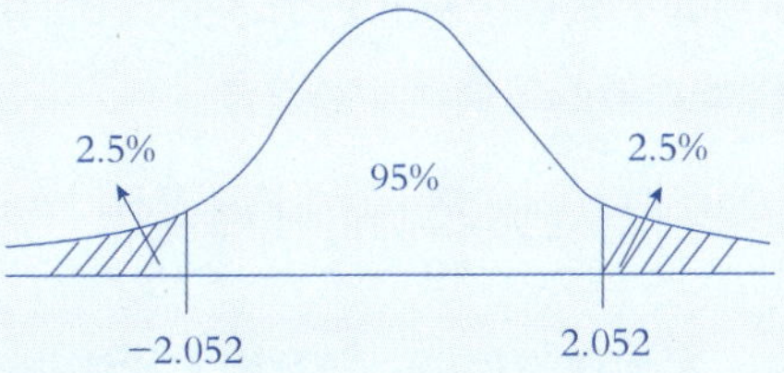

图18-3　双尾检验

在现代统计工具如此发达的今天，在利用上述的规则去判断假设检验的流程就显得太过于复杂了。下面为大家带来两个更加直观的方法来判断原假设是否应该被拒绝，这些指标在一般的统计软件中都可以直接输出。

二、P值和置信区间判断法

很多统计软件通过计算p值（P−value）来决定是否拒绝原假设，**当P值小于检测水平α时，我们就可以拒绝原假设**，这就是基于p值和显著性水平的判断规则。

首先，来看看p值究竟是什么。对于双尾检验，检验统计量位于分布的两边，而检验统计量与横轴和概率密度函数围成的面积之和就是p值。因此，这两个检验统计量每一边的面积都是p/2，如图18−4所示。

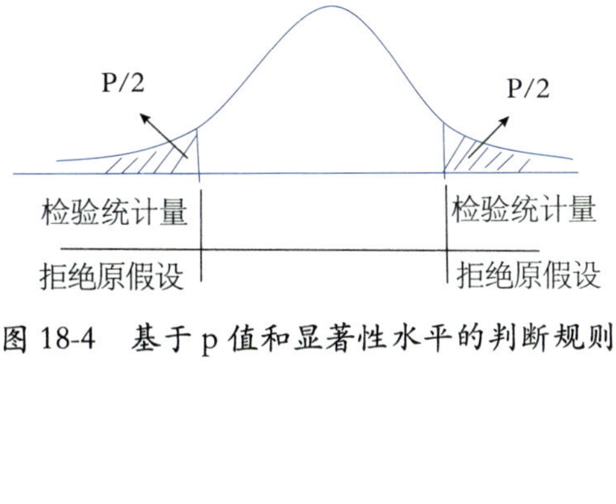

图18-4　基于p值和显著性水平的判断规则

对于单尾检验，只有一个检验统计量，检验统计量与尾部围成的面积就是p值。

计算p值的目的是与检测水平作比较。如果p值小于检测水平，说明检验统计量落在了拒绝域内，从而拒绝原假设。

— 考纲要求 —
了解假设检验和置信区间之间的关系。

所谓置信区间，指的就是非拒绝域。所以，当原假设的数字没有落在置信区间时，我们应该拒绝原假设，反之则不能拒绝。虽然置信区间也可以直接用软件加以输出，但是这个指标的计算相对简单，便向读者介绍一下来龙去脉。

根据中心极限定理：

$$\hat{\mu}_n=\overline{X}\xrightarrow{d}N\left(\mu,\frac{\sigma^2}{n}\right)$$

结合在正态分布学到的关键分位数和置信区间，我们可以得到，在检测水平α等于5%的情况下，样本均值的置信区间就等于：

$$\left[\hat{\mu}_n-1.96\frac{\hat{\sigma}}{\sqrt{n}},\ \hat{\mu}_n+1.96\frac{\hat{\sigma}}{\sqrt{n}}\right]$$

统计学上认为，在一次抽样过程中，通过样本均值构造的置信区间是有很大的概率（95%）包含总体均值的，但是如果原假设中的总体均值，落在了置信区间以外，从而我们认为触发了小概率事件，因此得到拒绝原假设的结论。

当然，上述的区间描述的是一个双尾的假设检验，如果是双尾的假设检验以及5%的检测水平，置信区间应当为：

$$\left[\hat{\mu}_n-1.65\frac{\hat{\sigma}}{\sqrt{n}},+\infty\right]$$（若备择假设的符号为 >）

$$\left[-\infty,\ \hat{\mu}_n+1.65\frac{\hat{\sigma}}{\sqrt{n}}\right]$$（若备择假设的符号为 <）

名师解惑

基于检验统计量和关建值的判断方法中，为什么原假设符号是等号时，假设检验是一个双尾的检验，即拒绝域位于检验统计量分布所服从的分布的两端？

以开篇分析师认为全体中国人的平均身高应该等于170（记为μ_0）厘米为例，对于该分析师的观点，我们可以列出原假设：

$$H_0:\ \mu=170$$

$$H_1:\ \mu\neq170$$

如果分析师的观点真的正确，换言之我们无法拒绝原假设时，那么抽样得到的样本身高均值应该既不能显著超过170，也不能显著低于170。如果抽样得到的样本身高均值是190，那么分析师可能低估了全体中国人的身高，同理，如果抽样得到的样本身高均值是150，那么分析师可能高估了全体中国人的身高，因此无论样本均值偏大或者偏小，都会得到拒绝原假设的结论。

这里的“大小”则是以检验统计量的数值来进行表示的，当检验统计量的数值超过关键值时，就说明了 μ_0 落在了 μ 的置信区间之外，所以拒绝域会位于检验统计量所服从的分布的两端。

第三节　检验两个总体均值是否相等

了解检验统计量

考纲要求

确定检验两个总体均值之间差异的假设的步骤。

上文主要介绍了检验一个总体均值的办法，检验两个总体的均值是否相等，也可以使用正常的假设检验来完成。

第一步，列出假设。

- 双尾的假设检验

$$H_0: \mu_1=\mu_2, \quad H_1: \mu_1 \neq \mu_2$$

- 单尾的假设检验

$$H_0: \mu_1 \geqslant \mu_2, \quad H_1: \mu_1 < \mu_2$$

$$H_0: \mu_1 \leqslant \mu_2, \quad H_1: \mu_1 > \mu_2$$

第二步，计算检验统计量。

$$T=\frac{\hat{\mu}_Z}{\sqrt{\hat{\sigma}_Z^2/n}}=\frac{\hat{\mu}_X-\hat{\mu}_Y}{\sqrt{\frac{\hat{\sigma}_x^2+\hat{\sigma}_y^2-2\widehat{COV}(X,Y)}{n}}}$$

后续的步骤就和一般的假设检验是一样的了。

扩展阅读

如果选取的两个样本互相独立但是样本容量不同，上述的方法还可以得到进一步拓展，有两种处理办法。但是风险管理师考试不作要求，了解即可

（1）如果总体方差未知但假定相等（$\sigma_1^2=\sigma_2^2$）。

对于第一种情况，用 t 检验，其自由度为 n_1+n_2-2。t 统计量的计算公式如下：

$$t_{n_1+n_2-2}=\frac{(\overline{X}_1-\overline{X}_2)-(\mu_1-\mu_2)}{\left(\frac{s_p^2}{n_1}+\frac{s_p^2}{n_2}\right)^{1/2}}$$

其中，

$s_p^2=\frac{(n_1-1)s_1^2+(n_2-1)s_2^2}{n_1+n_2-2}$，称为综合估计量（Pooled Estimator）；

S_1^2 为第一个样本的样本方差；

S_2^2 为第二个样本的样本方差；

n_1 为第一个样本的样本容量；

n_2 为第二个样本的样本容量；

$\overline{X}_1$ 第一个样本的样本均值；

$\overline{X}_2$ 第二个样本的样本均值。

（2）总体方差未知且假定不相等（$\sigma_1^2\neq\sigma_2^2$）。

对于第二种情况，也用 t 检验，其自由度为 $\frac{\left(\frac{s_1^2}{n_1}+\frac{s_2^2}{n_2}\right)^2}{\frac{(s_1^2/n_1)^2}{n_1}+\frac{(s_2^2/n_2)^2}{n_2}}$。

t 统计量的计算公式如下：$t=\frac{(\overline{X}_1-\overline{X}_2)-(\mu_1-\mu_2)}{\left(\frac{s_1^2}{n_1}+\frac{s_2^2}{n_2}\right)^{1/2}}$

其中，

S_1^2 为第一个样本的样本方差；

S_2^2 为第二个样本的样本方差；

n_1 为第一个样本的样本容量；

n_2 为第二个样本的样本容量；

$\overline{X}_1$ 第一个样本的样本均值；

$\overline{X}_2$ 第二个样本的样本均值。

本章小结

♣ 假设

- 原假设。
- 备择假设。

♣ 检验统计量

- Test Statistic= $\frac{\bar{X}-\mu_0}{\sigma/\sqrt{n}}$（正态检验统计量）。
- Test Statistic= $\frac{\bar{X}-\mu_0}{s/\sqrt{n}}$（t 检验统计量）。
- 样本容量小于 30 时，使用 t 检验统计量。

♣ 检测水平

- 注意重复检验的问题。
- 记住单尾和双尾的正态分布关键值。

♣ 关键值

- 检验统计量服从的分布（查 Z 表还是 t 表）。
- 显著性水平 α。
- 单尾检验或双尾检验。

♣ 判断规则

- 检验统计量落入拒绝域，拒绝原假设。
- 原假设没有落入置信区间，拒绝原假设。
- p 值小于显著性水平 α，拒绝原假设。

♣ 第一类错误和第二类错误

	原假设正确	原假设不正确
拒绝原假设	第一类错误 Significance level = α	判断正确
没有拒绝原假设	判断正确	第二类错误 Power of the test = 1− P(TypeⅡerror)

♣ 学会两种检验

- 检验一个总体均值。

♣ 检验两个总体均值的关系

章节练习

◇ If you are given a 99% confidence interval for the mean return on the Nasdaq 100 of [2.32%，12.78%]，what is the sample mean and standard error? If this confidence interval is based on 37 years of data，assumed to be iid.

答案解析:

通过题目已知纳斯达克 100 指数的收益率的置信区间是 [2.32%，12.78%]，根据这个条件可以先将纳斯达克 100 指数的样本均值算出，已知置信区间是通过样本数据构造的对总体参数的一个估计区间，即:

$$[\hat{\mu} - c\times\hat{\sigma},\ \hat{\mu} + c\times\hat{\sigma}]$$

已知 $\hat{\mu} - c\times\hat{\sigma} = 2.32\%$，$\hat{\mu} + c\times\hat{\sigma} = 12.78\%$，两式相加可知:

$$\hat{\mu} = 0.5\times(2.32\% + 12.78\%) = 7.55\%$$

再把算出的 $\hat{\mu}$ 代回到置信区间中，可得:

$$\hat{\mu} - c\times\hat{\sigma} = 7.55\% - c\times\hat{\sigma} = 2.32\%$$

又查表可知 $c = \phi(99.5\%) = 2.57$，故可得:

$$\hat{\sigma} = \frac{5.23\%}{2.57} = 2.04\%$$

◇ According to the Basel back-testing framework guidelines，penalties start to apply is there are five or more exceptions during the previous year. The Type I error rate of this test is 11 percent，the power of the test is 87 percent. This implies that there is a（an）:

A. 89% probability regulators will reject the correct model.

B. 11% probability regulators will reject the incorrect model.

C. 87% probability regulators will not reject the correct model.

D. 13% probability regulators will not reject the incorrect model.

答案解析：D

Power of test 的取值是 87%，而 Power of test=1−Type II Error，由此可得 Type II Error=1−power of test=13%。

即存伪的概率是 13%。

扫码获取更多题目

第十九章　单元线性回归

Simple Linear Regression

一、线性回归的要素	1. 一元线性回归模型构建	★
	2. 线性	★
	3. 方程转化	★
最小二乘法	1. 计算 OLS 参数，包含斜率和截距	★
	2. 五个基本假设	★
线性回归推论	1. 斜率的假设检验和置信区间估计	★
	2. 评估模型的拟合度	★

学习目的

线性回归是随机变量建模方面被广泛运用的统计工具。它具有许多优质特征（例如，可解释的参数和灵活的定义），并且可以运用于各种问题当中。本章讲述了双变量线性回归模型，该模型是单因子回归模型，由一个解释变量和一个被解释变量组成。多因子回归模型将在本书后续的章节作出讲解。

本章从哪些场景可以适用于线性回归建模开始论述。当然，一些特定的场景或需要一些常见的数学工具支持，比如虚拟变量的引入，以及因子的变换，等等。

本章为读者介绍了最小二乘（OLS）估计量来估计参数，它们也可以看成是两个随机变量的矩（和协方差类似），由均值，方差和协方差决定，最终确定了回归方程的斜率参数和截距参数。

尽管这些 OLS 估计量的计算推导并没有进行任何假设，但当需要它们来解释模型时需要五个关键假设，只有当假设被满足时，参数估计量是渐近正态的，并且可以使用前面章节学过的推论来做假设检验。

考点分析

通过本章的学习，主要需要掌握三大部分知识来应对金融风险管理师的考试。

首先，描述可以使用线性回归估计的模型，并将其与不能进行线性回归的模型区分开。解释单元线性方程中最小二乘法（OLS）回归及其结果并描述最小二乘法参数估计的关键假设。其次，为回归中的单个回归系数构建，应用和解释假设检验和置信区间，并描述 t 统计量，p 值和置信区间之间的关系。

本章入门

回归分析在数学中是种很常见的分析方法，所谓线性回归分析，就是寻找随机变量与随机变量之间的线性规律。

在《风险管理基础》这门课里，想必读者们已经学习到了 CAPM 模型，其实 CAPM 模型本质上是一个回归模型，但是表现形态上和回归略有差异，但是不妨碍我们以它为例来说明回归模型的基本形态。

$$E[R_i]=R_f+\beta\times(E[R_m]-R_f)$$

所以 CAPM 的模型中其实是用了系统性风险 β 来解释期望收益率 $E[R_i]$，而且这两者之间的关系也是很明显的线性关系。但是这个模型太绝对了，真实的金融市场总会有一些误差，比如两个金融产品的系统性风险一样但是预期收益率有差异，又比如两个金融产品的预期收益率一致但是系统性风险存在差异。

也正因为如此，CAPM 模型和真正的回归模型还是存在着差异。

第一节　线性回归的要素

— 重点单词 —
explanatory variable
解释变量

相关系数的局限性在于它只能刻画变量之间的线性关系。变量之间除了存在线性关系之外，还可能存在非线性的关系，即使两个变量之间实际存在非常强的相关关系，但只要这种相关关系不是线性的，通过计算相关系数得出的结论依旧是不显著的。

线性回归是一个模型，也是研究经济变量关系中最基础最简单的模型之一。

一、一元线性回归模型构建

回归的目的在于找到变量的变化规律从而预测变量未来的趋势。

— 考纲要求 —
描述可以使用线性回归估计的模型，并将其与不能进行线性回归的模型区分。

一元线性回归模型的公式为：$Y_i=b_0+b_1X_i+\varepsilon_i,(i=1,...,n)$，（i=1，…，n）。公式中的 X 和 Y，分别代表了**自变量**（Independent Variable）和**因变量**（Dependent Variable）。自变量 X，也称作独立变量、**解释变量**（Explanatory Variable）、外生变量、预测变量。因变量 Y，也称作依赖变量、被解释变量、内生变量、被预测变量。希腊字母 ε 表示残差，ε_i 即第 i 次观察的残差。

图 19-1 是根据图上的散点回归出的一条直线，部分散点正好在这根直线上，此时回归方程的残差就等于 0，但在现实情况中，很多真实的点并不一定正落在回归直线上，这个模型误差是不可避免的。真实值与回归线的距离差值就叫做残差，残差有正有负，当残差大于 0 时，散点落在直线上方，反之落在直线下方。

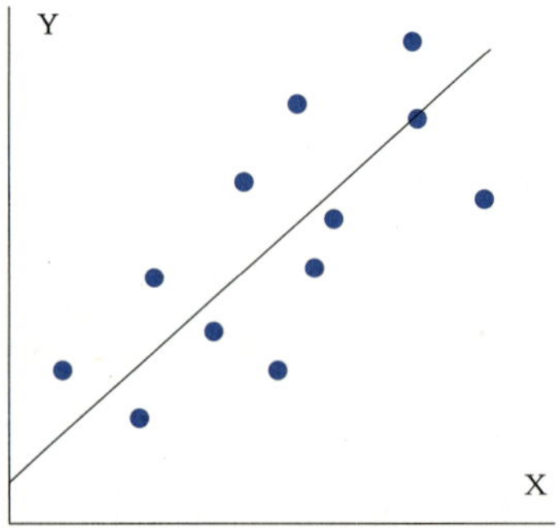

图 19-1　一元线性回归

在这个回归方程中，斜率 b_1 表示如果自变量 X 每增加 1 个单位，则因变量 Y 会相应上涨 b_1 个单位。当自变量 X 等于 0 时，因变量 Y 就等于截距项 b_0。解释模型的过程其实就是解释各个参数的过程，即解释 b_0 和 b_1。

回归模型中的 b_0 和 b_1 是对总体规律的一个客观估计。但是在实际中，我们往往因为无法获得所有个体的数据，所以只能通过抽样的方法获得样本规律，随后再通过假设检验推断总体规律。对于一元线性回归，估计因变量就转化为求 b_0 和 b_1 的估计问题。通过适当的统计方法获得 b_0 和 b_1 的估计值$\hat{b}_0$ 和 $\hat{b}_1$ 之后，对于给定的自变量 X_i 我们就用 $\hat{b}_0+\hat{b}_1X_i$ 作为 $Y_i=b_0+b_1X_i$ 的估计，我们也称 $\hat{Y}_i=\hat{b}_0+\hat{b}_1X_i$ 为 Y 关于 X 的线性回归方程，简称回归方程。

二、线性

首先，请大家看以下的三个方程，并判断哪些 / 哪个是属于线性回归方程。

$$Y = \alpha + \beta X^{\gamma} + \sigma \cdots\cdots ①$$

$$Y = \alpha + \beta_1 X + \beta_2 X^2 + \sigma \cdots\cdots ②$$

$$Y = \alpha + \beta + \gamma X \sigma \cdots\cdots ③$$

答案是：方程②属于线性回归方程，但是方程①和③则不是。

其实，线性回归方程中的“线性”是很多读者都很难理解的地方，主要的原因在于很多读者把两个概念弄混淆了，一个是线性回归方程，一个是线性函数。

线性函数≠线性回归方程。

回归方程中的对于“线性”的定义如下：

如果因变量对于未知的回归参数 b_0，b_1，b_2……等是线性的，那么回归方程就是线性的。换句话说，回归方程的线性指的是参数线性。

所以，第②个方程是非线性函数，但是，它是线性回归方程。第①③个方程是非线性函数，不仅如此，它也是非线性回归方程。第③个方程可以这么去理解，因为残差项也是随机变量而不是常数，所以因变量对于 γ 是非线性的。

名师解惑

这里对于线性的判断有一个小技巧，因为需要证明的是因变量对于未知的回归参数 b_0，b_1，b_2……等是线性的，所以可以直接将 X 当成一个常数带入（注意不要带入 0 或 1，-1 等特殊的数，比如可以令 X=3），然后再看整个方程是否是线性函数即可。比如前面写到的三个例子，将 X=3 代入后：

$$Y = \alpha + \beta \times 3^{\gamma} + \sigma \cdots\cdots ①$$

$$Y = \alpha + 3\beta_1 + 9\beta_2 + \sigma \cdots\cdots ②$$

$$Y = \alpha + \beta + 3\gamma\sigma \cdots\cdots ③$$

这里②是线性函数，①和③是非线性函数，所以②是线性回归方程，①和③是非线性回归方程。

三、方程转化

那么针对于哪些非线性的回归方程需要如何处理呢？这里为读者介绍一个回归中会用到的一项高阶技能——方程转化。我们为读者展示一个案例：

举个例子

比如原始的方程如下所示，如果按照前面讲解的关于线性的理解，很明显下面的方式是非线性的。

$$Y=\alpha X^{\beta}\sigma$$

如果按照这个方向，这个方程是无法按照线性回归的方法来进行建模的。但是如果我现在加一个特殊条件，这个方程中的所有变量都是正随机变量，也就是说，只可能取到正数。那么，我首先将等式两边取对数，可以得到：

$$\ln Y=\ln\alpha+\beta\ln X+\ln\sigma$$

接着，将对数的随机变量是新的随机变量加以整理，可以得到：

$$\tilde{Y}=\tilde{\alpha}+\beta\tilde{X}+\tilde{\delta}$$

在这种情况下，回归方程就可以建模了。

但是，需要读者注意的是，不是所有的回归模型都是可以直接转化的，比如利用对数的转化就会要求随机变量都是大于 0 的。

四、虚拟变量

虚拟变量又称**哑变量或名义变量（Dummy Variable）**，在一元回归中只有一个自变量，所以虚拟变量一般出现在多元回归中。

举个例子

假设研究员在研究某服装厂服装销量的过程中发现该厂服装销量存在着很明显的季节因素，例如在过年的时候销量比较高，临近双 11 的时候销量也比较高，而其它一些时候销量低一些。于是研究员就认为服装的销量和季节是有关系的，因此在构造服装销量与季节的回归模型中引入了四个虚拟变量，X_1、X_2、X_3、X_4，这四个虚拟变量的取值范围都是 0 或 1，分别代表了第一季度、第二季度、第三季度与第四季度，“1”表示当季的意思，“0”表示非当季。回归方程记作：$Y=b_0+b_1X_1+b_2X_2+b_3X_3+b_4X_4+\varepsilon_i$。

如果要计算第一季度的服装销售量，那么可以令 $X_1=1$，其它自变量 X_2，X_3，X_4 都等于 0 即可。因此，b_0+b_1 表示了第一季度的销量，b_0+b_2 表示第二季度的销量。而 b_0 表示的既不是第一季度，也不是第二季度、第三季度、第四季度的销量。那是哪个季度？事实上，这个模型中的 b_0 并没有实际的经济学意义。

其实在上面的模型中，如果只用 X_1、X_2、X_3 三个虚拟变量的话也是可以刻画第四季度的销量的。当 X_1、X_2、X_3 都为 0 时，b_0 就表示第四季度的销量。因为服装的总销售量是可以被唯一确定的，当前三季度的销量都为 0 时，销量只会发生在第四季度。

那么这个模型能不能再精简一点呢？或者说能不能再减少一个虚拟变量呢？这时候就不可以再精简模型了，如果只存在两个虚拟变量的话，则只能描述第一季度与第二季度的服装销量，第三季度与第四季度的销量就无从得知了。建模遵循的原则是大道至简，模型越简单越好，如果一个模型出现十个变量，二十个变量，甚至更多的变量，那这个模型的局限性一定非常大。但是模型简单也是有一个度的，如果只考虑季节性因素的话，模型至少需要三个虚拟变量。如果想研究服装销量与月份的关系，则至少需要十一个虚拟变量。

总结一下，如果在研究问题的时候把所有的问题分成了 n 类，那么模型就至少需要 n−1 个虚拟变量。如果回归方程中的截距项 $b_0=0$，则模型需要 n 个虚拟变量才能构建。

第二节　最小二乘法

一、计算 OLS 参数，包含斜率和截距

接下来计算未知参数 b_0 和 b_1 的点值计值 $\hat{b}_0$ 和 $\hat{b}_1$。

如图 19-2，图中共有两条直线以及三个散点，三个散点分别对应三个残差，如果要把这条直线完美地估计出来，图中有两种选择，一种选择是位于上方的线，另一种选择是位于下方的线，这两条线都有对应的残差。显然，这两条线中位于下方的线更优。在线性回归时，我们总是希望残差越小越好，在选模型的过程中，最直接的方法就是将所有的残差进行相加，并选出残差和最小的模型。但是这种做法是不可行的，例如图 19-2 中位于上方的回归直线的残差全部小于 0，其残差之和一定是个负数，而位于下方的回归直线的残差有正有负，残差之和甚至还是一个正数。为了消除这一影响，通常将残差进行平方后再求和，也可以对残差取绝对值后再求和，然后去寻找求和后的值达到最小时对应的模型。

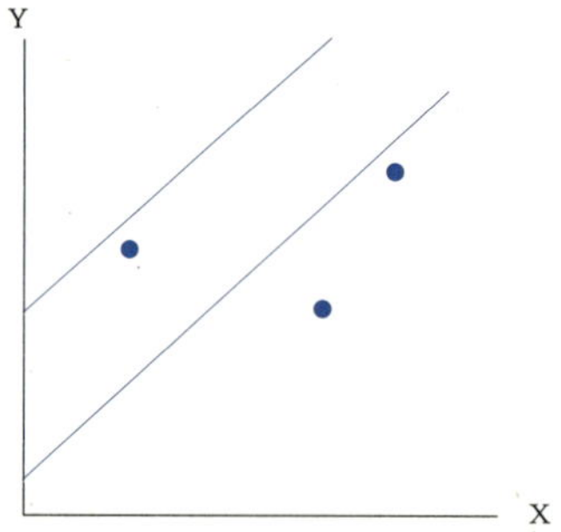

图 19-2　b_0 和 b_1 的估计

现取残差平方之和或残差绝对值之和构造函数 y，则 $y=\sum\varepsilon_i^2$ 或 $y=\sum|\varepsilon_i|$，为了使 y 值达到最小，则分别需要对参数 $\hat{b}_0$ 和 $\hat{b}_1$求偏导，令偏导后所得的等式均等于 0，通过这样的思路，即可将和反解解出来。由于 $y=\sum|\varepsilon_i|$ 是一个分段函数，而分段函数在拐点是不可导的，所以我们只能将问题转化为在 $y=\sum\varepsilon_i^2$ 取最小值时，$\hat{b}_0$ 和 $\hat{b}_1$分别是多少。以上方法牵涉到求导与矩阵的运算，在考试中并不要求掌握，读者只要了解计算回归参数的思想和原理即可。

在统计学上，这个思想叫最小二乘法（Ordinary Least Squares）。通过最小二乘法，可以算出 $\hat{b}_0$ 和 $\hat{b}_1$。计算结果如下：

$$\hat{b}_1 = \frac{Cov(X,Y)}{Var(X)} = \frac{\sum_{i=1}^{n}(X_i - \overline{X})(Y_i - \overline{Y})}{\sum_{i=1}^{n}(X_i - \overline{X})^2},\ \hat{b}_0 = \overline{Y} - b_1\overline{X}$$

名师解惑

在《风险管理基础》中我们已经学过资本资产定价模型 CAPM 模型的参数中包含了市场组合 R_M 以及单一资产 R_i，如果将 b_1 公式中的 X 和 Y 分别替换为市场组合 R_M 和单一资产的 R_i 的收益，则可得：

$$b_1 = \frac{Cov(R_M, R_i)}{Var(R_M)} = \beta_i = \rho_{i,m}\frac{\sigma_i}{\sigma_m}。$$

在 CAPM 模型中，β 是通过回归的方法求出来的，威廉夏普通过对单一资产的超额回报率 $E(R_i)-R_f$ 与市场组合超额回报率 $E(R_M)-R_f$ 进行回归，得出一条直线：

$$E(R_i) - R_f = \alpha + \beta_i[E(R_M) - R_f]$$

这条直线的斜率就是 β_i。

求解 $\hat{b}_0$ 和 $\hat{b}_1$ 通常有两种方法：

（1）给出方差和协方差，直接代入公式 $\hat{b}_1 = \frac{Cov(X,Y)}{Var(X)}$。

（2）考查计算器的使用。题干仅已知几组（X，Y）的值，要求计算回归方程，这个时候就要用到计算器了。

◢ 数据输入的过程。

◆ 在计算器中启用数据输入键，即按键“DATA”（按键“7”的第二个功能），所以先按“2ND”再按“7”，这样就进入了数据输入的过程。

◆ 依次输入数据。最初显示的是 X01，先输入第一个 X 值，再按“ENTER”，然后再按向下键，输入第一个 Y 值，再按“ENTER”，至此，第一组（X，Y）的数据就已经输入完毕了。再按向下箭就会进入下一组数据的输入过程，往复进行，直至输完所有数据。

◢ 数据输出功能。

◆ 数据输出功能为按键“STAT”，即“2ND”加上按键“8”，操作完成后，屏幕显示的是 LIN，表示的是英文字母 linear，表示这个过程只是用来分析线性回归的，非线性回归做不了的。

◆ 向下一个箭头，出现 n。

◆ 继续向下，再看到 $\bar{x}$，接下来是 S_x、σ_x、$\bar{y}$、n、S_y、σ_y。

◆ 继续向下，就可以看到 a，继续往下还可以看到 b，这两个数字分别是我们回归的截距和斜率，a 代表了回归方程的截距，b 代表了回归方程的斜率。

◆ 再向下，看到 r，表示 x 和 y 之间的相关系数，准确地说是样本相关系数，所以样本相关系数也可以用计算器求得。

考试中对截距和斜率的考查方法一般只有两种，一种就是考公式，另一种考查计算器的使用，读者在输入数据时保持足够的细心即可。

二、五个基本假设

虽然最小二乘法的计算过程总没有其他假设，但是如果需要要让这些参数具有经济学解释效果，则必须要满足以下五条前提假设：

> — 考纲要求 —
> 掌握一元线性回归的前提假设。

（1）自变量 X 与残差项 ε 无关，即 Cov(X, ε)=0。常见的不满足残差的均值等于 0 的情况有以下四种，分别是：

◆ **样本选择偏差**（Sample Selection Bias）

所有残差项的平均值等于 0，但是如果在挑选样本的时候带有偏见，那么，被挑选的样本所反映的残差项的均值就会出现不等于 0 的情况。

◆ **联立性偏差**（Simultaneity Bias）

这个偏差指的是 X 与 Y 是同时被确认的。比如商品的价格和交易量，如果商品的价格的确认受到交易量的影响，同时商品交易量的大小又收到商品价格的影响。那么此时就是陷入一个“鸡生蛋蛋生鸡”的死循环，当我们需要利用 X 去预测 Y 的时候，如果 X 的确认需要 Y 作为已知条件，那么在 Y 未知的时候便无法确认 X，此时便陷入了死循环。

◆ **遗漏重大变量**（Omitted Variables Bias）

如果重大的变量发生了遗漏，此时这个遗漏变量的解释力将转移到其他解释变量和残差项，所以残差项便受到了影响。

◆ **衰减偏差**（Attenuation Bias）

解释变量 X 的计量中存在误差。如果这个问题出现，此时原本应该属于残差项的随机误差会有一部分转移到解释变量 X 中，同样，残差项的大小也会受到影响。

（2）残差项的期望为 0，即 $E(\varepsilon_i|X_i)=0$。

（3）残差项的方差必须是一个固定的常数，即 $Var(\varepsilon_i|X_i)=\sigma^2$。

残差的方差必须是一个固定的值。残差代表了每个散点与回归直线的距离，如果残差的波动性保持不变，则说明残差的偏离程度有限，此时残差的离散程度应该如图 19–3（a）所示。如果残差的波动率不是常数，残差可能会随着自变量的变化而变化，如图 19–3（b）所示。所以残差的波动性要稳定，图（b）的波动规律明显更难把握，因此图（a）中的回归直线优于图（b）的回归直线。

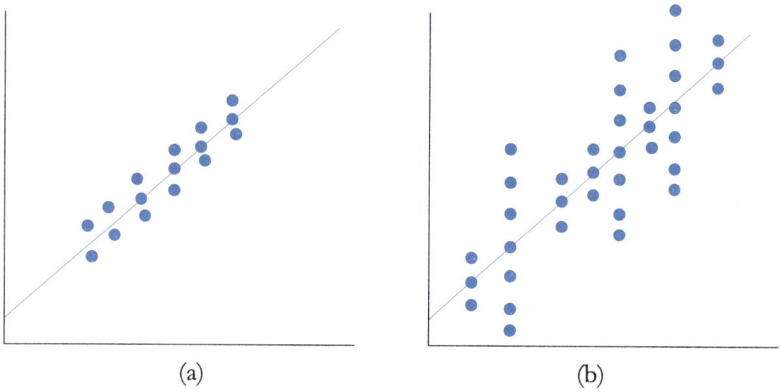

图 19-3　残差项的方差

（4）所有的样本观查值（$X_i|Y_i$）是独立同分布的。

（5）样本观察值中不存在极端异常值。

名师解惑

高斯 - 马尔科夫定理认为当上述线性回归模型的假设都满足的情况下，通过最小二乘法（OLS）估计得到的回归系数 b_0 和 b_1 是最优线性无偏估计量（best linear unbiased estimators，blue）。其中 best 代表了有效性，即相较于其他方法，通过最小二乘法估计的回归系数 $\hat{b}_0$ 和 $\hat{b}_1$ 具有最小的方差；linear 代表线性，即最小二乘法的应用是以自变量与因变量之间存在着线性关系为前提的；unbiased 代表了无偏性，即 E（$\hat{b}_0$）=b_0，E($\hat{b}_1$)=b_1。

但是高斯 - 马尔科夫定理在实际应用中是存在局限的，首先实际数据尤其是金融数据往往不满足同方差的假设，即存在着异方差性。其次，即使线性回归的所有前提假设都能得到满足，也有可能存在由其他模型生成的且比 OLS 更有效的估计量，即使该估计量可能并不满足无偏性。

考纲要求

解释单元线性方程中最小二乘法（OLS）回归及其结果。

第三节 线性回归推论

一、回归系数的假设检验

回归模型是通过样本数据来分析总体趋势的，在推断性统计过程中，假设检验是必不可少的一步，也是验证总体（模型）参数是否合理的重要步骤。在模型 $Y_i=b_0+b_1X_i+\varepsilon_i$ 中，斜率 b_1 是至关重要的，如果 b_1 等于 0，则说明变量之间不存在线性关系，这也违背了线性回归模型的前提假设，因此我们需要通过假设检验的方法验证是否等于 0。

考纲要求
为回归中的单个回归系数构建，应用和解释假设检验和置信区间。

对线性回归模型斜率真值的假设检验一共有三种方法：

第一种方法：**关键值（critical value）法**，即找出关键值，判断统计量有没有落在拒绝域里；

第二种方法：**置信区间法**，如果 0 落在置信区间外，则说明模型的斜率 b_1 显著区别于 0；如果 0 落在区间内，则说明模型的斜率 b_1 不显著区别于 0。

第三个方法：**P 值（P-Value）法**，即找出 P 值，判断其是否小于显著性水平 α；

下面将依次介绍这三种方法。

（一）关键值法

在假设检验中已经学过，我们可以通过比较检验统计量和关键值的大小来判断是否拒绝原假设 $H_0: b_1=0$。当样本总体参数的标准差未知时，可以采用 t 检验法。总体斜率参数的检验统计量 $t=\frac{\hat{b}_1-0}{S_{\hat{b}_1}}$，我们可以将这个检验统计量与查表得到的关键值 t_c 去比较，以此判断斜率 b_1 是否显著区别于 0。

需要注意的是，在查 t 分布表时需要使用的自由度为 n−2，即残差的自由度。

检验统计量除了可以验证斜率 b_1 是否等于 0 以外，还可以验证斜率是否等于除 0 以外其他的值，例如 $H_0: b_1=1$，$H_1: b_1\neq 1$，这个假设检验叫做关于斜率系数的假设检验，而检验是斜率否等于 0 的假设检验叫做斜率系数的显著性检验（Significance Test）。所以如果题干里提及显著性检验的话，就默认了原假设 $H_0: b_1=0$。

考纲要求
解释执行线性回归中的假设检验所需的步骤。

（二）置信区间法

置信区间法的核心是找出回归方程斜率真值 b_1 置信区间，置信区间的范围是：

$$[\hat{b}_1-t_c\times S_{\hat{b}_1},\ \hat{b}_1+t_c\times S_{\hat{b}_1}]$$

$\hat{b}_1$ 代表了回归方程斜率的拟合值，t_c 是根据自由度（n−2）和显著性水平在 t

分位数表中查到的双尾分位数（关键值）。当样本容量足够大时，我们也可以用正态分布分位数代替 t 分位数，$S_{\hat{b}_1}$ 代表了模型斜率拟合值 $\hat{b}_1$ 的标准差（Standard Error Of The Regression Coefficient），在考试中，这些信息一般都是已知的，读者无需掌握计算。

尽管对$S_{\hat{b}_1}$的计算不要求掌握，但是从定性的角度来看，读者需要掌握$S_{\hat{b}_1}$和哪些因素有关。模型斜率拟合值的标准差$S_{\hat{b}_1}$与回归方程标准差 SER（$SER=\sqrt{\frac{SSR}{n-2}}$）存在正向相关性，当 SER 变大时，$S_{\hat{b}_1}$ 也会相应变大。$S_{\hat{b}_1}$ 反应了斜率拟合值 $\hat{b}_1$ 的波动性，那么斜率为什么会有波动性呢？如图 19–4，图（a）的回归方程标准差 SER 显然比图（b）的更大，斜率产生波动是因为不同的样本会拟合出不同的斜率，比如图（a）抽取的两段样本都可以各自拟合出对应的回归直线，并由此得到两个不同的斜率，当这两根直线斜率拟合值相差过大时，$\hat{b}_1$ 的波动性就会上升，进而造成回归标准差的增大。相比之下，图（b）的两处样本各自拟合出的直线的斜率相对更接近一些，因此斜率波动性也相对更小一些。由于回归方程标准差与残差平方和 SSR 呈正比关系，因此当残差的波动性越大时，斜率的波动性也就越大，因变量的变化趋势也越不稳定。

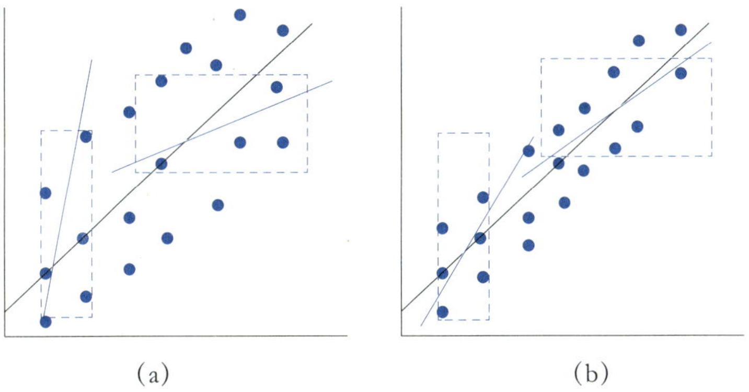

图 19-4　$S_{\hat{b}_1}$ 和 SER 的关系

（三）P 值法

如果 P 值小于显著性水平 α，则拒绝原假设，从而得出模型斜率显著区别于 0 的结论。

> 考纲要求
> 描述 t 统计量，p 值和置信区间之间的关系。

在实际计量软件操作过程中，主要汇报的指标有以下三个，学会在软件中找到这些指标并分析他们是初学回归分析的分析们的必修课。

- P 值，检验的斜率和截距的显著性（原假设为参数等于 0）。
- 95% 的置信区间。

- R^2。

二、评估模型的拟合度

这里需要为读者介绍一下 R^2 这个指标。

R^2 的取值范围是 0 到 1，代表了回归平方和占总方差的比率。当这个比率等于 20% 时，这个模型究竟是好是坏呢？如果这个比值是 20%，就意味着残差平方和占总平方和的比率高达 80%，换言之，只有 20% 的方差是能够被回归方程解释的，显然这个模型是存在缺陷的。

R^2 代表了回归方程的解释力度。前文已经介绍，我们可以通过计算器算出样本变量之间的相关系数 r，而且它的平方值一定等于 R^2，即 $R^2=r^2$。但是在书写的过程中一定不能用 R=r 来代替，因为这两个值仅仅是数值上的相等，经济学上没有任何的解释意义。

名师解惑

为什么 R^2 和 r^2 仅仅只是数值上相等？因为 r 和 R^2 的含义是不同的：

- 相关系数可以描述两个变量之间是正相关的还是负相关的，但 R^2 则无法描述该关系。R^2 代表的是解释力度，如果 R^2 比较大，只能判断模型解释力度较强，但是无法判断是正相关还是负相关。
- R^2 同样可以应用于多元回归，但相关系数只能用于描述两个变量之间的相关性且无法应用于多元回归。

如果一个线性回归方程的 R^2 等于 0.64，那么相关系数 r 有可能等于 0.8 也可能等于负 0.8。相关系数的正负可以通过回归方程的斜率进行判断，如果回归方程的斜率大于 0，说明变量之间存在正向相关性；反之存在负向相关性。

本章小结

♣ 一元线性回归的模型的参数

- 线性回归模型的表达式：

$$Y_i=b_0+b_1X_i+\varepsilon_i$$

b_0 和 b_1 的估计值 $\hat{b}_0$ 和 $\hat{b}_1$ 分别为：

$$\hat{b}_1=\frac{Cov(X,Y)}{VAR(X)}=\frac{\sum_{i=1}^{n}(X_i-\bar{X})(Y_i-\bar{Y})}{\sum_{i=1}^{n}(X_i-\bar{X})^2}$$

- 线性回归的假设。
  - 自变量 X 与残差项 ε 无关。
  - 残差项的期望为 0。
  - 残差项的方差必须是一个固定的常数。
  - 所有的样本观查值（$X_i|Y_i$）是独立同分布的。
  - 样本观察值中不存在极端异常值。
- 回归系数的假设检验。
  - 置信区间法：

$$[\hat{b}_1-t_c\times S_{\hat{b}_1},\ \hat{b}_1+t_c\times S_{\hat{b}_1}]$$

  - 关键值法。

  总体斜率参数的检验统计量：

$$t=\frac{\hat{b}_1-0}{S_{\hat{b}1}}$$

  - P 值法。

章节练习

◇ The following table shows the linear regression relationship between the return of a stock（in percent）and the return of the stock index.

	回归系数	回归系数标准差
截距	2.1	2.01
股指	1.9	0.31
	自由度	平方和
回归项	1	92.648
残差项	3	24.512
总和	4	117.16

Which of the following statements about the above linear regression model is correct?

I. The correlation coefficient between independent variable X and dependent variable Y is 0.889.

II. At the 99% confidence level，the regression coefficient of the stock index is significant.

III. If the return on the stock index is 4%，the expected return on the stock is 10.3%.

IV. The volatility of the stock index yield explains the volatility of the 21% part of the stock yield.

A. Only III is correct

B. Only I and II are correct

C. Only II and IV are correct

D. Only I、II and IV are correct

答案解析：B

首先先对方差分析表做出简要分析，从表中易知回归平方和 ESS 等于

92.648，残差平方和 SSR 等于 24.512，总平方和 TSS 等于 117.16，由此可知该回归方程的决定系数：

$$R^2 = \frac{ESS}{TSS} = \frac{92.648}{117.16} = 0.79$$

由此可以先排除 IV，因为 R^2 代表的是自变量（股指收益率）对因变量（股票收益率）的解释力度，这个解释力度应该是 79%，而非 21%。

又由 $R^2=r^2$ 可知，股票收益率与股指收益率之间的相关系数 r 应该等于 $\pm\sqrt{R^2}$，即 r 既有可能等于 0.889，也有可能等于 −0.889，而正负号则取决于股指项回归系数的正负性，现已知股指回归系数的拟合值是 1.9，其标准差等于 0.31，那么可以算得回归系数的 t 检验统计量等于 6.13，尽管题目并没有给出在 99% 置信水平下自由度等于 3 的 t 分布的双尾关键值（即 $t_{1-\frac{0.01}{2}}(3)$），但是在假设检验中我们已经学过，当样本容量足够大的时候，t 检验统计量 $\frac{\overline{X}-\mu}{S/\sqrt{n}}$ 的极限分布就是标准正态分布 N（0，1），所以我们可以用标准正态 Z 统计量来近似代替 t 统计量，在双尾标准正态分布中，99% 置信水平对应的关键值就是 2.58，而 6.13 明显大于 2.58，可知股指项的回归系数是显著的。综上可知，I 和 II 正确。

由表中数据可知回归方程表达式如下：

$$R_{stock} = b_0 + b_1 R_{index} = 2.1 + 1.9X$$

当 X=4% 时，$R_{stock} = 2.1 + 1.9 \times 4 = 9.7$，即 9.7%。故 III 错误。

◇　In running a regression of the returns of Stock XYZ against the returns on the market, the standard deviation for the returns of Stock XYZ is 20%, and that of the market returns is 15%. If the estimated beta is found to be 0.75:

（1）What is the correlation between the returns of Stock XYZ and those of the market?

（2）If the market falls by 2%, what is the expected change on Stock XYZ returns?

（3）What is the maximum possible value of beta given that the standard deviation of the returns of Stock XYZ is 20% and those of the market is 15%?

答案解析：

（1）$\hat{\beta}=\frac{\hat{\rho}_{XY}\hat{\sigma}_Y}{\hat{\sigma}_X}\to 0.75=\frac{\hat{\rho}_{XY}\times 0.2}{0.15}\to\hat{\rho}_{XY}=56.25\%$

（2）$\beta\times(-2\%)=0.75\times(-2\%)=-1.5\%$

（3）最大的相关系数等于 1，那么：

$$\hat{\beta}_{max}=\frac{1\times\hat{\sigma}_Y}{\hat{\sigma}_X}=\frac{0.20}{0.15}=1.33$$

◇ In a CAPM that regresses Wells Fargo on the market，the coefficients on monthly data are a = 0.1 and β = 1.2. What is the expected excess return on Wells Fargo when the excess return on the market is 3.5%?

答案解析：

当市场的预期回报率等于 3.5% 时，预期回报率等于：

$$0.1+1.2\times 3.5\%=14.2\%$$

扫码获取更多题目

第二十章 多元线性回归

Regression with Multiple Explanatory Variables

一、多元回归的附加前提假设	多元线性回归额外假设	★
二、检验回归模型的适用性	1. 方差分析法	★★★
	2. 回归方程标准误	★★★
	3. 判定系数	★★★
三、多元线性回归推论	模型显著性检验	★★★

◢ 学习目的

单元线性回归向我们阐释了 OLS 估计量及其基本特性。然而在实际中，模型通常使用多个解释变量来增加其对被解释变量的解释力度。

本章介绍了多元回归模型，该模型使系数能够测量每个解释变量对因变量变化的不同贡献。

本章的第一部分展示了 OLS，为了使得计算出来的参数具有解释意义，和单元回归的 5 条基本假设相比，需要多增加一条额外的假设。

同样的，在单元回归中介绍的 R^2 是一个简单，并且直观反映模型解释程度的度量指标，但是在多元回归中，这个指标需要进行修正来反映对模型复杂度的惩罚。

最后，本章拓展了关于 t 检验的检验技巧，将其中单个系数的检验拓展到了多个系数，形成了联合检验。

◢ 考点分析

通过本章的学习，主要需要掌握三大部分知识来应对金融风险管理师的考试。首先是区分单元回归和多元回归的区别并能解释多元回归中的回归系数；第二是解释单元回归和多元回归模型的拟合优度，并解释 R^2 和调整后的 R^2；最后是做好多元回归参数的假设检验和置信区间估计。

◢ 本章入门

单元回归为我们描述了，用一个随机变量的变动解释另外一个随机变量的变动。

但是在金融风险管理师的实际使用过程中，这种分析方法实用性很差。我们发现如果单个变量，可以显著的线性解释另外一个变量，那么这两个随机变量之间的关系要不就是我们耳熟能详的，要不就是没有任何使用价值。

比如说我们发现中石油的股票收益率可以很显著得解释中石化的股票收益率；又比如用股票的分红金额可以很显著的解释分红后的股票价格。这些关系看似显著实则没有使用意义。

那么此时多追加几个变量，共同来解释一个变量在实操中便显得更加有效。

比如我们可以尝试着用中石油的股票收益率、金融市场利率的变动和国家 GDP 的变化一起来解释上证综指的收益率。这便是本章节我们要学习的多元回归模型。

第一节　多元回归的附加前提假设

一、多元线性回归额外假设

多元回归的表达式与一元回归非常类似，不同之处在于多元回归模型多了几个自变量 X，所以在多元回归模型中，被解释变量还是只有一个，但解释变量可能有多个，表达式如下：

考纲要求
区分单因素回归和多元回归的相对假设。

$$Y_i=b_0+b_1X_{1i}+b_2X_{2i}+\cdots+b_nX_{ni}+\varepsilon_i$$

多元回归模型的解释也发生了变化，例如在 $Y_i=b_0+b_1X_{1i}+b_2X_{2i}+\varepsilon_i$ 中，b_0 表示自变量 X_1 与自变量 X_2 都等于 0 时 Y 的值；而 b_1 则不再无条件地表示自变量 X_1 每增加一个单位，Y 相应增加 b_1 个单位了，这句话只有在保持 $b_nX_{ni}(n\neq 1)$ 不变的情况下才成立。所以参数对模型的解释都增加了一个前提条件："在其它解释变量保持不变的情况下"。

二、多元线性回归模型的假设

与一元线性回归模型相比，多元回归模型的假设仅有一条发生了细微的变化，其余不变。

考纲要求
解释多元回归中的回归系数。

在多元线性回归模型中，第二条假设改为了："所有的独立变量均不随机，且与残差项不相关，且任意两个或多个独立变量之间都不存在明显的线性关系。"

在多元回归模型中，只要有一个自变量是随机的，那么因变量 Y 也就是随机的，既然自变量不是随机的数，那么自变量就不能与残差项相关，因为残差项是随机的，所以所有的自变量都不能与残差项存在相关性，即 $Cov(X_i,\varepsilon_i)=0$。

根据经验法则，当任意两个自变量之间的相关系数 $r(X_i, X_j)<0.7$ 时，我们可以认为这两个自变量不存在高度相关性。

在模型 $Y_i=b_0+b_1X_{1i}+b_2X_{2i}+\varepsilon_i$ 中，如果存在 $r(X_1, X_2)>0.7$，就可以认为自变量 X_1 与自变量 X_2 之间是存在高度线性相关性的，在这种情况下，自变量 X_2 就可以以很小的误差用 X_1 来表示，即 $X_2=C_0+c_1X_1+\varepsilon$，将这一表达式迭代回回归方程，就可以消去自变量 X_2。

综上，如果两个自变量之间存在高度相关性，那么我们只能保留其中一个自变量。

举个例子

例如当我们用收入去解释消费的同时，又用个人资产去解释消费，收入和资产是有高度线性关系的，因此我们只需要选取其中一个变量来解释消费就可以了。

第二节　检验回归模型的适用性

一、方差分析

现有线性回归模型：

$$Y_i=b_0+b_1X_{1i}+b_2X_{2i}+\varepsilon_i$$

其中，$\hat{Y}_i$ 称为通过线性回归模型得出的估计值。

在上一小节我们已经学过，最小二乘法的中心思想是找出残差最小时对应的模型。

那么我们应该从哪个角度来解释回归的好坏？图 20-1 中的直线是基于最小二乘法原理拟合出来的，回归模型的优劣直接决定了对总体趋势估计的准确性。如果模型残差项比较大，我们则认为这个模型是存在缺陷的。

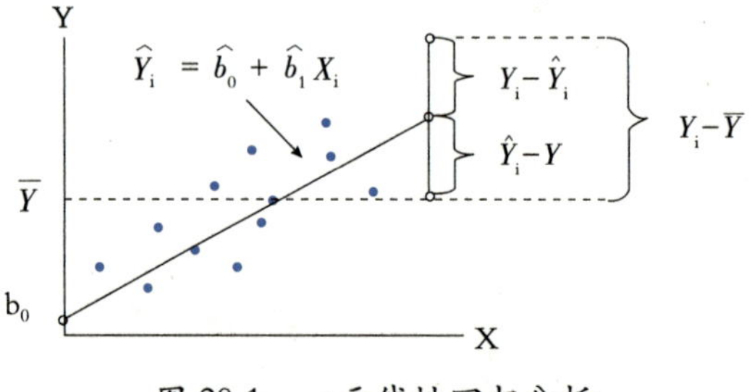

图 20-1　一元线性回归分析

首先把图形中的每个点进行分类，第一类是真实存在的点，用 Y_i 来表示，第二类是回归直线预测出来的点，用$\hat{Y}_i$ 表示。最后一类是全体 Y_i 的均值，用 $\bar{Y}$ 表示。

真实值 Y_i 与其平均值 $\bar{Y}$ 的距离称为真实值的偏差，也可以理解为真实值 Y_i 的偏离程度，我们用偏差平方和 $\sum_{i=n}^{n}(Y_i-\bar{Y})^2$ 来表示 Y_i 的偏离程度。

真实值的数学期望为 $E(Y)=\frac{\sum_{i=n}^{n}Y_i}{n}$，预测值等于真实值减去回归残差$\hat{Y}_i=Y_i-\varepsilon$，

由于 ε 的数学期望等于 0，所以 Y_i 和 $\hat{Y}_i$ 的期望值是一样的，$\bar{Y}$ 既是真实值 Y_i 的均值，也是估计值 $\hat{Y}_i$ 的均值。

在统计学上，我们把估计值 $\hat{Y}_i$ 到均值 $\bar{Y}$ 的距离称为被回归模型所解释的部分，但真实值 Y_i 的偏差并不限于被模型解释的部分，其中还包括了残差项。通过对偏差平方和 $\sum_{i=1}^{n}(Y_i-\bar{Y})^2$ 分解可以到以下公式：

$$\sum_{i=1}^{n}(Y_i-\bar{Y})^2=\sum_{i=1}^{n}(\hat{Y}_i-\bar{Y})^2+\sum_{i=1}^{n}(\hat{Y}_i-Y_i)^2$$

其中，$\sum_{i=1}^{n}(Y_i-\bar{Y})^2$ 代表了全体真实值 Y_i 的波动性；$\sum_{i=1}^{n}(\hat{Y}_i-\bar{Y})^2$ 反映了由于自变量 X 的变化所引起的因变量 Y 的变化，其数值的大小反映了自变量 X 对因变量 Y 线性影响的大小，即被模型解释的部分的大小。$\sum_{i=n}^{n}(Y_i-\hat{Y})^2$ 代表了残差的波动性，反映了实验误差和模型误差所引起的因变量的变化，这里所说的模型误差是指除 X 外，对因变量 Y 有重要影响的自变量存在、非线性关系等因素，即不能被模型解释的部分。所以，残差的波动性越小，被模型所解释的波动率就越接近真实的波动率，模型就越好。

我们将 $\sum_{i=1}^{n}(Y_i-\bar{Y})^2$ 称为总平方和（Total Sum of Squares），英文缩写为 TSS；$\sum_{i=1}^{n}(\hat{Y}_i-\bar{Y})^2$ 称为回归平方和（Explained Sum of Squares），英文缩写为 ESS；$\sum_{i=n}^{n}(Y_i-\hat{Y}_i)^2$ 称为残差平方和（Sum of Squared Residuals），英文缩写为 SSR。

名师解惑

TSS=ESS+SSR，SSR（不能被自变量 X 解释的部分）越小，ESS 也就越大，也意味着回归模型的解释力度越大。

在最小二乘法的中心思想中已经介绍过，对于回归方程 $\hat{Y}_i=\hat{b}_0+\hat{b}_1 X_i+\varepsilon_i$，我们总是希望模型的残差项达到最小。在线性回归模型的假设中，我们又已知模型的残差项服从正态分布，即 $\varepsilon_i \sim N(0, \sigma^2)$，$\sigma^2$ 是一个很重要的参数，它反映了模型的误差以及观察误差的大小。那么，我们该如何对 σ^2 进行估计呢？已知：

$$\varepsilon_i=Y_i-\hat{Y}_i$$

这里的 ε_i 称为第 i 次观察的残差，简称残差，对上式两边同时平方并求和，可得下式：

$$\sum_{i=n}^{n}\left(Y_i-\bar{Y}\right)^2\Sigma\varepsilon_i^{\,2}=\sum_{i=n}^{n}\left(Y_i-\bar{Y}\right)^2\Sigma\left(Y_i-\hat{Y}_i\right)^2$$

等式的右边正是残差平方和 SSR，又因为 σ^2=VAR（ε）=E（ε^2），所以我们可以通过残差平方和 SSR 去构造 σ^2 的无偏估计。

构造结果如表 20-1，已知残差平方和的自由度是 n-2，回归平方和的自由度是 1，残差的自由度，加上回归的自由度，就等于总方差的自由度 n-1。表中最后一列代表了通过回归平方和 ESS 和残差平方和 SSR 除以各自的自由度得到的方差平方和的均值，其中 $MSE=\frac{SSR}{n-2}$ 是对残差 ε_i 的方差 σ^2 的无偏估计，当残差平方和 SSR 越小时，残差 ε_i 的波动也越小，模型也相应越精确，各位读者需务必牢记此结论（σ^2 无偏估计的构造过程以及证明无需掌握）。

表 20-1 也叫方差分析表（ANOVA Table），ANOVA 的全称是 Analysis of Variance，即方差分析。这张表说明了总的偏离程度可以被另外两种偏离程度所解释，且包含了两种偏离程度对应的方差和自由度。

表 20-1　一元线性回归方差分析表

	自由度	平方和	平均平方和
回归项	k	ESS	MSR=ESS/k
残差项	n−1−k	SSR	MSE=SSR/(n−1−k)
总和	n−1	TSS	

二、回归方程标准误

回归方程标准差（Standard Error of Regression），简称 SER，计算式为 $SER=\sqrt{\frac{SSR}{n-1-k}}$，即残差项 ε 的标准差。回归标准差可以用于衡量回归方程的精度，刻画实际值偏离回归直线的程度。一般来说，SER 越小，残差项 ε 的波动率也越小，模型也更精确。但是这个指标是有缺陷的，因为残差是带单位的，对于量纲不同的模型，我们并不能只以残差大小去评价模型优劣。

三、判定系数

— 考纲要求 —
解释单元回归和多元回归模型的拟合优度，并解释 R^2 和调整后的 R^2。

对于线性回归模型来说，自变量 X 的变化对因变量 Y 的变化的解释力度是判断模型优劣标准之一。人们通过回归平方和 ESS 占总方差 TSS 的比值来判断模型的解释力度，这个比值也被称为判定系数（Coefficient of Determination），在统计学上用 R^2 来表示，也称 R−Squared。

$$R^2 = \frac{ESS}{TSS} = 1 - \frac{SSR}{TSS}$$

在多元线性回归模型中，当解释变量 X_i 的个数增加时，整个模型未被解释的部分将越来越少，被解释的部分将越来越多。即使新增的解释变量只能解释模型中很少的一部分，也能提高整体模型的解释力度，从而使得 R^2 变大。因此，在多元回归模型中仅靠 R^2 衡量模型的拟合优度是不可靠的，需要进行修正。

为了解决过多解释变量会造成 R^2 偏高这一问题，我们引入了修正决定系数（Adjusted R^2）。修正决定系数对 R^2 进行了自由度的调整，旨在解决解释力度虚高的现象。修正决定系数公式如下：

$$\text{Adjusted } R^2 = 1 - \frac{SSR/(n-k-1)}{TSS/(n-1)}$$

如果把上面公式里面的 SSR 和 TSS 这部分用 R^2 进行替代，就得到了第二个公式。

$$\text{Adjusted } R^2 = 1 - \left[\left(\frac{n-1}{n-k-1}\right) \times \left(1 - R^2\right)\right]$$

以上就是修正决定系数的计算。而由于它对自由度进行了调整，所以修正决定系数小于决定系数 R^2。

名师解惑

同时，我们也可以从经济意义的角度去解释修正决定系数。首先，R^2 表示的是解释变量对总方差的解释力度，比如用收入去解释消费，得到的 R^2 等于 95%，这已经是一个非常大的解释比重了，为了解释剩余 5% 未被解释的部分，就需要加入新变量进行补充解释，比如说雾霾指数，在加入雾霾指数这一变量后，R^2 还是会变大的，即使雾霾指数与消费确实没什么关系。不仅是雾霾指数，多元回归模型在加入任何解释变量后，解释力度 R^2 都会增加。只要解释变量够多，R^2 几乎可以达到 100%。这是 R^2 的一个缺点，因为仅靠 R^2 判断模型优劣，很有可能会忽略了经济现象的本质。

第三节　多元线性回归推论

模型显著性检验

— 考纲要求 —
应用和解释联合假设检验和置信区间。

多元回归的系数同样要进行假设检验，比如 $Y=b_0+b_1X_1+b_2X_2+b_3X_3+\varepsilon$。在这个模型中，我们需要对所有的回归系数 b_0、b_1、b_2 与 b_3 进行假设检验。显著性检验的原假设都是 $b_j=0$（j=1，2，3，…k）。

当假设检验的结果是 b_1、b_2 显著区别于 0，但 b_3 不显著区别于 0 时，则把三元回归模型回归降成二元回归模型再进行一次检验。如果 b_2 也变不显著区别于 0，再降为一元线性回归模型再进行检验。只有当这三个回归系数都不显著时，模型才不能用，才可以判断整个回归模型不可用。

所以，对 k 元回归模型做假设检验时，至少要做 k 次检验，只有这 k 次检验每次都无法拒绝原假设时，才能说这个模型是有问题的。同样的，我们也可以用 P 值法或置信区间法进行检验，效果相同。

当解释变量的数量 k 上升时，假设检验的次数也会随之上升，检验过程也相对比较麻烦，为了解决这个问题，我们引入了联合假设检验（F 检验）。

F 检验原假设为：H_0：$b_1=b_2=b_3=\cdots=b_k=0$，即所有回归系数都等于 0；备择假设为 H_1：至少有一个回归系数 b_i（i=1，2…，k）不等于 0。

只要拒绝了原假设，就可以认为线性回归效果是显著的。需要注意的是，如果只根据原假设的符号来判断拒绝域位置的话，这个检验像是一个双尾的假设检验，但是 F 检验比较特殊，它是一个单尾的检验。

在联合假设检验中，检验统计量

$$F=\frac{MSR}{MSE}=\frac{ESS/k}{SSR/(n-k-1)}$$

其中，MSR 代表了回归项的均方差，MSE 代表了残差项的均方差，ESS 与 SSR 依旧分别代表回归平方和与残差平方和。

检验统计量的公式分子是回归项的均方差，分母是残差项的均方差，该检验统计量的意义就是在于检验这两个均方差的大小关系，当 F 检验统计量较大时，说明回归模型的 MSR 显著大于 MSE，模型的解释力度也更强。

在 F 的分布图中（见图 20-2），如果 F 值落在关键值右边的区域，则拒绝原假设，从而得到至少有一个斜率系数是显著区别于 0 的结论，进而判定模型是有效的。

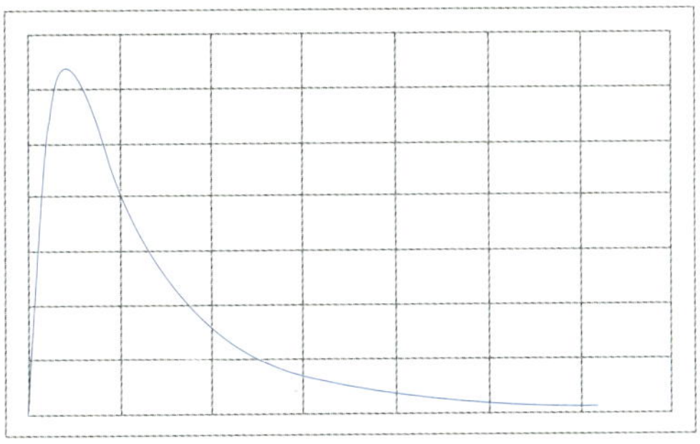

图 20-2 F 分布概率密度图

在 F 假设检验中，主要有以下两个考点：

第一，通过 $F=\frac{MSR}{MSE}=\frac{ESS/k}{SSR/(n-k-1)}$ 来计算 F 值，所以各位读者需要掌握相关公式。

第二，根据方差分析表数据，例如 P 值，判断是否拒绝原假设。

名师解惑

在考试中，涉及通过查表找出 F 值的题目是非常少的，一般题干中会直接给出 F 值，比如 $F_{critical}=50$。为了以防万一，本章就如何去查表做一个简单介绍。

F 检验是单尾的假设检验，拒绝域在右侧，而且 F 检验有两个自由度，即（k, n-k-1）。

假设一个多元回归模型中含有三个解释变量，样本量为 100，则 k=3，n=100，查表的时候就去查自由度为（3,100-3-1），即（3,96）对应的 F 值即可。

本章小结

♣ 多元线性回归的表达式

$$Y_i=b_0+b_1X_{1i}+b_2X_{2i}+\cdots+b_nX_{ni}+\varepsilon_i$$

♣ 多元回归的模型的额外假设

- 任意两个或多个独立变量之间都不存在明显的线性关系。

♣ 方差分析表

	自由度	平方和	平均平方和
回归项	k	ESS	MSR=ESS/k
残差项	n−1−k	SSR	MSE=SSR/(n−1−k)
总和	n−1	TSS	

♣ 判定系数与调整判定系数

- 判定系数：

$$R^2=\frac{ESS}{TSS}=1-\frac{SSR}{TSS}$$

- 调整判定系数：

$$\text{Adjusted } R^2=1-\frac{SSR/(n-k-1)}{TSS/(n-1)}$$

- 如果把上面公式里面的 SSR 和 TSS 这部分用 R^2 进行替代，可得下式：

$$\text{Adjusted } R^2=1-\left[\left(\frac{n-1}{n-k-1}\right)\times\left(1-R^2\right)\right]$$

♣ 回归系数的显著性检验

- F 检验原假设为：H_0：$b_1=b_2=b_3=\cdots=b_k=0$，即所有回归系数都等于 0；备择假设为 H_a：至少有一个回归系数 b_i (i=1,2⋯,k) 不等于 0。只要拒绝了原假设，就可以认为这个模型是显著的。

- 检验统计量 $F=\frac{MSR}{MSE}=\frac{ESS/K}{SSR/(n-k-1)}$。

章节练习

◇ Using the table below

Trial Number	y	X_1	X_2
1	−5.76	−3.48	−1.37
2	0.03	−0.02	−0.62
3	−0.25	−0.5	−1.07
4	−2.72	−0.18	−10.1
5	−3.08	−0.82	0.39
6	−7.1	−2.08	1.39
7	−4.1	−1.06	0.75
8	0.14	0.02	−0.63
9	−6.13	−1.66	1.31
10	0.74	0.68	−0.15

Trial Number	y	$\hat{y}$	$(y-\bar{y})^2$	$(\hat{y}-\bar{y})^2$
1	−5.760	−6.089	8.626	10.664
2	0.030	−0.523	8.140	5.290
3	−0.250	−0.873	6.620	3.802
4	−2.720	−0.347	0.011	6.131
5	−3080	−3.254	0.066	0.185
6	−7.100	−6.834	18.293	16.085
7	−4.100	−4.142	1.631	1.741
8	0.140	−0.436	8.779	5.698
9	−6.130	−5.949	10.936	9.774
10	0.740	0.215	12.695	9.227
Average	−2.823			
		SUM	75.797	68.598

What is the R^2 and $\overline{R^2}$ of this regression ?

答案解析：

首先根据第二个表格计算 TSS=75.797 ，ESS=68.598，那么可以计算：

$$R^2=\frac{ESS}{TSS}=\frac{68.598}{75.797}=90.5\%$$

同时，通过第一个表格得知一共有两个解释变量，

$$\overline{R^2}=1-\frac{n-1}{n-k-1}(1-R^2)=1-\frac{10-1}{10-2-1}(1-0.905)=0.878$$

扫码获取更多题目

第二十一章 回归诊断

Regression with Multiple Explanatory Variables

一、回归模型拟合度与方差权衡	1. 无关变量	★★
	2. 偏差与方差	
	2. 偏差与方差的权衡方法	★★
二、异方差性	1. 怀特检验	★★★
	2. 使用异方差数据	
三、多重共线性	1. 完全多重共线性	★★
	2. 不完全多重共线性	★★
	3. 多重共线性的甄别	★★
四、图解残差项与异常值	了解残差图	★

◢ 学习目的

本章研究模型诊断。理想情况下，模型应包含所有解释因变量的自变量，并排除所有不包含因变量的变量。

在实践中，要实现这一目标非常困难。

省略可以显著解释因变量的解释变量会产生偏差，这个偏差不仅会使得解释力度下降，也会使得统计推断变得不可靠。

另一方面，包括不相关的变量也会产生偏差。虽然，在大样本中，无关变量的系数收敛到零，但是，包括不必要的解释变量确实会增加估计的模型参数的不确定性。

所以，权衡这两者的关系并确定合适的解释变量就显得额外重要。

选择模型后，应检查模型是否有明显的缺陷。标准规范检查包括假设条件的检验，以检查用于证明 OLS 的估计量是否可以使用。

本章主要为介绍多余变量、冗杂变量的处理，异方差问题的处理和多重共线性问题的处理。这也是回归模型会主要面临的问题。

◢ 考点分析

通过本章的学习，主要需要掌握三大部分知识来应对金融风险管理师的考试。

第一，描述多元回归中解释变量个数的选择，并在实际操作中学会权衡；第二，说明异方差，多重共线性等问题的来源检验和处理办法；第三，描述残差项的呈现方法及对应的改进方法。

本章入门

多元回归和单元回归不同的是，多元回归模型更加侧重于对变量的选择。是否应该包含这个变量，是否应该包含更多的变量?

更多的变量自然会有更好的解释效果，但是也意味着更多的参数估计以及其他更加复杂的问题；更少的变量，诚然，估计的参数变少了，估计的误差自然也就降低了，但是模型的解释力度也就低了。

这个问题不仅仅在回归模型中会出现，在人工智能领域，机器学习算法中也会遇到此类问题，它有一个统称叫做模型复杂度选择。本章将为带来对这个问题的基本处理办法。

第一节　回归模型拟合度与方差权衡

对于一个回归模型，最理想的情况莫过于：

模型包含了可以解释因变量的所有自变量，同时剔除了所有不能解释因变量的自变量。但是，基本上所有的模型都无法达到这个条件，他们之中：

（1）剔除了应该包含的自变量；

（2）包含了不该包含的自变量。

如果是剔除了应该包含的变量，这种现象称之为遗漏变量（Omitted Variable）。

同一元线性回归模型相同，多元线性回归模型的参数也是通过最小二乘法确定的。而遗漏变量会造成通过最小二乘法获得的多元线性回归模型产生误差，遗漏变量同时满足以下两个性质：

- 遗漏变量与模型中其他的解释变量（Explanatory Variables）存在着高度相关性。
- 遗漏变量对被解释变量（Dependent Variable）存在影响。

遗漏变量之所以会造成最小二乘法产生偏差是因为被解释变量中原本应该由遗漏变量所解释的部分并没有得到充分的解释，而是被其他的解释变量所解释了，这样就会造成其他解释变量的斜率（回归）系数产生误差，从而造成了对于不同的解释变量，模型的误差也不尽相同，这违反了多元线性回归模型中所有的自变量 X_i 都不能与残差项存在相关性，即 $Cov(X_i, \varepsilon_i) = 0$ 的前提假设。

名师解惑

应该由被遗漏的变量解释的部分跑去哪里了呢？

一部分跑到了其他还存在的解释变量中，这样一来，这些变量的斜率参数就会出现误差；

另外一部分跑去了残差项，这样一来，残差项的绝对量就会变大。注意，只要是遵循最小二乘法的假设，残差项的均值是等于 0 的。

一、无关变量

如果是包含了不该包含的自变量，这种现象称之为包含无关变量（Extraneous included variable）。

无关变量指的是模型中已经包含但实际上不需要的变量。从模型的角度，这种类型的变量在回归模型中的真实回归系数应该为 0，但是需要在大样本的假设条件下才可以得到。

很显然，在实际模型使用中，获得大样本的可能性是比较低的，所以无关变量的混入通常在肉眼上很难观察出来。

那么，包含这些无关变量会对实际模型使用带来问题吗？

答案是肯定的，包括无关变量是有代价的。读者可以回顾一下在第二十章第二节中提到的调整后的判定系数：

$$\text{Adjusted } R^2 = 1 - \frac{SSR/(N-K-1)}{TSS/(N-1)}$$

一方面，增加变量会增加 k，从而增加$\frac{N-K-1}{N-1}$，所以降低了调整之后的判定系数。另一方面，新增的变量会减少残差平方和（SSR），从某种角度可以抵消了$\frac{N-K-1}{N-1}$的增加，产生更大的调整之后的判定系数。所以，增加变量的个数对于模型产生的影响是两方面的。

但是，如果增加的变量是无关变量呢？由于无关变量的回归系数等于 0，所以不会产生额外的解释力度，所以也就不会影响残差平方和（SSR），那么，增加这种变量自然只会降低调整之后的判定系数。

二、偏差与方差

正确理解偏差和方差，这两个误差出现的不同原因，可以帮助我们更好得诊断回归模型。同时，我们假设现在建模师根据数据的特征，选择不同的解释变量，从而形成了多个模型。

由偏差引起的误差：我们将回归模型的平均预测值和预测正确值之间的差异定义为偏差。

名师解惑

很明显的是，如果你只能有一个模型，在谈论平均预测值可能看起来有点怪。但是，想象一下，我们可以多次重复整个建模过程：每次收集新的数据来拟合一个新的模型。由于样本数据获取中的随机性，模型的最终预测结果也将具有一定的预测范围。

由方差引起的误差：我们将模型之间的多个拟合预测之间的偏离程度定义为

方差。同样，想象你可以重复多次整个建模过程。

当然，我们可以使用靶心图来图形化定义偏差和方差。

假设靶心就是我们要预测的真实值。命中的点离靶心越远，我们的预测结果越糟糕，或者说，偏差越大。同样的，我们可以选择不同的样本数据，重复我们整个建模过程，独立得得到多个预测值（命中点）。这些命中点可能比较集中也可能比较离散，这些不同的情况造成了对靶心的命中分布。

根据偏差和方差的定义，我们将建立的模型分为四类（见图 21-1，21-2，21-3，21-4）。

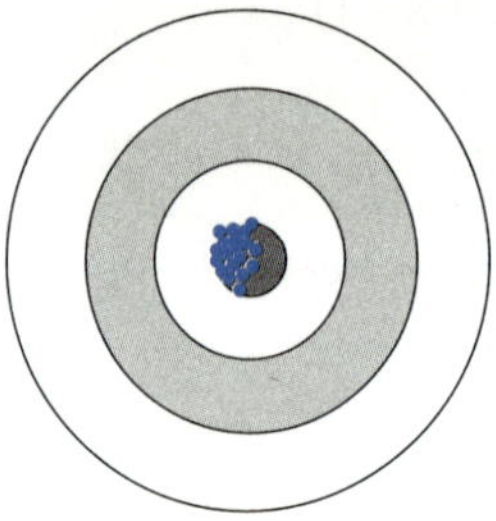

图 21-1　低偏差低方差

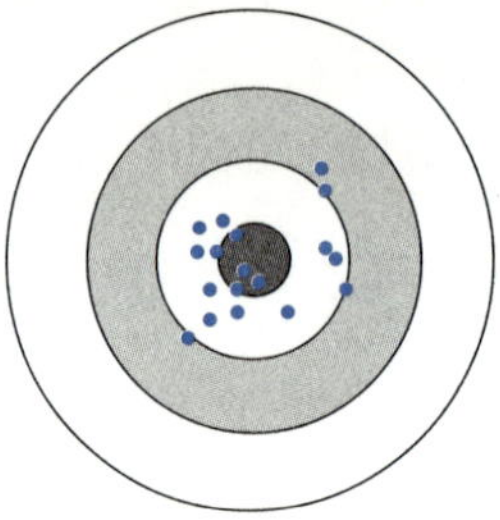

图 21-2　低偏差高方差

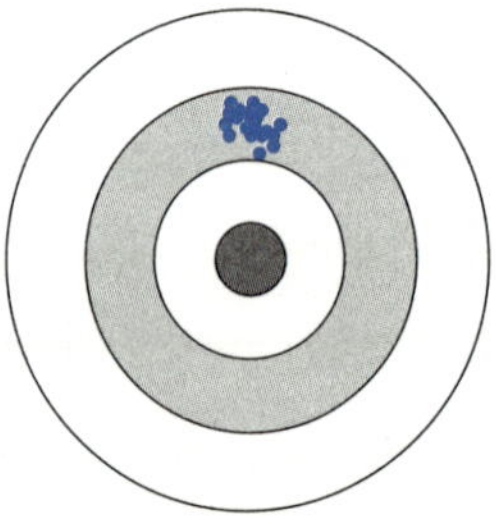

图 21-3　高偏差低方差

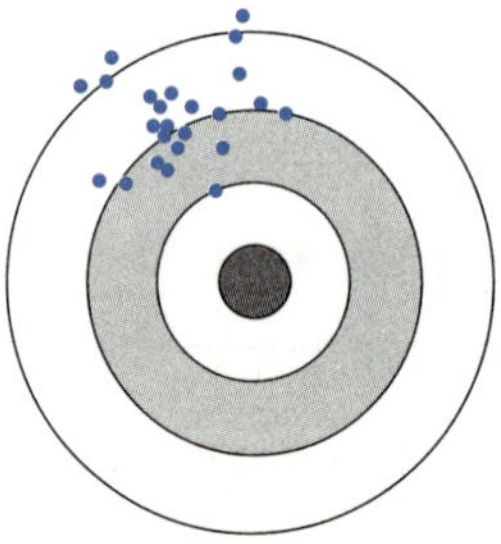

图 21-4　高偏差高方差

在一个实际系统中，偏差与方差往往是不能兼得的。如果要降低模型的偏差，就一定程度上会提高模型的方差，反之亦然。

造成这种现象的根本原因是，我们总是希望试图用有限训练样本去估计无限的真实数据。

当回归模型的自变量个数比较少而过于简单时，回归模型容易发生欠拟合，表现在解释力度低，方差小，但是偏差大；

当回归模型的自变量个数比较多而模型过于复杂时，回归模型容易发生过拟合，表现在解释力度高，偏差小，但是方差大。

三、偏差与方差的权衡方法

为了达到一个合理的 bias-variance 的平衡，此时需要对模型进行认真地挑选和评估。这里为读者简要介绍两种有用的方法。

举个例子

假设在一个多元回顾模型中，一个解释变量的真实回归参数为 1.2。

对于解释变量较多的模型，由于需要估计的参数比较多，所以估计的误差较大。比如多次抽样估计的结果可能是 1.18，1.23，1.20，1.21，1.19……，随着估计的次数增加，所有结果的平均值会更加接近真实的参数，这便是偏差较小但是误差较大。

对于解释变量较少的模型，由于需要估计的参数比较少，所以估计的误差较小。比如多次抽样估计的结果可能是 1.282，1.281，1.279，1.280，1.281……，虽然估计结果的波动很低，误差很小，但是随着估计的次数增加，所有结果的平均值永远和真实的参数有较大偏差，这便是偏差较大但是误差较小。

所以到底应该是谨慎地选择变量（当然这样做有可能遗漏变量），还是说尽可能包含所有相关变量（当然这样做有可能包含无关变量），这最终其实是偏差和方差之间的权衡。

通常而言，解释变量较多的模型（也称之为大模型）倾向于具有较低的偏差，但是它们的估计参数更不精确（这主要是因为包括无关变量会增加参数估计误差，也就是方差）。另一方面，解释变量很少的模型参数估计误差较小，但参数估计的结果有更大偏差。

偏差——方差权衡是所有回归模型变量选择的基本挑战。总的来说：

（1）选择更少的解释变量就会有更大的方差，但是会增加模型的偏差；

（2）选择更多的解释变量就会有更小的偏差，但是会增加模型的方差。

如何选择最佳的变量，目前比较成熟的方法有两个。一个是规则化和模型选择，另外一个是 M 折交叉验证（也叫做“留一法”）。

扩展阅读

规则化和模型选择的做法有以下几步：

首先建立一个包含所有相关变量的大型模型，并对所有的回归系数进行显著性检验。

其次找出回归系数在统计上不显著的所有解释变量，并删除t检验统计量中绝对值最小的回归系数所对应的解释变量。

接着用剩余的解释变量重新建立新的回归模型，重复执行前两个步骤，直到模型中不包含统计上不显著的回归系数为止。

当然，这个方法中的显著性的判断标准可以由建模者自己定义，常见选择在1%到0.1%之间。

M折交叉验证的方法是一种在现代数据科学中比较流行的方法。

它的核心思想在于拿出大部分样本进行建模，留小部分样本用刚建立的模型进行模型预测误差分析，并记录这小部分样本的误差平方加（也就是SSR）。

对于一个有n个解释变量的模型，所有可能建立的模型最多有2n个（这里包含了不使用任何一个解释变量）。在所有的模型中SSR最小的模型便是最终胜出的那一个了。

第二节 异方差性

— 考纲要求 —
说明如何检验回归模型是否受到异方差的影响。

无论是一元线性回归模型还是多元线性回归模型，线性回归的前提假设之一就是要求模型残差的方差必须是恒定的，如果残差的方差不恒定，则说明出现了**异方差**（Heteroskedasticity）。

异方差分为两类，**条件异方差**（Conditional Heteroskedasticity）和**非条件异方差**（Unconditional Heteroskedasticity），两者区别见图21-5。

如果模型满足同方差假设，则应如图（a）所示，方差恒定。

如果发生非条件异方差，则应如图（b）所示，残差的波动率一直在变化，而且这个变化变幻莫测，毫无规律，忽大忽小。

而所谓条件异方差，指的是波动率与某个要素有相关关系，通常指的是和自变量X有相关性，如图（c），自变量变大，残差的波动率也随之变大，这种情况叫做条件异方差。

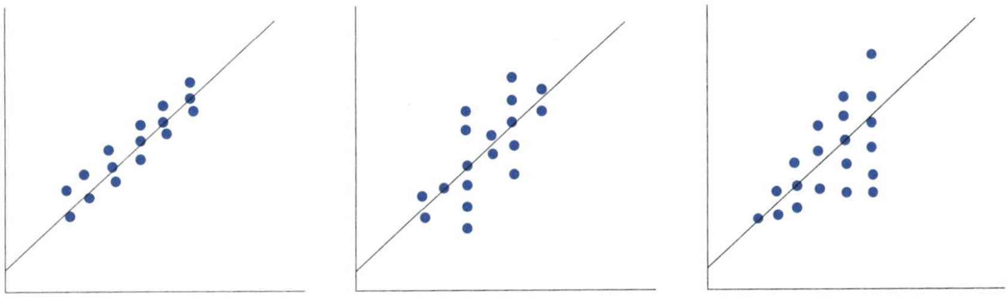

(a)　　(b)　　(c)

图 21-5　同方差、非条件异方差和条件异方差

条件异方差和非条件异方差都叫异方差，但是这两种异方差对回归的影响不同。其中，条件异方差对回归结果的可靠性影响更大，因为条件异方差的出现意味着残差会随着自变量 X 的变大而变大，这个残差是有规律可循的，所以往往更关心条件异方差带来的影响。

条件异方差有两种表现形式，一种是如图 21−5（c）的表现形式，图中横轴是自变量 X，纵轴是因变量 Y。倘若把这个图像给换一换，横轴还是 X，纵轴变成了残差，这个时候条件异方差的图形就如图 21−6 所示。

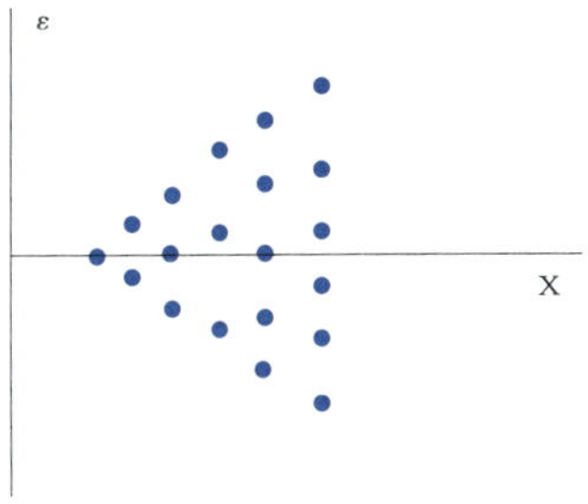

图 21-6　条件异方差

当条件异方差这种现象出现时，会出现什么问题？如图 21−7，假设随机抽取样本，如果抽到了左边方框中的样本，那么算出来的回归系数标准差$S_{\hat{b}_1}$会偏小；同理，如果抽到右边方框里的样本，$S_{\hat{b}_1}$的结果就是偏大的。

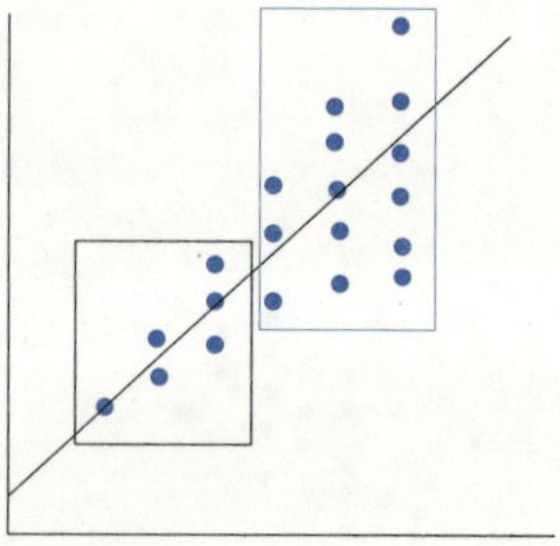

图 21-7　条件异方差

b_1 的检验统计量等于$\frac{\hat{b}_1-0}{S_{\hat{b}_1}}$，如果 $S_{\hat{b}_1}$变大，检验统计量就会偏小，这个时候就更不容易拒绝原假设了，越不容易拒绝原假设，就越容易犯第二类错误。同理，当 $S_{\hat{b}_1}$偏小时，检验统计量会偏大，更容易拒绝原假设，从而增加了犯第一类错误的概率。

总而言之，当异方差现象存在时，回归系数的估计量不会受影响，即利用最小二乘法算出 $\hat{b}_0$ 和 $\hat{b}_1$ 是不受影响的。异方差影响的是标准差，即 $S_{\hat{b}_1}$，如果 $S_{\hat{b}_1}$偏小，犯第一类错误的概率会上升；同理，如果 $S_{\hat{b}_1}$偏大，犯第二类错误的概率会上升。

既然异方差的问题这么大的，检验的过程就显得很重要，主要用到的方法叫做怀特检验（White Test）。

一、怀特检验

怀特检验的原假设为没有异方差，通常是没有条件异方差，备择假设是有条件异方差。

有多种方法证明 X 和残差的方差之间是有关系的，常见的方法便是在自变量和残差的平方之间做回归。这里的自变量不仅包含了自身，还会根据自变量的个数包含其他的变量。

以两个自变量为例，假设原来的模型为：

$$Y_i=\alpha+\beta_1X_{1i}+\beta_2X_{2i}+\varepsilon_i$$

首先计算回归方程的残差，也就是：

$$\hat{\varepsilon}_i=Y_i-\hat{\alpha}-\hat{\beta}_1X_{1i}-\hat{\beta}_2X_{2i}$$

接下去，作如下的回归方程，

$$\hat{\varepsilon}_i^2=\gamma_0+\gamma_1X_{1i}+\gamma_2X_{2i}+\gamma_3X_{1i}^2+\gamma_4X_{2i}^2+\gamma_5X_{1i}X_{2i}+\eta_i$$

它以误差项的平方作为因变量，两个自变量 X_{1i} 和 X_{2i}，两个自变量的平方项 X_{1i}^2 和 X_{2i}^2，和乘积项，$X_{1i}X_{2i}$，分别做回归，如果所有的系数中至少有一个显著不等于 0，也可以得出残差项和自变量之间存在相关关系的结论。

名师解惑

从原假设上看，怀特检验的思想和 F 检验是非常相似的。

怀特检验的原假设为：

H_0：$\gamma_1=\cdots=\gamma_5=0$

F 检验原假设为：

H_0：$b_1=b_2=b_3=\cdots=b_k=0$

做完回归后，可以计算 $R^2_{residual}$，即新回归方程的 $R^2_{residual}$，如果 $R^2_{residual}$ 比较大，说明自变量和 ε^2 之间是有关系的。当然，异方差的确认还需要更多的样本数据支持。如果样本量较低，那么即便计算出来的 $R^2_{residual}$ 比较大也不足以说明问题。因此在计算怀特检验统计量的时候还需要考虑样本容量。最终：

$$怀特检验统计量=n\times R^2_{residual}$$

怀特检验统计量服从卡方分布，自由度等于 K（K+3）/2，其中 k 表示自变量的个数。这个值越大越拒绝原假设。

如果确认了模型存在异方差，则下一步明确如何使用此类数据。

二、使用异方差数据

对于异方差数据的使用，常见的有三种方法。

第一种方法还是由怀特提出的，叫做**怀特的修正标准误**（White-Corrected Standard Errors）。将出问题的 $S_{\hat{b}_1}$ 调整一下，得到一个更稳健的标准误的估计量即可。

第二种方法是转换数据，通常异方差的现象来自于数据的量级之间相差太多，比如各个国家之间的 GDP 数据等。此时比较推荐的方法是将这些数据直接取对数，将处理好的数据再开展回归的话效果就会好很多，异方差的现象就会缓和。

最后一种方法称为**加权最小二乘法**（Weighted Least Squares），在最小二乘法的基础上，对于不同的数据设置不同的权重，然后再计算估计的斜率和截距参数。

第三节 多重共线性

— 考纲要求 —
描述多重共线性及其后果；区分多重共线性和完全共线性。

多元回归模型的前提假设之一是要求任意两个或多个自变量之间不能存在线性相关关系，如果自变量之间存在高度的线性相关性，就会出现**多重共线性**（Multicollinearity）。

多重共线性分为两种，一种叫**完全多重共线性**（Perfect Multicollinearity），另一种叫**不完全多重共线性**（Imperfect Multicollinearity）。

一、完全多重共线性

在多元回归模型中，如果一个解释变量与其余解释变量存在着完全线性相关性的话，则该模型存在完全多重共线性，在这种情况下，无法使用最小二乘法估计回归系数。

例如，某研究员想利用月收入，月负债与月可支配收入去解释月消费的数额，在这种情况下就会存在完全多重共线性，因为月可支配收入这一解释变量就等于另外两个解释变量月收入与月负债之差。不仅如此，如果在一个截距项不为 0 的回归模型中牵涉到 n 个虚拟变量，我们只能将其中的 n-1 个虚拟变量引入具有截距项的回归方程，当前 n-1 个虚拟变量取值 0 时，截距项就可以表示第 n 个虚拟变量。一旦我们误将 n 个虚拟变量全部引入到带有截距项的回归方程中，就会产生完全多重共线性，这种现象也成为虚拟变量陷阱（Dummy Variable Trap）。

二、不完全多重共线性

不完全多重共线性是指回归模型中两个或两个以上的解释变量存在高度相关性，但相关系数小于 1，不完全多重共线性并不影响最小二乘法的使用，但是通过最小二乘法得到的 $\hat{b}_0$、$\hat{b}_1$、$S_{\hat{b}_1}$ 等回归系数都是存在较大的偏差的，进而影响模型的准确性。

三、多重共线性的甄别

判断多重共线性最简单的的方法之一就是观察自变量之间的经济联系，例如回归方程中的两个自变量分别是收入和个人资产时，就很明显存在多重共线性的问题。再比如回归方程中的三个解释变量分别是上证 180 指数、沪深 300 指数与上证 50 指数时，模型也会出现多重共线性的问题，因为这三个指数很多的成分股是相同的。

从统计学角度去分析，如果单个回归系数的 t 检验均不显著，但对整个模型的 F 检验显著且具有较高的解释力度 R^2，则说明模型存在多重共线性。例如在用收入与资产解释消费的例子中，解释变量收入与资产之间至少有一个是与消费水平存在正向相关性的，或者说至少有一个是可以解释消费水平的，因此 F 检验显著。当模型用收入解释消费的同时，新增的解释变量变量资产也会增加模型的解释力度，从而导致 R^2 上升。最后，当收入已经可以很好地解释消费水平的时候，新增变量资产的解释力度可能远不如收入的解释力度强，所以会导致 t 检验不显著。

在实际应用中，我们可以通过计算解释变量之间的相关系数 r 来直接判断他们之间是否存在多重共线性。相关经验表明，当相关系数 r 的绝对值大于 0.7 的时候，就可以认为这两个变量之间是有相关性的，换言之，回归模型是存在多重共线性的。

当模型存在不完全多重共线性时，可以剔除相关性较高的解释变量进行修正。比如收入和资产是两个存在明显线性相关关系的解释变量，那么修正方法就是剔除其中一个解释变量。我们可以先剔除收入这一解释变量，只研究资产与消费之间是否存在线性关系，继而列出回归方程，在通过假设检验后，最后再去计算模型的。接下来，我们可以重复上述步骤，从模型中剔除资产这一解释变量，只研究收入与消费之间的线性关系，最后同样可以得到模型的 R^2，再从中选一个 R^2 较大的模型即可。

第四节　图解残差项与异常值

所谓异常值，指的是样本中的个别值，其数值明显偏离它（或他们）所属样本的其余观测值。

如果从样本中删除这些值，则会在估计系数中产生很大的变化。库克距离指标可以测 s 算在回归中拟合值对于丢弃单个观察值的敏感性，它的具体定义为：

$$D_j = \frac{\sum_{i=1}^{n}\left(\hat{Y}_i^{-j} - Y_i\right)^2}{KS^2}$$

其中 $\hat{Y}_i^{-j}$ 是 Y 的拟合值，这个拟合值是在删除观测值 j 并使用 n−1 个观测值重新估计模型并使用模型预测得到的。$\hat{Y}_i$ 也是 Y 的拟合值，而这个拟合值是使用所有观测值估计模型并使用模型预测得到的。

所以，D_j 应该很小。D_j 的值大于 1 表示观察值 j 对估计的模型参数有很大的影响，那么异常值的可能性就越大，反之则说明异常值的可能性较小。

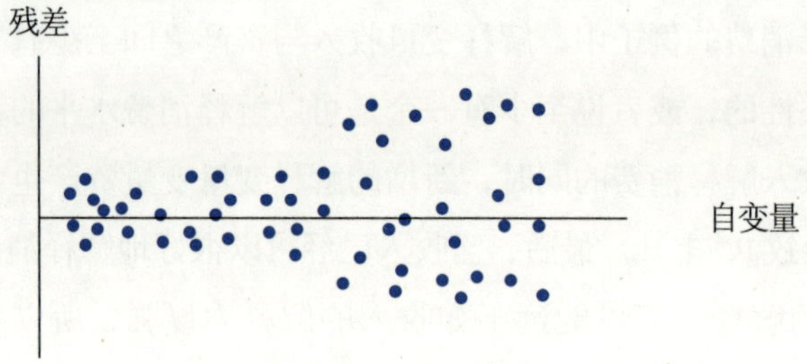

图 21-8 异方差性

本章小结

♣ 权衡解释变量的个数

- 遗漏重大变量。
- 包含无关变量。

♣ 异方差

- 异方差对模型的影响。
- 怀特检验。
- 异方差的修正。

♣ 多重共线性与完美多重共线性

- 残差图的作用。

章节练习

◇ In a model with a single explanatory variable, what value of the R^2 in the second step in a test for Heteroskedasticity indicates that the null would be rejected for sample sizes of 100,500, or 2500? (Hint: Look up the critical values of a χ_q^2, where q is the number of restrictions in the test.)

答案解析

当原始模型中只有一个解释变量时，用于 White 检验的检验统计量为 nR^2，并且服从卡方分布。

当检验水平为 5%的测试时，通过查表可得，临界值为 5.99。

令 $R^2 \leq 5.99/n$。当 n 为 100、500 和 2500 时，不拒绝的 R^2 的最大值分别为 0.0599、0.012 和 0.0023。

扫码获取更多题目

第二十二章　平稳的时间序列
Stationary Time Series

一、时间序列分析简介	时间序列数据的三种组成部分	★★
二、协方差平稳	1. 协方差平稳	★★★
	2. 自相关函数与偏自相关函数	
三、白噪声	1. 白噪声的特点	★★
	2. 独立白噪声和正态白噪声	
四、AR、MA、ARMA 模型	1. 自回归模型	★★★
	2. 移动平均模型	
	3. 自回归移动平均模型	
	4. 三个模型的评价准则	
	5. 三个模型的选择	
五、样本自相关性	检验自相关系数的衰减性	★
六、预测	利用三个模型预测未来时间序列数据	★★

学习目的

时间序列分析是财务和风险管理中的基本工具。许多关键时间序列（例如，利率和利差）具有可预测的组成部分。建立准确的模型可以将过去的值用于预测这些系列的未来变化。

时间序列可以分解为三个不同的组件：趋势，它捕获了时间序列的水平随时间的变化；季节性成分，可以捕获根据一年中的时间在时间序列中可预测的变化；以及周期性成分，用于捕获数据中的周期。前两个组成部分是确定性的，而第三个组成部分则是由对过程的冲击和过程的记忆力（即持久性）共同决定的。

本章重点介绍周期性成分。该组成部分的属性决定了趋势或季节组成部分的过去偏差是否对预测未来有用。下一章将模型扩展到包括趋势和确定性的季节性成分，并研究可用于消除趋势的方法。

本章首先介绍时间序列和线性过程。此类过程很广泛，包括最常见的时间序列模型。然后，它介绍了时序分析中的一个关键概念，称为协方差平稳性。如果时间序列的前两个时刻不随时间变化，则该时间序列是协方差平稳的。重要的是，可以通过线性过程描述协方差平稳的任何时间序列。

尽管线性过程非常笼统，但它们也不直接适用于建模。取而代之的是，使用两类模型来近似一般的线性过程：自回归（AR）和移动平均值（MA）。通过将不同模型类的理论结构与样本统计数据进行比较，可以在对数据建模时利用这些过程的属性。这些检查将作为选择模型的指导。使用信息标准（IC）完善模型选择，该信息标准可在选择规格时正式确定偏差和方差之间的折衷。本章涵盖了两个使用最广泛的标准。

本章最后通过研究如何使用这些模型来产生样本外预测，以及如何将 AR 和 MA 适应具有季节性动态的时间序列。

考点分析

通过本章的学习，主要需要掌握三大部分知识来应对金融风险管理师的考试。首先是描述平稳的时间序列的特点以及如何判断协方差平稳；第二个是了解白噪声和它所衍生的 AR、MA 以及 ARMA 模型，并学会如何区分并使用它们；最后，通过对于样本自相关系数的判断，确定 ARMA 的可行性并为模型进行预测。

学习目的

时间序列分析是财务和风险管理中的基本工具。许多关键时间序列（例如，利率和利差）具有可预测的组成部分。建立准确的模型可以将过去的值用于预测这些系列的未来变化。

第一节　时间序列分析简介

时间序列可以分解为三个不同的组件（见图 22-1）。

趋势，它捕获了时间序列的水平随时间的变化，如斜线部分；

季节性成分，可以捕获根据一年中的时间在时间序列中可预测的变化；以及周期性成分，用于捕获数据中的周期，如圆圈部分；

第三个组成部分是波动，它是由对过程的冲击和过程的记忆力（即持久性）共同决定的，如方块部分。

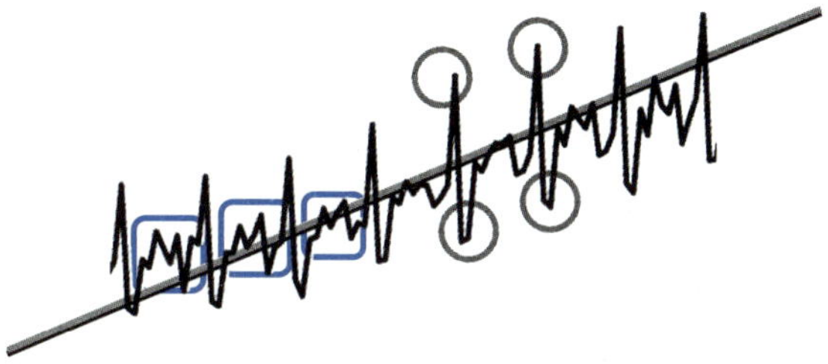

图 22-1　时间序列的趋势性、季节性和波动性

第二节　协方差平稳

一、协方差平稳

前面我们已经学习过了时间序列的趋势性特征和季节性特征，除此之外，时间序列还具有周期性的特征、趋势性和季节性这两个特征相较于时间序列的周期性特征而言，是比较容易通过一些简单的基础模型进行刻画的。

> 考纲要求
> 描述一个时间序列是协方差平稳的要求。

通过模型来预测经济变量未来的走势，是我们建立经济计量模型的主要目的。而基于随机变量的历史数据来推测其未来，则是建模和预测的基本思路。

因此，对于具有周期性特征的时间序列数据来说，它必须具有代表性或可延续性。换言之，它的数学特征或数据结构（例如均值结构或与滞后项的协方差结构）必须在一定时期内保持稳定（Stable over Time）。否则，我们将难以基于历史数据及其特征来预测未来的经济变量，这也违背了建立经济模型的初衷。

> 重点单词
> covariance stationary
> 协方差平稳

如果一个时间序列满足以下三个条件，我们则称该时间序列协方差平稳（Covariance Stationary）。

- 时间序列的均值存在且为常数，即 $E(y_t)=\mu$。
- 时间序列的方差存在且恒定不变，即 $VaR(y_t)=\sigma^2$。
- 时间序列之间的协方差不依赖于时间 t，只与时间间隔 τ 有关，即 y_t 和 $y_{t+\tau}$ 之间的协方差只和 τ 有关。即 $\gamma(t,\tau)=COV(y_t, y_{t-\tau})=COV(y_t, y_{t+\tau})=\gamma(t,-\tau)$，又因为平稳的协方差只与时间间隔 τ 有关，所以也可以将 $\gamma(t,\tau)=\gamma(t,-\tau)$ 记为：

$$\gamma(\tau)=\gamma(-\tau)$$

从协方差平稳的相关定义上来看，具有趋势性的时间序列是不符合协方差平稳的条件的，比如抽取上海最近十年的房价作为样本，随着外来人口的涌入，住宅的需求始终居高不下，于是房价就呈现了直线上升式的特点，房价均值也不再是一个常数，从而具有了趋势性，这样的数据就不是平稳的时间序列数据。

二、自相关函数与偏自相关函数

— 考纲要求 —
定义自相关函数。

时间序列 y_t 与其滞后阶 $y_{t-\tau}$ 之间的相关系数称为自相关函数（Autocorrelation Function），记为：

$$\rho(\tau)=\frac{cov(y_t, y_{t-\tau})}{\sqrt{Var(y_t)}\sqrt{Var(y_{t-\tau})}}=\frac{\gamma(\tau)}{\sqrt{\gamma(0)}\sqrt{\gamma(0)}}=\frac{\gamma(\tau)}{\gamma(0)}$$

其中分子 $\gamma(\tau)$ 代表的就是 y_t 与 $y_{t-\tau}$ 的协方差，而分母 $\gamma(0)$ 表示 y_t 的方差。在实际中，我们通过样本数据计算样本自相关函数（Sample Autocorrelation Function），表达式如下：

$$\hat{\rho}(\tau)=\frac{cov(y_t, y_{t-\tau})}{\sqrt{VAR(y_t)}\sqrt{VAR(y_{t-\tau})}}=\frac{\frac{1}{T}\sum_{t=\tau+1}^{T}\left[(y_t-\bar{y})(y_{t-\tau}-\bar{y})\right]}{\frac{1}{T}\sum_{t=1}^{T}(y_t-\bar{y})^2}$$

$$=\frac{\sum_{t=\tau+1}^{T}\left[(y_t-\bar{y})(y_{t-\tau}-\bar{y})\right]}{\sum_{t=1}^{T}(y_t-\bar{y})^2}$$

偏自相关函数（Partial Autocorrelation Function）是自相关函数的一种特殊形式，虽然它们都是表示 y_t 与 $y_{t-\tau}$ 之间的相关系数 $\rho(\tau)$，但是偏自相关函数的 $\rho(\tau)$ 是在控制 y_{t-1}，y_{t-2},⋯,$y_{t-\tau+1}$ 不变的情况下，y_t 与 $y_{t-\tau}$ 的相关系数，类似于回归方程中的系数，而这一条件在自相关函数中并没有要求。

在实际应用中，我们同样可以通过样本数据计算样本偏自相关函数，将 y_t 与

y_{t-1}，$y_{t-2},\cdots,y_{t-\tau+1}$，$y_{t-\tau}$ 做回归后，转化为对 $y_{t-\tau}$ 的系数估计即可。

在协方差平稳中我们已经学过，对于一个平稳的时间序列，y_t 与 $y_{t-\tau}$ 之间的协方差只和时间间隔 τ 有关，并且时间序列的均值将会趋近于一个固定值 μ，因此如果一个时间序列是协方差平稳的，那么它的自相关函数和偏自相关函数都将随着滞后阶数 τ 的增加而趋向于 0，即滞后阶数越大，$y_{t-\tau}$ 对 y_t 的解释力度越小。

第三节 白噪声

一、白噪声的特点

白噪声是一种特殊的时间序列，也是时间序列分析的基础，如果一组时间序列满足如下三个条件，则称该组时间序列是白噪声（White Noise），记为 $WN(0, \sigma^2)$。

> 考纲要求
> 白噪声并不一定要求服从正态分布。

- 时间序列均值存在且为 0，即 $E(y_t)=0$。
- 时间序列方差存在且恒定不变，即 $Var(y_t)=\sigma^2$。
- 时间序列之间序列不相关（no serial correlation），$\rho_{yt,\ yt+\tau}=0$。

由于白噪声不满足序列相关性，从 $\rho_{yt,\ yt+\tau}=0$ 不难得出过去的数据不再能够解释现在的数据，且变量 y_t 与 $y_{t+\tau}$ 之间的协方差 $\gamma(\tau)$ 也等于 0，因此白噪声是一种特殊的协方差平稳时间序列。

结合 $E(y_t)=0$ 与 $Var(y_t)=\sigma^2$ 的前提条件，当变量之间不存在序列相关性时，变量 y_t 就是一个完全随机游走的数据，毫无规律可言，此时随机变量 y_t 就类似于建模过程中产生的残差项 ε_t。

在回归分析中我们已经学过，回归方程的残差 ε_t 不存在序列相关性，且服从于均值为 0，方差为 σ^2 的正态分布，其实对于任何模型的残差项 ε_t 来说，它都应该通过白噪声检验，得到白噪声序列，就说明时间序列中有用的信息已经被提取完毕了，剩下的全是随机扰动，是无法预测和使用的，残差序列如果通过了白噪声检验，则建模就可以终止了，因为残差项中已经没有可以继续被提取的信息了。

如果残差不是白噪声，就说明残差中还有有用的信息，需要修改模型或者进一步提取。白噪声与残差项的区别在于白噪声仅要求变量之间不存在序列相关性，而并没有要求变量服从正态分布。

二、独立白噪声和正态白噪声

如果白噪声这一时间序列不仅序列不相关，还呈现出序列相互独立的性质（注意不相关不等于独立），那么我们称这种白噪声叫“独立白噪声”（Independent White Noise），也称“强白噪声”（Strong White Noise）；如果白噪声这一时间序列同时满足序列不相关、序列相互独立，且序列服从正态分布的条件，那么我们称这种白噪声叫“正态白噪声”（Normal White Noise）或“高斯白噪声”（Gaussian White Noise）。

此外，由白噪声的序列不相关性可知，如果一组时间序列是白噪声，那么当滞后阶数 τ 大于等于 1 时，这组时间序列的自相关函数和偏自相关函数皆为 0。

考试中往往会以定性的角度考察白噪声的相关概念，各位读者需牢记白噪声是协方差平稳的时间序列以及其他相关性质。

第四节　AR、MA 和 ARMA 模型

一、自回归模型

> 考纲要求
> 定义和描述自回归(AR)过程的特征。

自回归模型（Autoregressive Model，AR）认为在一个平稳的时间序列中，任意一个时刻 t 上的数值 y_t 可以表示为过去 p 个时刻上数值 y_{t-1}，y_{t-2}，…，y_{t-p} 的线性组合加上 t 时刻的白噪声，即表示为：

$$y_t=\varphi_1 y_{t-1}+\varphi_2 y_{t-2}+\cdots+\varphi_p y_{t-p}+\varepsilon_t$$

其中 $\varepsilon_t \sim WN(0,\sigma^2)$，常数 p 叫做阶数，与数理统计中线性回归方程模型相比，y_t 可以它过去的 p 个值 y_{t-1}，y_{t-2}，…，y_{t-p} 的线性回归方程表示，p 阶回归模型简记为 AR（P）。

当 p=1 时，模型则变为了：

$$y_t=\varphi y_{t-1}+\varepsilon_t$$

我们将上述模型称为 AR（1）模型，其中滞后项系数 φ 的绝对值必须小于 1，即 $|\varphi|<1$，如果不满足这个条件，那么这组时间序列将不再是平稳的。

对于高阶的自回归模型，也会用滞后算子来检验模型的协方差平稳的特性。

扩展阅读

滞后算子是一种特殊的数学运算，由于协方差平稳的性质存在于时间序列数据当中，那么滞后一期的数据之间的相关关系应该相同。为了简化这个过程，假设相邻两个时间序列数据之间的商为 L，即：

$$y_t\times L=y_{t-1}\ ,\ \ y_t\times L^2=L(L(y_t))=L(y_{t-1})=y_{t-2}$$

其中 L 代表的就是滞后算子。简单的说，当每一个时间序列数据乘以

L 的时候，时间序列数据的值会滞后一阶。

滞后算子可以帮助检验协方差平稳，这种方法也称为特征值检验法。下面利用一个例子简要说明这个过程。

现有一个 AR（2）模型，判断这个模型是否属于协方差平稳状态。

$$Y_t=1.4\times Y_{t-1}-0.45\times Y_{t-2}$$

解答如下：

第一步，代入滞后算子：

$$Y_t=1.4\times Y_{t-1}-0.45\times Y_{t-2}$$

第二步，消掉时间序列数据得到一个关于 L 的函数

$$\Phi(L)=1-1.4L+0.45L^2=0$$

第三步，令 z=1/L，重新书写函数，这样一来两次项前的系数等于 1。

$$\Phi(z)=z^2-1.4z^{2-1}+0.45=0$$

第四步，求解未知数 z，得到两个解，分别为 $z_1=0.9$ 和 $z_2=0.5$。这两个值也称为模型的特征值，只要模型的特征值都介于 1 或 -1 之间（不包含 1 或 -1），那么模型便是协方差平稳的。

当 φ>0 时，自回归模型是呈单边衰减的，而当 φ<0 时，自回归模型呈正负双边衰减。

从 AR（1）模型中还可以看出模型的偏自相关函数只与滞后一阶的 y_{t-1} 有关，而与其他滞后阶数（例如 y_{t-2}）的数值无关，因此当滞后阶数超过 1 时，AR（1）模型的偏自相关函数将会从 $\rho_{y_t,\ y_{t-1}}$ 瞬间减小到 0，也因此 AR（1）模型的偏自相关函数呈现“截尾”（cut off）特征。

在自回归模型中，系数 φ_p 的估计是模型精确与否的关键，AR 模型的系数估计类似于线性回归方程中求解回归系数的过程，尽管 AR 模型也能使用最小二乘法来估计滞后项系数，但是我们一般更偏向于使用尤尔—沃克方程（Yule-Walker equation）这种更为精确的方法，该方程是描述自回归序列参数与其自相关函数之间关系的方程，以 AR（1）模型为例，我们可以得到如下关系：

$$\rho_t=\varphi^t$$

名师解惑

如果将时间序列中 y_t 对 y_t，y_{t-1}，…，y_{t-p} 做线性回归，其中 φ_p 是滞后 p 阶自变量 y_{t-p} 的系数，我们把这样的 φ_p 称作偏自相关系数，如果我们把 φ_p 看做是滞后阶 P 的函数，那么 φ_p 就是一个偏自相关函数 (Partial Autocorrelation Function)。

截尾是指时间序列自相关函数或偏自相关函数在某滞后阶后均为 0 的性质，对于 AR(P) 模型，$y_t=\varphi_1 y_{t-1}+\varphi_2 y_{t-2}+\cdots+\varphi_p y_{t-p}+\varepsilon_t$，滞后阶超过 p 的自变量的系数都等于 0，模型的偏自相关函数就会出现截尾现象。此外，AR 模型的自相关函数呈现的衰减现象。

从备考角度出发，各位读者只需了解 AR(1) 模型的自相关函数呈现衰减现象，AR(1) 模型的偏自相关函数呈现截尾现象的结论即可。

— 考纲要求 —
描述线性和非线性时间趋势。

其中，ρ_t 代表了自相关函数，可以看出，随着滞后阶数的增加，AR（1）模型的自相关函数也会呈现衰减（Decay）趋势。同理，我们也可以利用自相关函数和滞后阶数反求出 AR 模型的自相关系数。在随机过程中，尤尔—沃克方程的计算会牵涉到较复杂的矩阵运算，从备考角度出发，各为读者只需要了解尤尔—沃克方程的作用与基本思想即可。

二、移动平均模型

移动平均模型 (Moving Average Model，MA) 认为一个平稳的时间序列中，任意一个时刻 t 上的数值 y_t 可以表示为当前的白噪声和过去 p 个时刻上的白噪声的线性组合，即：

- 考试小技巧 -
备考指南：有关 AR，MA 模型的衰减和截尾现象只需记住相关结论即可，无需掌握推导。

$$y_t=\varepsilon_t+\theta_1\varepsilon_{t-1}+\theta_2\varepsilon_{t-2}+\cdots+\theta_q\varepsilon_{t-q}$$

其中，ε_t 代表了时刻 t 的白噪声，ε_{t-1} 代表了滞后一期的白噪声，代表了滞后项白噪声的系数。从公式不难看出，移动平均模型其实就是沃尔德分解定理的应用，沃尔德分解定理认为任何协方差平稳的时间序列都可以表示成无穷项白噪声的线性组合，在实际中，理性人会选择一定的滞后阶数进行建模，所以 MA 模型的建模思想是基于沃尔德分解定理的。当滞后项的阶数等于 1 时，移动平均模型就变成了 MA（1）模型，表示如下：

$$y_t=\varepsilon_t+\theta_1\varepsilon_{t-1}$$

不难看出 y_t 只受到白噪声 ε_t 和 ε_{t-1} 的影响，而几乎不受 y_{t-1} 的影响，换言之，MA 模型更善于捕捉和分析最近市场环境的随机扰动，而对于先前的市场表现 y_{t-1}

则没有更多关注。所以，对于 MA（1）模型来说，当滞后阶数大于 1 时，y_t 的自相关函数等于 0，于是移动平均模型 MA（1）的自相关函数会呈现“截尾”效应。也正因 y_t 主要受到随机扰动的影响，随着滞后阶数的增加，y_t 与滞后项的自相关性会逐渐降低，所以移动平均模型 MA（1）的偏自相关函数呈现衰减现象。

三、自回归移动平均模型

自回归移动平均模型（Autoregressive Moving Average Models，ARMA）由自回归模型（AR 模型）与移动平均模型（MA 模型）共同构成，记为 ARMA（p，q），其中 P 代表了 AR 模型的滞后阶数，q 代表了 MA 模型的滞后阶数，表达式如下：

$$y_t=\varphi_1 y_{t-1}+\varphi_2 y_{t-2}+\cdots+\varphi_p y_{t-p}+\theta_1\varepsilon_{t-1}+\theta_2\varepsilon_{t-2}+\cdots+\theta_q\varepsilon_{t-q}+\varepsilon_t$$

ARMA 模型是研究平稳随机过程的经典方法，它比 AR 模型与 MA 模型有更为精确的估计，但其参数估算比较繁琐。最后需要注意的是，ARMA 模型的自相关函数与偏自相关函数都是衰减的。

四、三个模型的评价准则

在线性回归中，解释力度 R^2 与残差平方和 SSR 的数值大小通常是评价模型优劣的重要指标，解释力度越大，残差平方和越小，模型也更优。时间序列模型以时间 t 作为自变量，具有趋势性，因而通常采用 MSE，s^2，AIC 以及 SIC 这四个准则去评价模型的优劣。

▲ **均方误差**（Mean Squared Error，MSE）

评价趋势模型优劣的第一个指标就是均方误差（MSE），计算式如下：

$$MSE=\frac{\sum_{t=1}^{T}\hat{\sigma}_t^2}{T}=\frac{\sum_{t=1}^{T}\left(\widehat{y_t}-y_t\right)^2}{T}$$

其中 $\sum_{t=1}^{T}(\hat{y}_t-y_t)^2$ 代表了时间序列的残差平方和，与线性回归模型类似，残差平方和越小，说明模型的解释力度 R^2 越大，模型也更优。因此，均方误差 MSE 越小，模型越优。但是均方误差 MSE 与线性回归模型存在着共同的缺陷，在通过均方误差 MSE 评价模型优劣时，选择具有最小 MSE 的模型等同于选择具有最大解释力度 R^2 的模型，当解释变量增加时，模型的解释力度 R^2 也会随之上升，即使新增加的解释变量并不能合理地解释被解释变量，只要解释变量不断增加，MSE 就一定会降低。

◢ S^2

均方误差 MSE 的缺陷在于新增的解释变量可能会过度解释模型，为了消除这一不利影响，我们需要对新增解释变量的个数做出一定的“惩罚”，于是，引入了第二个判别标准 s^2，表达式如下：

$$s^2=\frac{\sum_{t=1}^{T}e_t^2}{T-K}=\left(\frac{T}{T-K}\right)\frac{\sum_{t=1}^{T}e_t^2}{T}=\left(\frac{T}{T-K}\right)MSE$$

其中，K 代表了自由度，即解释变量的个数，而 $(\frac{T}{T-K})$ 就是对解释变量个数的惩罚因子，又 $(\frac{T}{T-K})$ 是一个大于 1 的常数，因此经过惩罚后的均方误差 s^2 一定会大于 MSE。

◢ AIC 准则（Akaike Information Criterion）

AIC 准则，又名赤池信息准则，是衡量统计模型拟合优良性的一种标准，是由日本统计学家赤池弘次创立和发展的。相较于 s^2，AIC 准则对均方误差的惩罚更为严格，表达式如下：

$$AIC=T\ln\hat{\sigma}^2+2k$$

◢ SIC（Schwarz Information Criterion）

SIC 准则基于 AIC 准则对惩罚力度做了进一步加强，表达式如下：

$$SIC=T\ln\hat{\sigma}^2+k\ln T$$

在 MSE，s^2，AIC 以及 SIC 这四个准则中，SIC 的惩罚力度是最严格的。我们也可以用图示法更直观地进行展示：

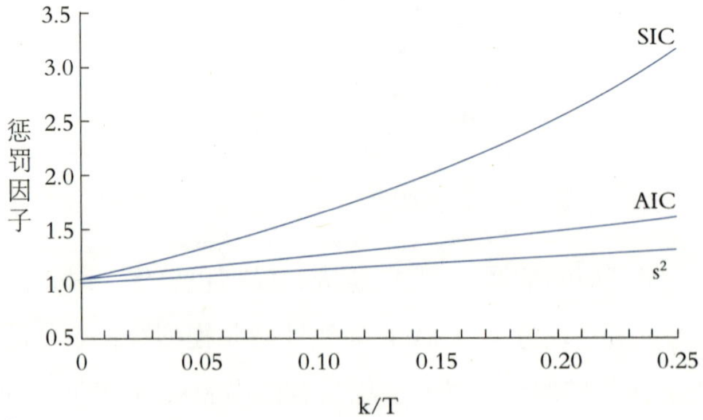

图 22-2 惩罚因子严格程度

五、三个模型的选择

理论上上讲，使用截尾和拖尾的判断可以区分出 AR 模型和 MA 模型的，但是这并不是说 AR 模型或者 MA 模型一定可以成功建模，模型是不是表现出协方差平稳也是一个需要考虑的点。

对 AR 模型而言，协方差平稳的判断因解释变量的个数不同而不同。

（1）当解释变量为 1 个时（AR（1）模型），只要滞后项的系数满足 $|\phi|<1$，那么模型便是平稳的。此时，模型的长期均值等于$\frac{\delta}{1-\phi}$，长期方差等于$\frac{\sigma^2}{1-\Phi^2}$。

（2）当解释变量为 2 个以及 2 个以上时（AR（p）模型，其中 $p \geqslant 2$），只要模型的所有特征根都满足绝对值小于 1，那么模型也是协方差平稳的。此时模型的长期均值等于$\frac{\delta}{1-\phi_1-\phi_2-\cdots-\phi_p}$。

对 MA 模型而言，协方差平稳的判断则简单的很多：因为所有的 MA 模型都是协方差平稳的。其实细心的读者可以发现，MA 模型和沃尔德分解非常相似，顺着这个思路可以帮助读者去思考 MA 模型为什么一直是协方差平稳的。

而对于 ARMA 模型而言，协方差平稳的条件就是通过 Box-Pierce Q（Q_{BP}）检验和 Ljung-Box Q（Q_{LB}）检验来证明的，我们会在本章第五节：样本自相关系数中为读者详细介筛这两种方法。

名师解惑

从备考角度来说，在 $p \geqslant 2$ 时，AR 模型的特征根判断有一定难度。考试一般要求掌握的是在 p=2 时协方差平稳判断。下面给各位读者举个例子。

题目：请判断以下 AR 模型是不是协方差平稳。

$$Y_t=1.4\times Y_{t-1}-0.45\times Y_{t-2}+\varepsilon_t$$

解答：分四步进行判断。

第一步，找到这个模型的滞后多项式。在滞后多项式里，当期为 1，滞后一期为 L，滞后二期为 L^2，依次类推。题目中的滞后多项式为：

$$\Phi(L)=1-1.4L+0.45L^2$$

第二步，找到这个模型的特征方程。在滞后多项式里，将整个式子除以 L2，并将 L 用 1/z 代替便可得到特征方程。题目中的特征方程为：

$$\Phi(z)=z^2-1.4z^{2-1}+0.45$$

第三步，令特征方程等于 0，找到方程的解，特征方程的所有解就是这个模型的所有特征根。题目中的特征根有两个，分别为 $z_1=0.9$，$z_2=0.5$。

第四步，判断模型是不是协方差平稳。由于所有的特征根都满足绝对值小于 1，所以这个模型是协方差平稳的。

第五节 样本自相关系数

— 考纲要求 —
描述 Box-Pierce Q 统计量和 Ljung-Box Q 统计量。

在所有模型中，ARMA 自然是使用率最高的一个，那么 ARMA 一定适合吗？

如果 ARMA 是合适的，那么自相关系数应该出现衰减，所以时间序列任意滞后阶的自相关系数 $\hat{\rho}(\tau)$ 都应该趋向于 0，通过这一思想，人们构造出了 Box-Pierce Q（Q_{BP}）检验统计量和 Ljung-Box Q（Q_{LB}）检验统计量并希望通过假设检验的方法来判断待检验的时间序列是否是白噪声。

白噪声检验的原假设与备择假设如下：

H_0：$\hat{\rho}(1)=\hat{\rho}(2)=\cdots\hat{\rho}(n)=0$，即时间序列是白噪声；

H_0：$\hat{\rho}(1)$，$\hat{\rho}(2)$，…，$\hat{\rho}(n)$ 中至少一个不为 0，即时间序列不是白噪声。

白噪声的检验统计量 (Q_{BP}) 为：

$$Q_{BP}=\mathrm{T}\sum_{\tau=1}^{m}\widehat{\rho^{2}}(\tau)$$

对 Q_{BP} 检验统计量做出调整，可得 Ljung-Box Q(Q_{LB}) 检验统计量：

$$Q_{LB}=\mathrm{T}\ (\mathrm{T}+2)(\frac{1}{\mathrm{T}-\tau})\sum_{\tau=1}^{m}\widehat{\rho^{2}}(\tau)$$

在 Box-pierce Q 检验统计量和 Ljung-Box Q 检验统计量中，T 代表了时间序列的组数，即样本容量；m 代表了时间序列样本观察组中最大的滞后阶数，这两个检验统计量都是服从卡方分布的。不难发现，时间序列的样本自相关系数 $\hat{\rho}(\tau)$ 越大，就越容易拒绝原假设。

当拒绝原假设时，我们可以得到该组时间序列不是白噪声的结论。一般来说，Box-Pierce Q（Q_{BP}）检验统计量和 Ljung-Box Q（Q_{LB}）是几乎相等的，区别在于 Ljung-Box Q 统计量的样本自相关系数平方和 $\widehat{\rho^2}(\tau)$ 是加权的，其权重等于（T+2）（$\frac{1}{\mathrm{T}-\tau}$），当样本容量 T 足够大的时候，这个权重其实就会趋近于 1，所以 Q_{LB} 与 Q_{BP} 这两组统计量几乎没有区别。

对于最大的滞后阶数 m，这个数字无论是太大或是太小都是不合适的，如果 m 太小，会导致研究范围过小，如果 m 太大甚至接近于 T，则会导致检验质量变差，在实际操作中，m 取值一般在 $\sqrt{\mathrm{T}}$ 附近是比较合理的。

名师解惑

从备考角度来说，各位读者需了解 Box-pierce Q 和 ljung-box Q 这两个 Q 检验统计量是用于检验时间序列是否为白噪声的，并知道 Q 检验统计量服从卡方分布，当拒绝原假设时可以得到待检验的时间序列不是白噪声这一结论。相关计算和公式并不要求掌握。

第六节　预测

利用三个模型预测未来时间序列数据

对于时间序列的预测只要明确两个原则就可以。

（1）首先，所有待预测的残差项的期望值等于 0，这个思想和回归的思想是吻合的；

（2）其次，只有预测了上一期时间序列数据，才可以去预测下一期时间序列数据。这种预测方法也称为是链式预测法，也就是递推预测法。

本章小结

♣ 协方差平稳的三个条件

◢ 时间序列的均值存在且为常数，即 E（y_t）=μ。

◢ 时间序列的方差存在且恒定不变，即 VaR（y_t）=σ^2。

◢ 时间序列之间的协方差不依赖于时间 t，只与时间间隔 τ 有关。

♣ 白噪声序列、独立白噪声与正态白噪声

♣ 三个模型的选择

◢ AR。

◢ MA。

◢ ARMA。

♣ 模型检验

◢ BP-Q 和 LB-Q。

♣ 模型预测

◢ 首先，未来的残差项的期望值等于 0；

◢ 其次，只有预测了上一期时间序列数据，才可以去预测下一期时间序列数据。

章节练习

◇ For the equation：

$$Y_t=\frac{15}{32}+\frac{5}{4}Y_{t-1}-\frac{3}{8}Y_{t-2}+\varepsilon_t$$

What is the lag polynomial?

答案解析：

滞后多项式表达式为：

$$1-\Phi_1L-\Phi_2L^2=1-\frac{5}{4}L+\frac{3}{8}L^2$$

◇ Suppose you observed sample autocorrelations $\rho_1=0.24$，$\rho_2=-0.04$and $\rho_3=0.08$in a time series with 100 observations. Would a Ljung−Box Q statistic reject its null hypothesis using a test with a size of 5%? Would the test reject the null using a size of 10% or 1%?

答案解析：

检验统计量表达式为：

$$Q_{LB}=T\sum_{i=1}^{h}\left(\frac{T+2}{T-i}\right)\rho_i^2=100\frac{102}{99}0.24^2+100\frac{102}{98}-0.042+100\frac{102}{97}0.08^2$$

$$=5.93+0.16+0.67=6.77$$

显著性水平为 10%，5%和 1%的关键值分别为 6.25、7.81 和 11.34 所以原假设只能在 10% 的显著性水平下被拒绝。

扫码获取更多题目

第二十三章　非平稳的时间序列
Non-Stationary Time Series

一、时间趋势模型	1. 线性趋势模型	★★
	2. 非线性趋势模型	
二、季节性效应模型	两种建模季节性效应的方法	★
三、随机游走和单位根检验	1. 随机游走	★★★
	2. 单位根检验	★★★
四、预测	预测时间趋势和季节性效应	★

◢ 学习目的

协方差平稳时间序列具有不依赖于时间的均值，方差和自协方差。任何不是协方差平稳的时间序列都是非平稳的。本章介绍了金融和经济时间序列中非平稳性的三个最普遍的来源：时间趋势，季节性和单位根（通常称为随机游走）。

时间趋势是与平稳性最简单的偏差。时间趋势模型捕获了许多时间序列随时间增长的倾向。这些模型通常应用于对数转换，因此趋势可以捕获变量的增长率。不包含其他动态的趋势模型中参数的估计和解释很简单。

季节性通过将过程的平均值与事件的一个月或一个季度相关联，从而在时间序列中引起非平稳行为。取决于一年中的某个时期的平均值，或者是一个年度周期，其中当前期间的值取决于上一年同期的冲击。这两种类型的季节不是互斥的，并且有两种方法对其进行建模。简单的方法包括月份或季度的虚拟变量。这些变量允许平均值在整个日历年内变化，并适应时间序列水平的可预测变化。更复杂的方法是使用变量的逐年变化来消除转换后的数据系列中的季节性。逐年变化消除了均值中的季节性成分，并且将不同的时间序列建模为固定的 ARMA。

最后，随机游走（也称为单位根）是金融和经济时间序列中非平稳性最普遍的形式。例如，几乎所有资产价格的表现都像是随机漫步。很难直接对包含单位根的时间序列进行建模，因为参数估计量是有偏见的，并且即使在大样本中也不是正态分布的。但是，解决此问题的方法很简单：对差异进行建模。

◢ 考点分析

通过本章的学习，主要需要掌握三大部分知识来应对金融风险管理师的考试。首先是描述描述线性和非线性时间趋势；第二个是了解季节性特征的时间序列的特点和建模方法；最后，判断随机游走和单位根，并学会处理的一般方法。

◢ 本章入门

非平稳的时间序列分析（Time–Series Analysis）是在现实生活中更加常见。

第一节 时间趋势模型

时间序列是指将同一统计指标的数值按其发生的时间先后顺序排列而成的数列。主要目的在于根据历史数据去预测未来，例如世界各大金融机构与学术组织都十分热衷于预测中国未来的 GDP 数据，尤其是下一年的 GDP 数据。在实际分析中，绝大部分的经济数据都是以时间序列的形式给出的。根据观察时间的不同，时间序列数据 y_t 通常会受到趋势性，周期性等因素的影响，通过对趋势分析所构造的模型叫做趋势模型，趋势模型又分为线性模型与非线性模型。

一、线性趋势模型

线性趋势模型（Linear Trend Model）的表达式是 $y_t=b_0+b_1t+\varepsilon_t$，t 代表了时间，所以线性趋势模型的解释变量就是时间，被解释变量就是每年的 GDP。这个模型如果服从回归模型的假设，通过假设检验，并得到较大的解释变量 R^2 时，就说明使用线性趋势模型是没有问题的，如图 23-1 所示。

— 考纲要求 —
描述线性和非线性时间趋势。

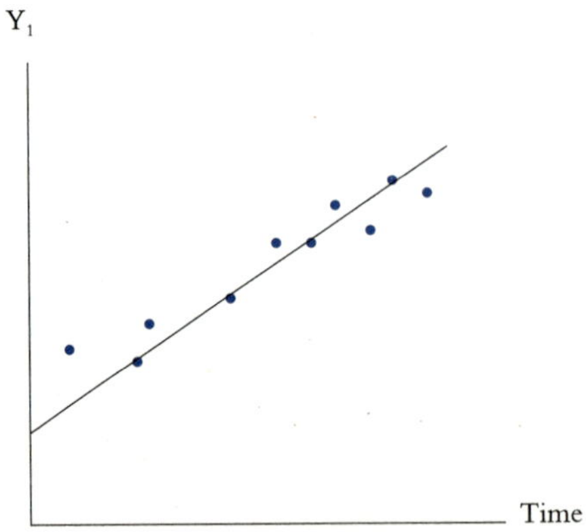

图 23-1 线性趋势模型

二、非线性趋势模型

在实际中有可能出现如图 23-2 的情况，这时候就需要使用非线性模型。比如说我们可以用指数模型，$Y=e^{b_0+b_1t}$，等式两边同取对数后，方程变成了 $\ln Y=b_0+b_1t+\varepsilon$，此时 lnY 与时间 t 呈现的是线性关系，比如图 23-3。这个模型称为对数趋势模型（Log-Linear Trend Model）。

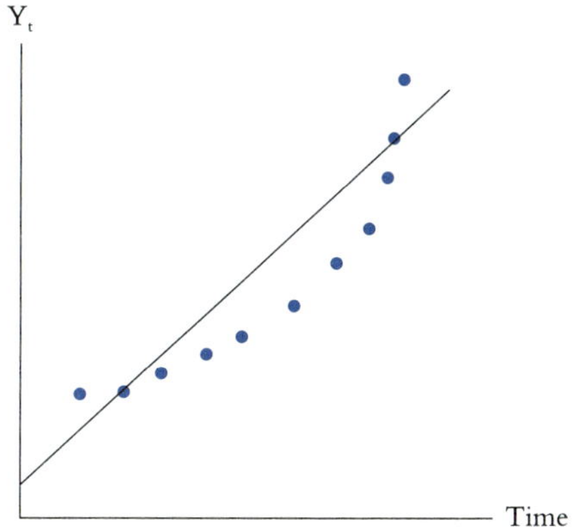

图 23-2　指数模型

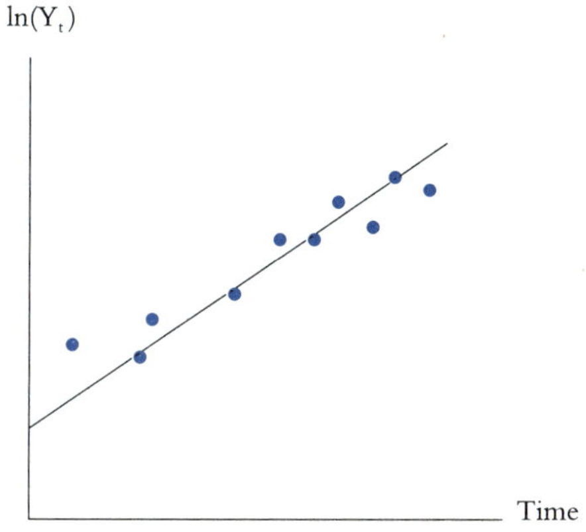

图 23-3　对数趋势模型

第二节　季节性效应模型

两种建模季节性效应的方法

季节性因素建模的方式类似于《风险管理基础》中多因素模型的建模方式，即在回归模型中引入 4 个取值只能为 1 或 0 的“季度虚拟变量”，这样可以更清晰明了地判断季节性因素对经济数据的影响。同理，如果对于月度数据，则可以引入 12 个同样取值只能为 1 或 0 的“月度虚拟变量”。纯季节性虚拟变量模型（Pure Seasonal Dummy Model）如下：

> 考纲要求
> 说明如何使用回归分析对季节性进行。

$$y_t = \sum_{i=1}^{s} \gamma_i D_{i,t} + \varepsilon_t$$

其中，s 代表了虚拟变量的个数，或者说季节划分的个数，γ_i 代表了第 i 个季节的季节性因子（例如当季销售额，当季净利润等经济数据），$D_{i,t}$ 代表了第 i 个季节对应的虚拟变量，ε_t 表示模型残差。

当然，虚拟变量前的回归系数也是可以进行假设检验的，检验的方法与经济意义与回归相同，读者可以参考第 19 章第一节第四部分的描述。

各位读者需要尤其注意的是：纯季节性虚拟变量模型中的 γ_i 如果都是相等的话，即 $\gamma_1=\gamma_2=\cdots=\gamma_s$，那么这一时间序列将不会呈现出季节性的特征，这也违背了季节性建模的初衷。

名师解惑

从公式中不难看出，纯季节性虚拟变量模型是不存在截距项的，如果模型包含截距项的话，那么模型就会变为：

$$y_t=b_0+\sum_{i=1}^{s-1}\gamma_i D_{i,t}+\varepsilon_t$$

此时，模型的虚拟变量个数就不再是 s 而是 s-1 个了，这是因为第 s 个季度的经济数据 γ_s 可以被截距项 b_0 所表示，如果还是用 s 个虚拟变量建模的话，就会产生多重共线性，从而陷入了虚拟变量陷阱。

第三节　随机游走和单位根检验

考纲要求：描述均值回归在长期预测中的作用。

正常来讲，当剔除了趋势和季节性因素后，应该出现协方差平稳的平稳时间序列。紧接着便可以使用 AR、MA 或者 ARMA 建模了。但是，在某些情况下，当剔除了趋势和季节性因素后，没有出现协方差平稳的平稳时间序列。此类现象称为随机游走现象，本节将重点讨论随机游走现象。

一、随机游走

首先，但凡是协方差平稳的数据，就必须满足**均值回归**（Mean Reversion）。这在金融上面有非常多的应用，基本面的价值分析遵循的就是均值回归原则，如果算出来的价值是 20 元，现在股价 21，那就应当做空这支股票，因为它迟早会回到 20 元的水平。

关于均值回归掌握两个知识点，一个是**均值回归水平**（Mean Reversion Level），另一个是不满足均值回归的情况，即**随机游走**（Random Walk）。

首先如何计算均值回归水平。

例如一个时间序列分析模型为 $x_t=b_0+b_1x_{t-1}+\varepsilon$，两边取期望，由于残差项的期望为 0，得到 $E(x_t)=b_0+b_1E(x_{t-1})$，并且协方差平稳，所以 $E(x_t)=E(x_{t-1})$，于是可以反解出均值，$E(x_t)=E(x_{t-1})=\dfrac{b_0}{1-b_1}$，这就是均值回归水平。

关于均值回归的性质，如果 $x_t>\dfrac{b_0}{1-b_1}$，那预计 x_{t+1} 会下降，反之，如果 $x_t<\dfrac{b_0}{1-b_1}$，那预计 x_{t+1} 会上升。此外，还需要注意的一点是，经济形势可能是会发生动态变化的，所以说前面算出来的 b_0 和 b_1 都会变的，换而言之，协方差平稳的水平也是会发生变化的。这个地方是有经济学指导意义的，在金融里面可以不要刻意的去追寻均值回归变化的速度，而是要整体提高均值回归的水平。

> 考纲要求
> 描述随机游走和单位根。

根据前文所述，如果协方差平稳，就一定存在一个均值回归水平。但也存在没有均值回归水平的情况，通过表达式 $E(x_t)=E(x_{t-1})=\dfrac{b_0}{1-b_1}$ 可以发现，当 $b_1=1$ 的时候，分母就为 0，也就不存在均值回归水平。这种 $b_1=1$，不存在均值回归水平的情况有一个专门的名词形容，就是均值回归中需要掌握的第二个知识点，**随机游走**（Random Walk）。

如果没有均值复归水平，即 $b_1=1$ 时，就出现了随机游走的情况。随机游走分为两种，一种是**没有截距项的随机游走**（Random Walk without A Drift），另外一种是**有截距项的随机游走**（Random Walk without A Drift）。模型的形式都是 $x_t=b_0+b_1x_{t-1}+\varepsilon_t$，区别在于没有截距项的随机游走模型中，$b_0=0$，有截距项的随机游走模型中 $b_0\neq 0$。

名师解惑

不管是有截距项还是没有截距项，都有一个特点，今天的事物是用昨天的事物加上一个残差来预测的，然而残差是随机的，所以这样预测的随机性很高。为什么把这个模型叫做随机游走？有一个形象的比喻，比如一个人喝醉酒了，这个时候他走路是左右摇晃的，方向未知，就是没有截距项的随机游走。什么时候加上截距项？只要在一个方向上放一坛酒，打开盖子，香气就飘过来把他吸引过去了，他虽然还是摇摇晃晃的走，但是有个方向了，这就是有截距项的随机游走。

如果现在模型有随机游走现象，即回归出 $b_1=1$，那就找不到一个均值回归水平，也就不满足协方差平稳。那么现在问题来了，现在找到一个样本，算出来的 $b_1=0.9998$，那总体上 b_1 是否就等于 1，还需要对 b_1 进行假设检验。

二、单位根检验

对于斜率的假设检验有一个专门的称呼，叫做**单位根检验（Unit Root Test of Nonstationarity）**。单位根检验是指检验序列中是否存在单位根，因为存在单位根就是非平稳时间序列了。单位根检验的原假设本来就是 $b_1=1$，比较直观和简单的，后来大卫·迪基和韦恩·福勒（Dickey–Fuller）两个人，创造了 DF 检验，改变了单位根检验的原假设。

单位根检验的目的是为了检验 b_1 是否等于 1，但显著性检验一般做的是 b_1 是否等于 0，所以迪基 – 福勒就将 $x_t=b_0+b_1x_{t-1}+\varepsilon_t$ 式子两边都减去 x_{t-1}，即

$$x_t-x_{t-1}=b_0+(b_1-1)x_{t-1}+\varepsilon_t$$

左边可以看成 z_t，即 $z_t=b_0+(b_1-1)x_{t-1}+\varepsilon_t$，所以检验 b_1 是否等于 1 的问题就转化成了检验 b_1-1 是否等于 0 的问题，令 $b_1-1=g$，原假设就变成了 $g=0$，就变成了检验斜率是否等于 0，即熟悉的显著性检验。

所以需要注意的是，如果在题目中遇到问 DF 检验的原假设是什么，不能选 $b_1=1$，而是 $g=0$，DF 检验的原假设是规定好的。同时需要注意的是，DF 检验的的备择假设是 $g<0$，既不是 $g>0$，也不是 $g\neq0$。和之前设假设时不太一样，这里需要牵扯到函数的一个性质：对函数 $x_t=b_0+b_1x_{t-1}+\varepsilon_t$，当 $b_1>1$ 时，称这个函数为发散的函数，当 $b_1<1$ 时，称这个函数为收敛的函数。收敛和发散在图形上表示为如图 23-4 所示。

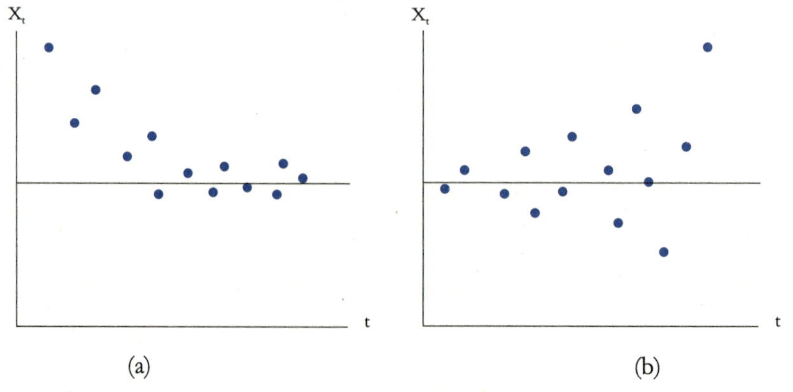

图 23-4　收敛和发散

收敛和发散都满足均值回归，如果是收敛的，均值回归的状况如图（a），变动的波动率会慢慢变小；但如果是发散的，均值回归的状况如图（b），在均值附近的波动率越来越大。迪基 – 福勒在做假设检验时有个前提，回归的函数是收敛的，

所以大前提就是 g 不大于 0，所以原假设为 g=0 时，备择假设是 g<0。原假设和备择假设比较特殊，其它的假设检验过程是一样的。

接下来，如果通过 DF 检验发现确实存在单位根，如何处理协方差不平稳的问题，教材中给出的处理方法叫做**差分法**（Differencing）。

举个例子，比如时间序列数据为 1、3、5、7、9，协方差平稳得保持在一个中间水平，所以这组数据是协方差不平稳的，需要进行差分，方法就是将相邻两个数相减，得到 2、2、2、2，差分后的数据是平稳的。

如果一次差分后依旧不平稳，可以对差分后的数据进一步差分，只要数字够多，差分次数多到一定程度后，基本上一定能够得到平稳的数据。

在金融里面，通常一阶差分不够，要做两阶差分，两阶差分之后基本就都平稳了，再不行做一个三阶的。至此，从检验到最后的一个修正，协方差平稳的话题结束。

第四节　预测

预测时间趋势和季节性效应

对于非平稳时间序列的预测，需要明确三个原则：

（1）首先，所有待预测的残差项的期望值等于 0，这个思想和平稳的时间序列的思想是一致的；

（2）其次，只有预测了上一期时间序列数据，才可以去预测下一期时间序列数据。这个思想和平稳的时间序列的思想也是一致的。

（3）对于含有虚拟变量的数据，注意虚拟变量的取值只有可能是 0 或 1。关于虚拟变量的知识可以参考第十九章第一节第四部分的虚拟变量。

本章小结

♣ 趋势模型的分类

- 线性趋势模型。
- 非线性趋势模型。

♣ 季节性效应建模

♣ 随机游走

- 斜率项等于 1。

♣ 单位根检验

- DF 检验。

♣ 模型预测

章节练习

◇　The seasonal dummy model $Y_t=\delta+\sum_{j=1}^{3}\gamma_j l_{jt}+\varepsilon_t$ is estimated on the quarterly growth rate of housing starts, and the estimated parameters are $\gamma_1=6.23$, $\gamma_2=56.77$, $\gamma_3=10.61$, and $\delta=-15.79$, using data until the end of 2018. What are the forecast growth rates for the four quarters of 2019?

答案解析：

在季节性虚拟变量模型中，季度之间的计算存在差异，尽管如此，对于同一季度的任何两个观测值，无论年份如何，Y 的期望值都是相同的。

$$E[Y_{Q1}]=\delta+\sum_{j=1}^{3}\gamma_j l_{jt}\ -15.79+6.23\times 1+56.77\times 0+10.61\times 0=-9.56$$

$$E[Y_{Q2}]=\delta+\sum_{j=1}^{3}\gamma_j l_{jt}\ -15.79+6.23\times 0+56.77\times 1+10.61\times 0=40.98$$

$$E[Y_{Q3}]=\delta+\sum_{j=1}^{3}\gamma_j l_{jt}\ -15.79+6.23\times 0+56.77\times 0+10.61\times 1=-5.18$$

$$E[Y_{Q4}]=\delta+\sum_{j=1}^{3}\gamma_j l_{jt}\ -15.79+6.23\times 0+56.77\times 0+10.61\times 0=-15.79$$

扫码获取更多题目

第二十四章 收益率、波动率和相关系数预测
Measuring Returns，Volatility，and Correlation

一、预测收益率	算术收益率和对数收益率	★★
二、预测波动率和风险	平方根法则	★★
三、金融产品收益率分布	1. 贾克 · 贝拉检测法	★★
	2. 幂律	★★
四、相关系数与独立	1. 皮尔森相关系数	★★
	2.Spearman 等级相关系数	★★
	3.Kendall's τ 相关系数	★★

◢ 学习目的

金融资产收益波动率不是恒定不变的，其变化方式可能会对风险管理产生重要影响。

本章首先检查金融资产收益的分布以及为什么它们与正态分布不一致。实际上，收益率的分布不仅是肥尾的还是有偏的。肥尾的主要原因是波动性会随着时间的变化而变化，当然新的波动率指标比如 BSM 和 VIX 指数的隐含波动率都可以预测未来波动率，不过这些部分的详细讲解我们会向读者在《风险估值与建模》中和大家分享。

◢ 考点分析

通过本章的学习，主要需要掌握两大部分知识来应对金融风险管理师的考试。第一部分是区分金融资产收益率和金融资产价格这两种不同金融数据对于风险管理的适用性，并且学会计算收益率，波动率和相关系数。第二部分主要是利用两个检验方法检测金融资产收益率的非正态性。

◢ 本章入门

在金融建模之前，先引入一个小例子。假如，某个投资者持有股票 S，一种情况是给出股价的数据，分别是 10 美元、15 美元、12 美元、7 美元、9 美元、11

美元等。另外一种情况是给出股票的收益率（return）数据，分别是 2%、−1%、−13%、−2%、7% 等。请问在计算统计指标时，用股票价格的数据还是用股票收益率的数据更好些？

答案是用收益率的数据计算 VaR 值更好些，因为收益率数据没有单位，可以直接进行比较，本章将学习一系列的利用收益率和其衍生的波动率和相关系数来解决实际金融问题。

第一节 预测收益率

— 考纲要求 —
计算，区分和转换简单收益率和连续收益率。

收益率有两种形式：**算术收益率**（arithmetic return）和几**何收益率**（geometric return）。

一、算术收益率

比如说，已知第一天股票价格 P_{t-1}、第二天的股票价格 P_t，期间没有任何分红，那么收益率应该怎么算呢？把 P 减 P_{t-1} 再除以 P_{t-1}，得出的收益率，叫做**算术收益率**。

$$r_t=\frac{P_t+D_t-P_{t-1}}{P_{t-1}}=\frac{P_t+D_t}{P_{t-1}}-1$$

D_t 是分红，如果没有分红的话 $D_t=0$。

二、几何收益率

几何收益率表示的是对数收益率。

$$R_t=\ln\left(\frac{P_t+D_t}{P_{t-1}}\right)=\ln(1+r_t)$$

名师解惑

对几何收益率做泰勒展开，可得：

$$R_t=\ln\left(\frac{P_t+D_t}{P_{t-1}}\right)=\ln(1+r_t)=r_t-\frac{1}{2}r_t^2+\frac{1}{3}r_t^3-\cdots$$

当收益率很小时，$R_t\approx r_t$。所以，当收益率比较小时，两者之间的差别可以忽略不计，但当收益率增大时，两者之间的差别会变大。

当期限比较短时，收益率较小，此时几何收益率和算术收益率差别不大，可以忽略不计。但当期限比较长时，两者之间的差别会变大。

为什么会有几何收益率呢？原版书在这里只是简单讲述，没有过多的介绍，所以我们只需了解即可。

假如现在要研究一组数据，没有分红，算术收益率 $r_t=\frac{P_t+D_t-P_{t-1}}{P_{t-1}}$。这个收益率，可以有日收益率、月收益率，还可以有年收益率。如果要计算 VaR 值，用哪一个收益率会比较合理呢？

如果用年收益率，假设 rt 表示年收益率，P_{t-1}，P_t 分别表示年初和年末的资产价格。要计算 VaR，有一个收益率肯定是不够的，可能需要多个收益率。如果要对一组数据进行统计分析，根据中心极限定理可知，至少需要 30 个数据。如果数据比较少，中心极限定理是不适用的。那么这里至少需要 30 个年收益率，即需要搜集 30 年的数据。这对成立不久的企业来说，显然是达不到这个数据要求的，是不是就无法计算 VaR? 很明显这家企业的 VaR 值是可以计算出来的。

所以，在选择数据时，如果选择一年或者更长时间的统计维度，数据量会减少，这对于计算来说是不利的。比如，以天为计算维度，每天都会有一个股票价格，那么可以找到对应的收益率。这样的话，数据量也是最多的。当然也有劣势，收益率会比较小。根据极限知识可知，当 x 趋向于 0 时，

$$\ln(x+1) \sim x$$

那么，当收益率 r_t 趋向于 0 时，$R_t=\ln(1+r_t)=\ln(\frac{P_t}{P_{t-1}})$ 趋向于 r_t。所以，当收益率 r_t 很小时，可以用 $\ln(\frac{P_t}{P_{t-1}})$ 进行近似替代。

第二节 预测波动率和风险

波动率数据在金融里面也称为是标准差数据，所以，前面章节中学到的小样本标准差就可以用来估计金融产品的波动率。

具体的方法是先计算出样本方差，在金融风险管理中，这个指标也叫做方差率（Variance rate）。

$$\hat{\sigma}^2=\frac{1}{T}\sum_{t=1}^{T}(r_t-\hat{\mu})^2$$

将方差率开算术平方根就可以得到波动率数据。

当然，如果需要计算的波动率是年化波动率，但是实际的数据只有日波动率时，可以利用平方根法则来进行转换，写作：

$$\sigma_{annual}=\sqrt{252}\times\sigma_{daily}$$

需要注意的是，平方根法则假设了每天的收益率之间是服从独立同分布的，但是现实世界里，独立同分布的假设很难实现。

第三节　金融产品的收益率分布

— 考纲要求 —
说明如何使用 Jarque-Bera 检验确定收益是否正态分布。

金融世界中真实的分布是非正态的，肥尾的分布，体现了金融世界中极端事件发生的频率较大。

有两种检验办法可以用来检验非正态性，分别是贾克 · 贝拉检测法和幂律。

一、贾克 · 贝拉检测法

这个方法的核心是检验金融数据的偏度和超额峰度是不是同时等于 0。因为正态分布的偏度和超额峰度是同时等于 0 的，所以，如果拒绝了这个假设也就说明了分布不服从于正态分布。贾克 · 贝拉检验统计量表示为

$$JB=(T-1)\left(\frac{\widehat{skewness}^2}{6}+\frac{(\widehat{Kurtosis}-3)^2}{24}\right)$$

这个检验统计量服从卡方分布，而且 5% 的关键值为 5.99，1% 的关键值为 9.21。只要检验统计量大于关键值就可以拒绝原假设，得到分布不服从于正态分布的结论。

其实直接看 JB 检验统计量也可以直接看出来，在偏度接近于 0，峰度接近于 3 时，JB 的检验统计量越小，越不容易拒绝原假设，那么是正态分布的可能性也就越大。当然，偏度接近于 0 和峰度接近于 3 本身就说明了是正态分布的可能性越大。

二、幂律

— 考纲要求 —
描述幂定律及其在非正态分布中的用法。

在前面讲到正态分布的性质的时候我们提到过，正态分布的峰度是常峰态，所以尾部形态不是肥尾，那么当取值越偏离均值的时候，对应数值被取到概率应该迅速衰减。如果衰减的速度较慢，则可以证明原分布具有肥尾的特点，这边是幂律的核心思想，下图 24-1 为大家展示了这种现象。

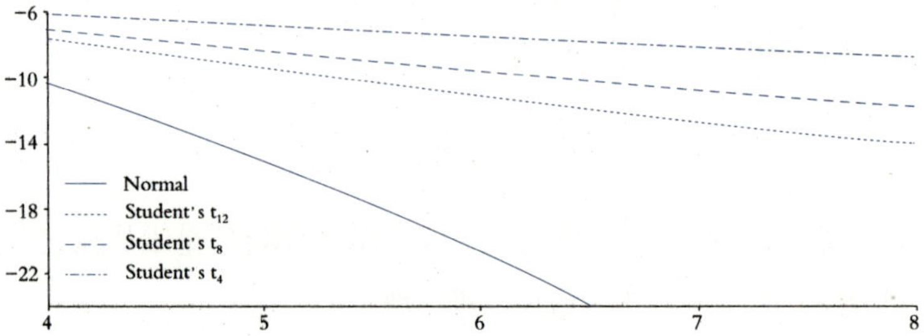

图 24-1　衰减速度与肥尾关系

大家需要对这个图像进行理解，横轴表示的是离均值 x 个标准差，x 越大说明数字越极端。Y 轴表示的是 lnP（X>x）的大小，如果概率越小，这个函数也就越小。

第四节 相关系数和独立性

相关系数的统计模型（statistical correlation models），一共介绍三个。

— 考纲要求 —
定义相关性和协方差，并区分相关性和依赖性。

一、皮尔森相关系数

皮尔森相关系数（Pearson Correlation），是一级所学的相关系数。

$$\rho(X,Y)=\frac{Cov(X,Y)}{\sigma(X)\sigma(Y)}$$

这种相关系数的计算，非常简单。但是局限性很大，这里重点掌握它的缺陷。

皮尔森相关系数的缺陷：

第一，只能衡量线性关系。但是金融市场里，很多时候不是线性关系。

第二，相关系数等于 0，只能说明变量之间无线性关系，不能说明变量之间是独立的。因为皮尔森相关系数只能衡量线性关系。比如，$Y=X^2$，X 和 Y 的皮尔森相关系数等于 0，但是显然 X 和 Y 之间是存在关系的。

第三，只有当变量的联合分布为椭圆分布时，皮尔森相关系数才能衡量变量之间的相关关系。所谓的椭圆分布，一般来说是正态分布或者 t 分布。

第四，两个变量的标准差要求是有限的。因为皮尔森相关系数，等于协方差除以两个标准差。如果这两个标准差是无限的，那么相关系数就等于 0 了。从另外一个角度，如果两组数据的波动率是很大的，说明它们的点跳跃很大，相当于没有什么特别的规律。那么它们的相关系数就没有什么意义了。

最后，数据变换了之后，相关系数会发生变化。比如，$\rho_{(X,Y)}\neq\rho_{(\ln X,\ln Y)}$。所以皮尔森相关系数，在数据进行转化了之后，它们的相关系数就不相等了。

二、Spearman 等级相关系数

Spearman 等级相关系数（Spearman's rank correlation）的求法。

【例】已知资产 X 和资产 Y 从 2008~2013 年的价格数据（见表 24-1）。利用 Spearman 等级相关系数的求法求出相关系数。

表 24-1　两种资产的收益

两种资产的收益				
	资产 X(美元)	资产 Y(美元)	资产 X 的收益率	资产 Y 的收益率
2008	100	200		
2009	120	230	20.00%	15.00%
2010	108	460	−10.00%	100.00%
2011	190	410	75.93%	−10.87%
2012	160	480	−15.79%	17.07%
2013	280	380	75.00%	−20.83%
		平均	29.03%	20.07%

【分析】前面提到过，对数据分析时，一般不会直接用资产的价格，因为会有单位的影响。所以，通常是研究它们的收益率。从 08 年到 13 年，这两个资产分别能够找到 5 个收益率数据。并分别计算出各自的平均收益率。

这种方法侧重于将数据进行排序。

首先将 X 的数据按照由大到小的损失进行排序，对应的 Y 也发生变化。比如，X 发生 15.79% 的损失是在 2012 年，在这一年 Y 的收益率是 17.07%，从损失的角度看，排在第四位。其他的数据，一一对应好即可。这个过程，可以利用 Excel 完成，如表 24-2。

表 24-2　两种资产收益率排序

对资产收益率进行排序，得出 Spearman 相关系数						
	X_i 收益率	Y_i 收益率	X_i 排序	Y_i 排序	d_i	d_i^2
2012	−15.79%	17.07%	1	4	−3	9
2010	−10.00%	100.00%	2	5	−3	9
2009	20.00%	15.00%	3	3	0	0
2013	75.00%	−20.83%	4	1	3	9
2011	75.93%	−10.87%	5	2	3	9
					求和	36

假设 X 损失由大到小的排序是 1、2、3、4、5，Y 也是 1、2、3、4、5。说明当 X 损失最大时，Y 损失也最大。当 X 损失最小时，Y 损失也最小。此时，X 和 Y 呈现正相关关系。如果 Y 的排序是 5、4、3、2、1，那么 X 和 Y 呈现负相关关系。X 的排序与 Y 的排序越相近，越表明正相关；越不相近，越表明负相关。那么怎么样描述所谓的相近与不相近的问题呢？通过对排序值做差。

di 表示排序值的差额。分别找出它们的差额，分别是 −3、−3、0、3、3。差值，有正有负，如果直接相加会相互抵消。所以，对差值分别求平方。然后再求和，是 36。

Spearman 等级相关系数公式

$$\rho_s = 1 - \frac{6\sum_{i=1}^{n} d_i^2}{n(n^2-1)}$$

n 是样本的个数；

d_i 表示排序值差额的平方；

ρ_s 取值范围是 −1 到 1。

$\rho_s=1$ 依然表示完全正相关；$\rho_s=-1$，依然表示完全负相关。$\rho_s=0$ 表示没有关系。

结合上面的例子，相关系数 $\rho_s=1-\frac{6\times 36}{5\times(5^2-1)}=-0.8$

计算 Spearman 相关系数的步骤：

第一步，对收益率数据进行排序；

第二步，求出排序值的差额；

第三步，对差额求平均，再求和；

最后，带入公式 $\rho_s = 1 - \frac{6\sum_{i=1}^{n} d_i^2}{n(n^2-1)}$ 即可。

三、Kendall's 相关系数

τ 是希腊字母，表示是时间的跨度。比如从七点钟到八点钟经历了一个小时，这个时间段通常用 τ 表示。Kendall's τ 相关系数，取值范围依然是 −1 到 1。主要是对 Spearman 相关系数排序法进行改良。涉及 2 组概念：

协同组（Concordant Pair），满足 $sgn(X_2-X_1)=sgn(Y_2-Y_1)$

非协同组（DiscordantPair），满足 $sgn(X_2-X_1)=-sgn(Y_2-Y_1)$

sgn，是符号函数，返回参数的正负。

$sgn(X_2-X_1)=sgn(Y_2-Y_1)$，意味着，$X_2-X_1$ 和 Y_2-Y_1 符号是一样的。即如果 $X_2>X_1$，$Y_2>Y_1$ 或者 $X_2<X_1$，$Y_2<Y_1$，是协同组。或者写成 $(X_2-X_1)\times(Y_2-Y_1)>0$。

$sgn(X_2-X_1)=-sgn(Y_2-Y_1)$，意味着，$X_2-X_1$ 和 Y_2-Y_1 符号是不一样的。即如果 $X_2>X_1$，Y2<Y1 或者 $X_2<X_1$，$Y_2>Y_1$，是非协同组。或者写成 $(X_2-X_1)\times(Y_2-Y_1)<0$。

如果 $X_2>X_1$，$Y_2=Y_1$ 或者 $X_2<X_1$，$Y_2=Y_1$ 或者 $X_2=X_1$，$Y_2>Y_1$ 或者 $X_2=X_1$，

$Y_2<Y_1$ 的话，既不是协同组也不是非协同组。或者写成（X_2-X_1）×（Y_2-Y_1）=0。

这样的话，将数据组分成了三组。以上面的例题为例，求 Kendall's τ 相关系数。依然需要对表 24-2 数据进行排序。找出数据组的分类。

比如，2012 年的这组数（X，Y 的排序值分别为 1，4）和 2010 年的这组数（X，Y 的排序值分别为 2，5），那么它们是属于协同组还是非协同组呢？一种方法，（1-2）×（4-5）>0，所以（1，4）和（2，5）是一个协同组。另外一种方法，1<2 同时 4<5，所以（1，4）和（2，5）是一个协同组。这两种方法都可以判断。

比如，2009 年的这组数（X，Y 的排序值分别为 3，3）和 2013 年的这组数（X，Y 的排序值分别为 4，1）那么它们是属于协同组还是非协同组呢？因为（3-4）×（3-1）<0，所以，（3，3）和（4，1）是一个非协同组。

在这个例子里，协同组有 2 组，分别是 {（1，4），（2，5）}，{（4，1），（5，2）}；非协同组有 8 组，分别是 {（1，4），（4，1）}，{（1，4），（5，2）}，{（2，5），（4，1）}，{（2，5），（5，2）}，{（1，4），（3，3）}，{（2，5），（3，3）}，{（3，3），（4，1）}，{（3，3），（5，2）}；既不是协同组也不是非协同组是 0 组。没有出现既不是协同组也不是非协同组，意味着没有出现损失并列的情况。

那么，它们的相关系数是怎么来求？得出协同组和非系统组个数，带入如下公式即可：

$$\tau=\frac{n_c-n_d}{n(n-1)/2}=\frac{n_c-n_d}{C_n^2}$$

n_c 表示协同组的个数；

n_d 表示非协同组的个数；

如果全是协同组，那么 τ=1。如果全是非协同组，那么 τ=-1。极端的情况求出来相关系数 1 或 -1。换言之，的取值范围是 -1 到 1。

这个例子中求出的相关系数 $\tau=\frac{2-8}{5\times(5-1)/2}=-0.6$。

如果数据组里协同组比较多，意味着数据越容易呈现出正相关还是负相关？正相关。如果数据组里非协同组比较多，意味着数据越容易呈现出负相关。在这个例子里，出现更多的非协同组，相当于 X 和 Y 收益相关性出现了负相关性。

对于这个例题，皮尔森相关系数为 -0.74，Spearman 相关系数为 -0.8，Kendall's τ 为 -0.6。说明这三种方法计算结果是一致的。

- 考试小技巧 -
三种先关系数计算方法的选择需重点从定性上了解其中的差别。

总结，三种相关系数计算方法的选择

这三种相关系数的计算方法，到底该用哪一个方法呢？实际应用中主要关注两点：

第一，对于异常值的处理。基数（Cardinal），更在乎数值的大小。序数（Ordinal），更在乎排序。Cardinal 主要是皮尔森相关系数，Ordinal 主要是 Spearman 相关系数和 Kendall's τ 相关系数。

皮尔森相关系数对数据的利用率更高，因为 Spearman 相关系数和 Kendall's τ 只用到它的排序值，对数据的利用率会更弱一些。如果数据组里存在**异常值（Outlier）**，对皮尔森相关系数会有影响。因为协方差会变，波动率会变。但是对于 Spearman 相关系数和 Kendall's τ 相关系数，只看排序。即使出现异常值，只要排序不变，计算结果就不变。

对异常值的处理思路。如果异常值对金融建模是有意义的，应使用皮尔森相关系数。如果异常值对金融建模是没有意义的，比如异常值的出现可能是由人工错误操作造成的，那么应使用 Spearman 相关系数和 Kendall's τ 相关系数的方法。

在上面的这个例子中，如果资产 X 收益率变成了两倍，Spearman 相关系数和 Kendall's τ 计算出的结果是不变的。但是，皮尔森相关系数，从 −0.74 变成了 −0.61。

第二，选择使用 Spearman 相关系数还是 Kendall's τ 相关系数。如果现在发现异常值，不希望对模型产生影响，所以会选择使用 Spearman 相关系数和 Kendall's τ 相关系数。那么，到底选 Spearman 相关系数还是 Kendall's τ 相关系数?

如果数据组里，有很多的既不是协同组又不是非协同组，一般不使用 Kendall's τ 的方法。在上面这个例子里，假设这 10 组数据里，都是既不是协同组又不是非协同组，相当于 0 个协同组，0 个非协同组。那么 Kendall's τ=0，说明无相关关系。

本章小结

♣ 收益率

- 算术收益率。
- 指数收益率：$R_t=\ln(1+r_t)$ 。

♣ 波动率

- 平方根法则。

♣ 相关系数

- 皮尔森相关系数。

♣ 非正态检验

- 贾克·贝拉检测法。
- 幂律。

章节练习

◇ If the annualized volatility on the S&P 500 is 20%, what is the volatility over one day, one week, and one month?

答案解析

已知年化收益率是 20%，日、周和月的时间调整因子分别是 252，52，和 12，根据平方根法则，他们的波动率结算结果如下：

$$\frac{20\%}{\sqrt{252}}=1.26\%;\ \frac{20\%}{\sqrt{52}}=2.77\%;\ \frac{20\%}{\sqrt{12}}=5.77\%$$

◇ Calculate the simple and log returns for the following data:

Time	Price	Simple	Log
0	100	/	/
1	98.90		
2	98.68		
3	99.21		
4	98.16		
5	98.07		
6	97.14		
7	95.70		
8	96.57		
9	97.65		
10	96.77		

答案解析

普通收益率的计算公式如下：

$$R_t=\frac{P_t-P_{t-1}}{P_{t-1}}$$

对数收益率的计算公式如下：

$$r_t = \ln P_t - \ln P_{t-1} = \ln(\frac{P_t}{P_{t-1}})$$

经过计算可得如下收益率列表

Time	Price	Simple	Log
0	100	/	/
1	98.90	−1.1%	−1.11%
2	98.68	−0.22%	−0.22%
3	99.21	0.54%	0.54%
4	98.16	−1.06%	−1.06%
5	98.07	−0.09%	−0.09%
6	97.14	−0.95%	−0.95%
7	95.70	−1.48%	−1.49%
8	96.57	0.91%	0.90%
9	97.65	1.12%	1.11%
10	96.77	−0.90%	−0.91%

扫码获取更多题目

第二十五章 模拟
Simulation Methods

一、蒙特卡洛模拟	1. 蒙特卡洛模拟的步骤	★★
	2. 降低误差的方法	★★
	3. 随机数生成器	★★
二、重抽样	两种重抽样的办法	★★

学习目的

模拟是具有广泛应用的现代风险管理的重要工具。这些应用包括计算期权的预期收益，衡量投资组合中的下行风险以及评估样本统计量的准确性。

蒙特卡洛模拟（通常称为蒙特卡洛实验）是一种使用数值方法估计随机变量期望值的简单方法。蒙特卡洛模拟从一个既定的随机数生成过程中获得随机数，然后通过一定的函数转化为一个满足指定分布的随机变量。利用不断重复此过程，不断提高模拟需要的精度水平。

另外一种常见的模拟方法叫做重抽样，所谓重抽样的方法，指的是不断从现有样本中抽取一部分，利用抽取的部分生成新的观测值，这种一生二、二生四……的不断衍生过程便是重抽样的方法。

蒙特卡洛模拟和重抽样是密切相关的。目标都是计算（通常是复杂的）函数的期望值，并且两种方法都使用计算机生成的值（即模拟数据）以逼近此期望值。

当然，两者的区别也很大。主要的不同在于两种方式的原始数据不同，蒙特卡洛模拟是完全计算器生成，即便是最初的随机数也是；而重抽样在原有样本的数据上生成新的数。

考点分析

通过本章的学习，主要需要掌握两大部分知识来应对金融风险管理师的考试。一个是理解蒙特卡洛模拟的流程和特点，第二个是理解重抽样的流程和特点，并在两个方法中进行比较。

▲ 本章入门

本章主要讲解蒙特卡洛模拟和重抽样两种常见的模拟数据的方法，主要明确两个的区别即可。

第一节 蒙特卡洛模拟

一、蒙特卡洛模拟过程

考纲要求
描述进行蒙特卡洛模拟的基本步骤。

蒙特卡洛模拟是能够帮助人们从数学解释经济变量一些非常复杂的相互作用的方法之一，蒙特卡洛模拟假设标的资产价格变动服从某种随机过程，通常服从的随机过程是几何布朗运动（Geometric Brownian Motion）：

$$dS_t=\mu_t S_t dt+\sigma_t S_t dz$$

其中，S_t 为资产价格，dS_t 为股票价格变化，μ_t 为趋势项，σ_t 为波动率，dt 表示时间间隔。dz 为满足正态分布的随机变量，$dz=\varepsilon\sqrt{\Delta t}$，其中，ε 是服从标准正态分布的随机变量；dz 反映了对价格的随机冲击。若将时间无限细分，即 Δt 趋向于 0。此时定价模型就演变为：

$\Delta S_{t+1}=S_t(\mu\Delta t+\sigma\varepsilon\sqrt{\Delta t})$，其中 $\varepsilon\sim N(0,1)$

上述公式也可以表示为：

$S_{t+1}=S_t+S_t(\mu\Delta t+\sigma\varepsilon\sqrt{\Delta t})$

举个例子

若股票价格 S_0 为 1000 元，时间跨度为 0.01，价格个变化的趋势项为 0，标准差为 20%。已知第一个随机数是 -0.1280，第二个随机数是 0.9926。用第一个随机数估计 S_1，用第二个随机数估计 S_2。试求 S_1 和 S_2。

【解析】根据题目已知：$S_0=1000$，$\Delta t=0.01$，$\mu=0$，$\sigma=0.2$，$\varepsilon_1=-0.1280$，$\varepsilon_2=0.992$，

$S_1=S_0+S_0(\mu\Delta t+\sigma\varepsilon_1\sqrt{\Delta t})=1000+1000\times0.2\times(-0.1280)\times\sqrt{0.01}=997.44$

$S_2=S_1+S_1(\mu\Delta t+\sigma\varepsilon_2\sqrt{\Delta t})=997.44+997.44\times0.2\times0.9926\times\sqrt{0.01}=1017.24$

二、生成随机数的方法

考纲要求
描述伪随机数的生成。

所有用计算机生成的随机数都是伪随机数，因为生成随机数的程序是人写出来的，那么随机数就一定会有规律，就不是真正意义上的随机。真正的随机数是要到大自然中寻找的。随机数的生成方式主要是反函数法：

选好合适的随机过程后，接下来就应该生成随机数了。一种常用的产生随机

数的方法如下：首先，从0到1的均匀分布上，选取某一随机数X，X ~ U [0，1]，若将随机数字看作是在标准正态分布下某一事件发生的概率，然后利用正态分布累积函数的反求出正态分布分位点数值，该数值就是生成的随机数ε的取值。具体表示为：

$$X = N(\varepsilon) \rightarrow \varepsilon = N^{-1}(X)$$

将随机数ε代入随机过程，就可以用蒙特卡洛模拟出股票价格，重复多次，可以得到一系列的股票价格，从而形成一条股票价格路径。

三、减少蒙特卡洛模拟的误差

— 考纲要求 —
描述减少蒙特卡洛模拟误差的方法。

当资产组合中包含的资产数量过多，此时蒙特卡洛模拟将变成一个计算密集型的过程，十分耗时。模拟次数越高，计算过程越繁琐费时，但从结果的准确性来看，模拟次数越多，模型准确度越高；模拟的次数减少，模型准确度越低。所以，在使用蒙特卡洛模拟模拟股票价格走向时，需要在计算速度与准确度之间进行权衡。

除了这一种简单粗暴的降低误差的方法之外，反向变量法（Antithetic Variables）和控制变量法（Control Variates）也是不错的选择。

反向变量法的思想与和面做面团是一个道理。和面的时候太干了就多加水，太湿了就多加面粉，反复修正之后最终的面团就刚刚好。同样的道理，在随机数选择的过程中，如果正随机数出现的过多，那么便适当增加负随机数，这样减少最终预测值的方差。

控制变量法的思想则是从已知的问题入手，利用已知问题减少不必要的建模推理过程，只推理和已知问题差异的部分。比如需要推测一个包含草莓，苹果，香蕉和芒果的果篮的价格，如果已经知道了一个由相同品质和重量的苹果，香蕉和芒果果篮的价格，那么只需要进一步推测草莓的溢价便可以了，这种方法同样可以减少误差。

第二节　重抽样

两种重抽样的方法

— 考纲要求 —
描述重抽样法方法及其相对于蒙特卡洛仿真的优势。

重抽样的方法自如其名，就是在原有样本的基础上反反复复产生新的样本。和蒙特卡洛模拟方法不同的是，重抽样的方法利用的都是老数据，用老数据不断的产生新数据。

蒙特卡洛模拟是利用的随机数生成器产生出来的新数据，当然这个新数据的获得离不开对于原有随机数据的转化。

从这样一来，重抽样的方法和蒙特卡洛模拟的方法，它们的异同点便体现出来了。

（1）对于蒙特卡洛模拟，它是利用了随机数生成器生成随机数之后转化成新的模拟数据，这样一来对随机数的要求就比较高。如果随机数生成的过程中并没有满足随机，或者随机数服从的分布和我们需要模拟的数据不同。这样一来蒙特卡洛模拟就会失去效力。

（2）对于重抽样的方法，它则是利用了老数据去产生新的数据，对老数据质量的要求就很高。如果老数据的抽样过程中并没有体现出对于总体样本的代表性，这样一来，新模拟出来的数据也不能很好的代表总体。不仅如此，因为重抽样的方法是从现有数据产生出新的数据，这样一来，独立同分布的假设便也不复存在了。不仅如此，如果原有的数据中并没有出现过异常值，那么新的数据集里面也不会出现异常值。

重抽样的方法很多，这里为读者介绍两种常见的方法。一种是**独立同分布重抽样**（i.i.d. bootstrap），一种是**循环重抽样**（Circular block bootstrap）。

第一种方法的思想其实就是简单随机抽样，但是每次抽取的样本容量相同，然后用抽取的新样本来产生新数据。

第二种方法的操作过程如同它的名字，它是将原始数据的首尾相连，构成一个圆圈，然后再按照给定的样本规模进行重采样，避免首尾两端采样不足。

举个例子

同样是100个总数据，如果设定固定的采样样本个数等于5，那么按照第一个方法采集的三个样本如下：

（1）样本1：$\{X_1, X_2, X_{34}, X_{56}, X_{99}\}$

（2）样本2：$\{X_3, X_5, X_{44}, X_{56}, X_{67}\}$

（3）样本3：$\{X_7, X_8, X_{31}, X_{67}, X_{68}\}$

按照第二个方法采集的三个样本如下：

（1）样本1：$\{X_1, X_2, X_3, X_4, X_5\}$

（2）样本2：$\{X_2, X_3, X_4, X_5, X_6\}$

（3）样本3：$\{X_3, X_4, X_5, X_6, X_7\}$

本章小结

- ♣ 蒙特卡洛模拟
  - ◢ 主要过程。
  - ◢ 随机数生成方法。
- ♣ 重抽样
  - ◢ 独立同分布重抽样。
  - ◢ 循环重抽样。
- ♣ 蒙特卡洛模拟与重抽样的优劣势比较

章节练习

◇　Suppose you are interested in approximating the expected value of an option. Based on an initial sample of 100 replications，you estimate that the fair value of the option is USD 47 using the mean of these 100 replications. You also note that the standard deviation of these 100 replications is USD 12.30. How many simulations would you need to run in order to obtain a 95% confidence interval that is less than 1% of the fair value of the option? How many would you need to run to get within 0.1% ?

答案解析：

根据题干已知 100 次模拟产生的数据的标准差是 USD12.30，并由此可知置信区间如下：

$$\left[\mu-1.96\times\frac{12.30}{\sqrt{n}},\ \mu-1.96\times\frac{12.30}{\sqrt{n}}\right]$$

因此这个区间的宽度是：$2\times1.96\times\frac{12.30}{\sqrt{n}}$。

如果要想使得这个区间的宽度是 47.00 的 1%，即 0.47，可得下式：

$2\times1.96\times\frac{12.30}{\sqrt{n}}=0.47\rightarrow\sqrt{n}=\frac{2\times1.96\times12.30}{0.47}=102.5$（n 代表试验的次数，故四舍五入至 10，506）。如果使用 0.1%，我们需要 1,052,266（用 0.047 代替 0.47）次重复试验。

扫码获取更多题目